Springer-Lehrbuch

Springer-Verlag Berlin Heidelberg GmbH

Claus Rautenstrauch
Thomas Schulze

Informatik für Wirtschaftswissenschaftler und Wirtschaftsinformatiker

Mit 170 Abbildungen
und 40 Tabellen

 Springer

Professor Dr. Claus Rautenstrauch
PD Dr.-Ing. Thomas Schulze

Otto-von-Guericke-Universität Magdeburg
Fakultät für Informatik
Institut für Technische und Betriebliche Informationssysteme
Universitätsplatz 2
39106 Magdeburg

ISBN 978-3-540-41155-0

Die Deutsche Bibliothek – CIP-Einheitsaufnahme
Rautenstrauch, Claus:
Informatik für Wirtschaftswissenschaftler und Wirtschaftsinformatiker /
Claus Rautenstrauch; Thomas Schulze. –
Berlin; Heidelberg; New York; Hongkong; London; Mailand; Paris; Tokio: Springer, 2003
(Springer-Lehrbuch)
  ISBN 978-3-540-41155-0   ISBN 978-3-642-56246-4 (eBook)
  DOI 10.1007/978-3-642-56246-4

http://www.springer.de
© Springer-Verlag Berlin Heidelberg 2003
Ursprünglich erschienen bei Springer-Verlag Berlin Heidelberg New York 2003

Umschlaggestaltung: design & production GmbH, Heidelberg
SPIN 10785262   42/2202-5 4 3 2 1 0 – Gedruckt auf säurefreiem Papier

Vorwort

Informatik ist nicht alles,
aber ohne Informatik ist alles Nichts
(Verfasser unbekannt)

Dieses Buch wendet sich an Lehrende und Studierende, die sich mit Informatik aus der Perspektive eines Anwendungsfachs befassen. Kaum ein Fachgebiet ist noch „Informatik-frei" – und diese Erkenntnis ist auch schon in andere Regionen der Welt vorgedrungen. So müssen z. B. alle 70.000 (!) Studierenden der Universität Damaskus Grundkurse in Informatik belegen, unabhängig davon, welches Hauptfach sie sonst studieren. In diesem Punkt muss man die Ausbildung in Syrien für die deutschsprachigen Länder als vorbildlich betrachten, hier ist man noch lange nicht so weit. Und wenn man die Informatik-Ausbildung in fremden Fachgebieten näher betrachtet, dann stimmt Einen das Bild oftmals traurig. Hierzu zwei Beispiele:

- Vor den berühmt-berüchtigten „Einführungen in die EDV" für Erstsemester der Wirtschaftswissenschaft graut es den Studierenden wie Lehrenden gleichermaßen. Die Studierenden sind in der Mehrzahl der Technologie wenig zugetan (sonst würden sie ja ein technisches Fach studieren) und hoffen daher, dass diese lästige und „unnütze" Pflichtübung möglichst schadlos an ihnen vorübergeht. Die Lehrenden stehen vor überfüllten Hörsälen mit vielen unmotivierten Studierenden und versuchen, das „Nötigste" herüberzubringen. Es ist offensichtlich, dass dies zu wenig in der informatisierten Welt des 21. Jahrhunderts ist.

- Nicht besser sieht es in der Ausbildung der Ingenieure und Naturwissenschaftler aus – nur anders. Das Problem besteht hier nicht in der mangelnden Motivation der Studierenden, sondern in der Art und Weise, wie Ihnen die Informatik nahe gebracht wird. Oftmals ist es mehr die „handwerkliche" Seite der Informatik, die dort vermittelt wird, d. h. die Programmierung. So wichtig diese Fähigkeiten für die genannte Personengruppe auch sein mag, es ist lange nicht alles, was die Informatik ausmacht. Es fällt insbesondere in der betrieblichen Praxis immer wieder auf, dass zahlreiche Physiker und Ingenieure in dem Glauben leben, (die besseren) Informatiker zu sein, da sie oftmals hervorragende Programmierer sind – ein gerade für die Praxis tragischer Irrtum.

Dieses Buch soll einen Betrag dazu leisten, die Kluft zwischen Anspruch und Wirklichkeit in der Informatik-Ausbildung für Nicht-Informatiker zu verkleinern, zumindest bezogen auf die Zielgruppe der *Wirtschaftswissenschaftler*, *Wirtschaftsingenieure* und *Wirtschaftsinformatiker*. Aus der Breite des Fachgebiets Informatik wurde hier ein Exzerpt aufbereitet, von dem wir hoffen, dass er zielgruppenadäquat ist. Der Stoff ist dabei so aufbereitet, dass er motivierend wie auch einleuchtend sein soll, ohne die Informatik zu trivialisieren. Wir haben uns daher bemüht, die Darstellung gleichermaßen locker wie seriös zu gestalten. Dabei wird der Bogen vom Bit bis zum komplexen integrierten betrieblichen Anwendungssystem gespannt. Eine erste Idee, das Buch den „Informatik Survival Guide für Anwender" zu nennen, haben wir zwar als unseriös verworfen, allerdings wäre er durchaus zutreffend.

So wird es manchen Leser verwundern, dass in diesem Informatik-Buch verhältnismäßig sparsam mit mathematischen Formalismen umgegangen wird. Dies liegt nicht etwa daran, dass wir den Lesern nicht die notwendigen Mathematikkenntnisse zutrauen oder diese gar für unnütz halten, sondern an der Anwendungsperspektive, die diesem Buch zu Grunde liegt. In der Realwelt sind die Probleme in der Regel so komplex und kompliziert, dass man sie nicht mit mathematischen Mitteln beschreiben bzw. zufriedenstellend lösen kann. Daher macht es hier keinen Sinn, sich im Elfenbeinturm der Wissenschaft zu verschanzen und ihn mit dem Arsenal der Mathematik gegen realweltliche Probleme zu verteidigen.

Als Anwendungsgebiet haben wir die Wirtschaftsinformatik mit Blick auf die große Zielgruppe der Wirtschaftswissenschaftler und Wirtschaftsingenieure, den enormen Know-how-Bedarf gerade bezogen auf die hier behandelten Themen in der Praxis und die oftmals konstatierten Know-how-Defizite von Wirtschaftsinformatikern bezogen auf die Informatik ausgewählt. Da hier die „informatische" Seite der Wirtschaftsinformatik näher beleuchtet wird, ist es auch als Ergänzung zu den eher betriebwirtschaftlich ausgerichteten Standard-Lehrbüchern der Wirtschaftsinformatik geeignet.

Das Buch selbst ist so gestaltet, dass die Kapitel und Abschnitte einzeln lesbar sind. Dabei sind einige kleine Redundanzen bewusst in Kauf genommen worden. Querverweise helfen bei der Orientierung.

Die Literaturliste ist so gestaltet, dass die wichtigsten Grundlagenwerke und aktuellen Publikationen zu den einzelnen Themen zitiert sind. Dabei wird weitgehend auf systemneutrale Literatur zurückgegriffen, da systembezogene Bücher schnell veralten. Weiterhin ist mit Internet-Quellen sehr sparsam umgegangen worden, da diese oftmals nur eine geringe Lebensdauer und auch selten eine wissenschaftliche Qualitätssicherung wie konventionelle Literaturquellen erfahren haben. Dafür sind eine Reihe ältere Publikationen aufgenommen worden, die Pionierleistungen darstellen oder besonderen Grundlagencharakter haben.

Kein Vorwort ohne Dank. Der erste Dank gilt unseren Familien, ohne deren Geduld und Leidensfähigkeit die Erstellung eines solchen Werks nicht möglich wäre. Für inhaltliche Anregungen danken wir *Andreas Marx* (Abschnitt 2.7), *Wingolf Bensch* (Kapitel 2.1) und *Prof. Dr. Klaus Turowski* (Abschnitt 3.3.3). Als engagierte Korrekturleser waren an diesem Werk *Kerstin Lange*, *Editha Brentrop*, *Katrin Diesing*, *Gunnar Klein* und *Dipl.-Wirt.-Inf. André Faustmann* beteiligt. Last not least danken wir Herrn *Dr. Werner A. Müller* und seinem Mitarbeiterstab vom Springer Verlag für die angenehme, geduldige und professionelle Zusammenarbeit.

Magdeburg, im Juli 2002

Claus Rautenstrauch und Thomas Schulze

Inhalt

Vorwort _____ **V**

Inhalt _____ **IX**

1 Informatik-Grundlagen _____ *1*

1.1 Informatik und die Informatiken _____ **1**
1.1.1 Warum sich auch Nicht-Informatiker mit Informatik befassen sollten_ 1
1.1.2 Was ist Informatik? _____ 2
1.1.3 Für Nicht-Informatiker relevante Gebiete der Informatik _____ 5
1.1.4 Grundlagenliteratur zur Informatik _____ 7

1.2 Wissen, Information und Daten _____ **7**
1.2.1 Vom Wissen zu den Daten und zurück _____ 7
1.2.2 Datenverarbeitung im Kleinen: Bits und Bytes _____ 8

1.3 Datenrepräsentation im Computer _____ **10**
1.3.1 Darstellung von Zahlen _____ 10
1.3.2 Abbildung von Zeichen und Texten _____ 12
1.3.3 Bilder und Grafiken _____ 14
1.3.4 Digitale Schriften _____ 16

2 Grundzüge der Praktischen Informatik _____ *19*

2.1 Technische Grundlagen/Hardware _____ **19**
2.1.1 Grundstruktur von Computern _____ 19
2.1.2 Computerklassen – Historie und aktuelle Bedeutung _____ 21
2.1.3 Aufbau von PCs _____ 22
2.1.4 Arbeitsspeicher _____ 23
2.1.5 Prozessor _____ 26
2.1.6 Bus-Systeme und Geräteschnittstellen _____ 32
2.1.7 Externe Speicher _____ 35
2.1.8 Bildschirme und Grafikkarten _____ 43
2.1.9 Drucker _____ 48

2.2 Software und Softwaretechnologie _____ **54**
2.2.1 Grundlegende Begriffe _____ 54
2.2.2 Algorithmen und Datenstrukturen _____ 57
   2.2.2.1 Darstellungsformen von Algorithmen _____ 59
   2.2.2.2 Datentyp und Datenstruktur _____ 61
   2.2.2.3 Häufige Datentypen in Programmiersprachen _____ 64
2.2.3 Programmiersprachen _____ 73
   2.2.3.1 Paradigmen von Programmiersprachen _____ 73
   2.2.3.2 Generationen von Programmiersprachen _____ 74
   2.2.3.3 Prozedurale Programmierung _____ 76
   2.2.3.4 Objektorientierung _____ 80

2.2.4 Softwaretechnik _____ 85
    2.2.4.1 Vorgehensmodelle _____ 85
    2.2.4.2 Entwicklungsumgebungen_____ 88
2.2.5 Urheberrecht und Lizenzen_____ 91
2.2.6 Literatur zur Programmierung und Softwaretechnik _____ 93

2.3 Betriebssysteme _____ **93**
2.3.1 Betriebsarten_____ 94
2.3.2 Prozesse in Betriebssystemen _____ 95
2.3.3 Speicherverwaltung _____ 96
2.3.4 Benutzerverwaltung _____ 98
2.3.5 Literatur zu Betriebssystemen _____ 99

2.4 Dateien und Dateiorganisation _____ **99**
2.4.1 Dateien _____ 99
2.4.2 Datenorganisation_____ 100
2.4.3 Physische Datenorganisation (Datenhaltung) _____ 100
    2.4.3.1Physische Datenhaltung _____ 102
    2.4.3.2 Logische Datenhaltung _____ 104
2.4.4 Logische Datenorganisation _____ 107
2.4.5 Datenkompression _____ 109
2.4.6 Standard-Dateiformate _____ 110
    2.4.6.1 Standardformate für Texte_____ 111
    2.4.6.2 Standardformate für Tabellen _____ 117
    2.4.6.3 Standardformate für Grafiken _____ 117
    2.4.6.4 Standardformate für Animationen, Video und Töne _____ 122

2.5 Datenbanksysteme _____ **123**
2.5.1 Das Drei-Ebenen-Modell nach ANSI _____ 124
2.5.2 Transaktionen und Mehrbenutzerfähigkeit_____ 125
2.5.3 Integrität und Konsistenz _____ 126
2.5.4 Datenbankmodelle _____ 128
    2.5.4.1 Prä-relationale" DB-Modelle_____ 128
    2.5.4.2 Das relationale Datenbankmodell _____ 129
    2.5.4.3 Objektorientierte Datenbankmodelle_____ 141
    2.5.4.5 Objektrelationale Datenbanksysteme_____ 147
2.5.5 Weitere Datenbankentwicklungen _____ 154
2.5.6 Bausteine von Datenbanksystemen_____ 155
2.5.7 Verteilte Datenbanksysteme _____ 158
2.5.8 Weiterführende Literatur _____ 162

2.6 Computernetzwerke _____ **163**
2.6.1 Datenübertragung in einem Netzwerk _____ 166
    2.6.1.1 Übertragungsmedien _____ 166
    2.6.1.2 Übertragungsverfahren _____ 167
    2.6.1.3 Kommunikationsprotokolle _____ 168

2.6.2 Netzwerktopologien _____ 171
  2.6.2.1 Grundlegende Topologien _____ 171
  2.6.2.2 Misch-Topologien _____ 173
2.6.3 Netztechnologien _____ 175
2.6.4 Client-Server-Konzept und –Systeme_____ 177
2.6.5 Lokale Netzwerke_____ 179
  2.6.5.1 Login-Prozess _____ 180
  2.6.5.2 Nutzung von Programmen und Datendateien im Netzwerk____ 181
  2.6.5.3 Nutzung von Netzwerkdruckern _____ 182
2.6.6 Das Internet als weltweiter Rechnerverbund _____ 182
  2.6.6.1 Zugang zum Internet _____ 184
  2.6.6.2 Adressen im Internet _____ 185
  2.6.6.3 Dienste des Internets _____ 186
2.6.7 Das World Wide Web (WWW) _____ 190
  2.6.7.1 Aufbau des WWW_____ 190
  2.6.7.2 Web-Browser_____ 192
  2.6.7.3 Aufruf von Web-Pages _____ 194
  2.6.7.4 Multimedia und Web-Browser _____ 195
2.6.8 Nutzung von Programmen über das WWW _____ 195
2.6.9 WWW-basiertes Client-Server-Computing _____ 199
2.6.10 Vom Internet zum Intranet _____ 200
2.6.11 Literatur zu Computernetzen _____ 201

2.7 Datensicherheit und Datenschutz_____ **201**
2.7.1 Grundlagen _____ 201
2.7.2 Maßnahmen zur Gefahrenabwehr_____ 205
  2.7.2.1 Sicherheitskonzept_____ 205
  2.7.2.2 Authentifizierungsverfahren _____ 207
  2.7.2.3 Firewalls _____ 208
  2.7.2.4 Anti-Malware-Software_____ 209
  2.7.2.5 Verschlüsselung_____ 210
  2.7.2.6 Backup und Recovery _____ 211
2.7.3 Literatur zu Datenschutz und Datensicherheit _____ 213

3 Wirtschaftsinformatik als Angewandte Informatik _____ ***215***

3.1 Angewandte Informatiken im Überblick_____ **215**

3.2 Was ist Wirtschaftsinformatik? _____ **216**

3.3 Konzepte Betrieblicher Informationssysteme _____ **219**
3.3.1 Integration_____ 219
3.3.2 Modellierung Betrieblicher Informationssysteme _____ 224
  3.3.2.1 Modelle und Modellbildung _____ 225
  3.3.2.2 Typisierung von Modellen_____ 227
  3.3.2.3 Funktions- und Organisationsmodellierung_____ 231
  3.3.2.4 Datenmodellierung_____ 233

3.3.2.6 Prozessmodellierung _____ 243
3.3.2.7 Objektmodellierung _____ 246
3.3.2.8 Grundsätze ordnungsmäßiger Modellierung _____ 252
3.3.3 Architekturen Betrieblicher Informationssysteme _____ 256
3.3.3.1 Datenbankbasierte Client-Server-Systeme _____ 256
3.3.3.2 Application Server _____ 258
3.3.3.3 Workflow-Management-Systeme _____ 267
3.3.3.4 Objektschnittstellen _____ 269
3.3.3.5 Frameworks und Fachkomponenten _____ 275

3.4 Betriebliche Anwendungssysteme _____ 280
3.4.1 Softwarearten _____ 280
3.4.2 Klassifikation Betrieblicher Anwendungssysteme _____ 286
3.4.3 Endbenutzerwerkzeuge _____ 288
3.4.3.1 Arten von Endbenutzerwerkzeugen _____ 288
3.4.3.2 Integration von Endbenutzerwerkzeugen _____ 295
3.4.3.3 Customizing von Endbenutzerwerkzeugen _____ 298
3.4.3.4 Endbenutzerwerkzeuge als Datenbank-Front-Ends _____ 302
3.4.3.5 Implementierung einer Komponentenarchitektur _____ 303
3.4.4 Groupware _____ 305
3.4.4.1 CSCW und Workgroup Computing _____ 306
3.4.4.2 Groupware-Systeme _____ 307
3.4.4.3 Groupware mit Endbenutzerwerkzeugen _____ 312
3.4.5 ERP-Systeme _____ 313
3.4.5.1 Grundlagen _____ 313
3.4.5.2 Architektur von SAP R/3 _____ 316
3.4.5.3 Integrationsschnittstellen von R/3 _____ 319
3.4.5.4 Literatur zu SAP R/3 _____ 320
3.4.6 Data-Warehouse-Systeme _____ 320
3.4.6.1 Anforderungen an Informationssysteme für Manager _____ 320
3.4.6.2 Konzepte von Data-Warehouse-Systemen _____ 323
3.4.6.3 Datenanalyse auf Basis von Data-Warehouse-Technologien __ 325
3.4.6.4 Modellierung von Data-Warehouses _____ 329
3.4.6.5 Implementierung von DW _____ 335
3.4.6.6 DW als Teil einer Informationsarchitektur _____ 337
3.4.6.7 Literatur zu Data-Warehouse-Systemen _____ 338
3.4.7 Anwendungen im Electronic Commerce _____ 338
3.4.7.1 Theorie informationeller Mehrwerte _____ 339
3.4.7.2 Informationssuche _____ 341
3.4.7.3 Leistungsangebote _____ 342
3.4.7.4 Bestellabwicklung _____ 344
3.4.7.5 Bezahlen im Internet _____ 346
3.4.7.6 Besonderheiten bei B2B _____ 347
3.4.7.7 M-Commerce _____ 352
3.4.7.8 Literatur zu E- und M-Commerce _____ 355

Abbildungsverzeichnis _____ 357

Tabellenverzeichnis _____ 363

Abkürzungsverzeichnis _____ 365

Geschützte Marken _____ 371

Literatur _____ 373

Index _____ 385

1 Informatik-Grundlagen

1.1 Informatik und die Informatiken

1.1.1 Warum sich auch Nicht-Informatiker mit Informatik befassen sollten

Kaum eine andere Wissenschaft prägt die gesellschaftliche Entwicklung wie die Informatik. Verfügbarkeit und Nutzung von Informationen sind sowohl für Fortbestand und Erfolg von Institutionen wie z. B. Unternehmen oder die öffentliche Verwaltung als auch für jeden Einzelnen von nach wie vor zunehmender Bedeutung. So wird davon gesprochen, dass sich die Industriegesellschaft in der Transformation zur *Informationsgesellschaft* befindet – wenn sie nicht schon zu einer Informationsgesellschaft geworden ist (Kuhlen 1996, 45ff). Die Folgen dieser Veränderungen sind heute für jeden sichtbar und spürbar. Die Durchdringung fast aller Lebensbereiche mit Informationstechnik, das zunehmende Informationsangebot und die Entwicklung neuer Informationsmedien (z. B. CD-ROM-Technologie, weltweite Netze oder Interaktives Fernsehen) als Informationsträger sind Indikatoren für den Wandel der Gesellschaft. Man findet kaum noch wissenschaftliche Disziplinen oder Lebensbereiche, die heute noch „Informatik-freie Zone" sind. Offensichtlich ist dies z. B. in Unternehmen, der öffentlichen Verwaltung und High-Tech-Produkten. Aber Computertechnologie ist im Prinzip allgegenwärtig. So findet man sie z. B. bereits im Spielzeug für die Kleinsten, in Haushaltsgeräten und Unterhaltungselektronik versteckt oder in verschiedenartigsten Automaten (z. B. für Fahrkarten oder Kontoauszüge). Tagtäglich vertrauen Millionen Menschen ihr Leben dem Computer an, ob sie nun beispielsweise an der rechnergesteuerten Herz-Lungen-Maschine angeschlossen sind oder beherzt auf das Bremspedal ihres mit ABS ausgestatteten Fahrzeugs treten.

Die Beschäftigung mit Informatik ist daher auch für Nicht-Informatiker unabdingbar. Dies gilt insbesondere für Studierende, aber auch für Berufstätige verschiedener Disziplinen. Die Zeiten, in denen man sich in einer bestimmten Lebensphase (z. B. dem Studium oder der Berufsausbildung) einen Wissensfundus schafft, aus dem man dann zeitlebens schöpfen kann, sind definitiv vorbei. Nach wie vor gilt uneingeschränkt das Moor'sche Gesetz für die Entwicklung der Informationstechnik, nach dem sich alle 18 Monate die Leistung der Systeme verdoppelt. Diese rasante Entwicklung und die zunehmende Durchdringung aller Lebensbereiche erhebt die Informatik zum Schrittmacher vieler anderer Entwicklungen auch weit außerhalb der Informatik selbst. Diese Entwicklungen müssen nicht zwangsläufig positiv sein – man denke da beispielsweise an die Arbeitsplatzentwicklung im Zuge computergestützter Rationalisierungsmaßnahmen oder an das vielschichtige Fehlverhalten Jugendlicher, das auch dem fehlgeleiteten Konsum von Computerspielen oder Internet-Angeboten angelastet wird.

Daher sind nicht nur die Nutzer und Nutznießer der Informationstechnik aus den Wirtschafts-, Natur- und Ingenieurwissenschaften aufgefordert, sich mit Informatik zu befassen, sondern auch Geisteswissenschaftler wie z. B. Soziologen, Pädagogen oder Philosophen brauchen Informatik-Kenntnisse, um eine technologieverträgliche gesellschaftliche Entwicklung zu diskutieren und zu gestalten.

1.1.2 Was ist Informatik?

Informatik ist ein Kunstwort aus *Infor*mation und Mathe*matik*. Blickt man auf die Anfänge der Informatik in Deutschland zurück, dann erscheint die Informatik zunächst als Spezialgebiet der Mathematik. Die Wurzeln der Informatik liegen daher vor allem in der Numerik und der mathematischen Logik. Hierdurch war sie ursprünglich deutlich formalwissenschaftlich geprägt. Diese theoretische Ausrichtung der Informatik wird jedoch zunehmend durch eine gestaltungs- bzw. ingenieurwissenschaftliche Sicht relativiert. So befasst sich die Informatik heute neben der Erforschung der formaltheoretischen Grundlagen der Informatik vor allem mit der Gestaltung neuer Technologien für die computergestützte Informationsverarbeitung. Diese Entwicklung kam nicht zwangsläufig aus der Informatik heraus – noch heute erkennen einige Hardcore-Informatiker „alten Schlags" Forschungsleistungen aus der Angewandten Informatik nicht als wissenschaftlich an – sondern gerade die Anwendungsgebiete aus angrenzenden Wissenschaften (hier sind vor allem die Ingenieur- und Wirtschaftswissenschaften zu nennen) und die Nachfrage der Industrie nach „brauchbaren" Informatikern haben die Informatik aus ihrem formalwissenschaftlichen Elfenbeinturm befreit. „Reine" Informatiker ohne Fachkenntnisse sind heute genauso wenig gefragt wie Fachleute aus einem bestimmten Anwendungsgebiet wie der Betriebswirtschaftslehre ohne Computerkenntnisse. Daher ist es kein Zufall, dass Wirtschaftsinformatiker heute (2002) die gefragtesten Absolventen auf dem Arbeitsmarkt sind und auf lange Sicht bleiben werden.

Man kann also festhalten, dass die Informatik formal- und gestaltungswissenschaftlich wie auch anwendungsorientiert ausgerichtet sein muss. Meyers Lexikon definiert sie als „Wissenschaft von der automatischen Informationsverarbeitung mit Hilfe von Computern, insbesondere dem Entwurf und der Formulierung von Algorithmen in angemessenen Sprachen sowie ihrer physikalischen Realisation." Die Fokussierung auf die Entwicklung von Algorithmen erscheint jedoch angesichts der Bedeutsamkeit sowie des Leistungsspektrums der Informatik und vor allem auch aus Sicht der Informatiker als zu eng. Die Gesellschaft für Informatik e. V. (GI) (http://www.gi-ev.de), die als mitgliederstärkste Informatik-Vereinigung Interessen von Informatikern aus allen Berufssparten und Teildisziplinen vertritt, definiert Informatik wie folgt:

„Informatik ist die Wissenschaft von der systematischen und automatisierten Verarbeitung von Information. Sie wendet vorwiegend formale und ingenieurmäßig orientierte Techniken an. Die Informatik befasst sich daher

- mit den Strukturen, den Eigenschaften und den Beschreibungsmöglichkeiten von Information und Informationsverarbeitung,

- mit dem Aufbau, der Arbeitsweise und den Konstruktionsprinzipien von Rechnersystemen,

- mit der Entwicklung sowohl experimenteller als auch produktorientierter informationsverarbeitender Systeme moderner Konzeption,

- mit den Möglichkeiten der Strukturierung, der Formalisierung und der Mathematisierung von Anwendungsgebieten in Form spezieller Modelle und Simulationen und

- mit der ingenieurmäßigen Entwicklung von Softwaresystemen für verschiedene Anwendungsgebiete unter besonderer Berücksichtigung der hohen Anpassungsfähigkeit und der Mensch-Maschine-Interaktion solcher Systeme."

Als Erkenntnisobjekte der Informatik können damit leicht Rechner- und Softwaresysteme identifiziert werden. Die Informatik beschränkt sich jedoch nicht auf die ingenieurmäßige Gestaltung derartiger Systeme, sondern widmet sich auch den formalen Grundlagen und der Anwendung der geschaffenen Technologien. Alles zusammen zeigt, dass die Informatik ein hochgradig komplexes Fachgebiet ist, das einer inneren Strukturierung bedarf. Sie wird daher in vier Informatiken aufgeschlüsselt:

- *Theoretische Informatik*: Die Theoretische Informatik befasst sich mit der Erforschung der mathematisch-formalen Grundlagen der Informatik. Hierzu gehört z. B. die Entwicklung von logischen Grundlagen für Programmiersprachen oder Beweisverfahren für die Korrektheit von Programmen. Die Theoretische Informatik ist damit besonders nahe an der Mathematik.

- *Technische Informatik*: Aufgabe der Technischen Informatik ist die Entwicklung und Verbesserung von Computersystemen und Peripheriegeräten (zusammen *Hardware* genannt) sowie von Komponenten dieser Systeme. Damit reicht das Spektrum von der Entwicklung neuer Bausteine wie Speicherchips bis zur Konstruktion von Supercomputern oder der Konzeption und Realisierung von Computernetzen. Die Technische Informatik ist damit eng mit der Elektrotechnik verknüpft.

- *Praktische Informatik*: Die Praktische Informatik ist das „Gegenstück" zur Technischen Informatik bezüglich der Gestaltung von Softwaretechnologien. Hier werden z. B. Programmiersprachen, Betriebssysteme, Datenbanksysteme oder Entwicklungsumgebungen entwickelt und verbessert. Auch das Fachgebiet der Künstlichen Intelligenz wird in der Regel der Praktischen Informatik zugeordnet.

- *Angewandte Informatik*: In der Technischen und Praktischen Informatik werden Informationstechnologien entwickelt, die in verschiedenen Fachdisziplinen genutzt werden können. Die Angewandte Informatik befasst sich mit der effektiven und effizienten Nutzung von Informationstechnologie in den jeweiligen Fachgebieten, auch *Domänen* genannt. Die Angewandte Informatik hat daher stets eine enge Verbindung zum Fachgebiet.

Tabelle 1 zeigt eine Übersicht zur weiteren Strukturierung der Informatiken. Die dort aufgeführten Teilgebiete sind allerdings nicht vollständig und können dies auf Grund der dynamischen Entwicklung der Informatik auch nicht sein. Weiterhin ist anzumerken, dass es Überschneidungen zwischen den Informatiken gibt und einzelnen Themen sogar mehreren Informatiken zugeordnet werden können. Die Aufteilung der Informatik ist daher als Orientierungsrahmen zu verstehen, der jeglicher Dogmatik entbehrt.

Theoretische Informatik	Technische Informatik	Praktische Informatik	Angewandte Informatik
Algorithmentheorie	Rechnerstrukturen	Compilerbau	Wirtschafts-informatik
Automaten- und Maschinentheorie	Schaltwerktheorie	Softwaretechnik	Verwaltungs-informatik
Formale Sprachen	Speicherstrukturen	Programmier-sprachen	Umweltinformatik
Berechenbarkeit	Rechnernetze	Datenbanken	Medizinische Informatik
Komplexitätstheorie	Chipentwurf	Betriebssysteme	Bauinformatik
Formale Semantik	Computerperipherie	Künstliche Intelligenz	Bioinformatik
Logik	Eingebettete Systeme	Verteilte Systeme	Rechtsinformatik
		Modellierungs- und Simulationssysteme	Chemieinformatik
		Benutzer-schnittstellen	Rechnergestützte Ingenieursysteme

Tabelle 1: Informatik-Fachgebiete

Die vier Informatiken sind allerdings nicht voneinander isoliert. Auch in der Technischen, Praktischen und Angewandten Informatik geht es nicht allein um Technologiegestaltung und -einsatz, sondern jedes dieser Gebiete widmet sich auch den methodischen und formalen Grundlagen aus der jeweils individuellen Perspektive. Insbesondere Methoden der (semi-)formalen Spezifikation, Systemmodellierung, Systementwicklung und Simulation gehören zum Grundinstrumentarium der verschiedenen Informatiken.

1.1.3 Für Nicht-Informatiker relevante Gebiete der Informatik

Die spannende Frage ist nun, was ein Nicht-Informatiker tatsächlich über Informatik wissen muss. Letztendlich hängt es von der potenziellen Nutzung von Informationstechnik ab, wie weit ein Nicht-Informatiker in die Informatik eintaucht. Beschränkt sich wie beim Beispiel ABS die Benutzerschnittstelle auf das Bremspedal und die Eingabemöglichkeiten auf „Bremse treten" und „Bremse loslassen", dann sind Technologiekenntnisse in diesem Fall für den Benutzer überflüssig, da weder die Hardwarearchitektur noch die Programmabläufe in seinem ABS-System für eine erfolgreiche Systemnutzung relevant sind. Lediglich die funktionsbedingten Besonderheiten wie etwa der Erhalt der Lenkfähigkeit bei Vollbremsungen sollte bekannt sein.

Ganz anders sieht dies jedoch beispielsweise bei einem Manager aus, der entscheiden soll, welches Datenbanksystem unternehmensweit eingeführt wird. Eine solche Entscheidung ist *strategisch*, d. h. langfristig, ressourcenbindend und schwer umkehrbar. Er muss also in diesem Fall über eine millionenschwere Investition entscheiden, von welcher der Unternehmenserfolg langfristig signifikant abhängt. Auch wenn er niemals eine Datenbankanwendung programmiert oder auch nur eine Datenbankabfrage selbst formuliert, muss er doch über hinreichende technische Kenntnisse verfügen, will er selbst eine verantwortungsvolle Entscheidung treffen. Natürlich muss er für die Entscheidung auch betriebswirtschaftliche Einflussfaktoren in seine Überlegungen einbeziehen.

Im ersten Beispiel geht es um die Nutzung eines so genannten *eingebetteten Systems* (siehe Abschnitt 2.1.2 Computerklassen – Historie und aktuelle Bedeutung). Eingebettete Systeme sind dadurch gekennzeichnet, dass sie für den Benutzer als Computersysteme nicht erkennbar sind, da sie sich über eine einfache und konventionelle Benutzerschnittstelle (im Beispiel das Bremspedal) bedienen lassen. Im zweiten Beispiel geht es um eine strategische Entscheidung, bei der sowohl technische als auch betriebswirtschaftliche Parameter in das Kalkül einzubeziehen sind. Das erste Beispiel zeigt damit die Nutzung eines Systems der Technischen Informatik, das zweite die Nutzung eines Systems der Praktischen Informatik (Datenbanksystem). Da im zweiten Beispiel auch Domänenwissen relevant ist, ist es zudem der Angewandten Informatik (hier Wirtschaftsinformatik) zuzuordnen.

Sieht man von eingebetteten Systemen ab, dann wird Hardware stets über die explizite Verwendung von Software genutzt. Weiterhin lässt sich kaum ein Beispiel konstruieren, anhand dessen eine im engsten Sinne des Wortes praktische Notwendigkeit von Kenntnissen der Theoretischen Informatik nachweisbar ist. Daraus resultiert, dass für den Nicht-Informatiker Kenntnisse zur Theoretischen Informatik nicht und Kenntnisse zur Technischen Informatik nur in sehr begrenztem Umfang notwendig sind.

Es wird daher davon ausgegangen, dass – unabhängig von der Anwendungsdomäne – jede Institution, die Informationstechnik einsetzt, eine dreischichtige technische Informationsinfrastruktur einsetzt (siehe Tabelle 2). Zur *Technischen Informationsinfrastruktur* gehören die Anwendungssysteme, die Basissysteme und die Hardware. Zur Informationsinfrastruktur im Allgemeinen gehört zudem das Personal, das hier allerdings nicht weiter thematisiert werden soll (Heinrich 2002, 211ff). Anwendungs- und Basissysteme grenzen sich dadurch voneinander ab, dass die *Anwendungssysteme* direkt zur domänenspezifischen Leistungserstellung eingesetzt werden, während Basissysteme die technische Grundlage für den Einsatz von Anwendungssystemen darstellen. Beispielsweise ist in der Anwendungsdomäne Betriebswirtschaft ein Finanzbuchhaltungssystem oder ein Produktionsplanungs- und -steuerungssystem (PPS-System) jeweils ein Anwendungssystem, während Betriebssystem, Datenbanksystem und Hardware *Basissysteme* darstellen, die für den Betrieb dieser Anwendungssoftware notwendig sind (Rautenstrauch 1997, 12f).

Anwendungssoftware
• Standardsoftware
• Individualsoftware
Basissoftware
• Entwicklungsumgebungen
• Datenbanksysteme
• Betriebssysteme
• Netzwerksoftware
Hardware
• Computer
• Peripherie
• Netzwerke

Tabelle 2: Technische Informationsinfrastruktur

Im folgenden Abschnitt werden wesentliche Grundbegriffe der Informatik eingeführt. Dann werden in Kapitel 2 dieses Werkes die für Nicht-Informatiker relevanten Technologien der Technischen und Praktischen Informatik aufgezeigt und in der jeweils zweckmäßigen Ausführlichkeit diskutiert. Dabei wird bezogen auf Tabelle 2 tendenziell von unten nach oben vorgegangen, da oftmals die weiter unten dargestellten Technologien Voraussetzung für die darüber dargestellten Technologien sind.

Kapitel 3 des Buches widmet sich einleitend kurz Konzepten der Angewandten Informatik. Danach folgt eine Einführung in die Wirtschaftsinformatik als Beispiel für eine Angewandte Informatik. Dabei werden besonders diejenigen zu Grunde liegenden Konzepte und Methoden hervorgehoben, die auch für andere Anwendungsgebiete einsetzbar sind.

1.1.4 Grundlagenliteratur zur Informatik

Einführende Lehrbücher in die Grundlagen der Informatik sind (Gumm/Sommer 2001; Rechenberg 2000; Appelrath/Ludewig 2000). Einen Überblick über die Informatik als Wissenschaft gibt (Desel 2001). Lexika zur Informatik sind z. B. (Broy/Spaniol 1999; Schneider 1997)

1.2 Wissen, Information und Daten

1.2.1 Vom Wissen zu den Daten und zurück

Eines der großen Schlagworte unserer Zeit ist das *Wissensmanagement* (vgl. z. B. Krallmann 2000). Unter *Wissen* versteht man den (gesicherten) Bestand an Erkenntnissen, der partiell bei einem Menschen in Form seines Gedächtnisses, in einer gesellschaftlichen Gruppe, aber auch in einer Organisation, in einem Kulturkreis oder in der gesamten Menschheit als kognitive Struktur vorhanden ist. Nicht nur das Weltwissen an sich wächst ständig und in kaum noch quantifizierbarem Ausmaß, sondern auch dessen Verfügbarkeit. Elektronische Medien und insbesondere auch das Internet als weltweiter Computerverbund mit Millionen von Nutzern, die kontinuierlich Wissen bereitstellen und nutzen, sorgen dafür, dass Wissen in ständig wachsendem Maße immer größer werdenden Nutzerzahlen verfügbar gemacht wird.

Wissen an sich ist nutzlos, wenn es nicht für irgendeinen Zweck sinnhaft eingesetzt werden kann. Aufgabe des Wissensmanagements ist es, nutzbares Wissen zu erschließen und in verwendungsgerechter Weise bereitzustellen. Wissen, das zweckorientiert genutzt wird und damit handlungsbestimmend ist, wird *Information* genannt. Zweckorientiertheit bzw. Handlungsrelevanz von Information z. B. für ein Unternehmen sind damit die Kriterien für die Abgrenzung von Information und Wissen (Kuhlen 1996, 34). Während Wissen die Gesamtheit potenzieller Information darstellt, grenzt sich Information damit durch die Relevanz aus Sicht eines bestimmten Nutzers bzw. genauer dessen Zielerreichung ab. So mag z. B. das Wissen um die Zellstruktur eines australischen Sumpfgrases zwar durchaus interessant sein, die Relevanz dieses Wissens jedoch bestenfalls für Unternehmen, die dieses Sumpfgras in einem wie auch immer gearteten Produktionsprozess verarbeiten, gegeben sein. Das Wissen aus diesem Beispiel ist jedoch für die meisten Unternehmen nicht relevant und damit keine Information.

Wissen und Informationen werden in Form von *Daten* codiert. Daten sind zunächst nur eine Aneinanderreihung von Literalen. Die Aneinanderreihung der Literale „1" und „5" lässt vermuten, dass es sich hier bei um die Zahl 15 handelt. Diese Erkenntnis allein macht aus der 15 noch keine Information. Erst die Interpretation aus einem fachlichen Kontext heraus, aus der man schließen kann, ob es sich hierbei um einen Geldbetrag in €, die Durchfallquote in % bei einer Klausur oder die Körpertemperatur eines Grizzlybären während des Winterschlafs in °C handelt, ist die Grundlage für die Feststellung, ob es sich bei dem Datum um Wissen (d. h. eine gesicherte Erkenntnis) oder eine Information (relevantes Wissen) handelt.

1.2.2 Datenverarbeitung im Kleinen: Bits und Bytes

Nun ist es ja eine weitläufig bekannte Tatsache, dass Computer Daten nur als Nullen und Einsen speichern und verarbeiten können. Auch wenn diese Verarbeitungsebene für den anwendungsorientierten Nicht-Informatiker im Allgemeinen nicht relevant ist, wird hier kurz auf die logischen Grundlagen „auf unterster Ebene" der Datenverarbeitung eingegangen, um ein gewisses Grundverständnis für die Arbeitsweise des Computers zu schaffen.

Die kleinste Datenverarbeitungseinheit eines Computers ist das *Bit*. Ein Bit kann entweder den Wert 0 oder 1 einnehmen. Rechner, deren kleinste Verarbeitungseinheit Bits sind, werden *Digitalrechner* genannt. Der Begriff „digital" ist aus dem lateinischen Wort digitus (Finger) abgeleitet, da man mit einem Finger auch nur die Werte 0 und 1 anzeigen kann. Alle, die das nicht glauben, sollten versuchen, mit einem Finger den Wert 0,287 darzustellen.

Bitfolge	Kontinent	Dezimalziffer
000	Europa	0
001	Asien	1
010	Amerika	2
011	Afrika	3
100	Australien	4
101	Antarktika	5
110		6
111		7

Tabelle 3: Codierung der sechs Erdteile als Bitfolge

Mit einem Bit können nur zwei Zustände codiert werden. Ein Bewohner der Nordhalbkugel der Erde wird mit 1 und ein Bewohner der Südhalbkugel mit 0 codiert. Diese einfache Einteilung lässt sich in einem Bit speichern. Erweitert man die Klassifikation um die Erdteile, so ist ein Bit nicht ausreichend. Für die Codierung der Bewohner in den sechs Kontinenten werden drei Bits benötigt. Mit diesen drei Bits lassen sich acht unterschiedliche Bitfolgen beschreiben. Für die Codierung der bekannten sechs Erdteile werden nur sechs der acht möglichen Bitfolgen benötigt (siehe Tabelle 3). Die Anzahl der Bitfolgen ist von der Anzahl der Bits in einer Bitfolge abhängig. Bezeichnet man mit n die Länge einer Bitfolge (Anzahl der Bits), dann können genau 2^n Bitfolgen codiert werden.

Eine endliche Aneinanderreihung von Bits, die in einem Rechenschritt von einem Prozessor verarbeitet werden kann, wird als *Byte* bezeichnet. Prozessoren, auch Central Processing Units (CPU) genannt, sind die Herzstücke von Computern, da sie alle Berechnungen durchführen (siehe hierzu Abschnitt 2.1.1 Grundstruktur von Computern). Auch wenn moderne Prozessoren auf 32- oder 64-Bit-Architekturen basieren, wird hier vereinfacht davon ausgegangen, dass ein Byte aus acht Bits besteht. Die Länge n der Bitfolge ist 8. Mit dieser Länge lassen sich $2^8 = 256$ unterschiedliche Bitfolgen codieren, die es nun unterschiedlich zu interpretieren gilt.

Eine Möglichkeit ist die Intepretation als ganze Zahl. In diesem Fall ist die größte mit einem Byte darstellbare digitale Zahl 11111111 = 255 dezimal. Nun reicht es für eine zeitgemäße Datenverarbeitung nicht aus, nur (ganze) Zahlen zu verarbeiten, vielmehr müssen Daten unterschiedlichen Typs verarbeitet werden können. Elementare Datentypen können z. B. reelle Zahlen, Zeichen, Zeichenketten, Bilder, Zeiteinheiten o. ä. sein. *Datentypen* legen den Wertebereich fest, den ein Datum annehmen kann (als Datum wird der Singular von Daten bezeichnet). Dabei ist zu beachten, dass auf Grund der physischen Begrenztheit von Computern diese Wertebereiche begrenzt sind. Die enormen Speicherkapazitäten und Prozessorleistungen, die heute selbst für Personal Computer verfügbar sind, erlauben so großzügige Begrenzungen der Wertebereiche, dass sie dem Anwender durchaus unendlich erscheinen können.

Beispiele für elementare Datentypen sind *Integer* (ganze Zahl) mit dem Wertebereich [-655535, 655535] oder *Character* (Zeichen) mit dem Wertebereich [a...Z]. Weiterhin können komplexere Datentypten auf anderen komplexen oder elementaren Datentyen basieren. Der Datentyp *String(80)* (Zeichenkette mit maximal 80 Zeichen) basiert z. B. auf dem Datentyp *Character*. Sein Wertebereich besteht aus allen Zeichenkombinationen mit maximaler Länge 80. Die Beispiele zeigen nebenbei auch, dass die Größe eines Datums nicht auf ein Byte beschränkt ist, vielmehr ist die Größe im Prinzip unbeschränkt. Der Wert eines Datums wird stets als Bitfolge, d. h. als (in der Regel sehr große) duale Zahl gespeichert, wobei

anhand des Typs entschieden wird, ob diese Bitfolge z. B. als (Dezimal-) Zahl,
Bild oder als Zeichen zu interpretieren ist.

1.3 Datenrepräsentation im Computer

1.3.1 Darstellung von Zahlen

Aneinanderreihungen von Bits können als Zahlen angesehen werden. Ein Zahlensystem, das auf Nullen und Einsen basiert, wird *duales Zahlensystem* genannt. Das
duale Zahlensystem ist nach dem gleichen Prinzip wie das in unserem Kulturkreis
geläufigere Dezimalsystem aufgebaut. Die vierstellige Zahl 1523 berechnet sich
im Dezimalsystem als:

$$1 \times 10^3 + 5 \times 10^2 + 2 \times 10^1 + 3 \times 10^0.$$

Während die Basis des Dezimalsystems die 10 ist, ist die Basis des dualen
Zahlensystems die 2. Die duale Zahl 10110 berechnet sich demnach als:

$$1 \times 2^4 + 0 \times 2^3 + 1 \times 2^2 + 1 \times 2^1 + 0 \times 2^0.$$

Das Ergebnis ist die Dezimalzahl 22. Da sich dezimale, duale oder sonstige
(letztendlich kann jede natürliche Zahl ≥ 2 als Basis gewählt werden) Zahlensysteme nur durch die Basis unterscheiden, lassen sich nach obigem Schema beliebige
Zahlen verschiedener Zahlensysteme leicht ineinander umrechnen. Ebenso können
alle bekannten Rechenoperationen wie Addition, Subtraktion, Multiplikation usw.
angewendet werden.

Zahlen werden im Computer durch Bitfolgen dargestellt. Mit einer Bitfolge kon-
stanter Länge lässt sich nur eine endliche, abzählbare Menge von Zahlen darstellen. Für ganze und reelle Zahlen werden unterschiedliche logische Sichten auf die
Bitfolgen verwendet.

Ganze Zahlen werden überwiegend in 2 bis 8 Byte umfassenden Bitfolgen dargestellt. Mit einer Bitfolge von 2 Byte können 2^{16} = 65536 verschieden Zahlen abgebildet werden. Werden nur positive Zahlen verwendet, so liegt der Wertebereich
zwischen 0 bis einschließlich 65535. Sollen positive und negative Zahlen codiert
werden, so wird ein Bit zur Verschlüsselung des Vorzeichens verwendet. Der
Wertevorrat verschiebt sich zu –32768 bis +32767. Tabelle 4 zeigt die Wertebere-
che ganzer Zahlen in Abhängigkeit von der Länge der Bitfolgen.

Ganze Zahlen können exakt auf eine Bitfolge abgebildet werden, d. h. mit einer
Bitfolge von 16 Bit können alle ganzen Zahlen von –32768 bis 32767 dargestellt
werden. Die Anzahl der gebrochenen Zahlen im Bereich von –32768 bis 32767 ist

unendlich. Es ist nicht möglich jeder reellen Zahl ihre Bitfolge zuzuordnen. Der Ausweg liegt in der Annäherung der gebrochenen Zahl an eine darstellbare Zahl.

Byte	Bit	Wertebereich
2	16	-32768 bis 32767
4	32	-2^{31} bis $2^{31}-1$
8	64	-2^{64} bis $2^{64}-1$

Tabelle 4: Wertebereiche ganzer Zahlen in Abhängigkeit von der Bitfolgenlänge

Die logische Sicht auf eine Bitfolge zur Darstellung von *reellen* Zahlen orientiert sich an einer logarithmischen Darstellung und besteht aus drei Komponenten: Vorzeichen, Mantisse und Exponent (siehe Abbildung 1).

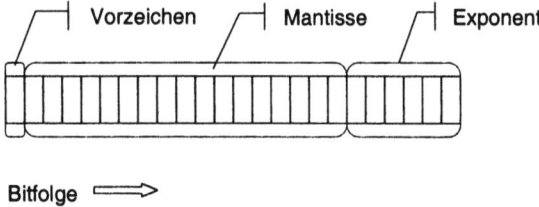

Bitfolge

Abbildung 1: Bitfolge zur Darstellung reeller Zahlen

Für das Vorzeichen werden 1 Bit, für die Mantisse und den Exponenten unterschiedlich lange Bitfolgen verwendet. Zur Abbildung reeller Zahlen werden häufig Bitfolgen mit einer Länge von 4, 8 oder 10 Bytes verwendet. In Tabelle 5 sind einige typische Wertebereiche und Genauigkeiten reeller Zahlen in Abhängigkeit von der Anzahl der verwendeten Bits aufgezeigt.

Byte	Bit	Bits für Mantisse	Dezimalstellen der Mantisse	Bits für Exponent	Wertebereich
4	32	23	7	8	-10^{38} bis 10^{38}
8	64	52	15	11	-10^{308} bis 10^{308}
10	80	64	19	15	-10^{4932} bis 10^{4932}

Tabelle 5: Wertebereiche und Genauigkeiten reeller Zahlen

Bei Rechenoperationen mit reellen Zahlen ist auf Rundungsfehler zu achten. Betrachten wir hierzu ein Beispiel bei der Addition von zwei 4-Byte großen reellen Zahlen R1 und R2. Die Anzahl der Dezimalstellen für die Mantisse beträgt 7 Stellen. R1 beziffert einen Kontostand von 10 Millionen €. Zu diesem Betrag wird 1 € als R2 addiert. In der logarithmischen Schreibweise ergibt sich:

R1 = 10 000 000 = 0,1 x 10^8
R2 = 1 =0,1 x 10^1

Beide Zahlen müssen zur Addition einen identischen Exponenten aufweisen:

R1 = 0,1000000 x 10^8
R2 = 0,00000001 x 10^8

Zur Abspeicherung der Mantisse werden nur 7 Dezimalstellen verwendet, d. h. die Zahl R1 wird exakt abgebildet und die Zahl R2 wird auf 7 Stellen abgerundet. Damit beträgt der Wert der Zahl R2 nur noch 0. In der Addition werden die beiden Mantissen addiert, zum Wert von R1 wird 0 addiert. Als Ergebnis der Addition ergibt sich ein neuer, unkorrekter Kontostand von 10 Millionen €.

1.3.2 Abbildung von Zeichen und Texten

Jeder Text wird in einzelne Zeichen zerlegt. Hierzu zählen die bekannten Buchstaben des Alphabets, Satzzeichen „, . ; ? " , Spezialzeichen „ #, @, € " und notwendige Steuerzeichen. Die Steuerzeichen beschreiben z. B., wann ein Zeilenumbruch erfolgt oder der Text auf einer neuen Seite fortgesetzt wird. Jedes Zeichen besitzt seine eigene Bitfolge.

Das deutsche Alphabet enthält 26 Kleinbuchstaben, ohne ß und Umlaute. Für alle Buchstaben und Sonderzeichen werden überschläglich 100 verschiedene Zeichen benötigt. Zur Darstellung eines einzelnen Zeichens als Bitfolge muss die Länge der Bitfolge mindesten 7 Bits umfassen. Mit dieser Bitfolge von 7 Bit lassen sich $2^7 = 128$ unterschiedliche Zeichen codieren. Jedem Zeichen wird seine Bitfolge zugeordnet, der wiederum eine Nummer entspricht.

Die Nummerierung nach dem „American Standard Code for Information Interchange" (ASCII) ist heute weit verbreitet. Hierbei ist zwischen zwei Formen des ASCII-Codes zu unterscheiden: der einfache 7-Bit-ASCII-Code und der erweiterte 8-Bit-ASCII-Code. Der einfache Code wird überwiegend im Zusammenhang mit UNIX-Rechnern verwendet. Der Zeichenvorrat von 128 Zeichen erlaubt keine Codierung der im deutschen Alphabet gebräuchlichen Umlaute. Dadurch ergeben sich in der täglichen Datenverarbeitung immer wieder hässliche „Druckfehler" wenn Daten zwischen verschiedenen Computersystemen ausgetauscht werden. Zeichen, die nicht in Tabelle 6 aufgeführt sind, sind daher gefährdet. Die Werte von 0 bis 31 sind mit nicht sichtbaren Sonderzeichen belegt.

Der erweiterte ASCII-Code verwendet dagegen 8 Bit zur Verschlüsselung von Zeichen, d. h. es können mit diesem Code $2^8 = 256$ verschiedene Zeichen beschrieben werden. Dieser erweiterte Zeichenvorrat wird zur Codierung von sprach- und länderspezifischen Sonderzeichen sowie für einfache Grafikzeichen genutzt. Für jede Sprache wurden spezielle Erweiterungen entwickelt.

Dezimal	Zeichen	Dezimal	Zeichen	Dezimal	Zeichen
32	Space	64	@	96	`
33	!	65	A	97	a
34	"	66	B	98	b
35	#	67	C	99	c
36	$	68	D	100	d
37	%	69	E	101	e
38	&	70	F	102	f
39	'	71	G	103	g
40	(	72	H	104	h
41	)	73	I	105	i
42	*	74	J	106	j
43	+	75	K	107	k
44	,	76	L	108	l
45	-	77	M	109	m
46	.	78	N	110	n
47	/	79	O	111	o
48	0	80	P	112	p
49	1	81	Q	113	q
50	2	82	R	114	r
51	3	83	S	115	s
52	4	84	T	116	t
53	5	85	U	117	u
54	6	86	V	118	v
55	7	87	W	119	w
56	8	88	X	120	x
57	9	89	Y	121	y
58	:	90	Z	122	z
59	;	91	[	123	{
60	<	92	\	124		
61	=	93	]	125	}
62	>	94	^	126	~
63	?	95	_	127	DEL

Tabelle 6: 7-Bit ASCII-Tabelle

Selbstverständlich ist es nicht möglich, die spezifischen Zeichen aller Sprachen, wie z. B. Chinesisch oder Arabisch, in diesen restlichen 128 Codierungsmöglichkeiten gleichzeitig zu verschlüsseln. Durch das Anwachsen des Informationsaustauschs zwischen unterschiedlichen Sprachräumen ist die Codierung mit 8 Bit nicht ausreichend. Daher wurde ein neuer internationaler Standard mit dem Namen UNI-Code eingeführt. Dieser Standard verwendet 16 Bit zur Codierung eines Zeichens. Damit können 2^{16} = 65536 Zeichen verschlüsselt werden. Der Zeichenvorrat dieses Codes umfasst die Zeichen für die meisten Schriftsprachen der Welt und für gebräuchliche technische Symbole (siehe http://www.unicode.org/).

1.3.3 Bilder und Grafiken

Bilder und Grafiken werden ebenfalls als Bitfolgen im Computer gespeichert. Sichtbar werden die Bilder erst, wenn sie aus ihrer internen, für uns unsichtbaren Abbildung in eine visuelle Form überführt werden. Spezielle Geräte wie Bildschirm, Drucker, Plotter und Virtual-Reality-Geräte lassen Grafiken für uns sichtbar und erlebbar werden. Bilder und Grafiken werden nach der Art der internen Darstellung wie folgt klassifiziert:

- Pseudografik,
- Pixelgrafik und
- Vektorgrafik.

Pseudografische Bilder bestehen aus einer Menge von rechteckigen festen Zeichen. Für jedes Zeichen wird eine feste Bit-Codierung genutzt. Die pseudografischen Bilder belegen wenig Speicherplatz und wurden deshalb vielfach für Bilder verwendet, die zwischen verschiedenen Computern ausgetauscht werden sollten. Auf Grund des geringen Speicherbedarfes konnte die Übertragung mit einer geringen Übertragungsrate, wie z. B. für Bildschirmtext (BTX), erfolgen. Pseudografische Bilder haben heute eine untergeordnete Bedeutung.

Bei der *Pixelgrafik* wird das Bild in einzelne *Pixel* (Bildpunkte) zerlegt und jedem Pixel wird eine Bitfolge zugeordnet. Die Länge der Bitfolge zur Beschreibung eines Pixels wird durch die Anzahl der zulässigen Farben bestimmt. Für Schwarz-Weiß-Bilder ist die Länge 1 ausreichend, da nur die Farben Schwarz oder Weiß gespeichert werden müssen. Zur Codierung von Farben existieren unterschiedliche Verfahren. Der Speicherbedarf für ein Pixelbild ergibt sich aus der Anzahl der Pixel und der entsprechenden Farbtiefe. Die Auflösung des Bilds, d. h. die Anzahl der Pixel pro Bildeinheit, beeinflusst die Wiedergabequalität des Bilds. Je höher die Anzahl der Pixel pro Bildeinheit ist, desto getreuer kann ein Bild wiedergegeben werden.

Vorteile bei der Verwendung von Pixelbildern ergeben sich aus der einfachen Manipulierbarkeit der Pixel und der schnellen Darstellung der Bilder auf Bildschirmen. Fotografien von klassischen Filmen werden mittels eines Scanners in Pixelbilder übertragen. Fotos von digitalen Kameras werden als Pixelbilder gespeichert. Zur Verringerung des Speicherumfangs von Pixelbildern auf externen Datenträgern werden die Originalbitfolgen in andere Folgen komprimiert. Der entscheidende Nachteil von Pixelbildern ist der Verlust an Bildqualität bei der Vergrößerung der Bilder (siehe Abbildung 2). Technische Zeichnungen und Geschäftsgrafiken werden daher nicht als Pixelbilder gespeichert.

Abbildung 2: Pixelorientierter Kreis mit Vergrößerung

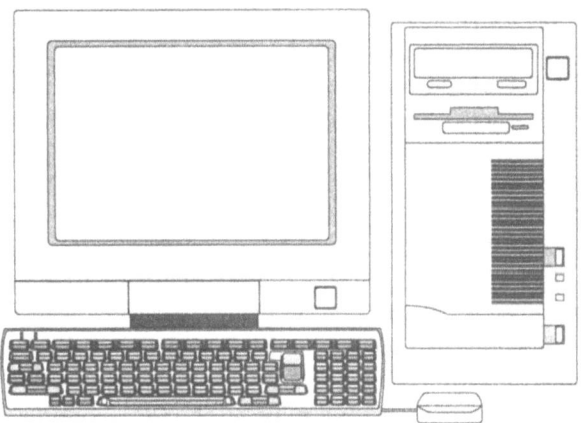

Abbildung 3: Clip aus der Microsoft ClipArt-Galery

Im Gegensatz zur Pixelgrafik, die nur aus einer Menge von Pixeln bestehen, zergliedert sich ein *vektorgrafisches* Bild in Bildobjekte. Bei der internen Darstellung werden diese Bildobjekte beschrieben. Das Bild wird in Bildobjekte aufgeschlüsselt, und die Objekte mit ihren Attributen und die Objektposition auf dem Bild werden gespeichert. Typische Bildobjekte sind Linien, Kreise, Vektoren und Flächen. Zu den sichtbaren Attributen gehören die Farbe des Objektes, die Dicke von Linien und das Muster von Flächen. Mit den unsichtbaren Attributen werden z. B. die Zugehörigkeit zu einer Objektgruppe und die Lage im Bild (Vorder- oder Hintergrund) beschrieben. Die Bildobjekte lassen sich mit entsprechenden Grafikprogrammen, wie PowerPoint, selbst erstellen. Vielfach stehen umfangreiche Sammlungen von vorgefertigten Bildobjekten, den so genannten Clips, zur Verfügung (siehe Abbildung 3).

Wesentliche Vorteile von Vektorgrafiken ergeben sich aus der Tatsache, dass nicht das Bild an sich, sondern Bildobjekte und eine Beschreibung zum Bildaufbau gespeichert sind. Dadurch können einzelne Objekte in einem Vektorbild manipuliert oder gelöscht werden. Weiterhin lassen sich Vektorbilder ohne Qualitätsverluste strecken, stauchen oder drehen. Nachteilig wirkt sich die notwendige Umrechnung des Vektorbilds in eine Pixelgrafik aus, wenn dieses Bild auf einem Bildschirm oder Drucker ausgegeben wird. Diese Geräte lassen das Bild aus einzelnen Pixeln erstehen. Der Zeitaufwand des Computers für diese Umrechnung ist klein und er verringert sich durch den Einsatz von speziellen Grafikprozessoren.

1.3.4 Digitale Schriften

Bisher haben wir uns darauf beschränkt, dass einem Zeichen aus einem Text eine spezielle Codierung zugeordnet wird. Basis für diese Zuordnung ist ein existierender Code, wie z. B. ASCII- oder UNI-Code. Es wurde bisher nicht erläutert, in welcher Form, mit welchem Aussehen das Zeichen oder der Buchstabe auf einem Drucker oder Bildschirm sichtbar wird. Dieser Vorgang wird als Zeichendarstellung bezeichnet. Grundlage der Zeichendarstellung sind Zeichensätze oder *Fonts*. Ein Font ist eine Sammlung von einzelnen darstellbaren Zeichen, die einer bestimmten *Schriftart* zugeordnet werden.

Die Schriftarten lassen sich *serifenlose* (z. B. Helvetica) und *serifenbetonte* (z. B. Times) unterteilen. *Serifen* sind kleine waagerechte Linien (Endstriche) an den Schriftzeichen und sie begünstigen die Lesbarkeit. Serifenlose Schriften wurden bei ihrem Aufkommen im 19. Jahrhundert auch *grotesk* genannt. Diesen Begriff findet man noch in einigen Schriftnamen, insbesondere als Namenszusatz bei Schriften, die aus Serifenschriften heraus entwickelt wurden.

Der Namenszusatz *Roman* („römisch") bezeichnet mit Serifen versehene Schriften mit nichtkonstanten Linienstärken. Das C ist z. B. oben und unten dünner als in der Mitte. Roman als Namenszusatz bezeichnet die Grundform („Times Roman"). Diese Grundform kann durch kursive oder fette Formen erweitert werden, die dann als Ausführungsart bezeichnet werden. Von jedem Zeichen eines Schrifttyps sind in der Regel mehrere Größen und Ausführungsarten (normal, kursiv, halbfett, fett, schattiert, konturiert, negativ, ...) zu entwerfen. Tabelle 7 zeigt exemplarisch einige Schriftarten mit ihren Ausführungsarten. Schriften sind i. Allg. urheberrechtlich geschützt, da mit der Entwicklung einer neuen Schriftart ein erheblicher Aufwand verbunden ist. Hersteller wandeln aus diesem Grund bekannte Schriftarten leicht ab und geben ihnen andere Namen. So sind *Swiss*, *Helvetica* und *Arial* nahezu identisch.

Schriftart	Ausführungsart			
	normal	kursiv	fett	fett kursiv
Times New Roman	AaBbCcDd	*AaBbCcDd*	**AaBbCcDd**	***AaBbCcDd***
Arial	AaBbCcDd	*AaBbCcDd*	**AaBbCcDd**	***AaBbCcDd***
Courier New	AaBbCcDd	*AaBbCcDd*	**AaBbCcDd**	***AaBbCcDd***
Helvetica	AaBbCcDd	*AaBbCcDd*	**AaBbCcDd**	***AaBbCcDd***

Tabelle 7: Exemplarische Schriftarten

Zur Zeichendarstellung existieren zwei unterschiedliche Wege, die sich an den prinzipiellen Darstellungen von Bildern orientieren. Die Zeichen in einem Font werden durch eine Menge von Pixel (Bitmap) oder durch Hüllkurven beschrieben. Die unterschiedlichen Techniken sind in Abbildung 4 für den Buchstaben „n" aufgezeigt.

Bei den Bitmap-basierten Fonts wird ein Zeichen durch einzelne Pixel beschrieben. Für jede Schriftgröße muss ein eigener Font entwickelt werden, da sich Bitmaps nicht ohne Qualitätsverluste skalieren lassen. Auch für jede Ausführungsart muss ein eigener Font erstellt werden. Der Vorteil dieser Bitmap-basierten Fonts besteht in der hohen Darstellungsgeschwindigkeit auf pixel-orientierten Ausgabegeräten, da keine Berechnungen zur Erstellung von Pixel erfolgen. Bei der heutigen vorhandenen Prozessorleistung spielt dieser Vorteil eine untergeordnete Bedeutung, so dass Bitmap-basierte Fonts auf Grund ihrer Nachteile nur noch selten genutzt werden.

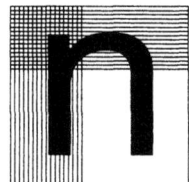 

Abbildung 4: Abbildung des Zeichens "n" durch Bitmap (links) und Hüllkurven (rechts)

Die zweite Methode der Zeichendarstellung besteht in der Beschreibung jedes Zeichens als *Hüllkurve*. Es wird also nicht das Zeichen selbst, sondern eine Beschreibung zum Zeichnen des Zeichens abgelegt. Die Schriftzeichen werden nur als Umrisse definiert und können wie jedes andere graphische Objekt skaliert, rotiert, ausgeschnitten und mit Farbe gefüllt werden. Zur Darstellung des Zeichens auf dem Bildschirm oder Drucker muss es als Punktmuster (Bitmap) vorliegen. Aus der gespeicherten Beschreibung des Zeichens wird nun in Abhängigkeit von der gewünschten Schriftgröße das entsprechende Bitmap berechnet. Schnelle Algorithmen und Grafikprozessoren mindern diesen Umstand. Dieser Konvertierungsaufwand entfällt bei den Bitmap-Schriften. Vorteile bei dieser Art der Schriftdarstellung sind, dass die Darstellung der Zeichen auf dem Bildschirm, der auf dem Drucker entspricht, die Zeichen beliebig rotiert und skaliert werden können und dass die Schriftzeichen in vektorgrafische Bilder als grafische Objekte integriert werden.

Die im Betriebssystem Windows angebotenen *TrueType*-Schriften gehören ebenso wie die Fonts von *Postscript* in die Kategorie der Hüllkurven-Schriften.

2 Grundzüge der Praktischen Informatik

In diesem Kapitel werden die Grundzüge der Technischen und Praktischen Informatik zusammengefasst. Der Schwerpunkt liegt dabei deutlich auf letztgenanntem Fachgebiet, weshalb die Technische Informatik auch in der Überschrift weggelassen wurde. Es wäre allerdings falsch, hieraus den Schluss zu ziehen, dass die Technische Informatik weniger gehaltvoll oder bedeutsam im Vergleich zur Praktischen Informatik wäre; die Schwerpunktsetzung auf die Praktische Informatik beruht vor allem auf der Relevanz für die Zielgruppe dieses Buchs.

Wie bereits erwähnt, befasst sich die Technische Informatik mit der Technologiegestaltung bezüglich des Erkenntnisobjekts Hardware und die Praktische Informatik mit der gleichen Aufgabe bezogen auf Basissoftware. Es geht also um die unteren beiden Schichten der in Tabelle 2 dargestellten Informationsinfrastruktur. Die Grenzen zwischen Praktischer und Technischer Informatik sind dabei fließend. Da auch in Hardware-Bausteinen Programme ablaufen, die in die Chips „eingebrannt" werden und ab da unabänderlich sind, gibt es erhebliche methodische Überlappungen beim Entwurf von Hardware- und Softwaresystemen.

2.1 Technische Grundlagen/Hardware

2.1.1 Grundstruktur von Computern

Die Basisstruktur unserer Computer wurde durch den Wissenschaftler John von Neumann in der 40-er Jahren des 20. Jahrhunderts entwickelt. Ein Computer wird als ein universell einsetzbares Gerät zur automatischen Datenverarbeitung verstanden. Die Datenverarbeitung ist ein Prozess, der sich in die folgenden Teilaufgaben gliedert: Eingabe, Verarbeiten, Speichern und Ausgeben von Daten.

Die Eingabe beschreibt das Einbringen von Daten in den Computer und kann selbst durch eine Person über Tastatur oder Maus, durch spezielle Geräte wie Scanner und Mikrofon oder durch andere Computer erfolgen. Hierfür sind jeweils entsprechende Eingabegeräte notwendig. Liegen die Eingabedaten nicht in binärer Form vor, dann müssen die Eingabegeräte die Eingabedaten in eine binäre Form überführen. So überführt die Tastatur nach jedem Tastendruck das ausgewählte Zeichen in eine Bitfolge.

Die Teilaufgabe Verarbeiten beschreibt eine systematische Serie von Aktionen, die der Computer mit den eingegebenen Daten ausführt. Beispiele für die Verarbeitung sind z. B. die Durchführung von Berechnungen, Modifikation von Texten oder das Zeichen von Grafiken. Die Ausführung dieses Prozesses erfolgt in der Zentraleinheit. Der ausführende Teil dieser Zentraleinheit wird auch als CPU (Central Processing Unit) bezeichnet.

Damit ein Computer Daten in der CPU verarbeiten kann, müssen diese Daten an definierten Orten gespeichert werden. Computer verfügen über mehrere Orte zum Speichern der Daten. Die Auswahl des verwendeten Speicherplatzes hängt von der Art der Verarbeitung der Daten ab. Im *Hauptspeicher*, auch Main Memory genannt, werden Daten gespeichert, die direkt vom Prozessor verarbeitet werden sollen. Auf externen Speichermedien, wie Diskette und CD-ROM sind Daten gespeichert, die zur Verarbeitung in den Hauptspeicher geladen werden.

Nach der Verarbeitung der Daten werden diese wieder ausgegeben. Die Daten werden zu anderen Computern übertragen, auf externen Geräten gespeichert oder in einer uns Menschen verständlichen Form angezeigt. Hierzu gehören die Ausgabe von Berichten auf einem Drucker, das Anzeigen von Bildern, Grafiken und Animationen auf einem Bildschirm und das Hören von Musik aus Lautsprechern.

Die *von-Neumann-Rechnerarchitektur* dient bis heute als Grundlage für alle modernen Computersysteme. In dieser modellhaften Struktur werden die folgenden zwei Hauptkomponenten unterschieden: Zentraleinheit und periphere Geräte (siehe Abbildung 5). Die Zentraleinheit lässt sich weiter in den Prozessor und den Hauptspeicher unterteilen. Der Prozessor wiederum besteht aus Steuer- und Verarbeitungseinheit. Mit dem Begriff CPU wird ein Logik-Chip bezeichnet, der die Steuer- und Verarbeitungseinheit umschließt.

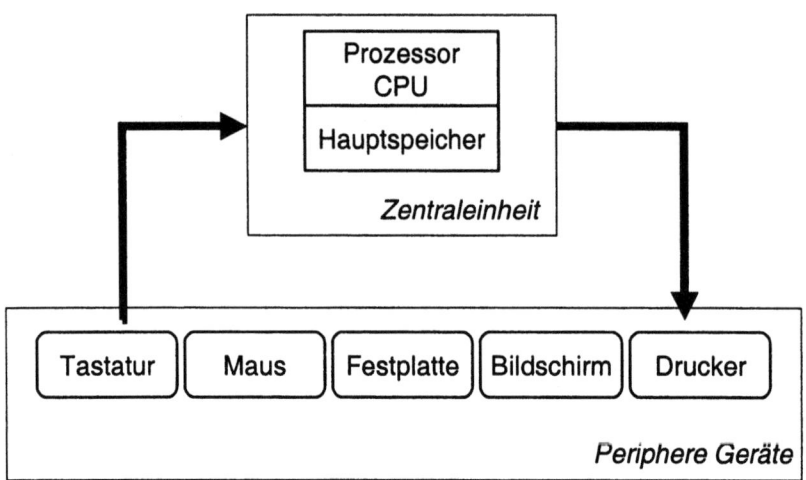

Abbildung 5: Hauptbestandteile und Datenfluss in einem Computer

Der *Hauptspeicher* enthält sowohl die zu verarbeitenden Daten, als auch die Befehle zur Verarbeitung. Eingabedaten werden in den Hauptspeicher geschrieben und Ausgabedaten aus dem Hauptspeicher gelesen. Die Steuereinheit organisiert die Reihenfolge bei der Abarbeitung der Befehle. Die Befehle werden aus dem Hauptspeicher sequenziell gelesen, interpretiert und die Ausführung des Befehls durch die Verarbeitungseinheit wird angestoßen. Die Verarbeitungseinheit ist der eigentliche Rechenknecht. Sie führt die von der Steuereinheit erhaltenen Befehle aus. In gebräuchlichen Computern sind Verarbeitungs- und Steuereinheit nur noch funktional getrennt. Physisch befinden sie sich zusammen auf einem Chip, der als Prozessor oder CPU bezeichnet wird.

Die *peripheren Geräte* sind die Schnittstelle des Computers zu seiner Außenwelt. Über diese Geräte werden die zu verarbeitenden Daten eingelesen und dann die bearbeiteten Daten wieder zurückgegeben. Diese peripheren Geräte lassen sich nach der Richtung des Datenflusses in Eingabe-, Ausgabe- und Ein-und-Ausgabegeräte klassifizieren. Beispiele für Eingabegeräte sind Tastatur und Scanner und für Ausgabegeräte seien beispielhaft Bildschirm und Drucker genannt. Zu den Ein- und Ausgabegeräten gehören die externen Speicher wie Festplatten- und Diskettenlaufwerke. Sie werden sowohl zur Eingabe als auch zur Ausgabe von Daten genutzt.

2.1.2 Computerklassen – Historie und aktuelle Bedeutung

Nach der modellhaften Betrachtung der Grundstruktur von Computern wird nun in die reale Welt gewechselt. Gegenwärtige Computersysteme lassen sich nach unterschiedlichen Kriterien einteilen. Wir werden hier eine Einteilung vornehmen, die sich hauptsächlich an der Leistungsfähigkeit der Computersysteme orientiert. Allgemein werden Computersysteme in folgende Klassen eingeteilt (in Anlehnung an Bode 1990):

- Als *Großrechner (Mainframe)* und *Supercomputer (Vektorrechner)* werden Computer der oberen Leistungsregion bezeichnet. Mainframes sind schnelle Computer in Wirtschaft und Verwaltung zum zentralen Speichern und Verarbeiten von sehr großen Datenmengen. Ihr Einsatz erfolgt dort, wo Zuverlässigkeit Datensicherheit und zentralisierte Kontrolle notwendig sind, wie zur Verwaltung umfangreicher Kundendaten. Sie sind charakterisiert durch die Verfügbarkeit von umfangreichen Massenspeichern und durch die gleichzeitige Nutzung dieser Systeme durch mehrere Tausend Benutzer. Supercomputer sind die schnellsten Computer. Ihr Einsatz erfolgt überwiegend für sehr rechenintensive Aufgaben, wie die Wetterprognose..

- *Minicomputer (Midrange-Systeme)* sind Mehrbenutzer- und Mehrprozessorsysteme mit hoher Prozessorleistung. Die verwendeten Komponenten sind für die Erhöhung der Ausfallsicherheit nicht so hochintegriert wie bei Workstations oder Mikrorechnern. Ihr Anwendungsgebiet ist die Realisierung von Komplettlösungen für mittlere Unternehmen.

- *Arbeitsplatzrechner (Workstations)* sind wie Mikrorechner Monoprozessorsysteme. Sie sind aber mit leistungsfähigeren Prozessoren (oftmals RISC-Technologie) ausgestattet und arbeiten in der Regel mit leistungsfähigen Multitasking-Betriebssystemen, wie z. B. Unix. Bei diesen Systemen ist auch Mehrbenutzerbetrieb möglich.

- *Mikrorechner* sind Monoprozessorsysteme für den Einbenutzerbetrieb. Die verwendeten Bauteile sind in der Regel hochintegriert. Die Betriebssysteme sind in gewissen Grenzen multitaskingfähig. Typische Mikrorechner sind Personal Computer (PCs) für den persönlichen häuslichen Bedarf und für Büroanwendungen. „Standard-PCs" sind PCs mit Prozessoren der Hersteller Intel® oder AMD® und basieren auf den Vorgaben des IBM® PC. Eine Untergruppe der PCs sind die *Personal Digital Assistants (PDA)* oder *Palmtop Computer.* Sie sind kleiner als Notebooks und werden auch als Computer im Jackentaschenformat bezeichnet. Diese Computer verfügen über spezielle Schnittstellen, wie PCMCIA (Personal Computer Memory Card International Association), um einen Datenaustausch mit anderen Computern zu ermöglichen.

- *Einbaucomputer* (engl. *embedded Computer)* sind vielfach Einchipcomputer, die in Geräte, Maschinen und Anlagen integriert sind. Ihre Aufgabe ist das Steuern und Überwachen ausgewählter Geräte, wie z. B. die Steuerung der Bremsen in einem ABS-System. Die Software für diese Computer ist vielfach „fest verdrahtet".

Bei dieser Kategorisierung ist zu beachten, dass die Grenzen zwischen den Rechnerklassen immer weiter verschwimmen, denn schon heute sind Workstations mit parallelen Prozessoren oder PCs mit Transputer-Technologie in Leistungskategorien angesiedelt, die bisher Großrechnern vorbehalten waren. Ähnliches gilt auch im Bereich der Standard-PCs: Die rasante Entwicklung der Intel-Prozessoren lässt heute aus hardwaretechnischer Sicht keinen Unterschied mehr zwischen einem PC und einer einfachen Workstation erkennen.

Die Preisentwicklung für Hardware steht dem technischen Entwicklungstrend entgegen: Die Preise pro Megabyte Speicher oder pro Einheit Rechenleistung (z. B. MIPS oder FLOPS) fallen kontinuierlich. So gilt das *Gesetz von Grosch,* das besagt, dass die Leistungsfähigkeit von Rechenanlagen etwa quadratisch mit ihren Kosten steigt, zumindest tendenziell auch heute noch.

2.1.3 Aufbau von PCs

Auf Grund der großen Verbreitung der PCs werden für diese Computerklasse wichtige Hardwarekomponenten vorgestellt. Dabei steht nicht die Erläuterung technischer Details im Vordergrund, sondern die Aufbereitung von Wirkprinzipien und Leistungskriterien dieser Komponenten. Wie jeder Nutzer ist auch der Nicht-Informatiker von der Arbeitsweise der Komponenten abhängig. Grundkenntnisse erleichtern zum einen die Herangehensweise bei der Suche nach Unzulänglichkeiten und Fehlern bei der Hardware. Zum anderen erlaubt Basiswissen eine Einflussnahme des Nutzers bei der Beschaffung und Wartung der Computer.

Eine PC-Standardkonfiguration besteht vielfach aus dem eigentlichen Rechner, einem Bildschirm, der Tastatur, Maus, Drucker, Lautsprecher und Anschlüssen zu einem Computernetzwerk. Häufig ist als zusätzliches Eingabegerät ein Scanner zur Eingabe von Bildern vorhanden. Öffnet man die Verkleidung eines PCs, so lassen sich die folgenden Hauptkomponenten erkennen: Stromversorgung (Netzteil), Motherboard einschließlich Prozessor und Hauptspeicher, Festplattenlaufwerk, Diskettenlaufwerk, CD-ROM-Laufwerk, Steckkarten, freie Steckplätze und Kabel unterschiedlicher Stärke, welche die Komponenten miteinander verbinden.

Ein Rechner arbeitet mit Gleichstrom im Niedervoltbereich (3,3 bis 12 V), so dass der Strom über ein *Netzteil* bereitgestellt werden muss. Neben der Transformation der Spannung sollen Netzteile auch für den Schutz vor Überspannungen sorgen. Vielfach bieten Netzteile auch einen Schutz gegen kurzfristigen Netzausfall. Gekoppelte Akkus übernehmen für eine kurze Zeit die Stromversorgung. Ein Schutz gegen kurzfristigen Stromausfall ist besonders wünschenswert, da im Fall einer Stromunterbrechung alle im Hauptspeicher gespeicherten Daten verloren gehen.

Das *Motherboard* (Hauptplatine) ist das Kernstück des Computers. Hauptbestandteile dieses Boards sind die CPU, der Arbeitsspeicher sowie zusätzliche Steckkarten und elektronische Chips. Die CPU und der Arbeitsspeicher werden noch detaillierter beschrieben. Auf den Steckkarten befinden sich die *Controller*. Diese Controller steuern die externen Ein- und Ausgabegeräte. Ein Grafik-Controller - er befindet sich auf der Grafikkarte - ist z. B. für die Ansteuerung des Bildschirms zuständig. Ein spezielles Kabel verbindet den Bildschirm mit der Grafikkarte. Die Steckkarten sind in standardisierte Sockel, die *Slots*, gesteckt. Die Verbindung der einzelnen Slots untereinander und mit dem Motherboard wird durch *Bussysteme* hergestellt. Durch die Anwendung eines standardisierten Steckkarten-Konzepts wird eine höhere Flexibilität bei der Konfigurierung der Hauptplatine erreicht. Beim Anschluss neuer oder veränderter peripherer Geräte muss nicht die Hauptplatine gewechselt werden, sondern es müssen gegebenenfalls neue Steckkarten eingesetzt oder alte Steckkarten getauscht werden.

2.1.4 Arbeitsspeicher

Der Arbeitsspeicher in einem Computer hat die Aufgabe der Speicherung von Daten, die vom Programm verarbeitet werden, und Befehlen für den Prozessor, die als Programm bezeichnet werden. Dieser Speicher besteht aus einzelnen digitalen Speicherelementen, die nur zwei Zustände einnehmen können. Ein Speicherelement wird zur Speicherung von einem Bit verwendet. Nun wird bei der Verarbeitung der Bitfolgen nicht auf jedes einzelne Bit zugegriffen, sondern der Lese- und Schreibvorgang erfolgt immer auf eine Gruppe von Bits, der *Speicherzelle*. Jeder Speicherzelle ist eine *Adresse* zur Identifikation zugeordnet. In unserer modellmäßigen Betrachtung eines Computers in Abschnitt 2.1.1 Grundstruktur von Computern wurde der Speicher als homogenes Objekt betrachtet. In den realen Computern werden zur physischen Umsetzung des Speichers unterschiedliche Arten von Speicherchips verwendet, die sich im Speichervermögen, den Zugriffszeiten und dem Preis unterscheiden.

Das Speichervermögen oder die Speicherkapazität wird in Byte, KByte (1024 Byte) oder MByte (1024 KByte) angegeben. Der Arbeitsspeicher für PCs bewegt sich heute im Bereich von 128 MByte aufwärts. Diese Speicherbereiche sind nicht in einem Chip realisierbar. Es werden mehrere Chips zu SIMM (Single Inline Memory Module)-Modulen zusammengeschlossen.

Auf jede Speicherzelle des Arbeitsspeichers kann direkt zugegriffen werden. Nach einem Zugriff auf die Speicherzelle mit der Adresse 5000 kann auf einer beliebigen anderen Zelle ein Schreib- oder Lesevorgang erfolgen. Daher wird diese Speicherform auch als RAM (Random Access Memory) bezeichnet. Im Gegensatz dazu kann bei einer Speicherung auf einem Magnetband immer nur ein rein sequenzieller Zugriff erfolgen. Der Name RAM wird vielfach auch als synonyme Bezeichnung für den Arbeitsspeicher genutzt. Die Speicherchips für den Arbeitsspeicher lassen sich in die Arten Dynamischer RAM (DRAM) und Statischer RAM (SRAM) einteilen. Beide Speicherformen sind flüchtige Speicher. Auf Grund ihrer Konstruktion müssen die dynamischen Speicherelemente in regelmäßigen Abständen elektrisch „aufgefrischt" werden. Dieser Vorgang wird als Refresh bezeichnet, und er wird im Mikrosekunden-Bereich ausgeführt. Beim Ausschalten des Computers oder bei einem Stromausfall wird der Refresh-Vorgang beendet und alle im Hauptspeicher vorhandenen Daten und Befehle sind gelöscht.

Aus Kostengründen ist es nicht vertretbar, den Arbeitsspeicher nur aus den schnellsten Speicherchips zu erstellen. Daher werden die unterschiedlichen Arten der Speicherchips in einer Speicherhierarchie verwendet. Jeder Ebene in dieser Hierarchie ist ein spezieller Anwendungsbereich zugeordnet und sie stellt einen Kompromiss aus Speicherkosten, Speichergröße und Zugriffszeit dar. Mit steigender Hierarchieebene sinken die Kosten und es steigen Speichergröße und Zugriffszeit. Zur Überwindung von Synchronisationsproblemen zwischen den Ebenen wird das *Cache* (Puffer)-Konzept eingesetzt. Bei diesem Konzept werden Teile einer Speicherebene i mit Mitteln aus der schnelleren Ebene i-1 realisiert. So werden z. B. in einem Cache am Prozessor sehr schnelle Speicherchips verwendet, um die Leistung des Prozessors nicht durch „lange" Speicherzeiten zu beeinträchtigen. Ein anderes Beispiel ist die Nutzung von SRAMs als Cache-Speicher auf dem Motherboard. In diesen Chips werden Teile des Arbeitsspeichers für schnelle Zugriffe bereitgestellt. Der überwiegende Teil des Hauptspeichers besteht aus DRAM-Speicherchips.

Der Arbeitsspeicher eines Computers lässt sich organisatorisch in die folgenden Kategorien einteilen: RAM (Hauptspeicher), Virtueller Speicher, ROM und CMOS.

Virtueller Speicher (Virtual Memory)

Im normalen Betrieb sind auf einem PC mehrere Programme, wie Betriebssystem, Textverarbeitung, WWW-Browser und Datenbanken gleichzeitig gestartet. Jedes dieser Programme benötigt seinen Speicherplatz im Arbeitsspeicher, der nur eine beschränkte Ressource ist. Können alle Programme gleichzeitig laufen, wenn die Summe ihres Speicherplatzes größer als die Kapazität des Hauptspeichers ist, wenn also die Ressource des Hauptspeichers erschöpft ist? Mit heutigen Betriebssystemen ist es möglich, freie Speicherkapazität auf der Festplatte als eine Erweiterung des Hauptspeichers zu nutzen. Dieser Speicherplatz wird als *Virtueller Speicher* (siehe auch Abschnitt 2.3.3 Speicherverwaltung) bezeichnet. Benötigte Speicherkapazität des Arbeitsspeichers wird auf die Festplatte ausgelagert. Dieses Austauschverfahren wird Swapping genannt. Virtueller Speicher ermöglicht einem Computer ohne ausreichenden realen Hauptspeicher auch große Programme abzuarbeiten. Dabei ist zu beachten, dass die Zugriffszeiten bei einem virtuellen Speicher größer sind als bei einem realen Speicher. Ein Plattenzugriff dauert etwa 10 Millisekunden, ein RAM-Zugriff 60 Nanosekunden.

ROM (Read Only Memory)

Neben den RAM-Speichern enthält der Computer auch ROM (Read Only Memory)-Speicherchips. Inhalte dieser Chips können nur gelesen werden und die zu lesenden Daten und Befehle sind vom Hersteller auf dem Chip fest eingeschrieben. Diese Speicherform ist nicht flüchtig, d. h. der Inhalt des Speichers ist ständig verfügbar. Der ROM in einem Computer enthält spezielle, permanente Ein- und Ausgabebefehle für den Prozessor, das so genannte BIOS (Basic Input Output System).

Beim Neustart eines Computers ist der RAM-Arbeitsspeicher leer, er enthält keine Befehle oder Daten. Zu diesem Zeitpunkt werden die notwendigen BIOS-Befehle aus dem ROM gelesen. Das BIOS ist klein, aber es enthält alle notwendigen Befehle, damit der Prozessor auf ein Laufwerk zugreifen kann. Mit den Befehlen aus dem BIOS wird dann ein Laufwerk gesucht, welches die notwendigen Dateien für den Start des Betriebssystems enthält.

CMOS

Ein weiterer Speicher in einem Computer ist der CMOS (Complementary Metal Oxide Semiconductor), ein spezieller flüchtiger Speicher. Zur Aufrechterhaltung seiner Informationen ist nur ein geringer Strombedarf erforderlich, so dass diese Speicher durch spezielle Batterien betrieben werden. Auf den CMOS-Speicher wird ebenfalls beim Starten des Computers zurückgegriffen. Die Nutzung eines Computers kann erst beginnen, wenn von der Festplatte die notwendigen Dateien des Betriebssystems in den Hauptspeicher geladen wurden. Aber der Computer kann die Daten auf der Festplatte nur finden, wenn Basisinformationen über die Festplatte vorliegen. Hierzu gehören die Organisationsform der Festplatte und Informationen zu den Plätzen, auf den die notwendigen Dateien für das Betriebssystem gespeichert sind.

Würden diese Informationen in einem ROM gespeichert sein, dessen Informationen fest eingebrannt sind, so könnte z. B. die Festplatte nie gewechselt werden. Aus diesem Grund werden diese Informationen im CMOS-Speicher gehalten. Bei einer Änderung der Systemkonfiguration oder dem Austausch der Festplatte gegen einen anderen Typ muss nur der CMOS-Speicher aktualisiert werden.

2.1.5 Prozessor

Der Prozessor oder CPU (Central Processing Unit) ist das Herz eines Computers. Seine Aufgabe besteht in der Verarbeitung von Daten. Die CPU für PCs ist auf einem Chip gefertigt und zergliedert sich logisch in die beiden Komponenten *Steuerwerk* (Control Unit) und *Rechenwerk* (Arithmetic Logic Unit). Die Art und Weise der Verarbeitung von Daten wird in einer Befehlsfolge, dem *Programm*, gespeichert. Sowohl die Daten als auch die Befehle sind im Hauptspeicher abgelegt. Die prinzipielle Arbeitsweise der CPU wird durch folgende Teilschritte beschrieben:

1. Hole den nächsten Befehl aus dem Hauptspeicher und speichere diesen im Steuerwerk!

2. Hole die zur Ausführung notwendigen Daten aus dem Hauptspeicher in das Rechenwerk!

3. Arbeite den Befehl im Steuerwerk ab!

4. Kopiere das Ergebnis der Operation in den Hauptspeicher zurück!

In Abbildung 6 ist das Zusammenspiel zwischen CPU und Hauptspeicher aufgezeigt.

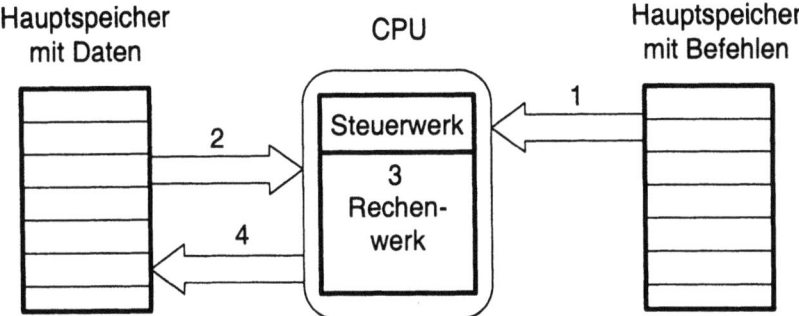

Abbildung 6: Befehlsabarbeitung in der CPU

Das Rechenwerk führt die eigentlichen Operationen aus. Die zu verarbeitenden Daten müssen in *Registern* gespeichert sein. Register sind spezielle Speicherbereiche im Rechenwerk, die durch sehr schnelle Zugriffszeiten charakterisiert sind. Addition und Subtraktion von Registerinhalten sind Beispiele für arithmetische Operationen des Rechenwerks. Das Ergebnis einer Operation wird in einem speziellen Register, dem *Akkumulator,* zwischengespeichert.

Das Steuerwerk koordiniert die Arbeit des Rechenwerks in Abhängigkeit von den auszuführenden Befehlen. Diese Befehle werden sequenziell aus dem Arbeitsspeicher in das Befehlsregister des Steuerwerkes übertragen. Die Adresse des Befehls im Arbeitsspeicher wird im Befehlszähler vermerkt. Der in das Befehlsregister geladene Befehl wird interpretiert und seine Ausführung durch das Rechenwerk angestoßen, wie z. B. das Übertragen von Daten aus dem Arbeitsspeicher in ein bestimmtes Register. Bei einer sequenziellen Abarbeitung der Befehle wird der Wert des Befehlszählers auf die Adresse des nächsten Befehls gesetzt. Bei der Ausführung von Sprungbefehlen wird das Ergebnis dieser Operation in den Befehlszähler geschrieben. Die Adresse des nächsten auszuführenden Befehls ist somit in Abhängigkeit von den Daten berechnet worden. Damit ist ein Programm in der Lage, die Abarbeitung an einer beliebigen Stelle des Programms fortzusetzen. Hier liegt der wesentliche Unterschied z. B. zu einfachen Lochstreifen-gesteuerten Maschinen, die nur eine fest vorgegebene Reihenfolge von Befehlen abarbeiten können. Datenabhängige Verzweigungen sind bei diesen Maschinen nicht möglich.

Ein Befehl besteht prinzipiell aus zwei Bestandteilen: dem Operationscode (op code) und den Operanden. Der Operationscode definiert die auszuführenden Operationen und die Operanden beschreiben die Adressen der beteiligten Daten. Die Menge aller Befehle wird als Befehlssatz bezeichnet. Für unterschiedliche Typen von Prozessoren existieren nun unterschiedliche Befehlssätze. Das ist auch der

Grund, warum nicht sichergestellt ist, dass ein für einen PC mit einem Intel-Prozessor entwickeltes Programm auch auf einer Workstation mit einem Motorola- oder Alpha-Prozessor lauffähig ist. Die Struktur der Befehlssätze ist jedoch ähnlich. Die Befehle lassen sich nach ihrem Zweck, wie in Tabelle 8 gezeigt, klassifizieren (Werner 1995, 79ff).

Befehlsgruppe	Zweck	Beispiel
Verarbeitungsbefehle	Steuerung des Rechenwerks mit dem Ziel der Verarbeitung der Operanden zu einem neuen Ergebnis	Addition von zwei Registerinhalten
Sprungbefehle	Steuerung der Auswahl des nächsten Befehles	Sprung zu einer berechneten Sprungadresse in Abhängigkeit von Registerinhalten
Transportbefehle	Bewegung (Kopieren) von Daten zwischen zwei Speicherzellen	Kopieren des Inhalts einer Speicherzelle in ein Register
Ein-/ und Ausgabebefehle	Datentransport zu Schnittstellen (Ports) peripherer Geräte	Übertragung von Daten aus dem Hauptspeicher an eine Druckerschnittstelle
Steuerbefehle	Ablaufkontrolle des Programms	Ende eines Programms wird durch den Halt-Befehl angezeigt

Tabelle 8: Zweckbestimmte Einteilung der CPU-Befehle

Nun wird ein Programmausschnitt zur Addition zweier Zahlen betrachtet. Zur Vereinfachung wird angenommen, dass jeder Befehl eine Speicherzelle belegt und die Befehle im Speicherbereich mit den Adressen 1000 bis 1999 abgelegt sind. Der Datenbereich beginnt bei der Speicheradresse 2000. Jede Zahl wird ebenfalls in einer Speicherzelle gespeichert. Die Situation nach der Ausführung des Befehls „Lade 2000 in R1" ist in Abbildung 7 aufgezeigt. Die Befehle werden sequenziell, d. h. ohne Sprünge ausgeführt. Tabelle 9 enthält eine Erläuterung der abzuarbeitenden Befehle.

Nach der Ausführung des Befehles „Lade Accumulator in 2002" ist die Addition beendet. Das Ergebnis wurde in die Speicherzelle mit der Adresse 2002 geschrieben. Der Status der CPU nach der Ausführung dieses Befehls ist in Abbildung 8 dargestellt.

Es ist der Wunsch eines jeden Computerbenutzers, seine Aufgaben mit dem Computer in möglichst kurzer Zeit zu lösen. Der Prozessor beeinflusst dabei wesentlich die Gesamtleistung eines Computers. Allgemein lässt sich formulieren, dass mit steigender Prozessorleistung auch die Geschwindigkeit zur Abarbeitung der Aufgabe steigt. Nun sind neben dem Prozessor noch andere Komponenten beteiligt. Eine alte Weisheit besagt, dass eine Kette nur so stark wie ihr schwächstes Glied ist. Dieses lässt sich auch auf einen Computer übertragen. Wenn ein alter Computer einen neuen, wesentlich schnelleren Prozessor erhält, dann ist noch nicht garantiert, dass die zu lösende Aufgabe auch wesentlich schneller bearbeitet wird. Verfügt der Computer über ein langsames Festplattenlaufwerk und eine unzureichende Größe des Arbeitsspeichers, so wirkt sich der Ersatz des alten Prozessors nicht signifikant auf die Gesamtleistung aus.

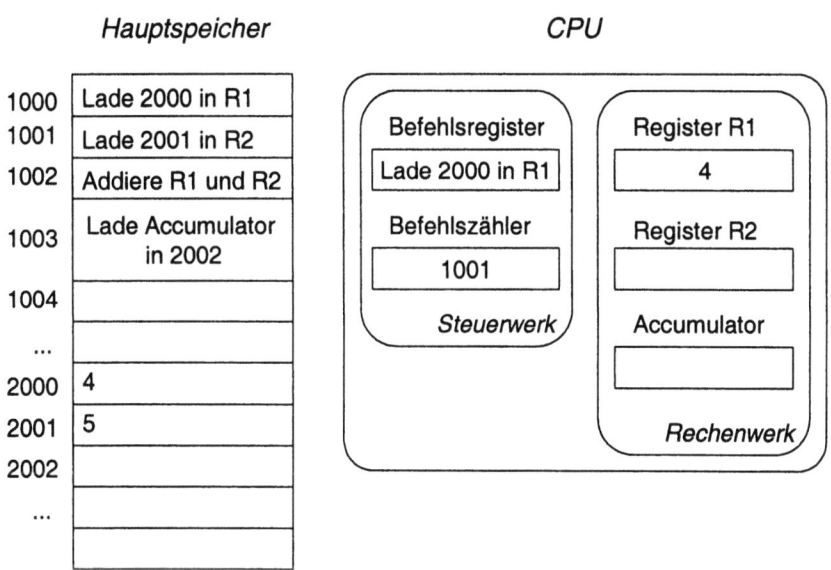

Abbildung 7: CPU-Status nach der Ausführung des ersten Befehls

Befehl	Bedeutung	Inhalt von		
		R1	R2	Acc
Lade 2000 in R1	Lade den Inhalt (4) der Speicherzelle 2000 in das Register R1	4		
Lade 2001 in R2	Lade den Inhalt (5) der Speicherzelle 2001 in das Register R2	4	5	
Addiere R1 und R2	Addiere die beiden Register R1 und R2	4	5	9
Lade Accumulator in 2002	Lade den Inhalt (9) des Accumulators in die Speicherzelle 2002	4	5	9

Tabelle 9: Schematische Abarbeitung eines Programms

Bei der Neuauswahl eines Computers spielt die Leistungsfähigkeit des Prozessors eine wesentliche Rolle. Die Leistung eines Prozessors wird durch folgende technische Parameter bestimmt: *Taktfrequenz*, *Wortbreite*, *Cache* und *Befehlssatz*.

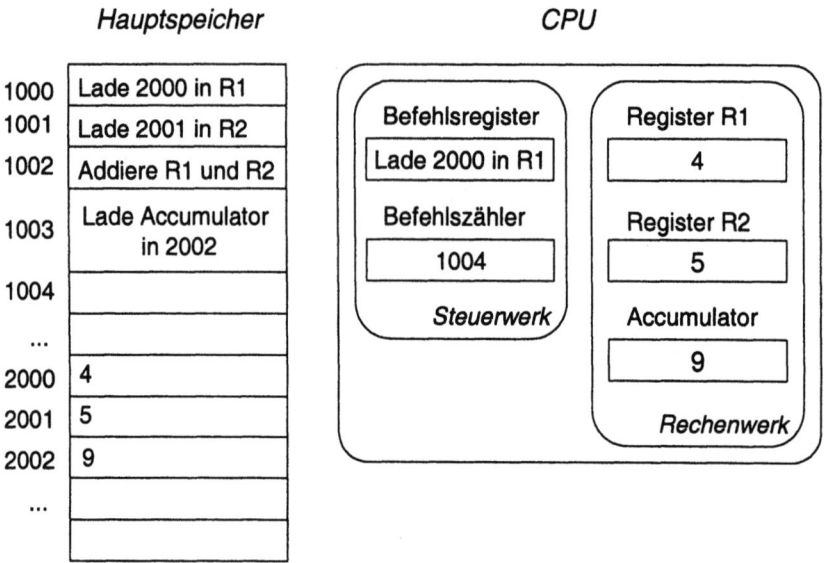

Abbildung 8: CPU-Status nach der Ausführung des letzten Befehls

Taktfrequenz

In jedem Computer existiert eine interne Uhr, die an unterschiedliche Komponenten in einem bestimmten Takt Signale sendet. Dieser Takt bestimmt die Geschwindigkeit der Datenübertragung und der Befehlsausführung. Eine steigende Taktfrequenz bedeutet somit einen umfangreicheren Datentransport und eine höhere Geschwindigkeit bei der Befehlsausführung. Durch eine vorgegebene Taktfrequenz ist die Anzahl der ausführbaren Befehle pro Zeiteinheit begrenzt. Die Angaben zur Taktfrequenz eines Prozessors erfolgen in Megahertz (MHz), d. h. in Millionen von Takten pro Sekunde.

Wortbreite

Der Parameter Wortbreite beschreibt die Anzahl von Bits, die vom Prozessor parallel verarbeitet werden können. Diese Anzahl wird bestimmt durch die Größe der Register, d. h. der Anzahl von Bits pro Register und durch die Anzahl der Datenleitungen im internen Bus (siehe Abschnitt 2.1.6 Bus-Systeme und Geräteschnittstellen). Mit steigender Wortbreite wird ein höheres Datenvolumen pro Befehl verarbeitet und die Leistung des Prozessors steigt. In aktuellen PC-Prozessoren des Jahres 2002 werden Wortbreiten von 32- oder 64-Bit verwendet.

Cache

Bei leistungsfähigen Prozessoren ist die Ausführungszeit von Verarbeitungsbefehlen kürzer als die von Befehlen zum Transport von Daten zwischen Registern und Hauptspeicher. Die Gesamtleistungsfähigkeit des Computers wird durch die langsameren Zugriffsbefehle begrenzt. Zur Lösung des Problems wird ein Cache-Speicher aus schnellen Speicherchips (siehe Abschnitt 2.1.4 Arbeitsspeicher) genutzt, der Kopien des realen Hauptspeichers enthält. Der Cache ist vielfach auf dem Prozessorchip mit integriert und die Zugriffszeiten auf den Cache betragen i. Allg. nur 1/10 als die auf den realen Hauptspeicher.

Der Zugriff auf die Daten erfolgt also im Cache und nicht mehr im realen Hauptspeicher. Der Cache beinhaltet Kopien ausgewählter Datenbereiche des realen Hauptspeichers. Wird eine Speicherzelle benötigt, die nicht im Cache vorhanden ist, so werden diese Speicherzelle und sie umgebende Speicherzellen in den Cache kopiert. Die Wahrscheinlichkeit ist hoch, dass beim nächsten Zugriff Daten aus dieser Umgebung benötigt werden. Beim Beschreiben des Caches mit verarbeiteten Daten wird gewährleistet, dass sowohl die Speicherbereiche im realen Hauptspeicher und die Speicherplätze im Cache mit identischen Daten beschrieben werden. Mit einem Cache wird die Leistung der CPU vergrößert.

Befehlssatz

Ein Befehlssatz enthält alle verfügbaren Befehle, die eine CPU ausführen kann. In der historischen Entwicklung dieser Befehlssätze wurde bis etwa 1975 versucht, Befehle mit steigender Komplexität, wie z. B. die Division von Gleitkommazahlen, in die Befehlssätze aufzunehmen. Diese umfangreichen Befehlssätze werden als *CISC* (Complex Instruction Set Computer) bezeichnet. Untersuchungen an laufenden Programmen zeigten, dass mit nur 20 % der Befehle eines Befehlssatzes annähernd 80 % des Programmumfangs codiert werden. Die Schlussfolgerung aus dieser Zeit war, wenn 80 % der Befehle nur selten genutzt werden, dann können diese Befehle aus dem Befehlssatz gestrichen werden. Dies führt zu einer einfacheren internen Prozessorarchitektur, die schnellere Operationszeiten ermöglicht. Aus dieser Überlegung heraus wurde ein *RISC* (Reduced Instruction Set Computer)-Befehlssatz entwickelt, der nur noch einen Umfang von 20 Befehlen hat. Eine große Verbreitung erfuhren die RISC-Prozessoren zu Beginn der 90-er Jahre. Mit der ständig steigenden Prozessorleistung der CISC-Prozessoren wurden die ursprünglichen Argumente zur Nutzung von RISC-Prozessoren zunehmend irrelevant, so dass diese wieder vom PC-Markt verdrängt wurden.

2.1.6 Bus-Systeme und Geräteschnittstellen

Bisher wurden einzelne Komponenten des PCs beschrieben. Nun werden Fragen, wie diese Komponenten miteinander kommunizieren, wie Daten oder Befehle von einer Komponente zu einer anderen übertragen werden, beantwortet. Eine Möglichkeit, die einzelnen Komponenten miteinander zu verbinden ist, jede Komponente mit jeder anderen direkt durch ein Übertragungsmedium zu verbinden. Diese Möglichkeit ist sehr aufwendig umzusetzen. Bei einer Erweiterung des Computers mit n Komponenten um eine neue Komponente müssen im schlimmsten Fall n neue Verbindungen aufgebaut werden. Die maximale Anzahl Schnittstellen beträgt dann n x n-1, wenn jede Komponente mit jeder anderen verbunden ist. Eine andere und in der Computertechnik weit verbreitete Möglichkeit ist die Nutzung einer *Busstruktur*. Es wird nur ein Übertragungskanal genutzt und an diesen Übertragungskanal müssen alle Komponenten angeschlossen werden. Diese Sammelleitung zur Kommunikation zwischen unterschiedlichen Komponenten eines Computers wird als *Bus* bezeichnet. Abbildung 9 zeigt unterschiedliche Möglichkeiten zur Verbindung von Komponenten eines Computers auf. Der Übertragungskanal besteht aus mehradrigen Leitungen.

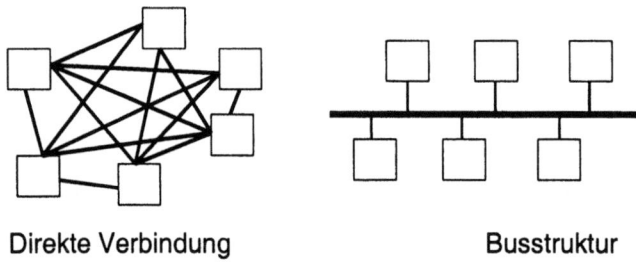

Direkte Verbindung   Busstruktur

Abbildung 9: Verbindungsformen für Komponenten eines Computers

An eine Busstruktur werden die folgenden allgemeinen Anforderungen gestellt:

- Die Bedeutungen der einzelnen Leitungen des Busses müssen standardisiert sein. Nur unter dieser Bedingung ist eine Erweiterung des Computers um zusätzliche Komponenten möglich.

- Eine Steuerung muss die Zugriffe der einzelnen Komponenten auf den Bus regeln. Sie muss zum Senden eine Sendeerlaubnis erteilen, damit ein gleichzeitiges Senden von mehreren Komponenten verhindert wird.

- Es muss gewährleistet werden, dass nur die Komponente Daten empfangen darf, für die sie auch bestimmt waren.

Hinsichtlich der Datenübertragungsgeschwindigkeit in einem Computer gibt es große Unterschiede in Abhängigkeit von der Leistungsfähigkeit verbundener Komponenten. Zur Umsetzung dieser unterschiedlichen Geschwindigkeiten bei der Datenübertragung werden verschiedene Bussysteme verwendet. Hohe Geschwindigkeiten sind z. B. beim Datenaustausch zwischen der CPU und dem Hauptspeicher erforderlich. Die Geschwindigkeit bei der Datenübertragung auf einen Drucker ist wesentlich geringer. Eine Einteilung der unterschiedlichen Bussysteme enthält Tabelle 10 (nach Horn/Kerner 1995, 48). Die Geschwindigkeit der Datenübertragung nimmt vom internen Bus zu den Geräteschnittstellen ab. Die Geräteschnittstelle ist im strengen Sinn kein Bus, da nicht mehrere Komponenten verbunden werden. Damit die Daten von einem Bussystems in das andere wechseln können, werden spezielle Bausteine verwendet. Man kann diese Bausteine, sie werden als Bridges oder *Controller* bezeichnet, in ihrer Aufgabe mit einem Getriebe aus einem Auto vergleichen. Der Automotor dreht mit einer wesentlich höheren Geschwindigkeit als die Räder.

Bezeichnung	Anwendung / Bemerkungen
Interner Bus	Bussystem innerhalb der CPU und internem Cache Jeder Prozessortyp hat seinen eigenen Standard
Lokaler Bus	Bussystem auf dem Motherboard mit Anschluss zum internen Bus Verbindung des Hauptspeichers zu schnellen externen Gerätekarten, wie Grafikkarte, Netzwerkkarte und Karten für Festplattenlaufwerke
Systembus	Bussystem zwischen lokalem Bus und den Steckkarten für die langsamen externen Geräte, wie Drucker und Tastatur
Geräteschnittstelle	Verbindung von den Gerätekarten zu den externen Geräten

Tabelle 10: Einteilung der Bussysteme in einem Computer

Entscheidend für die Leistungsfähigkeit eines Bussystems sind Busbreite und Taktfrequenz. Die Busbreite gibt an, wie viel Bit parallel übertragen werden, sie schwankt i. Allg. zwischen 8 und 64 Bit. Die Taktfrequenz bestimmt den Rhythmus, mit dem der Bus mit Daten beschickt wird. Die Taktfrequenz der Bussysteme erstreckt sich von der Taktfrequenz der CPU für den internen Bus bis hinunter zu 8 MHz beim Systembus. Beim Tausch oder bei der Erweiterung von Komponenten ist unbedingt darauf zu achten, dass die Komponenten zu dem existierenden Bussystem kompatibel sind.

Das Durchlaufen der Bushierarchie wird modellhaft für die Ausgabe eines Textes aus dem Hauptspeicher auf einen Drucker aufgezeigt (siehe Abbildung 10). Der lokale Bus transportiert (1) die Daten aus dem Hauptspeicher zum Local-Bus-Controller, der die Verbindung zum langsameren Systembus ermöglicht. Dieser Baustein verbindet den schnelleren lokalen Bus mit dem langsameren Systembus.

Der Systembus (2) offeriert Steckplätze für die Gerätesteckkarten. Die Daten gelangen über den Local-Bus-Controller und den Systembus in die Druckerkarte, die bei modernen PCs nur noch als Chip existiert. Dieser Datenfluss erfolgt innerhalb des Gehäuses. Der Übergang von der Druckerkarte zum Gerät selbst wird mit einem Druckerkabel (3) realisiert. Auf diesem Kabel werden die Daten an den Drucker übertragen.

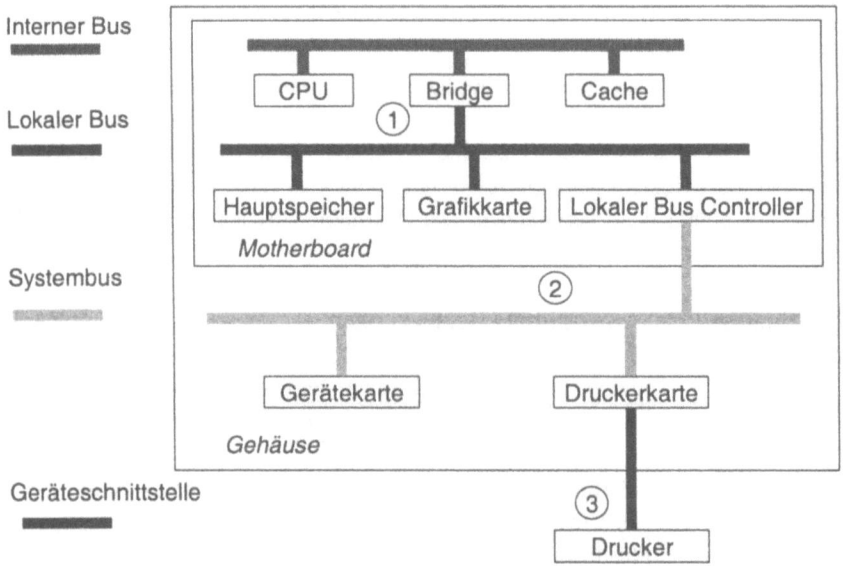

Abbildung 10: Benutzte Bussysteme bei der Ausgabe auf einen lokalen Drucker

Schnittstellenart/Bus	Bezeichnung	Bemerkungen und Gerätebeispiele
Seriell	V24	Maus, Tastatur
Seriell	USB	Anschluss von unterschiedlichen peripheren Geräten, wie Tastatur, Maus und Scanner
Parallel	Centronics	Drucker
Bus	IDE	Festplatten
Bus	SCSI	Festplatten
Bus	PCMCIA	Anschluss von unterschiedlichen externen Geräten an einen Laptop

Tabelle 11: Geräteschnittstellen und Gerätebeispiele

Der Anschluss eines externen Gerätes erfolgt prinzipiell über eine *Geräteschnittstelle*. Geräteschnittstellen stellen standardisierte Verbindungen zwischen dem Computer und den externen Geräten dar. Diese Standards wurden im Verlauf der

Computerentwicklung von den Hardware-Produzenten geschaffen und sind i. Allg. herstellerunabhängig. Geräteschnittstellen lassen sich nach der Übertragungsart in *serielle* und *parallele* Schnittstellen einteilen. Innerhalb der beiden Übertragungsarten existieren mehrere Standards für die Geräteschnittstellen.

In seriellen Schnittstellen werden die Bits nacheinander verschickt. Die damit verbundene langsame Übertragungsgeschwindigkeit ist z. B. für den Anschluss einer Maus oder der Tastatur ausreichend. Da nur 1 Bit übertragen wird, bestehen die Kabel für diese Schnittstelle nur aus wenigen Adern. Diese sind im Gegensatz zu Kabeln paralleler Schnittstellen viel leichter, dünner, beweglicher und preiswerter. Ein weit verbreiteter Standard ist die V24-Schnittstelle. Mit USB (Universal Serial Bus) wird eine weitere serielle Schnittstelle für externe Geräte bezeichnet. Vorteile von USB sind u. a. der maximale Anschluss von 127 Geräten, die Mitführung eines Versorgungsstromes und die Möglichkeit des Ein- und Aussteckens von Geräten während des Betriebes. Parallele Schnittstellen übertragen mehrere Bits parallel. Diese Form wird für Geräte verwendet, die durch einen hohen Datendurchsatz gekennzeichnet sind. Hierzu gehören beispielsweise Monitore und Festplatten. Für diese Schnittstellenart existieren eine Reihe von Standards, von denen die gebräuchlichsten in Tabelle 11 aufgeführt sind.

2.1.7 Externe Speicher

Als *externe Speicher* werden jene Speicher bezeichnet, die sich außerhalb (extern) der Zentraleinheit befinden. Im Gegensatz dazu ist der Hauptspeicher ein interner Speicher, da dieser sich innerhalb der Zentraleinheit befindet. Die technischen Umsetzungsformen des Hauptspeichers sind in Abschnitt 2.1.4 Arbeitsspeicher beschrieben. Zu den externen Speichern gehören beispielsweise Disketten, Festplatten und CD-ROMs. Im Mittelpunkt dieses Abschnittes stehen Speichertechnologien und Funktionsweisen ausgewählter Speichergeräte. Während sich interne Speicher durch ihre Flüchtigkeit und schnelle Zugriffszeiten auszeichnen, ist bei externen Speichern das permanente Speichern großer Datenmengen die Zielstellung. Zur Umsetzung dieses Ziels werden unterschiedliche Geräte, Datenträger und Speichertechnologien verwendet. Zwei Speichertechnologien dominieren bei den externen Speichern: *Magnetische* und *optische* Speicherung. Mechanische Speichertechnologien, wie sie für Lochbänder oder Lochkarten existieren, haben keine Bedeutung mehr.

Magnetische Speicherung

Bei der magnetischen Speicherung werden sehr kleine magnetisierbare Partikel entsprechend einer Magnetisierungsrichtung ausgerichtet. Jedes Partikel stellt ein Bit dar. In Abhängigkeit von der Richtung des Nordpols eines Partikels wird das Bit mit dem Wert 0 oder 1 interpretiert. Beim Beschreiben des Speichers werden die Partikel durch einen Lese- und Schreibkopf des Gerätes ausgerichtet. Im Gegensatz dazu wird beim Lesevorgang durch das magnetisierte Partikel ein Strom induziert, dem in Abhängigkeit von der Richtung eine 0 oder 1 zugeordnet wird. Abbildung 11 zeigt die Veränderungen an den Partikeln nach einem Schreibvorgang. Die Partikel belassen ihre magnetische Ausrichtung, bis sie erneut überschrieben werden. Durch diesen Effekt werden magnetische Speicher als permanentes und überschreibbares (modifizierbares) Speichermedium bezeichnet. Die Daten bleiben erhalten, bis der Speicher neu magnetisiert wird.

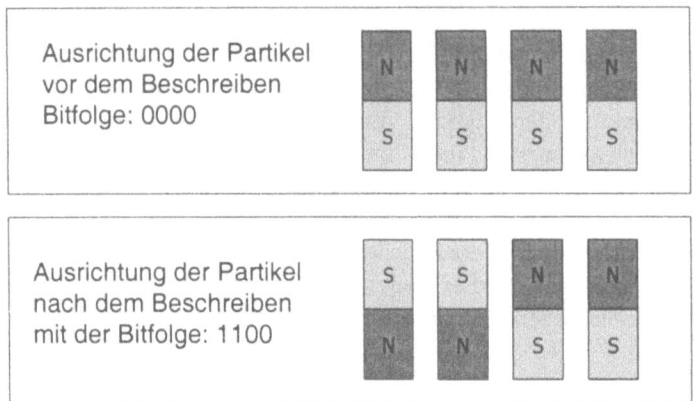

Abbildung 11: Veränderungen an magnetisierbaren Partikeln nach einem Schreibvorgang

Obwohl magnetische Speicher ihre Daten permanent speichern, können verschiedene Ursachen zu Datenverlusten führen. Hierzu zählen Beeinträchtigungen durch das Umfeld des magnetischen Speichers, eigenständige Entmagnetisierung des Speichers und Gerätefehler. Beeinträchtigungen durch das Umfeld können durch starke magnetische Felder, Luftfeuchtigkeit über 80%, kleine Staubpartikel und große Temperaturveränderungen erfolgen. Durch diese Beeinträchtigungen sind vor allem Datenträger gefährdet, die nicht hinreichend geschützt sind. Disketten sind beispielsweise unzureichend geschützt. Festplatten hingegen sind gegen diese Einflüsse überwiegend gesichert. Weiterhin kann eine eigenständige Entmagnetisierung von magnetischen Datenträgern eintreten. Zur Vorbeugung wird empfohlen, selten benutzte magnetische Datenträger alle zwei Jahre wieder aufzufrischen, d. h. die Daten neu auf den Datenträger zu kopieren. Bei Gerätefehlern zerstört der Lese- und Schreibkopf des Gerätes die magnetische Schicht. Dies ist immer mit dem Totalverlust der gespeicherten Informationen verbunden.

Optische Speicherung

Bei der optischen Speicherung werden Reflexionsunterschiede genutzt. Die einzelnen Bits sind als minimale Löcher (engl. *pits*) mit einem Durchmesser von 1 μm gespeichert. Bei einer CD-ROM erfolgt die Speicherung entlang einer Spirale.

Beim Beschreiben brennt ein starker Laserstrahl Löcher in eine reflektierende Schicht, deren Reflexionsverhalten dadurch verändert wird. Zum Lesen tastet ein wesentlich schwächerer Laserstrahl die Speicherbereiche ab. Eine Photodiode registriert, ob der Laserstrahl reflektiert wird oder ein nicht reflektierendes Loch gefunden wurde. Dementsprechend wird für das Bit eine 0 oder 1 gelesen. Die Abtastung durch den Laserstrahl erfolgt praktisch verschleißfrei. Deshalb wird eine wesentlich längere Lebensdauer von optischen Speichern erwartet als bei den magnetischen Speichern. Die physische Struktur eines optischen Speichern und die Vorgänge beim Lesen sind in Abbildung 12 aufgezeigt.

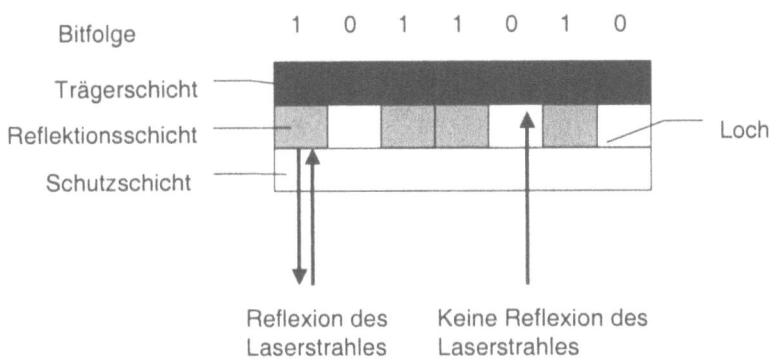

Abbildung 12: Lesen eines optischen Speichers

Optische Speicher sind auch infolge ihrer Wirk- und Konstruktionsprinzipien robuster gegen Umwelteinflüsse als magnetische Speicher. Die Speicherdichte, d. h. die Anzahl von Bits pro Flächeneinheit, ist bei optischen Speichern höher als die bei den magnetischen Speichern. Eine normale Diskette hat eine Speicherkapazität von 1,44 MByte. Im Vergleich dazu beträgt die Speicherkapazität einer CD-ROM etwa 640 MByte und einer DVD (Digital Versatile Disc) bis zu 17 GByte. In diesen Merkmalen sind sie magnetischen Speichern überlegen. Der große Vorteil magnetischer Speicher liegt in der Möglichkeit diese Speicher unendlich oft zu überschreiben. Optische Speicher werden überwiegend nur einmal beschrieben und beliebig oft gelesen.

Speicherzugriffsformen

Neben der Einteilung nach der Speichertechnologie lassen sich Speicher auch nach der Zugriffsform auf die Daten im Speicher klassifizieren. Hierbei werden *wahlfreie*, *sequenzielle* und *indexsequenzielle* Zugriffe unterschieden. Der *wahlfreie* Zugriff (engl. *random access*) ermöglicht das Lesen und Beschreiben einzelner Speicherplätze in beliebiger Reihenfolge. Jedem Speicherplatz ist seine Adresse zugeordnet und über diese Adresse ist der Speicherplatz direkt erreichbar. Beispielsweise wird auf den Hauptspeicher eines Computers in dieser Form zugegrif-

fen. Beim *sequenziellen* Zugriff sind die Speicherplätze nur nach einer festen sequenziellen Reihenfolge erreichbar. Die Speicherplätze verfügen über keine Speicheradresse. Es ist ein Vergleich mit einem langen Band erlaubt, das nur sequenziell vom Anfang oder vom Ende gelesen werden kann. Der *indexsequenzielle* Zugriff ist eine Mischform aus wahlfreiem und sequenziellem Zugriff. Der Speicher
ist in adressierbare Speicherblöcke eingeteilt, die mehrere Speicherplätze beinhalten. Auf den Anfang eines Blocks kann über seine Adresse direkt zugegriffen werden. Innerhalb des Blocks ist nur eine sequenzielle Verarbeitung möglich. Abbildung 13 veranschaulicht die unterschiedlichen Zugriffsformen.

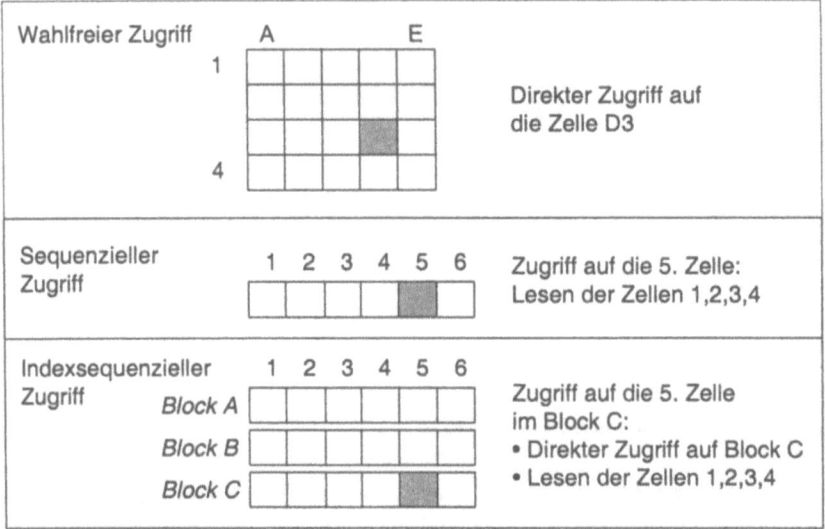

Abbildung 13: Zugriffsformen auf Speicher

Nach der Beschreibung verbreiteter Speichertechnologien werden nun die entsprechenden Datenträger vorgestellt. Es werden magnetische und optische Datenträger
beschrieben.

Magnetische Datenträger

Im Laufe der Computertechnikentwicklung wurden unterschiedliche magnetische
Datenträger entwickelt. In der heutigen Zeit werden vorzugsweise die folgenden
magnetischen Datenträger genutzt: *Disketten*, *Festplatten* und *Magnetbänder*.

Disketten

Disketten als Datenträger und Diskettenlaufwerke zum Lesen und Beschreiben der
Disketten sind Standardausrüstungen von PCs. Eine Diskette (engl. *Floppy Disk*)
besteht aus einer flexiblen magnetisierbaren Scheibe, die durch ein Gehäuse ge-

schützt ist. Auf dieser Scheibe befinden sich konzentrische Kreise, als Spuren (engl. *Tracks*) bezeichnet, die nochmals in einzelne Sektoren (engl. *Sectors*) unterteilt sind. Der Zugriff auf die Diskette erfolgt indexsequenziell. Der adressierbare Speicherblock ist der Sektor auf einer Spur. Innerhalb eines Sektors werden die Daten sequenziell gelesen. Die Anzahl der Spuren und die Anzahl der Sektoren wird durch das Formatieren der Diskette festgelegt und ist vom verwendeten Betriebssystem abhängig. Auf einer 3½ Zoll Diskette mit einer Speicherkapazität von 1,44 MByte werden unter Windows-Betriebssystemen insgesamt 80 Spuren auf jeder Seite mit je 18 Sektoren verwendet. Die Speicherkapazität eines Sektors beträgt 512 Byte. Abbildung 14 zeigt die logische Sicht auf eine Diskette.

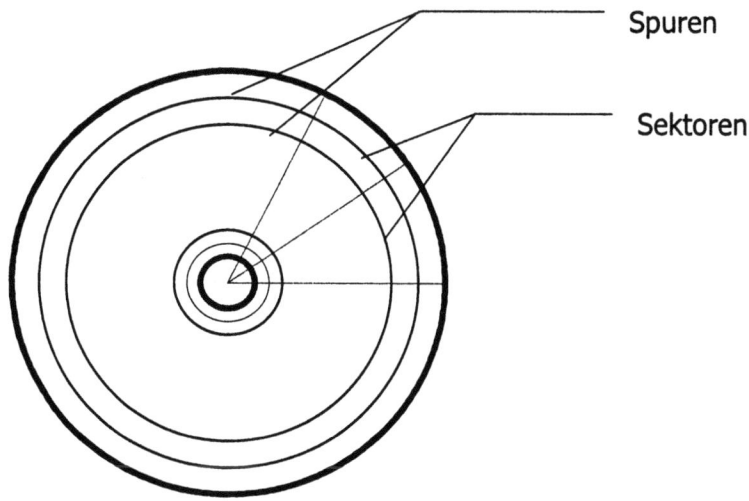

Spuren

Sektoren

Abbildung 14: Logische Sicht auf eine Diskette

Neben der 1,44 MByte-Diskette haben sich auch *ZIP-Disketten* und die entsprechenden *ZIP-Laufwerke* etabliert. Diese Datenträger haben eine Speicherkapazität von 100 MByte und sie können durch ihre höheren Übertragungsraten als die von normalen Disketten größere Datenvolumen pro Zeiteinheit übertragen. Beide Datenträgertypen (Disketten und ZIP-Disketten) werden vorrangig zum Archivieren und Datentransport genutzt. Techniken, wie Computernetzwerke, Internet und CD-ROM drängen die Nutzung dieser magnetischen Datenträger zurück. Software wird heute überwiegend über CD-ROM und Computernetzwerke verkauft und nicht mehr in Form von Diskettenstapeln. Computernetzwerke erlauben ein einfaches und schnelles Senden und Empfangen von großen Datenmengen. Das Hauptanwendungsgebiet dieser Datenträger ist das Sichern von Datenbeständen in privaten Bereichen.

Festplatten

Festplatten (engl. *Hard Disks*) sind die markanten externen Speicher in einem Computer. Sie besitzen eine wesentlich größere Speicherkapazität und eine wesentlich höhere Übertragungsgeschwindigkeit als Disketten. Festplatten bestehen aus übereinander gestapelten magnetisierbaren Scheiben. Zu jeder Scheibe existiert ein Lese- und Schreibkopf und der Aufbau dieser Scheiben ist identisch mit dem von Disketten. Durch die Verwendung anderer Materialien für die Scheiben und geringere Toleranzen bei der Fertigung sind höhere Umdrehungsgeschwindigkeiten der Platten und größere Positioniergenauigkeiten des Lese- und Schreibkopfes möglich. Daraus resultieren höhere Speicherkapazitäten und schnellere Datenübertragungsgeschwindigkeiten.

Der Zugriff auf Festplatten erfolgt ebenfalls indexsequenziell. Die Sektoren auf den Platten sind direkt adressierbar. Zur Beschreibung einer Sektoradresse muss neben der Spurnummer auch die Plattennummer angegeben werden. Spuren mit identischen Spurnummern auf unterschiedlichen Platten werden als Zylinder bezeichnet.

Im PC-Bereich werden gegenwärtig Festplatten mit einer Kapazität von bis zu 40 GByte verwendet. Festplatten in Computernetzwerken und in Großrechnern verfügen über wesentlich höhere Speicherkapazitäten. Auf Grund des hohen Datenaufkommens in diesem Umfeld müssen mehr als eine Festplatte verwendet werden. Diese Festplatten formen *Diskarrays*. Hauptziele dieser Zusammenschlüsse sind die Bereitstellung großer Datenspeicher mit schnellen Zugriffs- und Übertragungszeiten sowie die Erhöhung der Ausfallsicherheit. Trotz vieler technischer Raffinessen bei der Konstruktion und der Fertigung von Festplatten sind auch hier Gerätefehler, so genannte *Head Crashs*, nicht vollständig vermeidbar. In vielen kommerziellen Computersystemen, wie z. B. in der Finanzwelt, muss gegen den Ausfall von Datenspeichern Vorsorge getroffen sein. Der Begriff RAID (Redundand Array of Independent Disks) bezeichnet eine Technologie zur Erhöhung der Ausfallsicherheit. Grundgedanke ist die redundante Speicherung der Daten auf unterschiedlichen Festplattengeräten. Die Daten sind also nicht nur auf einer Platte gespeichert, Kopien sind parallel auf mindestens einer weiteren Festplatte vorhanden. Zwei Festplatten verfügen dann über einen identischen Inhalt. Dieser Vorgang wird als *Spiegeln* von Daten bezeichnet (mehr dazu auch in Abschnitt 2.7.2.6 Backup und Recovery).

Magnetbänder

In den 60-er Jahren waren Magnetbänder die vorherrschenden externen Datenspeicher. Sich drehende Magnetbänder in großen Schränken waren auch eine oft genutzte Kulisse für Spielfilme. Heute ist die Zeit der großen Magnetbänder vorbei. Sie werden gegenwärtig ausschließlich zur Datensicherung (engl. *Backup*) eingesetzt. Die Zugriffsform auf Magnetbänder ist sequenziell. Damit verbunden sind lange Zugriffszeiten. Bei der Datensicherung spielt die Datenübertragungszeit eine untergeordnete Rolle. Es steht die sichere Speicherung mit niedrigen Kosten im Mittelpunkt. Für diese Aufgaben sind Magnetbänder ein weit genutztes Speichermedium. Die Daten von Festplatten werden komplett oder nur teilweise auf Magnetbänder kopiert.

Magnetbänder sind in Kassetten (engl. *Tape Cartridge*) geschützt und die Geräte zum Lesen oder Beschreiben werden als Bandlaufwerke oder Streamer bezeichnet. Die gebräuchlichen Standards für Magnetband-Kassetten unterscheiden sich nach der Breite des verwendeten Bandes und der Aufzeichnungsdichte. Der QIC-(Quarter-Inch Cartridge)-Standard ist im privaten Umfeld weit verbreitet. Die Speicherkapazität der Kassetten liegt im Bereich zwischen 340 MBytes und 2 GBytes. Mit Bändern des DAT-(Digital Audio Tape) werden Speicherkapazitäten im Bereich von 2 bis 20 GByte erreicht. Moderne Ultrium-Laufwerke erreichen bis zu 200 GByte Kapazität pro Band.

In großen Rechenzentren sind die zu sichernden Datenmengen so groß, dass Dutzende, wenn nicht Hunderte von Magnetbändern für die Datensicherung notwendig sind. In diesem Fall muss die Ablage und das Einlegen der Magnetbänder genauestens koordiniert werden, da andernfalls die Qualität der Sicherung grundlegend in Frage gestellt ist. In solchen Fällen werden für die Datensicherung *Backup-Roboter* eingesetzt. Dies sind begehbare Schränke, in denen sowohl die Ablagevorrichtungen wie auch Bandlaufwerke installiert sind. Das Einlegen und Ablegen von Datenträgern erfolgt mit einem flexiblem Roboterarm, dessen Funktionswiese (für Spezialisten!) frei programmierbar ist.

Optische Datenträger

CD-ROMs (Compact Disc Read Only Memory) als optische Datenträger verwenden eine identische Speichertechnologie wie Musik-CDs aus der Unterhaltungsindustrie. Die Daten sind bitseriell auf einer Spirale gespeichert. Logisch wird eine CD-ROM in Blöcke von je 2048 Byte aufgeteilt. Im CD-ROM-Laufwerk sind hardware-technische Möglichkeiten vorhanden, diese Blöcke direkt zu adressieren. Damit liegt ein indexsequenzieller Zugriff vor. Die Speicherkapazität auf einer CD-ROM beträgt ca. 700 MByte.

Die Zugriffszeiten auf eine CD-ROM sind wesentlich langsamer als die auf eine Festplatte. Zur Verkürzung dieser Zeiten wird die Drehgeschwindigkeit der CD-ROM-Laufwerke ständig erhöht. Die Laufwerkskenngröße „x-fache Geschwindigkeit" ist ein Faktor für die Geschwindigkeit gegenüber den einfachen CD-Laufwerken für Audio-CDs aus der Unterhaltungsindustrie. Auf die Datenübertragungsrate hat die Drehzahl einen entscheidenden Einfluss. Bei den ersten langsamen Geräten wurden 150 KByte pro Sekunde übertragen. Im Jahre 2001 werden

Raten von bis zu 15 MByte pro Sekunde erreicht. Eine andere genutzte Möglichkeit zur Erhöhung der Übertragungsrate ist die Verwendung von Cache-Speichern in den CD-ROM-Laufwerken.

Am Computer haben CD-ROM-Laufwerke eine unterstützende Funktion, sie werden die Festplatte nicht ersetzen. Der Hauptgrund ist die Beschränkung auf „Nur-Lese-Vorgänge". Die Herstellungskosten für eine CD-ROM sind niedrig und die Preise für CD-ROM-Laufwerke sind gering, so dass CDs ein ideales Medium für den Vertrieb und die Installation von Software sind.

Traditionell werden CDs industriell gefertigt. Mit der Verfügbarkeit von CD-R (Compact Disc Recordable) und einem CD-Brenner lassen sich CD-ROMs einmalig individuell beschreiben. Mit dieser Technologie wird das Archivieren von Daten und Programmen unterstützt. Unter *Archivieren* wird das einmalige Kopieren von Daten bezeichnet. Beispielsweise lassen sich die Rechnungen eines Jahres auf einer CD archivieren, sie werden von der Festplatte auf die CD gebrannt. Im Gegensatz zu Backup-Daten werden archivierte Daten nicht wieder überschrieben.

Mehrfach überschreibbare CDs werden als CD-RW (Compact Disc ReWritable) bezeichnet. Grundlage für diese Möglichkeit ist die Phase Change Technology. Unter Verwendung eines Lasers wird die kristalline Struktur des Datenträgermaterials in einen geordneten bzw. ungeordneten Zustand versetzt. Diese Zustände unterscheiden sich durch ein unterschiedliches Reflektionsverhalten bei Lesen. Zum Beschreiben von CD-RWs sind spezielle Brenner notwendig. Vielfach sind moderne normale CD-ROM-Laufwerke in der Lage, diese CD-RWs zu lesen. CD-RWs lassen sich zum Archivieren und für Backups verwenden. Festplattenlaufwerke werden durch diese CDs nicht ersetzt, da letztere wesentlich höhere Zugriffszeiten aufweisen.

Die begrenzte Speicherkapazität von 700 MByte bei CD-ROMs ist für bestimmte Anwendungen zu klein. Computerspiele oder andere Softwareprodukte lassen sich z. T. nicht auf einer CD speichern. Auch zum Speichern von Video-Filmen werden in der Regel mehr als eine CD-ROM benötigt. DVDs werden in diesem Sinn als Nachfolger von CD-ROMs betrachtet, denn sie verfügen über eine Speicherkapazität von bis zu 17 GByte. Das Wort „versatile" im Namen besagt, dass dieses Speichermedium vielseitig verwendbar ist. DVDs werden sowohl im Video-, Audio- und Computerbereich eingesetzt. Entsprechend des Einsatzes wurden unterschiedliche Formate entwickelt.

Bei einer DVD sind beide Seiten der Scheibe mit Speichermaterial belegt und jede Seite kann zwei Schichten zum Datenspeichern beinhalten. Aus der Konstruktion ergibt sich schon eine Vervierfachung der Speicherkapazität gegenüber einer CD-ROM. Weiterhin ist die Speicherkapazität einer Speicherschicht mit bis zu 4,7 GByte wesentlich größer als die einer CD-ROM. Durch diese konstruktiven und technischen Unterschiede benötigen DVDs zum Lesen ein entsprechendes Laufwerk. Sie können nicht mit einem CD-Laufwerk gelesen werden. Anderseits sind DVD-Laufwerke in der Lage CD-ROMs, CD-Rs oder CD-RWs zu lesen. Daher werden DVD-Laufwerke die bisherigen CD-Laufwerke in den PCs ersetzen.

DVD-RAM und DVD+RW kennzeichnen DVDs, die mehrfach beschrieben werden können. Das zugrundliegende technische Verfahren ist dem bei CD-RWs vergleichbar. Leider sind die beiden Formate nicht kompatibel, so dass unterschiedliche Geräte zum Lesen und Schreiben benötigt werden.

2.1.8 Bildschirme und Grafikkarten

Der Bildschirm ist gegenwärtig das Hauptausgabegerät am PC. In den Anfangsjahren der Datenverarbeitung war es dagegen der Drucker. Mit der Verfügbarkeit von Grafikhardware und -software vollzog sich Mitte der 80-er Jahre ein dramatischer Wechsel. Bildschirm und Maus wurden Erkennungsmerkmale für einen PC. Gemeinsam mit Grafikkarten formen die Bildschirme aus den internen binären Daten für uns sichtbare bunte Bilder und Texte.

Die zunehmenden Anforderungen der visuellen Ergebnispräsentation am Bildschirm beeinflusst sehr stark Entwicklungen an Bildschirmen und Grafikkarten. Diese Veränderungen betreffen sowohl die Datenübertragung aus dem Computer, die Anzeigetechnik auf den Bildschirmen und die Struktur der Grafikkarten. Das Ziel dieser Entwicklungen liegt im Bereitstellen von hochauflösenden flimmerfreien farbigen Bildern zu möglichst moderaten Preisen. Es ist zu beachten, dass eine Verbesserung der Bildqualität mit einer Steigerung der Datenübertragung verbunden ist.

Text- und Grafikmodus

Bildschirme können in zwei unterschiedlichen Modi betrieben werden: Text- oder Grafikmodus. Im *Textmodus* werden nur Zeichen aus einem Zeichensatz auf dem Bildschirm dargestellt. Der Bildschirm wird in eine feste Anzahl von Zeilen eingeteilt, wobei in jeder Zeile eine für jede Zeile konstante Anzahl von Zeichen dargestellt wird. Ein übliches Format verwendet 24 Zeilen mit je 80 Zeichen. Zur Umsetzung dieses Modus müssen das darzustellende Zeichen und seine Position auf dem Bildschirm gespeichert werden. Das zu übertragende Datenvolumen ist sehr gering. Dieser Modus wird bei PC-Monitoren nicht mehr benutzt. Er besitzt heute noch eine Bedeutung bei Terminals an Mainframe-Computern.

Im Gegensatz dazu wird beim *Grafikmodus* der Bildschirm in einzelne Punkte (engl. Pixel) zergliedert. Jedes einzelne Pixel ist zusätzlich durch seine Farbe charakterisiert. Der Aufwand zur Verwaltung der Pixel und das erforderliche Datenvolumen sind drastisch höher als beim Textmodus.

Die Anzahl der Pixel auf einem Bildschirm ist entscheidend für die Auflösung eines Bildes. Es existieren unterschiedliche Formate für die Anzahl und die Verteilung der Pixel auf dem Bildschirm. Weit verbreitete Formate für die Auflösung sind 640 x 480, 800 x 600, 1024 x 768, 1280 x 1024 und 1600 x 1200 Pixel pro Bild. Abbildung 15 zeigt mögliche Einstellungen des Grafikmodus unter dem Microsoft Windows® Betriebssystem.

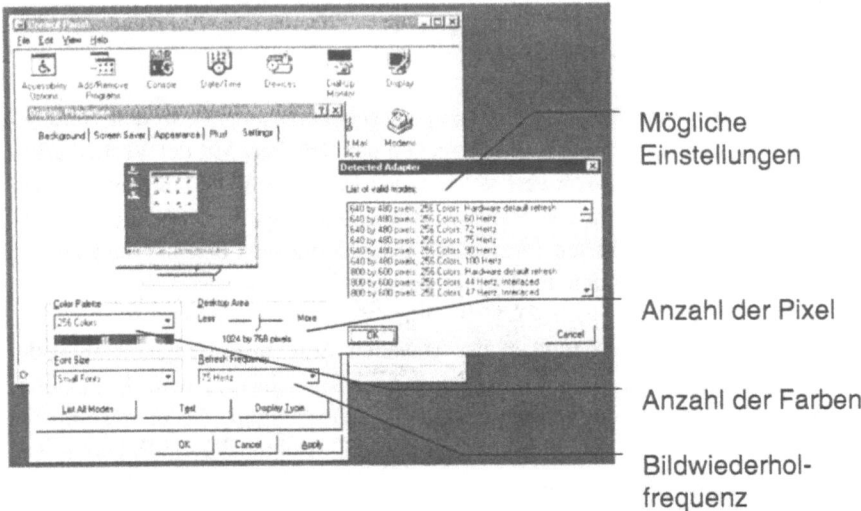

Abbildung 15: Einstellung des Grafikmodus unter Windows

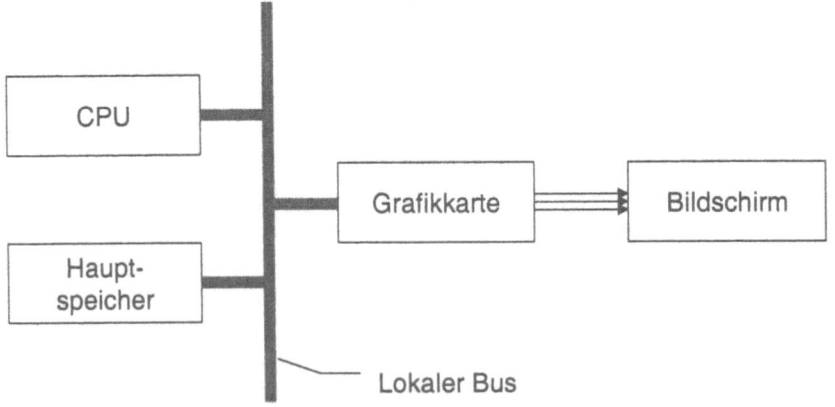

Abbildung 16: Anbindung von Grafikkarte und Bildschirm

Das Pixelformat wird individuell gewählt. Bei kleineren Formaten erscheinen die Texte größer und damit besser lesbar. Eine höhere Auflösung lässt die Buchstaben kleiner auf dem Bildschirm erscheinen, was die Lesbarkeit beeinträchtigt. Andererseits lassen sich dadurch größere Teile des Texts auf dem Bildschirm darstellen. Es ist ein individueller Kompromiss zu finden.

Zwei Komponenten werden benötigt, um eine Grafik aus der internen binären Darstellung in eine sichtbare Form zu überführen: Grafikkarte mit Anschluss an den lokalen Bus und der Bildschirm (Monitor) selbst. Die Grafikkarte nimmt eine zentrale Stellung ein. Allgemein betrachtet empfängt sie die Daten zum Bild, bearbeitet diese und sendet die notwendigen Signale an den Bildschirm. Grafikkarten unterscheiden sich z. B. nach der Art der empfangenen Daten und der gesendeten Signale zum Bildschirm. Die Anbindung von Grafikkarte und Monitor an den lokalen Bus ist in Abbildung 16 aufgezeigt.

Grafikkarte

Grafikkarten haben die Grundaufgabe, im *Bildwiederholspeicher* zu jedem Pixel die entsprechenden Farbinformationen zu speichern und die erforderlichen Signale zur Ansteuerung des Bildschirms zu senden. Zur Umsetzung dieser Grundaufgaben sind unterschiedlich strukturierte Karten entwickelt worden. Eine *einfache* Grafikkarte besteht aus den Bestandteilen Bildwiederholspeicher, Grafik-Controller und RAM-DAC (RAM-Digital Analog Converter). Bei dieser Struktur (siehe Abbildung 17) verwaltet die CPU des Computers den Bildwiederholspeicher, d. h. die CPU berechnet sowohl intern das neue Bild als auch die neuen Farben der Pixel für den Bildschirm. Der Grafik-Controller wird auch als *CRT-Controller* (Cathode Ray Tube) oder Bildschirm-Controller bezeichnet. Er ist ein Logikchip und steuert die Abläufe innerhalb der Grafikkarte. Dazu liest er aus dem Bildwiederholspeicher die Pixelinformationen und steuert den RAM-DAC an. Diese Komponente wandelt die digitalen Informationen aus dem Bildwiederholspeicher zeilenweise in analoge Signale zur Ansteuerung des Bildschirmes um. Dieses Verfahren ist bei den „normalen" Kathodenstrahl-Bildschirmen notwendig, da die Elektronenstrahlen durch analoge Signale gesteuert werden.

Die Größe des Bildwiederholspeichers auf der Grafikkarte hat einen entscheidenden Einfluss auf die Anzahl der Pixel und der darstellbaren Farben. Für die Codierung der beiden Farben Schwarz und Weiß ist ein Bit pro Pixel ausreichend. Zur Codierung des *True-Color-Farbmodus* (annähernd 16,7 Millionen Farben) werden 24 Bit pro Pixel verwendet.

Bei einer Bildschirmauflösung von 800 x 600 Pixel ergibt sich mit der Verschlüsselung von zwei Farben in einem Bit ein Speicherbedarf von 60 000 Byte, d. h. 800 x 600 Pixel = 480 000 Bits. Für unterschiedliche Farbtiefen ergeben sich die in Tabelle 12 aufgelisteten minimalen Speicherplatzanforderungen.

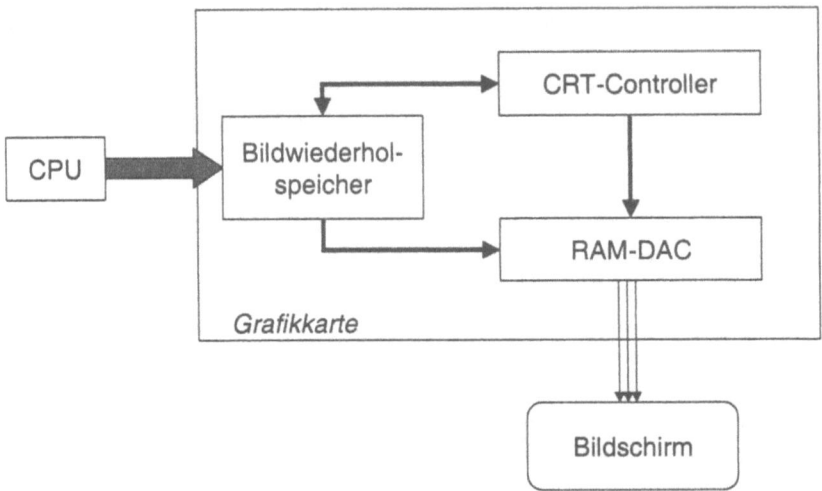

Abbildung 17: Struktur einer einfachen Grafikkarte

Die andere Kategorie der Grafikkarten wird mit *Beschleunigerkarte* oder *beschleunigte Grafikkarte* bezeichnet. Diese Karten verfügen über spezielle eigene Prozessoren, um den Bildaufbau zu beschleunigen. Sie verwalten den Bildwiederholspeicher selbstständig, wodurch die CPU des Computers entlastet wird. Die CPU des Computers sendet in diesem Fall Grafikbefehle zur Manipulation der einzelnen Pixel an die Grafikkarte, statt die einzelnen Pixel selber zu verändern. Der Prozessor auf der Grafikkarte kann eine Vielzahl dieser Grafikbefehle, wie z. B. Scrollen des Bildschirmes oder Verschieben eines Bildschirmfensters, direkt hardwareseitig umsetzen. Dies bedeutet eine wesentliche Beschleunigung des Bildaufbaues und eine Entlastung der CPU. Die Struktur einer beschleunigten Grafikkarte ist in Abbildung 18 aufgezeigt.

Anzahl der Farben	Bit pro Pixel	Minimaler Speicherplatz	Speicher auf der Grafikkarte
2	1	60 000 Byte	
256	8	480 000 Byte	512 KByte
65 536 (Direct Color)	16	960 000 Byte	1 MByte
16 777 216 (True Color)	24	1 440 000 Byte	2 MByte

Tabelle 12: Speicherplatzbedarf abhängig von der Farbtiefe

Monitor

Die gebräuchlichen Monitore lassen sich in zwei Kategorien einteilen: Kathodenstrahl-Bildschirme und Flachbildschirme. *Kathodenstrahl-Bildschirme* (engl. *CRT Cathode Ray Tube*) lassen sich von der genutzten Technologie mit einem Fernseher vergleichen. Einzelne Bildpunkte sind in einem rechteckigen Raster angeordnet, die bei einem Farbmonitor von drei Elektronenstrahlen zum Leuchten angeregt werden. Jeder dieser Elektronenstrahlen ist für eine der Farben Rot, Grün und Blau zuständig. Aus der Kombination dieser drei Grundfarben mit unterschiedlichen Intensitäten wird ein breites Farbspektrum erzeugt. Entscheidend für die Bildqualität ist neben der Auflösung, d. h. der Anzahl der Bildpunkte pro Flächeneinheit, die Bildwiederholfrequenz. Diese Frequenz gibt an, wie viel Bilder pro Sekunde aufgebaut werden. Je höher diese Bildfrequenz ist, desto besser ist die Bildqualität.

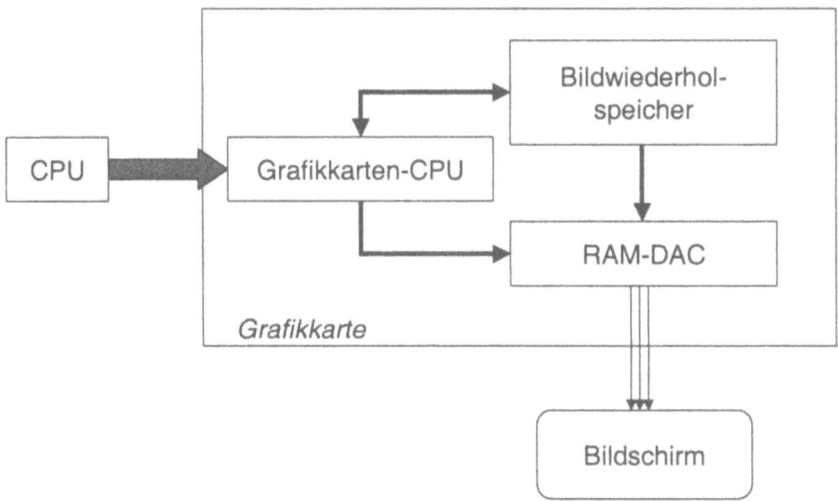

Abbildung 18: Struktur einer beschleunigten Grafikkarte

Kathodenstrahl-Bildschirme sind noch die traditionellen Geräte bei den PCs. Diese schweren, voluminösen und viel Strom verbrauchenden Geräte sind für Laptops völlig ungeeignet. Bei dieser Rechnerklasse werden *Flachbildschirme* eingesetzt. Diese flachen Geräte erreichen auch bei der Ausstattung von PCs einen ständig steigenden Anteil. Bei der technischen Umsetzung dieser Flachbildschirme kommen unterschiedliche Technologien zur Anwendung. Gegenwärtig dominieren die passiven LCD- und die TFT-Bildschirme. Bei den passiven LCD-Bildschirmen (Liquid Crystal Display) werden vor einer Lichtquelle die einzelnen Pixel eines Bildes sichtbar. Die Pixel leuchten nicht selbstständig. Auf Grund der einfachen Herstellungstechnik und des niedrigen Preises waren diese Bildschirme bei Laptops aus den 90-er Jahren weit verbreitet. Die Schwachstellen dieser Bildschirme liegen im mangelnden Kontrast.

TFT (ThinFilm Transistor)-Bildschirme überwinden diesen Nachteil. Die Bildpunkte auf dem Bildschirm bilden sich an den Kreuzungspunkten von transparenten horizontalen und vertikalen Leiterbahnen. Mittels Dünnfilmtransistoren werden an diesen Punkten Felder zur Polarisation einer speziellen Flüssigkeit geschaltet. Diese Bildschirme erreichen Bildqualitäten, die denen von Kathodenstrahl-Bildschirmen vergleichbar sind.

2.1.9 Drucker

Bleibt das papierlose Büro ein Traum oder muss es noch Realität werden? Gegenwärtig haben wir den Eindruck, dass der Einsatz von Computern den Papierverbrauch erhöht, als dass er ihn signifikant senken würde. In unserem täglichen Leben sind mittels eines Computers bedruckte Papiere (noch) nicht wegzudenken. Die Verwendung von Textverarbeitungs- oder DTP (Desk Top Publishing)-Systemen hat einen signifikanten Anteil an einer stetigen Erhöhung des Papierverbrauchs in Büros und privaten Haushalten. Die Anforderungen an die Gestaltung der Texte sind mit der Verfügbarkeit von entsprechender Hard- und Software ständig gestiegen und die Verwendung der einfachen Schreibmaschine ist in den Hintergrund getreten. Dokumente werden mehrfach mit unterschiedlichen Formatierungen, Schriftfonts und eingebundenen Grafiken gedruckt, bis das angestrebte Ziel erreicht ist.

Drucker haben im kommerziellen wie auch im privaten Bereich eine große Bedeutung. Über den langen Zeitraum der Computernutzung wurden unterschiedliche Drucker und Drucktechnologien entwickelt. Für unterschiedliche Anwendungen steht ein breites Sortiment an Druckern zur Verfügung. Beispielsweise muss der Betreiber eines Abrechnungszentrums für Mobilfunkanbieter täglich für mehrere tausend Kunden die Rechnungen drucken. Ein kleiner Laserdrucker kann diese Aufgabe nicht bewältigen.

Drucker lassen sich nach unterschiedlichen Kriterien klassifizieren. Ein Klassifizierungsmerkmal ist die Fähigkeit, Papiere mit Durchschlägen zu bedrucken. Diese Fähigkeit wird in kommerziellen Anwendungen gefordert, wenn Rechnung und Lieferschein zusammen gedruckt werden müssen. Für diese Aufgaben werden mechanische Drucker eingesetzt. Zu dieser Kategorie gehören Ketten-, Typenrad- und Nadeldrucker, wobei die Nadeldrucker primär zum Einsatz kommen. In den Nadeldruckern wird Endlospapier benutzt.

In privaten sowie in kommerziellen Bereichen werden überwiegend Laser- oder Tintenstrahldrucker eingesetzt. Im Folgenden liegt der Schwerpunkt auf den *Laserdruckern*, da sie durch ständig sinkende Preise auf dem Druckermarkt zunehmend dominieren. Diese Drucker verwenden eine Drucktechnologie, wie sie auch in Kopierern genutzt wird. Die zu druckende Seite wird in einzelne Punkte (Pixel) zerlegt und ein Laserstrahl beschreibt dann Punkt für Punkt eine Belichtertrommel mit den zu druckenden Informationen. Auf diese Trommel wird Toner, ein schwarzes Pulver, aufgetragen und dieser Toner haftet nur an den vom Laserstrahl beschriebenen Punkten. Die pulverbehaftete Trommel wird auf dem Papier abgerollt, so dass der Toner von der Rolle auf das Papier übertragen wird. Durch Hitzeeinwirkung und Druck wird der Toner auf dem Papier festgebrannt. Beim Drucken auf Folien dürfen aus diesem Grund nur spezielle hitzebeständige Folien verwendet werden.

Farbige Laserdrucker arbeiten nach dem gleichen Prinzip, nur müssen diese Vorgänge für jede einzelne Farbe Rot, Grün und Blau wiederholt werden. Für jeden Druck muss das Papier wieder exakt positioniert werden, damit sich die Farben an den entsprechenden Stellen überdecken. Dies führt zu gesteigerten Anforderungen an die Mechanik dieser Drucker, zu längeren Druckzeiten und zu höheren Druckkosten pro Seite.

Die Qualität des Druckbildes steigt mit der Auflösung. Diese Auflösung wird bei Druckern in dpi (dots per inch) gemessen. Dieser Wert gibt an, wie viel Druckpunkte pro Inch (Zoll) erscheinen. Ein Zoll entspricht ca. 25 mm. Bei einer Auflösung von 100 dpi werden ca. 4 Punkte pro mm gedruckt. Gebräuchliche Auflösungen für Laserdrucker sind 300 dpi (12 Punkte pro mm), 600 dpi (24 Punkte pro mm) und 1200 dpi (48 Punkte pro mm).

Laserdrucker gehören in die Kategorie der Seitendrucker, d. h. bevor der Laserstrahl mit dem Beleuchten der Trommel beginnt, muss die zu druckende Seite komplett als pixelbasiertes Druckbild in einem Pufferspeicher (engl. *Frame Buffer*) vorliegen. Jedes Pixel wird bei Schwarz-Weiß-Druckern in einem Bit gespeichert. Bei einer Auflösung von 300 dpi (12 Punkte pro mm) ergibt sich für eine A4-Seite mit 21 cm Breite und 29,7 cm Länge ein Speicherplatzbedarf von 8.981.280 Bit oder 1.122.600 Byte.

Tintenstrahldrucker spritzen aus sehr feinen Düsen Tinte auf das Papier. Die Druckqualität von Tintenstrahldruckern ist durchaus mit der von Laserdruckern vergleichbar und der Kaufpreis in der Regel deutlich niedriger, allerdings ist der Seitenpreis höher, da die Tintenpatronen relativ häufig gewechselt werden müssen.

Ebenfalls sehr verbreitet – wenn auch nur in speziellen Anwendungen – sind *Thermodrucker*. Diese Drucker erwärmen mit ihrem Druckkopf kleine Flächen auf einem Spezialpapier, die sich durch diese Erwärmung verfärben. Vorteile dieser Druckerart liegen in der extrem kompakten Bauweise und der Tatsache, dass weder Farbbänder noch Tintenpatronen o. ä. verwendet werden müssen. Allerdings können sie nur auf relativ teurem Spezialpapier drucken. Sie werden daher nur in speziellen Anwendungsfällen wie z. B. den PDAs der Deutschen Bahn zum Druck von Fahrkarten im Zug verwendet.

Ein Drucker soll u. a. in der Lage sein, das Papier in Längs- oder Querformat zu bedrucken, beim Vorhandensein von mehreren Einzugsschächten für Papier einen entsprechenden auszuwählen und unterschiedliche Papierformate, wie A4 oder Letter (US-Briefformat), bedrucken zu können. Diese Einstellungen für den Drucker lassen sich direkt an den Bedienungselementen des Druckers vornehmen oder softwareseitig einstellen. Die softwareseitige Steuerung des Druckers ist unbedingt zu bevorzugen. Abbildung 19 zeigt mögliche Druckereinstellungen für einen HP LaserJet® Drucker.

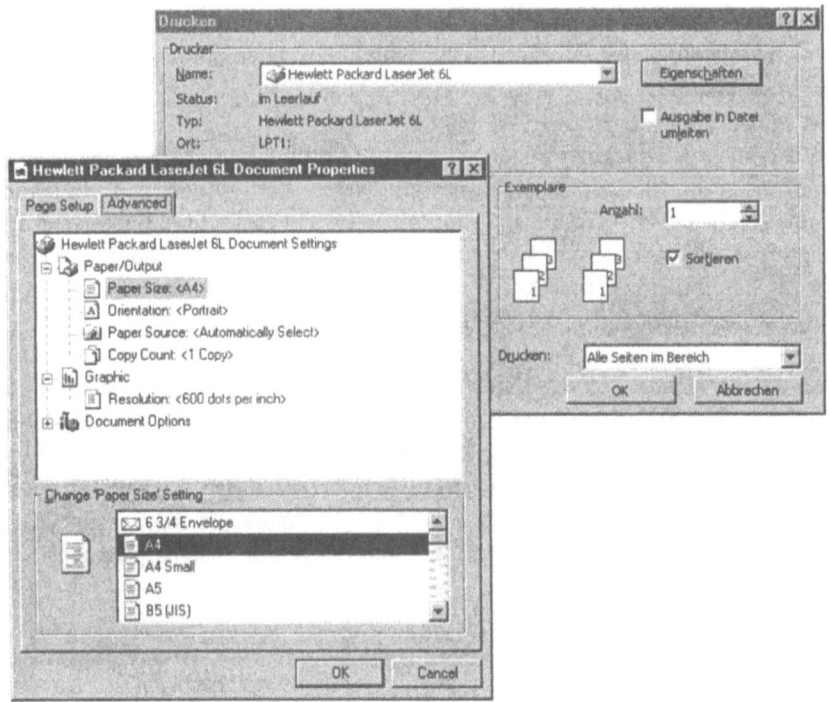

Abbildung 19: Softwareseitige Druckereinstellungen unter Windows

Zur Ausführung eines Druckauftrags benötigt der Drucker zwei Datenblöcke. Der erste wird als ein *Prolog* betrachtet und enthält allgemeine Angaben, wie z. B. den Dateinamen, benötigte Fonts und Orientierung der Seite. Der zweite Teil beinhaltet den eigentlichen Text einschließlich Zeilenumbruchzeichen und die Grafiken. Diese gesamten Informationen werden in einer Druckersteuersprache dem Drucker übergeben. Jeder Druckertyp versteht nur seine eigene Sprache. Damit Drucker durch andere Druckertypen ausgewechselt werden können, haben sich Standards für die Druckersteuersprachen durchgesetzt. Gegenwärtig dominieren die von Hewlett Packard entwickelte Sprache PCL (Printer Control Language) in verschiedenen Versionen und die von Adobe angebotene Sprache *Postscript*®.

Im Folgenden werden die Vorgänge beim Drucken eines Microsoft® Word™ Dokuments unter Windows auf einem gebräuchlichen Laserdrucker betrachtet. Der gesamte Vorgang läuft in mehreren Schritten ab (siehe Abbildung 20):

1. *Konvertierung in eine Druckersteuersprache*: Die CPU des Computers konvertiert die interne Darstellung des Word-Dokumentes einschließlich Texten, Grafiken und Steuerzeichen unter Zuhilfenahme des druckerspezifischen Druckertreibers in eine Seitenbeschreibungssprache. *Druckertreiber* sind spezielle Programme, die von den Druckerentwicklern bereitgestellt werden. Beim Anschluss eines neuen Druckers ist zu prüfen, ob der benötigte Druckertreiber schon installiert ist.

2. *Übertragung des Dokumentes in der Druckersteuersprache zum Drucker*: Der Computer überträgt über das Bussystem und die entsprechenden Geräteschnittstellen das konvertierte Dokument an den Drucker.

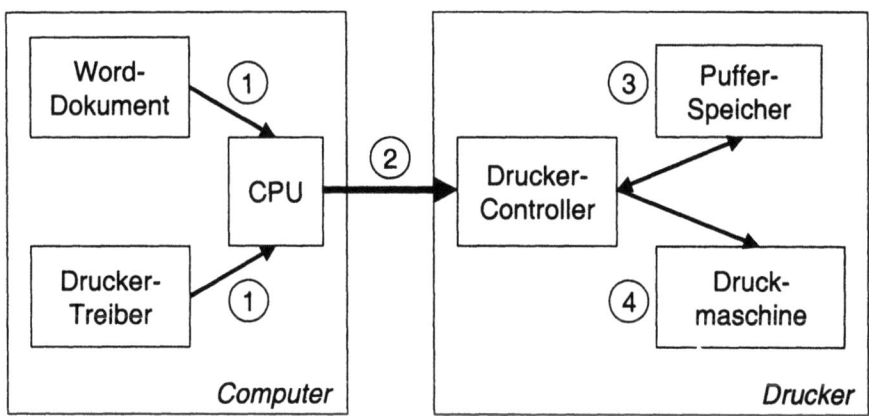

Abbildung 20: Druckvorgang

3. *Aufbau der Seite durch den Drucker-Controller*: Ein Prozessor im Drucker, auch als Drucker-Controller bezeichnet, berechnet aus den Angaben der Druckersteuersprache die einzelnen Druckpunkte zum Aufbau der Seite. Dieser Berechnungsprozess dauert für Seiten mit Grafiken länger als für normale Textseiten ohne Grafiken. Die berechneten Punkte werden im Pufferspeicher des Druckers abgelegt.

4. *Druck der Seite aus dem Pufferspeicher*: Der Drucker-Controller veranlasst den eigentlichen Druck der Seite aus dem Pufferspeicher. Die benötigten Druckerkomponenten, wie Laserstrahl, Trommel und Papierzuführung werden angesteuert.

Postscript ist eine Druckersteuersprache und gleichzeitig eine Seitenbeschreibungssprache, mit der Dokumente jeglicher Art beschrieben werden. Mit Postscript werden Texte und Grafiken als lesbarer ASCII-Text gespeichert und die einzelnen Seiten werden geräteunabhängig beschrieben. Zum Drucken muss die Postscript-Darstellung der Seite in die benötigte druckerspezifische Pixel-Darstellung überführt werden. Hierfür gibt es zwei prinzipielle Wege:

• Der Drucker verfügt über einen eingebauten hardwaremäßigen *Postscript-Interpreter*, der die Konvertierung in die gerätespezifische Pixeldarstellung übernimmt.

• Der Computer verfügt über einen Software-seitigen gerätespezifischen Postscript-Interpreter zur Konvertierung der Postscript-Darstellung in die Pixeldarstellung. Die konvertierten Pixeldaten werden dem Drucker gesendet, eine Konvertierung am Drucker ist nicht mehr nötig. Nachteilig bei dieser Technologie ist, dass die CPU des Computers die Konvertierungsarbeit erledigt und so zum Drucker ein wesentlich größeres Datenvolumen übertragen wird als bei der Übertragung der Postscript-Darstellung. Der wesentliche Vorteil dieser Technologie ist, dass der Drucker nicht über einen hardwaremäßigen Postscript-Interpreter verfügen muss.

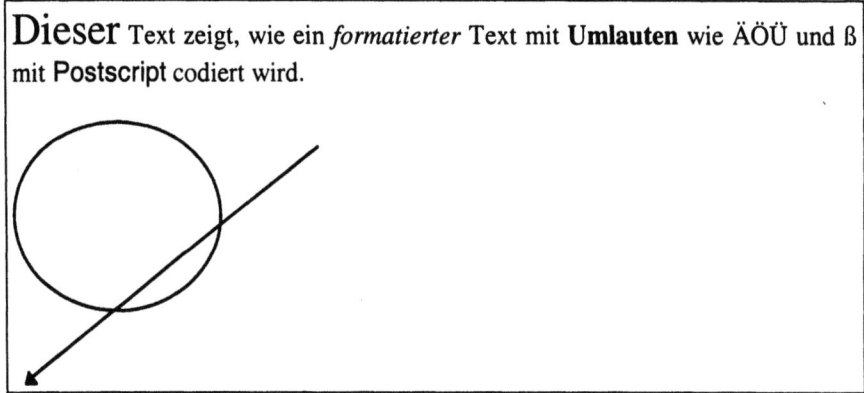

Abbildung 21: Formatierter Text mit Bild zur Ausgabe als EPS-Datei

Eine Erweiterung von Postscript ist das *Encapsulated Postscript (EPS)* , das neben der reinen Beschreibung für den Drucker auch ein Übersichtsbild des exportierten Dokuments enthält, so dass dieses nicht nur auf dem Drucker, sondern auch (in der Regel verhältnismäßig grob) auf dem Bildschirm dargestellt werden kann. Abbildung 21 zeigt einen formatierten Text mit einer Zeichnung und Auszüge aus der daraus generierten EPS-Datei. EPS ist für beliebige Dokumente geeignet und stellt sicher, dass Dokumente bei Verkleinerungen oder Vergrößerungen stets die richtigen Proportionen behalten. Allerdings werden EPS-Dateien in der Regel sehr groß.

```
%%BoundingBox: 68 622 529 772
%%Title: (Microsoft Word - Dokument4)
%%Creator: (Microsoft Word: LaserWriter 8 D1-8.2)
%%CreationDate: (13:01 Uhr Freitag, 9. August 1996)
%%For: (Claus)
%%Pages: 1
%%DocumentFonts: Times-Roman Times-Italic Times-Bold Helvetica
%%DocumentNeededFonts: Times-Roman Times-Italic Times-Bold Helvetica
%%DocumentSuppliedFonts:
%%DocumentData: Clean7Bit
%%PageOrder: Ascend
%%Orientation: Portrait
%%DocumentMedia: Default 595 842 0 () ()
%ADO_ImageableArea: 29 31 567 812
%%EndComments
userdict begin/dscInfo 5 dict dup begin
/Title(Microsoft Word - Dokument4)def
/Creator(Microsoft Word: LaserWriter 8 D1-8.2)def
/CreationDate(13:01 Uhr Freitag, 9. August 1996)def
/For(Claus)def

... (hier folgen etwa 100 weitere Zeilen Code)

%%EndProlog

... (und hier weitere 70 Zeilen)

%%BeginPageSetup
initializepage
%%EndPageSetup

... (hier die Codierung des Fließtextes)

gS 0 0 538 781 rC
42 55 :M
f0_16 sf
-.131(Dieser)A
f0_12 sf
-.086( Text zeigt, wie ein )A
f1_12 sf
-.092(formatierter)A
f0_12 sf
-.089( Text mit )A
f2_12 sf
-.12(Umlauten)A
f0_12 sf
-.103( wie \200\205\206 und \247 mit )A
f3_12 sf

... (und hier die Codierung der Grafik)

-.137(Postscript)A
39 41 1 1 rF
39 41 1 1 rF
40 41 458 1 rF
498 41 1 1 rF
498 41 1 1 rF
39 42 1 17 rF
498 42 1 17 rF
42 68 :M
f0_12 sf
```

```
-.025(codiert wird.)A
39 59 1 12 rF
498 59 1 12 rF
.2 G
.75 lw
42 71 120 99 rC
80 70 82.5 106.5 @f
-.75 -.75 49.75 166.75 .75 .75 160 81 @b
np 51 168 :M
48 164 :L
47 168 :L
51 168 :L
eofill
48 164.75 -.75 .75 51.75 168 .75 48 164 @a
-.75 -.75 47.75 168.75 .75 .75 48 164 @b
47 168.75 -.75 .75 51.75 168 .75 47 168 @a
gR
gS 0 0 538 781 rC
39 171 1 1 rF
39 171 1 1 rF
40 171 458 1 rF
498 171 1 1 rF
498 171 1 1 rF
39 71 1 100 rF
498 71 1 100 rF
42 187 :M
f0_12 sf
-.118(Jetzt ist auch eine Grafik enthalten.)A
endp
%%Trailer
end
%%EOF
```

Abbildung 22: Auszüge aus einer Encapsulated Postscript-Datei

2.2 Software und Softwaretechnologie

2.2.1 Grundlegende Begriffe

Hardware an sich ist tote Materie, erst Software macht sie lebendig. Unter *Software* versteht man allgemein eine Menge von Programmen. Ein *Programm* wiederum ist eine Folge von Anweisungen zusammen mit allen erforderlichen Vereinbarungen, die in einer Form vorliegen, dass sie von einem Computer ausgeführt werden können. Vereinfacht ausgedrückt sind Programme ein auf dem Computer ausführbarer Code. Dieser Code wird in *Programmiersprachen* formuliert. Programmiersprachen sind formale (d. h. künstliche) Sprachen, mit denen Aufgabenlösungen, die durch *Algorithmen* beschreibbar sind, codiert werden können.

Sprachen bestehen aus einer Menge von Wörtern und einer Menge von Regeln, nach denen die Wörter korrekt zu Ausdrücken zusammengesetzt werden können. Dieses Regelwerk wird auch *Grammatik* genannt. So angenehm es auf den ersten Blick erscheint, Programme mit unserer natürlichen (deutschen) Sprache zu beschreiben, so problematisch wird dies auf den zweiten Blick. Unsere natürliche Sprache steckt voller Sprachdefekte, die eine maschinelle Auswertung von Ausdrücken extrem erschweren bzw. unmöglich machen. Bei der Aussage „auf meiner Marmelade ist Schimmel" ist jedem sofort klar, dass sich auf der Marmelade kein weißes Pferd befindet. Der Grund hierfür ist, dass die Lebenserfahrung mit der Zeit den gesunden Menschenverstand formt, mit dem sich solch missverständliche Aussagen korrekt und ohne nennenswerten Aufwand interpretieren lassen. Der hier vorgestellte Sprachdefekt wird *Homonymie* genannt. Ein Homonym liegt vor, wenn ein Begriff unterschiedliche realweltliche Sachverhalte beschreibt. In diesem Beispiel beschreibt der Begriff „Schimmel" sowohl ein Pferd als auch eine bestimmte Pilzkultur. Aus der Vielzahl weiterer Sprachdefekte sei hier noch exemplarisch die *Synonymie* erwähnt, bei der mehrere unterschiedliche Begriffe ein und den selben Sachverhalt beschreiben (z. B. „Semmel" und „Brötchen").

Leider verfügen Computer weder über Lebenserfahrung noch über gesunden Menschenverstand, so dass sie derartige Defekte nicht auflösen können. Daher müssen Programme mit künstlichen Sprachen formuliert werden, in denen derartige Defekte grundsätzlich ausgeschlossen werden. Sprachen, die diese Eigenschaft erfüllen, basieren auf *kontextfreien Grammatiken*, d. h., dass jeder Ausdruck, der mit einer solchen Sprache formuliert wird, eindeutig und allein aus seiner Formulierung heraus korrekt interpretiert werden kann. Unsere deutsche Sprache erfüllt dieses Kriterium - wie das Marmeladen-Beispiel zeigt - nicht, da die Interpretation des Begriffs „Schimmel" nur aus dem Kontext „Marmelade" heraus korrekt interpretiert werden kann.

Zu klären ist nun noch der Begriff *Algorithmus*. Ein Algorithmus ist eine Verarbeitungsvorschrift, die folgende Kriterien erfüllt:

- Die Vorschrift ist mit endlichen (aber nicht beschränkten) Mitteln beschreibbar.

- Ein Algorithmus liefert zu gegebenen Eingaben auf eine eindeutig festgelegte Weise in endlich vielen Schritten genau eine neue Ausgabe. Bei gleichen Eingaben werden stets auf die gleiche Weise und nach gleicher Schrittanzahl wieder gleiche Ausgaben erzeugt.

Als Beispiel für einen Algorithmus dient hier das Kaffeekochen mit einer handelsüblichen Kaffeemaschine. Es soll hier zunächst nicht stören, dass der Algorithmus nicht mit einer formalen Sprache formuliert ist:

Schritt 1:   Lege fest, wie viele Tassen Kaffee gekocht werden sollen und weise diesen Wert der Variablen *AnzahlTassen* zu.

Schritt 2:   Fülle eine *AnzahlTassen* entsprechende Menge Wasser in den dafür vorgesehenen Behälter.

Schritt 3:   Stecke einen Kaffeefilter in den dafür vorgesehenen Behälter.

Schritt 4:   Wenn der *Kaffeetrinker* ein Informatiker ist, dann setze die Variable
               TeelöffelProTasse auf 2, sonst auf 1.

Schritt 5:   Setze die Variable *Zähler* auf 0.

Schritt 6:   Solange die Variable *Zähler* kleiner als der Wert *AnzahlTassen* x *Tee-
               löffelProTasse* ist, führe folgende Schritte aus:

               Schritt 6.1: Fülle einen Teelöffel Kaffeepulver in den Filter.

               Schritt 6.2: Erhöhe den Wert von *Zähler* um 1.

Schritt 7:   Schiebe den Kaffeefilter ein.

Schritt 8:   Stelle die Kaffeemaschine an.

Einige grundlegende Konzepte der Programmierung kann man bereits anhand des
obigen Beispiels erkennen:

Variablen

Variablen werden über ein Tripel <Name, Typ, Wert> spezifiziert. Im Beispiel
kommen die Variablen mit den Namen *AnzahlTassen*, *TeelöffelProTasse*, *Zähler*
und *Kaffeetrinker* vor. Die Variablen *AnzahlTassen* und *TeelöffelProTasse* sind
vom Typ „Natürliche Zahl", während die Variable *Zähler* vom Typ „Ganze Zahl"
ist, da sie auch den Wert 0 annehmen kann. Typen müssen aber nicht immer Zahlen sein, sondern geben allgemein Wertebereiche an (siehe Abschnitt 1.3 Datenrepräsentation im Computer). Der Wertebereich der Variablen *Kaffeetrinker* ist z. B.
die Menge {„Informatiker", „Nicht-Informatiker"}. Die Werte werden dann zur
Laufzeit zugewiesen, z. B. 5 für *AnzahlTassen* oder „Informatiker" für *Kaffeetrinker*. Alle Variablen, bei denen nicht sichergestellt ist, dass ihnen zur Laufzeit vor
der ersten Benutzung ein Wert zugewiesen wird, sind im Programm zu initialisieren, d. h. mit einem Startwert zu versehen. Im Beispiel wird die Variable *Zähler* in
Schritt 5 mit dem Wert 0 initialisiert. Nicht initialisierte Variablen haben grundsätzlich einen unbestimmten Wert, was zur Laufzeit in der Regel zu unvorhersehbaren Ergebnissen führt. Im Beispiel müssen den Variablen *AnzahlTassen* und
Kaffeetrinker Werte zugewiesen werden, damit der Algorithmus ordnungsgemäß
abgearbeitet werden kann.

Konditionalanweisungen

Konditionalanweisungen haben stets die Form „wenn ... dann ... sonst ...", wobei der Sonst-Zweig auch weggelassen werden kann. Im Beispiel findet man eine solche Anweisung in Schritt 4.

Schleifen

Als Schleife wird eine Anweisungsfolge bezeichnet, die solange wiederholt ausgeführt wird, bis ein Abbruchkriterium erreicht wird. Im Beispiel ist in Schritt 6 eine Schleife beschrieben, in der die Schritte 6.1 und 6.2 solange abgearbeitet werden, bis das Abbruchkriterium „*Zähler* kleiner als der Wert *AnzahlTassen* x *TeelöffelProTasse*" erreicht ist.

Bevor auf Programmiersprachen und ihre Besonderheiten genauer eingegangen wird, erfolgen einige Ausführungen zu Algorithmen und es werden grundlegende Datenstrukturen eingeführt.

2.2.2 Algorithmen und Datenstrukturen

Die Erstellung eines Programms vollzieht sich prinzipiell in drei Schritten: Erstellung der Spezifikation, Ausarbeitung des Algorithmus und Codierung. Der erste Schritt bei der Erstellung eines Programms ist die detaillierte Beschreibung des zu lösenden Problems. Diese Problembeschreibung wird auch als *Spezifikation* bezeichnet. Das zu lösende Problem aus dem Umfeld Küche lautet Kaffeekochen mit einer Kaffeemaschine.

Eine einfache Form der Spezifikation besteht in der Verwendung zweier Mengen logischer Aussagen, die durch {P} und {Q} bezeichnet sind. Die Vorbedingung {P} enthält alle Aussagen, die vor der Ausführung des Programms bzw. Algorithmus gelten und die Nachbedingung {Q} entsprechend alle Aussagen, die nach der Ausführung gelten. Für das zu lösende Problem Kaffeekochen werden die folgenden verbalen Aussagen aufgestellt:

Vorbedingung {P}

- Wasserbehälter ist leer.
- Behälter für den Kaffeefilter ist leer.
- Kaffeefilter ist leer.
- Kaffeekanne ist leer.

Nachbedingung {Q}

- Kaffeekanne ist gefüllt.
- Wasserbehälter ist leer.

Die Spezifikation selbst erfolgt in unterschiedlichen Formen, zu denen formale Spezifikationssprachen gehören. Abbildung 23 zeigt eine stark vereinfachte bildhafte Spezifikationsform.

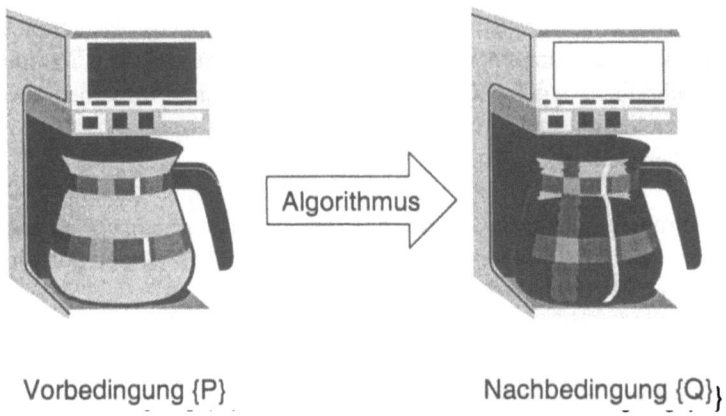

Vorbedingung {P}   Nachbedingung {Q}}

Abbildung 23: Bildhafte Spezifikation des Problems Kaffeekochen

Der zweite Schritt auf dem Weg zum Programm ist nun der Entwurf eines allgemeinen Lösungswegs. Dieser allgemeine Weg zur Lösung der Spezifikation ist der Algorithmus. Ein Algorithmus, der im dritten Schritt unter Verwendung einer Programmiersprache in ein Programm übertragen wird, enthält folgende elementare Aktionen:

Elementare Aktionen	Erläuterung
Eingabe	Übernahme von externen Werten auf eine Variable
Ausgabe	Übertragung eines Variablenwertes auf ein externes Gerät
Zuweisung	Zuweisung eines berechneten Wertes an eine Variable

Tabelle 13: Elementare Aktionen in einem Algorithmus

Zusätzlich regeln Kontrollstrukturen, hierzu zählen Konditional-Anweisungen und Schleifen, die Reihenfolge der elementaren Aktionen. Die Spezifikation beschreibt das zu lösende Problem und der Algorithmus zeigt den allgemeinen Lösungsweg für das Problem auf. Damit lässt sich die Vorbedingung {P} mittels des Algorithmus A in die Nachbedingung {Q} überführen. Es gilt:

$$\{P\}\ A\ \{Q\}$$

Der dritte Schritt zum Programm ist die Umsetzung des Algorithmus mittels einer Programmiersprache.

2.2.2.1 Darstellungsformen von Algorithmen

Nach der Klärung der Beziehungen zwischen Spezifikation, Algorithmus und Programm werden nun Darstellungsformen für Algorithmen vorgestellt. Es werden drei Formen unterschieden, die beiden grafischen Beschreibungsformen *Flussdiagramm* und *Struktogramm* sowie die textliche Form *Pseudocode*. Die Sinnbilder für Flussdiagramme, auch als Programmablaufplan (PAP) oder Ablaufdiagramm, sind in der DIN 66001 genormt. Für die Struktogramme, sie werden nach ihren Autoren als Nassi-Shneidermann-Diagramme bezeichnet, findet die DIN 66261 Verwendung. Pseudocode ist die textliche Notationsform für Algorithmen. Hierbei werden vielfach Sprachelemente aus bevorzugten Programmiersprachen genutzt, ohne an die formalen Bedingungen der Programmiersprache gebunden zu sein. Für alle drei Darstellungsformen gilt, dass diese Beschreibungsformen nicht durch den Computer interpretierbar sind. Dies ist letztendlich nur den Programmiersprachen vorbehalten.

Unabhängig von der Darstellungsform werden in einem Algorithmus elementare Aktionen und Konstrukte zur Steuerung der Abarbeitung beschrieben. Im Folgenden werden typische Anweisungen und Konstrukte in Algorithmen für diese drei Darstellungsformen in tabellarischer Form aufgezeigt. Die Darstellung erfolgt spaltenorientiert: Linke Spalte für das Flussdiagramm, mittlere Spalte für das Struktogramm und rechte Spalte für den Pseudocode.

Elementare Aktionen und Sequenz

Die elementaren Aktionen einer Sequenz (Folge) werden nacheinander sequenziell durchlaufen. Fasst man die Aktionen aus einer Sequenz zu einer neuen Aktion zusammen, so lassen sich Hierarchien von Anweisungen erstellen. Beim Pseudocode wird eine Sequenz durch Klammern verbunden.

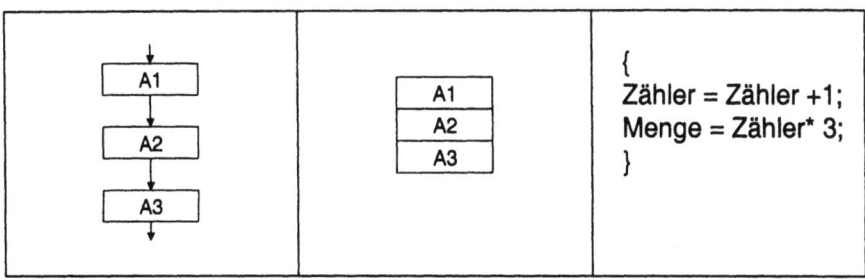

Steuerstruktur Auswahl

Die Steuerstruktur Auswahl, auch als Selektion bezeichnet, bewirkt eine Verzweigung des Ablaufs. In Abhängigkeit von der Erfüllung einer Bedingung werden unterschiedliche Aktionen ausgeführt. Es werden zwei Formen bei der Auswahl unterschieden: Einfache und mehrfache Alternative.

Die *einfache* Auswahl gestattet, aus zwei Möglichkeiten eine auszuwählen. Bei der Erfüllung der Bedingung (Ja-Zweig) wird die Aktion 1 und beim Nichterfüllen (Nein-Zweig) die Aktion 2 ausgeführt. Ein Sonderfall dieser einfachen Auswahl ist das Fehlen des Nein-Zweiges. Nur wenn die Bedingung erfüllt ist, wird die Aktion 1 ausgeführt, im anderen Fall wird mit der folgenden Aktion fortgesetzt.

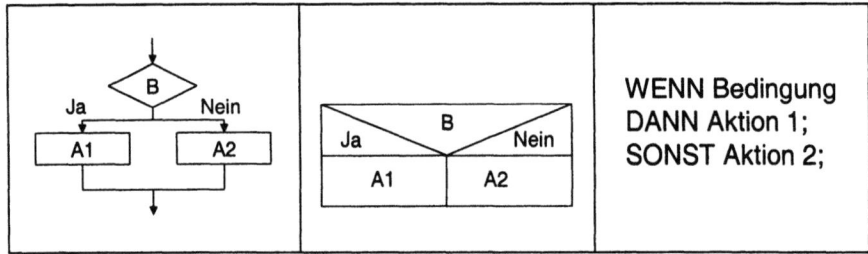

Die *mehrfache* Auswahl oder Fallunterscheidung gestattet die Auswahl von genau einer Aktion aus mehreren. Die Auswahl der Aktion erfolgt durch einen Selektor. Der Selektor offeriert eine Menge von zulässigen Bedingungen und ordnet bei der Erfüllung die entsprechenden Aktionen zu.

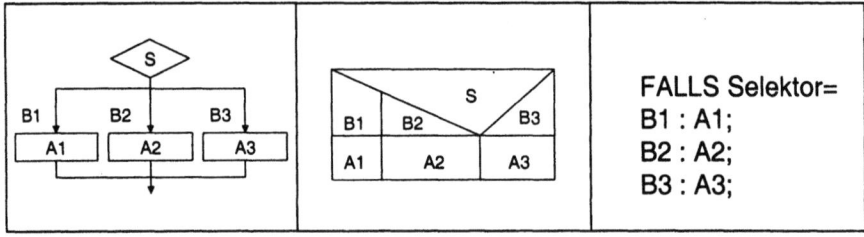

Steuerstruktur Wiederholung

Wiederholungen, *Schleifen*, *Iterationen* und *Zyklen* sind Synonyme der letzten Gruppe von Steueranweisungen. Diese Konstruktionen erlauben das mehrfache Durchlaufen von Aktionen. Die Menge der zu wiederholenden Aktionen wird als Schleifenkörper bezeichnet. Bei dieser Gruppe lassen sich zwei Formen unterscheiden: abweisende und nicht abweisende Schleife.

Bei der *abweisenden Schleife* wird vor der Ausführung des Schleifenkörpers eine Bedingung geprüft. Nur wenn diese Bedingung erfüllt ist, wird der Schleifenkörper abgearbeitet und eine erneute Wiederholung wird geprüft. Ein ständiges Erfüllen der Bedingung würde den Algorithmus nie terminieren lassen. Der Algorithmus befindet sich dann in einer Endlosschleife.

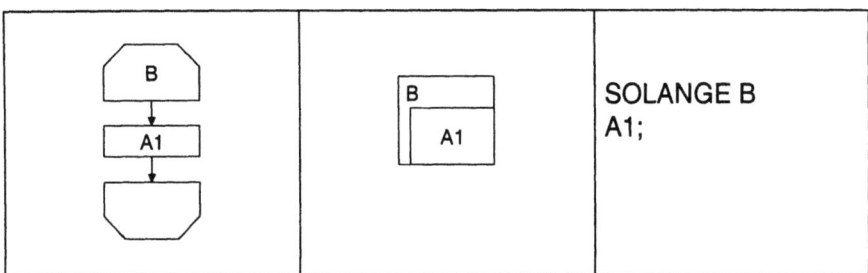

Im Gegensatz zur abweisenden Schleife wird bei der *nicht abweisenden* Schleife die Bedingung nach der Ausführung des Schleifenkörpers geprüft. Der Schleifenkörper wird somit mindestens einmal abgearbeitet. Wenn die Bedingung noch erfüllt ist, wird damit der Schleifenkörper erneut durchlaufen. Auch hier besteht die Gefahr der Bildung von Endlosschleifen, wenn nicht innerhalb des Schleifenkörpers die Bedingung verändert werden kann.

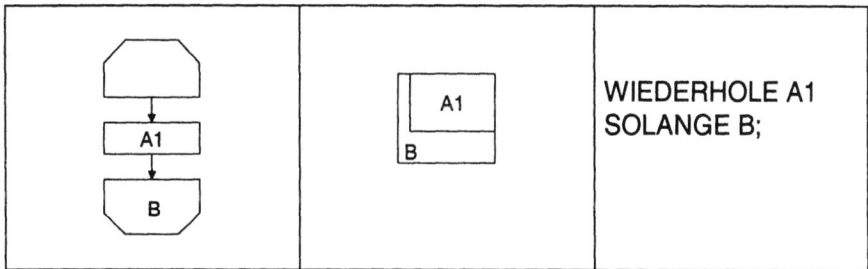

2.2.2.2 Datentyp und Datenstruktur

Ein Algorithmus ist eine Vorschrift zur Verarbeitung von Daten, die in einem Programm durch Variablen oder Konstanten beschrieben werden. Die Variablen oder Konstanten selbst sind durch ihren Bezeichner (Namen), Datentyp und aktuellen Wert spezifiziert. Entsprechend ihres Datentyps wird Speicherplatz beansprucht. Die Adresse dieses Speicherplatzes wird dem Bezeichner zugeordnet. Somit sind die Speicherplätze der Variablen über die Namen adressierbar und diese Form der Adressierung wird symbolische Adressierung genannt. Variablen sind Daten, deren Werte während der Programmabarbeitung veränderbar sind.

Im Gegensatz dazu darf bei Konstanten der Wert nicht verändert werden. Der Speicherbereich einer Konstanten wird einmalig bei der Initialisierung mit einem Wert beschrieben. Die Verwendung von Konstanten führt zu einer Verbesserung der Les- und Änderbarkeit von Programmen und sie ermöglicht dem Compiler eine effiziente Übersetzungsarbeit.

Daten lassen sich auch als allgemeine Objekte betrachten, mit denen ein Programm Operationen ausführt. In Abhängigkeit von den Zielen der zu lösenden Problemstellung, und somit des Programms, werden unterschiedliche Typen von Daten, die Datentypen, benötigt.

Ein Programm zur Ausführung der vier Grundrechenarten muss mit den Datentypen Zahlen (zum Rechnen) und Zeichen (zur Ausgabe) operieren. Hierbei soll das Programm wie ein Taschenrechner mit ganzen und gebrochenen Zahlen arbeiten. Betrachtet man dagegen ein Programm zum Online-Banking im Internet, so muss dieses Programm mit einem breiten Spektrum an zusätzlichen Datentypen operieren. Hierzu gehören beispielsweise Datentypen zur Datumsangabe, Zugriffsberechtigung, IP-Adresse und Kontostand.

Jeder Datentyp hat seinen eigenen spezifischen Speicherbedarf und jedem Datentyp ist eine Menge von zulässigen Operationen zugeordnet. Mit dem Begriff Datenstruktur wird die Kombination aus Datentyp und zulässigen Operationen bezeichnet. Die Operation „Addition von zwei ganzen Zahlen" ist zulässig, während die Operation „Addition einer Datumsangabe mit dem Kontostand" nicht zulässig und unsinnig ist. Jede Programmiersprache stellt eine Menge von vordefinierten Datentypen mit den entsprechenden zulässigen Operationen bereit. Diese Datentypen variieren nach dem entsprechenden Zielgebiet der Programmiersprache. Eine Sprache für ingenieurtechnische Anwendungen offeriert beispielsweise den Datentyp „Komplexe Zahl". In einer Sprache für betriebswirtschaftliche Fragestellungen wird dieser Datentyp nicht benötigt. Zusätzlich zu den standardmäßig vordefinierten Datentypen lassen sich in den meisten Programmiersprachen vom Programmierer neue Datentypen definieren.

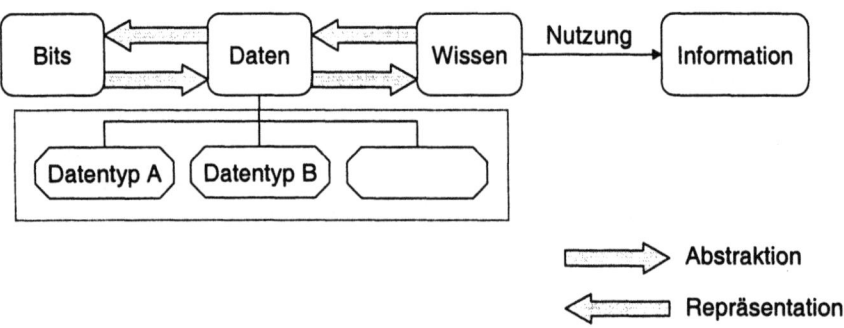

Abbildung 24: Abstraktion und Repräsentation von Daten

In Abschnitt 1.2 Wissen, Information und Daten wurde aufgezeigt, dass Wissen durch Daten und Daten im Computer durch Bits repräsentiert werden. Betrachtet man diese logische Kette in entgegengesetzter Richtung, so ergeben sich Daten aus der Abstraktion von Bits und Wissen aus der Abstraktion von Daten. Abbildung 24 veranschaulicht diesen Zusammenhang.

Daten sind das Bindeglied zwischen den beiden Endstufen Bits und Wissen und diese Daten lassen sich allgemein durch Datentypen mit den entsprechenden Operationen beschreiben. Programme operieren nun mit den verfügbaren Datenstrukturen und zur Unterstützung der Programmierung werden hierarchische Datenstrukturen verwendet. Die einzelnen Hierarchiestufen unterscheiden sich hinsichtlich ihres Abstraktionsgrads.

Betrachten wir den Datentyp „Konto", der sich aus den untergeordneten Datentypen „Kalenderdatum", „Kontostand" und „Eigentümer" zusammensetzt. Der Datentyp „Kalenderdatum" lässt sich durch den tieferliegenden Datentyp „natürliche Zahl" beschreiben. Dieser Datentyp ist dann direkt durch Bits auf der tiefsten Ebene repräsentiert. Das Tabellenkalkulationsprogramm Excel™ hingegen verwendet den Datentyp „reelle Zahlen" als tieferliegenden Datentyp. Das Datum „13.April 2000" wird in Excel durch die Zahl 36629,00 abgebildet. Ergänzt man das Datum noch um eine Zeitangabe, wie „10:30 Uhr", so ist die Uhrzeit im gebrochenen Teil der Zahl abgelegt. Die Datumsangabe mit Uhrzeit ergibt sich zu 36629,44.

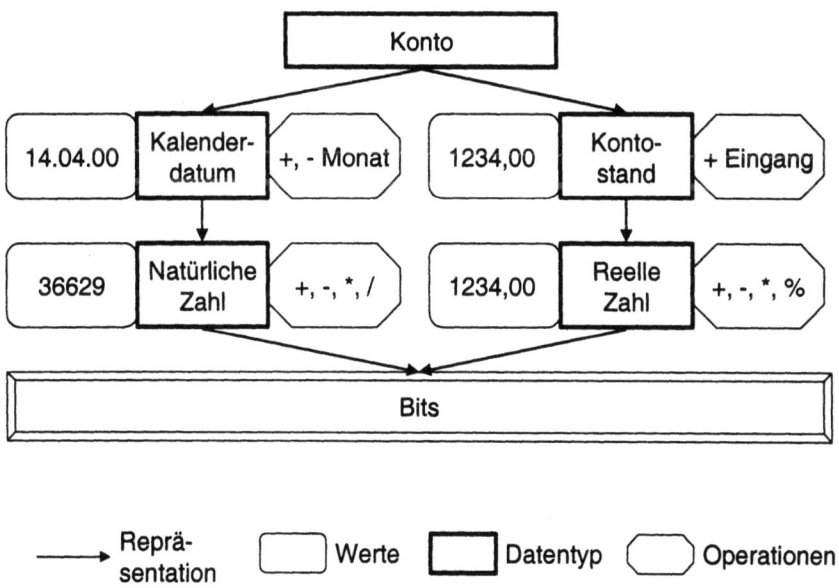

Abbildung 25: Hierarchische Datentypen

Die Repräsentation des Datentyps „Kontostand" vollzieht sich analog. In der Abbildung 25 sind auszugsweise die entsprechenden Hierarchiestufen für die Repräsentationen der Datentypen „Kalenderdatum" und „Kontostand" aufgezeigt.

Dabei ist zu beachten, dass zu jeder Stufe des Abstraktionsprozesses die entsprechenden Operationen bereitzustellen sind. Beispiele für Operationen auf den Datentyp „Kalenderdatum" sind die Addition und Subtraktion von Monaten, die Ermittlung der Anzahl von Tagen zwischen zwei Kalenderdaten usw. Die Operationen für den tieferliegenden Datentyp „Natürliche Zahl" sind allgemein bekannt (+, -, *, /, %).

2.2.2.3 Häufige Datentypen in Programmiersprachen

Weit verbreitete Programmiersprachen offerieren ein breites Spektrum von geeigneten Datentypen, deren Systematik in Abbildung 26 aufgezeigt ist. Dazu zählen die vordefinierten konkreten Datentypen und die vom Programmierer entwickelten abstrakten Datentypen. Die konkreten Datentypen lassen sich in einfache, strukturierte und Zeigerdatentypen einteilen.

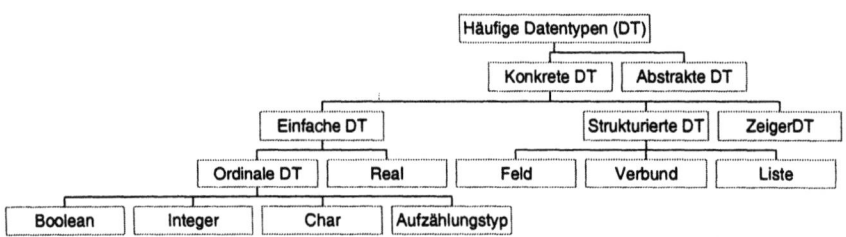

Abbildung 26: Systematik von Datentypen in Programmiersprachen

Einfache Datentypen

Einfache Datentypen werden als Grundbausteine für Daten bezeichnet. Die in dieser Gruppe zusammengefassten Datentypen lassen sich nicht mehr zerlegen, weshalb sie auch als atomare Datentypen bezeichnet werden. Einfache Datentypen bestehen aus den *ordinalen* und dem Datentyp Real (reell). Die reellen Datentypen spezifizieren reelle Zahlen im Gleitkommaformat. Ordinale Datentypen bezeichnen eine endliche linear geordnete Menge von Werten und zergliedern sich in die Untertypen Boolean, Integer, Char und Aufzählungstyp. Elemente dieser Menge lassen sich auf die Ordinalzahlen 0, 1, 2, ... n abbilden. Damit sind die Vergleichsoperationen =, ≠, <, >, ≤ und ≥ anwendbar.

Der Datentyp *Boolean* umfasst die beiden Werte wahr (engl. *True*) und falsch (engl. *False*). Daten dieses Typs werden überwiegend zur Beschreibung des Ergebnisses von logischen Ausdrücken benutzt. Das Ergebnis von Vergleichsoperationen ist immer vom Typ Boolean. So ist das Ergebnis des Vergleiches „ 4 > 5" falsch.

Mit dem Datentyp *Integer* wird der Bereich der ganzen Zahlen beschrieben. Die Größe des entsprechenden Wertebereichs ist abhängig von der Implementation auf der Bit-Ebene. (Vergleiche hierzu Abschnitt 1.3.1 Darstellung von Zahlen).

Der Datentyp *Char* kennzeichnet Daten aus einer endlich geordneten Menge von Zeichen. Die Zeichen selbst und die Anzahl der Elemente in dieser Menge sind wiederum abhängig von der Implementation auf der Bit-Ebene.

Der *Aufzählungstyp* bezeichnet einen vom Programmierer definierten Datentyp zur Beschreibung einer kleinen, endlichen Menge von Werten. Beispielsweise lässt sich der Bewegungszustand eines Fahrzeuges durch einen Aufzählungstyp abbilden. Dieser Aufzählungstyp „Fahrzeugzustand" enthält beispielsweise die Werte: „Stehen", „PositiveBeschleunigung", „NegativeBeschleunigung" und „KonstanteGeschwindigkeit".

Datentyp Real

Der Datentyp *Real* bildet zusammen mit den ordinalen Datentypen die Gruppe der einfachen Datentypen. Mit dem Datentyp Real werden die reellen Zahlen beschrieben. Die Genauigkeit der Abbildung und die Größe des Wertebereiches sind wiederum abhängig von der gewählten Implementierung (vergleiche hierzu Abschnitt 1.3.1 Darstellung von Zahlen).

Strukturierte Datentypen

Ein strukturierter Datentyp ist eine Zusammenfassung von einem oder mehreren einfachen bzw. strukturieren Datentypen. Die einzelnen Bestandteile in einem strukturierten Datentyp werden als Komponenten bezeichnet. Die Bildung eines strukturierten Datentyps erfolgt nach unterschiedlichen Methoden, wie Aggregation und Rekursion. Typische Vertreter strukturierter Datentypen sind Feld, Verbund und Liste. Erläuterungen zum Datentyp Liste erfolgen im Zusammenhang mit dem Datentyp Zeiger.

Datentyp Feld

Ein *Feld* (engl. *Array*) ist eine Aneinanderreihung von Daten bekannter Anzahl eines identischen Datentyps. Dieser Datentyp entsteht durch Aggregation. Auf die einzelnen Daten wird über Indexwerte zugegriffen. Felder können in verschiedenen Dimensionen aufgebaut werden. Ein eindimensionales Feld wird als Vektor und ein zweidimensionales Feld als Matrix bezeichnet. In Abhängigkeit von der

Dimension des Feldes ergibt sich die Anzahl der Indizes, die zum eindeutigen Zugriff auf ein Datenelement benötigt werden.

In einem Feld *KaffeetassenProTag* wird die von einer Person täglich getrunkene
Anzahl von Kaffeetassen innerhalb einer Woche erfasst. Bei sieben Tagen in der
Woche wird ein eindimensionales Feld mit sieben Elementen vom Datentyp Inte-
ger benötigt. Der Zugriff auf ein einzelnes Datenelement erfolgt nur über einen In-
dex. Die Beschreibung des Zugriffs erfolgt durch den in [ ] gesetzten Indexwert.
Abbildung 27 verdeutlicht diesen Vorgang.

Feldname: KaffeetassenProTag
Dimension : 1
Anzahl der Elemente : 7

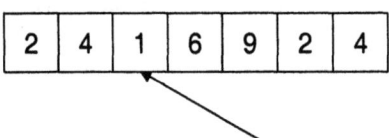

| 2 | 4 | 1 | 6 | 9 | 2 | 4 |

Zugriff auf den 3. Tag: KaffeetassenProTag [3]

Abbildung 27: Zugriff auf ein eindimensionales Feld

Feldname: KaffeetassenProMitarbeiterUndTag
Dimension : 2
Anzahl der Elemente : 3*7

2	4	1	6	9	2	4
0	2	4	3	2	5	0
0	4	6	1	5	1	2

**Zugriff auf den 2. Mitarbeiter
und 4. Tag**
KaffeetassenProMitarbeiterUndTag [2][4]

Abbildung 28: Zugriff auf ein zweidimensionales Feld

Soll die Erfassung auf alle Mitarbeiter im Büro erweitert werden, so wird ein
zweidimensionales Feld *KaffeetassenProMitarbeiterUndTag* verwendet. Bei drei
Mitarbeitern im Büro ergibt sich ein Feld mit 3×7 Elementen. Die erste Dimension

bezeichnet den Mitarbeiter und die zweite den Tag innerhalb der Woche. Die Beschreibung des Zugriffs wird in Abbildung 28 aufgezeigt.

Als Datentyp für Namen und Bezeichner wird der Datentyp *String* verwendet. Die deutsche Übersetzung dieses Begriffes lautet Zeichenkette. Ein String ist ein strukturierter Datentyp, eine Folge von Daten des Datentyps Char. Der Datentyp String lässt sich als eine Abstraktion des Datentyps Feld von Elementen des Typs Char auffassen. Ein String wird somit auf ein Feld von einzelnen Zeichen zurückgeführt. Daher muss dann bei der Definition einer Zeichenkette immer die maximale Anzahl der Zeichen angegeben werden. Die Anzahl der Feldelemente wird aus dieser Größe berechnet. Die in dem Feld zu speichernden Zeichenketten können nun unterschiedliche Längen aufweisen, wobei die maximale Länge nicht überschritten werden kann. Typischer Weise werden zwei unterschiedliche Methoden zur Verwaltung von Zeichenketten mit unterschiedlichen Längen benutzt:

- *Längencodierung*: Im ersten Element des Feldes wird die aktuelle Länge der Zeichenkette eingetragen.

- *Abschlusscodierung*: Der Zeichenkette wird ein spezielles Steuerzeichen als Abschlusserkennung angehängt.

In Abbildung 29 werden die Arbeitsweisen der beiden Methoden anhand zweier Wertzuweisungen aufgezeigt.

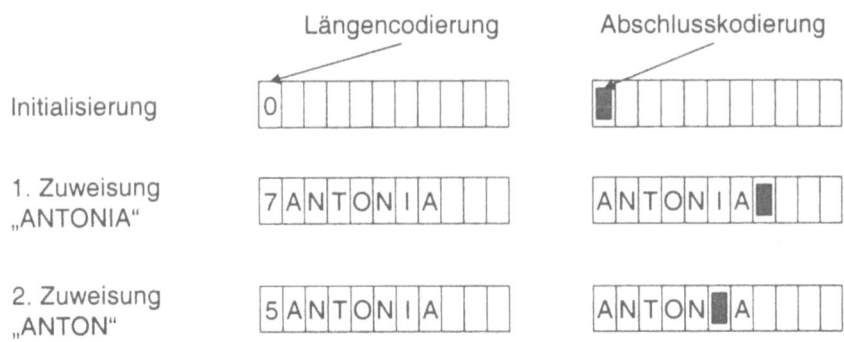

Abbildung 29: Längen- und Abschlusscodierung bei Strings

Datentyp Verbund

Im Gegensatz zum Feld besteht ein *Verbund* (engl. *Record*) aus Elementen unterschiedlichen Datentyps. Auch in einem Verbund ist die Anzahl der Komponenten konstant. Die einzelnen Komponenten haben einen Bezeichner (Namen) und der Zugriff erfolgt über diesen Namen. Dieser Datentyp entsteht ebenfalls durch Aggregation.

Das folgende Beispiel, siehe Abbildung 30, zeigt die Definition eines Verbundes mit dem Bezeichner *Urlaubstage*. Dieser Record erfasst die angefallenen Urlaubstage pro Quartal für einen Mitarbeiter. Der Mitarbeiter wird durch die Komponenten „Name", „Vorname" und „Personalnummer" beschrieben. Für die jeweiligen Komponenten sind die Datentypen aufgezeigt. Auf der Basis des Datentyps Urlaubstage wird eine Variable *UT_Meier* definiert. Ausgewählten Komponenten dieser Variablen werden Werte zugewiesen. Der Zugriff auf die Komponenten erfolgt über ihren Namen.

Definition eines Datentyps Verbund mit dem Bezeichner Urlaubstage

Urlaubstage	*Verbund*
Name	*String(30)*
Vorname	*String(30)*
Personalnummer	*Integer*
UrlaubstageProQuartal [4]	*Integer-Feld*

Definition der Variablen UT_Meier vom Typ Urlaubstage

    UT_Meier Urlaubstage;

Wertzuweisungen an die Variable UT_Meier

    UT_Meier.Name = "Meier";
    UT_Meier.UrlaubstageProQuartal[2] = 10;

Abbildung 30: Definitionen und Wertzuweisungen in einem Record

Zeigerdatentypen

Bisher wurden Variablen verwendet, deren Speicherplatz vor der Ausführung eines Programms im sog. Kellerspeicher reserviert wurde. Dies ist möglich, da die Größe des Speicherplatzes eindeutig durch die bisher verwendeten Datentypen definiert wird. Diese Variablen werden auch als statische Variablen bezeichnet. Betrachten wir den in Abbildung 30 definierten Datentyp Verbund mit dem Bezeichner „Urlaubstage". Für jeden Mitarbeiter wird eine Variable dieses Typs benötigt und die Variablen für alle Mitarbeiter lassen sich wiederum in einem Feld „AlleMitarbeiter" zusammenfassen.

    AlleMitarbeiter [100] Urlaubstage;

Bei dieser statischen Lösung muss die Anzahl der Feldelemente, d. h. die maximale Anzahl der erfassten Mitarbeiter vor der Ausführung des Programms bekannt sein. In der obigen Anweisung wird ein Feld mit 100 Elementen definiert. Diese Lösung hat einen entscheidenden Nachteil: Das Programm ist an die maximale Anzahl von 100 Personen gebunden. Bei einer möglichen Überschreitung muss der Programmcode verändert werden.

Eine wesentlich flexiblere Lösung ist die Verwendung von dynamischen Datenstrukturen. Die Grundidee besteht darin, nur jeweils einen Record bei Bedarf anzulegen und diesen Record in eine Liste einzuordnen. Zur Umsetzung dieser Idee werden dynamische Variablen und Zeigervariablen benötigt. Listen werden im Anschluss näher erläutert.

Eine dynamische Variable wird erst zur Laufzeit des Programms erzeugt, d. h. der notwendige Speicherplatz wird allokiert, und sie kann auch vor dem Ende des Programms wieder vernichtet werden. Der allgemeine Speicherraum für dynamische Variablen wird als Halde (engl. *Heap*) bezeichnet. Im Gegensatz dazu erfolgt die Speicherung von statischen Variablen im Kellerspeicher. Dynamische Variablen können während des Programmlaufes in beliebiger Anzahl erzeugt werden. So ist es nicht möglich, diesen Speicherplätzen feste Bezeichner zuzuordnen. Auf dynamische Variablen kann nur mittels eines Pointers (Zeigervariable) und nicht über Namen zugegriffen werden. Dynamische Variablen werden immer auf dem Heap abgelegt. Pointer selbst können sowohl im Kellerspeicher als auch auf dem Heap allokiert sein.

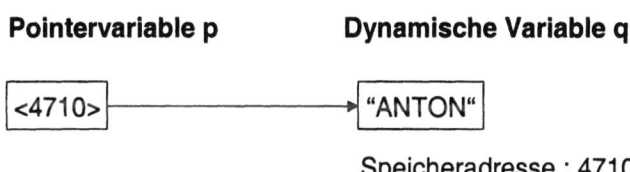

Pointervariable p   **Dynamische Variable q**

| <4710> | ⟶ | "ANTON" |

Speicheradresse : 4710

Operation	Ergebnis	
	Datentyp	Wert
deref p	string	"ANTON"
ref q	Adresse	4710

Abbildung 31: Referenzierung ref und Dereferenzierung deref

Eine Pointervariable, auch Pointer oder Zeiger genannt, enthält einen Verweis (Adresse) auf den Speicherplatz einer dynamischen Variablen. Zu jedem Datentyp kann ein entsprechender Pointertyp abgeleitet werden. Zur Initialisierung des Wertes einer Pointervariablen wird die Konstante NIL oder NULL verwendet.

Diese Konstante bezeichnet eine Adresse, die nicht existiert. Die Verwendung der Namen NIL oder NULL ist in den Programmiersprachen nicht einheitlich.

Betrachten wir eine existierende Pointervariable p deren Wert auf eine dynamische Variable q verweist. Der Übergang von der Pointervariablen p zu der dynamischen Variable q wird als Dereferenzierung bezeichnet. Die Dereferenzierungs-Operation deref auf die Pointervariable p liefert den aktuellen Wert der dynamischen Variablen q. In der Umkehrung wird durch eine Referenzierungs-Operation ref der dynamischen Variablen q der Wert für die Pointervariable p erzeugt. In Abbildung 31 werden die Operationen für Beispielwerte aufgezeigt. Die Pointervariable p verweist auf die dynamische Variable q. Der Wert der Pointervariablen p ist die Adresse <4710> der dynamischen Variablen q. Die dynamische Variable q vom Datentyp String wurde auf dem Heap unter der Adresse 4710 allokiert. Der aktuelle Wert von q ist „ANTON".

Datentypen Listen und Bäume

Dynamische Variablen und Pointer sind geeignete Mittel zum Erzeugen und Manipulieren von dynamischen Datenstrukturen, wie beispielsweise Listen und Bäume. Eine Liste ist eine verkettete Folge von Elementen eines identischen Datentyps. Die Anzahl der Elemente ist beliebig und muss nicht vor der Ausführung des Programms bekannt sein. Eine häufig genutzte Listenform sind einfache Listen, auch als einfache Ketten bezeichnet, die durch folgende Merkmale charakterisiert sind:

- Ein Listenelement, der Listenanfang, besitzt keinen Vorgänger.

- Ein Listenelement, das Listenende, besitzt keinen Nachfolger.

- Die restlichen Listenelemente haben genau einen Vorgänger und einen Nachfolger.

- Alle Listenelemente sind vom Listenanfang aus durch Nachfolgerbildung erreichbar.

Die Listenelemente bestehen aus zwei Komponenten, dem eigentlichen Inhalt und einem Pointer. Die Komponente Inhalt beschreibt das Listenelement und der Pointer verweist auf den Nachfolger. Der Pointer des Listenelementes Listenende hat den Wert NIL. Es muss weiterhin ein Anfangspointer existieren, der auf das Element Listenanfang verweist. Abbildung 32 zeigt den logischen Aufbau einer einfach verketteten Liste.

Mittels einer einfachen Liste lässt sich die Verwaltung der Urlaubstage aller Mitarbeiter, siehe Abbildung 30, flexibler lösen. Dieser gewonnenen Flexibilität als Vorteil steht ein Nachteil gegenüber. Die Durchführung von Suchoperationen, wie das Finden des 12. Datensatzes, ist wesentlich aufwendiger zu realisieren. In den einfach verketteten Listen kennt ein Listenelement zwar seinen Nachfolger, er kennt aber nicht seinen Vorgänger. Bei Such-, Einfüge- und Löschoperationen muss immer beim Listenanfang begonnen werden. Dies kann bei einer großen Anzahl von Listenelementen zu Effizienzbeeinträchtigungen führen.

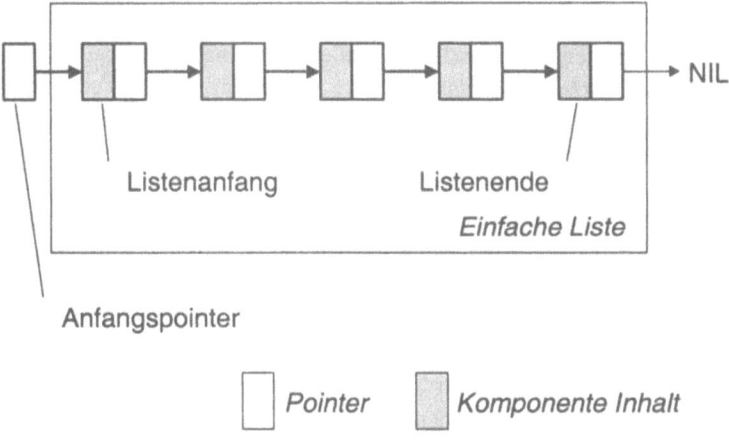

Abbildung 32: Logischer Aufbau einer einfach verketteten Liste

Bei einer weiteren Listenform, den doppelt verketteten Listen, besteht ein Listenelement aus drei Komponenten, der Inhaltskomponente, einer Zeigerkomponente für den Vorgänger und einer weiteren Zeigerkomponente für den Nachfolger.

Eine weitere allgemeine dynamische Datenstruktur ist ein Graph. Hierunter wird ein Gebilde verstanden, das aus einer Menge von Knoten und einer Menge von Kanten besteht. Die Kanten stellen Verbindungen zwischen den Knoten her. In Abhängigkeit, ob diese Kanten eine Richtung haben, wird in gerichtete und ungerichtete Graphen unterschieden. Bei gerichteten Graphen erfolgt deshalb auch eine Unterscheidung in Vorgänger- und Nachfolgerknoten. Binäre Bäume sind nun spezielle gerichtete Graphen, die einen eindeutigen Einstiegspunkt, die Wurzel besitzen. Ein binärer Baum ist ein Graph mit den folgenden Eigenschaften:

- Der Wurzelknoten des Baumes besitzt keinen Vorgänger. Dieser Knoten ist der Einstieg in den Baum.

- Jeder andere Knoten, außer dem Wurzelknoten, besitzt genau einen Vorgänger.

- Ein Knoten ohne Nachfolgerknoten ist ein Blatt oder ein äußerer Knoten.

- Ein Knoten, der kein Blatt ist, besitzt immer zwei Nachfolgeknoten R und L. R bezeichnet den rechten Nachfolgeknoten und L den linken Nachfolgeknoten.

Die Definition eines binären Baumes kann auch rekursiv erfolgen: Ein Binärbaum ist leer oder er besteht aus einem Wurzelknoten und zwei Binärbäumen, dem linken und rechten Teilbaum.

Ein häufig genutzter Sonderfall von binären Bäumen sind die binären Suchbäume. Ein binärer Suchbaum ist leer, oder er besteht aus zwei binären Suchbäumen, dem linken und dem rechten Teilbaum, so dass alle Knoten im linken Teilbaum kleiner oder gleich dem Wurzelknoten sind und alle Knoten im rechten Teilbaum größer sind. Hierbei wird vorausgesetzt, dass im Knoten ein Ordnungsmerkmal existiert, nach dem die Sortierung erfolgen kann.

Ein Knoten besteht wiederum aus drei Komponenten, der Inhaltskomponente und zwei Pointerkomponenten, die jeweils auf den linken oder rechten Teilbaum verweisen. Abbildung 33 zeigt einen binären Suchbaum, dessen Knoten über eine Inhaltskomponente Namenseintrag, vom Datentyp String, verfügen. Dieser Namenseintrag ist das Ordnungsmerkmal. Der Aufbau des Baumes wurde mit dem Wurzelelement „Meier" begonnen. Für alle Knoten, die in dem linken Teilbaum von der Wurzel aus liegen, gilt, dass der jeweilige Namenseintrag kleiner oder gleich „Meier" ist.

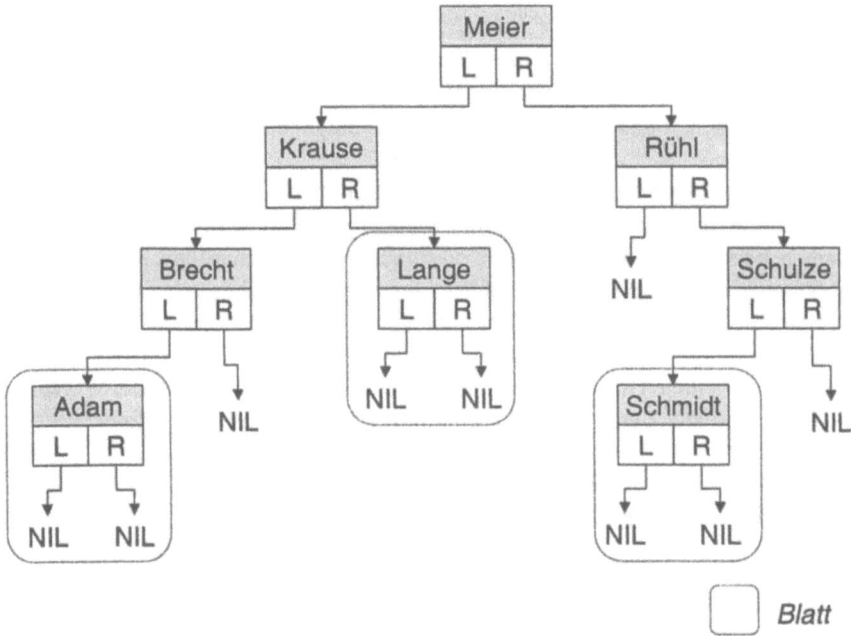

Abbildung 33: Beispiel eines binären Suchbaums

Stellt man sich die Namenseinträge der Knoten als aufsteigend sortierte einfache Liste vor, so ergibt sich folgende Reihenfolge:

{„Adam", „Brecht", „Krause", „Lange", „Meier", „Rühl", „Schmidt", „Schulze"}

Bei einem sequenziellen Zugriff auf „Rühl" müssen fünf andere Elemente durchsucht werden, bis das gewünschte Element gefunden wird. Für den aufgezeigten Suchbaum müsste nur das Wurzelelement besucht werden.

Es lässt sich mathematisch zeigen, dass bei der Durchführung von Suchoperationen in Listen, unter Verwendung von Binärbäumen, eine wesentlich höhere Effektivität als bei der Nutzung von einfach verketteten Listen erreicht wird.

2.2.3 Programmiersprachen

„Programmiersprachen sind Kunstsprachen, die dazu dienen, Aufgaben zur Ausführung auf einem Rechner zu formulieren." (Disterer 1989, 460). Programmiersprachen werden nach den Kriterien „*Generation*" und „*Paradigma*" (Problemlösungsprinzip) klassifiziert. Leider werden diese beiden Kriterien häufig verwischt. Hinzu kommt auch, dass manche Sprachen nach ihrem potentiellen Anwendungsgebiet kategorisiert werden (z. B. die so genannten *KI-Sprachen*). Letztere Kategorisierung ist jedoch zumindest zweifelhaft, da sich Anwendungsgebiete kaum eindeutig Programmiersprachen zuordnen lassen (z. B. könnte man auch in der Sprache COBOL eine KI-Anwendung schreiben oder in der Sprache Prolog einen Maskengenerator).

2.2.3.1 Paradigmen von Programmiersprachen

Das einer Programmiersprache zu Grunde liegende Paradigma beeinflusst sowohl die Denkweise als auch die Produktivität des Programmierers. So erfordert z. B. die Lösung eines Problems in einer prozeduralen Sprache eine andere gedankliche Vorgehensweise als in einer objektorientierten Sprache. Entsprechend unterschiedlich fällt dann auch die Codierung aus. Auf der anderen Seite ist die Mächtigkeit der verfügbaren Sprachkonzepte ein wesentlicher Einflussfaktor auf die Produktivität. Ein Sprachkonstrukt ist dann mächtig, wenn es möglichst viele Einzelinstruktionen auf Maschinenebene implementiert.

Die geläufigen Paradigmen sind (Gabriel 1990):

- *Prozedural:* Die Problemlösung wird in Form eines Algorithmus implementiert, der in Teillösungen (Prozeduren) zerlegt wird. Die Syntax der prozeduralen Programmiersprachen ist dabei auf die von-Neumann-Rechnerarchitektur zugeschnitten. Prozedurale Sprachen sind z. B. Pascal, Fortran, Modula 2 und ADA.

- *Applikativ* (oder *funktionsorientiert*): Die Problemlösung wird in Form von Funktionen (im mathematischen Sinn) formuliert, deren Aufrufstruktur durch verschiedene Aufrufmechanismen geregelt wird. Applikative Programmiersprachen sind z. B. FP oder Lisp.

- *Logisch:* Logische (auch: *regelbasierte*) Programmiersprachen sind eine spezielle Klasse der deklarativen Programmiersprachen: Hier wird das Problem in Form von Regeln und Fakten beschrieben. Beispiel für eine logische Programmiersprache ist Prolog.

- *Objektorientiert:* Objektorientiertes Design ist die Konstruktion von Softwaresystemen als strukturierte Sammlung von Implementierungen Abstrakter Datentypen (Meyer 1987, 59). Abstrakte Datentypen kapseln Variablen, deren Typ einfach oder wieder selbst ein Abstrakter Datentyp sein kann, und die darauf zulässigen Operationen. In objektorientierten Programmiersprachen werden Objekte definiert, die über Messages mit anderen Objekten kommunizieren. Die Variablen und Operationen, die in einem Objekt gekapselt sind, werden Attribute und Methoden genannt. Diese Objekte werden in Form von Klassenhierarchien definiert, wobei Objekteigenschaften von höheren zu niedrigeren Klassen „vererbt" werden. Beispiele für objektorientierte Programmiersprachen sind Java, Smalltalk und Eiffel.

2.2.3.2 Generationen von Programmiersprachen

Kriterium für die Einteilung von Programmiersprachen in Generationen ist die Benutzernähe einer Sprache. Je näher eine Programmiersprache am Endbenutzer ist, d. h. je „einfacher" sie aus Sicht eines Endbenutzers anzuwenden ist, desto höher ist die Generation, der sie zugeordnet ist. Man kann diesen Sachverhalt auch aus Sicht des Rechners beschreiben: Je weiter die Sprache vom Maschinencode abstrahiert, desto höher ist die zuzuordnende Generation (Kurbel/Eicker 1988, 18). Mit steigender Generation einer Programmiersprache steigt der Abstraktionsgrad der Programmiersprache von der Maschine, die den Code ausführen muss, und die Mächtigkeit der Anweisungen, d. h. die Anzahl der Maschineninstruktionen, die durch eine Anweisung einer höheren Programmiersprache ausgeführt werden müssen, nimmt zu (Disterer 1989).

Programmiersprachen der 1. Generation entsprechen dem Instruktionssatz des eingesetzten Prozessors, d. h. eine Programmiersprache der 1. Generation ist der Maschinencode eines Prozessors. Pro Anweisung der Programmiersprache wird hier genau eine Anweisung auf Prozessorebene ausgeführt.

Kennzeichen der *Programmiersprachen der 2. Generation* (auch *Assemblersprachen* genannt) ist die Codierung von Instruktionen eines Prozessors, die als Kommandofolgen in Makros zusammengefasst werden. Die Syntax der Kommandos ist an den Instruktionssatz des Prozessors gebunden. Anwendungsgebiete sind die Entwicklung von Betriebssystemen oder zeitkritische Anwendungen (z. B. Messen und Regeln, Spiele).

Programmiersprachen der 3. Generation sind maschinenunabhängig und stellen Konzepte zur Programm- und Datenstrukturierung zur Verfügung. Sie unterliegen in der Regel dem prozeduralen Paradigma. Befehlsnamen und Syntax sind der menschlichen Sprache angenähert und Unterprogrammtechniken *(Prozeduren)* erlauben die Zerlegung komplexer Programmstrukturen in übersichtliche Teile *(Module)*. Beispiele hierfür sind: Algol 60, Cobol, Pascal, ADA, Modula 2, C u. v. a. m. Sie werden für die Entwicklung komplexer Basis- und Anwendungssysteme eingesetzt.

Während die Definition und Abgrenzung bei Programmiersprachen der ersten bis dritten Generation relativ unstrittig sind, gibt es für Programmiersprachen ab der 4. Generation *(4GLs - Fourth Generation Languages)* keine eindeutige Definition. Unter dem vorher festgelegten Kriterium „Benutzernähe" sind 4GLs Programmiersprachen, die Sprachkonstrukte oder Werkzeuge zur Verfügung stellen, mit denen relativ komplexe Abläufe mit wenigen Instruktionen codiert werden können. Weitere gemeinsame Merkmale von 4GLs sind:

- Verkürzung der Programme durch mächtige Sprachkonstrukte,
- Programmierhilfen durch (4GL-)Werkzeuge wie Editoren oder Generatoren,
- Möglichkeit zur nicht-prozeduralen Programmierung,
- Möglichkeit zur interaktiven und interpretativen Programmausführung,
- Kopplung an Datenbanksysteme,
- integrierte Funktionen für Datenbankzugriffe, Druckbefehle, Kommunikationsaufgaben usw.
- komfortable Formulierung von Datenbankabfragen und Generierung von Berichten.

Beispiele für 4GLs sind: Nomad®, Natural, Informix® 4GL u. v. a. m. Sie werden ausschließlich für die Entwicklung von Anwendungsprogrammen genutzt.

Die weitergehende Abgrenzung von Generationen muss als gescheitert angesehen werden. Ab der 5. Generation gibt es endgültig keine einheitlichen Definitionen. In der Regel wurden hier Paradigmen zu Rate gezogen, um Programmiersprachen der 5. und 6. Generation von 4GLs abzugrenzen (Hansen 1996, 334f), wovon später wieder abgegangen wurde. Der Wechsel des Klassifikationskriteriums von „Benutzernähe" zum Paradigma führt dann auch bei Anwendern und Anbietern zu einiger Verwirrung; so bot Ingres® ein objektorientiertes (also eigentlich 5GL)-Programmierwerkzeug unter dem Namen Windows-4GL an.

Nach diesem Überblick werden das prozedurale und objektorientierte Paradigma detailliert diskutiert.

2.2.3.3 Prozedurale Programmierung

Bei der prozeduralen Programmierung werden die Programme zum Zweck der Übersichtlichkeit, der Arbeitsteilung bei der Erstellung und der Wiederverwendbarkeit in einzelne Programmeinheiten zergliedert. Diese Einheiten spiegeln sich in den Programmiersprachen in Form von unterschiedlichen Konzepten wieder. Zu den wesentlichen Programmeinheiten gehören Blöcke, Prozeduren und Module.

Block

Ein *Block* ist eine Programmeinheit ohne Bezeichner, die Vereinbarungen für Variablen und Anweisungen enthält. Die in einem Block vereinbarten Variablen und Datentypen sind nur innerhalb dieses Blockes gültig, d. h. der Block stellt einen Gültigkeitsbereich dar. Die erforderlichen Daten sind in den Blöcken eingeschlossen und können von außerhalb nicht manipuliert werden. Das Block-Konzept ist eine Form des information hiding, des Verbergens einer inneren Struktur. Mittels Blöcken lassen sich Programme gut strukturieren.

Blöcke können hierarchisch ineinander geschachtelt werden. Hierbei ist zu bedenken, dass erstens Vereinbarungen, die in einem äußeren Block existieren, auch in dem inneren Block gelten, und zweitens Variablen des äußeren Blocks innerhalb des inneren Blocks verändert werden können. Die in Abbildung 34 im Block A vereinbarte Integer-Variable a ist auch in den Blöcken B und C gültig. Eine Werteänderung dieser Variablen innerhalb von Block B ist möglich. Im Gegensatz dazu kann innerhalb des Blocks A nicht auf die Variable b des Blocks B zugegriffen werden.

Prozedur

Eine Prozedur oder ein Unterprogramm ist eine Folge von Vereinbarungen und Anweisungen, die zu einer benannten Programmeinheit zusammengefasst sind. Die ersten Programmiersprachen, wie FORTRAN, benutzen das Prozedur-Konzept um Speicherplatz zu sparen. Durch Prozeduraufrufe von verschiedenen Stellen im Programm aus wird weniger Speicherplatz benötigt, der Schreib- und Änderungsaufwand sinkt und die Wiederverwendbarkeit von einmal geschriebenem Code wird unterstützt. Der Aspekt des Sparens von Speicherplatz tritt heute allgemein in den Hintergrund. So können beispielsweise in der Sprache C Funktionen in den Quelltext expandiert werden, um die Programme rechenzeiteffektiver zu gestalten. Das heutige Ziel des Einsatzes von Prozeduren besteht in der

Strukturierung des Programms und der Wiederverwendung von Prozeduren aus Prozedurbibliotheken.

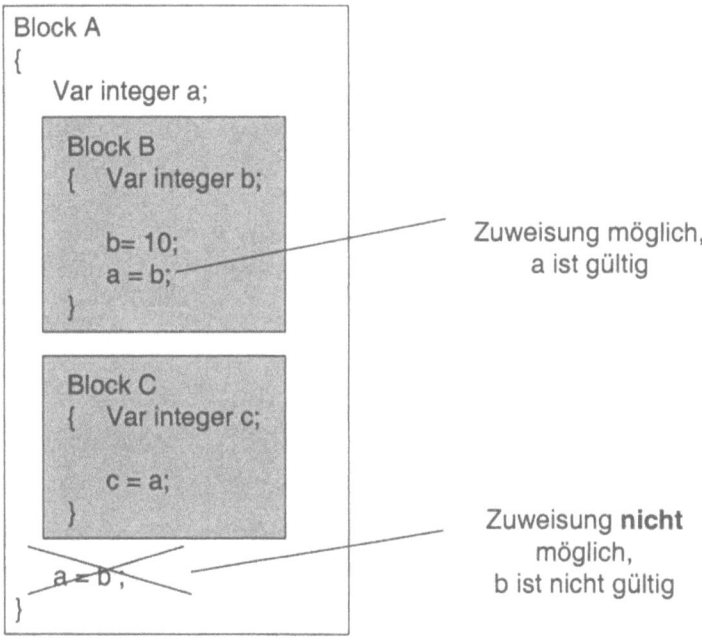

Abbildung 34: Gültigkeitsbereiche in Blöcken

Prozeduren können als gemeinsam benutzte Anweisungsfolgen betrachtet werden. Um zu erreichen, dass nicht bei jedem Aufruf die gleiche Berechnung ausgeführt werden muss, werden Prozeduren mit formalen Parametern definiert, die dann bei Aufruf durch die aktuellen Parameter ersetzt werden. Innerhalb der Prozedurdefinition werden die formalen Parameter verwendet, man kann sie als Stellvertreter für die aktuellen Werte betrachten. Vor dem eigentlichen Aufruf der Prozedur müssen diese formalen Parameter durch die aktuellen ersetzt werden. Dieser Vorgang wird als Parameterübergabe bezeichnet.

Die Prozedur selbst besteht aus zwei Abschnitten. Der erste ist der Prozedurkopf. Dieser enthält den Prozedurnamen und die Parameterliste. In dieser Parameterliste wird die Reihenfolge der Parameter und ihr Datentyp festgelegt. Beim Aufruf der Prozedur ist auf die entsprechende Typkompatibilität zwischen dem formalen und aktuellen Parameter zu achten. Der zweite Abschnitt ist der Prozedurrumpf. Hier werden die lokalen Variablen der Prozedur definiert und die notwendigen Anweisungen codiert.

Beim Aufruf einer Prozedur aus dem Hauptprogramm heraus wird die Steuerung des weiteren Ablaufs der Prozedur übertragen und nach der Ausführung der pro-

zedurspezifischen Anweisungen erfolgt die Rückkehr in das Hauptprogramm. Die
Verarbeitung wird im Hauptprogramm mit der Anweisung fortgesetzt, die unmittelbar dem Prozeduraufruf folgt. Abbildung 35 verdeutlicht diese Arbeitsweise.

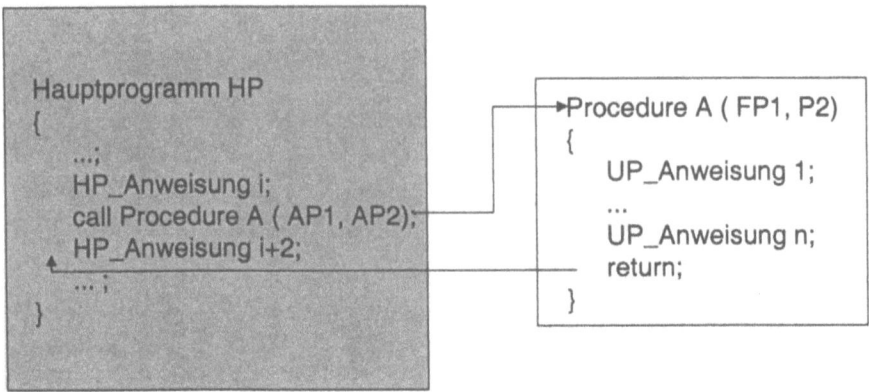

Abbildung 35: Prozeduraufruf

Bei der Parameterübergabe werden zwei unterschiedliche Formen unterschieden:
die *Wertzuweisung* (engl. *Call by Value*) und die *Adresszuweisung* (engl. *Call by
Reference*). Bei der Wertzuweisung wird dem formalen Parameter der Wert des
aktuellen Parameters zugewiesen. Vielfach (es ist abhängig von der Programmiersprache) werden hierbei die formalen Parameter als Konstanten betrachtet, die in
der Prozedur nicht verändert werden können. Diese Parameter werden auch als
Konstantenparameter bezeichnet. Die Prozedur kann über diesen Parameter keinen
Wert „zurück" liefern.

Im Gegensatz dazu wird beim „Call by Reference" nur die Adresse des aktuellen
Parameters an den formalen Parameter übergeben. Damit werden Veränderungen
an dem formalen Parameter direkt an den aktuellen Parameter im rufenden Hauptprogramm wirksam. Mittels dieser Übergabetechnik werden Rückgabewerte an
das rufende Programm übergeben.

Neben den Vorteilen bei der Unterstützung der Strukturierung eines Programms
zeigt das Prozedurkonzept zwei Nachteile. Erstens sind Prozeduren keine selbst-
ständigen Programmeinheiten, denn prinzipiell ist ein Zugriff auf globale Variablen aus dem umgebenden Hauptprogramm möglich, ohne dass diese Beziehung
explizit sichtbar ist. Zweitens werden die Datenbereiche einer Prozedur nach der
Beendigung des Aufrufs wieder freigegeben. Bei einem erneuten Aufruf ist das
Gedächtnis leer.

Modul

Ein *Modul* ist eine Programmeinheit, die Datentypen, Operationen auf diese Datentypen und Daten zusammenfasst. Auf die Daten eines Moduls darf ein anderes Modul bzw. ein Programm nur über eine definierte Schnittstelle zugreifen. Die Nutzung des Moduls ist ohne Kenntnis des inneren Aufbaus des Moduls möglich.

Ein Modul zergliedert sich in zwei Teile: die *Schnittstelle*, auch Interface genannt und die *Implementierung*. Diese Schnittstelle kann als Schaufenster in das Modul betrachtet werden, wo die Dienste des Moduls offeriert werden. In dem Interface werden Datentypen, Variablen und Prozeduren definiert, die von den Nutzern des Moduls, man spricht in diesem Zusammenhang von Kunden oder Clients, benutzt werden können. Diese Leistungen, die anderen Modulen zur Verfügung gestellt werden, bezeichnet man als Export. Dem Kunden werden nur die Namen der Export-Dienste offeriert, die Implementierung dieser Dienste bleibt dem Kunden verborgen. Zusätzlich wird im Import-Teil der Schnittstelle angegeben, welche Dienste von anderen Modulen benötigt werden. Abbildung 36 zeigt das Zusammenspiel von Kunden- und Dienstmodulen.

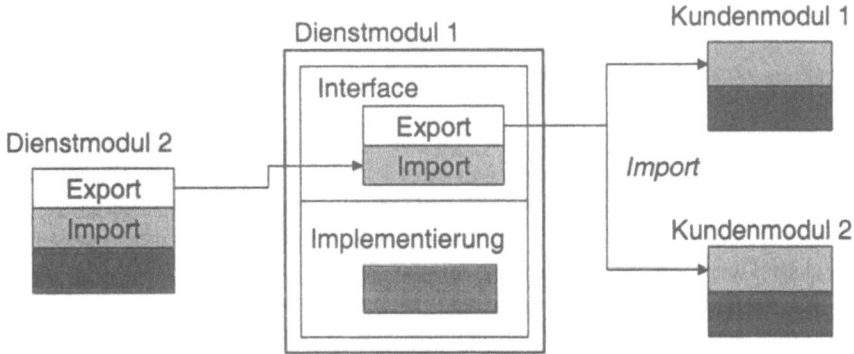

Abbildung 36: Dienst- und Kundenmodule

Mit der Modultechnik kann von vorhandenen Prozeduren im Implementierungsteil abstrahiert werden. Im Interface werden nur darauf aufsetzende abstraktere Prozeduren angeboten. Diese Abstraktion kann auch auf Daten übertragen werden und führt zur *Datenkapselung* (engl. *Encapsulation*). Das Ziel der Datenkapselung besteht darin, das Datenobjekt selbst geheim oder versteckt zu lassen und es werden nur Operationen zur Manipulation der Daten bereitgestellt. Ein unzulässiger Zugriff auf das interne Datenobjekt ist damit nicht möglich. Eine Datenkapselung lässt sich mittels des Modul-Konzepts umsetzen. Es werden keine Daten oder Datentypen im Interface-Teil des Moduls angeboten. Ein Export von Daten ist nicht zulässig.

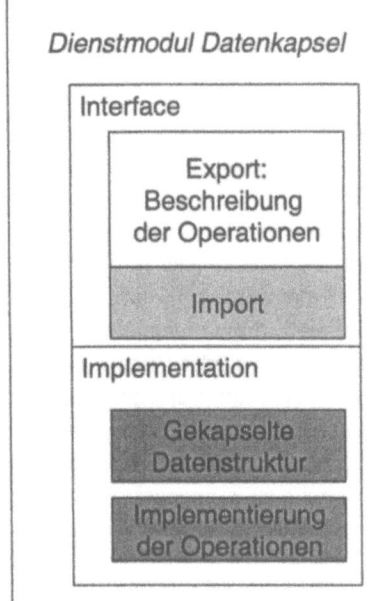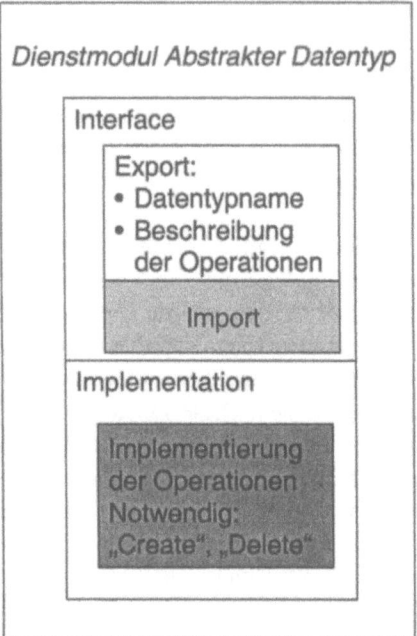

Abbildung 37: Module zur Implementierung von Datenkapseln und abstrakten Datentypen

Bei einer Datenkapsel wird nun von den Daten abstrahiert und somit ein einzelnes Datenobjekt gekapselt. Überträgt man die Abstraktion auch auf den Datentyp, so erhält man einen *abstrakten Datentyp* (ADT). Ein abstrakter Datentyp ist ein allgemeines Schema zur Bildung gekapselter Daten. In diesem Schema werden die Datenstruktur des Datentyps sowie die zulässigen Operationen auf diese Datenstruktur festgelegt. Ein abstrakter Datentyp kann von anderen Programmeinheiten importiert werden und es können beliebig viele Variablen dieses Typs angelegt werden. Die Initialisierung muss für jede Instanz im Kundenmodul erfolgen und aus diesem Grund müssen auch Prozeduren zum Erzeugen und Initialisieren exportiert werden. Die Unterschiede bei der Realisierung einer Datenkapsel und eines ADTs sind in Abbildung 37 aufgezeigt.

2.2.3.4 Objektorientierung

Bei der modularen Programmierung wird das Programm in unabhängige Module zerlegt, die jeweils Prozeduren und Datentypen im Interface-Teil offerieren. Diese Datentypen setzen sich vielfach aus elementaren Datentypen zusammen und es ist nur ein kontrollierter Zugriff auf die Daten selbst mittels bereitzustellender Prozeduren möglich. Diese Datenkapselung oder Information Hidding spielt auch in der objektorientierten Programmierung (OOP) eine besondere Rolle. In der OOP werden ebenfalls Prozeduren definiert, die auf die Daten kontrolliert zugreifen. Diese Prozeduren werden in der OOP als Methoden bezeichnet.

Der Begriff Klasse beschreibt den Datentyp eines komplexen Objekts einschließlich Attributen und Methoden. Mit Attributen wird der Zustand des Objekts beschrieben. Ein Objekt, das aus einer Klasse erzeugt wurde, wird als Instanz bezeichnet. Bei der Inkarnation eines Objektes wird Speicherplatz allokiert, der mit Werten für die Attribute belegt wird und für den gewisse Operationen, die Methoden, gelten. Der Aufruf einer Methode eines Objektes wird als das Senden einer Botschaft an dieses Objekt aufgefasst. Bei der Definition einer Klasse wird festgelegt, welcher Zugriffsschutz für Attribute und Methoden besteht. Man unterscheidet hier zwei Formen: *private* und *public*. Die mit private gekennzeichneten Attribute und Methoden können nur innerhalb der Klasse benutzt werden. Ein Zugriff auf diese Elemente außerhalb eines Objektes ist nicht erlaubt. Im Gegensatz dazu kann auf mit public gekennzeichnete Methoden oder Attributen sowohl innerhalb des Objekts als auch von anderen Objekten aus zugegriffen werden. Idealerweise sollten alle Attribute mit private gekennzeichnet werden. Ein kontrollierter Zugriff von außerhalb ist nur über public-Methoden möglich. Abbildung 38 zeigt die unterschiedlichen Zugriffsmöglichkeiten auf.

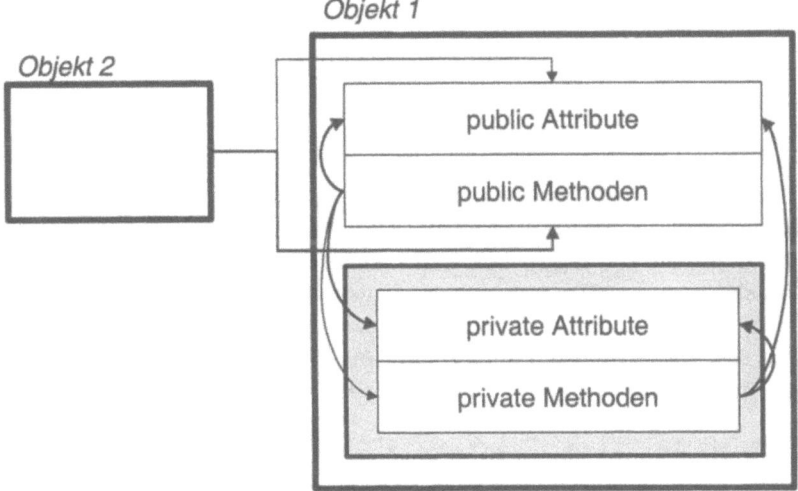

Abbildung 38: Zugriffsmöglichkeiten auf Attribute

Klassen enthalten mit den Attributen Beschreibungen für die benutzten Datentypen. Bei der Definition einer neuen Klasse ist es oft wünschenswert, Beschreibungen existierender Klassen wieder zu verwenden, um den Aufwand bei der Implementierung zu reduzieren. Die OOP stellt hierfür das Konzept der Vererbung bereit. Bei der Vererbung werden Eigenschaften, d. h. Attribute und Methoden aus einer Basisklasse, an die abgeleitete Klasse weitergegeben. Werden Veränderungen an der Basisklasse vorgenommen, so wirken sich diese Veränderungen auch auf die abgeleitete Klasse aus. Dadurch wird eine hohe Flexibilität erreicht. Die abgeleitete Klasse kann durch eigene Attribute und Methoden ergänzt werden und diese Klasse kann wieder die Basisklasse für eine weitere Vererbung sein. Abbildung 39 demonstriert diese Vererbungshierarchie.

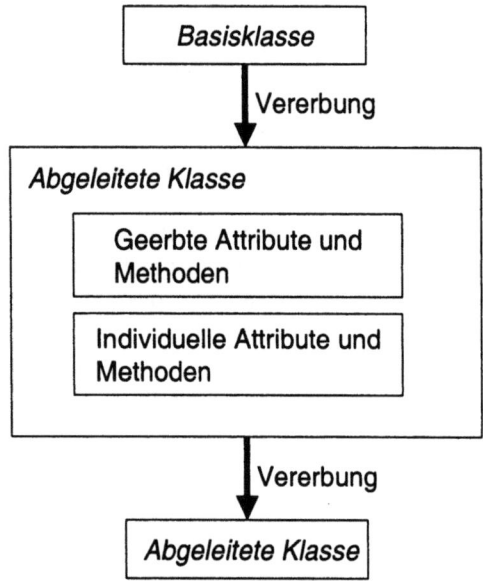

Abbildung 39: Vererbung in Klassen

Alle Eigenschaften einer Basisklasse gelten auch für die abgeleitete Klasse. Neue ergänzende Eigenschaften der abgeleiteten Klasse erfordern vielfach neue Formen der alten Methoden. Die abgeleiteten Klassen müssen in der Lage sein, Methoden ihrer Basisklasse zu modifizieren, d. h. die Funktionalität der Methoden zu verändern. Methoden mit gleichem Namen lösen dann unterschiedliche Aktionen in den Objekten aus. Diese Fähigkeit wird als *Polymorphie* bezeichnet und sie ist ein weiteres Merkmal der OOP.

Betrachten wir die in Abbildung 40 aufgezeigte Klassenhierarchie. Die Basisklasse Fahrzeug sei durch die Attribute Kennzeichen und Reparaturkosten sowie durch die Methode BelegePlatz() gekennzeichnet. In dem Attribut Kennzeichen ist das polizeiliche Kennzeichen gespeichert und in dem Attribut Reparaturkosten sind die bisher angefallenen Kosten aufsummiert. Die Methoden zum Manipulieren dieser Daten sind für dieses Beispiel nicht mit aufgeführt. Alle Fahrzeuge des Unternehmens wie LKW, Transporter und PKW haben während der Nacht einen Stellplatz auf dem Gelände des Unternehmens. Die Methode BelegePlatz() hat für das entsprechende Fahrzeug einen geeigneten Abstellplatz auszuwählen.

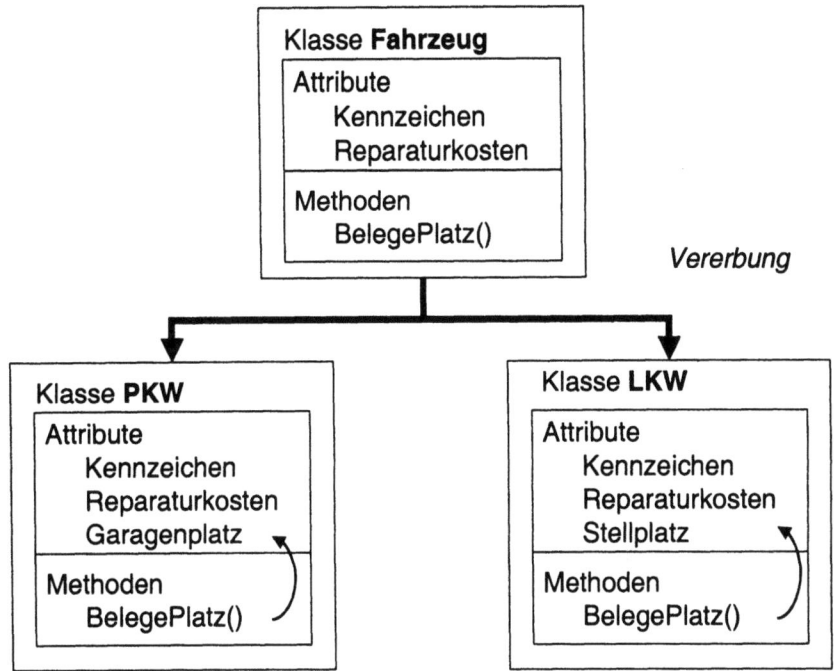

Abbildung 40: Beispiel einer Klassenhierarchie

Aus der Basisklasse Fahrzeug werden die Unterklassen PKW und LKW abgeleitet. Sie erben von der Klasse Fahrzeug alle Attribute und die Methode Belege-Platz(). Objekte der Klasse PKW werden in der Garage und Objekte der Klasse LKW auf den Freiflächen abgestellt, so dass beide abgeleiteten Klassen um ein neues, für jede Klasse unterschiedliches Attribut, erweitert wurden. Das Attribut Garagenplatz in der Klasse PKW kennzeichnet die Platznummer in der Garage und das Attribut Stellplatz in der Klasse LKW verweist auf die Stellplatznummer der Freiflächen. Die Methode BelegePlatz() innerhalb der Klasse PKW muss einen freien Garagenplatz bestimmen und den Wert des Attributes Garagenplatz ändern. Innerhalb der Klasse LKW muss die Methode BelegePlatz() einen freien Stellplatz ermitteln und diesen Wert dem Attribut Stellplatz zuweisen. In den abgeleiteten Klassen PKW und LKW werden von der namensgleichen Methode Belege-Platz() unterschiedliche Aktionen ausgelöst.

Innerhalb des Programms sind nun für alle Fahrzeuge die Stellplätze während der Nacht zuzuweisen. Alle von der Basisklasse Fahrzeug abgeleiteten Klassen sind in einem Feld AlleFahrzeuge[] zusammengefasst. Das Feld AlleFahrzeuge[] enthält Objekte der beiden abgeleiteten Klassen PKW und LKW.

```
// Definition der Klasse
class Fahrzeug {
  string Kennzeichen;
  float Reparaturkosten;
  BelegePlatz() ;
}

class PKW extends Fahrzeug {
  int Garagenplatz;
  BelegePlatz ( ) { ...
  }
}

// Definition des Feldes für alle Fahrzeuge
Fahrzeug AlleFahrzeuge[] = new Fahrzeug[10] ;

// Instanzierung aller Fahrzeuge
AlleFahrzeuge[1] = new Fahrzeug () ;
```

Zur Zuweisung des nächtlichen Stellplatzes wird für alle Objekte im Feld Alle-
Fahrzeuge[] die Methode BelegePlatz() aufgerufen. Zum Zeitpunkt der Compilie-
rung des Programms ist nicht bekannt, ob die Methode für ein PKW- oder für ein
LKW-Objekt aufgerufen werden muss. In diesem Fall kann die entsprechende, ob-
jektspezifische Methode erst zur Laufzeit des Programms spezifiziert werden. Die
Umsetzung der Polymorphie in der OOP setzt die Möglichkeit der „späten Bin-
dung" (engl. *late binding*) voraus.

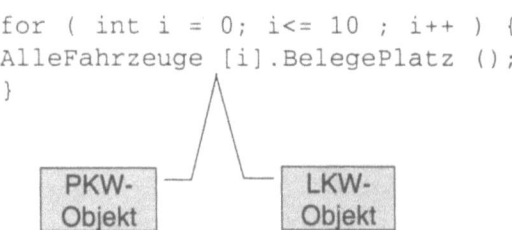

Das Vererbungskonzept ist ein wesentliches Merkmal der OOP. Bei der Anwendung dieses Konzeptes muss der Programmierer die Namen in der Basisklasse und
die Namen schon existierender Objekte kennen. Um die Eigenschaften von Basis-
klassen aus einer vordefinierten Standardklassen-Bibliothek zu identifizieren,
müssen vom Programmierer die sehr umfangreichen Handbücher intensiv gelesen
werden. Effektives Arbeiten wird i. Allg. erst erreicht, wenn der Programmierer

eine hinreichend große Anzahl von Klassendefinitionen in seinem Kopf gespeichert hat. Werden vom Programmierer eigene Klassenbibliotheken geschaffen, so werden Browser genutzt, um die Bibliotheken interaktiv während der Programmierung zu durchsuchen.

2.2.4 Softwaretechnik

Programme mit (hundert-)tausenden Zeilen werden nicht einfach „aus dem Kopf in die Tastatur" eingegeben. Es bedarf einer klaren und wohl durchdachten Vorgehensweise, um derart komplexe und komplizierte Systeme mit hoher Qualität zu erstellen. Die Softwaretechnik ist ein Teilgebiet der Informatik und befasst sich mit der Bereitstellung und Nutzung von Methoden und Werkzeugen für die Entwicklung und Anwendung von Software. In diesem Abschnitt wird sich auf *Vorgehensmodelle,* die den ablauforganisatorischen Rahmen von Softwareprojekten vorgeben und *Entwicklungsumgebungen* zur Programmentwicklung beschränkt.

2.2.4.1 Vorgehensmodelle

Vorgehens- oder auch Projektmodelle umfassen die notwendigen Aktivitäten zur Entwicklung von Software. Sie sind bereits seit Mitte der 50er Jahre Gegenstand von Forschungsarbeiten. Sie werden in Phasenmodelle, Prototyping, evolutionäre Projektmodelle und situative Ansätze klassifiziert.

Kennzeichen der *Phasenmodelle* sind die Existenz wohldefinierter und -abgegrenzter Phasen, eine prinzipiell lineare Vorgehensweise entsprechend der vorgeschriebenen Reihenfolge der Phasen, genau definierte Aktivitäten für die Phasenübergänge und ein später Beginn der Implementierungsarbeiten. Rücksprünge in vorhergehende Phasen sind zumindest bei neueren Modellen zulässig, sie sollten jedoch die Ausnahme bleiben und dürfen die Reihenfolge der Phasen nicht verändern. Wird also von einer Phase n zu einer Phase n-i (mit $1 < i < n$, $n > 1$) zurückgesprungen, müssen alle Phasen n-i, ..., n in der festgelegten Reihenfolge durchlaufen werden. Beim „*Wasserfallmodell*" ist vorgeschrieben, dass $i = 1$ ist (Boehm 1981, 35ff). Modelle, bei denen $i \geq 1$ zugelassen ist, werden Schleifenmodelle genannt („loopy linear") (Bally/Brittan/Wagner 1977, 22). Die Vorgehensweisen orientieren sich dabei an den Konzepten des System Engineering wie z. B. wohldefinierte Phasen und die prinzipielle Vorgehensweise „vom Groben zum Feinen". Die einzelnen Phasen des Wasserfallmodells sind Abbildung 41 zu entnehmen.

Vorteil der genannten Phasenmodelle ist, dass Anwendungen vor ihrer Implementierung genau geplant und strukturiert werden. Dafür stehen sowohl Werkzeuge als auch Konzepte für das Projektmanagement zur Verfügung.

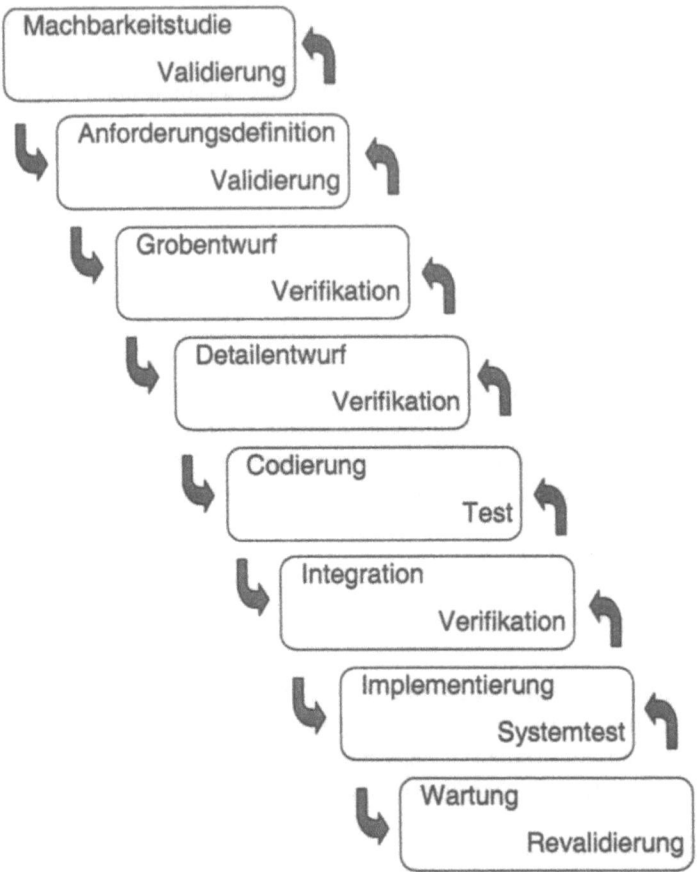

Abbildung 41: Wasserfallmodell

Die Nachteile ergeben sich vor allem aus der Tatsache, dass der Abstraktionsgrad der Darstellung der zu lösenden Aufgabe bezogen auf die Implementierung von Phase zu Phase abnimmt. Die damit verbundenen Informationsverluste bei Phasenübergängen sind häufig Ursache von Fehlern. Weiterhin ist die Validierung von Zwischenergebnissen auf hohem Abstraktionsniveau schwierig, da verlässliche Aussagen darüber, ob das in der Entwicklung befindliche System auch wirklich den Anwender- und Benutzeranforderungen entspricht, erst bei einer vorliegenden Implementierung möglich ist. Eine „Vererbung" von Fehlern von einer Phase zur nächsten ist daher nur schwer zu verhindern. Je später ein Fehler entdeckt wird, umso höher sind die Kosten, ihn zu beheben.

Aber nicht nur Fehler führen dazu, dass am Ende des Softwareentwicklungsprozesses nicht unbedingt das herauskommt, was der Anwender erwartet. Da sich der Entwicklungszeitraum bei größeren Systemen auf mehrere Monate oder Jahre erstrecken kann, ändern sich während der Projektlaufzeit häufig die Anwender- und Benutzeranforderungen. Diese können jedoch entweder gar nicht oder nur verbunden mit hohem Aufwand in das laufende Projekt einfließen. Insgesamt lässt sich festhalten, dass sich eine phasenorientierte Vorgehensweise dann anbietet, wenn die Anforderungsdefinition klar umrissen und stabil ist.

Bei *inkrementellen Projektmodellen* (Boehm 1981, 41) wird ein größeres Projekt in mehrere kleinere Projekte zerlegt, die dann weitgehend autonom durchgeführt werden. Die in den Teilprojekten entstandenen Teilsysteme werden dann zu wohldefinierten Zeitpunkten in die bereits fertiggestellten Systemteile integriert. Inkrementelle Projektmodelle zeichnen sich einerseits durch hohe Parallelität, andererseits durch strenge Einhaltung von Phasenabfolgen aus, so dass sie noch zu den phasenorientierten Projektmodellen gezählt werden.

Dem Problem diffuser und sich wandelnder Anforderungsdefinitionen begegnet das *Prototyping* durch die Entwicklung von ersten betriebsfähigen, aber noch nicht ausgereiften und voll funktionstüchtigen Ausführungen des Softwaresystems (Prototypen). Dem Auftraggeber stehen diese bereits zu relativ frühen Zeitpunkten der Entwicklung als Anschauungsobjekte zur Verfügung. Anhand der Prototypen kann der Auftraggeber die Anforderungen präzisieren und erweitern (Pietsch 1992).

Vorteil des Prototypings ist die enge Anwender- und Benutzerbeteiligung innerhalb der Entwicklung und die damit mögliche frühe Fehlererkennung und -korrektur. Außerdem können Grenzen und Möglichkeiten der eingesetzten Entwicklungswerkzeuge früh erkannt werden.

Die frühe Verfügbarkeit von Prototypen birgt aber auch Gefahren in sich: Einerseits können einmal fertiggestellte Module als unumstößlich deklariert bzw. angesehen werden, obwohl Änderungen eigentlich geplant bzw. notwendig sind. Andererseits können durch Prototypen nicht erfüllbare Hoffnungen und Erwartungen geweckt werden, die in Anforderungen münden, die Entwickler und Entwicklungswerkzeuge überfordern.

Außerdem sind Prototypen an die Werkzeuge gebunden, mit denen der Prototyp entwickelt wird, so dass der Gestaltungsspielraum für die Realisierung von Anwendungen durch die technischen Möglichkeiten des eingesetzten Werkzeugs eingeengt wird.

Auf Grund der genannten Vor- und Nachteile von phasenorientierten Modellen und Prototyping bieten sich Mischformen an. Diese gehen von der Unterstützung der Anforderungsdefinition durch Prototypen über Pilotsysteme bis hin zum *Phasen-Prototyping* (Pomberger/Remmele 1987), bei dem den Phasen Spezifikation, Entwurf, Implementierung und Test jeweils ein Prototyp als Anschauungs- bzw.

Entwicklungsobjekt zugeordnet wird. Diese Mischform sieht jedoch nach wie vor einen linearen Ablauf der Phasen vor und berücksichtigt nicht die Abhängigkeiten der Phasen untereinander.

Das Kennzeichen *evolutionärer Ansätze* (Pietsch 1992) ist, dass Rücksprünge zwischen Phasen nicht der Ausnahme-, sondern der Regelfall sind. Außerdem ist bei Rücksprüngen von einer Phase n zu einer Phase n-i nicht mehr zwingend erforderlich, dass alle Phasen n-i, ..., n durchlaufen werden müssen. Die Nachteile evolutionärer Projektmodelle entsprechen je nach Ausprägung denen des Prototypings, als wesentlicher Nachteil wird jedoch die mangelnde Verfügbarkeit eines Instrumentariums für das Projektmanagement genannt.

Die bisher genannten Ansätze sind unabhängig von Umgebungsbedingungen wie Umfang, Lebenserwartung des zu entwickelnden Systems oder Schwierigkeitsgrad der angestrebten Entwicklung definiert. Gerade diese Umgebungsbedingungen sind es jedoch, die festlegen, welches Projektmodell für die jeweilige Entwicklung (und dies kann auch ein Teil eines größeren Projektes sein) am besten geeignet ist. Diesem Problem begegnen *situative Ansätze* (Pietsch 1992) damit, dass innerhalb des Projektverlaufs für Teilprojekte abhängig von der jeweiligen Situation die geeigneten Vorgehensweisen eingesetzt werden.

2.2.4.2 Entwicklungsumgebungen

Entwicklungssysteme sind Werkzeuge, mit denen direkt oder indirekt ablauffähige Anwendungsprogramme erzeugt werden können (Oesterle 1990, 350). Die Formulierung „direkt oder indirekt" impliziert, dass auch Werkzeuge, die in frühen Phasen des *Softwareentwicklungsprozesses* eingesetzt werden (z. B. Softwareentwurfswerkzeuge), zu den Entwicklungssystemen gehören. So sind CASE (Computer Aided Software Engineering)-Tools verfügbar, die Pseudo-Codes generieren, die dann - zumindest nach Angaben der Hersteller - relativ leicht in Programmcodes umgewandelt werden können, bzw. Relationenschemata und Applikationsgerüste generieren.

Alle zur Systementwicklung sinnvoll einsetzbaren Werkzeuge (zu denen neben Entwicklungssystemen auch Datenbanken und Entwurfswerkzeuge gehören) werden in einer *Entwicklungsumgebung* zusammengefasst, die in drei Klassen eingeteilt werden (Oesterle 1990, 351ff):

- *Sprachzentrierte Entwicklungsumgebungen:* In derartigen Umgebungen steht eine bestimmte Programmiersprache im Mittelpunkt. Alle Teile des Entwicklungssystems (Editor, Debugger usw.) sind auf diese Sprache ausgerichtet.

- *Betriebssystemzentrierte Entwicklungsumgebungen:* In derartigen Umgebungen sind die Betriebssysteme (siehe Abschnitt 2.3 Betriebssysteme) um Werkzeuge erweitert, welche die Softwareentwicklung unterstützen.

- *Datenbankzentrierte Entwicklungsumgebungen:* In einer solchen Umgebung bauen alle Entwicklungswerkzeuge auf den Möglichkeiten und Funktionen eines Datenbanksystems (siehe Abschnitt 2.5 Datenbanksysteme) auf.

Programmierumgebungen

Programmierumgebungen sind sprachorientierte Entwicklungsumgebungen, die den Programmierer in der Implementierungsphase einer Software unterstützen. Typische Bestandteile einer Programmierumgebung sind Editor, Compiler, Linker und Debugger.

Basierend auf den Ergebnissen früherer Phasen der Software-Entwicklung, wie der Spezifikation und dem Entwurf, wird ein Programm implementiert. Implementation bedeutet die Erstellung des Programmcodes. Dies ist ein Prozess, der sich über mehrere Stufen erstreckt. Erster Teilschritt ist die Erstellung des Programms in einer Programmiersprache. Dieser Programmtext, er liegt überwiegend als ASCII-Text vor, wird auch als Quellprogramm oder Quellcode bezeichnet. Zur Erstellung dieses Quelltextes werden *Editoren* genutzt. Editoren sind i. Allg. Werkzeuge zum Erstellen und Manipulieren von Dateien. Zur Unterstützung der Programmierung werden sprachorientierte syntaxgesteuerte Editoren verwendet, die bereits während der Programmerstellung eine partielle syntaktische Überprüfung vornehmen.

Die CPU eines Computers kann diesen Quellcode nicht verarbeiten, dieser Code muss in einen dem Prozessor entsprechenden Maschinencode, dem Zielprogramm, übertragen werden. Diese Übertragung kann auf zwei unterschiedlichen Wegen erfolgen: Interpretieren oder Übersetzen. Bei der ersten Form liest ein Interpreter einzelne Programmelemente, interpretiert den Quellcode, ermittelt die auszuführenden Aktionen und veranlasst die Ausführung dieser Aktionen. Das Übersetzungsverfahren besteht aus zwei Teilschritten und erzeugt den ausführbaren Maschinencode. Die beiden Teilschritte Compilieren und Linken werden sequenziell ausgeführt (siehe Abbildung 42).

Der *Compiler* übersetzt das Quellprogramm in den Objektcode, der den Maschinencode enthält. Bei der Benutzung von Prozeduren und Modulen können diese direkt im Quellcode vorhanden sein oder sie sind als Maschinencode in speziellen Bibliotheken gespeichert. Der Compiler kann für diese existierenden Programmeinheiten keine Speicheradressen eintragen. Diese Aufgabe übernimmt in einem weiteren Schritt der *Linker* (Binder). Er fügt den compilierten Quellcode mit bereits existierenden Programmteilen im Objektcode zu ausführbaren Programmen

zusammen. Zur eigentlichen Abarbeitung des Programms wird noch der *Lader* benötigt. Das Lader-Programm überträgt den auf einem externen Speicher abgelegten ausführbaren Maschinencode in den Hauptspeicher und startet das Programm.
Die Funktion eines Laders wird meist vom Betriebssystem übernommen.

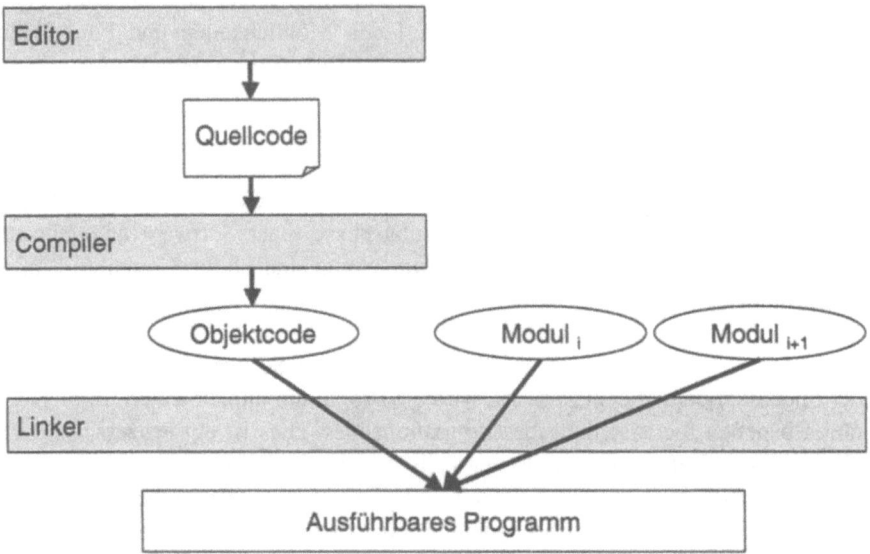

Abbildung 42: Compilieren und Linken

Der Compilierungsprozess lässt sich in die folgenden Phasen einteilen:

- Lexikalische Analyse: Zusammenfassung der einzelnen Zeichen des Quellcodes zu lexikalischen Einheiten und das Anlegen von Namenslisten.

- Syntaktische Analyse: Prüfung des Programms auf den korrekten Gebrauch
  der Syntax, wie beispielsweise die Verwendung von Schlüsselwörtern und Zeichen.

- Semantische Analyse: Prüfung des Programms auf semantische Korrektheit,
  wie beispielsweise die korrekte Einführung und Verwendung von Variablen.

- Generierung eines Zwischencodes.

- Optimierung des Zwischencodes.

- Übertragung des Zwischencodes in die entsprechende Maschinensprache.

Auch bei der Anwendung vieler „guter" Methoden und Techniken aus der Softwaretechnik lässt sich selten ein gleich korrektes und fehlerfreies Programm erstellen. Die möglichen Fehler des Programms lassen sich in syntaktische und logische Fehler einteilen. Syntaxfehler betreffen Verstöße gegen die Syntax der Programmiersprache und diese Fehler werden vom Compiler entdeckt. Die Behebung dieser Fehler ist relativ einfach im Verhältnis zu den logischen Fehlern. Fehler dieser letzten Art basieren auf syntaktisch richtigen, aber trotzdem falschen Anweisungen. Eine spezielle Form der logischen Fehler sind Laufzeitfehler, die vom Laufzeitsystem des Programms erkannt und angezeigt werden. Typische Fehler sind die Division durch Null oder Operationen mit Pointern, die keine zulässigen Adressen aufweisen.

Zur Lokalisierung der logischen Fehler sind *Debugger* nützliche Werkzeuge. Der Leistungsumfang von Debuggern ist zwar unterschiedlich, doch werden häufig die protokollierte Ausführung von Programmen (Trace), die Anzeige von Werten ausgewählter Variablen und das Setzen von Haltepunkten (breakpoints) ausgeführt.

2.2.5 Urheberrecht und Lizenzen

Software wird in der ganzen Welt als eine schöpferische Leistung angesehen, die in Analogie zu einem Roman, Bild oder einer Komposition gesetzlich geschützt ist. In Deutschland gilt für derartige Werke der Schutz des *Urheberrechtes*. Das *Copyright* ist das entsprechende Gegenstück in den USA. Ein Copyright ist eine Form des legalen Schutzes, die dem Autor des Programms oder dem Eigentümer des Copyrights bestimmte Exklusivrechte garantiert. Der Eigentümer des Copyrights hat das exklusive Recht die Software zu kopieren, zu verteilen bzw. zu verkaufen und diese Software zu modifizieren. Mit dem Kauf von Copyright-Software wird man nicht der Eigentümer der Copyrights. Es wurde nur das Recht zur Nutzung der Software erworben. Der Kauf gestattet die Nutzung der Software auf dem Computer, aber nicht die Erstellung von weiteren Kopien und den Verkauf oder den Vertrieb dieser Kopien. Personen, die Software illegal kopieren, verteilen oder modifizieren, verstoßen gegen geltende Gesetze und sie werden umgangssprachlich als Softwarepiraten bezeichnet. Es ist erlaubt, sich für seine eigenen Archivierungszwecke eine Kopie zu erstellen.

Zusätzlich zu dem Copyright ist Software häufig durch eine *Softwarelizenz* geschützt. Eine Softwarelizenz ist ein Vertrag, in dem die Art und Weise der Nutzung dieser Software geregelt wird. Vielfach werden die Rechte aus dem Copyright erweitert. Obwohl es nach dem Copyright nicht gestattet ist, Kopien für mehr als einen Computer zu erstellen, kann der Lizenzvertrag die Genehmigung erteilen, die gekaufte Software auf mehr als einen Computer zu installieren. Softwarelizenzen sind, wie auch in vielen anderen Verträgen, oft in einem Sprachstil abgefasst, der sich Nicht-Juristen nur schwer erschließt. Trotzdem entbindet dieser Umstand nicht von der Pflicht, die Lizenzbedingungen zu lesen und zu verstehen.

Die Softwarelizenz ist ein Vertrag, der vom Käufer und Verkäufer eingegangen wird. Das Unterschreiben des Lizenzvertrages durch den Käufer und das Zurücksenden an den Verkäufer ist der klassische Vorgang. Beim Kauf von Software in einem Geschäft ist diese Prozedur sehr unbequem. Softwareproduzenten bieten aus diesem Grund *Shrink-Wrap-Lizenz*en an. Die Software, wenn sie auf CD oder Disketten ausgeliefert wird, ist beim Kauf in Kunststoffhüllen eingeschlossen. Auf der Hülle ist der Lizenzvertrag aufgebracht. Mit dem Öffnen der Verpackung wird der Lizenzvertrag akzeptiert. Wird der Vertrag nicht akzeptiert, so muss die Software ungeöffnet zurückgegeben werden. Mit dieser Vorgehensweise verkürzen die Softwarehersteller die lange Prozedur des Akzeptierens der Lizenz, der Unterschrift, des Zurücksendens des Vertrages und das Registrieren der Unterschrift beim Hersteller. Diese Art wird auch als „take or leave"-Ansatz bezeichnet.

Softwareproduzenten offerieren für ihre Produkte meist eine breite Palette von Lizenzoptionen. Eine Regelung umfasst die Nutzung der gekauften Software durch mehr als eine Person. Bei einer Einzelnutzung (single-user license) ist die Benutzung der Software nur durch eine Person möglich. Mehrfachnutzungen (multi-user license) erlauben hingegen die Nutzung der Software durch mehrere Personen zur gleichen Zeit. Dieser Art wird verwendet, wenn die Nutzer ihre eigene persönliche Version dieser Software benötigen. Ein typischer Anwendungsfall für diese Art ist Software für E-Mail. Die Softwarekosten für einen Nutzer aus einer multi-user-Lizenz sind geringer als die für eine single-user-Lizenz. Während bei der multi-user-Lizenz nur die Anzahl der möglichen Nutzer beschränkt ist, wird bei einer concurrent-use-Lizenz die gleichzeitige Nutzung einer maximalen Anzahl von Kopien geregelt. Existiert beispielsweise in einem Unternehmen eine concurrent-use-Lizenz über fünf Kopien für ein Textverarbeitungsprogramm, so können gleichzeitig nur maximal fünf Mitarbeiter diese Software nutzen.

Neben den klassischen, käuflichen und urheberrechtlich geschützten Softwareprodukten wird Software auch als Freeware, Public-Domain-Software und Shareware angeboten.

Die Grundidee von *Freeware* ist, dass Software für alle Nutzer kostenlos zugängig und unbeschränkt nutzbar sein soll. Mit Freeware wird Software bezeichnet, deren Quellcode offengelegt und für jedermann zugänglich ist (so genannte *Open-Source*-Software). Vielfach verzichten die Programmautoren auf ihr Copyright, so dass diese Software ohne Einschränkung verändert, kopiert und weitergegeben werden kann. Die Offenlegung des Quellcodes ist ein wesentliches Unterscheidungsmerkmal gegenüber Public-Domain-Software und Shareware.

Public-Domain-Software bezeichnet eine Softwarekategorie, die zur kostenlosen Nutzung überlassen wird, ohne dass dabei auf die mit der Software verbundenen Rechte verzichtet wird. Der Urheber der Software stellt diese zur einfachen Nutzung und Weitergabe kostenlos zur Verfügung. Autoren von Freeware verzichten auf ihr Copyright und nicht zwangsläufig auf ein Nutzungsentgelt, während Autoren von Public Domain-Software nur auf das Nutzungsentgelt verzichten und das Copyright behalten.

Shareware ist urheberrechtlich geschützte Software, die über eine spezifische Verkaufsmethode vertrieben wird. Die Urheberrechte von Shareware bleiben bei dem Eigentümer, sie gehen nicht an den Nutzer über. Den Nutzern werden häufig Rechte bei der Nutzung eingeräumt, wie beispielsweise die kostenlose Nutzung der Software für eine definierte Probezeit. Soll die Software über diese Zeit hinaus genutzt werden, so müssen entsprechende Kosten erstattet werden. Diese Form wird auch als „try before you buy" bezeichnet.

2.2.6 Literatur zur Programmierung und Softwaretechnik

Grundlagen der Programmierung werden in den bereits in Abschnitt 1.1.4 Grundlagenliteratur zur Informatik zitierten Werken vermittelt. Vertiefende Einblicke in Algorithmen und Datenstrukturen sowie weitergehende Programmiertechniken findet man in (Bauer/Wössner 1986; Heun 2000; Kurbel 1997; Saake/Sattler 2001; Wirth 1996). Weiterhin gibt es ein kaum überschaubares Angebot an Büchern zu dieser Thematik, die allerdings eng an Programmiersprachen und deren Konzepte gebunden sind.

Eine ebenso unüberschaubare Zahl an Büchern gibt es zum Software Engineering. Als Auswahl aus diesem Angebot seien hier (Balzert 1998-2000; Broy/Ehler/ Paech 2000; Dumke 2001; Kahlbrandt 1998; Pagel/Six 1994; Pomberger/Blaschek 1996; Sommerville 2001; Spitta 1988) genannt.

2.3 Betriebssysteme

Die primäre Aufgabe von Betriebssystemen ist die Verwaltung von Ressourcen eines Rechners. Zu diesen *Ressourcen* gehören z. B. der bzw. die Prozessoren, der Hauptspeicher, die externen Speicher (z. B. Disks), die Netzwerkzugänge und die Peripherie (z. B. Drucker, Scanner usw.). Weiterhin ist das Betriebssystem die Grundlage für die Entwicklung und den Betrieb von Programmen zur Laufzeit, daher werden Betriebssysteme auch *Laufzeitumgebung* (engl. runtime environment) genannt.

Ein Betriebssystem besteht aus einer Menge anwendungsunabhängiger Programme, die der Benutzer entweder über Kommandos oder über Programme, deren Erscheinungsbild sich kaum von anderen Anwendungsprogrammen unterscheiden, aufruft. Beispiele für solche Programme sind der Windows Explorer oder der Finder des Mac OS. Die Darstellung in diesem Abschnitt abstrahiert so weit wie möglich von konkreten Systemen wie Microsoft Windows, dem Mac OS oder den verschiedenen Unix-Derivaten, da dieser Abschnitt durch permanente Releasewechsel kaum aktuell gehalten werden kann. Das Ziel ist es daher, die gemeinsamen grundlegenden Konzepte nahe zu bringen.

2.3.1 Betriebsarten

Für Programme gibt es drei verschiedene *Betriebsarten* (Modi), in denen sie in einer Laufzeitumgebung ablaufen können:

- Im *Batch-Betrieb* läuft das Programm mit seinen Input-Daten in einem ununterbrochenen Prozess ab, ohne dass Benutzer in diesen eingreifen. Der Ablauf ist daher für den Benutzer unsichtbar, weshalb man diese Betriebsart auch Hintergrundbetrieb nennt. Ein Programm mit seinen Input-Daten und allen weiteren Ausführungsanweisungen (z. B. der Angabe, auf welchem Drucker oder Speichermedium die Ergebnisse auszugeben sind), wird *Job* genannt. Batch-Jobs werden insbesondere für laufzeit- und ressourcenintensive Prozesse, deren Ergebnisse nicht unbedingt zeitnah vom Benutzer benötigt werden, angelegt. Sie können dann zu Zeiten ablaufen (i. d. R. nachts oder am Wochenende), in denen die Systemressourcen durch wenig Benutzeraktivität belastet sind. Auf diese Weise werden die Benutzer nicht durch solche Prozesse gebremst. Typische Kandidaten für Batch-Jobs sind Planungsläufe oder Bereinigungsaktivitäten auf temporären Dateien.

- Die am häufigsten verwendete Betriebsart ist der *Dialogbetrieb*. Die Programmablauf ist hierbei durch eine ständige Interaktion zwischen Benutzer und Programm gekennzeichnet. Programme, die in dieser Betriebart ablaufen, müssen ein gutes Antwortzeitverhalten aufweisen, da Benutzer bereits Wartezeiten von zwei Sekunden als langsam empfinden.

- Wenn das Laufzeitverhalten von Programmen eng an das Verhalten realweltlicher Objekte wie z. B. Maschinen oder Roboter gekoppelt ist, spricht man von *Realzeitbetrieb* (engl. real time processing). Nicht die möglichst schnelle Programmausführung (wie oftmals irrtümlich angenommen), sondern ein möglichst realitätsnahes Verhalten ist die Zielsetzung dieser Betriebsart. Sie wird insbesondere in der Prozesssteuerung eingesetzt.

2.3.2 Prozesse in Betriebssystemen

In Betriebssystemen wird ein ablaufendes Programm als ein *Prozess* betrachtet, für dessen Ausführung Ressourcen benötigt werden. Als Prozess wird eine zeitliche Abfolge von Aktivitäten bezeichnet, die jeweils Zustandsänderungen nach sich ziehen. Zustände werden durch die Belegung von Variablen dokumentiert.

In der traditionellen Sicht wird ein solcher Prozess durchgängig auf einem Prozessor ausgeführt. In modernen Betriebssystemen werden solche Prozesse in so genannte *Fäden* (Threads) aufgeteilt. Jedem *Thread* wird ein Prozessor, ein Adressraum, Mechanismen zur Zugriffskontrolle auf weitere Ressourcen und die Möglichkeit zur Kommunikation mit anderen Prozessen zugeordnet. Threads verhalten sich in Ein- und Mehrprozessorsystemen sowie in verteilten und parallelen Systemen gleich.

Ein Thread mit zugehörigem Adressraum wird auch *Task* genannt. Betriebssysteme werden nach ihrer Multi-User- und Multi-Tasking-Tauglichkeit klassifiziert. Ein Multi-User-Betriebssystem kann den konkurrierenden Zugriff mehrerer Benutzer auf gemeinsam nutzbare Ressourcen verwalten. Multi-Tasking-Tauglichkeit bedeutet, dass ein Betriebssystem mehrere Benutzerprozesse parallel bearbeiten kann. Der Begriff „parallel" bedeutet, dass die Abarbeitung von Prozessen aus Sicht des Benutzers parallel erfolgt, da intern bei Mono-Prozessor-Systemen eine parallele Prozessbearbeitung nicht möglich ist. Hier wird Multi-Tasking über geeignete Prozessor-Sharing-Strategien auf der Grundlage von Threads realisiert.

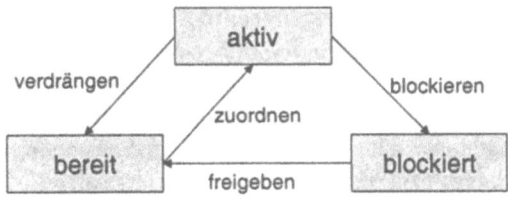

Abbildung 43: Zustandsübergänge von Threads

Jeder Thread führt eine Folge von Instruktionen aus, die jeweils zustandsändernde Aktivitäten auslösen. Hierbei kann jeder Thread die Zustände aktiv, bereit und blockiert annehmen. Ein bereitstehender Thread wird durch die Zuordnung von Prozessor und Adressraum aktiv. Die Zuordnungsstrategie hängt von der Betriebsart ab. In der Betriebsart Batch bekommt ein Thread alle benötigten Ressourcen unterbrechungsfrei zugeordnet. Im Dialogbetrieb werden bei Ressourcenkonkurrenz Prozessoren und Adressräume nach dem Zeitscheibenverfahren (engl. round robin) zugeteilt. Ist eine Zeitscheibe (= Periode) abgelaufen, wird der Thread blockiert und die Ressourcen werden einem anderen Thread zugeordnet. Bei Realzeitanwendungen werden die Ressourcen nach Prioritäten zugeordnet. Die Priori-

tät richtet sich dabei nach der Zeitnähe der anfordernden Anwendung. Wird ein
Thread von einem anderen Thread in einem Zustand verdrängt, der eine Neuaus-
führung des verdrängten Threads erfordert, wird dieser in den Wartezustand zu-
rückgeschickt, andernfalls blockiert. Die möglichen Zustandsübergänge zwischen
Threads sind in Abbildung 43 dargestellt.

2.3.3 Speicherverwaltung

Adressräume definieren Speicherbereiche, in den Adressen, die durch Instruktionen eines Threads allokiert werden, zulässig und interpretierbar sind. Dabei wird
der Adressraum in Programm- und Speicheradressraum aufgeteilt:

- Der *Programmadressraum* besteht aus allen zulässigen Adressen, die ein Prozessor für die Ausführung von Instruktionen oder die Verarbeitung von Daten
  bilden kann.

- Der *Speicheradressraum* besteht aus allen Adressen des Computersystems,
  die von Programmen prinzipiell allokiert werden können.

Der gesamte Speicher wird nun in Bereiche eingeteilt, die einzelnen Threads zur
Laufzeit zugeordnet werden. Jeder dieser Bereiche hat eine bestimmte Startadresse
(Index). Allokiert nun ein Thread eine bestimmte absolute Adresse, dann muss
diese in eine relative Adresse, die aus dem Index und der relativen Distanz zum
Index (Offset) besteht, umgerechnet werden. Diese Bereiche werden durch die
Memory Management Unit (MMU), einem wichtigen Teil des Betriebssystems,
verwaltet. Sie berechnet auf der Grundlage der *Memory Map*, einer Tabelle, in der
Indexe und maximal zulässige Distanzen von Bereichen verzeichnet sind, die relativen Adressen. Durch Veränderung der Memory Map und Neuberechnung der relativen Adressen lassen sich Programme mit ihren Nutzdaten im Speicher verschieben, ohne dass dies Rückwirkungen auf die Programmausführung hat.

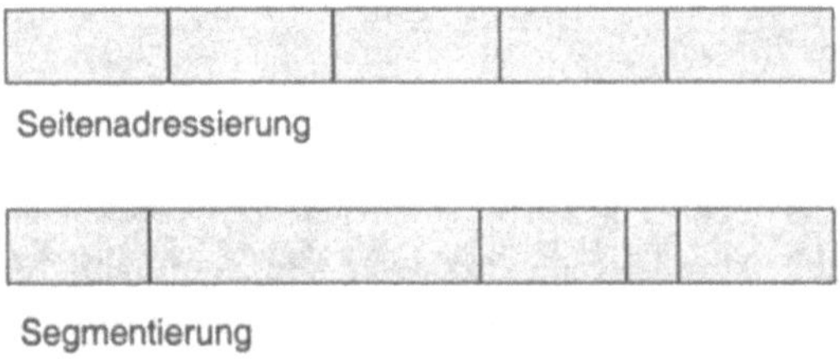

Seitenadressierung

Segmentierung

Abbildung 44: Segmentierung versus Seitenadressierung

Für die Einteilung des Speichers in Bereiche sind Segmentierung und Seitenadressierung gängige Verfahren. Bei der *Segmentierung* können Indexe und die Länge

der Bereiche frei gewählt werden, während bei der *Seitenadressierung* (Paging)
der Speicher in Blöcke fester Länge (*Frames*) eingeteilt wird (siehe Abbildung
44). Die höhere Flexibilität der Segmentierung wird durch den Nachteil erkauft,
dass wieder freigegebene Segmente entweder zu klein sind, um neu allokiert zu
werden, oder so groß sind, dass sie nicht vollständig neu allokiert werden können.
Hierdurch entstehen nicht nutzbare Speicherreste, die von Zeit zu Zeit durch eine
Reorganisation des Speichers (*Garbage Collection*) wieder nutzbar gemacht werden (siehe Abbildung 45). Das Problem der Zersplitterung des Speichers gibt es
bei der Seitenadressierung naturgemäß nicht.

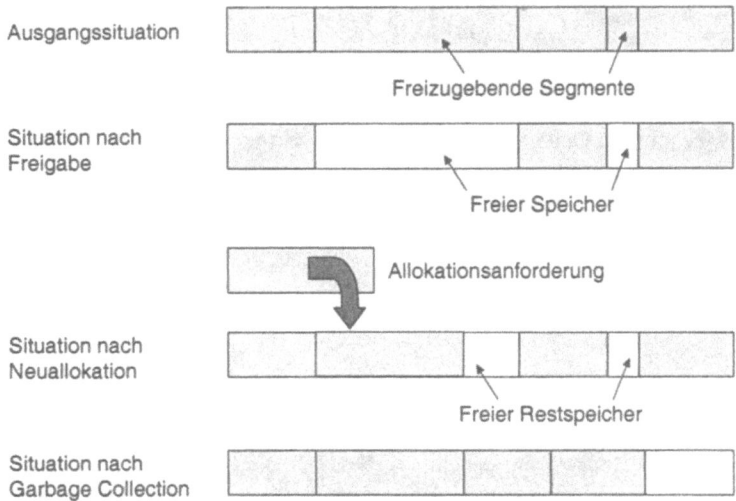

Abbildung 45: Garbage Collection bei Segmentierung

Segmentierung und Paging ermöglichen das *Swapping* auf *virtuellen Speicher*
(siehe Abschnitt 2.1.4 Arbeitsspeicher). Für die Entscheidung, welche Bereiche
auszulagern sind, gibt es verschiedene Strategien wie z. B. LIFO (last in first out)
oder FIFO (first in first out). Die gebräuchlichste Strategie ist LRU (least recently
used), wobei die am wenigsten benötigten Seiten zuerst ausgelagert werden. Hierfür wird eine Liste geführt, in der zu jedem Speicherbereich mitgezählt wird, wie
häufig auf diesen zugegriffen wird. Bei einer ungünstigen Speicheraufteilung kann
ein so genanntes *Seitenflattern* (Thrashing) auftreten, wenn Bereiche ständig zwischen Hauptspeicher und Disk hin- und herkopiert werden, woraus dann ein
schlechtes Antwortzeitverhalten resultiert. In diesem Fall sollten einige Anwendungsprogramme beendet werden, um so eine Reorganisation der Speicherverwaltung zu ermöglichen.

2.3.4 Benutzerverwaltung

Eine weitere wesentliche Eigenschaft von Betriebssystemen ist die *Mehrbenutzer-fähigkeit*. Sie ist die Voraussetzung für die Nutzung eines Computersystems durch mehrere Benutzer, ohne dass sich diese weder gewollt noch ungewollt gegenseitig negativ beeinflussen können. Benutzer authentifizieren sich gegenüber dem System über ihren eindeutigen Benutzernamen und ein Passwort, die zunächst von den Administratoren des Betriebssystems vergeben werden. Weiterhin muss sicher gestellt werden, dass jeder Benutzer genau die Ressourcen nutzen darf, die er für seine Arbeit braucht. Hierfür sind Rechte auf Ressourcen (*Privilegien*) zu vergeben, wie z. B.:

- Nutzung bestimmter Drucker
- Zugänge zu Netzen
- Erlaubnis, bestimmte Dateien zu lesen, ohne sie verändern zu dürfen
- Daten auf bestimmten Servern abzuspeichern
- Einschränkung der Nutzung einer Platte auf maximal 1 GB.

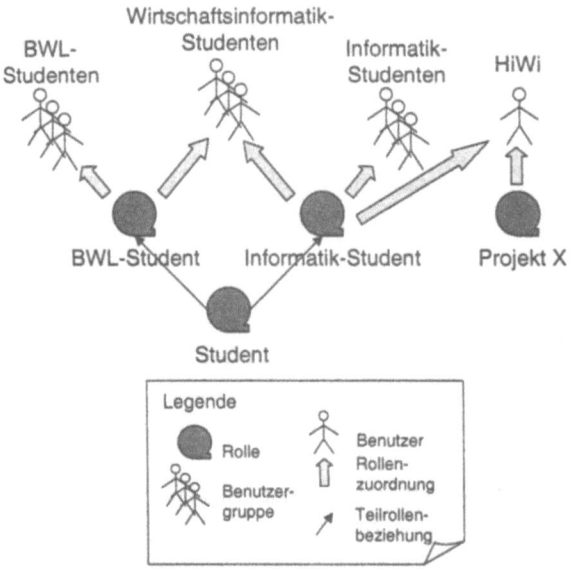

Abbildung 46: Rollen und Benutzergruppen

Die Menge aller Privilegien, die einem Benutzer zugeordnet sind, werden *Benutzerprofil* genannt. Es ist offensichtlich, dass die Benutzerverwaltung in Organisationen mit Hunderten oder Tausenden von Nutzern sehr aufwändig ist. Auf der anderen Seite sind viele Nutzer bezogen auf ihre Privilegien gleichartig, so dass eine Zusammenfassung in Benutzergruppen, denen man dann die Privilegien en bloc zuweisen kann, sinnvoll ist. Benutzergruppen können wiederum hierarchisch strukturiert werden, wenn eine Benutzergruppe alle Rechte einer anderen hat und zusätzlich eigene. Eine Menge von Privilegien, die einer Benutzergruppe zugeordnet werden kann, wird auch *Rolle* genannt. Dabei ist zu beachten, dass es nicht zwangsläufig zu jeder Rolle eine eindeutig zugeordnete Benutzergruppe geben muss, da Rollen nach logischen Aspekten zusammengestellt werden.

Abbildung 46 zeigt ein Beispiel für den Zusammenhang zwischen Rollen und Benutzergruppen. Die Rolle „Student" fasst alle generellen Privilegien von Studenten wie etwa den Zugang zum Internet oder Dienste des Rechenzentrums zusammen. Da Studenten stets Fakultäten zugeordnet sind, reicht diese Rolle nicht aus, da sie auch Zugang zu den fakultätseigenen Ressourcen benötigen. Die Wirtschaftsinformatik-Studenten brauchen Zugang sowohl zu den Ressourcen der BWL wie auch der Informatik. Hierfür gibt es keine eigene Rolle, es werden die Rollen „BWL-Student" und „Informatik-Student" direkt zugeordnet. Der Informatik-Student „HiWi" bekommt zudem Zugang zur Rolle „Projekt X".

2.3.5 Literatur zu Betriebssystemen

Die Literatur zu Betriebssystemen ist entweder eng an bestimmte Systeme wie Microsoft Windows oder verschiedene Unix-Derivate gebunden oder recht theoretisch orientiert. Systemunabhängige Lehrbücher hierzu sind z. B. (Brause 2001; Nehmer 1998; Siegert/Baumgarten 2001; Silberschatz/Galvin/Gagne 2001; Tanenbaum 1995; Widmer/Mutter 2002; Williams 1996).

2.4 Dateien und Dateiorganisation

2.4.1 Dateien

Eine weitere wichtige Aufgabe von Betriebssystemen ist die Dateiverwaltung. In Abschnitt 1.2 Wissen, Information und Daten wurden grundlegende Beziehungen zwischen den Begriffen Daten, Wissen und Information aufgezeigt. Daten sind elementare Einheiten, die Computer verarbeiten können. Im Hauptspeicher werden strukturierte Bitfolgen zur internen Darstellung der Daten verwendet. Sind die Daten auf externen Speichern, wie Festplatte und CD-ROM abgelegt, so wird diese Datensammlung als Datei bezeichnet. Eine *Datei* (engl. *file*) ist ein Datenbestand, der unter einem Dateinamen i. Allg. auf einem externen Datenträger gespeichert ist. Auch in einer Datei werden die Daten als Bitfolge gespeichert, und eine Datei kann somit auch als ein Strom von Bits betrachtet werden. Eine Datei hat immer einen Namen, um sie von anderen Dateien unterscheiden zu können.

In Abhängigkeit vom Verwendungszweck der gespeicherten Daten lassen sich Dateien in folgende Kategorien einteilen: Ausführbare Dateien (engl. *executable files*), Quelldateien (engl. *source files*) und Datendateien (engl. *data files*). *Ausführbare Dateien*, sie werden auch als Programmdateien bezeichnet, beinhalten die Befehle für den Prozessor. Diese Dateien sind aktiv, da nur diese Dateien den Prozessor veranlassen „etwas zu tun". Eine ausführbare Datei auf einem Datenträger kann nicht direkt ausgeführt werden, sie muss zuvor in den Hauptspeicher geladen werden, da der Prozessor nur Befehle aus dem Hauptspeicher abarbeiten kann. Ein Textverarbeitungsprogramm ist ein Beispiel für eine ausführbare Datei, während die gespeicherten Texte Datendateien sind.

Quelldateien enthalten Anweisungen für den Prozessor in einer Programmiersprache, die vor der Ausführung noch in eine dem Prozessor verständliche Form übersetzt werden müssen. Die so genannten Batch-Dateien sind ein Beispiel dafür. Eine Batch-Datei enthält eine Folge von Anweisungen für das Betriebssystem, das vom ihm selbstständig abgearbeitet wird. *Datendateien* enthalten die Daten für die Verarbeitung durch ausführbare Programme. Diese Dateien sind passiv, da sie vom Prozessor verarbeitet werden. Die Dokumente und Wörterbücher eines Textverarbeitungssystems sind Beispiele für Datendateien.

2.4.2 Datenorganisation

Unter dem Begriff Datenorganisation werden alle Verfahren zusammengefasst, die dazu dienen Daten bzw. Datenbestände

- zu strukturieren, d. h. hinsichtlich ihrer Zusammenhänge zu analysieren und zu ordnen – man spricht hier auch von der *logischen Datenorganisation* – und

- auf externen Medien zu speichern und für einen Zugriff verfügbar zu halten. Diese Verfahren werden unter dem Begriff der *physischen Datenorganisation* zusammengefasst.

Die hierarchische Struktur der Datenorganisation ist Abbildung 47 zu entnehmen. Nach (Stahlknecht/Hasenkamp 2002, 135ff) ergeben sich die in Tabelle 14 dargestellten Ziele der Datenorganisation. In den folgenden beiden Abschnitten werden Verfahren und Techniken zur physischen und logischen Datenorganisation erläutert.

2.4.3 Physische Datenorganisation (Datenhaltung)

Eine Datei ist letztendlich eine Folge von Bits. In diesem Zusammenhang stellen sich die Fragen: Wie kann nun dieser Datenstrom auf einem externen Datenträger als Datei gespeichert werden? Wie erfolgt die Verwaltung dieser Dateien? Unter den Begriffen *physische Datenorganisation* oder *Datenhaltung* werden alle Verfahren bezeichnet, die Daten auf externen Speichern als Dateien speichern und diese Daten für den Zugriff verfügbar halten.

Ziele der Datenorganisation	Beispiele
schneller Zugriff	Platzbuchungs- und Reservierungssysteme erfordern kurze Antwortzeiten, für die schnelle Zugriffe notwendig sind
leichte Aktualisierbarkeit	In der Finanzbuchhaltung muss das Bebuchen bestehender Konten leicht möglich und in kurzer Zeit ausführbar sein.
beliebige Auswertbarkeit	Die Daten in einer Autovermietung sollen nach Kunden oder nach den zu vermietenden Autos sortierbar sein.
flexible Verknüpfung	Aus den Daten der Rechnungslegung und der Personalabteilung soll die Kennzahl Umsatz je Mitarbeiter berechnet werden.
Vermeidung von Redundanzen	Die Daten über Kunden werden nur einmal gespeichert.

Tabelle 14: Ziele der Datenorganisation

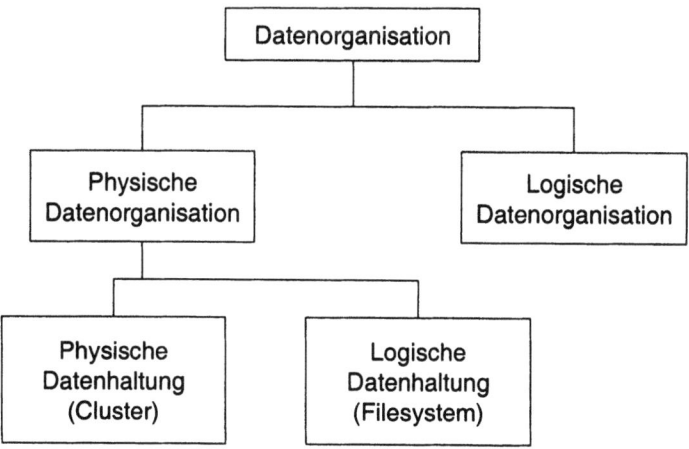

Abbildung 47: Hierarchische Struktur der Datenorganisation

In der Datenhaltung wird zwischen der *logischen* und *physischen* Sichtweise unterschieden. Mit der logischen Sichtweise wird eine Datei als eine Menge von Daten betrachtet, die unter einem Namen auf einem externen Speicher abgelegt ist.

Bei dieser Sicht ist es für den Nutzer z. B. nicht von Interesse, auf welcher Spur oder welchen Spuren die Datei auf der Diskette gespeichert ist. Im Gegensatz dazu liegt das Interesse bei der physischen Sicht auf den physisch vorhandenen Speicherbereichen. Die Datenhaltung wird vom Betriebssystem unterstützt.

2.4.3.1 Physische Datenhaltung

Die physische Datenhaltung soll exemplarisch an einer Diskette aufgezeigt werden. Eine formatierte Diskette (siehe Abschnitt 2.1.7 Externe Speicher) ist eingeteilt in Sektoren und Spuren. Ein Sektor umfasst 512 Byte. Zusätzlich werden Sektoren zu Clustern zusammengefasst. Ein *Cluster* ist eine Gruppe von Sektoren und ein Cluster ist die kleinste Speichereinheit auf der Diskette, auf die der Computer zugreifen kann. Es kann nicht ein einzelnes Byte gelesen werden, sondern es ist nur der Zugriff auf ein bestimmtes Cluster möglich. Die Anzahl der Sektoren in einem Cluster ist abhängig vom Betriebssystem und der Kapazität des externen Geräts. Üblicherweise werden 1 bis 32 Sektoren verwendet. Jedes Cluster ist nummeriert und wird vom Betriebssystem verwaltet.

Zur Verwaltung verwendet das Betriebssystem die FAT (File Allocation Table), eine Datei-ZuordnungsTabelle. Diese Tabelle wird als Datei gespeichert und in dieser Datei befindet sich eine Liste der Dateien und die damit verbundenen Cluster. Wird diese FAT-Datei zerstört, so ist damit i. Allg. ein totaler Datenverlust verbunden. Jede gefüllte Datei besteht aus einer Liste von ihr belegter Cluster. Verweise auf die Cluster, aus denen die Datei besteht sind in dem entsprechenden Dateiverzeichnis gespeichert. Ein Dateiverzeichnis enthält die Namen der gespeicherten Dateien. Eine detaillierte Beschreibung folgt im Abschnitt zur logischen Datenhaltung.

Das Zusammenspiel von Dateiverzeichnis und FAT wird am folgenden Beispiel demonstriert. Die Diskette hat nur 10 Cluster und ist von den Dateien AAA und BBB belegt. Das Verzeichnis beinhaltet die Dateinamen und einen Verweis auf das erste Cluster der Datei. Für das Beispiel ergeben sich die folgenden Einträge:

Dateiname	Nummer des ersten Clusters
AAA	3
BBB	8

Tabelle 15: Beispiel für ein Dateiverzeichnis

Die FAT enthält für jedes Cluster einen Eintrag, der den aktuellen Status des Clusters beschreibt. Zur Beschreibung werden Zahlenwerte verwendet. Ein Wert von 1 identifiziert das Cluster als ein durch das Betriebssystem reserviertes Cluster, ein Wert von 99 charakterisiert das Cluster als letztes Cluster einer Datei und die dazwischen liegenden Werte sind Verweise auf das nächste sequenzielle Cluster für eine Datei. Der Wert 0 zeigt ein freies Cluster an. Eine mögliche Belegung der FAT zeigt Tabelle 16. Die Verteilung der Dateien AAA und BBB auf die 10 Cluster der Diskette ist Abbildung 48 zu entnehmen.

Cluster	Status	Erläuterung
1	1	Reserviert durch Betriebssystem
2	1	Reserviert durch Betriebssystem
3	4	Erstes Cluster für Datei AAA, nächstes Cluster ist 4
4	5	Zweites Cluster für Datei AAA, nächstes Cluster ist 5
5	99	Drittes und letztes Cluster für Datei AAA
6	0	Freies Cluster
7	0	Freies Cluster
8	9	Erstes Cluster für Datei BBB, nächstes Cluster ist 9
9	99	Zweites und letztes Cluster für Datei BBB
10	0	Freies Cluster

Tabelle 16: Beispielhafte Clusterbelegung

Beim Löschen eines Files bieten sich für ein Betriebssystem zwei unterschiedliche Vorgehensweisen an. Beim einstufigen Vorgehen ändert das Betriebssystem den Status der beteiligten Cluster auf frei. Danach können die Cluster beim Anlegen einer neuen Datei wieder überschrieben werden. Wird z. B. die Datei AAA nach diesem Vorgehen gelöscht, so werden im ersten Fall die Cluster 3, 4 und 5 vom Betriebssystem als freie Cluster markiert. Die Daten werden also nicht physisch von der Platte gelöscht, sondern die Cluster werden nur als frei gekennzeichnet. Die Daten sind erst gelöscht, wenn vom Betriebssystem eine neue Datei auf diesen Clustern angelegt wurde. Diese Eigenschaft nutzen *Undelete-Programme* aus, die gelöschte Dateien so lange rekonstruieren können, wie die entsprechende Cluster nicht durch neue Dateien überschrieben wurden.

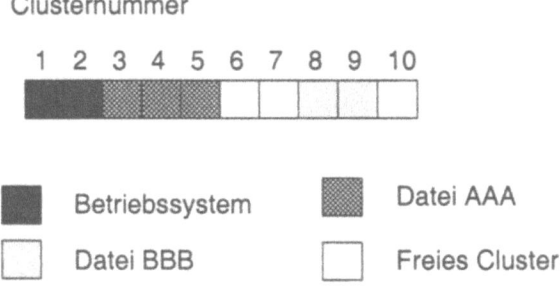

Abbildung 48: Verteilung der Dateien auf die 10 Cluster

Im Fall des zweistufigen Vorgehens werden die Cluster der Datei in der ersten
Stufe mit dem Status „zum Löschen markiert" versehen, d. h. diese nur logisch gelöschte Datei wird in ein spezielles Verzeichnis, unter Windows dem Papierkorb
oder Recycle Bin, aufgenommen. Die Cluster dieser Datei bleiben weiterhin
belegt und werden nicht von einer neuen Datei überschrieben. In der zweiten Stufe
löscht der Benutzer die Datei aus dem Papierkorb und die Cluster können neu
überschrieben werden.

Vielfach sind die Dateien nicht in einer kontinuierlichen Reihe von Clustern gespeichert. Bei Löschen einer Datei, die beispielsweise drei sequenzielle Cluster
belegt hatte, werden diese Cluster als frei gekennzeichnet. Beim Speichern einer
neuen Datei, die mehr als drei Cluster belegt, werden nun diese drei zusammenhängenden Cluster sowie weitere Cluster belegt, die aber eventuell nicht an diese
drei Zusammenhängenden anschließen. Die benutzten Cluster einer Datei sind somit zufällig auf der Platte verteilt. Man spricht von so genannten fragmentierten
Clustern. Die Lesezeiten einer Datei sind natürlich größer, wenn die Datei aus
fragmentierten Clustern besteht. Der Lese- und Schreibkopf des Geräts muss in
diesem Fall häufiger neu positioniert werden. Es gibt Defragmentation Utilities
(Hilfsmittel zum Defragmentieren), welche die Platte wieder reorganisieren und
für eine Datei eine kontinuierliche Reihe von Clustern belegen.

2.4.3.2 Logische Datenhaltung

Die logische Datenhaltung betrachtet eine Datei als eine Menge von Daten, die
unter einem Namen auf einem externen Speicher abgelegt ist. Dabei bleibt es dem
Nutzer verborgen, auf welchen Spuren oder Clustern dieses externen Speichers die
Datei verteilt ist. An einem Computer existieren nun unterschiedliche externe
Speicher, wie z. B. Diskettenlaufwerk, Festplatte und CD-ROM-Laufwerk. Jedem
Laufwerk wird vom Betriebssystem ein Name zugeordnet. Dieser Namen bestehen
i. Allg. aus einem einzigen Buchstaben. Diskettenlaufwerke werden häufig mit
den Buchstaben A oder B und Festplatten mit C bezeichnet. Für Laufwerke in lo-
kalen Computernetzwerken werden oft die Bezeichner H und I benutzt.

Die logische Datenhaltung wird von einem *Dateisystem* (engl. *file system*) des Betriebssystems unterstützt. Das Dateisystem wird mit Hilfe von Verzeichnissen als
hierarchisches System verwaltet. Verzeichnisse (engl. *directories*) sind spezielle
Dateien, die Informationen über eine Gruppe von Dateien enthalten, wobei ein
Verzeichnis weitere Verzeichnisse enthalten kann, die dann als Unterverzeichnisse
(engl. *subdirectories*) bezeichnet werden. Unter den Windows-Betriebssystemen
wird für jeden externen Speicher ein eigenes Stammverzeichnis (engl. *root directory*) verwendet. Für die eindeutige Identifikation einer Datei muss immer der
vollständige Pfad (engl. *path*) vom Stammverzeichnis aus angegeben werden. Die
Bezeichnung für das Stammverzeichnis wird aus dem Laufwerksnamen und einem

Doppelpunkt gebildet. Die Bezeichnung C: kennzeichnet das Stammverzeichnis für das Laufwerk C. Einem Unterverzeichnis wird immer das Zeichen \ (engl. *Backslash*) voran gestellt. Mit C:\USER wird nun das Unterverzeichnis USER auf der Festplatte C bezeichnet. Abbildung 49 zeigt beispielhaft die Struktur einer Festplatte mit dem Bezeichner C.

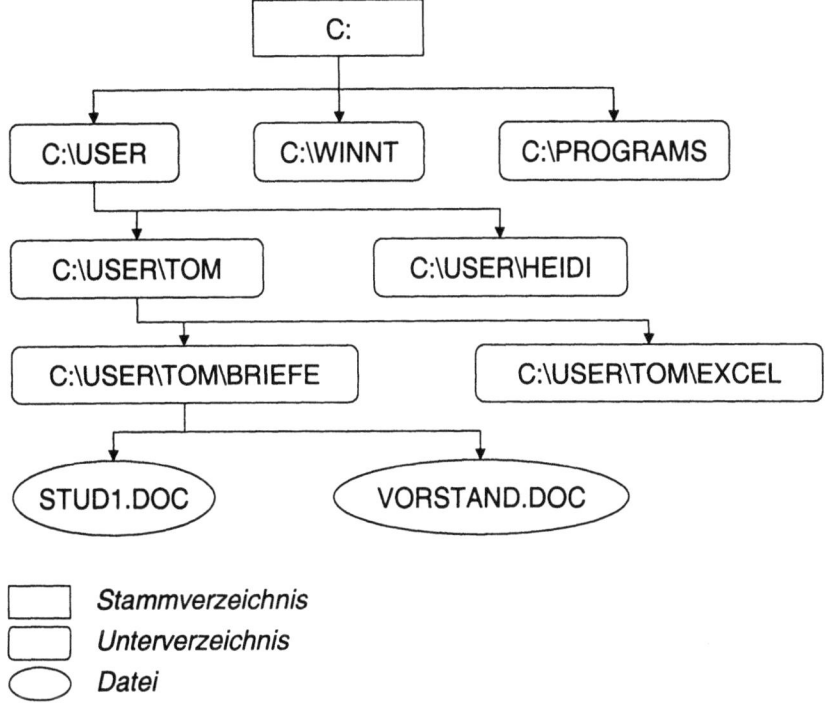

Abbildung 49: Stamm-, Unterverzeichnisse und Dateien

Ein Verzeichnis enthält Einträge, die sich auf Dateien oder weitere Unterverzeichnisse beziehen. Für jede Datei existiert ein Eintrag mit dem Namen der Datei und den zugeordneten *Dateiattributen*, beispielsweise:

- Name der Datei,
- Typ der Datei (Verzeichnis oder normale Datei),
- Länge der Datei in Bytes,
- Cluster, die zu dieser Datei gehören,
- Zugriffsrechte auf diese Datei (wer darf diese Datei lesen und wer darf die Datei beschreiben),
- Passworte zur Benutzung der Datei ,
- Datum der letzten Änderung und
- Verfallsdatum.

Für die allgemeine Nutzung von Dateien sind nicht alle Merkmale von Interesse, so dass die gebräuchlichen Dienstprogramme nur einige dieser Merkmale ausweisen. Abbildung 50 zeigt die Aufbereitung der Dateiinformationen mittels des Dienstprogrammes Windows NT® Explorer.

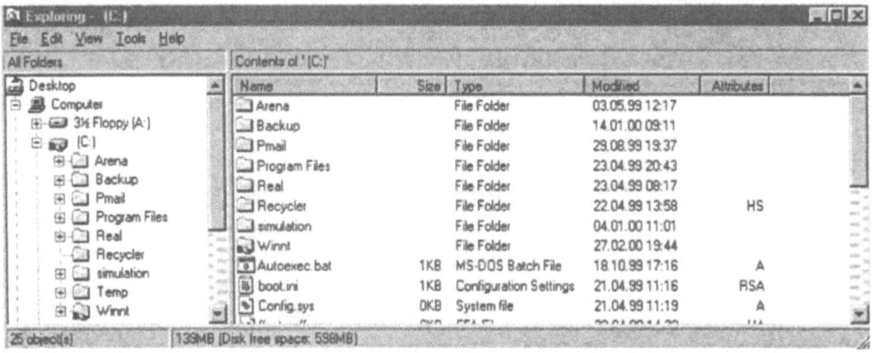

Abbildung 50: Dateien im Windows NT Explorer

Die logische Datenhaltung umfasst auch Operationen mit Dateien. Hierzu gehören das Erzeugen oder Anlegen eines neuen Eintrages in ein Verzeichnis, das Löschen einer Datei, das Kopieren einer Datei in ein anderes Verzeichnis oder auf ein anderes externes Speichergerät, das Verschieben einer Datei in ein anderes Verzeichnis und das Umbenennen einer Datei. Im letzteren Fall wird ein neuer Dateiname festgelegt. Dienstprogramme unterstützen den Nutzer bei der Dateiverwaltung.

Der *Dateiname* setzt sich i. Allg. aus zwei Komponenten zusammen: dem eigentlichen Namen und einer Namenserweiterung, die auch als Namensextension bezeichnet wird. Der *Name* und die Erweiterung werden durch einen Punkt getrennt. Das entsprechende Betriebssystem legt Regeln für die Namensvergabe fest. In diesen Regeln werden beispielsweise die maximale Anzahl der Zeichen für einen Namen, die Verwendung von Leerzeichen und Ziffern, die Verwendung von Sonderzeichen und die Berücksichtigung von Groß- und Kleinschreibung vorgegeben.

Der Dateiname allein ist nicht ausreichend um eine Datei auf einem Datenträger zu finden. Die vollständige Dateispezifikation umfasst immer den Pfad auf das jeweilige Verzeichnis und den Dateinamen, denn es können verschiedene Dateien mit identischem Dateinamen gleichzeitig in unterschiedlichen Verzeichnissen existieren. Die Spezifikation der Datei STUD1.DOC aus Abbildung 49 enthält die vollständige Bezeichnung C:\USER\TOM\BRIEFE\STUD1.DOC.

Die *Namenserweiterung* (Extension) beschreibt das Dateiformat und lässt sich in zwei Kategorien einordnen: Erweiterungen für allgemeine Austauschformate und für applikationsabhängige Formate. In der ersten Kategorie werden Extensionen

zusammengefasst, die keinem speziellen Programm zugeordnet werden. Beispielsweise gibt die Extension BMP (Bit Map Picture) aus dieser Kategorie an, dass in
dieser Datei pixelorientierte Bilder gespeichert sind. Es wird nicht bestimmt, mit
welchem Grafikprogramm diese Datei verarbeitet werden soll. Tabelle 17 listet einige typische Namenserweiterungen dieser Kategorie auf. Diese Dateiformate
werden im Abschnitt 2.4.6 Standard-Dateiformate detaillierter besprochen. Im Gegensatz dazu wird mit einer applikationsspezifischen Erweiterung, wie z. B. DOC,
festgelegt, dass diese Datei von der Applikation Microsoft Word für Windows erstellt wurde.

Austauschformate	Namenserweiterungen
Grafik	.bmp, .pcx, .tif, .wmf, .jpg, .gif
Musik	.wav, mp3
Video	.avi, .mpg
Texte	.txt

Tabelle 17: Namenserweiterungen für Dateiaustauschformate

2.4.4 Logische Datenorganisation

Die logische Datenorganisation befasst sich mit der logischen Beschreibung von
Objekten mit festen Eigenschaften durch Attribute. Die physische Speicherung der
Objekte bleibt davon unberücksichtigt. Der Objektbegriff ist hier allgemein zu se-
hen und steht nicht in Beziehung zu der engeren Sicht auf den Begriff Objekt innerhalb der objektorientierten Programmierung. Die klassische logische Datenorganisation ist hierarchisch und basiert auf den Begriffen *Datenelement* (engl.
item), *Datensatz* (engl. *record*) und *Datei* (engl. *file*). Die hierarchische Gliederung ist Abbildung 51 zu entnehmen.

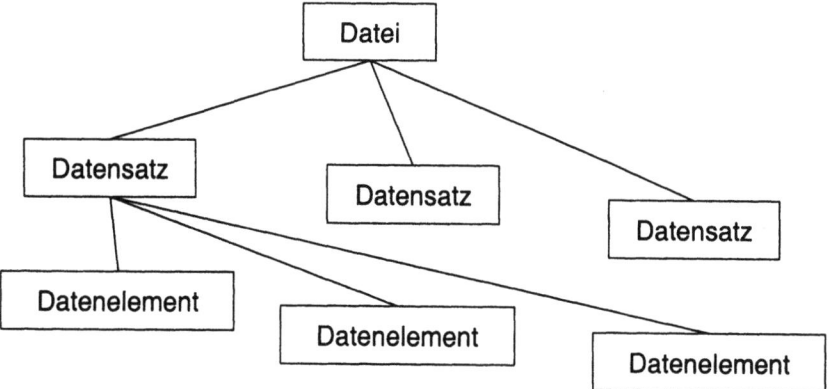

Abbildung 51: Begriffe der logischen Datenorganisation

Datenelement

Das Datenelement ist die kleinste logische Dateneinheit, die nicht weiter zerlegt wird. Einzelne Attribute eines Objektes werden durch Datenelemente beschrieben. Ein Datenelement besteht aus einem Namen und einem zugeordneten Datenformat. In diesem Datenformat wird die Art der Codierung der Werte für das Datenelement festgelegt.

Datenelement	Signatur	Autoren	Titel	Preis	Jahr
Datenformat	10 Zeichen	90 Zeichen	90 Zeichen	Real-Zahl	Int-Zahl
Beispiele	WI255/99	Rautenstrauch, C.	Betriebliche Umweltinformationssysteme	19,90	1999

Tabelle 18: Datenelemente für das Objekt Buch

Betrachten wir das Objekt Buch in einer Bibliothek. Für die Datenverwaltung in der Bibliothek sind die Datenelemente des Objektes Buch aus Tabelle 18 von Interesse. Das Datenelement Signatur beschreibt die Signaturnummer eines Buches und für dieses Datenelement wurden 10 Zeichen als Datenformat festgelegt. Die Signaturnummer WI255/99 ist ein Beispiel für einen aktuellen Wert des Datenelementes Signatur. Mit dem Datenelement Preis wird der Einkaufspreis Preis des Buchs in € beschrieben. Als Datenformat wird eine reelle (Real)-Zahl definiert. Der Preis von 19,90 € ist ein Beispiel für dieses Datenelement.

Datensatz

Ein Datensatz besteht aus einer Zusammenfassung logisch zusammenhängender Datenelemente. Die Zusammenfassung kann formatiert oder unformatiert erfolgen. Ein *formatierter* Datensatz besitzt eine feste Einteilung für die Datenelemente und verfügt häufig über einen sog. Ordnungsbegriff oder Schlüssel. Betriebliche Daten sind in der Regel in formatierten Datensätzen gespeichert. Der Datensatz für das Objekt Buch aus dem obigen Beispiel setzt sich aus den Datenelementen Signatur, Autoren, Titel, Preis und Jahr zusammen und stellt einen formatierten Datensatz dar. *Unformatierte* Datensätze besitzen keine feste Länge und keine feste Struktur. Diese Form wird zur Abspeicherung von Textdokumenten und Programmen verwendet.

Datei

Eine Datei entsteht durch das Zusammenfügen gleichartiger, logisch zusammengehöriger Datensätze. Die Bibliothek besitzt natürlich mehrere Bücher zur Ausleihe. Alle im Bestand befindlichen Bücher werden in einer Datei zusammengefasst. Tabelle 19 gibt einen Auszug aus der Datei Buchbestand wieder.

WI255/99	Rauten-strauch, C.	Betriebliche Umweltinfor-mationssysteme	19,90	1999
WI017/00	Rauten-trauch, C., Schulze, T.	Informatik für Nicht-Informatiker	14,90	2000
WI127/99	Rauten-strauch, C. Schenk, M. (Hrsg.)	Umweltinformatik '99	24,90	1999

Tabelle 19: Auszug aus dem Buchbestand

2.4.5 Datenkompression

Wie bereits in den vorherigen Abschnitten dargelegt, besteht eine Datei aus einer Bitfolge. Bei längeren Texten, großen Bildern oder Animationssequenzen erreichen die Dateigrößen einen erheblichen Umfang von unter Umständen mehreren MByte. Im Ergebnis der Hardwareentwicklung ergeben sich zwar ständig leistungsfähigere Speichersysteme, aber die externen Speicher von PCs arbeiten häufig an ihrer oberen Kapazitätsgrenze. Betrachtet man zusätzlich die Datenübertragung in Computernetzwerken und hierbei als schwächste Glied den Anschluss des privaten PCs via Modem oder IDSN an das Netzwerk, so sind der Übertragung von großen Datenmengen zeitliche Grenzen gesetzt.

Ein Bild, bestehend aus 1.500 Pixel Breite und 1.000 Pixel Höhe und mit einer Pure-Color-Farbtiefe von 3 Byte, benötigt ca. 4.500 KByte Speicherplatz. Ein einfaches Modem überträgt im Idealfall bis zu 9.600 Bit pro Sekunde (bps), und ein ISDN-Anschluss überträgt 64.000 Bit pro Sekunde. Die Übertragungszeit dieses Bildes kann für das Modem auf

4.500.000 Byte/ 1.200 Byte/sec = 3.750 sec = ca. 1 Stunde

und für den ISDN-Anschluss auf

4.500.000 Byte/ 8.000 Byte/sec = 562 sec = ca. 9 Minuten berechnet werden.

Ein praktikabler Weg aus diesem Dilemma liegt in der Reduzierung des zu übertragenden Datenvolumens. Die Reduzierung der Daten vor der Speicherung oder vor der Übertragung wird als *Datenkompression* bezeichnet. Die *Dekompression* ist die Umkehrung des Vorgangs, d. h. die Wiedergewinnung der Daten vom externen Speicher oder nach der Datenübertragung. Die Kompressionsrate beschreibt dabei das Verhältnis der Größen der ursprünglichen und der komprimierten Datei.

Die angewandten Kompressionsverfahren lassen sich in zwei Kategorien einteilen: *verlustfreie* und *verlustbehaftete* Kompression. Bei der verlustfreien Kompression wird nach der Dekompression die Bitfolge wieder originalgetreu rekonstruiert, es treten keine Informationsverluste auf. Verfahren dieser Kategorie werden beispielsweise zur Kompression von Programm- oder Datendateien verwendet, da hier keine Verluste auftreten dürfen. Die grundlegende Idee der Verfahren dieser Klasse besteht im Weglassen redundanter Daten. So lässt sich beispielsweise die Bitfolge "111101111" in eine andere Beschreibungsform transformieren:

4 mal "1", 1 mal "0" und 5 mal "1".

Einschlägige Kompressionsverfahren benutzen leistungsstärkere Algorithmen. Für Bilder, bei denen große Bereiche einheitlich gefärbt sind, werden Kompressionsraten von bis zu 5 % erreicht. Im Gegensatz dazu werden für Fotos, mit kleinen einheitlichen Farbbereichen, nur Kompressionsraten von bis zu 60 % erreicht.

Bei der verlustbehafteten Kompression steht einer höheren Kompressionsrate ein Datenverlust gegenüber. Verfahren dieser Kategorie werden überwiegend bei der Übertragung von Fotos, Videos und Klängen benutzt. Hierbei ist ein geeigneter Kompromiss zwischen den vom Menschen nicht mehr wahrnehmbaren Informationsverlusten und dem geringeren Datenvolumen zu finden. Das Prinzip der verlustbehafteten Verfahren besteht vielfach aus zwei Schritten:

- Der Zusammenfassung von benachbarten ähnlichen Informationen zu einer neuen Information und
- der verlustfreien Kompression der neuen Informationen.

Bei vielen Anwendungsprogrammen erfolgt die Ausgabe in komprimierten Dateien, so dass eine zusätzliche Kompression nicht erforderlich ist. Darüber hinaus existieren verschiedene Werkzeuge, wie z. B. WinZip für Windows, mit denen Dateien komprimiert und wieder dekomprimiert werden können.

2.4.6 Standard-Dateiformate

Sollen Daten zwischen verschiedenen Programmen ausgetauscht werden, so kann man dies über Import- und Export-Schnittstellen realisieren, d. h. ein Datenanbieter exportiert seine Daten und der Nachfrager importiert sie. Dabei wandelt der Nachfrager sie ggf. in ein für ihn lesbares Format um. Diese Vorgehensweise hat jedoch einen gravierenden Nachteil: Sind auf diese Weise n Programme so miteinander zu verbinden, dass jedes von jedem anderen Daten übernehmen kann, dann braucht man n x n-1 Datenschnittstellen. Es ist offensichtlich, dass diese Schnittstellenexplosion schnell zu Handhabungsproblemen in der Praxis führt.

Daher ist es zweckmäßiger, dass die auszutauschenden Daten in „allgemeinverständliche" Zwischen- oder Austauschdateiformate exportiert werden. Für derartige Zwischen- oder Austauschdateien sind abhängig vom Anwendungsgebiet *Standarddateiformate* definiert worden (Born 1996). Standarddateiformate beschreiben, wie Daten, die diesem Standard entsprechen sollen, formatiert werden müssen. Im Folgenden werden typische Standarddateiformate für unterschiedliche Anwendungsgebiete vorgestellt.

2.4.6.1 Standardformate für Texte

ASCII

ASCII- oder auch „Nur Text"-Dateien beschreiben ein Standardformat, in dem Texte ohne jegliche Formatierungsinformationen abgespeichert werden. Sonderzeichen, die über Satzzeichen hinausgehen, und möglicherweise sogar Umlaute gehen dabei verloren oder werden durch Platzhalter ersetzt, da sie nicht zum Standard-ASCII-Zeichensatz gehören (siehe Tabelle 6).

RTF

Ein weiteres Standardtextformat ist das RTF-Format (Rich Text Format). Beim RTF-Format bleiben Formatierungen wie Fettdruck oder Kursivdruck oder auch eingestellte Zeilenabstände weitgehend erhalten, werden jedoch in eine Form übersetzt, die von anderen Programmen gelesen werden kann. Umlaute und Formatierungshinweise werden hierbei in Befehlssequenzen übersetzt. Abbildung 52 zeigt beispielhaft einen formatierten Text und seine dazugehörige Codierung im RTF-Format.

Neben den reinen Textformaten, wie ASCII- oder RTF-Format existieren noch weitere Formate und Auszeichnungssprachen (engl. *markup language*) zur Beschreibung von Texten und Dokumenten. Ein Dokument besteht logisch gesehen aus den drei Teilen: Inhalt, Struktur und Layout. Bei einem Textdokument werden durch den Inhalt der eigentliche Text und die eingebetteten Bilder beschrieben. Die Struktur kennzeichnet beispielsweise Gliederungsebenen und Überschriften und das Layout beschreibt u. a. Schriftgröße und -stil. Die Ausgabe eines Dokumentes auf unterschiedlichen Medien wie Drucker oder Bildschirm darf nicht zum Informationsverlust führen. Das „Aussehen" des Dokumentes kann sich natürlich an das entsprechende Ausgabemedium anpassen. Mit geeigneten Beschreibungssprachen lassen sich Dokumente in dieser Form beschreiben.

Dieser Text zeigt, wie ein *formatierter* Text mit **Umlauten** wie ÄÖÜ und ß im RTF-Format codiert wird.

```
{\rtf1\mac \deff8\deflang1033{\fonttbl{\f8\fnil\fcharset77\fprq2
Times;}{\f9\fnil\fcharset77\fprq2
Helvetica;}}{\colortbl;\red0\green0\blue0;\red0\green0\blue255;\red0\green204
\blue255;\red0\green221\blue0;

\red255\green0\blue255;\red255\green0\blue0;\red255\green255\blue0;\red255\gr
een255\blue255;\red0\green0\blue136;\red0\green153\blue153;\red0\green119\blu
e0;\red204\green0\blue204;\red136\green0\blue0;\red153\green153\blue0;\red119
\green119\blue119;\red187\green187\blue187;}{\stylesheet{\widctlpar
\f8\lang1031 \snext0 Normal;}{\*\cs10 \additive Default Paragraph
Font;}}{\info{\author
Apple}{\creatim\yr1996\mo8\dy9\hr12\min48}{\version1}{\edmins0}{\nofpages0}{\
nofwords0}{\nofchars0}{\vern49221}}\paperw11906\paperh16838\margl1417\margr14
17\margt1417\margb1134
\deftab708\widowctrl\ftnbj\aenddoc\hyphhotz425\formshade \fet0\sectd
\linex0\headery709\footery709\colsx709\endnhere
{\*\pnseclvl1\pnucrm\pnstart1\pnindent720\pnhang{\pntxta .}}{\*\pnseclvl2

\pnucltr\pnstart1\pnindent720\pnhang{\pntxta
.}}{\*\pnseclvl3\pndec\pnstart1\pnindent720\pnhang{\pntxta
.}}{\*\pnseclvl4\pnlcltr\pnstart1\pnindent720\pnhang{\pntxta
}}}{\*\pnseclvl5\pndec\pnstart1\pnindent720\pnhang{\pntxtb ()}{\pntxta
}}}{\*\pnseclvl6

\pnlcltr\pnstart1\pnindent720\pnhang{\pntxtb ()}{\pntxta
}}}{\*\pnseclvl7\pnlcrm\pnstart1\pnindent720\pnhang{\pntxtb ()}{\pntxta
}}}{\*\pnseclvl8\pnlcltr\pnstart1\pnindent720\pnhang{\pntxtb ()}{\pntxta
}}}{\*\pnseclvl9\pnlcrm\pnstart1\pnindent720\pnhang

{\pntxtb ()}{\pntxta }}}\pard\plain \widctlpar \f8\lang1031 {\fs32 Dieser}
Text zeigt, wie ein {\i formatierter} Text mit {\b Umlauten} wie \'80\'85\'86
und \'a7 im {\f9 RTF-Format} codiert wird.

\par }
```

Abbildung 52: RTF-Codierung eines formatierten Texts

Ein allgemeine Auszeichnungssprache ist SGML (Structured Generalized Markup Language) (Goldfarb 1990). Diese Sprache vollzieht eine strikte Trennung zwischen dem Informationsgehalt eines Dokumentes und seinem Erscheinungsbild. Unter Verwendung von Tags (Markierungen, Marken) werden Elemente zur Struktur eines Dokumentes und Daten eines Dokumentes beschrieben. Tags werden in spitzen Klammern < > eingeschlossen und sie kennzeichnen jeweils den Anfang und das Ende eines Elementes. Die Verwendung von inhaltsorientierten Elementen, wie die Kennzeichnung eines Ortes in einem Dokument durch die Tags <ORT> Magdeburg </ORT>, ermöglicht die semantische Markierung von Dokumenten.

Die Interpretation und Verarbeitung dieser Elemente muss von dem das Dokument verarbeitenden Programm, wie z. B. einem Internet-Browser, vorgenommen werden. Die Sprache SGML definiert keine feste Menge von diesen Elementen. Mittels SGML werden hingegen Klassen von Dokumenten bestimmt, in denen die entsprechenden Elemente definiert und ihre Beziehungen untereinander beschrieben sind. Wird diese Dokumentklasse auf ein bestimmtes Anwendungsgebiet zugeschnitten, so wird diese auch als SGML-Anwendung bezeichnet. Für jede SGML-Anwendung ist eine entsprechende Grammatik dieser Anwendungssprache zu entwerfen, die in der DTD (Document Type Definition) definiert ist. Eine Instanz dieser Anwendung genügt damit der geforderten Grammatik. Die Beschreibungssprache HTML ist als eine SGML-Anwendung zu betrachten.

HTML

HTML (Hypertext Markup Language) ist eine spezielle Beschreibungssprache für Web-Seiten (Musciano/Kennedy 2001; Münz/Nefzger 1999). Alle gängigen Web-Browser sind fähig, HTML-Dokumente anzuzeigen. Ein HTML-Dokument selbst ist eine ASCII-Zeichen basierte Datei, die neben den „reinen" Texten des Dokumentes (Inhalt) auch die logische Struktur der Web-Seite beschreibt. Hierzu zählen beispielsweise Gliederung, Aufzählung, Bilder, Tabellen und Querverweise. Die erforderlichen Strukturierungsanweisungen werden innerhalb von Tags beschrieben. HTML wurde aus der allgemeinen Beschreibungssprache SGML (Structured Generalized Markup Language) für die speziellen Bedingungen im WWW abgeleitet. In HTML-Dokumente lassen sich Bilder, Töne und Dialoge einbauen.

Der in Abbildung 53 aufgezeigte Text wurde mit Word für Windows geschrieben und als HTML-Datei gespeichert.

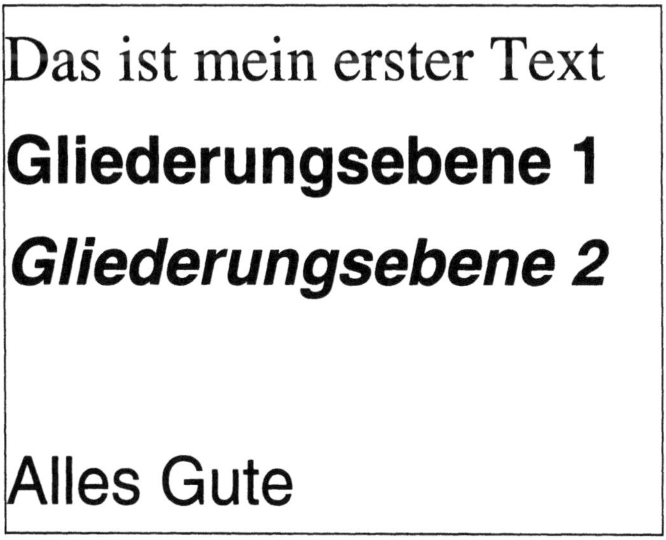

Abbildung 53: Original Word für Windows Text

```
<HTML>
<HEAD>
<META HTTP-EQUIV="Content-Type" CONTENT="text/html; charset=windows-1252">
<META NAME="Generator" CONTENT="Microsoft Word 97">
<TITLE>HTML_Test</TITLE>
<META NAME="Template" CONTENT="C:\Program Files\MSOffice97\Office\html.dot">
</HEAD>
<BODY LINK="#0000ff" VLINK="#800080">

<FONT SIZE=6><P>Das ist mein erster Text</P>
</FONT><B><FONT FACE="Arial" SIZE=6><P>Gliederungsebene 1</P>
<I><P>Gliederungsebene 2</P>
</B></I></FONT><FONT SIZE=2><P> </P>
<P> </P>
</FONT><FONT FACE="Arial" SIZE=6><P>Alles Gute</P></FONT></BODY>
</HTML>
```

Abbildung 54: Generierte HTML-Datei

HTML beschreibt unter Nutzung einer festen Menge von vordefinierten Elementen das Dokument, ohne aber damit die konkrete Erscheinungsform auf dem Bildschirm oder dem Papier vorzugeben. So erfolgt z. B. in einem HTML-Dokument keine explizite Angabe der Schriftgröße in Punkten.

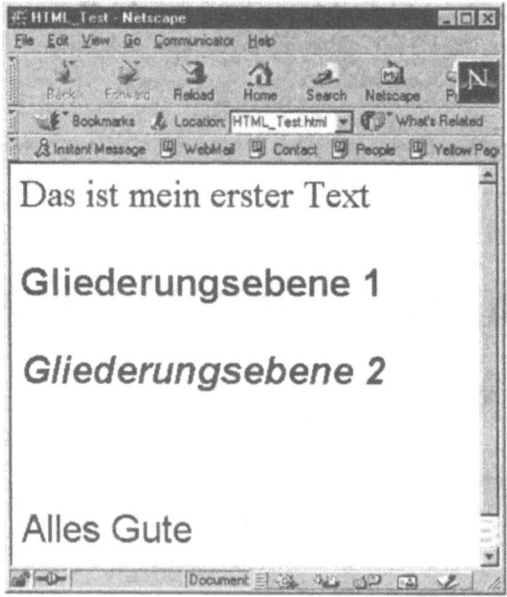

Abbildung 55: Darstellung im Netscape Navigator

XML

Für die Vielzahl unterschiedlicher Anwendungen im Web erweist sich HTML als zu restriktiv und unflexibel. Die Menge der zulässigen Elemente ist fest und sie kann nicht erweitert werden. Zur Überwindung dieser Nachteile wurde die Sprache XML (eXtensible Markup Language) entwickelt. XML repräsentiert eine Untermenge der Sprache SGML, welche die selten benutzten SGML-Elemente nicht enthält und gleichzeitig flexibel genug ist, um den unterschiedlichen Anforderungen des Webs hinsichtlich Heterogenität, Internationalisierung und Erweiterbarkeit gerecht zu werden (nach Farsi 1999, 436 ff). XML ist eine standardisierte Sprache, mit der die Syntax (Grammatik) von Auszeichnungssprachen beschrieben wird (Ray 2001; Seeboerger-Weichselbaum 2001; Turowski/Fellner 2001). Die Syntax wird in Analogie zu SGML als DTD (Document Type Definition) bezeichnet. Auf der Basis von XML wurden bisher für unterschiedliche Anwendungsgebiete die entsprechenden DTDs entwickelt. Beispielsweise wird mittels SMIL (Synchronized Multimedia Integration Language)-DTD eine Beschreibungssprache für Multimediapräsentationen entwickelt (siehe Abbildung 56).

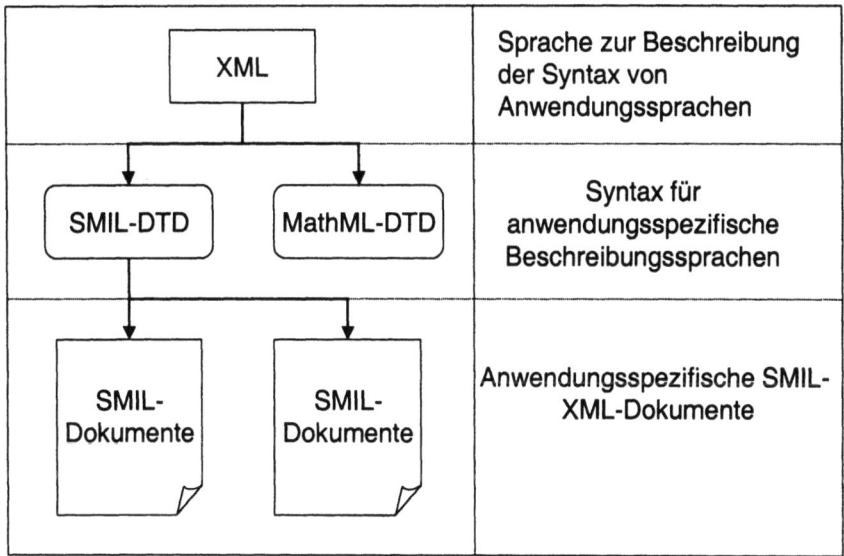

Abbildung 56: Ableitung von XML-Dokumenten

Ein XML-Dokument, d. h. ein entsprechend der DTD erstelltes Dokument, besteht logisch betrachtet aus drei Komponenten: Prolog, Inhalt und „Misc". Im Prologteil wird beispielsweise der verwendete Zeichensatz und die DTD für das Dokument definiert. Dadurch wird in einem Dokument vermerkt, mit welcher Syntax das Dokument erstellt wurde. Bezüglich des Ortes der Speicherung der DTD wird zwischen interner und externer DTD unterschieden. Bei der internen Form ist die DTD im Dokument selbst abgelegt. Im Gegensatz dazu wird bei der externen DTD auf einen Web-Server verwiesen.

Der Inhaltsteil besteht aus den Elementen. Mittels dieser in der DTD definierten Elemente wird das Dokument in verschiedene Teilobjekte aufgesplittet. Diese Objekte können wiederum lokal oder im Web gespeichert sein. Ein Namensraum ist die Voraussetzung für diese Vorgehensweise. Mit Hilfe des vereinbarten Namensraums lassen sich beispielsweise unternehmensweite einheitliche Elemente verwenden. Dadurch wird die Wiederverwendbarkeit und die verteilte Speicherung unterstützt. Der dritte Teil eines XML-Dokumentes enthält Kommentare und Hinweise, die von dem das XML-Dokument verarbeitende Programm ausgewertet werden.

XML-Dokumente sind Instanzen von Dokumentklassen und sie besitzen keinen allgemeinen Standard für ihre Darstellung. In der HTML-Welt existiert mit dem CSS (Cascading Stylesheets) eine Möglichkeit zur Festlegung von Attributen zur Darstellung von HTML-Elementen. Für XML-Dokumente wurde diese Vorgehensweise angepasst und erweitert.

Verweise auf andere Dokumente sind ein Kennzeichen von hypermedialen Dokumenten. In HTML sind nur einfache unidirektionale (1:1) Beziehungen möglich, d. h. durch einen Link in einem HTML-Dokument wird nur ein weiteres Dokument errichtet. In XML lassen sich neben der (1:1)-Relation auch (1:n)-Relationen zwischen den Dokumenten abbilden. Der Aufbau von Verweisgruppen ist somit möglich. Neben diesen Verweis auf Gruppen lässt sich in XML auch eine flexiblere Adressierung von Zielstellen eines Links innerhalb von XML-Dokumenten erreichen.

Postscript

Dies ist eine Programmiersprache, mit der Dokumente jeglicher Art beschrieben werden (Merz 1997). Die mit dieser Sprache erstellten Dokumente werden im Postscript-Dateiformat abgespeichert. Eine Beschreibung zu Postscript ist in Abschnitt 2.1.9 Drucker zu finden.

PDF

Bezüglich des Dokumentenaustausches und der Verwendung als Dokument im WWW besitzen Postscript-Dateien u. a. die folgenden Nachteile:

- Die Dateien können beträchtliche Größen annehmen,
- für Anzeige und Ausdruck sind recht umfangreiche Postscript-Interpreter erforderlich,
- einzelne Seiten aus einem vollständigen Dokument sind nicht zu extrahieren,
- die Textsuche in einem Dokument ist sehr umständlich bzw. unmöglich und
- ein nicht-sequenzieller Zugriff auf einzelnen Seiten ist nicht möglich.

Eine Überwindung dieser Probleme unter möglichst großer Bewahrung der Vorteile von Postscript wurde mit dem Format *PDF* (Portable Document Format) geschaffen. Dateien in diesem Format können nur mit den Werkzeugen PDF-Writer, Acrobate Distiller und Acrobat Capture der Firma Adobe erzeugt werden. Zum Lesen der PDF-Dokumente wird der Acrobate-Reader benötigt, der kostenlos bezogen werden kann. Werden z. B. PDF-Dokumente auf einer CD-ROM vertrieben, so ist auch der entsprechende Reader von der CD-ROM auf dem Computer zu installieren. Beim Betrachten von PDF-Dateien im WWW durch einen Browser, ruft der Browser den entsprechenden PDF-Reader automatisch auf.

2.4.6.2 Standardformate für Tabellen

Derartige Standardformate werden sowohl für Tabellenkalkulationsprogramme als auch programmierbare Dateiverwaltungen benötigt. Mit ihnen werden Tabellen als Textdateien abgespeichert, in denen je nach Format Begrenzungszeichen (Delimiter) für Spalten- und Zeilenenden definiert werden. Weiterhin erlauben sie in der Regel die Unterscheidung von Texten und Zahlen. Beispiel für ein solches Format ist CSV (Comma Separated Values), bei denen die Delimiter für Spalten und Zeilenenden frei definiert werden können (üblich ist ein Komma als Delimiter für Spaltenenden und die Absatzende-Marke [¶] für Zeilenenden) und optional Texte in Anführungsstriche gesetzt werden, während Zahlen immer ohne diese dargestellt werden (siehe Abbildung 57).

Ein anderes ähnliches Format ist DIF (Data Interchange Format). Problematisch ist bei diesen Formaten, dass Formeln und Formatierungen, die in Zellen von Tabellenkalkulationsprogrammen vorkommen können, nicht exportiert werden. Lediglich ihre Werte werden in das Standardformat übernommen. Ein Format, das diese Schwachpunkte nicht hat, ist SYLK (Symbolic Link Format).

2.4.6.3 Standardformate für Grafiken

Grafiken lassen sich nach ihrer internen Abbildung in Pixel- oder Vektorgrafiken einteilen (siehe Abschnitt 1.3.3 Bilder und Grafiken). Entsprechend dieser Klassifikation werden auch die Standardformate für Grafikdateien eingeteilt. Die Zahl der existierenden Grafikformate ist nicht überschaubar, da die Grafikprogramme Bilder in ihrem eigenen Format abspeichern. Trotz dieser Vielfalt haben sich Standardformate durchgesetzt und einschlägige Grafikprogramme können diese Formate lesen und auch wieder ausgeben.

```
"Drunter & Drüber GmbH";;;;¶
"Abteilung für organisiertes Chaos";;;;¶
"Auf dem Hügel 10";;;;¶
"78434 Konstanz";;;;¶
¶
¶
"Rechnung Nr. ";56789;;"Konstanz, den";"08.08.1996"¶
;;;; ¶
"für ";;;;¶
"Willibald Aberschroth";;;;¶
"48159 Münster";;;;¶
¶
"Menge";"Artikel";"Bezeichnung";"Einzelpreis"; "Gesamt"¶
¶
1;"RV-12003";"Vorderreifen";200,00;200,00¶
1;"RH-23004";"Hinterreifen";300,00;300,00¶
22;"Zeiteinheiten";"Montage";8,25;181,50¶
;;;; ¶
"Summe";;;;681,50¶
```

Abbildung 57: CSV-Darstellung einer Excel-Tabelle

Standardformate für Vektorgrafiken

CGM

Das Computer Graphic Metafile (CGM) Format erlaubt den Austausch von vektororientierten Grafiken. Für die Ausgabe einer CGM-Datei können drei unterschiedliche Formen verwendet werden: ASCII-Datei, binäre Datei und Ausgabe mit ISO-649-Zeichen.

DXF

Zum Austausch von technischen Zeichnungen hat das DXF-Format (Drawing Exchange Format) eine lange Tradition. Dieses Format wurde im Zusammenhang mit dem CAD-System AutoCad® entwickelt und es wird von den einschlägigen Grafikprogrammen verarbeitet. Auf Grund der Abspeicherung als ASCII-Datei können DXF-Dateien über unterschiedliche Betriebssysteme ausgetauscht werden. Zur Beschreibung der grafischen Grundelemente verwendet DXF Entities. Abbildung 58 zeigt einen Ausschnitt aus einer DXF-Datei zur Beschreibung einer einfachen Linie. Jede Anweisung belegt immer zwei Zeilen, wobei die erste Zeile den Gruppencode und die zweite Zeile den eigentlichen Befehl beschreibt. Der Gruppencode 10 definiert die erste X-Koordinate eines Punktes, der Wert für diesen

Punkt ergibt sich aus der Folgezeile zu 20,000. Der Gruppencode 20 definiert die erste Y-Koordinate.

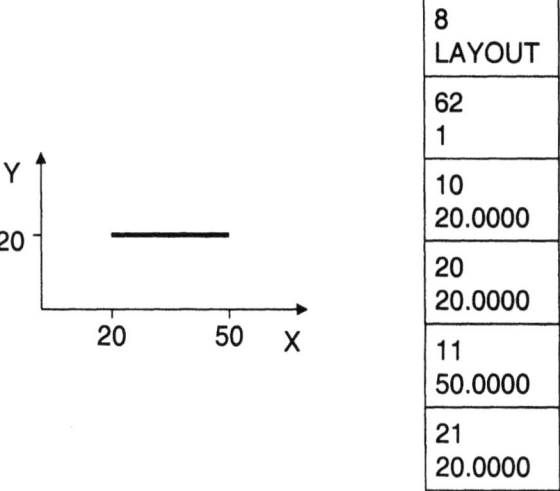

Abbildung 58: Darstellung einer Linie im DXF-Format

WMF/EMF

Das Windows Metafile Format (WMF) bzw. Enhanced Metafile Format (EMF) ist nur innerhalb der Windows-Betriebssysteme verbreitet. Die Windows-Clipart-Bilder, das sind kleine Grafiken für Symbole und Objekte zu unterschiedlichen Themenbereichen, sind im WMF-Format gespeichert. Auf Grund ihrer vektororientierten Darstellung lassen sich diese Grafiken sehr gut innerhalb der gewählten Applikation manipulieren.

Standardformate für Pixelgrafiken

Dateien für Pixelgrafiken speichern jedes Pixel des Bildes. Die Größe der Datei ist abhängig von der Farbtiefe, d. h. der maximalen Anzahl der zulässigen Farben, und dem verwendeten Kompressionsverfahren. Die Angaben zu den Dateigrößen in den folgenden Ausführungen zu den jeweiligen Standardformaten beziehen sich auf einen Ausschnitt von einem Bildschirmabzug. Dieser Ausschnitt stellt das Control-Panel des Betriebssystems Windows NT dar und ist in Abbildung 59 aufgezeigt. Die unterschiedlichen Dateiformate wurden mit dem Programm Microsoft Photo Editor aus dem Office Paket erstellt. Die Speicherung erfolgte standardmäßig als True Color mit einer Farbtiefe von 24 Bit. Eine Übersicht zu den ermittelten Dateigrößen in Abhängigkeit vom Dateiformat ist Abbildung 60 zu entnehmen.

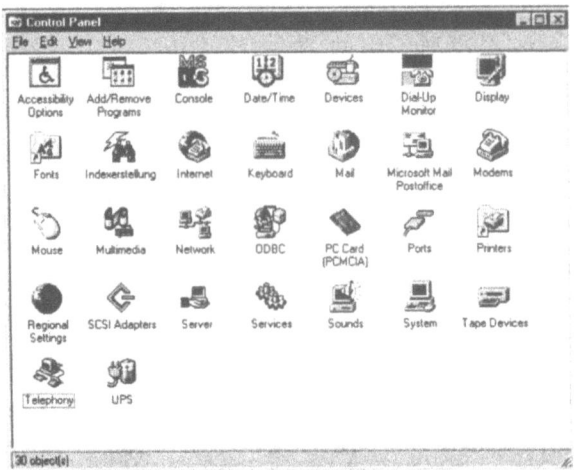

Abbildung 59: Referenzbild für Standardgrafikformate

BMP

Das Bitmap-Format BMP ist ein typisches Dateiformat in Windows-Betriebssystemen. Es lassen sich in diesem Format Schwarzweiß- und Farbbilder mit einer Farbtiefe von 8 bzw. 24 Bit (True Color) speichern. BMP-Dateien werden standardmäßig ohne Kompression gespeichert. Daher sind BMP-Bilder sehr speicherintensiv. Für das Referenzbeispiel wurde eine Dateigröße von 791 KByte ermittelt. Zum Abspeichern kann optional das verlustfreie Kompressionsverfahren RLE (Run Length Encoding) gewählt werden. In dem Programm Microsoft Photo Editor war eine Kompression bei einer Farbtiefe von 24 Bit nicht möglich. Die durchgeführte Kompression bei einer Farbtiefe von 8 Bit ergab eine Kompressionsrate von 1/6. Das BMP-Format wird nicht für Bilder im WWW genutzt.

GIF

Das Graphics Interchange Format (GIF) wurde zum Datenaustausch von dem Online-Dienst CompuServe zum Zweck kurzer Übertragungszeiten entwickelt und ist ein weit verbreitetes Format für Grafiken im WWW. Gängige WWW-Browser zeigen die GIF-Bilder an.

GIF verwendet nur eine Farbtiefe von 8 Bit, d. h. es werden nur maximal 256 Farben gespeichert. Damit eignet sich das GIF-Format vor allem für Grafiken, die im Original wenige Farben verwenden. Durch die Begrenzung auf diese Farbpalette ergibt sich eine verlustbehaftete Datenkompression. GIF-Bilder werden zusätzlich noch nach dem LZW (Lempel-Ziv-Welch)-Verfahren verlustfrei komprimiert. Dieses Verfahren arbeitet zeilenweise und es bleibt somit bei zeilenweisen Farbverläufen wirkungslos. Für das Referenzbeispiel wurde eine Dateigröße von 15

KByte erreicht. Hierbei ist zu berücksichtigen, dass nur eine 8 Bit Farbtiefe genutzt wurde.

JPEG

Das JPEG-Format ist für die Übertragung von Bildern im WWW weitverbreitet. Die Bilder werden mit einer Farbtiefe von 24 Bit (True Color) gespeichert. Bei der Speicherung wird das verlustbehaftete Kompressionsverfahren JPEG der Joint Photographic Experts Group verwendet. Dieses Verfahren wurde speziell auf die Kompression von Fotografien und Grafiken mit weichen Farbübergängen ausgerichtet und kommt der menschlichen Sehweise entgegen. Pixel, die innerhalb einer bestimmten Farbtoleranz liegen, werden an den Mittelwert aus den Originalfarbwerten angepasst. Bei der Abspeicherung kann ein JPEG-Qualitätsfaktor eingestellt werden. Für das Referenzbeispiel wurden drei unterschiedliche Qualitätsfaktoren eingestellt. Für den Qualitätsfaktor 1 (geringe Qualität) wurde ein Speicherbedarf von 12 KByte ermittelt, für das andere Extrem Qualitätsfaktor 100 (höchste Qualität) eine Dateigröße von 121 KByte. Die Voreinstellung mit Qualitätsfaktor 50 erzeugt eine Datei mit 36 KByte.

PCX

Das PC-Paintbrush-Format PCX wird überwiegend von Mal- und Zeichenprogrammen verwendet. Die Bilder werden verlustfrei komprimiert. Für das Referenzbeispiel wurde eine Datei von 116 KByte Größe generiert. Zur Datenübertragung im WWW wird dieses Format nicht verwendet.

PNG

Mit dem PNG-Format (Portable Network Graphics) (PNG) können bis zu 32 Millionen Farben gespeichert werden, so dass dieses Format zur Übertragung von Fotografien geeignet ist. Die Datenkompression in diesem Format arbeitet verlustfrei. Erkennbare Muster in den Daten werden in einer Tabelle gespeichert und mit einem Index versehen. In der Datei werden die Tabelle und die Folgen der Muster gespeichert. Das PNG-Format wird zur Übertragung im WWW genutzt. Für das Referenzbeispiel wurde eine Datei mit 18 KByte erzeugt.

TIFF

Das Tagged Image File Format (TIFF) unterstützt eine 8-Bit Grauskalierung sowie eine Farbtiefe von bis zu 24 Bit (True Color). Zur verlustfreien Komprimierung werden unterschiedliche Verfahren verwendet. Bei der Abspeicherung des Referenzbeispiels konnte im Programm Microsoft Photo Editor keine Komprimierungsoption angegeben werden. Die entsprechende Datei wurde zu 790 KByte generiert. Das TIFF-Format wird im WWW nicht verwendet.

Abbildung 60 zeigt die Abhängigkeit der Dateigröße des Referenzbeispiels für unterschiedliche Dateiformate.

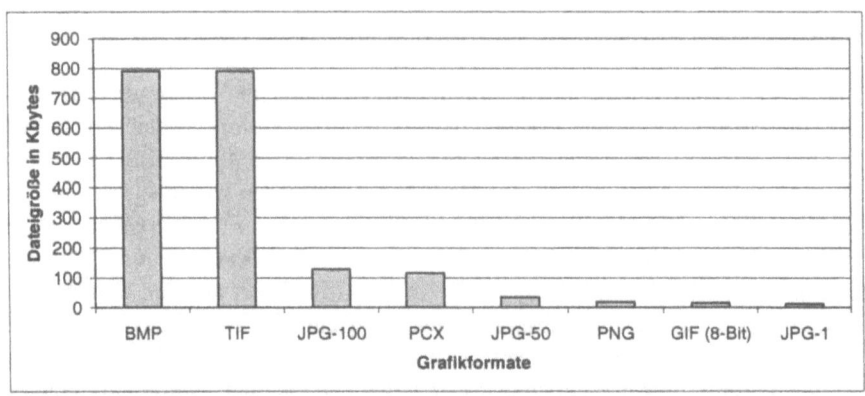

Abbildung 60: Abhängigkeit der Dateigröße vom Grafikformat

Bei der Erstellung von GIF- und JPEG-Daten werden die Originaldaten verlustbehaftet komprimiert, wobei diese Verluste nicht wieder rückgängig gemacht werden können. Ein Speichern in diesen Formaten sollte erst am Ende der Bildbear-
beitung erfolgen, da eine Weiterverarbeitung dieser komprimierten Bilder zu Qua-
litätsverlusten führt.

Besonders bei der Bildübertragung im WWW zum Endbenutzer hat sich eine
Technologie bewährt, mit der Nutzer das Bild schon erkennen können, bevor es
vollständig geladen worden ist. Das JPEG-Format gestattet die Generierung des
progressiven JPEG-Formats. Hierbei wird das Bild aus am Anfang unscharfen
quadratischen Feldern aufgebaut, die beim Laden der vollständigen Datei immer
schärfer werden.

2.4.6.4 Standardformate für Animationen, Video und Töne

Mit dem Begriff Animation wird eine vom Computer generierte oder von einer
Kamera aufgezeichnete und digitalisierte Bildfolge bezeichnet. In beiden Fällen
werden bewegte digitale Bilder gespeichert. Das menschliche Auge erkennt schon
ab 17 Bildern pro Sekunde ein Bewegung, d. h. für die Abspeicherung von bewegten Bildern sollten mindestens 17 Bilder pro Sekunde gespeichert werden. Das
Datenvolumen zur Abspeicherung von bewegten Bildfolgen ist sehr groß. Um diese Sequenzen auf externen Speichern abzulegen oder in Netzwerken zu übertragen, muss das Datenvolumen drastisch reduziert werden. Vielfach gehören Bilder
und Töne zusammen, wodurch zusätzlich zu den Bildern noch die entsprechenden
Töne zeitsynchron gespeichert werden müssen.

Für die zeitliche Synchronisation zwischen Bildern und Tönen wird die *Interleave-Technik* genutzt. Hierbei werden in einem bestimmten Rhythmus Teile der Bild- und Tonfolge miteinander geschachtelt. Die eigenständigen Bild- und Tonströme werden zu einem neuen Strom vermischt.

Zur Abspeicherung der Bildfolgen existieren unterschiedliche Kompressionsverfahren. Beim *M-JPEG* (Motion JPEG)-Verfahren besteht die generierte Datei aus einer Folge von einzelnen Bildern, die nach dem JPEG-Format gespeichert sind. Kompressionsraten von 60:1 werden mit diesem Format erreicht.

Eine weitere Reduzierung wird durch das Differenzbildverfahren erreicht. Hierbei wird nicht jedes einzelne Bild vollständig abgespeichert, sondern es werden nur die Unterschiede (Differenzen) zum vorherigen Bild gespeichert. Dieses Verfahren entfernt die vorhandenen Ähnlichkeiten zwischen zwei aufeinanderfolgenden Bildern. In bestimmten Abständen, die vielfach bei zwei Bildern pro Sekunde liegen, werden vollständige Bilder gespeichert, um eine Navigation innerhalb der Bildfolge zu ermöglichen. Das *MPEG* (Motion Picture Expert Group)-Format basiert auf diesem Differenzbildverfahren. Als erreichbare Kompressionsrate für MPEG wird ein Verhältnis von 200:1 angegeben.

Das *Audio Video Interleave* (AVI)-Format ist ein innerhalb von Windows-Betriebssystemen verbreitetes Dateiformat zur Abspeicherung von Video- und Audiodaten. Dieses Format verwendet auch das Differenzbildverfahren zur Videokompression.

Zur Abspeicherung von Tönen existieren unterschiedliche Formate. Das Format WAV ist innerhalb der Windows-Betriebssysteme verbreitet. Es ermöglicht die Speicherung der Audioinformationen als nicht komprimierte Daten und ist dem Format einer Audio-CD ähnlich.

Das Format MP3 (MP3 ist die Abkürzung für MPEG-Layer 3) wurde für die Audiokomprimierung in Zusammenhang mit der Videokomprimierung MPEG entwickelt. Die Komprimierung arbeitet verlustbehaftet, sie blendet die für den Menschen nicht hörbaren Frequenzen aus.

2.5 Datenbanksysteme

Ein *Datenbanksystem* (DBS) ist ein Programmsystem zur Verwaltung einer strukturierten Menge von Daten (*Datenbank*). Der Einsatz eines Datenbanksystems ermöglicht die Trennung von Programmabläufen und Datenverwaltung; der Anwendungsentwickler braucht seine Datenverwaltung nicht mehr „von Hand" zu programmieren, sondern kann sich auf die Funktionen des Datenbanksystems abstützen. Ein weiterer Vorteil ist, dass alle Programme, deren Daten mit einem Datenbanksystem verwaltet werden, auf einem einheitlichen Datenmodell basieren und damit problemlos untereinander Daten austauschen können. Abbildung 61 veranschaulicht den Unterschied zwischen konventioneller (programmgebundener) und datenbankgestützter Datenverwaltung (Stucky/Krieger 1990). Die Datenverwaltungskomponente eines DBS wird *Datenbank-Managementsystem* (DBMS) genannt.

Der Nutzen von Datenbanken liegt damit auf der Hand:

- Die Daten können flexibel genutzt werden, da sie nicht auf einzelne Anwendungen zugeschnitten sind.

- Die Datenintegrität (Korrektheit bezogen auf die Beziehungen zwischen verschiedenen Daten) wird durch eine zentrale Instanz gesichert.

- Die redundante Speicherung von Datenelementen, die von mehreren Anwendungsprogrammen genutzt werden, kann durch den Einsatz von DBS reduziert bzw. vermieden werden.

- Die Anwendungsentwicklung wird effizienter, da die Programmierung von Datenverwaltungsmechanismen und Konvertierungsprogrammen für verschiedene Dateiformate unterschiedlicher Anwendungsprogramme wegfällt.

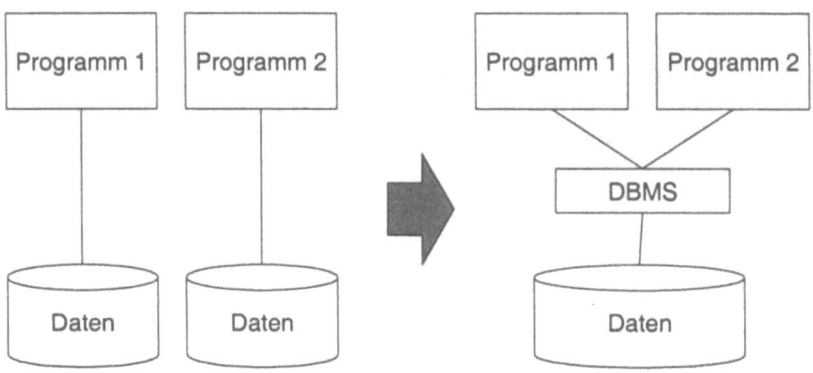

Abbildung 61: Konventionelle Datenverwaltung versus Datenbank

2.5.1 Das Drei-Ebenen-Modell nach ANSI

Für die Trennung von Programmlogik und physischer Repräsentation von Datenelementen ist vom ANSI (American National Standardization Institute) ein Standardschema definiert worden. Dieses *Drei-Ebenen-Modell* ist in Abbildung 62 dargestellt.

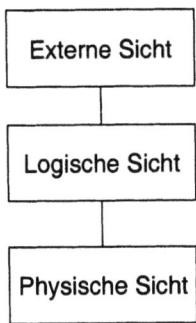

Abbildung 62: Drei-Ebenen-Modell nach ANSI

Die *externe Sicht* beschreibt die Sicht des Benutzers auf die Datenbank. Diese wird z. B. durch ein Anwendungsprogramm, das auf die Datenbank zugreift, realisiert. Die Sicht des Benutzers auf die in der Datenbank gespeicherten Daten wird von der Anwendung so aufbereitet wie es dem Datenbedarf entspricht.

Die *logische Sicht* ist die des Datenbank-Programmierers. Hier werden die Datenbankobjekte (z. B. Tabellen beim Relationenmodell oder Owner-Member-Beziehungstypen beim Netzwerkmodell) entsprechend dem zugrunde liegenden Datenbankmodell dargestellt und können über geeignete Datenbanksprachen wie z. B. SQL gepflegt werden.

In der *physischen Sicht* wird dann festgelegt, wie die auf der konzeptionellen Ebene definierten Datenbankobjekte auf den Speichermedien effizient abgespeichert werden.

Die Ausführungen in den folgenden Abschnitten betreffen die logische Sicht. Die externe Sicht wird insbesondere aus der Modellierungsperspektive in Abschnitt 3.3.2.4 Datenmodellierung behandelt, da die Datenmodellierung aus Sicht des Benutzers auch zu den vorbereitenden Dienstleistungen für die Einführung von betrieblichen Anwendungssystemen gehört. Die physische Sicht ist nur für Informatiker relevant, die sich mit der Entwicklung von Datenbanksystemen befassen.

2.5.2 Transaktionen und Mehrbenutzerfähigkeit

Transaktionen und *Mehrbenutzerfähigkeit* sind zwei grundlegende Konzepte von Datenbanksystemen. Transaktionen sind unteilbare Abfolgen von Operationen auf der Datenbank. Sie werden immer in ihrer Gesamtheit abgeschlossen, wobei ein erfolgreicher Abschluss ein COMMIT, d. h. ein Festschreiben der Änderungen in der Datenbank, und ein Abbruch ein ROLLBACK, d. h. ein Zurücksetzen der Datenbank auf den Zustand vor Beginn der Transaktion, zur Folge hat. Wesentliches Merkmal der Transaktionsverarbeitung ist, dass die Datenbank nach einer Transaktion in jedem Falle konsistent ist.

Transaktionen können daher über folgende Eigenschaften nach dem *ACID-Prinzip* (ACID = Atomarität, (C)Konsistenz, Isolation und Dauerhaftigkeit) charakterisiert werden:

- *Atomarität:* Transaktionen sind „unteilbar", d. h. sie können nur vollständig abgeschlossen oder zurückgesetzt werden,

- *Konsistenz:* Nach Abschluss einer Transaktion befindet sich die Datenbank auf jeden Fall in einem konsistenten Zustand, unabhängig davon, ob eine Transaktion mit COMMIT oder ROLLBACK abgeschlossen wurde.

- *Isolation:* Der erfolgreiche Abschluss einer Transaktion ist nicht von dem Verhalten anderer Transaktionen abhängig,

- *Dauerhaftigkeit (Persistenz):* Änderungen in Datenbanken müssen nach Abschluss einer Transaktion dauerhaft festgeschrieben werden.

Weiterhin muss ein Datenbanksystem einen Synchronisationsmechanismus für konkurrierende Benutzerzugriffe auf gemeinsame Datenobjekte zur Verfügung stellen. Derartige Synchronisationsmechanismen müssen sicherstellen, dass nur ein Benutzer Schreibrecht für ein Datenobjekt hat, wenn mehrere Benutzer entsprechende Anforderungen stellen. Weiterhin muss ein Mechanismus für die Auflösung von Deadlock-Situationen vorhanden sein. Ein Deadlock entsteht, wenn zwei konkurrierende Benutzerprozesse den Zugriff auf ein Datenobjekt gegenseitig verhindern („Nach Ihnen - Nach Ihnen"-Situation).

2.5.3 Integrität und Konsistenz

In Datenbanksystemen werden Daten zu jeder Art von materiellen oder immateriellen Objekten der Realwelt abgespeichert. Derartige Objekte können z. B. Bücher, die materielle Objekte der Realwelt sind, oder Ausleihen sein, die immaterielle Zustände der Realwelt darstellen. Ein solches Buch kann z. B. „WI255/99, Rautenstrauch, C.: Betriebliche Umweltinformationssysteme (BUIS). Springer Verlag Berlin u. a., 1999" und eine Ausleihe „WI255/99, 04.05.2000, 04.06.2000, TSCHU" sein, wobei „WI255/99" die von der Bibliothek vergebene Signatur des Buches und „TSCHU" das Kürzel für den Ausleihenden ist. Solche Repräsentanten realweltlicher Objekte in Datenbanken werden *Entitäten* genannt. Der Begriff

Entität ist vom Englischen Begriff „entity" abgeleitet und bedeutet wörtlich übersetzt „Seiendes".

Die Entität „WI017/00, Rautenstrauch, C./Schulze, T.: Informatik für Nicht-Informatiker, Springer Verlag Berlin u. a. 2000" hat offensichtlich mit der Entität „WI255/99, Rautenstrauch, C.: Betriebliche Umweltinformationssysteme (BUIS). Springer Verlag Berlin u. a., 1999" gemeinsam, vom *Entitätstyp* „Buch" zu sein. Zwei Entitäten sind genau dann vom gleichen Entitätstyp, wenn Sie eine Menge gleicher Eigenschaften besitzen. Die *Eigenschaften*, auch *Attribute*, des Typs „Buch" sind „Signatur", „Autoren", „Titel", „Verlag", „Ort" und „Erscheinungsjahr"; die Attribute des Entitätstyps „Ausleihe" sind „Signatur", „von", „bis" und „Ausleiher". Attribute haben wiederum einen bestimmten Wertebereich als Typ. Beispielsweise ist das Attribut „Signatur" vom Typ „Zeichenkette" und die Attribute „von" und „bis" sind vom Typ „Datum".

Die Menge aller Attribute, die eine Entität eindeutig identifizieren, wird *(Primär-) Schlüssel* eines Entitätstyps genannt. Beispielsweise ist der Schlüssel des Entitätstyps „Buch" die Signatur und der Schlüssel des Entitätstyps „Ausleihe" besteht aus den Attributen „Signatur", „von" und „bis".

Die Tatsache, dass das Schlüsselattribut „Signatur" des Entitätstyps „Buch" auch im Schlüssel des Entitätstyps „Ausleihe" vorkommt, ist kein Zufall oder Fehler, denn zwischen Büchern und Ausleihen existiert die Beziehung bzw. genauer der *Beziehungstyp* „wird ausgeliehen", d. h. ein Buch wird durch eine Ausleihe ausgeliehen. Solche Beziehungen können durch die Kopie des Schlüssels eines anderen Entitätstyps, der dann *Fremdschlüssel* genannt wird, ausgedrückt werden. Bei genauem Hinsehen erscheint auch das Attribut „Ausleiher" als Fremdschlüssel des hier noch nicht näher beschriebenen Entitätstyps „Benutzer". Damit stellt sich die Frage, ob „Ausleihe" tatsächlich ein Entitätstyp oder „nur" ein Beziehungstyp zwischen Büchern und Benutzern ist. Es ist in diesem Beispiel in der Tat eine Frage der Perspektive: Aus Sicht eines Arbeitsplatzes, an dem Ausleihen erfasst werden, ist eine „Ausleihe" eine Entität, während aus logischer Sicht eine Ausleihe eine Beziehung zwischen einem Benutzer und einem Buch darstellt. In jedem Fall kann jedoch auch ein Beziehungstyp „eigene" Attribute besitzen.

Bei der Verwaltung großer Datenmengen, zwischen denen häufig auch komplexe Beziehungen bestehen, ist die Sicherung der *Integrität* (=Korrektheit) der Daten von zentraler Bedeutung. Dabei werden vier Arten der Integrität unterschieden:

- *Semantische Integrität:* Die Werte von Daten müssen korrekt sein (z. B. ist eine Altersangabe von 553 Jahren bei einem Benutzer ein Verstoß gegen die semantische Integrität).

- *Entitätsintegrität:* Jede abgespeicherte Entität kann über einen Primärschlüssel eindeutig identifiziert werden.

- *Operationale Integrität:* Von verschiedenen Benutzern parallel auf gleichen Datenbeständen ausgelöste Operationen dürfen diese nicht zerstören. Ändert z. B. ein Sachbearbeiter das Alter eines Benutzers, ein anderer Sachbearbeiter dessen Privatadresse und schreiben beide diese Änderungen „gleichzeitig" in die Datenbank zurück, dann wird bei einer schlechten Integritätssicherung nur die Änderung, die zuletzt in die Datenbank geschrieben wurde, übernommen. Im Beispiel würde dann z. B. die Altersänderung verloren gehen, wenn die Adressänderung erfolgreich abgespeichert wurde oder umgekehrt. Dies wäre in jedem Fall ein Verstoß gegen die operationale Integrität.

- *Referenzielle Integrität (=Konsistenz):* Die Beziehungen zwischen Entitäten werden über Primär- und Fremdschlüssel realisiert. Wird beispielsweise der Primärschlüssel einer Entität des Typs „Buch" geändert und diese Änderung nicht auf die korrespondierenden Entitäten des Entitätstyps „Ausleihe" übertragen, dann geht die Verbindung zwischen den korrespondierenden Entitäten verloren. Ein solcher Verbindungsverlust ist dann ein Verstoß gegen die referenzielle Integrität.

Integritätsbedingungen können als „Datenqualitätsmerkmale" angesehen werden, denn nur Daten, die den Integritätsbedingungen entsprechen, haben die für die Verarbeitung in betrieblichen Anwendungssystemen notwendige Qualität.

2.5.4 Datenbankmodelle

Mit Hilfe von Datenbankmodellen wird beschrieben, wie Entitäten und Beziehungen zwischen diesen in einem Datenbanksystem repräsentiert werden. Das Datenbankmodell hat damit paradigmatische Bedeutung für die jeweilige Realisierung. Die Entwicklungsgeschichte von Datenbankmodellen ist in Abbildung 63 dargestellt.

2.5.4.1 Prä-relationale" DB-Modelle

„Prä-relationale" Modelle sind Datenbankmodelle, die vor dem relationalen Modell konzipiert wurden. Hierzu zählen das hierarchische und das Netzwerk-Modell. Datenbanksysteme, die auf einem dieser Modelle basieren (z. B. IMS von IBM, UDS® von Siemens® oder IDMS von Cullinet), sind zwar in der Praxis noch relativ stark verbreitet und werden von den Anbietern entsprechend gepflegt, aber Datenbankneuentwicklungen basieren auf moderneren Modellen. Die Hauptnachteile dieser Modelle gegenüber den nachfolgend beschriebenen moderneren Modellen sind die Inflexibilität bei Änderungen und die Notwendigkeit der expliziten Definition von Beziehungstypen. Sie werden daher hier nicht mehr weiter behandelt.

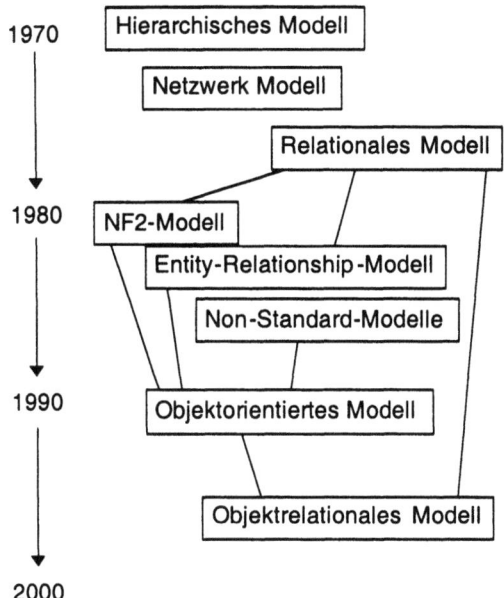

Abbildung 63: Zeitliche Entwicklung von Datenbankmodellen

2.5.4.2 Das relationale Datenbankmodell

Das relationale Datenbankmodell ist inzwischen über mehr als zwei Jahrzehnte Gegenstand der Forschung und Entwicklung. Es basiert auf einem wohldefinierten theoretischen Unterbau aus der Relationentheorie (Codd 1970; Codd 1990), ist aber trotzdem auch für Anwender leicht verständlich. Im Folgenden werden die Grundzüge dieser Theorie vereinfacht dargestellt.

Grundlagen

Eine Relation R ist mathematisch eine Teilmenge aus dem kartesischen Produkt von Mengen M_1, ..., M_n, formal $R \subseteq M_1 \times ... \times M_n$. Die einzelnen Elemente von R sind dann n-Tupel der Art:

$$r_1 = (m_{1_1}, m_{1_2}, m_{1_3}, ..., m_{1_n}),$$
$$r_2 = (m_{2_1}, m_{2_2}, m_{2_3}, ..., m_{2_n}),$$
$$r_3 = (m_{3_1}, m_{3_2}, m_{3_3}, ..., m_{3_n}),$$
...

$$r_p = (m_{p_1}, m_{p_2}, m_{p_3}, ..., m_{p_n}) \text{ mit } m_{i_j} \in r_i \land m_{i_j} \in M_j \; \forall \; i \in 1,..,p, j \in 1, ..., n.$$

Sei M_1 nun die Menge aller Signaturen, M_2 die Menge aller Autoren, M_3 die Menge aller Titel usw., dann lässt sich R auch als Implementierung des Entitätstyps Buch in Form einer Tabelle ansehen. Die Attributsbezeichner des Entitätstyps ergeben sich aus den Bezeichnern der Wertebereiche der einzelnen Mengen (siehe Tabelle 20).

Signatur	Autoren	Titel	...	Jahr
m_{1_1}	m_{1_2}	m_{1_3}	...	m_{1_n}
m_{2_1}	m_{2_2}	m_{2_3}	...	m_{2_n}
m_{3_1}	m_{3_2}	m_{3_3}	...	m_{3_n}
...	...	...	...	...
m_{p_1}	m_{p_2}	m_{p_3}	...	m_{p_n}

Tabelle 20: Relation als Tabelle

Signatur	Autoren	Titel	...	Jahr
WI255/99	Rautenstrauch, C.	Betriebliche Umweltinformationssysteme	...	1999
WI017/00	Rautenstrauch, C., Schulze, T.	Informatik für Nicht-Informatiker	...	2000
WI127/99	Rautenstrauch, C., Schenk, M. (Hrsg.)	Umweltinformatik '99	...	1999
...	...	...	...	...
WI367/98	Christiansen, A., Höding, M., Rautenstrauch, C., Saake, G.	Oracle8 effizient einsetzen	...	1998

Tabelle 21: Tabelle der Relation „Buch"

Eine Relation bzw. Tabelle repräsentiert damit einen Entitätstyp und jedes Tupel bzw. jede Tabellenzeile je eine Entität. Die Spalten der Tabelle repräsentieren die Attribute. Dabei sind Tabellen und Relationen genau genommen keine identischen Datenstrukturen. Während in Tabellen doppelte Zeilen vorkommen dürfen, ist dies in Relationen auf Grund der Mengeneigenschaft nicht zulässig. Trotz dieses Unterschieds präsentieren sich aus Anwendersicht Relationen als Tabellen (siehe Tabelle 21).

Relationale Datenbanken sind dadurch gekennzeichnet, dass sie als einzige Datenstruktur Tabellen kennen, d. h., dass alle Daten ausschließlich in Tabellen abgespeichert werden. Beziehungen zwischen Tabellen werden über Primär- und Fremdschlüssel abgebildet. Dabei werden folgende Arten von Beziehungen zwischen zwei Tabellen A und B unterschieden (siehe Abbildung 64):

- *1:1-Beziehung*: Jedes Tupel der Tabelle A steht mit genau einem Tupel der Tabelle B in Beziehung.

- *1:n-Beziehung*: Jedes Tupel der Tabelle A steht mit einem oder mehreren Tupeln der Tabelle B in Beziehung.

- *n:m-Beziehung*: Jedes Tupel der Tabelle A steht mit einem oder mehreren Tupeln der Tabelle B in Beziehung und jedes Tupel der Tabelle B steht mit einem oder mehreren Tupeln der Tabelle A in Beziehung.

1:1-Beziehungen sind in der Realität selten anzutreffen, da Entitäten, zwischen denen eine solche Beziehung besteht, zu einer Entität zusammengefasst werden können. Zwischen Büchern und Ausleihen gibt es eine 1:n-Beziehung, da ein Buch n-mal ausgeliehen werden kann, mit einer Ausleihe kann allerdings nur jeweils ein Buch ausgeliehen werden. Zwischen Büchern und Benutzern gibt es ebenfalls eine 1:n-Beziehung, da ein Benutzer mehrere Bücher ausleihen kann, ein Buch allerdings nur bei einem Benutzer sein kann. Daraus ergibt sich, dass zwischen Benutzern und Büchern eine n:m-Beziehung besteht: ein Benutzer kann mehrere Bücher ausleihen und ein Buch kann über verschiedene Ausleihen an mehrere Benutzer verliehen werden.

1:1-Beziehung   1:n-Beziehung   n:m-Beziehung

Abbildung 64: Beziehungen zwischen Entitätstypen

Die Beziehungen sind als Tabellen in Abbildung 65 dargestellt. 1:n-Beziehungen werden so realisiert, dass die Tabelle auf der „n-Seite" den Schlüssel der Tabelle auf der „1-Seite" übernimmt. In relationalen Datenbanken können n:m-Beziehun-

gen nur über ZwischenTabellen dargestellt werden, welche die n:m-Beziehung in
je eine 1:n- und m:1-Beziehung auflösen.

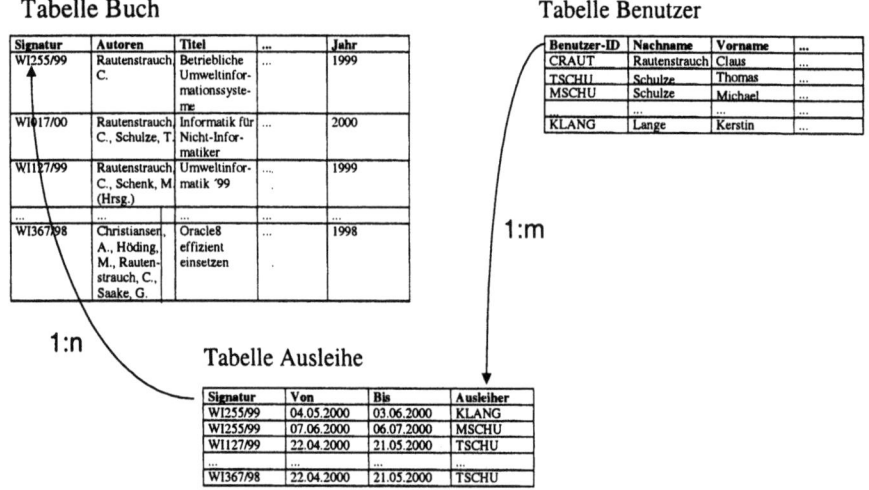

Abbildung 65: Beziehungen zwischen Tabellen

Normalisierung

Betrachtet man das Tabellenschema aus Abbildung 65, dann könnte man auf die
Idee kommen, den ganzen Aufwand mit Primär- und Fremdschlüsseln dadurch zu
sparen, indem man alle Daten in eine *UniversalTabelle* schreibt. Tabelle 22 zeigt
eine solche UniversalTabelle für die Tabellen „Buch" und „Ausleihe".

Die Handhabung einer solchen UniversalTabelle ist ausgesprochen unpraktisch.
Mit jeder Ausleihe müssen auch die Daten des Buchs komplett erfasst werden,
geht ein Buch bei einem Ausleiher verloren, müssen alle Zeilen, in denen das
Buch vorkommt, gelöscht werden und wurde bei einem Buch das Erscheinungsjahr korrigiert, so muss dies in allen Zeilen, in den das Buch vorkommt, geändert werden. Verallgemeinert man den letzten Fall, so heißt das, dass die Änderung *einer* Entität die Änderung *mehrerer* Zeilen nach sich zieht – dieser Fall wird
Update-Anomalie genannt. Ursache dieses Phänomens sind *Redundanzen*, d. h.
Mehrfachvorkommen von Daten einer Entität. Damit wurden Redundanzen als
Hauptfeind der Modellierung relationaler Datenbankschemata ausgemacht, dem
man mit der Methodik der *Normalformen* zu Leibe rückte.

Die erste Normalform erlaubt nur atomare Attribute in einem Relationenschema.
Ein Verstoß gegen diese Normalform ist das Attribut „Autoren", da hier mehrere
Autoren und auch noch die Informationen (Nachname, Initialen) in einem Attribut
abgespeichert werden. Außerdem wird hier noch die „artfremde" Information

„(Hrsg.)" abgespeichert. Offenbar besteht zwischen Büchern und Autoren eine n:m-Beziehung, d. h. ein Buch kann von mehreren Autoren geschrieben werden und ein Autor kann auch mehrere Bücher schreiben. Bei einer formal korrekten Modellierung muss allein die Tabelle „Buch" in die Tabellen „Buch", „Autor" und die BeziehungsTabelle „Autorenschaft" aufgespalten werden (siehe Tabelle 23).

Signatur	Autoren	Titel	...	Jahr	Von	Bis	Ausleiher
WI255/99	Rautenstrauch, C.	Betriebliche Umweltinformationssysteme	...	1999	04.05.2000	03.06.2000	KLANG
WI255/99	Rautenstrauch, C.	Betriebliche Umweltinformationssysteme	...	1999	07.06.2000	06.07.2000	MSCHU
WI017/00	Rautenstrauch, C., Schulze, T.	Informatik für Nicht-Informatiker	...	2000			
WI127/99	Rautenstrauch, C., Schenk, M. (Hrsg.)	Umweltinformatik '99	...	1999	22.04.2000	21.05.2000	TSCHU
...	...	...	...	...	...	...	...
WI367/98	Christiansen, A., Höding, M., Rautenstrauch, C., Saake, G.	Oracle8 effizient einsetzen	...	1998	22.04.2000	21.05.2000	TSCHU

Tabelle 22: UniversalTabelle

Das Beispiel zeigt bereits jetzt, dass die Normalisierung zu einer Zerlegung der Datenbank in mehrere Tabellen führt. Mit jeder Zerlegung steigt die *Granularität* der Datenbank. Es ist übrigens ein Irrglaube, dass mit der in Tabelle 23 gezeigten Zerlegung bereits die maximale Granularität gemäß erster Normalform erreicht ist. Schließlich können Autoren ja mehrere Initialen haben und die Eintragung mehrerer Initialen in ein Attribut widerspricht der Atomarität. Da verschiedene Autoren gleiche Initialen haben können, besteht auch zwischen Autoren und Initialen eine n:m-Beziehung, was zur Einführung zwei weiterer Tabellen führt. Schon dieses einfache Beispiel zeigt, dass eine konsequente und „theoriegerechte" Normalisierung zu absurden Strukturen führt, die zum Einen für den Benutzer schwer nachvollziehbar sind und zum Anderen im praktischen Einsatz zu erheblichen Laufzeitproblemen führen. Daher hat die Normalisierung in der Praxis ihre Grenzen.

Tabelle Buch

Signatur	Titel	Jahr
WI255/99	Betriebliche Umweltin- formations- systeme	1999
WI017/00	Informatik für Nicht- Informatiker	2000
WI127/99	Umwelt- informatik '99	1999
WI367/98	Oracle8 effizient einsetzen	1998

Tabelle Autorenschaft

Signatur	Akuerzel	Art
WI255/99	CRAUT	
WI017/00	CRAUT	
WI017/00	TSCHU	
WI127/99	CRAUT	Hrsg
WI127/99	MSCHE	Hrsg
WI367/98	ACHRI	
WI367/98	MHÖDI	
WI367/98	CRAUT	
WI367/98	GSAAK	

Tabelle Autor

AKuerzel	Nname	Initi- alen
CRAUT	Rauten- strauch	C.
TSCHU	Schulze	T.
MSCHE	Schenk	M.
ACHRI	Christi- ansen	A.
MHÖDI	Höding	M.
GSAAK	Saake	G.

Tabelle 23: Erste Normalform

Auf der anderen Seite zeigt die in Tabelle 22 angegebene UniversalTabelle, dass ohne Normalisierung ebenfalls schwer handhabbare Strukturen entstehen können. Hier liegt das Problem jedoch nicht in Verstößen gegen die erste Normalform, sondern darin, dass es offenbar Abhängigkeiten zwischen Büchern und Ausleih- zeiträumen gibt. Ein Buch kann zu einem Zeitraum nur genau einmal ausgeliehen werden. Ein Zusammenhang dieser Art wird *funktionale Abhängigkeit* genannt. Allgemein liegt eine funktionale Abhängigkeit zwischen zwei Attributsmengen X und Y einer Relation R genau dann vor, wenn sich für alle Tupel aus R die Werte von Y aus den Werten von X in irgendeiner Weise ableiten lassen. Dies ist für die Attribute „Von" und „Bis" bezogen auf das Schlüsselattribut „Signatur" insofern gegeben, als dass überlappende Zeiträume bezogen auf die Signatur nicht zulässig sind. Daher ist eine Zerlegung der Universalrelation, wie in Abbildung 65 an- gegeben, zweckmäßig.

In der Normalformenlehre werden bis zu fünf Normalformen unterschieden, die jeweils verschiedene Arten funktionaler Abhängigkeiten beleuchten. Weiterhin gibt es ein systematisches Instrumentarium, wie aus einer Universalrelation schrittweise über die einzelnen Normalformen ein „sauber" normalisiertes Relatio- nenschema erzeugt werden kann. Dies ist in der Praxis jedoch unpraktikabel, da es zum Einen ein verhältnismäßig tiefgreifendes Grundverständnis der Relationen- theorie voraussetzt und zum Anderen auch recht umständlich ist. Weiterhin besteht die Gefahr der „Übernormalisierung", die ja schon im Zusammenhang mit der ersten Normalform illustriert wurde. Praktischer ist ein Ansatz, der auf der konzeptionellen Modellierung aufsetzt, da dieser auf Anwendungswissen basiert. Ein solcher Ansatz wird in Abschnitt 3.3.2.4 Datenmodellierung vorgestellt. Datenbanktheoretiker können beruhigt sein: Bei konsequenter Anwendung des dort vorgestellten Ansatzes lassen sich aus den Modellen Relationenschemata in fünfter Normalform generieren.

Trotzdem sollen die funktionalen Abhängigkeiten bezogen auf das Beispiel noch weiter untersucht werden, um einen tiefer gehenden Eindruck zur Komplexität und Problematik der Normalisierung zu vermitteln. Zwischen der Signatur und dem Jahr besteht ebenfalls eine funktionale Abhängigkeit. Offensichtlich verstößt die Signatur auch gegen die erste Normalform, ist doch in diese offensichtlich die Kategorie (z. B. WI für Wirtschaftsinformatik), eine laufende Nummer und das Erscheinungsjahr hineincodiert. Löst man das Attribut in drei neue Attribute auf, wird die Redundanz zwischen den Jahreszahlen offensichtlich, eines der redundanten Attribute kann dann gestrichen werden. Die Konsequenz einer solchen Normalisierung wäre, dass „sprechende Schlüssel" abgeschafft werden müssten, was in der Praxis nicht akzeptiert wird.

Fasst man die Relationen „Autor" und „Benutzer" zu einer Universalrelation zusammen, dann zeigt sich, dass es offensichtlich Überschneidungen gibt, da ein Autor auch Benutzer der Bibliothek sein kann. Offensichtlich sind „Benutzer" und „Autor" Subentitätstypen der Entität „Person" (siehe Tabelle 24).

Kuerzel	NName	VName	Initialen	Autor	Benutzer
CRAUT	Rautenstrauch	Claus	C.	Ja	Nein
TSCHU	Schulze	Thomas	T.	Ja	Ja
MSCHE	Schenk	Michael	M.	Ja	Nein
ACHRI	Christiansen	Andreas	A.	Ja	Nein
MHÖDI	Höding	Michael	M.	Ja	Nein
KLANG	Lange	Kerstin	K.	Nein	Ja
MSCHU	Schulze	Michael	M.	Nein	Ja

Tabelle 24: Tabelle „Person"

So schön und richtig diese Modellierung ist, so unpraktisch ist sie letztendlich doch. Bei der Verwendung von Initialen gibt es international unterschiedliche Gepflogenheiten, da es insbesondere im angelsächsischen Sprachraum die Angabe aller Initialen eine Moderscheinung ist, die im deutschsprachigen Raum nicht in dem Maße gepflegt wird. Der Autor „Rautenstrauch, C. R." eines englischen Buchs kann mit dem Autor „Rautenstrauch, C." eines deutschen Buchs identisch sein. Die Frage ist nun, wie man bezogen auf das Relationenschema damit umgeht! Offensichtlich ist die in Abbildung 65 angegebene Lösung doch die Praktikabelste.

Aber noch ein Phänomen lässt sich anhand der Tabelle „Person" illustrieren. Das Attribut „Initialen" ist eigentlich überflüssig, da es sich aus dem Attribut „Name" mittels Zeichenkettenoperationen „berechnen" lässt. Attribute, die aus anderen berechenbar sind, sollten in Relationenschemata vermieden werden, da auch sie eine Form der Redundanz verkörpern. Relationenschemata, die keine berechenbaren Attribute beinhalten, werden *minimal* genannt. Für die Minimalität gilt im

Prinzip das selbe wie für die Normalisierung: Minimale Schemata können zu Laufzeitproblemen führen, wenn Werte, die in Anwendungsprogrammen häufig genutzt werden, jedes Mal wieder neu berechnet werden müssen. Daher sind in solchen Fällen Verstöße gegen das Prinzip der Minimalität durchaus zulässig.

Festzuhalten ist, dass man die zunehmende Redundanzvermeidung bei fortschreitender Normalisierung nicht kostenlos bekommt, da hierdurch die Granularität des Tabellenschemas zunimmt. Je größer die Anzahl Tabellen ist, aus der sich eine Datenbankabfrage die Ergebnisse zusammensuchen muss, umso teurer bezogen auf den Zeitbedarf wird eine solche Abfrage. Allgemein gesprochen geht Normalisierung zu Lasten der Leistung (Performance) einer Datenbank. In der Praxis ist daher stets ein Kompromiss zwischen Leistungsanforderungen und Normalisierung zu finden (Scholz 2001, 43ff).

Operationen

Für das effiziente Suchen und Finden von Daten in Datenbanken sind Datenbank-Operationen definiert, die *Abfragen* oder *Queries* genannt werden. Da relationale Datenbanken auf Tabellen als einziger Datenstruktur basieren, ist jede *relationale Anfrage* Q eine Abbildung der Art $Q:T^n \rightarrow T$ mit T als Menge aller Tabellen und $n \in \mathbb{Z}$. Eine relationale Anfrage basiert damit immer auf einer oder mehreren Tabellen und erzeugt immer genau eine ErgebnisTabelle. Die Grundoperationen auf Tabellen sind folgende:

- *Anlegen* und *Löschen* einer Tabelle.

- *Einfügen* einer Zeile in eine Tabelle.

- *Löschen* einer Zeile aus einer Tabelle.

- *Ändern* einer Zeile, wobei dies durch Löschen der ursprünglichen Zeile und Einfügen der geänderten Zeile realisiert wird.

- *Selektion*: Mit dieser Operation wird eine Teilmenge von Zeilen aus einer Tabelle selektiert. Die Auswahl der Zeilen erfolgt anhand so genannter *Selektionskriterien* (z. B. alle Bücher, die im Jahr 2000 erschienen sind).

- *Projektion*: Hiermit wird eine Menge von Spalten einer Tabelle ausgewählt. Auswertungen über Tabellen mit vielen Spalten werden häufig unübersichtlich. Daher kann man mit Hilfe der Projektion die anzuzeigenden Spalten (z. B. nur Autoren und Buchtitel) einschränken.

- *Verbund* (Join): Mit dieser Operation werden Tabellen über Spalten mit gleichen Namen und Wertebereichen verknüpft. Zwischen den Tabellen „Buch" und „Ausleihe" (siehe Abbildung 65) kann die gemeinsame Spalte „Signatur" für eine Verknüpfung genutzt werden. Beispiel ist eine Auswertung, bei der zu jedem Buch auch der Buchtitel und die Kürzel der Ausleiher ausgegeben werden. Der genaue Ablauf eines Joins wird im Folgenden mit der relationalen Datenbank-Abfragesprache SQL illustriert.

- Auf weitere relationale Operationen wie Produkt, Vereinigung, Schnittmenge, Komplement und Division wird hier nicht weiter eingegangen, da sie sich aus den drei oben genannten Grundoperationen konstruieren lassen.

SQL

Für die Formulierung relationaler Anfragen hat sich die Sprache *SQL* (Structured Query Language) etabliert. Gründe für die Etablierung von SQL liegen in dem Vorhandensein internationaler Normen und in der Implementierung von SQL durch die Marktführer für Datenbanksysteme. Im Folgenden werden die wichtigsten Sprachkonstrukte von SQL kurz und stark vereinfacht vorgestellt. Dabei ist zu beachten, dass diese Darstellung weder bezogen auf den SQL-Standard noch auf Hersteller-eigene Erweiterungen vollständig ist. Eine vollständige und aktuelle Darstellung von SQL findet man z. B. in (Panny/Taudes 2000).

Tabellen werden mit dem CREATE-TABLE-Befehl angelegt. Hierbei erhält die Tabelle einen bezogen auf die Datenbank eindeutigen Namen und es wird eine Liste der Attribute angegeben, die aus den Namen der Attribute und ihren Typen besteht. Der Befehl für die Erstellung der Tabelle „Benutzer" lautet dann z. B. folgendermaßen:

```
CREATE TABLE Benutzer
      (Kuerzel      VARCHAR(5),
       Vorname      VARCHAR (20),
       Nachname     VARCHAR (40),
       GebAm DATE,
       ... )
```

Eine Tabelle wird mit dem Befehl DROP TABLE komplett gelöscht.

Für die Manipulation von Zeilen ist der Grundbefehl das SELECT-Statement. Hiermit können Selektionen, Projektionen und Joins formuliert werden. Außerdem ist der SELECT-Befehl auch Teil der Befehle für das Einfügen, Löschen und Ändern von Zeilen einer Tabelle. Im Folgenden ist ein Beispiel für einen SELECT-Befehl angegeben, in dem Projektion und Selektion miteinander kombiniert werden:

```
SELECT Signatur, Titel
FROM Buch
WHERE Jahr = '1999'
```

Signatur	Titel
WI255/99	Betriebliche Umweltinformationssysteme
WI127/99	Umweltinformatik '99

Tabelle 25: Ergebnis von Projektion und Selektion

In der SELECT-Klausel werden die Namen der auszuwählenden Spalten angegeben (Projektion), in der FROM-Klausel wird der Name der Tabelle angegeben,
aus der die Daten abgefragt werden, und in der WHERE-Klausel wird ein logischer Ausdruck (Prädikat) formuliert, mit dem die auszuwählenden Zeilen festgelegt werden (Selektion). Werden in der FROM-Klausel mehrere Tabellennamen
angegeben, dann implementiert die Abfrage einen Join. Beispiel für einen Join ist
eine Abfrage, in der Signatur und Titel eines Buchs „Betriebliche Umweltinformationssysteme" sowie die Zeiträume, in denen das Buch ausgeliehen ist, ausgegeben wird. Eine solche Anfrage betrifft die Tabellen „Buch" und „Ausleihe":

```
SELECT Signatur, Titel, Von, Bis
FROM Buch, Ausleihe
WHERE Buch.Signatur = Ausleihe.Signatur
AND Titel = 'Betriebliche Umweltinformationssysteme'
```

Signatur	Titel	Von	Bis
WI255/99	Betriebliche Umweltinformationssysteme	04.05.2000	03.06.2000
WI255/99	Betriebliche Umweltinformationssysteme	07.06.2000	06.07.2000

Tabelle 26: Ergebnis der Join-Abfrage

Das in Tabelle 26 dokumentierte Ergebnis lässt sich einfach erläutern, indem man
sich die Ergebnisse schrittweise erzeugt. Hierzu wird zunächst die WHERE-Klausel weggelassen. Das Ergebnis der Abfrage, die dann nur noch aus der SELECT-
und FROM-Klausel besteht, ist das kartesische Produkt der beiden Tabellen, eingeschränkt auf die Projektion. Beim kartesischen Produkt wird jede Zeile der einen Tabelle mit jeder Zeile der anderen verbunden (siehe Tabelle 27).

Wertet man nun die letzte mit AND beginnende Zeile aus, dann werden aus Tabelle 27 alle Zeilen gestrichen, die nicht den Titel „Betriebliche Umweltinformationssysteme" haben. Das Ergebnis ist in Tabelle 28 dargestellt. Wird nun die ganze
WHERE-Klausel ausgewertet, dann entsteht das in Tabelle 26 gezeigte Ergebnis.

Signatur	Titel	Von	Bis
WI255/99	Betriebliche Umweltinformationssysteme	04.05.2000	03.06.2000
WI017/00	Informatik für Nicht-Informatiker	04.05.2000	03.06.2000
WI127/99	Umweltinformatik ´99	04.05.2000	03.06.2000
WI367/98	Oracle8 effizient einsetzen	04.05.2000	03.06.2000
WI255/99	Betriebliche Umweltinformationssysteme	07.06.2000	06.07.2000
WI017/00	Informatik für Nicht-Informatiker	07.06.2000	06.07.2000
WI127/99	Umweltinformatik ´99	07.06.2000	06.07.2000
WI367/98	Oracle8 effizient einsetzen	07.06.2000	06.07.2000
WI255/99	Betriebliche Umweltinformationssysteme	22.04.2000	21.05.2000
WI017/00	Informatik für Nicht-Informatiker	22.04.2000	21.05.2000
WI127/99	Umweltinformatik ´99	22.04.2000	21.05.2000
WI367/98	Oracle8 effizient einsetzen	22.04.2000	21.05.2000
...	...	...	...

Tabelle 27: Kartesisches Produkt zweier Tabellen

Signatur	Titel	Von	Bis
WI255/99	Betriebliche Umweltinformationssysteme	04.05.2000	03.06.2000
WI255/99	Betriebliche Umweltinformationssysteme	07.06.2000	06.07.2000
WI255/99	Betriebliche Umweltinformationssysteme	22.04.2000	21.05.2000
...	...	...	...

Tabelle 28: Reduziertes kartesisches Produkt

Sollen auch noch die ausleihenden Benutzer mit Namen selektiert werden, muss der Join zu einem *multiplen Join*, d. h. zu einem Join über mehr als zwei Tabellen, erweitert werden (die Erweiterungen sind kursiv gesetzt):

```
SELECT Signatur, Titel, Von, Bis, Vorname, Nachname
FROM Buch, Ausleihe, Benutzer
WHERE Buch.Signatur = Ausleihe.Signatur
AND Ausleihe.Ausleiher = Benutzer.Kuerzel
AND Titel = 'Betriebliche Umweltinformationssysteme'
```

Signatur	Titel	Von	Bis	Vorname	Name
WI255/99	Betriebliche Umwelt-informationssysteme	04.05.2000	03.06.2000	Kerstin	Lange
WI255/99	Betriebliche Umwelt-informationssysteme	07.06.2000	06.07.2000	Michael	Schulze

Tabelle 29: Ergebnis des multiplen Joins

Für das Einfügen, Löschen und Ändern von Zeilen gibt es die INSERT-, DELETE- und UPDATE-Befehle. Soll beispielsweise eine Zeile aus der Tabelle „Buch" gelöscht werden, so wird dies in SQL folgendermaßen formuliert:

```
DELETE FROM Buch
WHERE Signatur = 'WI127/99'
```

Auch wenn SQL in der Kürze der Darstellung hier sehr einfach aussieht, erreicht die Formulierung von Anfragen bei realen Aufgabenstellungen schnell eine große Komplexität. Dennoch sind hier die Grundlagen für den Umgang mit relationalen Datenbanken so weit dargelegt, dass auch Nicht-Informatiker leicht in die Materie tiefer einsteigen können.

Das relationale Datenbankmodell erfreut sich einer starken Akzeptanz sowohl von der Anbieterseite (z. B. ORACLE, IBM, Informix, Ingres, Sybase, Progress), als auch von der Anwenderseite her. Diese Akzeptanz rührt daher, dass das relationale Datenbankmodell

- leicht verständlich ist,

- auf Basis international anerkannter Standards verfügbar und umgesetzt worden ist,

- dem Entwickler ein Instrumentarium für eine flexible Handhabung von Daten zur Verfügung stellt und

- nicht nur ein theoretischer Unterbau für die Definition und Operationen des Modells existiert, sondern auch für die Entwicklungsmethodik von der Datenmodellierung bis hin zur Normalformenlehre, die durch marktgängige Werkzeuge unterstützt wird.

Aktive Datenbanksysteme

Eine spezielle Erweiterung von RDBS sind Aktive Datenbanksysteme. Aktive DBS sind in Lage, neben Daten auch Funktionen und Prozeduren als so genannte *Stored Functions* bzw. *Stored Procedures* abzuspeichern und auszuführen. Solche

Funktionen und Prozeduren werden durch Aufruf in der Laufzeitumgebung von Datenbanksystem ausgeführt. Die Ausführung von Stored Procedures und Functions ist damit weder an spezielle Laufzeit- oder Entwicklungsumgebungen noch an Betriebssysteme gebunden. Sie werden daher insbesondere für die Implementierung von Anwendungsfunktionen verwendet, die von mehreren unterschiedlichen Anwendungsprogrammen wiederverwendet werden sollen.

Eine spezielle Form von Stored Procedures sind *Trigger*. Sie werden nicht durch expliziten Aufruf, sondern durch den Eintritt eines *Datenbankereignisses* ausgeführt. Datenbankereignisse sind die Neuanlage, Löschung oder Änderung von Daten. Mit Triggern werden komplexe *Integritätsregeln* codiert (z. B. „fällt der Lagerbestand unter den Mindestbestand, dann muss eine Bestellung generiert werden"), die eingesetzt werden, wenn durch eine Anwendung die Integrität der Datenbank gefährdet ist. Trigger werden unabhängig von Anwendungsprogrammen ausgeführt und werden deshalb auch in Datenbanksystemen und nicht in Anwendungen implementiert. Derartige Mechanismen sind bereits in den meisten relationalen Datenbanksystemen verfügbar. Hinter aktiven Datenbanksystemen steht also kein neues Datenbankmodell, vielmehr handelt es sich hier um die Erweiterung relationaler Datenbankmodelle.

2.5.4.3 Objektorientierte Datenbankmodelle

Das relationale Datenbankmodell ist trotz aller genannten Vorzüge auch mit einigen Problemen behaftet (Dittrich 1989, 215; Gebhardt 1987, 82):

- Die Tabellenstruktur ist eine „flache" Repräsentation von Entitäten. Komplexe Objekte müssen daher in eine Vielzahl von Tabellen zerlegt werden. Dieses Problem kann in Ausnahmefällen durch Denormalisierung abgemildert werden, grundsätzlich ist jedoch davon abzuraten (Finkelstein 1989). Die Verwaltung dieser Tabellen ist dann mit erheblichem Wartungs- und Pflegeaufwand verbunden.

- Informationen über komplexe Objekte müssen über mehrere laufzeitintensive Join-Operationen aufwendig rekonstruiert werden.

- Tabellen erlauben nicht die Speicherung semantischen Wissens über ihre Datenelemente.

Diese Mängel des relationalen Modells wurden bereits relativ früh erkannt. Der erste Ansatz, diese Probleme in den Griff zu bekommen, ohne das relationale Modell an sich in Frage zu stellen, war das *NF2-Modell* (NF2 = NFNF = Non-First-Normal-Form) (Schek/Scholl 1983). In Datenbanken nach diesem Modell ist es möglich, Tabellen als Attribute von Tabellen zu definieren, was bedeutet, dass Attribute mehrwertig sein können. Dieser Verstoß gegen die erste Normalform gibt diesem Datenbankmodell seinen Namen.

Die beschriebenen Schwächen werden umfassend erst durch *objektorientierte Datenbanksysteme* ausgemerzt. „Das Hauptanliegen objektorientierter Datenbanksysteme besteht darin, die Semantik von Anwendungen umfassender und exakter in der Datenbank selbst darstellen zu können." (Dittrich 1990, 344). In objektorientierten Datenbanksystemen werden die Eigenschaften der objektorientierten Programmierung mit den Eigenschaften von Datenbanken verbunden.

Anforderungen

In einem Manifest zu objektorientierten Datenbanken setzten bereits 1989 seinerzeit führende Wissenschaftler die Eckpfeiler für die Entwicklung objektorientierter Datenbanksysteme (ooDBS) (Atkinson u. a. 1989). Ihr Anforderungskatalog umfasst folgende Punkte:

Obligatorische Anforderungen:

- Die Verwaltung *komplex strukturierter Datenelemente* als Objekte muss möglich sein.

- Alle Objekte haben eine eindeutige und unveränderliche *Objektidentität*.

- Objekte sind *gekapselt*, d. h. der Zugang zu Objekten und ihren Eigenschaften ist nur über die Nutzung der hierfür bestimmten Methoden möglich.

- Objekte sind *typisiert* und *Klassen* zugeordnet.

- Klassen und Typen sind in *Spezialisierungshierarchien* mit Inklusionsbeziehungen und Vererbung organisiert.

- Für Methoden müssen die Konzepte *Overriding*, *Overloading* und *Late Binding* realisiert sein, d. h. vererbte Methoden können spezialisiert werden, mehrere Methoden mit gleichem Namen sind zulässig und die Methodenrealisierung kann vom Typ des Objekts abhängig sein.

- Für die Manipulation von Objekten muss eine *berechnungsvollständige Datenbankprogrammiersprache* verfügbar sein, d. h. alle Objektmanipulationen müssen ohne Rückgriff auf eine Host-Sprache, welche die Abfragesprache umschließt, möglich sein.

- Das ooDBMS muss um neue Datentypen erweiterbar sein.

- Auch ein ooDBMS muss alle generellen Eigenschaften von Datenbanksystemen wie eine *effiziente Sekundärspeicherverwaltung, Synchronisation und Recovery von Transaktionen* sowie einen *korrekten und fehlertoleranten Mehrbenutzerbetrieb* erfüllen.

- Für ooDBMS muss eine (deklarative) *Anfragesprache* ähnlich wie SQL verfügbar sein.

Wünschenswerte Eigenschaften:

- Die Spezialisierung von Klassen durch *Mehrfachvererbung* aus mehreren Oberklassen soll möglich sein.

- Die *verteilte Haltung von Objekten* soll unterstützt werden.

- Lange *Entwurfstransaktionen* und die *Verwaltung mehrerer Versionen* von Objekten zur Dokumentation der zeitlichen Entwicklung sollen unterstützt werden.

Konzepte von ooDBS

Die Herkunft von ooDBS sind entweder Erweiterungen objektorientierter Programmiersprachen (ooPS) um Datenbankkonzepte oder Neuentwicklungen von Datenbanksystemen. Im ersten Fall werden ooPS um Persistenz und Transaktionen für die Handhabung von Objekten erweitert. Die ooPS wird damit auch zur Datenbankabfragesprache. Beispiele für derartige Systeme sind GemStone, Objectivity/DB®, ObjectStore® und ONTOS®.

Für die Neuentwicklung von Datenbanksystemen hat sich (noch) kein Standard wie bei den relationalen Systemen etabliert. Die ODMG (Object Database Management Group) hat allerdings bereits 1993 einen Standardisierungsvorschlag geschaffen, der hier kurz vorgestellt wird, da sich einige Neuentwicklungen wie z. B. O_2 zumindest daran orientieren.

Der *ODMG-93-Standard* besteht aus der Definition eines Objektmodells, einer Objektdefinitionssprache, einer Objektanfragesprache und Standards für Programmiersprachenanbindungen. Ziele des Standards sind die Schaffung portabler Anwendungen bezogen auf verschiedene ooDBMS und die Überwindung des impedance mismatch zwischen Programmier- und Datenbanksprachen. Ein *impedance mismatch* liegt vor, wenn Inkompatibilitäten zwischen Programmiersprachen dadurch entstehen, dass diese Sprachen auf unterschiedlichen Paradigmen basieren.

Im *ODMG Objektmodell* wird Objektzustand durch die Belegung von Attributen mit Werten (Literalen) beschrieben. Als Typen von Attributen sind im Objektmodell folgende vorgesehen:

- *Atomare Typen* sind einfache Typen wie Zahlen, Datumsangaben oder Zeichenketten, wie sie auch im relationalen Modell definiert sind.

- *Kollektionen* sind Zusammenfassungen mehrerer Datenelemente gleichen Typs unter einer gemeinsamen Datenstruktur. Diese Datenstrukturen können Mengen (Sets), Multimengen (Bags), d. h. Mengen, in denen gleiche Elemente mehrmals vorkommen können, Listen (Lists) oder Felder (Arrays) sein.

- *Strukturierte Datentypen* sind Tupel bzw. Records, in denen Elemente unterschiedlichen Typs zusammengefasst werden.

Für Methoden sind In-, Out- und Inout-Parameter zulässig, so dass Parameterübergaben und -nahmen nach Call-by-Value (in), Call-by-Name (out) und Call-by-Reference (inout) möglich sind. Weiterhin ist eine explizite Ausnahmebehandlung in speziellen Blöcken (Exception sections) vorgesehen.

Die Kapselung von Objekten geschieht durch Unterscheidung von *öffentlichen Schnittstellen* eines Objekts, die aus Attributen und Methodensignaturen bestehen, und einem *privaten Objektbereich*, in dem die Methodenrümpfe und privaten Attribute implementiert sind. Klassen und Objekte werden mit der *ODL* (Object Defintion Language), die ebenfalls Bestandteil des Standards ist, erzeugt.

Die Objektidentität wird durch die automatische Vergabe von eindeutigen *OIDs* (Objektidentifikatoren) sichergestellt. Weiterhin besteht die Möglichkeit des Mappings von Objektnamen auf OIDs. Klassen und Beziehungen werden durch die Definition von Extensionen implementiert. Als *Extension* wird die Menge der aktuell vorhandenen Objekte bezeichnet. Dabei sind uni- und bidirektionale Beziehungen zwischen Objekten zulässig. Spezialisierung durch Vererbung und Persistenz werden ebenfalls unterstützt.

Die genannten Sprachkonzepte werden nun anhand eines einfachen Beispiels illustriert. Als Beispiel dient eine Klasse, die Objekte des Typs Mitarbeiter beschreibt. Angegeben ist hier nur die öffentliche Schnittstelle der Klasse.

```
INTERFACE Mitarbeiter
(       EXTENT MitarbeiterExtension
        KEYS mitarbNr, (name, gebTag))
{
        ATTRIBUTE LONG mitarbNr;
        ATTRIBUTE STRUCT Name {STRING vorName,
```

```
                                        STRING nachName,
                                        STRING gebName} name;
        ATTRIBUTE STRUCT Adresse {...} adresse;
        ATTRIBUTE LIST<STRING> telefon;
        ATTRIBUTE DATE gebTag;
        ATTRIBUTE SHORT gehalt;
        VOID gehaltBerechnen (IN SHORT g);

                                                                }
```

Die Attribute mitarbNr, gebTag und gehalt basieren auf den atomaren Typen LONG (große ganze Zahl), DATE (Datum) und SHORT (kleine ganze Zahl). Die Klasse hat zwei alternative Schlüssel, zum Einen das Attribut mitArbNr und zum Anderen die Attributsmenge (name, gebDat). Die Attribute name und adresse basieren auf den Record-Typen Name und Adresse. Das Attribut telefon ist eine Kollektion vom Typ Liste. Die Listenelemente sind vom Typ String (Zeichenkette). Weiterhin verfügt die Klasse über die Methode gehaltBerechnen mit dem In-Parameter g für Gehalt.

Eine bidirektionale Beziehung zwischen den Klassen Mitarbeiter und Projekt wird über Relationships realisiert. Die Klausel <List> gibt an, dass ein Mitarbeiter in mehreren Projekten arbeiten kann und mit dem reservierten Wort INVERSE wird notiert, dass auch eine Referenz von der Klasse Projekt auf die Klasse Mitarbeiter zeigt.

```
INTERFACE Mitarbeiter
(       EXTENT MitarbeiterExtension
        KEYS mitarbNr, (name, gebTag): PERSISTENT)
{
        ATTRIBUTE LONG mitarbNr;
        ATTRIBUTE Projekt leitet;
        RELATIONSHIP LIST <Projekt> ist_beteiligt_an
                INVERSE Projekt::Beteiligte;

        ...
};
```

Analog dazu muss auch die Rückwärts-Referenz aus der Klasse Projekt notiert werden.

Als Spezialisierung der Klasse Mitarbeiter wird nun noch die Klasse VB (Vertriebsbeauftragter) definiert, die von der Klasse alle Attribute erbt und zusätzlich das Attribut provision beinhaltet. Die Methode gehaltBerechnen der Klasse Mitarbeiter wird durch eine gleichnamige Methode der Klasse VB überlagert, die als zusätzlichen Parameter p für Provision übernimmt.

```
INTERFACE VB:Mitarbeiter
(      EXTENT VBExtension)
{
       ATTRIBUTE SHORT provision;
       ...

          VOID gehaltBerechnen (IN SHORT g, IN SHORT p);
}
```

Weiterhin beinhaltet der ODMG-93-Standard die Abfragesprache *OQL* (Object Query Language), die eng an SQL angelehnt ist. Der Hauptunterschied zu SQL liegt darin, dass eine OQL-Abfrage als Ergebnis an Stelle von Tabellen Kollektionen von strukturierten Objekten liefert. Hierdurch werden Anfragen im Vergleich zu SQL deutlich kompakter, da man sich Joins in der Regel sparen kann, allerdings auch komplexer, wie das unten stehende Beispiel der Abfrage „Selektiere alle Mitarbeiter mit den Projekten, in den sie arbeiten" zeigt.

```
SELECT DISTINCT STRUCT (m.name, projekte:(
      SELECT p.projektID
      FROM m.ist_beteiligt_an AS p))
FROM Mitarbeiter AS m
```

Der Ergebnistyp der Abfrage ist dann SET<STRUCT<name:STRING,projekte: BAG<LONG>>>.

Nutzen und Grenzen

Die Stärken von ooDBS können folgendermaßen zusammengefasst werden:

- Reale komplexe Objekte, in denen unterschiedliche Bestandteile in unterschiedlicher Beziehung zueinander stehen, können adäquat abgebildet werden. Komplexe Objekte werden nicht mehr in flache Relationen und Schlüsselreferenzen „eingeebnet", sondern können adäquat modelliert werden. Dies ist insbesondere bei technischen Anwendungen gefordert, aber – wie das Mitarbeiter-Beispiel zeigt – nicht nur dort zweckmäßig.

- Komplexe Integritätsbedingungen können adäquat abgebildet werden, da gekapselte Methoden unzulässige Systemzustände verhindern.

- Navigierende Zugriffe auf Objekte werden durch die Explizierung von Strukturen und Beziehungen vereinfacht. Mit navigierenden Zugriffen können Benutzer auf einfache Weise ähnlich wie in Hypertexten Objekte durch systematisches Erschließen der Objektstruktur finden, ohne hierfür komplexe Abfragen formulieren zu müssen.

- Komplexe und langfristige Abläufe werden durch Entwurfstransaktionen unterstützt.

Trotzdem haben sich ooDBS bislang nicht gegenüber relationalen DBS in der Praxis durchsetzen können. Die Hindernisse sind insbesondere folgende:

- Das Hauptproblem liegt in der Beherrschung von Komplexität. Was für den Wissenschaftler eine Herausforderung darstellt, kann in der Praxis zum unüberwindlichen Hindernis einer Systemeinführung werden. Selbst ein einfacher Anwendungsfall wie das Beziehungsgeflecht zwischen Mitarbeitern, Projekten und Abteilungen mündet in einem komplexen und komplizierten Modell, wenn es als ooDB implementiert wird, wie schon das obige Beispiel andeutet. So ist die Erklärungsfähigkeit derartiger Modelle für Normalbenutzer stark eingeschränkt. Aber auch die Fehlersuche gestaltet sich oftmals schwierig. Weiterhin sind derartige Modelle, wenn sie erst mal realisiert sind und funktionieren, nur schwer änderbar. So war es seinerzeit eine gepriesene Errungenschaft von RDBS, Hierarchien abzuschaffen.

- Ein weiteres Problem ist die Performance von Datenbankabfragen. Schon die Optimierung von SQL-Abfragen ist in realweltlichen Anwendungen ein „Dauerproblem", das sich bei OQL-Abfragen noch deutlich verschärft.

- Weder der ODMG-93-Standard noch ein anderer Standard haben sich bisher durchgesetzt, wodurch ooDBS proprietäre Systeme sind.

- Die Migration von relationalen und anderen Datenbanken ist ein schwerwiegendes Problem in der Praxis. Zum Einen ist es sehr aufwendig, relationale in objektorientierte Schemata zu überführen und die Daten entsprechend aufzubereiten, zum Anderen ist eine Migration bezüglich des Leistungsverhaltens ergebnisoffen. Bei unternehmenskritischen Anwendungen sind Unternehmen aus verständlichen Gründen nicht bereit, dieses Risiko zu tragen. Daher werden oftmals sogar noch hierarchische Datenbanken in Unternehmen in großem Stil eingesetzt!

2.5.4.5 Objektrelationale Datenbanksysteme

Die Ausführungen in den beiden vorangegangenen Abschnitten lassen den Schluss zu, dass es offensichtlich der günstigste Entwicklungspfad ist, relationale und objektorientierte Datenbankkonzepte zusammenzuführen. Objektrelationale Datenbanksysteme (ORDBS) sind genau aus dieser Motivation heraus entstanden.

ORDBS haben zunächst alle Eigenschaften von RDBS, wodurch relationale Datenbanken unverändert weiterverwendet werden können. Weiterhin bleibt die Tabelle als grundlegende Datenstruktur erhalten. Hinzu kommen folgende Eigenschaften:

- Mit der Definition von *Objekttypen* können benutzerdefinierte Wertebereiche für Attribute konstruiert werden. Insbesondere wird auch die Konstruktion strukturierter Verbundtypen unterstützt. Tabellen, die Attribute enthalten, deren Wertebereiche sich auf Objekttypen abstützen, werden dann *ObjektTabellen* genannt.

- Jeder Entität, d. h. Zeile einer ObjektTabelle, wird automatisch eine *inhärente Identität* (OID) zugeordnet.

- Attribute dürfen nun auch *Referenzen auf Objekte* sein. Damit müssen Verbindungen zwischen Identitäten nicht mehr ausschließlich über Fremdschlüssel-Beziehungen implementiert werden.

- Die *Kapselung von Methoden* in Objekten wird unterstützt.

- *Kollektionswertige Attribute* sind zulässig, allerdings beschränkt sich dies in der Regel auf Arrays.

Im Folgenden wird die Konstruktion von Objekttypen unter Verwendung von Referenzen, gekapselten Methoden und kollektionswertigen Attributen genauer dargestellt. Die Beispiele basieren auf dem ORDBS Oracle9i®. Eine Standardisierung objektrelationaler Konstrukte ist im SQL3-Standard vorgesehen, allerdings noch nicht abgeschlossen.

Objekttypen

Ein *Objekttyp* ist ein benutzerdefinierter Datentyp, der eine komplexe Struktur haben kann und in dem Methoden gekapselt sein können. Objekttypen werden mit dem CREATE-TYPE-Befehl erstellt. Ein einfacher Objekttyp „Vortrag" kann z. B. folgendermaßen definiert sein:

```
CREATE TYPE Vortrag_Typ AS OBJECT (

Titel                VARCHAR(80),
Autor                REF Person_Typ,
Veranstaltungen      Veran_TTyp,

MEMBER FUNCTION Vortrag_Kurzbez
(VT  VARCHAR(80)) RETURN VARCHAR(10));
```

Dieser Objekttyp besteht aus einem atomaren Attribut Titel, einem Referenz-Attribut Autor, einem Kollektionsattribut Veranstaltungen und einer Methode zur Erzeugung von Kurzbezeichnungen. Das reservierte Wort MEMBER macht deutlich, dass die Funktion zu einem Objekttyp gehört und damit keine „normale" Stored Function ist.

Referenzen

Referenzen sind Verweise auf „kryptische" OIDs. Sie sind damit Verweise auf Elemente eines bestimmten Typs unabhängig davon, in welchen ObjektTabellen diese Elemente abgespeichert sind. So kann die Referenz aus dem Objekttyp Vortrag sowohl auf ein Element des Typs Autor in einer ObjektTabelle „Mitarbeiter" wie auch auf Elemente gleichen Typs einer ObjektTabelle „Externe" zeigen. Damit sind Referenzen kein Substitut für Fremdschlüssel, sondern eine echte Erweiterung des relationalen Konzepts. Ein weiterer Vorteil gegenüber Fremdschlüsselbeziehungen ist der effizientere Datenzugriff über Objektreferenzen, da in der OID direkt die physische Adresse des Datenelements codiert ist.

Kollektionen

Als Kollektionen sind in Oracle9i nur *Nested Tables* und *Varrays* zugelassen. Nested Tables sind nicht längenbegrenzte Vektoren, die mit positiven ganzen Zahlen indiziert werden. Sie sind mit SQL-Statements manipulierbar, werden automatisch mit Nullwerten initialisiert und sind dünn und lückenhaft besetzbar. Varrays entsprechen Nested Tables haben aber eine feste Längenbegrenzung und der Vektor muss durchgängig besetzt werden. Abbildung 66 illustriert den Unterschied zwischen Nested Tables und Varrays.

Im Folgenden werden die Deklarationen für den Kollektionstyp der Art Nested Table mit der Bezeichnung Veran_TTyp angegeben. Man sieht, dass die Elemente einer Kollektion durchaus wieder strukturierte Objekttypen sein dürfen, allerdings sind kollektionswertige Elemente nicht zulässig.

```
CREATE TYPE Periode_Typ AS OBJECT (
von          DATE,
bis          DATE);


CREATE TYPE Veran_Typ AS OBJECT (
VTitel       VARCHAR (80),
Ort          VARCHAR (80),
Zeit         Periode_Typ));


CREATE TYPE Veran_TTyp AS TABLE OF Veran_Typ;
```

VARRAY (8) OF SMALLINT

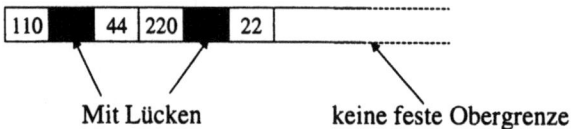

| 110 | 55 | 44 | 220 | 33 | 22 | | |

Lückenlos besetzt   feste Obergrenze

TABLE OF SMALLINT

Mit Lücken   keine feste Obergrenze

Abbildung 66: Nested Tables und Varrays

Methoden

Methoden werden mit DBS-spezifischen Sprachen wie z. B. PL/SQL (procedural SQL) von Oracle oder Java implementiert. In Objekttypen werden nur die Signaturen der Methoden mit dem reservierten Wort MEMBER angegeben. Rümpfe werden im OBJECT TYPE BODY implementiert. Hierdurch wird die Methodenimplementierung gekapselt.

Für jeden Objekttyp kann je eine der beiden Ordnungsfunktionen angegeben werden. Mit einer MAP MEMBER FUNCTION kann eine (Halb-)Ordnung auf Objekten definiert werden. Diese Funktion darf nicht explizit aufgerufen werden, sondern wird stets implizit bei Vergleichen von Elementen des entsprechenden Objekttyps ausgeführt. Mit ORDER MEMBER FUNCTIONs können Regeln für den paarweisen Vergleich von Objekten angegeben werden. Nachfolgend wird exemplarisch die Definition eines Objekttyps mit einer einfachen MAP MEMBER FUNCTION gezeigt.

```
CREATE TYPE Veran_Typ AS OBJECT (
VTitel VARCHAR (80),
Ort    VARCHAR (80),
Zeit   Periode_Typ)),
MAP MEMBER FUNCTION Veran_map
RETURN INTEGER;

CREATE TYPE BODY Ver_Typ AS
MAP MEMBER FUNCTION Veran_map
RETURN INTEGER IS
BEGIN
```

```
RETURN Veran_Typ.Periode_Typ.von;
END;
```

Objektinkarnationen

Ein Objekt des Typs Vortrag hat nun die in Abbildung 67 dargestellte Struktur. Mit der Typdeklaration ist bis jetzt allerdings nur die Objektstruktur festgelegt, Objekte selbst sind noch nicht verfügbar. Sie können erst nach einer Inkarnation des Objekttyps abgespeichert und genutzt werden.

Objektinkarnationen sind in ORDBS nur als Tupel bzw. Attribute von Tabellen möglich. Folgendes Beispiel zeigt, wie ein Objekttyp für die Definition einer ObjektTabelle genutzt werden kann. Anzumerken ist, dass Nested Tables im Gegensatz zu Varrays stets in der Tabellendeklaration angegeben werden müssen, da sie vom Datenbanksystem als eigenständige Tabellen angelegt werden.

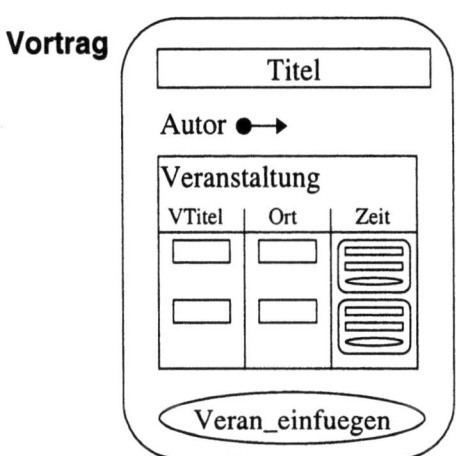

Abbildung 67: Struktur des Objekttyps Vortrag

```
CREATE TABLE Vortragsangebot AS (

VNr          NUMBER,
Fachgebiet   VARCHAR (20),
Vortrag      Vortrag_Typ)

NESTED TABLE Veranstaltung
STORE AS Veran_Tab;
```

VNr	Fachgebiet	Vortrag
1	Datenbanken	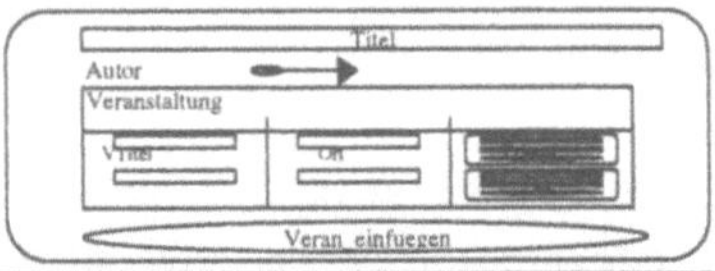
2	Wirtschafts-informatik	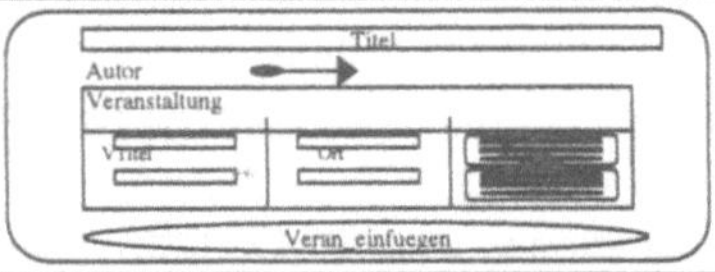
3	Grundlagen	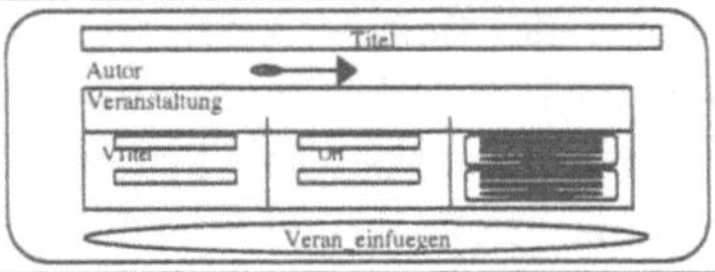

Abbildung 68: ObjektTabelle

Titel	Autor	Veranstaltung		
		VTitel	Ort	Zeit
Oo Daten-banken	●→			
		VTitel	Ort	Zeit
Die Zukunft von Linux/NT	●→			
		VTitel	Ort	Zeit
Was kommt nach Java?	●→			

Abbildung 69: Einfache ObjektTabelle

Objekttypen können auch direkt als Tabellendefinitionen verwendet werden, wie folgendes Beispiel zeigt. Die zugehörige ObjektTabelle ist in Abbildung 69 dargestellt.

```
CREATE TABLE Vortrag OF Vortrag_Typ
NESTED TABLE Veranstaltung
STORE AS Veran_Tab;
```

Objektzugriffe

So elegant die Objektdefinition erscheint, so schwierig sind Einfügen und Selektieren von Objekten, insbesondere wenn auf innere Objektstrukturen zugegriffen werden soll. SQL-Erweiterungen stoßen schnell an ihre Grenzen, wenn Informationen auf Basis von Daten, die tief in Objekten verborgen sind, zu selektieren sind. Problematisch ist z. B. eine Abfrage der Art „Auf welchen Veranstaltungen habe ich den Vortrag ‚oo Datenbanken' gehalten?", denn hierbei müssen Veranstaltungstitel und -ort, die in einer Nested Table abgespeichert sind, anhand eines Vortragstitels der umschließenden Tabelle selektiert werden. Für den Zugriff auf Elemente von Kollektionen wurde SQL um das reservierte Wort THE erweitert.

Auch wenn für die oben genannte Anfrage noch eine Lösung formuliert werden kann (siehe Abbildung 70), lassen sich problemlos Objekttypen konstruieren, wo man entweder nur noch mit extrem komplexen SQL-Anfragen oder Methoden, die mit OOPS programmiert werden, an die inneren Strukturen herankommt. Es wird sich daher zeigen, wie weit ORDBS das Erbe von RDBS antreten können.

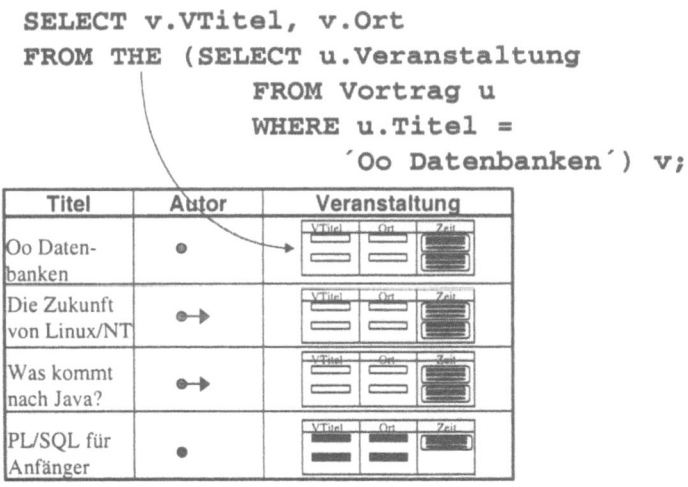

Abbildung 70: Zugriff auf Nested Table

Abgrenzung zu ooDBS

Zusammenfassend sei noch festgehalten, dass sich ORDBS von ooDBS dadurch abgrenzen, dass sie folgende Konzepte (noch) nicht unterstützen:

- Klassen und Vererbung,
- Overriding, Polymorphie und Late Binding von Methoden und
- berechnungsvollständige Datenbankabfragesprachen

2.5.5 Weitere Datenbankentwicklungen

In Folgenden werden kurz weitere Konzepte von DBS vorgestellt, die in der Regel für spezielle Aufgabenstellungen entwickelt wurden:

- *Deduktive Datenbanksysteme* stellen eine spezielle Klasse der aktiven Datenbanksysteme dar. In deduktiven Datenbanksystemen können Regeln abgespeichert werden, mit denen auf Basis vorhandener Daten („Fakten") weitere Fakten generiert werden können, die nicht explizit in der Datenbank gespeichert werden.

- *Multimediale Datenbanksysteme* sind für die effiziente Verwaltung multimedialer Daten, insbesondere von Bildern sowie Video- und Audiosequenzen, optimiert. Diese Datentypen benötigen extrem viel Speicherplatz, wodurch auch Datenbanken mit verhältnismäßig wenigen abgespeicherten Entitäten schnell sehr groß werden. Schon bei Transaktionen mit wenigen Entitäten werden große Datenmengen bewegt. Multimediale DB sind auf diese speziellen Anforderungen ausgerichtet.

- *Mehrdimensionale Datenbanksysteme* ähneln relationalen Datenbanken, können aber nicht nur zweidimensionale Tabellen, sondern n-dimensionale Würfel, so genannte *Hypercubes*, verwalten. Sie werden speziell für Data Warehouses eingesetzt (dazu mehr in Abschnitt 3.4.6.3 Datenanalyse auf Basis von Data-Warehouse-Technologien).

- *Temporale Datenbanksysteme* erlauben die explizite Verfolgung von Zustandsänderungen der abgespeicherten Entitäten über lange Zeiträume.

- *Komponenten-Datenbanksysteme* (KDBS) sind autonome Datenhaltungskomponenten für den integrierten Zugriff auf *föderierte Datenbanken*. Föderierte Datenbanken sind zu integrierende in der Regel verteilte Datenbanken, die auf (teil-)autonomen und heterogenen Datenhaltungen basieren.

- *Räumliche Datenbanken (spatial Databases)* sind auf die speziellen Anforderungen der Abspeicherung geografischer Informationen ausgerichtet. Sie werden insbesondere für die Speicherung von Objekten elektronischer Landkarten eingesetzt.

- *Erweiterbare Datenbanksysteme* stellen dem Entwickler Schnittstellen zur Erweiterung des Datenbankkerns zur Verfügung.

2.5.6 Bausteine von Datenbanksystemen

Datenbanksysteme bestehen in der Regel aus einem Datenbankmanagementsystem (DBMS) und verschiedenen Entwicklungs- und Endbenutzerwerkzeugen, mit denen auf die Funktionen, die das DBMS zur Verfügung stellt, zugegriffen werden kann. Weiterhin gibt es Werkzeuge für die Administration von Datenbanken.

Programmierwerkzeuge erlauben den Zugriff auf die Funktionalität des Datenbankkerns im Rahmen von eigenentwickelten Anwendungsprogrammen. Hier unterscheidet man zwei Typen von Werkzeugen: Einerseits gibt es Modulbibliotheken und Pre-Compiler, mit denen Sprachkonstrukte der Datenbankabfragesprache in den Programmcode einer Programmiersprache eingebettet werden können. Andererseits gibt es dedizierte Entwicklungswerkzeuge, die speziell auf die Entwicklung von datenbankgestützten Anwendungen abgestimmt sind wie z. B. Programmiersprachen bzw. Werkzeuge der 4. Generation.

Endbenutzerwerkzeuge sind z. B. (Tabellen-)Kalkulationswerkzeuge, die Werte aus der Datenbank in Tabellenfeldern oder Konstrukte aus der Datenbankabfragesprache in Formeln zulassen oder Programme zur grafischen Darstellung von Werten, die in der Datenbank gespeichert sind. Diese Werkzeuge verbergen den Zugriff auf die Datenbank weitestgehend vor dem Benutzer.

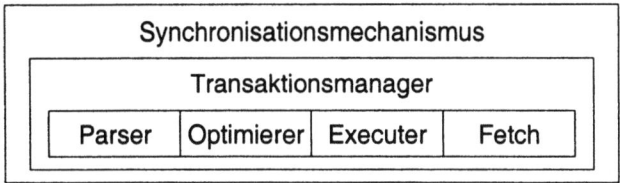

Abbildung 71: Transaktionsmanager und Synchronisationsmechanismus

Entwicklungs- und Endbenutzerwerkzeuge erzeugen Statements in der Abfragesprache, die an den Datenbankkern zur weiteren Auswertung weitergegeben werden. Diese Statements sind zu Transaktionen zusammengefasst. Das DBMS übernimmt die Transaktionen, wobei der Synchronisationsmechanismus dafür sorgt, dass konkurrierende Benutzerzugriffe in der richtigen Reihenfolge abgearbeitet werden. Jedes Statement der Transaktion wird dann zunächst mit einem *Parser* auf syntaktische Richtigkeit überprüft. Dann ermittelt der *Optimierer* den optimalen Ausführungsplan für das Statement und führt ihm mit den *Executer* aus. War das Statement ein SELECT, dann holt die *Fetch*-Funktion des DBMS die Daten vom Speichermedium und übergibt sie in einem speziellen Speicherbereich, dem *Cursor*, an das anfragende Programm zurück. Dieses kann dann den Cursor weiter auswerten. Bei schreibenden Zugriffen werden die Änderungen zunächst in ein *Log File* geschrieben. Wird eine Transaktion, d. h. jedes einzelne Statement erfolgreich abgeschlossen, dann wird die Transaktion in der Form abgeschlossen,

dass die im Log-File protokollierten Änderungen persistent in die Datenbank geschrieben werden (COMMIT), andernfalls werden die Änderungen vernichtet und
die Datenbank in ihren ursprünglichen Zustand zurückgesetzt (ROLLBACK).

Die Bearbeitung von Benutzeranfragen setzt voraus, dass überhaupt eine Datenbank existiert. Hierfür müssen relationale, objektrelationale, objektorientierte oder
auf anderen Datenbankmodellen basierende Datenbankschemata angelegt, optimiert und gepflegt werden. Alle Objekte, welche die logische Struktur von Datenbanken beschreiben, werden *Datenbankobjekte* genannt. In relationalen DBS sind
dies z. B.:

- Tabellen

- Sichten (*Views*): Eine View ist eine benutzerspezifische Sicht auf Tabellen, die
  dem Benutzer wie eine „normale" Tabelle erscheint. Man kann Views auch als
  virtuelle Tabellen oder „gefrorene" Abfragen bezeichnen. Views werden mit
  dem Befehl CREATE VIEW erzeugt. Beispiel für eine View ist eine Sicht auf
  die Tabelle „Buch", in der nur die ausgeliehenen Bücher erscheinen:

```
CREATE VIEW ausgelieheneBuecher AS
SELECT Signatur, Autoren, Titel, Jahr
FROM Buch
WHERE Signatur IN (Select Signatur FROM Ausleihe);
```

- *Indexe*: Indexe dienen der Verbesserung des Laufzeitverhaltens. Man kann einen Index mit einem Stichwortverzeichnis in einem Buch vergleichen. Wenn
  man z. B. alle Seiten in einem Buch finden will, die Informationen über ein bestimmtes Thema enthalten, muss man das Buch Seite für Seite von Anfang bis
  Ende durchblättern, um die gewünschten Informationen zu finden. Das ist kein
  Problem bei dünnen Büchern, aber bei dicken Büchern ist diese Methode sehr
  zeitaufwendig. Deshalb ist ein Stichwortverzeichnis für ein dickes Buch (wie
  dieses) notwendig, um alle Informationen über ein bestimmtes Thema schnell
  zu finden. Indexe haben die gleiche Rolle in einer Datenbank, denn wenn ein
  Index für eine Tabelle existiert, benutzt das Datenbanksystem den Index für
  die Auswertung von Abfragen, um alle Datensätze, welche die Suchbedingung
  erfüllen, schneller zu finden. Ist kein Index für eine Tabelle vorhanden,
  durchsucht das Datenbanksystem die Tabelle von Anfang bis Ende, um die
  gewünschten Datensätze zu finden. Daher sollten Indexe für diejenigen
  Attribute von großen Tabellen, die häufig in WHERE-Klauseln von SELECT-
  Befehlen auftreten, angelegt werden.

- *Benutzer*: In der Regel haben Benutzer eingeschränkte Lese- und Schreibbe-
  rechtigungen (*Privilegien*) auf der Datenbank. So dürfen sie oftmals nur bestimmte Tabellen einsehen oder ändern, wobei die Rechte bis auf die Ebene

von Attributen hinunter gehen können. Dies ist z. B. der Fall, wenn ein Vertriebsbeauftragter den Verkaufs- aber nicht den Einkaufspreis einsehen darf. Auch Benutzer und ihre Privilegien werden als Datenbankobjekte verwaltet.

Abhängig von konkreten Datenbanksystemimplementierungen lässt sich die Liste der Datenbankobjekte beliebig fortführen. Allerdings sind diese systemabhängig und oftmals nur für Datenbankadministratoren (DBAs) relevant, so dass sich eine vertiefte Darstellung hier erübrigt.

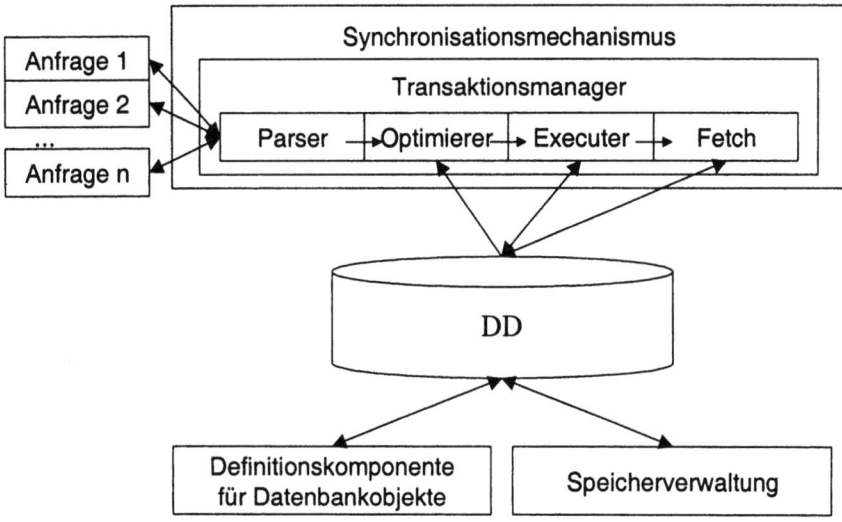

Abbildung 72: Grobarchitektur eines DBMS

Datenbankobjekte repräsentieren die logische Sicht, die in dieser Form allerdings nicht auf die Speichermedien von Computersystemen abgebildet werden können. Daher gehören zum DBMS auch Mechanismen zur effizienten Übertragung der logischen Datenbankobjekte auf physische Speicherstrukturen. So kann z. B. eine große Tabelle auf mehrere Dateien, Festplatten oder sogar Rechnersysteme verteilt sein.

Die Zusammenhänge zwischen Datenbankobjekten sowie zwischen Datenbankobjekten und physischen Speicherstrukturen werden in einer *Meta-Datenbank* dokumentiert. *Meta-Daten* sind Daten über Daten. Die Meta-Datenbank eines DBS wird *Data Dictionary (DD)* genannt. In einem DD wird z. B. abgespeichert, welche Benutzer welche Rechte auf welchen Tabellen haben, welche Tabellen auf welchen physischen Speichermedien abgespeichert sind, auf welche Tabellen wie häufig zugegriffen wurde usw.

Ist eine Datenbankabfrage auszuwerten und zu optimieren, dann führt der Weg zur Auswertung über das DD, denn dort findet der Transaktionsmanager alle relevanten Informationen, die für die Auswertung von Abfragen relevant sind. Damit ist das DD das Bindeglied zwischen der Verwaltungskomponente von Datenbankobjekten und dem Transaktionsmanager. Abbildung 72 zeigt die Elemente eines DBMS im Zusammenhang. Die Pfeile repräsentieren den Informationsfluss.

Für die Verwaltung des DBMS gibt es so genannte *Datenbankadministrationswerkzeuge*. Hierzu gehören z. B. Werkzeuge für das Performance Tuning des Datenbankkerns, das Anlegen von Benutzern oder Datenbankobjekten, Mechanismen für Backup (Herstellung von Sicherungskopien) und Recovery (Rekonstruieren konsistenter Zustände durch Wiedereinspielen von Sicherungskopien) von Datenbankzuständen, Analysewerkzeuge für das Erkennen von Zugriffsengpässen usw. Sie unterstützen den Datenbankadministrator bei der Wahrnehmung seiner Aufgaben.

2.5.7 Verteilte Datenbanksysteme

Ein verteiltes (Anwendungs-)System ist ein Anwenderprogramm, bei dem Funktionen oder Daten auf verschiedene Netzknoten verteilt sind (Nehmer 1985, 1). Ein Netzknoten ist dabei ein „vollständiger" Rechner, der mit CPU, Ein/Ausgabe-Einheiten und interner wie externer Speicherkapazität ausgestattet ist, also zum Beispiel kein Terminal.

Verteilte (aktive) DBS sind Instrumente zur Realisierung verteilter Anwendungssysteme. „Ein Datenbanksystem heißt verteilt, wenn die zugehörige Datenbasis koordiniert auf mehrere Datenbestände verteilt ist." (Zehnder 1998, 243). Wenn man diese Definition weiter aufschlüsselt, kommt man zu folgenden Charakteristika verteilter Datenbanksysteme (VDBS) (Bayer u. a. 1984, 1f):

• Die Datenbank muss auf mindestens zwei Netzknoten verteilt sein. Ein Knoten ist ein eigenständiger Rechner mit eigenem Prozessor, Speicher, Betriebssystem und Datenbankmanagementsystem.

• Zwischen den Datenbeständen bestehen Abhängigkeiten, die sich in Form von Integritätsbedingungen formulieren lassen.

• Der gesamte Datenbestand ist von allen Knoten aus erreichbar, sofern der Benutzer die entsprechenden Zugriffsrechte auf die Daten hat.

• Jeder Knoten ist an mindestens einer globalen Transaktion beteiligt. Eine globale Transaktion ist eine Transaktion, in der Datenelemente, die auf mindestens zwei Netzknoten verteilt sind, angesprochen werden. Die Knoten arbeiten aber weitgehend autonom, d. h. es gibt wesentlich mehr lokale als globale Transaktionen.

Das Hauptanliegen ist es, auf verschiedenen Datenbanken unabhängig von den darunter liegenden Kommunikationsverbindungen zu arbeiten (Deen 1982). Die Verteilung von Funktionen und Daten folgt einer Verteilungsstrategie. Primäres Ziel einer Verteilungsstrategie für Funktionen und Daten war es früher, die Netzlast so gering wie möglich zu halten, da das Netzwerk, sobald man größere Datenmengen über es transferiert, *der* Engpass im verteilten System wurde. Dies ist heute nicht mehr der Fall. An die Stelle der Netzlastminimierung treten verschiedene anwendungsbezogene Kriterien für die Verteilung von Funktionen und Daten, die in Abschnitt 3.3.3 Architekturen Betrieblicher Informationssysteme erläutert werden.

Da sich die Verteilung der Funktionen im Allgemeinen aus den Anforderungen des Anwenders ableitet, ist die Verteilung der Daten auf verschiedene Netzknoten das wesentliche Instrument des Programmierers, die Netzlast zu beeinflussen. Dabei gilt die „Wedekind'sche Faustregel": *Die Last folgt den Daten* (Wedekind 1988). Es stellt sich dabei nicht nur die Frage der Datenallokation, das heißt, welche Tabelle auf welchem Netzknoten platziert wird, sondern auch die Frage der Verteilungsart. Bei ooDBS werden Objekte disjunkt auf verschiedene Netzknoten verteilt. Bei relationalen Datenbanken werden drei Verteilungsarten unterschieden:

- *Dispersion:* Als Dispersion wird die Verteilungsart bezeichnet, bei der die Tabellen redundanzfrei auf den Netzknoten verteilt sind, das heißt, jede Tabelle kommt nur einmal auf genau einem Knoten im verteilten System vor. Vorteil der Dispersion ist die globale Redundanzarmut. Abgesehen von der physischen Verteilung der Tabellen, kann hier die Datenstruktur genauso entwickelt werden wie bei herkömmlichen Systemen. Dennoch ist die Dispersion nicht das „Verteilungsideal". Eine hohe Anzahl von netzweiten Lesezugriffen kann zu einem hohen Kommunikationsvolumen führen, und der Ausfall eines Netzknotens zieht die netzweite Blockade von Funktionen, die auf den Tabellen des ausgefallenen Netzknotens arbeiten, nach sich.

- *Replikation:* Das Pendant zur Dispersion ist die Replikation. Bei der Replikation wird von einer Tabelle mindestens eine Kopie auf einem anderen Netzknoten platziert. Alle Replikate werden gleichwertig gewartet. Replikate senken das Kommunikationsvolumen bei Lesezugriffen, denn sie können ja stets auf der lokalen Kopie stattfinden, erhöhen aber den Schreibaufwand, da jede Kopie innerhalb einer Transaktion den Update erfahren muss. Ist eine Kopie jeder Tabelle auf jedem Netzknoten vorhanden, so spricht man auch von der *vollständigen* bzw. *symmetrischen Replikation*. Eine andere Variante von Replikaten sind *Snapshots* (Adiba/Lindsay 1980). Hierbei werden ebenfalls Kopien von Tabellen auf verschiedenen Netzknoten gehalten, Schreiboperationen werden jedoch nur auf einer Mastercopy, die verbindlich den aktuellen Status der Tabelle repräsentiert, zugelassen. Die anderen Kopien stehen nur für Lesezwecke zur Verfügung. Sind Schreiboperationen auf Datensätzen der Mastercopy ausgeführt worden, so müssen neue Kopien (Snapshots) dieser Datensätze an die anderen Knoten verteilt werden. Dafür gibt es zwei Strategien: ASAP (= as soon as possible), das heißt, Änderungen auf der Mastercopy werden sofort auf die Kopien übertragen, und periodisch, das heißt, erst nach Ablauf einer bestimmten Frist werden die Kopien auf den aktuellen Stand gebracht. Snapshots sind nur dann sinnvoll, wenn die Mastercopy einen relativ stabilen Datenbestand aufweist.

- *Fragmentierung*: Fragmente sind disjunkte Teile einer Tabelle, die auf verschiedene Netzknoten verteilt sind (Teory u. a. 1989). Man unterscheidet die horizontale und die vertikale Fragmentierung. Bei der horizontalen Fragmentierung werden die Datensätze (Zeilen) und bei der vertikalen Fragmentierung die Attribute (Spalten) einer Relation disjunkt auf verschiedene Netzknoten verteilt. Die vertikale Fragmentierung ist für die Praxis nur von untergeordneter Bedeutung, da es wenig sinnvoll ist, die Schlüsselattribute einer Tabelle von anderen Fragmenten abzutrennen. Der Begriff „Fragmentierung" wird in diesem Buch deshalb stets für „horizontale Fragmentierung" verwendet.

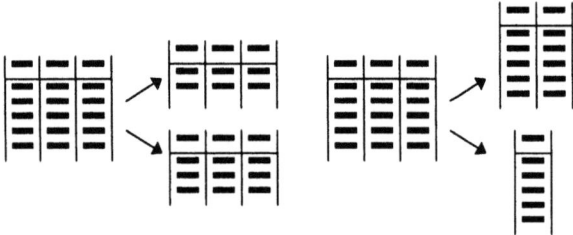

Abbildung 73: Horizontale und vertikale Fragmentierung

Fragmente können genau wie Tabellen disjunkt oder repliziert auf Netzknoten verteilt werden. Disjunkt verteilte Fragmente werden auch *Partitionen* genannt.

Die Anforderungen aus Benutzer- bzw. Anwendersicht an verteilte Datenbanksysteme leiten sich aus der 12. Codd'schen Regel für relationale Datenbanken (Codd 1985) ab: Verteilte Datenbanken sollen sich aus Benutzersicht wie nicht-verteilte Datenbanken verhalten. Diese Forderung hat Date in Form von 12 Regeln für verteilte Datenbanken (Date 1987) weiter aufgeschlüsselt:

Regeln zu Elementareigenschaften:

- *Lokale Autonomie*: Lokale Daten sollen auch lokal verwaltet werden.

- *Keine zentrale Einheit*: Bei Ausfall eines Netzknotens müssen alle anderen Knoten mit möglichst wenig Beeinträchtigung weiterarbeiten können.

- *Dauerbetrieb*: Es darf zu keinerlei planmäßigen Betriebsunterbrechungen kommen.

- *Lokale Transparenz*: Der Benutzer braucht den Standort von Daten nicht zu kennen. Auf externen Daten arbeitet er genauso wie auf den lokalen.

Datenverteilungsregeln:

- *Fragmentierungstransparenz*: Fragmentierte Daten erscheinen dem Benutzer genau wie nicht-fragmentierte Daten.

- *Replizierungstransparenz*: Die Existenz von Datenkopien wird vor dem Anwender verborgen.

- *Verteilte Abfrageverarbeitung*: Daten verschiedener Knoten können in einer Abfrage behandelt werden.

- *Verteiltes Transaktionsmanagement*: Innerhalb einer Transaktion können Daten mehrerer Knoten gelesen und verändert werden.

Transparenzregeln:

- *Hardware-Transparenz*: Netzknoten können Hardware unterschiedlicher Größenordnung (vom PC bis zum Mainframe) und verschiedener Hersteller sein.

- *Betriebssystem-Transparenz*: Netzknoten können mit unterschiedlichen Betriebssystemen ausgestattet sein.

- *Netzwerk-Transparenz*: Teilnetze können auf unterschiedlichen Protokollen basieren.

- *Datenbankmanagementsystem-Transparenz*: Auf den Netzknoten können verschiedene Datenbankmanagementsysteme residieren.

Es ist zu beachten, dass die 12 Regeln nur angeben, was ein verteiltes Datenbanksystem anbieten sollte, wenn es ein „echtes" verteiltes Datenbanksystem im Date'schen Sinn sein soll. Außerdem würde die strikte Einhaltung aller 12 Regeln zu Zielkonflikten führen. So ist die Sicherstellung einer vollständigen lokalen Autonomie mit der Forderung nach gesicherten verteilten Transaktionen unvereinbar. Moderne verteilte Datenbanksysteme erfüllen heute folgende Anforderungen:

- Der Synchronisationsmechanismus für das Mehrbenutzermanagement stellt sicher, dass auch Benutzeranforderungen, die über ein (lokales) Netz gestellt werden, synchronisiert werden.

- Der Transaktionsmechanismus stellt sicher, dass verteilte Transaktionen die gleichen Eigenschaften aufweisen wie nicht-verteilte Transaktionen. Hierfür wurde das Zwei-Phasen-Commit-Protokoll (Gray 1978) entwickelt und realisiert.

- Bei der Abfrageoptimierung wird berücksichtigt, dass das Netzwerk ein möglicher Performance-Engpass ist. Der Query-Optimierer nimmt dabei im Rahmen der Optimierung Abschätzungen über den erwarteten Datentransfer auf dem Netzwerk vor und lässt diese in die Auswertung einfließen.

- Mit Gateway-Programmen sind Datenbankzugriffe auch in heterogenen Umgebungen möglich.

- Das Data Dictionary ist dahingehend erweitert, dass Informationen zur physischen Lokalität verteilter Datenbestände gespeichert werden können.

- Die Datenbankabfragesprache stellt Konstrukte zur Verfügung, mit denen lokale Transparenz (z. B. über Synonyme) sichergestellt werden kann und Replikate sowie Fragmente von Daten gekennzeichnet und verwaltet werden können.

Weiterhin müssen Datenschutz- und Datensicherungsmechanismen für Sondersituationen ausgelegt sein, die in konventionellen Datenbanksystemen nicht vorkommen (Zehnder 1998, 253):

- Ausfall eines Netzknotens,
- Hinzufügen eines Netzknotens,
- autonomer Betrieb von Teilsystemen bei Ausfall anderer Teilsysteme und sich daraus möglicherweise ergebenden Inkonsistenzen zwischen redundanten Daten.

2.5.8 Weiterführende Literatur

Als einführende Lehrbücher zu Datenbanken seien hier (Heuer/Saake 2000), (Date 1995) und (Vossen 1999) angegeben. Für einen vertieften Einstieg in die Datenbanktechnik eignet sich (Heuer/Saake 1999). Anwendungsorientierte Einführungen in relationale Datenbanken findet man z. B. in (Kleinschmidt/Rank 2001; Meier 2001). Die Theorie hierzu kann man bei (Maier 1983) vertiefen. Einstiegs- und vertiefende Literatur zu objektorientierten Datenbanken ist (Heuer 1997; Lausen/Vossen 1995; Meier/Wüst 2000; Saake/Schmitt/Türker 1997). Zu objektrelationalen Datenbanken gibt es bislang vor allem systembezogene Literatur wie z. B. (Christiansen u. a. 2000) oder (Hohenstein/Pleßer 1998). Der Klassiker zum Thema verteilte Datenbanken ist (Ceri/Pelagatti 1985). Aktueller ist allerdings (Öszu/Valduriez 1999).

2.6 Computernetzwerke

In einem Computernetzwerk stehen an einem Arbeitsplatz nicht nur die lokal installierten Werkzeuge und Daten zur Verfügung, sondern es ist zusätzlich möglich, auf Programme und Daten zuzugreifen, die auf anderen Rechnern im Netzwerk zur Verfügung stehen. Computernetzwerke werden oft nach ihrer Ausdehnung klassifiziert. Gegenwärtig dominieren zwei Klassen: die lokalen Netzwerke und die Weitverkehrsnetzwerke. Computernetzwerke innerhalb eines Firmenbereichs oder eines Gebäudes werden als Lokale Netzwerke (engl. *Local Area Networks*, LAN) bezeichnet. Die angeschlossenen Computer sind in einem räumlich begrenzten Bereich aufgestellt und der Betreiber des Netzes ist für die Datenleitungen verantwortlich. Im Gegensatz dazu bezeichnen Weitverkehrsnetze oder Weitverbundnetze (engl. *Wide Area Networks*, WAN) eine Verknüpfung von mehreren lokalen Netzen oder Netzen, in denen zwischen den Computern große Entfernungen zu überbrücken sind. In einem globalen Netzwerk (engl. *Global Area Networks*, GAN) sind Computer bzw. Computernetzwerke weltweit verbunden. In diesen globalen Netzwerken erfolgt die Verbindung zwischen den einzelnen Teilnetzen durch öffentliche oder private Datenleitungen.

Die Vernetzung von Rechnern erlaubt die Trennung der logischen Sicht des Benutzers auf Funktionen und Daten von der physischen Zuordnung dieser Objekte auf Netzknoten. Funktionen anderer Netzknoten können einem Benutzer lokal zur Verfügung gestellt werden, ohne dass dieser weiß, dass diese Funktion auf einem anderen Rechner installiert ist, und verteilte Datenbestände können dem Benutzer als (logisch) homogene zentrale Datenbasis erscheinen. Die Vernetzung bedeutet dabei die Einführung einer logischen Ebene („The Network is the Computer"), auf der das verteilte System als *ein* System angesehen wird. Die Vorteile verteilter Systeme aus DV-organisatorischer Sicht sind:

- Strukturen der Aufbau- und Ablauforganisation können adäquat auf Organisationsstrukturen der Datenverarbeitung abgebildet werden.

- Verteilte Systeme können verteilt kontrolliert und administriert werden. Die Verantwortlichkeit für die Gesamtheit von Daten und Funktionen konzentriert sich damit nicht mehr auf ein Rechenzentrum, sondern kann an Abteilungen oder Benutzer, abhängig von der Relevanz der Daten für das Unternehmen, delegiert werden.

- Die Verfügbarkeit von Daten und Funktionen wird erhöht. Können Daten und Funktionen direkt von einem lokalen System angefordert werden, ohne dass der Benutzer auf Anforderungen anderer Benutzer warten muss bzw. mit Reaktionszeiten eines überlasteten Rechenzentrums zu kämpfen hat, ist der Abbau eines derartigen Anwendungsstaus mit Hilfe verteilter Systeme möglich.

- Ein verteiltes System ist flexibel erweiterbar. Dieses Argument ist für sich betrachtet zunächst nicht einsichtig, denn moderne Hardware- und Softwaresysteme lassen sich durch modular aufgebaute Architekturen ebenfalls flexibel erweitern. Damit können durch die Erweiterung des Systems auch Anforderungen erfüllt werden, die nicht durch Erweiterung der lokal installierten Hard- und Softwarebasis möglich sind. Wenn z. B. in einem Bereich ein Rechner installiert ist, bei dem es technisch nicht möglich oder zu teuer ist, diesen mit Grafikfunktionen auszustatten, so kann diese Funktion über einen neuen Netzknoten abgewickelt werden, der derartige Aufgaben übernimmt, ohne dass auf die bisher vorhandene Funktionalität des ursprünglich vorhandenen Rechners verzichtet werden muss.

- Durch die enge inhaltliche Kopplung der verschiedenen Teilsysteme und die gleichzeitige lokale Verantwortlichkeit über die Daten und Funktionen werden Koordinationsbemühungen zwischen den Mitarbeitern verschiedener Teilbereiche gefördert und damit auch die Akzeptanz für derartige Systeme erhöht.

Auch wenn verteilte Systeme auf den ersten Blick also sehr attraktiv erscheinen, so muss im Einzelfall doch genau geprüft werden, welche Funktionen und Daten dezentral zu halten sind. Verteilte Systeme bergen nämlich auch einige Probleme und Risiken in sich.

Das Hauptproblem ist eine *elementare Eigenschaft von verteilten Systemen:* In einem verteilten System kann es keinen Prozess geben, der zu einem bestimmten Zeitpunkt über jeden Prozess auf den lokalen Netzknoten Auskunft gibt. Dies ist einfach in der Tatsache begründet, dass sich während der Zeit zwischen der Messung auf dem einen Netzknoten und der Rückmeldung an den anfragenden Netzknoten auf dem gemessenen Netzknoten der Systemzustand bereits geändert haben kann, da jeder Netzknoten eben ein eigenständiger Rechner ist (Drobnik 1981; Mattern 1985).

Das zweite Problem bei verteilten Systemen ist, dass das Rechnernetz zum Engpass im System werden kann. Es ist von der Übertragungsrate, der Anzahl der Benutzer, dem Verhalten der Benutzer und den eingesetzten Protokollen abhängig, wie groß die Gefahr ist, dass das Netzwerk tatsächlich zum Engpass wird. Insbesondere bei Wide Area Networks oder lokalen Netzwerken mit hoher Netzlast beeinträchtigt das Netzwerk das Antwortzeitverhalten bei verteilten Prozessen.

Verlässt man die technische Ebene, so taucht auch im organisatorischen Bereich eine ganze Reihe von neuen Problemen auf. Die Einführung verteilter Systeme zieht einen höheren Supportbedarf für den Benutzer bzw. Anwender nach sich. Außerdem sind Datensicherungsmaßnahmen nun auf mehrere Ressourcen auszudehnen, und es gilt zu beachten, dass ein Netzwerk, insbesondere wenn es den Zugriff über öffentliche Netze zulässt, erhöhte Anforderungen an den *Datenschutz* stellt.

Auch wenn verteilte Systeme dem Anwender die Möglichkeit eröffnen, die aus seiner Sicht attraktivste Hardware- und Softwarekonfiguration an seinem Arbeitsplatz zur Verfügung zu stellen, so ergibt sich daraus, dass die in der Regel ohnehin hohe Heterogenität der Rechnerwelt im Betrieb noch verstärkt wird. In den verschiedenen Abteilungen bzw. an den verschiedenen Arbeitsplätzen werden oftmals Hardwarekonfigurationen unterschiedlichen Typs und von unterschiedlichen Herstellern *(Multi-Vendor-Umgebungen)* genutzt. Dies wirkt sich nachhaltig auf Wartung, Support und Installation der verschiedenen Systeme aus.

Trotz dieser Probleme hat gerade der Einsatz von mehreren PCs in lokalen Netzen gegenüber dem Betrieb von mehreren PCs im Stand-alone-Betrieb eine Vielzahl von Vorteilen. Die Möglichkeit zur Vernetzung von PCs war eine wesentliche Voraussetzung für den PC-Boom in Unternehmen. Die Vorteile vom Betrieb des PCs im Netz im Vergleich zum Stand-alone-Betrieb sind im Einzelnen folgende:

- Software, die an mehreren Arbeitsplätzen benötigt wird, kann dezentral an bestimmten Netzknoten installiert und von diesen anderen Arbeitsplätzen bereitgestellt werden. Die Software kann dann von jedem Arbeitsplatz, der mit solchen Netzknoten verbunden ist, genutzt werden. Der Vorteil einer solchen Konstellation ist, dass die bereitgestellte Software nur auf einem bzw. wenigen Rechnern verwaltet werden muss, d. h. Updates und Upgrades der Software sind nur auf solchen Rechnern durchzuführen, und zum Anderen, dass die Lizenzierung von Software in Netzwerken häufig kostengünstiger als die Lizenzierung vieler Einzelplatzinstallationen ist.

- (Teure) Hardware-Ressourcen können von mehreren Arbeitsplätzen aus genutzt werden. So kann beispielsweise ein Laserdrucker, Plotter oder auch ein Modem, das über das Netzwerk angesteuert wird, von mehreren Arbeitsplätzen aus benutzt werden, wodurch eine bessere Auslastung dieser Ressourcen erreicht wird.

- Der Austausch von Nachrichten und Daten von Arbeitsplatz zu Arbeitsplatz kann über das Netzwerk auf elektronischem Wege realisiert werden, was gegenüber konventionellen Mitteln wie Rohrpost oder dem Transport von Datenträgern erhebliche Zeitvorteile bringt und wesentlich einfacher zu handhaben ist.

- Für den Betrieb von Netzwerken ist neben der hierfür notwendigen Hardware wie Netzwerk-Controllern in den Rechnern und der Verkabelung auch spezielle Software erforderlich. Die grundlegenden Netzwerkdienste, z. B. zur Benutzung von zentralen Ressourcen wie Druckern oder zentralen Platten, der Versand von elektronischen Nachrichten, Internetzugang und vieles andere mehr, gehören heute zum Standard-Leistungsumfang professioneller Betriebssysteme.

Ausgehend von einigen technischen Voraussetzungen werden im Folgenden lokale Netze, das Internet und das WWW (WorldWideWeb) detaillierter betrachtet.

2.6.1 Datenübertragung in einem Netzwerk

2.6.1.1 Übertragungsmedien

Um eine Datenübertragung zwischen Computern zu ermöglichen, müssen die Computer durch ein Übertragungsmedium verbunden sein. Gegenwärtig werden die folgenden Medien verwendet:

- *Koaxialkabel*: Koaxialkabel gestatten eine Übertragungsrate von bis zu 100 MBit pro Sekunde. Dieses Medium wird vorzugsweise in kleinen lokalen Netzwerken eingesetzt.

- *Verdrillte Kupferkabel*: Telefonkabel aus Kupfer sind aus der Zeit des guten alten Telefons bekannt. Inzwischen sind die Kabel verdrillt und besser abgeschirmt, so dass moderne verdrillte Kupferkabel Übertragungsraten von bis zu 100 MBit pro Sekunde erreichen. Dieses preiswerte Übertragungsmedium ist in lokalen Netzen weit verbreitet.

- *Glasfaserkabel*: In einem Glasfaserkabel werden die Daten mittels Laserlicht übertragen. Die ankommenden elektrischen Signale werden vor der Übertragung in Lichtsignale mittels eines Lasers gewandelt und nach der Übertragung erfolgt eine Rückumwandlung in elektrische Signale durch entsprechende Fotozellen. Die erreichbaren Übertragungsraten liegen gegenwärtig bei 1.000 MBit pro Sekunde. Dieses Medium wurde ursprünglich in Weitverkehrs- und globalen Netzen eingesetzt. Zunehmend erfolgt der Einsatz auch in lokalen Netzen. Neben der hohen Übertragungsrate bieten Glasfaserkabel eine erhöhte Abhörsicherheit und eine Unempfindlichkeit gegenüber elektrischen Störquellen.

Neben den kabelbasierten Übertragungsmedien werden auch kabellose Radio-(Richtfunk) oder Infrarotstrahlen verwendet:

- *Richtfunk*: Beim Richtfunk wird ein stark gebündeltes Radiosignal als Übertragungsmedium genutzt. Bei Weitverkehrsnetzen werden vielfach Satelliten zur Übertragung eingesetzt, die von einer Bodenstation Radiosignale empfangen und wieder an eine andere Bodenstation zurückgeben. Mit diesem Medium lassen sich Übertragungsraten von mehreren GigaBit pro Sekunde erreichen.

- *Infrarot und Mikrowellen*: Hierbei erfolgt die Übertragung mittels diffusem Infrarotlicht bzw. Mikrowellen. Diese kabellosen Übertragungsmedien eignen sich beispielsweise für Gebäude, in denen keine Kabel verlegt werden dürfen. Diese Form der Übertragung ist besonders für Netze geeignet, in denen einzelne Teilnehmer in dem Netzwerk keine feste lokale Position besitzen, wie z. B. Geräte zur mobilen Datenerfassung, die online mit den anderen Teilnehmern im Netz verbunden sein sollen.

2.6.1.2 Übertragungsverfahren

Neben dem physikalischen Übertragungsmedium sind noch weitere Aspekte bei der Datenübertragung und Vermittlung zu berücksichtigen. Die für Computernetzwerke bedeutsamen Verfahren sind in Tabelle 30 aufgelistet.

Serielle und parallele Übertragungsverfahren

Bei einer seriellen Übertragung werden die einzelnen Bits nacheinander (seriell) auf einem Kanal des Mediums übertragen. Im Gegensatz dazu kann z. B. beim Vorhandensein von acht Kanälen auf dem Medium ein Byte (= acht Bits) parallel übertragen werden. Die Übertragungskapazität ist bei diesem Übertragungsverfahren wesentlich höher. Die Länge des Übertragungsmediums ist bei einfachen parallelen Übertragungen stark eingeschränkt, so dass in Computernetzwerken überwiegend seriell übertragen wird.

Gleichlaufverfahren (asynchron und synchron)

Bei der Datenübertragung werden vom Sender die einzelnen Bits in einem bestimmten Zeitraster auf das Übertragungsmedium aufgegeben. Der Empfänger muss die Bits mit einem identischen Zeitraster empfangen. Zusätzlich muss der Empfänger bei der Zusammensetzung eines Zeichens aus den empfangenen Bits wissen, mit welchem Bit das Zeichen beginnen soll (Gleichlaufverfahren). Beim asynchronen Verfahren wird jeweils nur ein Zeichen übertragen und die Synchronität zwischen Sender und Empfänger besteht nur während der Übertragung des einzelnen Zeichens. Jedes Zeichen wird durch ein zusätzliches Start- und Stopbit gekennzeichnet. Der Vorteil dieses Verfahrens liegt im geringen technischen Aufwand, der zur Umsetzung notwendig ist. Nachteilig ist der erhöhte Zeitaufwand bei diesem Verfahren zur Übermittlung größerer Datenbestände.

Bei der synchronen Übertragung werden die zu übertragenden Zeichen in Blöcken oder Paketen zusammengefasst und jeweils paketweise übertragen. Die Synchronität wird während der Übertragung des gesamten Blocks aufrecht erhalten. Die Steuerung der Synchronität erfolgt durch eine separate Taktleitung oder durch die Verwendung von selbstsynchronisierenden Datencodierungsverfahren. In Computernetzwerken wird ausschließlich die synchrone Übertragung eingesetzt.

Aspekt	Anwendung in Computernetzwerken
Übertragungsverfahren • bitseriell • bitparallel	X
Gleichlaufverfahren • asynchron • synchron	X
Vermittlungsverfahren • Leitungsvermittlung • Paketvermittlung	X

Tabelle 30: Aspekte der Datenübertragung und Leitungsvermittlung

Vermittlungsverfahren (Leitungs- und Paketvermittlung)

Zwischen Sender und Empfänger muss eine Verbindung aufgebaut werden. Dieser Verbindungsaufbau ist die Aufgabe der Vermittlungsverfahren. Bei einer Leitungsvermittlung wird für die gesamte Zeit der Datenübertragung eine feste Verbindung zwischen Sender und Empfänger eingerichtet. Ein Beispiel dafür ist der Leitungsaufbau beim guten alten Telefon. Zur Datenübertragung in Computernetzwerken wird ein anderes Verfahren benutzt, die so genannte Paketvermittlung. Das zu übertragende Datenvolumen wird in einzelne Pakete zerlegt und jedes Paket wird mit einer Adresse versehen. Diese Datenpakete werden unabhängig voneinander vom Sender zum Empfänger transportiert. Dabei können die einzelnen Pakete auf unterschiedlichen Wegen durch das Netz gelangen.

2.6.1.3 Kommunikationsprotokolle

Neben der physikalischen Verbindung innerhalb eines Computernetzwerks ist auch ein Kommunikationsprotokoll, kurz Protokoll genannt, erforderlich. Ein Protokoll ist die Gesamtheit aller Festlegungen für den Informationsaustausch zwischen den Teilnehmern in einem Netzwerk. Das Protokoll regelt:

• Formate und Codes zu den Daten und Steuernachrichten,

- den zeitlichen Ablauf der Kommunikation, d. h. in welcher Reihenfolge werden die Partner kommunizieren,
- Reaktionen auf nicht korrekte Situationen, wie fehlerhafte Daten und Kommunikationsunterbrechungen und
- die Art des Auf- und Abbaus einer Verbindung.

Ein Kommunikationsprotokoll umfasst das Spektrum von der physikalischen Signalübertragung bis hin zu den Anforderungen und Diensten aus den Anwendungsprogrammen. Kommunikationsprotokolle werden üblicherweise in einzelne Schichten (engl. *layer*) logisch aufgeteilt und man erhält eine Schichten-Architektur. Jede Schicht stellt Dienste und Funktionen für die nächst höhere Schicht bereit und diese Schicht selbst nutzt nur die Dienste der darunter liegenden Schicht. Zur Beschreibung von Kommunikationsprotokollen wird i. Allg. das OSI-(Open System Interconnections)-Referenzmodell verwendet. Das OSI-Referenzmodell besteht aus sieben Schichten und die oberste Schicht beschreibt die Sicht des Anwenders, tiefere Schichten regeln mit zunehmender Detailliertheit die technisch-physikalisch Behandlung der Kommunikation und die letzte (tiefste) Schicht regelt die Übertragung von Bitströmen (Effelsberg/Fleischmann 1986).

Die physikalische Schicht ist die unterste Schicht. Sie koordiniert die technischen Parameter des Übertragungsweges und sie transportiert die zu übertragenden Bits aus der höheren Schicht. Die Verbindungsschicht darüber hat die Aufgabe, die aufgebaute Verbindung gegen Verbindungsfehler abzusichern. Sie wird deshalb auch als Sicherungsschicht bezeichnet. In dieser Schicht werden auf der Empfängerseite die Datenpakete aus den ankommenden Bitströmen der unteren Schicht gebildet. Mitels Prüfziffern wird die Vollständigkeit der Datenpakete geprüft.

Die Netzwerkschicht auf der dritten Ebene regelt den Transport durch das Netzwerk. Es wird der Weg für die Datenpakete durch das Netzwerk ermittelt und somit ein Kommunikationskanal bereitgestellt. Die Transportschicht als vierte Schicht sichert die fehlerfreie Übertragung der Datenpakete. Es wird gewährleistet, dass die Datenpakete in der richten Reihenfolge und ohne Verluste übertragen werden.

Die Sitzungschicht ist die fünfte Schicht. In dieser Schicht wird der Aufbau, die Nutzung und das Beenden einer Verbindung, auch als Sitzung bezeichnet, vorgenommen. Bei Unterbrechungen wird die Wiederaufnahme der Verbindung organisiert. Die Darstellungsschicht oder Präsentationsschicht hat als sechste Schicht die Aufgabe, die zu übertragenden Daten in ein entsprechendes Format zu konvertieren. Es wird beispielsweise festgelegt, in welchem Format Dezimalzahlen übertragen werden.

Die Anwendungsschicht ist die oberste Schicht. In dieser Schicht befinden sich die Applikationen, wie beispielsweise ein Web-Browser. Die Applikation stellt eine Schnittstelle für den Anwender zum Netzwerk bereit.

Der Benutzer eines Internet-Browsers sieht nur die Anwendungsschicht. Als Beispiel dient hier der Fall, dass er als Client eine Datei von einem anderen WWW-Server auf seinen Computer herunterladen möchte. Die Dateigröße beträgt hier 100 KByte. Nachdem zwischen beiden Teilnehmern eine Kontaktaufnahme erreicht wurde und gesichert ist, dass die gewünschte Datei vorhanden ist und auch von diesem Nutzer gelesen werden darf, beginnt der Server die Datei zu senden. Dabei wird diese Datei entsprechend der einzelnen Protokolle in den jeweiligen Schichten umgesetzt. Es werden einzelne Datenpakete erstellt, die neben dem Dateiinhalt Zusatzinformationen, wie z. B. die Zieladresse enthalten. Das zu übertragende Datenvolumen ist also größer als der reine Dateiinhalt. Der Benutzer ist nur an einer schnellen und vollständigen Übertragung interessiert. Die Detailarbeit überlässt er dem Applikationsprogramm, in diesem Fall seinem Internet-Browser. Dieser ist u. a. dafür zuständig, dass

- alle ankommenden Bits zu Datenpaketen zusammengefasst werden,
- die Vollständigkeit der Datenpakete gewährleistet ist und ggf. ein erneutes Senden veranlasst wird,
- die Datenpakete in der richtigen Reihenfolge zusammensetzt werden und
- letztendlich die Datei gespeichert wird.

Im Internet bzw. Intranet wird als Netzwerkprotokoll das TCP/IP verwendet. Dieses Protokoll besteht aus den beiden Komponenten TCP (Transmission Control Protocol) und IP (Internet Protocol). Das IP-Protokoll regelt auf einer tieferen Schicht eine paketbasierte Datenübertragung. Das darüber liegende TCP-Protokoll managt den Paketverkehr, d. h. es regelt die Vollständigkeit der Pakete und stellt sie in der richtigen Reihenfolge zusammen. TCP/IP ist das wichtigste Protokoll zur Vernetzung unterschiedlicher Rechnersysteme, so dass eine Kommunikation über unterschiedliche Rechnerklassen und unterschiedliche Betriebssysteme möglich ist.

Aufbauend auf den Diensten des TCP/IP Protokolls haben sich darüber liegende Protokolle etabliert. Beispielhaft seien genannt: FTP (File Transfer Protocol) zur Übertragung von Dateien, SMTP (Simple Mail Transport Protocol) zum Betreiben von E-Mail und HTTP (Hyper Text Transport Protocol). Das IP-Protokoll setzt wieder auf tieferen Protokollen der Datensicherungsschicht auf. Beispiele für Protokolle dieser Schicht sind Ethernet, Token Ring, Frame Relay und ATM.

Abbildung 74 zeigt die Zuordnung der in Internet gebräuchlichen Protokolle auf das ISO/OSI 7-Schichten Modell. TCP/IP setzt auf Netzwerken mit unterschiedlicher Funktionsweise und Technologien auf, die aber die Funktionalität der OSI-

Schichten 1 und 2 erfüllen müssen. Dadurch ist eine Vernetzung von heterogenen Netzen erst möglich. TCP/IP ist ein Quasi-Standard für die Protokolle auf dieser Ebene. Um sich in das Netz der Netze integrieren zu können, verfügen alle gängigen Netzwerke über die entsprechenden Dienste.

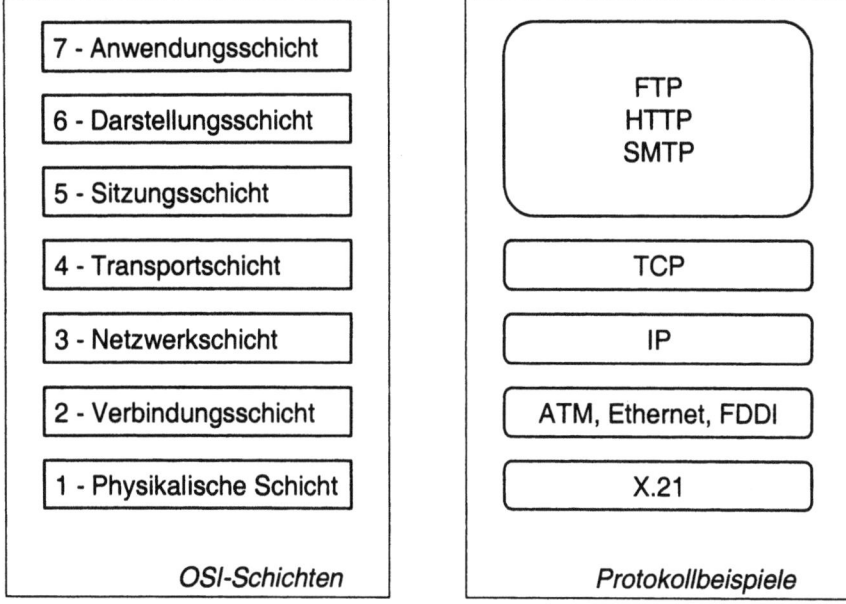

Abbildung 74: *OSI-Schichten und Protokollbeispiele*

2.6.2 Netzwerktopologien

2.6.2.1 Grundlegende Topologien

Nachdem einige grundlegende Begriffe und Verfahren bei der Datenübertragung zwischen zwei Teilnehmern in einem Netzwerk erläutert wurden, steht nun die Anordnung und Verbindung von mehr als zwei Computern im Mittelpunkt des Interesses. Die *Netzwerktopologie*, auch topologische Struktur eines Computernetzwerks genannt, beschreibt, wie die einzelnen Computer und Vermittlungseinrichtungen als Knoten mit den Leitungen als Kanten wechselseitig zugeordnet sind. Von einem Knoten aus muss jeder andere Knoten erreichbar sein. Es lassen sich die folgenden gebräuchlichen topologischen Grundstrukturen unterscheiden: Stern-, Bus-, Ring-, Baum- und Maschennetzwerke.

- *Sternnetz*: Bei einem Sternnetzwerk existiert ein zentraler Knoten, mit dem alle Computer direkt verbunden sind. Alle Verbindungen laufen immer über den zentralen Knoten. Die Datenübertragung zwischen den Teilnehmern kann vom zentralen Knoten koordiniert werden. Vorteilhaft bei dieser Topologie ist, dass beim Ausfall einer Datenleitung oder eines Teilnehmers die Funktion der anderen Teilnehmer gegeben ist. Nachteile dieser Struktur sind, dass beim Ausfall des zentralen Knotens das gesamte Netzwerk ausfällt, eine mögliche Überlastung des zentralen Knotens bei zu vielen Sendewünschen auftritt und ein großer Leitungsaufwand erforderlich ist, da jeder Teilnehmer mit der Zentrale direkt verbunden ist.

- *Busnetz*: Alle Teilnehmer sind über kurze Leitungen an einem gemeinsamen Datenübertragungsmedium, dem so genannten Bus, angeschlossen. Die Teilnehmer müssen den Zugang zum Netz untereinander nach speziellen Regeln koordinieren. Häufig wird das so genannte CSMA-CD Verfahren verwendet. Nachteilig bei dieser Topologie ist, dass der Bus selbst zum Engpass bei der Kommunikation wird, da seine Übertragungsleistung begrenzt ist. Die Vorteile dieser Topologie liegen in der Übertragung der Daten über ein passives Medium ohne zentrale Koordinierungsfunktion und in dem Umstand, dass beim Ausfall eines Teilnehmers nicht die Funktionalität des gesamten Netzwerks betroffen ist. Zusätzlich lässt sich diese Topologie kostengünstig aufbauen.

- *Ringnetz*: Bei einem Ringnetz, auch Schleifennetz genannt, ist jeder Teilnehmer genau mit einem Vorgänger und einem Nachfolger verbunden. Die Nachrichten wandern in einer definierten Richtung über die einzelnen Stationen. Das Wandern der Nachricht ist beendet, wenn der Empfänger die Nachricht vom Ring nimmt. Auch beim Ringnetz wird der Netzzugang von den Teilnehmern untereinander geregelt. Bei Ringnetzen erfolgt die Regelung auf der Basis des Token-Verfahrens. Diese Topologie hat den Vorteil, dass die Übertragungsdauer von Nachrichten in Abhängigkeit von ihrer Länge gut vorherbestimmbar ist. Nachteilig bei dieser Topologie ist, dass es bei hohem Datenvolumen zu Überlastungen des Rings kommen kann.

- *Baumnetzwerk*: Ein Baumnetz ist durch eine hierarchische Verbindung zwischen den einzelnen Knoten gekennzeichnet. Die Kommunikation zwischen den jeweiligen Knoten einer Ebene erfolgt stets über den so genannten Wurzelknoten. Diese Topologie entspricht einer Verbindung von mehreren Sternnetzen.

- *Maschennetz*: In einem Maschennetz ist jeder Knoten mit einem anderen Knoten direkt verbunden. Der Vorteil dieser Struktur ist die große Robustheit gegenüber Leitungsausfällen. Nachteilig wirkt sich der große Leitungsaufwand aus, der sich bei jeder Erweiterung des Netzes um einen neuen Knoten noch wesentlich erhöht.

Abbildung 75 zeigt die topologischen Grundstrukturen von Computernetzwerken und ihre Anwendungen.

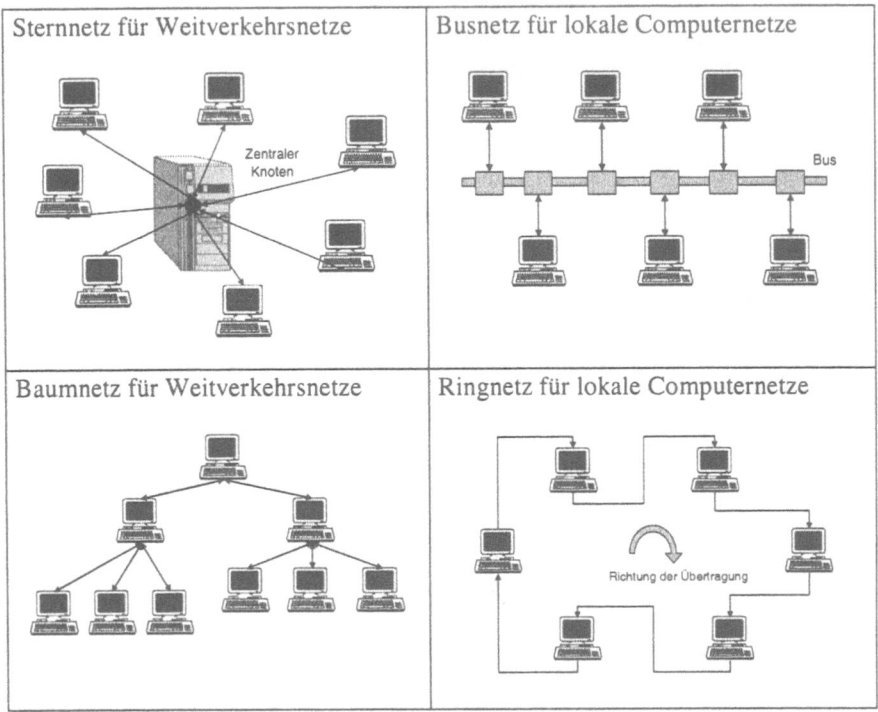

Abbildung 75: Netztopologien und ihre Anwendung

2.6.2.2 Misch-Topologien

In großen Netzen ist eine Kombination von unterschiedlichen Netztopologien typisch. Das Zusammenführen historisch gewachsener Insellösungen in Unternehmen, wie z. B. die Verbindung der Netze einer Entwicklungsabteilung und dem Marketing, kann dazu führen, dass unterschiedliche Topologien vermischt werden. Die Form wird als Misch-Topologie bezeichnet, wie sie in Abbildung 76 beispielhaft aufgezeigt ist. In diesen Netzen sind nicht nur unterschiedliche Hardware-Komponenten zu koppeln, sondern auch unterschiedliche Übertragungs- und Zugriffsprotokolle. Zur Lösung dieses Anpassungsproblems werden Vermittlungs- und Kopplungseinrichtungen als neue Knoten in das Netzwerk integriert. Diese Einheiten werden auch als aktive Elemente oder aktive Komponenten bezeichnet. Hierzu gehören: Repeater, Bridge, Router, Hub, Switch und Gateway.

- *Repeater*: Repeater sind Verstärker auf der untersten OSI-Schicht und sie erhöhen die maximale Reichweite eines Signals im Netz. Mittels Repeater lassen sich mehrere Segmente eines Netzes physikalisch verbinden. Dadurch wird der Gesamtumfang eines LANs erweitert.

- *Bridge*: Bridges sind Einrichtungen zum Koppeln von Netzen auf den Protokollen der 2. OSI-Schicht. So lassen sich beispielsweise LANs mit heterogenen Übertragungsmedien miteinander verbinden. Die Bridge selektiert die Daten, die für das andere Netz oder ein anderes Segment bestimmt sind.

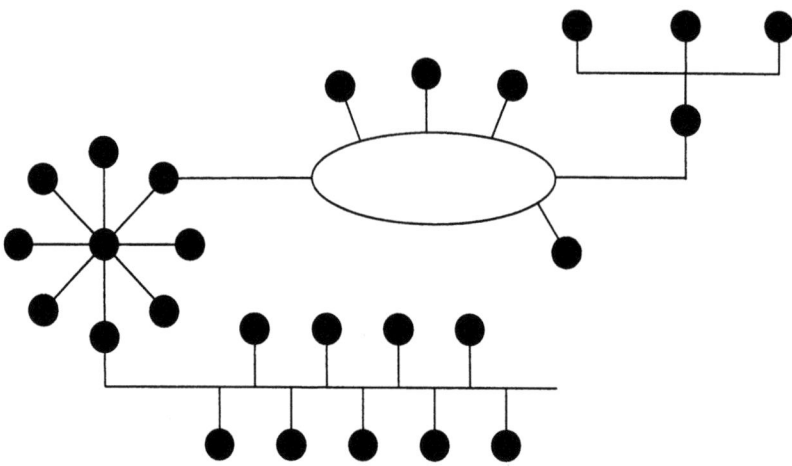

Abbildung 76: Misch-Topologie in einem Netz

- *Router*: Ein Router ist eine Komponente, die zwei Netzwerksegmente logisch
  verbindet. Die Kopplung erfolgt auf der Basis der 3. OSI-Schicht. Eine logische Verbindung bedeutet, dass nur die Daten an das andere Segment weitergeleitet werden, die nicht für das erste Segment bestimmt sind. Im Gegensatz
  dazu verbindet ein Repeater die Segmente physisch. Die Daten werden hier
  ohne Kontrolle an das andere Segment geschickt. Typische Anwendungen von
  Routern sind die Kopplung von heterogenen LANs und der Anschluss von
  LANs an WANs. Der Router entscheidet über den weiteren Weg der Daten
  durch das Netz. Dazu benötigt er Routing-Informationen über das Netz, die
  häufig über ein Routing-Protokoll ausgetauscht werden. Abbildung 77 zeigt
  die Position der aktiven Elemente Repeater, Bridge und Router in Verbindung
  zu den OSI-Schichten.

- *Hub*: Ein Hub ist die zentrale Vermittlungsstelle in einem sternförmigen Netzwerk. Gleichzeitig operiert er als ein Repeater zur Verstärkung der Signale.
  Die ankommenden Daten werden an alle angeschlossenen Stationen weitergeleitet.

- *Switch*: Ein Switch (Schalter) realisiert im Unterschied zum Hub eine direkte
  Verbindung zwischen den angeschlossenen Stationen. Ankommende Datenpakete werden hinsichtlich ihrer Zieladresse untersucht, und die Daten werden

auf den entsprechenden Ausgang des Switchs gelegt. Abbildung 78 verweist auf die Unterschiede bei der Datenweiterleitung zwischen Hub und Switch.

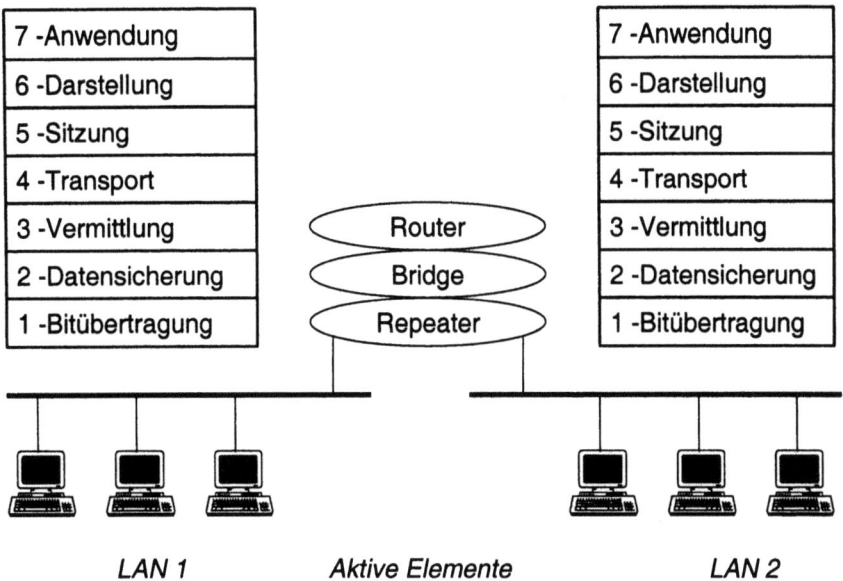

Abbildung 77: Aktive Netzelemente und ihre Position im OSI-Schichtenmodell

- *Gateway*: Ein Gateway ist häufig ein spezieller Computer, der vollständig verschiedene Netzwerke mit unterschiedlichen Protokollen und Adressen miteinander verbinden kann.

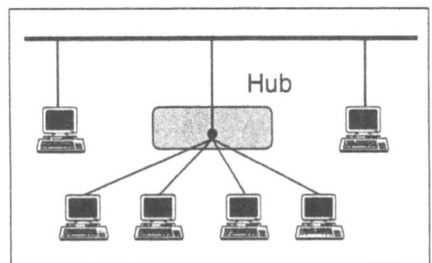 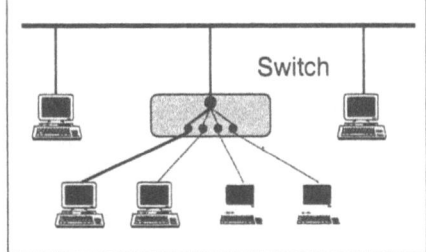

Abbildung 78: Weiterleitung von Daten bei Hub und Switch

2.6.3 Netztechnologien

In den vorherigen Abschnitten wurden Verfahren zur Datenübertragung in einem Netzwerk und topologische Strukturen von Netzwerken in den Mittelpunkt gestellt. Im Folgenden werden aktuelle Technologien zum Betreiben von Netzwerken erläutert. Hierbei wird auf die bekannten Zugriffsverfahren und die Netzklassen Ethernet, Token Ring und FDDI eingegangen.

Eine entscheidende Frage beim Betrieb von Netzwerken ist die Regelung der Sendeberechtigung. Das Senden von Daten auf einem Netz darf nur von einem Teilnehmer innerhalb des Segmentes erfolgen. Mit dem Begriff Zugriffsverfahren werden Algorithmen bzw. Steuervorschriften bezeichnet, nach denen eine sendewillige Station das Übertragungsmedium belegen darf. Eine breite Anwendung fanden das Wettkampfverfahren CSMA-CD und das Token-Ring-Verfahren.

Bei dem CSMA-CD-Verfahren (Carrier Sense Multiple Access – Collision Detect) benutzen alle Stationen, alle Teilnehmer nur einen Kommunikationskanal, wie es z. B. bei Bus-Topologien gegeben ist. Die sendewillige Station prüft, ob der Übertragungskanal frei ist und beginnt bei einem freien Kanal zu senden. Nun kann eine andere sendewillige Station ebenfalls den Kanal als frei erkannt haben und beginnt ebenfalls zu senden. In diesem Fall liegt eine Kollision vor, die von den sendenden Stationen erkannt wird. Alle anderen Teilnehmer werden auf die Kollision hingewiesen und nach einer zufälligen Zeit beginnen die sendewilligen Stationen erneut ihren Sendeprozess.

Zur Beschreibung des Token-Ring-Verfahrens wird eine Analogie aus der Organisation von Diskussionsrunden gewählt. Ein Mikrofon kreist zwischen den Teilnehmern, und nur der Teilnehmer darf sprechen, der im Besitz des Mikrofons ist. Nach dem Sprechen wird das Mikrofon an den nächsten Teilnehmer weitergegeben. Beim Token-Ring-Verfahren wird ein spezielles Datenpaket, das Token, von einer Station zur nächsten weitergereicht. Eine sendewillige Station wartet, bis das Token ihr übergeben wird. Damit ist gewährleistet, dass nur eine Station senden kann. Dieses Verfahren lässt sich einfach bei der Ring-Topologie anwenden.

- *Ethernet*: Mit dem Begriff Ethernet werden busorientierte, sternförmige lokale Rechnernetze bezeichnet, die CSMA-CD als Zugriffsverfahren benutzen. Diese Netzform ist für LANs weit verbreitet. Das klassische Ethernet hatte eine Übertragungsrate von 10 MBit/s. Standardisierte Weiterentwicklungen lassen Übertragungsraten von bis zu 100 MBit/s (Fast-Ethernet) zu.

- *Token-Ring*: Token-Ring-Netze sind nach dem verwendeten Zugriffsverfahren Token-Ring benannt. Die Übertragungsraten für die Netztechnologie liegen im Bereich von 4 bis 10 MBit/s.

- *FDDI*: Eine Weiterentwicklung der Token-Ring-Technologie ist FDDI (engl. Fibre Distributed Data Interface). Ein FDDI-Netz besteht aus einem gegenläufigen Doppelring und ermöglicht bei der Verwendung von Glasfasern als Übertragungsmedium eine Übertragungsrate von bis zu 100 MBit/s. Diese

Netztechnologie wird überwiegend für Backbones eingesetzt, d. h. zur Verbindung zwischen unterschiedlichen lokalen Netzen.

2.6.4 Client-Server-Konzept und –Systeme

Das *Client-Server-Konzept* besagt, dass Softwaresysteme in Anbieter (Server) und Nachfrager (Clients) von Software-Dienstleistungen eingeteilt werden. Auch wenn von Client-Server-Systemen häufig im Kontext von Netzwerken die Rede ist, so sind Client und Server nicht zwangsläufig auf verschiedene Rechner verteilt. Beispielsweise ist Microsofts Object Linking and Embedding (OLE) eine Implementierung des Client-Server-Konzepts, bei dem Clients und Server auf einem Rechner residieren können. Weiterhin ist das Client-Server-Konzept auch auf Hardware-Systeme übertragen. So werden Rechner, die (Software-)Dienste anderer Rechnern (Clients) anbieten, ebenfalls „Server" genannt.

Besondere Merkmale von Client-Server-Systemen sind zum Einen, dass die Kommunikation stets zwischen Clients und Servern stattfindet. Eine Kommunikation von Client zu Client wird daher stets über den Server abgewickelt. Ist eine Kommunikation zwischen zwei Servern notwendig, so nimmt der Server, der einen Dienst nachfragt, die Rolle eines Clients ein. Die Initiative für die Interaktion zwischen Client und Server geht immer vom Client aus, d. h., dass derartige Systeme stets nachfrage- und nicht angebotsorientiert agieren. Tritt zwischen Nachfragen mehrerer Clients ein Konflikt auf, so entscheidet stets der Server, welche Strategie zur Auflösung des Konflikts angewendet wird.

Sind alle Rechner gleichberechtigte Kommunikationspartner, dann wird dies *„Peer-to-Peer-Kommunikation"* genannt. Gibt es nur einen Sender und alle anderen sind Nachrichtenempfänger, spricht man von *Broadcasting*.

Der Vorteil von Systemen, die gemäß der Client-Server-Architektur aufgebaut sind, ist ihre *Skalierbarkeit*. Skalierbare Systeme können sowohl Software- als auch Hardware-seitig schrittweise erweitert und aufgebaut werden. Es erleichtert die Einführung derartiger Systeme und streut die Investitionen über einen längeren Zeitraum, so dass immer nur die Investitionen anfallen, welche momentan tatsächlich für den produktiven Einsatz notwendig sind (Kurbel/Rautenstrauch 1989, 476). Systeme auf Basis der Client-Server-Architektur gelten heute grundsätzlich als Basis für verteilte Systeme. In Client-Server-Systemen werden folgende Arten von Servern unterschieden:

- *File-Server*: File-Server bieten Arbeitsplatzsystemen die Möglichkeit an, ihre Dateien zentral auf einer oder mehreren Festplatten abzulegen. Auf diese Weise können die lokalen Festplattenkapazitäten verhältnismäßig klein gehalten werden, da die zentralen Kapazitäten bedarfsgerecht auf die einzelnen

Arbeitsplätze aufgeteilt werden können. Weiterhin hat der File-Server den Vorteil, dass mit dem Backup einer zentralen großen Festplatte alle wesentlichen Daten automatisch und zentral gesichert werden können, was bei einzelnen lokalen Platten in dieser Form nicht oder nur mit hohem Aufwand zu gewährleisten ist. Zudem können Daten, die auf einem zentralen File-Server abgelegt sind, von mehreren Arbeitsplätzen aus genutzt werden, ohne dass der Datenaustausch über Diskette oder ein umständliches Hin- und Herkopieren notwendig wird.

• *Programm- oder Funktionen-Server*: Derartige Server stellen Programme oder Teile dieser als Funktionen anderen Netzknoten zur Verfügung, ohne dass diese auf den jeweiligen Arbeitsplatzrechnern installiert sein müssen. Ist z. B. ein Endbenutzerwerkzeug wie Excel auf einem Server installiert, so kann dieses von einem Arbeitsplatz-PC in der Form genutzt werden, dass es vom Server aus gestartet wird und im Hauptspeicher des Client-Arbeitsplatz-PCs abläuft. Auf diese Weise ist gewährleistet, dass der Hauptspeicher des Servers nur unwesentlich durch den Programmstart belastet wird und mehrere Arbeitsplatz-PCs das gleiche Werkzeug parallel nutzen können. Beispiel für einen *Funktionsserver* ist ein Großrechner, der in der Lage ist, komplexe dreidimensionale Grafiken zu berechnen, während die Darstellung der Grafik auf einem Arbeitsplatz-PC stattfindet (Rabenseifner 1989). Wird in einer solchen Konfiguration ein dreidimensionales Objekt erzeugt, folgen die Berechnungen auf dem Großrechner und die Repräsentation auf dem PC mit unterschiedlichen Programmmodulen, wobei diejenigen für die Darstellung auf dem PC ablaufen und diejenigen für die Berechnung auf dem Großrechner.

• *Print-Server*: Print-Server verwalten für alle Druckaufträge eine zentrale Warteschlange. Will ein Client ein Dokument auf einem zentralen Drucker ausgeben, so wird dieses zunächst an den Print-Server übergeben, der diesen Druckauftrag in eine Warteschlange einordnet. Diese Warteschlange wird in der Regel nach dem First-In-First-Out-Prinzip (FIFO-Prinzip) abgearbeitet.

• *CD-Server*: Mit CDs können heute sehr große Datenmengen im Nur-Lesebetrieb bereitgestellt werden. CD-Technologie ist dabei eine preiswerte Technologie, so dass häufig mehrere CDs mit unterschiedlichen Themen in Benutzung sind. Während im lokalen Betrieb der Benutzer die CDs selbst wechseln kann, ist bei einer zentralen Bereitstellung von CDs der Betrieb einer so genannten Juke-Box erforderlich, mit dem sowohl mehrere CDs parallel angeboten als auch im laufenden Betrieb gewechselt werden können. Die CD-Server-Software sorgt dabei dafür, dass möglichst immer die CDs online bereitstehen, die zur Zeit im laufenden Betrieb benötigt werden, und die mit Wartezeit verbundenen Wechselvorgänge so selten wie möglich erforderlich sind.

- *Mail-Server*: Der Versand elektronischer Nachrichten von Arbeitsplatz zu Arbeitsplatz mit Hilfe von E-Mail-Systemen ist ein heute üblicher und effizienter Weg im asynchronen Nachrichtenaustausch. Für den Austausch elektronischer Nachrichten (E-Mails) ist es nicht erforderlich, dass der Adressat zeitgleich mit dem Absender an seinem Arbeitsplatz sitzt. Er kann die Nachrichten jederzeit und in der Regel auch von jedem Arbeitsplatz im Netzwerk abrufen. Die Aufgabe des Mail-Servers besteht darin, die Nachrichten im 24-Stunden-Betrieb entgegenzunehmen und auf Abruf bereit zu halten, bis diese explizit vom Adressaten gelöscht werden. Ein Versand der Nachrichten von Arbeitsplatzrechner zu Arbeitsplatzrechner ist nicht sinnvoll, da die Arbeitsplatzrechner in der Regel nicht im 24-Stunden-Betrieb erreichbar sind.

- *Datenbank-Server*: Datenbank-Server sind die „klassische" Anwendung des Client-Server-Prinzips. Der Datenbank-Server bietet den Clients die Möglichkeit an, Abfragen an ein Datenbanksystem zu richten, diese auszuwerten und die selektierten Daten an den Client zurückzuliefern. Da Datenbanken heute das wesentliche Integrationsinstrument im Unternehmen darstellen (siehe Abschnitt 2.5 Datenbanksysteme), kommt den Datenbank-Servern für die betriebliche Integration eine hohe Bedeutung zu. Weiterhin können Datenbank-Server auch zur zentralen Ablage von E-Mails oder auch ganzen Dateien verwendet werden. Insofern realisieren Datenbank-Server häufig auch Mail-, File-, Funktionen- und sogar Druck-Server.

2.6.5 Lokale Netzwerke

Ein Netzwerk, das sich in einem überschaubaren Bereich, wie einer Abteilung oder Institut befindet, wird als lokales Netzwerk oder LAN bezeichnet. Unterscheidungen zwischen verschiedenen lokalen Netzen ergeben sich aus dem verwendeten Übertragungsmedium, der Netzwerktopologie und den im Netzwerk angebotenen Diensten. Im Folgenden werden allgemeine Technologien zum Umgang und zur Nutzung von lokalen Netzen aufgezeigt.

Die Ressourcen an einem Arbeitsplatz-Rechner, wie Festplatte, Software und Daten auf dem Rechner, werden allgemein als lokale Ressourcen bezeichnet. Im Gegensatz dazu werden die im Netz zur Verfügung stehenden Ressourcen unter dem Begriff Netzwerkressourcen zusammengefasst. Hierzu gehören beispielsweise Anwendungssoftware, externe Speicher für große Datenmengen (Netzlaufwerke) und spezielle Drucker (Netzdrucker). Zur Nutzung dieser Netzwerkressourcen müssen zwei Bedingungen gegeben sein: der Arbeitsplatzrechner muss physisch mit dem Netzwerk verbunden sein und der Nutzer muss sich in das Netzwerk „eingeloggt" haben (Login-Prozess).

2.6.5.1 Login-Prozess

Während des Login-Vorgangs wird der Nutzer nach seinem Nutzernamen (user name oder userID) und seinem Passwort (password) gefragt. Das Passwort ist nur dem Nutzer bekannt. Ein Zugriff auf das Netzwerk ist erst möglich, wenn das Passwort eingegeben wurde. Nutzername und Passwort bilden die Basis für den so genannten *User Account*. Dieser Account regelt den Zugriff auf die Netzwerkressourcen und erfasst Daten über die Nutzung des Netzwerks durch den Nutzer.

Richtig	Falsch
Das Passwort sollte mindestens fünf Zeichen lang sein.	Das Passwort kann in einer Datei gefunden werden.
Verwende sowohl Nummern, Sonderzeichen als auch Buchstaben für das Passwort.	Das Passwort verwendet Kurznamen, Geburtsdaten oder Namen von nahestehenden Personen.
Verändere das Passwort regelmäßig.	Das Passwort ist irgendwo auf einem Zettel notiert.

Tabelle 31: Regeln für die Bildung von Passwörtern

Zur erstmaligen Benutzung erhält der Nutzer vom Netzwerkadministrator ein so genanntes *Starter-Passwort*. Dieses ist nach der ersten Benutzung sofort selbstständig zu wechseln. Beim Festlegen des eigenen Passwortes sollten die in Tabelle 31 angegebenen Regeln beachtet werden.

Die Kontrolle des Nutzernamens und des Passworts sind die ersten Schritte im eigentlichen Login-Prozess. Anschließend wird der Arbeitsplatz mit den Netzwerkressourcen verbunden. Ein einfacher Zugriff auf die Netzwerklaufwerke ist erst möglich, wenn die Netzwerklaufwerke auf einen Laufwerkbuchstaben „gemappt" sind. Mapping beschreibt die Zuordnung eines logischen Laufwerkes (Laufwerksbuchstabe) auf dem Arbeitsplatzrechner zu einem Netzwerklaufwerk. Typischerweise verfügt der Arbeitsplatzrechner über die lokalen Laufwerke A (Diskette) und C (Festplatte) und dem Netzlaufwerk wird der Bezeichner F zugewiesen. Nach einem erfolgreichen Mapping wird das Netzlaufwerk unter dem Buchstaben F angesprochen und die Zugriffe erfolgen wie auf ein lokales Laufwerk.

Als Ergebnis des Login-Prozesses ist der Arbeitsplatzrechner mit den ihm zugänglichen Netzwerkressourcen verbunden. Damit ist eine Zugriff auf die auf dem Server gespeicherten Daten und Programme möglich.

2.6.5.2 Nutzung von Programmen und Datendateien im Netzwerk

Beim Start eines auf der lokalen Festplatte gespeicherten Programms werden die entsprechenden Befehle von der Festplatte in den RAM kopiert. Befindet sich das Programm dagegen auf einem File-Server des Netzwerkes, so muss ebenfalls eine Kopie in den Speicher des Arbeitsplatzrechners geladen werden. Der Client fordert das entsprechende Programm vom File-Server an, der Server sendet die Dateien über das Netzwerk an den Client zurück und der Client lädt das Programm in seinen lokalen Arbeitsspeicher (siehe Tabelle 32). Je nach der Auslastung des Netzwerks, der Datenübertragungsgeschwindigkeit und der Größe der zu übertragenden Dateien wird dieser Vorgang vom Nutzer bemerkt.

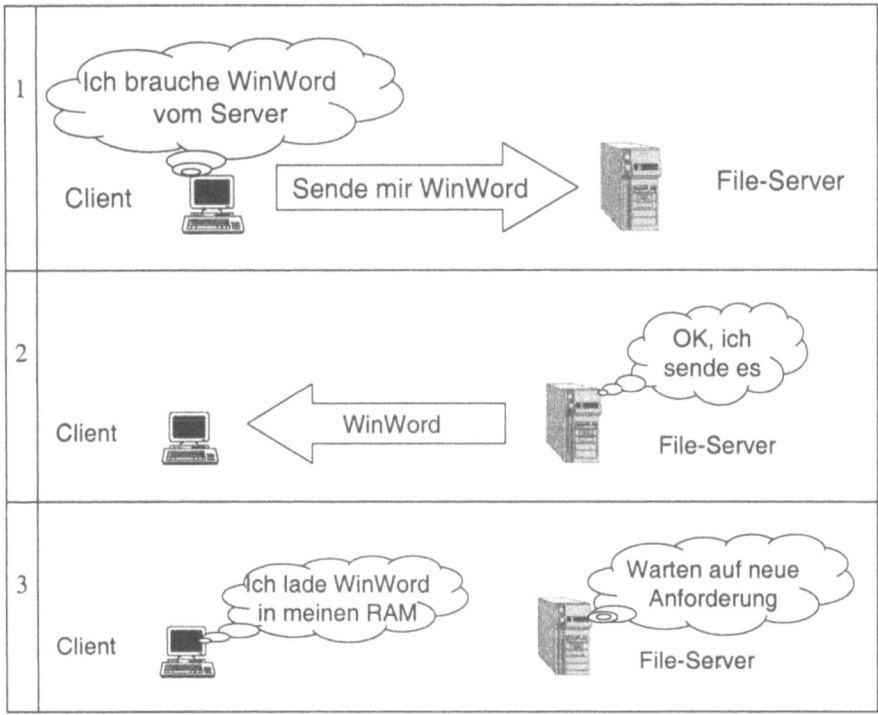

Tabelle 32: Kommunikation zwischen Client und Server

Von einem Nutzer in einem Netzwerk wird ein Textdokument, eine Datendatei erstellt. Er kann diese Datendatei lokal oder im Netz auf dem Server abspeichern. Bei einer Abspeicherung im Netz können andere Nutzer mit den erforderlichen Zugriffsrechten ebenfalls auf diese Datei zugreifen. Soll diese Datei nur gelesen werden, so können mehrere Nutzer gleichzeitig diese Datei vom Server laden. Ein gleichzeitiger Schreibzugriff von mehreren Benutzern ist nicht gestattet. Nur einem Nutzer werden die Schreibrechte eingeräumt. Wenn dieser Nutzer die Daten-

datei verwendet, so wird diese Datei für einen Zugriff durch andere Nutzer ge-
sperrt. Im anderen Fall, wäre es z. B. zwei Nutzern erlaubt gleichzeitig ein File zu
editieren. Beide Nutzer wollen ihre Veränderungen speichern, von welchem Nutzer sollen die Veränderungen auf den Server zurückgeschrieben werden?

2.6.5.3 Nutzung von Netzwerkdruckern

Viele Anwendungsprogramme erlauben das Drucken von Dokumenten. Im einfachen Fall erfolgt das Drucken über den lokal angeschlossenen Drucker. Arbeitsplatzrechner verfügen oft nicht über einen lokalen Drucker, sondern sie sind mit
einem oder mehreren Netzwerkdruckern verbunden. Bei mehreren Netzwerkdruckern ist der am besten geeignete auszuwählen. Anschließend wird das Dokument
an diesen über das Netz geschickt. Jeder Netzwerkdrucker wird von einem Print-
Server verwaltet. Die Druckaufträge für einen Netzwerkdrucker werden in der
Print-Queue des Druckers auf dem Print-Server zwischengepuffert. Wenn alle
Daten für den Druckauftrag eingegangen sind und der Drucker frei ist, wird der
vollständige Druckauftrag dem Drucker übergeben. Die mögliche Struktur für ein
Netzwerk mit zwei Netzwerkdruckern ist in Abbildung 79 aufgezeigt.

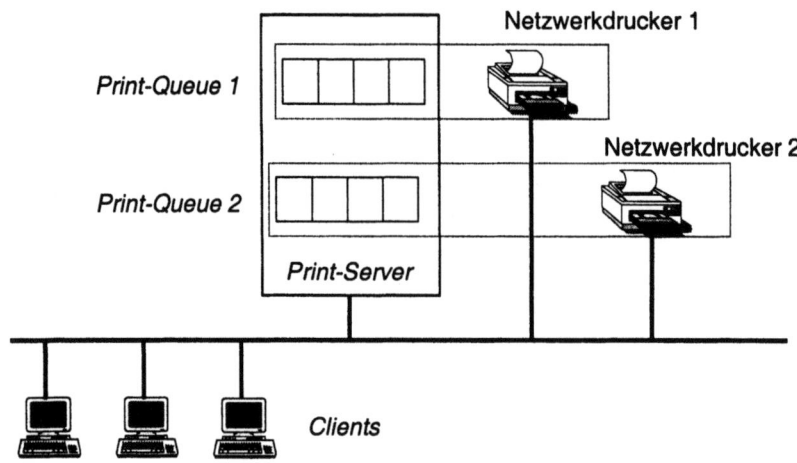

Abbildung 79: Netzwerkdrucker, Print-Server und Print-Queues

2.6.6 Das Internet als weltweiter Rechnerverbund

Das *Internet* ist dadurch gekennzeichnet, dass es weder eine zentrale Betreiberor-
ganisation noch irgendein Kontroll- oder Koordinationsorgan, das die hier angebotenen Dienste überwacht oder wartet, gibt. Vielmehr besteht das Internet aus Tau-

senden von Servern, die den mittlerweile Millionen von Internet-Benutzern im Prinzip beliebige Dienste anbieten bzw. anbieten können.

War das Internet früher eher ein Tummelplatz für computerbegeisterte Freaks, die mit Hilfe von wenig Endbenutzer-tauglichen Werkzeugen vor allem auf Basis des Betriebssystems Unix miteinander kommunizierten, so sind heute für die Nutzung von Internet-Diensten Systeme verfügbar, mit denen auch Endbenutzer auf einfache Weise leistungsfähige Dienste in Anspruch nehmen können.

Die Anfänge des Internets sind jedoch ursprünglich auf ganz andere Zielvorstellungen zurückzuführen: Initiator waren in den späten 60er Jahren amtliche Stellen der USA und auch die Militärforschung, die seinerzeit Mittel für Experimente zur Vernetzung von Computern bereitstellten. Geldgeber war zunächst die ARPA (Advanced Research Projects Agency – seit 1972 DARPA = Defense ARPA). Daher hieß dieses Netz zunächst auch *(D)ARPA-Net*. Das Interesse des amerikanischen Verteidigungsministeriums (Department of Defense – DoD) war darin begründet, dass man von diesem Netz erwartete, durch die Vernetzung von unabhängigen und über das ganze Land verteilten Computersystemen Informationen auch dann transportieren zu können, wenn (große) Teile des Netzes – durch welche Umstände auch immer – ausgefallen sein sollten. Durch das DARPA-Netz sollte also insbesondere die Informationssicherheit im Verteidigungsfall gesichert werden.

Von der daraus resultierenden Eigenschaft des Internets, dass die einzelnen Netzknoten als Dienstanbieter völlig unabhängig von anderen Netzknoten sind, profitieren Anbieter und Nachfrager von Internet-Diensten noch heute. Die fehlende Koordination zwischen Netzknoten und die nicht vorhandene zentrale Kontrolle über das Internet erlauben es prinzipiell jeder Institution oder Einzelperson, einen Netzknoten als Server in das Internet einzubinden und im Prinzip beliebige Dienste anzubieten. Welche Internetdienste letztendlich eine gewisse Relevanz erlangen, hängt dann ausschließlich von der Nachfrage ab. Das Internet ist daher als Anbieter-System anzusehen, das aus einer Menge von heute mehreren Hunderttausenden über die ganze Welt verstreuten Servern besteht, die den Benutzern unterschiedlichste Informationen und Dienste offerieren.

Dabei funktioniert das Internet prinzipiell nach dem Client-Server-Prinzip. Für die Zugriffe auf die Dienste benötigt der Benutzer Endbenutzerwerkzeuge, mit denen es möglich ist, über standardisierte Schnittstellen auf die entsprechenden Serverdienste zuzugreifen. Das Einzige, was das Internet tatsächlich zusammenhält, ist eine Reihe von Kommunikationsstandards. Der grundlegende Standard ist die gemeinsame Nutzung des Netzprotokolls TCP/IP. Weitere Standards werden später im Kontext der Internet-Dienste behandelt. Serverdienste können auf ganz bestimmte Benutzergruppen zugeschnitten sein, etwa wenn als Benutzer nur die Mitglieder einer Vereinigung oder einer anbietenden Organisation zugelassen sind (man spricht dann auch von Virtual Private Networks – VPN), als auch als voll-kommen öffentliche Dienste weltweit angeboten werden.

2.6.6.1 Zugang zum Internet

Der Zugang auf das Internet erfolgt prinzipiell über einen Zugangspunkt, einen Rechner, der im Internet weltweit bekannt und ständig erreichbar ist. Diese Rech-ner werden als Host bezeichnet und verfügen über eine eigene IP-Adresse. Ein In-ternet Service Provider (ISP) ist ein Anbieter dieser Zugangspunkte. Bei den Inter-net Service Providern lassen sich zwei Formen unterscheiden: Anbieter mit reinen Internet-Diensten, wie beispielsweise UUnet oder die so genannten Online-Dien-ste-Anbieter, wie z. B. T-Online ®, AOL® und CompuServe®. Die letztere Kate-gorie stellt über die reinen Internet-Dienste hinaus weitere spezielle Dienste zur Verfügung. Die lokalen Anschlusspunkte der Internet Service Provider werden als lokale POPs (Point Of Presence) bezeichnet. Der ISP stellt wiederum die Verbin-dung zum übergeordneten Network Service Provider (NSP) her. Die NSP betrei-ben hochleistungsfähige Netzwerke, die so genannten Internet-Backbones. Be-kannte NSP sind beispielsweise Telekom und WIN (deutsches Wissenschafts-netz).

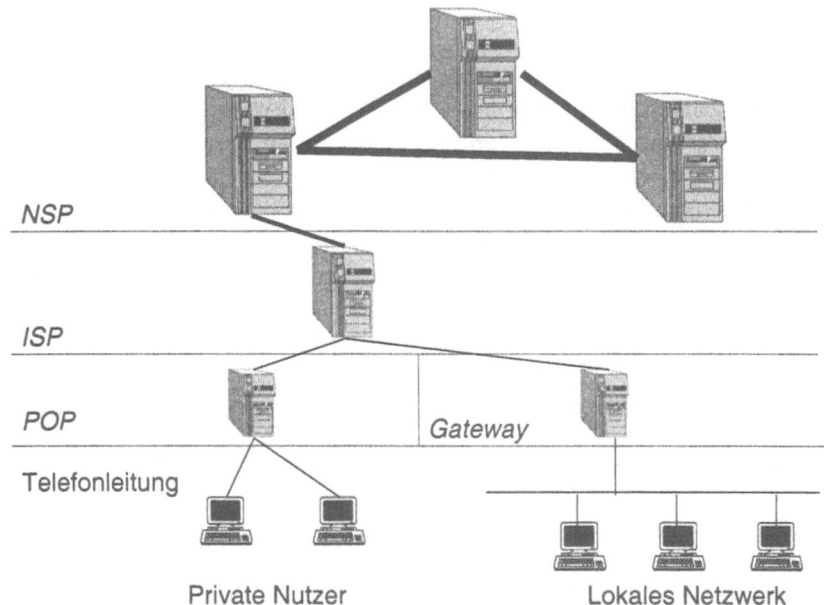

Abbildung 80: Zugänge ins Internet

Private PCs müssen mit einer ISDN-Karte oder mit einem Modem ausgerüstet werden. Über diese Schnittstelle wird eine Telefonwahlverbindung zu einem lokalen POP des Internet Providers aufgebaut. Über den POP erfolgt dann die Anbindung an Hosts des ISP. Das Protokoll PPP (Point to Point Protocol) ist die am häufigsten genutzte Protokollform zwischen ISDN-Karte bzw. Modem und dem POP.

Der Zugang von Nutzern in einem lokalen Netzwerk erfolgt im Allgemeinen über einen zentralen Router oder ein Gateway. Alle im lokalen Netzwerk aktiven Computer haben einen Zugriff auf den entsprechenden ISP oder NSP. Abbildung 80 zeigt die unterschiedlichen Zugangsformen auf.

2.6.6.2 Adressen im Internet

Jeder im Internet erreichbare Rechner (Host) muss eine eindeutige Adresse besitzen. Diese Adresse wird als IP-Adresse (IP address) bezeichnet. Eine IP-Adresse des Schemas IPv4 besteht aus vier durch einen Punkt getrennte Zahlen zwischen 0 und 256. Diese Adresse wird in 32-Bit gespeichert. Beispielsweise identifiziert die Adresse 141.44.26.113 einen Host im Bereich Wirtschaftsinformatik an der Universität Magdeburg. Die Adressen werden von unterschiedlichen Organisationen vergeben. Die weltweite Vergabe erfolgt durch die InterNIC und für Deutschland ist die DE-NIC (Deutsches Network Information Center) zuständig. Der im Schema IPv4 definierte Adressraum hat seine Grenzen erreicht. Aus diesem Grund wird an der Einführung des Schemas IPv6 gearbeitet, in dem eine IP-Adresse in 132 Bit gespeichert wird. Das alte Schema IPv4 wird eine Untermenge von IPv6 darstellen.

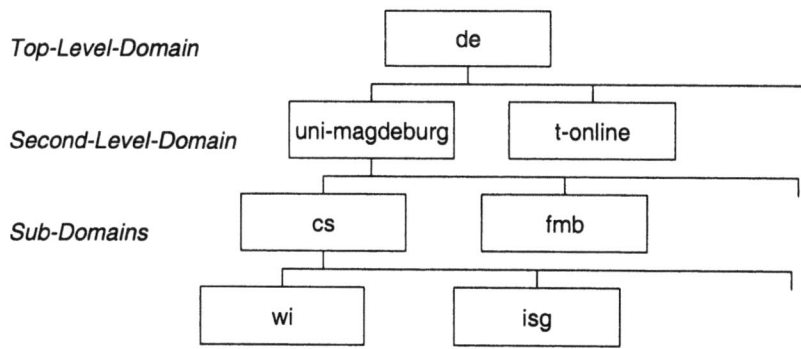

Domainname : wi.cs.uni-magdeburg.de

Abbildung 81: Beispiel für die Struktur eines Domänennamens

Für einen normalen Nutzer ist der Umgang mit diesen mehrgliedrigen Zahlen umständlich. Aus diesem Grund gibt es neben der IP-Adresse noch einen gleichwertigen Namen, der einer bestimmten Struktur unterliegt. Dieser Name wird als Domain Name (Domänenname) bezeichnet. Der Domänenname für den obigen Host lautet „wi.cs.uni-magdeburg.de". Diese Bezeichnung durch einen Namen ist für den Nutzer wesentlich zugänglicher. Dieser Name wird aber nicht als Adresse für die Datenpakete im Internet genutzt. Ein Name-Server, auch Domain Name System (DNS) genannt, übersetzt den Domänenname in die gültige IP-Adresse.

Die Struktur eines Domänennamens ist hierarchisch. Die oberste Schicht ist die so genannte Top-Level-Domain. Für Hosts in Deutschland wird häufig die Bezeichnung „de" verwendet. Mit Second-Level-Domain oder Sub-Domain werden die nächsten tieferen Schichten bezeichnet. Die jeweils höhere Schicht ist für die Namen der direkt tieferen Schicht verantwortlich. Die Struktur des Domänennamens „wi.cs.uni-magdeburg.de" ist in Abbildung 81 aufgezeigt.

2.6.6.3 Dienste des Internets

Die Öffnung des Internets für die weltweite universitäre Forschung führte zunächst dazu, dass eine unübersichtliche und uneinheitliche Struktur von Diensten auf dem zunächst *Usenet* genannten Internet entstand. Durch eine hohe Nachfrage und Nutzung bestimmter Dienste haben sich Standarddienste herauskristallisiert, die im Folgenden kurz erläutert werden. Es soll aber bereits an dieser Stelle vorweg genommen werden, dass eine weitere Konzentration der Dienste unter einem gemeinsamen Konzept erfolgt: Das *World Wide Web (WWW)* wird mehr und mehr zum Sammelbecken verschiedener Dienste, die unter der einheitlichen und standardisierten Benutzeroberfläche des WWW zusammengefasst werden. So wird heute vielerorts bereits World Wide Web als Synonym für das Internet verwendet. Aber bevor hierauf näher eingegangen wird, sollen nun zunächst die wichtigsten Dienste des Internets im einzelnen näher erläutert werden:

E-Mail

Mit Hilfe derartiger Systeme können Benutzer in einem Computernetzwerk untereinander Mitteilungen (Messages) austauschen, wobei diesen Kurzmitteilungen auch andere Dokumente als Dateien (Attachments) angehängt werden können. Weiterhin wird in einigen Systemen der Versand einer Nachricht an mehrere Adressaten wie auch die Anforderung von Empfangsquittungen (analog zu einem Einschreiben mit Rückschein) ermöglicht. Größe und Organisation des Netzwerks sind dabei prinzipiell völlig offen; so kann ein Mailsystem sowohl in einem lokalen als auch in einem weltweiten Netzwerk, wie beispielsweise dem Internet, verwendet werden. Beispiele für E-Mail-Systeme sind Pegasus Mail, ccMail von Lotus®, Eudora oder Microsoft Outlook. Abbildung 82 zeigt das Mail-System von Netscape®.

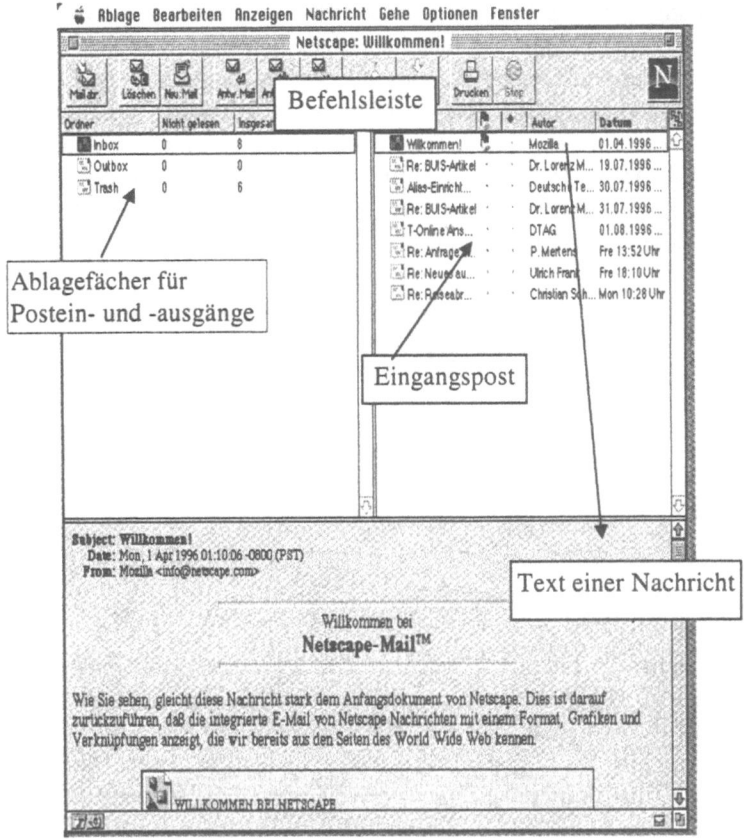

Abbildung 82: Mail-System

E-Mail-Systeme im Internet ermöglichen den weltweiten Versand und Empfang elektronischer Briefe über standardisierte Übertragungsprotokolle wie SMTP (Simple Mail Transport Protocol) oder POP3 (Post Office Protocol Version 3). Die Nutzung von E-Mail ist demnach nicht auf lokale Netze oder bestimmte Rechner-Rechner-Verbindungen begrenzt. Endbenutzerwerkzeuge für die Bearbeitung von E-Mails sind daher in der Lage, sowohl E-Mails, die nur über ein lokales Netz verteilt werden sollen, als auch E-Mails, die über das Internet versendet oder empfangen werden sollen, handzuhaben. Durch die standardisierte Strukturierung und Adressierung von E-Mails ist es zudem möglich, dass Benutzer ihre E-Mails unabhängig davon, an welchem Rechner sie auf der Welt arbeiten, einsehen und versenden können. Versand und Empfang von E-Mails sind daher losgelöst von jeglichem Bezug von Raum und Zeit, so kann ein Benutzer jederzeit und von jedem beliebigen Ort E-Mails abfragen und versenden, ohne dass der Kommunikationspartner wissen muss, wo sich genau der andere Partner befindet.

Jeder Empfänger einer E-Mail muss durch eine Adresse identifizierbar sein. Wird beispielsweise eine E-Mail nur innerhalb eines LANs an den Nutzer Tom verschickt, so ist der Nutzername Tom als Adresse eindeutig. Soll die E-Mail einen Empfänger außerhalb eines LANs erreichen, so ist zusätzlich der Domänenname des Mail-Servers zu verwenden. Eine E-Mail-Adresse besteht i. Allg. aus zwei Komponenten: Dem Benutzernamen und dem Domänennamen des E-Mail-Servers. Beide Komponenten werden durch das Zeichen „@" (gesprochen „at") getrennt. Abbildung 83 zeigt die Struktur einer E-Mail-Adresse.

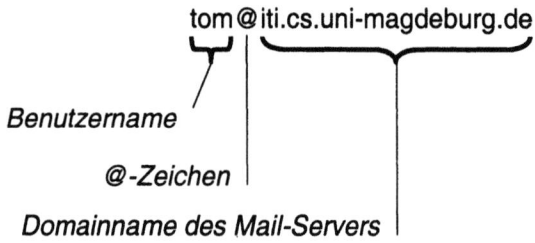

Abbildung 83: Struktur einer E-Mail-Adresse

Weiterhin stehen im Internet so genannte *List-Server* zur Verfügung, über die E-Mails gezielt an Gruppen von Interessenten versendet werden können (siehe Abbildung 84). Ist ein Benutzer an den Informationen eines List-Servers interessiert, dann sendet er eine Mail mit der Interessensbekundung an diesen. Daraufhin erhält er alle Mails, die an diesen Server zur Weiterverteilung gesendet werden. Dies kann automatisch als auch durch einen so genannten Moderator gesteuert erfolgen.

Während E-Mail zumindest ursprünglich für den Austausch von Informationen zwischen einzelnen Personen konzipiert ist, sind die so genannten *Newsgroups* ein Forum für Diskussionen zwischen mehreren (hundert) Teilnehmern, die an bestimmten Themen Interesse haben. So existieren zur Zeit weltweit ca. 10.000 Newsgroups zu unterschiedlichsten Themen, die mittlerweile weit über den wissenschaftlichen und computertechnischen Bereich hinausgehen. Newsgroups sind thematisch strukturiert, d. h., pro relevantem Thema wird je eine Newsgroup eingerichtet. Die Benutzer greifen auf die Newsgroups zu, indem ihnen die verfügbaren Diskussionsbeiträge, die im Wesentlichen Anfragen, Antworten und Kommentare enthalten, in Form eines elektronischen Schwarzen Bretts angeboten werden. Hier kann der Benutzer Anfragen oder Anmerkungen zu bereits vorhandenen Anfragen in eine Newsgroup einfügen, indem er sie elektronisch an dieses Schwarze Brett anheftet. Antworten, die direkt an eine bestimmte Person gerichtet werden sollen, können auch direkt per E-Mail zugestellt werden.

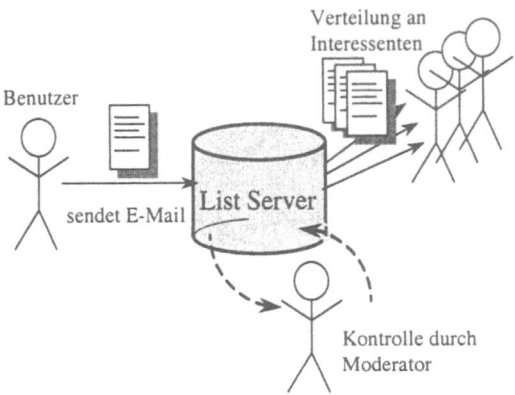

Abbildung 84: List-Server

FTP

Einer der ältesten Internetdienste ist *FTP* (File-Transfer-Protokoll). Er bietet die Möglichkeit, Dateien zwischen zwei Rechnern im Netz zu transferieren. So genannte FTP-Server stellen in öffentlich zugänglichen Verzeichnissen Dateien bereit, die von beliebigen anderen Rechnern im Internet geladen werden können. Benutzt werden FTP-Server vor allem für die Übertragung kostenloser Software, Updates und Upgrades von Standardsoftware oder auch die Verteilung von (wissenschaftlichen) Publikationen. Um sicherzustellen, dass derartige Publikationen auf jeden Fall vom Empfänger ausgedruckt werden können (nicht unbedingt am Bildschirm gelesen), werden diese dort häufig im Postscript- oder PDF-Format abgespeichert. Dateien, die von FTP-Servern übertragen werden können, können prinzipiell beliebig groß sein. Da zwischen Anbietern und Nachfragern erhebliche Distanzen liegen können, kann eine intensive Nutzung des FTP-Dienstes zu erheblichen Engpässen auf teuren Satellitenstrecken führen. Daher werden wichtige FTP-Server aus Übersee häufig gespiegelt, so dass durch den Zugriff auf den so genannten *Spiegelserver* die Engpässe auf den Satellitenstrecken reduziert werden.

Telnet

Ein ebenfalls alter Internet-Dienst ist *Telnet*, der es erlaubt, eine Rechnersitzung auf einem entfernten Rechner im Netz zu eröffnen und „so zu tun", als ob man auf diesem Rechner lokal arbeitet. Bei Telnet handelt es sich um eine Terminalemulation, die nicht nur im lokalen Netz, sondern prinzipiell weltweit im Internet verwendet werden kann. Heute wird Telnet hauptsächlich für die Ferndiagnose und -wartung von Computersystemen genutzt.

In älterer Literatur findet man häufig noch die Auflistung weiterer Dienste wie
Gopher, WAIS oder Archie. Diese sind mittlerweile allerdings völlig im WWW
aufgegangen, so dass eine weitere Behandlung hier obsolet geworden ist.

2.6.7 Das World Wide Web (WWW)

Auf die Frage „Was ist eigentlich das World Wide Web?" antwortete ein Web-
Master (= Administrator eines Web-Servers) des Instituts für Wirtschaftsinformatik der Universität Münster sinngemäß: „WWW ist wie Fernsehen – es stehen öffentlich Unmengen an Informationen bereit, die sich jedermann nach Bedarf ansehen kann. Die einzelnen Server haben dabei eine ähnliche Funktion wie die verschiedenen Fernsehkanäle". Auch wenn diese Metapher ein wenig hinkt, da beim
Fernsehen keine Navigationspfade von Kanal zu Kanal vorhanden sind, wie im
WWW von Server zu Server, so zeigt sie doch einige wesentliche Eigenschaften
des World Wide Web (oft als WWW, W3 oder einfach Web abgekürzt).

Das World Wide Web ist öffentlich zugänglich. Jeder, der einen PC mit der entsprechenden Software und ein Modem besitzt, kann auf die hier verfügbaren Informationen zugreifen. Gebühren sind lediglich an den *Provider* zu richten, über
den der Zugang über das öffentliche Telefonnetz auf das Internet realisiert wird.
Aus Sicht der Fernseh-Metapher kann das in etwa so gedeutet werden, dass der
Provider die Rolle der Gebühreneinzugszentrale (GEZ) inne hat.

Das World Wide Web besteht aus einer Vielzahl von Servern, die weltweit ver-
streut sind und auf die jedermann zugreifen kann. Die angebotenen Informationen
reichen von Unterhaltung, regionalen Informationen und Produktinformationen bis
hin zu wissenschaftlichen Artikeln und elektronischen Zeitschriften.

Die Client-Software für den Zugriff auf das World Wide Web ist wie die meisten
Client-Systeme für das Internet kostenfreie Shareware und wird *Browser* genannt.

Alle im World Wide Web angebotenen Informationen werden über eine einheitliche Benutzerschnittstelle mit einer einheitlichen Darstellung und Bedienung angeboten.

2.6.7.1 Aufbau des WWW

Als *Web-Server* werden Netzknoten bezeichnet, der eine oder mehrere so genannte *WWW-Sites* anbietet. Eine Site (Lage, Stelle) gilt als eine Metapher für einen
virtuellen Platz im so genannten Cyberspace. Eine WWW-Site wiederum besteht
aus einer Menge von Seiten (Pages), auf denen die Informationen angeboten werden. Eine solche Seite kann Text, Abbildung, Bewegtbilder, Audio-Daten und Hy-

perlinks enthalten. Jede Seite kann über einen so genannten *Uniform Resource Locator (URL)* identifiziert werden. Das „Deckblatt" einer WWW-Site ist die so genannte *Homepage*, die über den Namen der Site, dem Domänennamen, adressiert wird. Es hat sich eingebürgert, dass Domänennamen für Sites immer etwa in der Form „WWW.Unsere-Firma.com" bezeichnet werden. Die Abbildung 85 fasst die Komponenten zum Aufbau des WWW und ihre Adressierungsform zusammen.

Auch das World Wide Web basiert auf zahlreichen Standards. Für den Transport von Web-Seiten zum nachfragenden Client wird beispielsweise das *HyperText Transport Protokoll (HTTP)* verwendet. HTTP setzt auf dem Netzprotokoll TCP/IP auf. Die Adressierung einer Web-Seite erfolgt daher stets in der Form „http://<url>". Für die Programmierung dieser Seiten wird die standardisierte Sprache *HTML (Hypertext Markup Language)* verwendet (Münz/Nefzger 1999). Die Verwendung von HTML gewährleistet, dass jeder Web-Client auf beliebige Pages beliebiger Web-Sites weltweit zugreifen und diese lesen kann. HTML und HTTP sind unabhängig von jeglichen Betriebssystemen oder sonstigen proprietären Basissystemen.

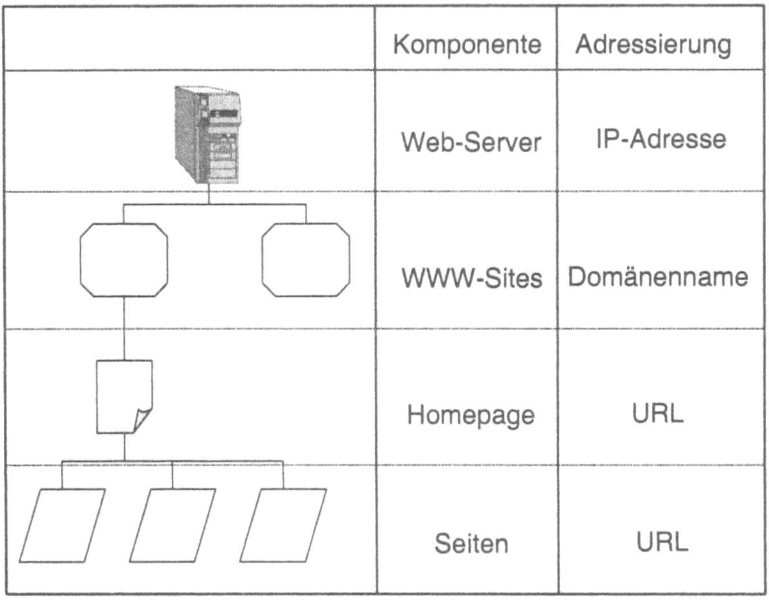

	Komponente	Adressierung
	Web-Server	IP-Adresse
	WWW-Sites	Domänenname
	Homepage	URL
	Seiten	URL

Abbildung 85: Aufbau des WWW mit Web-Server, Sites, Homepage und Seiten

Abbildung 86 zeigt den Zusammenhang zwischen zwei über das Internet verbundenen Web-Servern, wobei WWW-Server 1 zwei und WWW-Server 2 eine Web-Site anbieten. Während die physische Verbindung zwischen den beiden Servern über das Internet realisiert ist, gehen die logischen Verbindungen über so genannte *Hyperlinks*, die sowohl Pages innerhalb einer Web-Site miteinander verbinden, als auch Pages verschiedener Web-Sites. Mit Hilfe von Hyperlinks kann der Benutzer direkt von Page zu Page navigieren. Die (systematische) Informationserschließung über die Verfolgung von Hyperlinks wird „surfen" genannt.

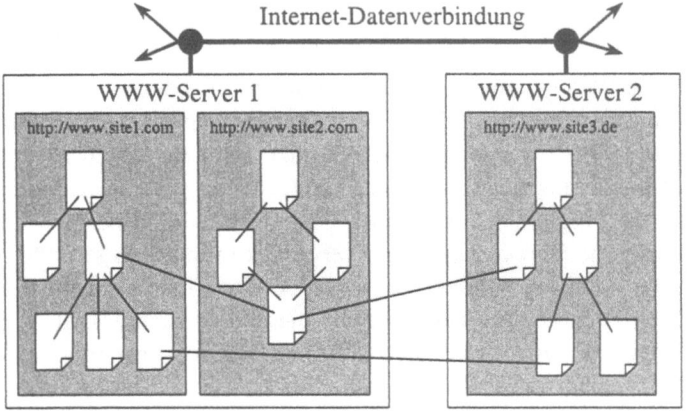

Abbildung 86: Links zwischen Web-Server, -Sites und -Seiten

2.6.7.2 Web-Browser

In der Vergangenheit wurde für die unterschiedlichen Dienste des Internets unterschiedliche Client-Software benötigt. Zur Anwendung von FTP wurde z. B. ein FTP-Client benötigt. Heute wird an Stelle der vielen unterschiedlichen Softwaretools nur ein Endbenutzerwerkzeug verwendet. Ein Web-Browser stellt dem Internet-Nutzer ein komplexes Werkzeug zur Abdeckung eines großen Umfangs der Internet-Dienste bereit.

Der Name Browser leitet sich aus dem englischen Verb „to browse" ab. Ein Wörterbuch gibt folgende Übersetzung:

---

browse

1. grasen, weiden.

2. *a. browse around* sich umsehen:

browse through a book in einem Buch schmökern *od.* blättern;

browse in (*od. around*) *a shop* (*bsd. Am. store*) sich (unverbindlich) in einem Laden umsehen.

Die De-facto-Standards für Browser sind der *Netscape* Navigator (siehe Abbildung 87), der auf dem „Urvater" aller heute verfügbaren Browser namens *Mosaic* basiert, und der Microsoft Internet Explorer.

Der Netscape Navigator erlaubt die Adressierung und Darstellung von Web-Seiten, die Nutzung aller Funktionen, die mittels HTML auf den Seiten zur Verfügung gestellt werden (insbesondere die Navigation über Hyperlinks) sowie – und hier passt die Metapher Fernsehen endgültig nicht mehr zur Funktionalität von WWW – die Interaktion mit Web-Sites. Waren Web-Seiten früher ausschließlich zur Darstellung von Informationen und die Navigation von Seite zu Seite geeignet, so stellen sie heute mit der Verfügbarkeit von HTML 3.2 auch eine Vielzahl von Möglichkeiten zur Interaktion bereit. So ist es heute beispielsweise möglich, sich über WWW zu Konferenzen anzumelden, Waren zu bestellen, oder an (Gewinn-) Spielen teilzunehmen.

Weiterhin sind unter dem Dach des WWW alle wichtigen Internetdienste integriert. So ist es heute vielfach möglich, auch über WWW auf FTP-Server zuzugreifen und Daten von diesen herunterzuladen (siehe Abbildung 88), der Versand von E-Mails wird vollständig über das WWW unterstützt (siehe Abbildung 87), Newsgroups und auch Suchdienste werden heute mit modernen Browsern genutzt.

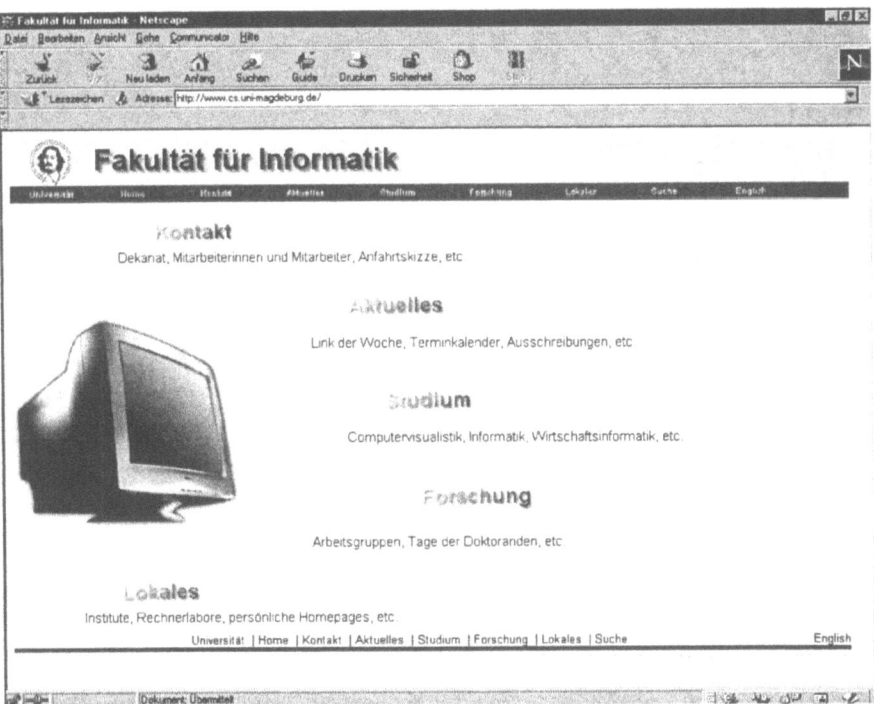

Abbildung 87: Netscape-Navigator

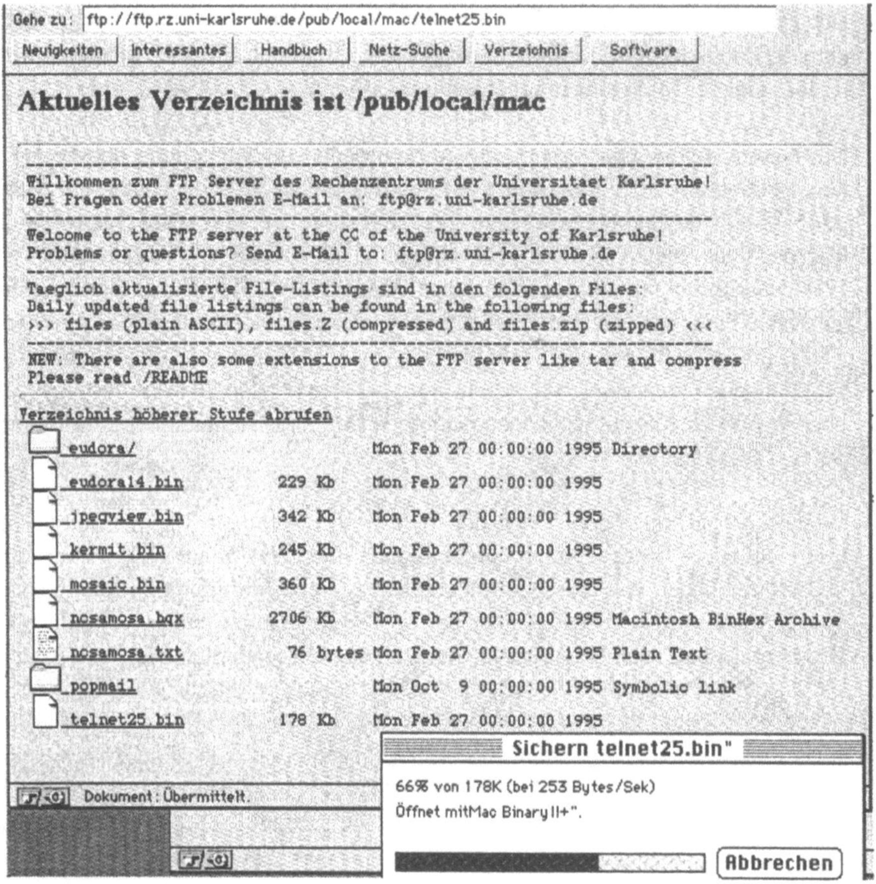

Abbildung 88: FTP-Server

2.6.7.3 Aufruf von Web-Pages

Zur Anforderung einer Web-Page muss die URL eingegeben oder auf einen Link
zu einer existierenden Web-Page geklickt werden. Der Client aktiviert den zustän-
digen Web-Server für diese Seite. Dieser Server sendet die Daten der angeforderten Web-Page im HTML-Format über das Internet zum Client zurück. Diese Daten lassen sich logisch gesehen in zwei Komponenten einteilen: die eigentlichen
Informationen und Instruktionen für den Browser zum Anzeigen der Informationen, wie die Farbe des Hintergrundes, die Schriftgröße und die Stelle zum Positio-
nieren der Grafiken.

Das Web ist ständigen Veränderungen unterworfen. Neue Sites kommen hinzu, alte Sites verschwinden, die Verzeichnisse für die Web-Pages erhalten neue Namen.

So passiert es häufig, dass beim Klick auf einen Link eine Fehlermitteilung erscheint. In diesem Fall hat man einen ungültigen Link erwischt.

2.6.7.4 Multimedia und Web-Browser

Zu Beginn der 90-er Jahre bestand eine Web-Page nur aus Texten und Links. Heute enthalten Web-Pages multimediale Elemente, wie Sound, Animation und Videos. Diese multimedialen Elemente sind in entsprechenden Dateien verpackt. Bei einem Klick auf ein Multimedia-Element sendet der Webserver eine Kopie dieses Files an den anfordernden Computer. Hierbei werden zwei unterschiedliche Technologien unterschieden:

1. Das gesamte File wird übertragen, erst danach wird es angezeigt. Bei größeren Dateien und geringen Übertragungskapazitäten können Wartezeiten in Minutenbereichen entstehen.

2. Nachdem das erste Segment des Files angekommen ist, wird beispielsweise mit dem Abspielen des Videos begonnen. Diese Technologie wird auch als Streaming Media Technology bezeichnet.

Bei der Anzeige von Grafiken oder Videos werden weiterhin zwei unterschiedliche Technologien verwendet. Bei der so genannten In-place Multimedia Technology werden die Bilder innerhalb des geöffneten Windows der entsprechenden Webpage eingeordnet. Im Gegensatz dazu wird bei der Multimedia Overlay Technology ein neues separates Window eröffnet, in dem die multimediale Anwendung erscheint.

Zum „Abspielen" von multimedialen Anwendungen wird ein so genannter Media-Player, wie z. B. der Real Player benötigt. Dies ein spezielles Programm, welches Start, Stop und Zurückspulen von multimedialen Segmenten gestattet. Diese Player müssen zu den Multimedia-Dateien kompatibel sein. Vor dem Abspielen prüft der Web-Browser, ob der benötigte Player auf dem Computer vorhanden ist. Im Falle des Nichtvorhandenseins wird meistens die Möglichkeit angeboten, diesen Player vom WWW zu laden und auf dem Client zu installieren. Diese Software wird auch als Plug-in bezeichnet.

2.6.8 Nutzung von Programmen über das WWW

Neben der Abfrage von Informationen und der Interaktion mit den Anbietern ist es außerdem möglich, über das World Wide Web Programme auf entfernten Web-Servern auszuführen. Hierbei wählt der Benutzer mit Hilfe eines Browsers eine Web-Seite aus, die wiederum ein Feld, Schaltfläche oder ähnliches anbietet, mit dessen Hilfe ein Programm auf dem Server ausgeführt werden kann. Für die Weitergabe von Anfragen, die über das WWW an andere Programme weitergereicht werden sollen, gibt es die standardisierte *CGI-Schnittstelle* (Common Gateway Interface). Über die CGI-Schnittstelle ist es möglich, Daten zwischen der WWW-Anwendung und anderen Programmen auszutauschen sowie über WWW-Requests remote Programme auf dem Server auszuführen. Diese Möglichkeit wird beispielsweise auch genutzt, um Programme, die Suchverfahren auf dem Server realisieren, auszuführen.

Eine andere wesentliche Anwendung für CGI ist der Austausch von Daten zwischen Web-Site und Datenbanken (Schneider/Rentmeister 1996). Der seitenorientierte Aufbau von Web-Sites ist nur begrenzt geeignet, um größere Mengen von Daten zu repräsentieren, da ohne Nutzung von Datenbanktechnologie für jeden Datensatz eine Web-Seite angeboten werden müsste. Sinnvoller ist jedoch die Erstellung eines Formulars, in dem die Daten aus der Datenbank entsprechend der Anfrage durch den Web-Client dargestellt werden. Können sich beispielsweise Teilnehmer einer Tagung über das WWW anmelden, so müssen diese Anmeldungen zwecks interner Weiterverarbeitung in die Datenbank des Tagungsverwaltungssystems eingespeist werden. Hierfür können mittels CGI SQL-Anfragen erzeugt werden, über die sich die Web-Site wie ein Datenbank-Client verhält. Abbildung 89 verdeutlicht diesen Zusammenhang grafisch.

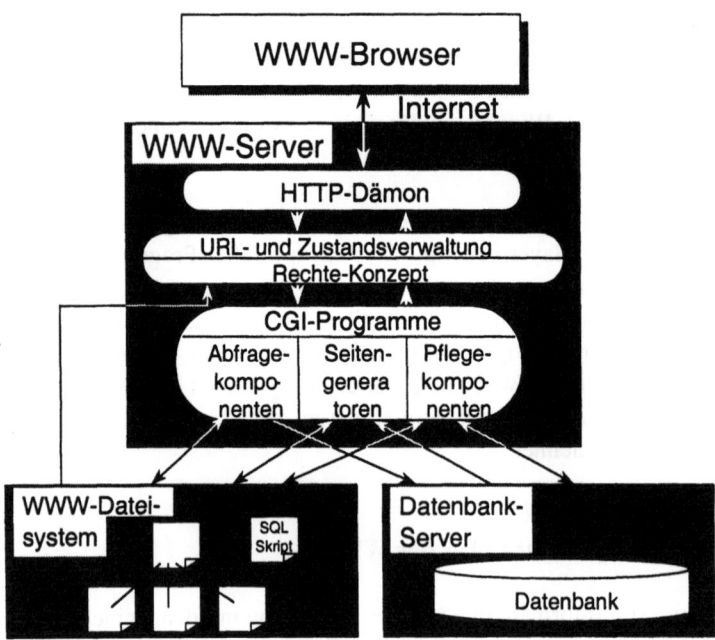

Abbildung 89: Integration von WWW- und Datenbank-Server über CGI

Problematisch bei der Lösung des Datenbankzugriffs über CGI-Skripte ist, dass die Programme zur statischen Seitenbeschreibung von den Programmen, die dynamisch die Seiten mit Daten füllen, getrennt sind. Dieser Nachteil kann durch Nutzung eines so genannten *SQL-Gateways* umgangen werden (Schmelzke/Gast 1996). Hierbei werden alle Datenbankabfragen direkt in das HTML-Programm eingebettet. Wird ein solches Programm dann durch einen Client aktiviert, wird es in seine reinen HTML-Komponenten und die SQL-Sprachanteile zerlegt, wobei die reinen HTML-Kommandos direkt an die Web-Site weitergegeben werden, während die SQL-Abfragen über das Gateway an den Datenbank-Server weitergeleitet werden. Abbildung 90 zeigt dieses Konzept schematisch.

Die dritte Variante des Zugriffs von WWW-Clients auf Datenbanken ist die vollständige Integration von WWW- und Datenbankserver. Der Vorteil dieses Systems ist, dass nur noch ein einziges System sowohl für die Verwaltung, Darstellung und Bearbeitung von Web-Seiten als auch für Datenbankabfragen eingesetzt wird. Beispiel für ein solches System ist der *Oracle Web Application Server*. In Abbildung 91 ist die Architektur eines *integrierten Web-Servers* skizziert.

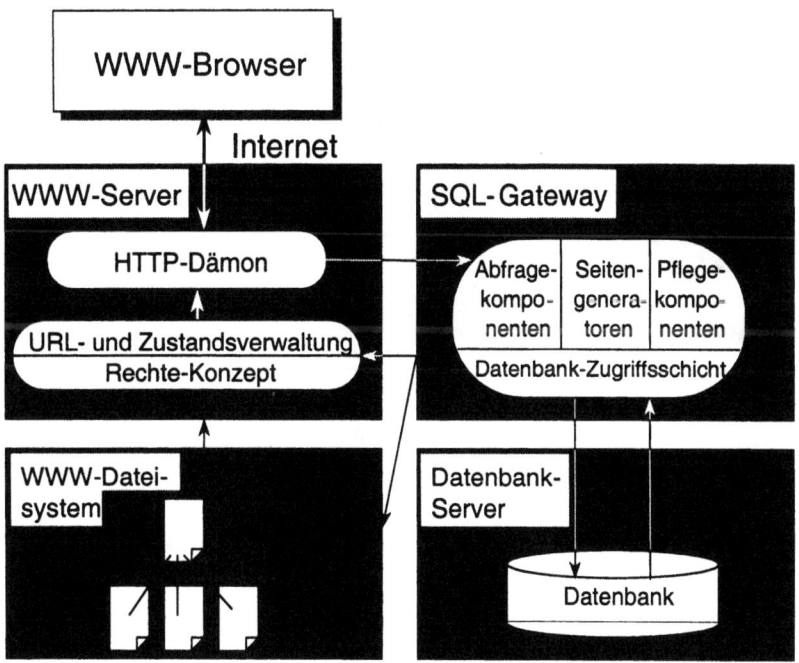

Abbildung 90: Integration von WWW- und Datenbank-Server über SQL-Gateway

Der *Web-Listener*, auch *HTTP-Server* genannt, stellt die sichtbare Schicht des Web-Servers dar. Er nimmt Anfragen von beliebigen Web-Browsern entgegen und verhält sich bezüglich standardisierter Anfragen genau wie jeder andere Web-

Server, d. h., dass Web-Seiten angezeigt und CGI-Skripte hier direkt ausgeführt werden. Anfragen, die über diese Standards hinausgehen, werden an den *Web Request Broker (WRB)* weitergegeben, der diese Anfragen an beliebige andere Systeme wie beispielsweise einen Java-Interpreter, ein C++-Programm oder einen Datenbank-Server zwecks Aufruf einer Stored Procedure weiterreicht und dort ausführen lässt. Die Zielsysteme für den WRB können frei definiert und über so genannte *Web Server Extensions* an den Broker angebunden werden. Damit ermöglicht ein integrierter Web-Server wie der Oracle Web Server die Ausführung beliebiger Programme aus beliebigen Entwicklungsumgebungen über das World Wide Web. Im Prinzip können sich Clients, die weltweit verteilt sind, mit Hilfe von Browsern auf diese Weise auf einem Server in das Internet einloggen und beliebige Dienste dort verwenden.

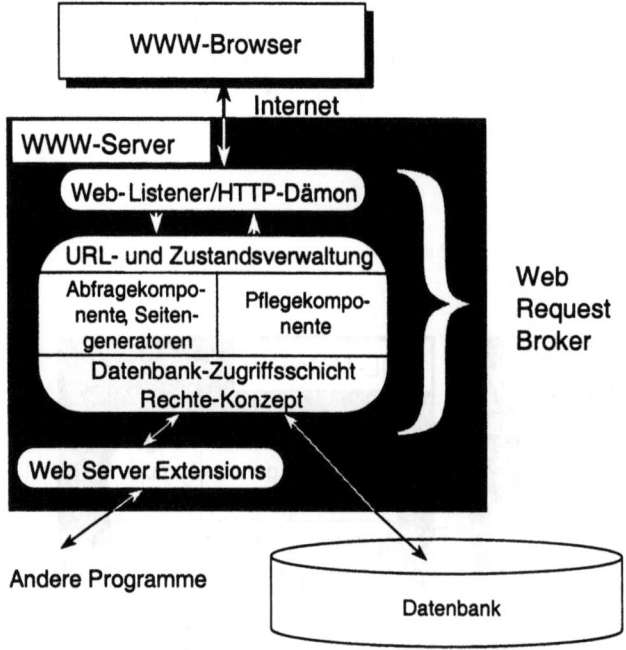

Abbildung 91: Grobarchitektur eines integrierten WWW- und Datenbank-Servers

Dies birgt natürlich auch massiv die Gefahr in sich, dass diese Dienste unbefugt genutzt bzw. missbraucht werden. Technologie, die derart unbefugten Zugriffen entgegenwirkt, sind so genannte *Firewalls* (siehe Abschnitt 2.7.2.3 Firewalls). Eine Firewall ist ein Rechner, der wie eine schützende Mauer zwischen dem lokalen unternehmensinternen Netzwerk und dem Internet selbst liegt. Alle Verbindungen zwischen Rechnern des lokalen Netzes und dem Internet müssen über einen Firewall-Rechner laufen, wobei dieser überprüft, ob ein berechtigter Zugriff von außen erfolgt. Die Realisierung von Firewalls ist eine verhältnismäßig komplexe Aufgabe, allerdings aus Sicherheitsgründen für Unternehmen unabdinglich.

2.6.9 WWW-basiertes Client-Server-Computing

Mit Hilfe von Firewalls, Servern und integrierten Datenbankzugriffen ist es möglich, Clients als Arbeitsplatzsysteme unabhängig ihrer physischen Lokation in ein Netzwerk einzubinden. Aus Sicht von Arbeitsplatzsystemen bedeutet dies, dass mittels des Internets prinzipiell jeder zugängliche Rechner als Server fungieren kann und Anwendungssysteme Dienste dieser Server nutzen können. Zur Nutzung dieser Dienste müssen weder die Programme noch die Daten über das Netz zum Client transferiert werden. Die Ausführung kann komplett auf dem entfernten Server erfolgen.

Die Nutzung der Möglichkeiten einer solchen Konfiguration steckt heute noch in den Kinderschuhen und wird den Softwaremarkt tiefgreifend verändern. Die Möglichkeit, Programme bzw. Komponenten dieser über das Internet remote zu nutzen, kann die Benutzer davon befreien, Software, die nur selten genutzt wird, selbst zu lizenzieren. Statt dessen wird derartige Software remote genutzt, und es werden lediglich Nutzungsgebühren für diesen Zeitraum entrichtet. So ist beispielsweise denkbar, dass ein Finanzbuchhaltungssystem, das fast täglich genutzt wird, gekauft und lokal betrieben wird, während die Software für den Jahresabschluss, die naturgemäß nur einmal im Jahr eingesetzt wird, remote genutzt und entsprechend lizenziert wird. Private Haushalte können vollständig auf den Kauf von Anwendungssoftware verzichten und greifen mittels eines PCs, der weder über Festplatten noch Diskettenlaufwerke verfügt, direkt auf die Software im Internet zu, wobei die Speicherung privater Daten beim Internet-Provider erfolgt. Damit können *Internet-PCs* eingesetzt werden, die (einschließlich Farbbildschirm!) unter € 500 kosten. Auch eine Integration von Internet-Browsern und Fernsehtechnik ist eine realistische Variante zur Öffnung des Internets als Massenmarkt. Eine flächendeckende Implementierung derartiger Konzepte erfordert allerdings neue Abrechnungsmodelle, wie z. B. günstige *Flatrates* (monatliche Festpreise für die Internet-Nutzung), anstelle der üblichen Minutenabrechnung.

Auch wenn dies aus heutiger Sicht noch ein wenig visionär erscheint, so sind die technologischen Voraussetzungen für eine solche Informationslandschaft gegeben. Die Vorteile für die Benutzer liegen auf der Hand: In einer solchen Landschaft von Anwendungssystemen kann sich der Benutzer genau die Arbeitsplatzsysteme konfigurieren, die für die Unterstützung seiner Arbeit am besten geeignet sind. Er ist weder auf das Angebot bestimmter Hersteller angewiesen noch bezüglich der von ihm verwendeten Basissoftware auf bestimmte Produkte eingeschränkt.

2.6.10 Vom Internet zum Intranet

Was bleibt, ist noch die Frage nach der Benutzeroberfläche. Für die Nutzung von remote Websites sind Web-Browser Benutzerschnittstellen-Standards. Auch die darunter liegenden Schichten wie Protokolle und Schnittstellen zu anderen Entwicklungssystemen (wie CGI) usw. sind durchgängig standardisiert. Warum sollen diese Standards nicht auch in lokalen Netzen genutzt werden? Auch diese Frage ist bereits durch eine verfügbare Technologie beantwortet. Unter der Bezeichnung *Intranet* wird die Übernahme von Konzepten des WWW in lokale Netze zusammengefasst. Das Intranet übernimmt dabei die Funktion eines plattformübergreifenden Netzwerkbetriebssystem-Aufsatzes. Die Dienste, die ein Intranet anbietet, entsprechen zunächst grundsätzlich den aus dem Internet bekannten Benutzerdiensten wie Information Sharing und Management, Kommunikation und Kollaboration, Navigation sowie Zugriff zu vertikalen und horizontalen Standardsoftware-Systemen. Neben diesen Benutzerdiensten ist allerdings auch die Bereitstellung von Diensten für das Netzwerkmanagement erforderlich. Hierzu gehören folgende:

- Mit Hilfe von *Directory Services* werden Informationen über Mitarbeiter, Zugriffskontrollen, Serverkonfigurationen und anwendungsspezifische Ressourcen gepflegt. Hiermit können beispielsweise Benutzer angelegt und Gruppen zugeordnet werden sowie Zugriffe auf Ressourcen wie Drucker und Programme eingerichtet werden.

- Mit Hilfe von *Sicherheitsdiensten* werden Benutzern bzw. Benutzergruppen Privilegien auf Ressourcen zugeordnet.

- Zentrale Ressourcen bergen grundsätzlich die Gefahr in sich, zu Engpässen im System zu werden. Mit Hilfe eines *Replication Service* soll die Effizienz des Netzwerks dadurch gesteigert werden, dass Daten wie Web-Seiten, Mails, Directories und DatenbankTabellen im Netzwerk repliziert und mit geeigneten Mechanismen aktuell gehalten werden.

- Alle Internetdienste sollen mittels des allgemeinen *Managementdienstes* von einem Arbeitsplatz aus verwaltet werden können, auch wenn sie über eine beliebige Zahl von Rechnern verteilt sind.

Das Intranet kann jedoch nach heutigem Stand der Technik die bisherige Anwendungslandschaft nicht vollständig ersetzen. So fehlt es bislang an Konzepten, wie etwa Workflow-Management- oder Groupwaresysteme auf Basis dieser Technologie realisiert werden können, auch wenn eine prinzipielle Eignung des Intranet durchaus gegeben ist. Auch die Frage, ob die Hypertext-orientierte Oberfläche wirklich allen Anforderungen einer Netzwerkbetriebssystem-Benutzeroberfläche gerecht wird, kann heute ebenfalls nicht abschließend beantwortet werden.

Dennoch, der Reiz des Intranets ist, dass aus Sicht des Benutzers vollkommen transparent ist, ob er eine Anwendung benutzt, die auf seinem lokalen Rechner, einem Server im lokalen Netz oder einem Webserver irgendwo außerhalb des Unternehmens lokalisiert ist. Die Benutzung erfolgt stets mit Hilfe der gleichen Verfahren und Mechanismen und erfordert keinerlei zusätzlichen Lernaufwand seitens des Benutzers.

Auch für das Systemmanagement hat eine solche Vereinheitlichung gravierende Vorteile. Alle Komponenten werden über einheitliche und standardisierte Schnittstellen miteinander kombiniert, unabhängig davon, ob diese lokal oder remote verfügbar sind. Dies reduziert den Aufwand für die Verwaltung komplexer Systeme erheblich.

2.6.11 Literatur zu Computernetzen

Die Literatur zum Internet ist so schnelllebig wie das Internet selbst, daher wird hier auf Grundlagenliteratur zu Computernetzen verwiesen, die einigermaßen zeitlos ist. Beispiele hierfür sind (Alpar 1998; Bengel 2000; Horn 1999; Kauffels 2000; Tanenbaum 2000; Widmer/Schwyter/Künzler 2000).

2.7 Datensicherheit und Datenschutz

2.7.1 Grundlagen

Auch wenn Datenschutz und Datensicherheit wie eineiige Zwillinge erscheinen, handelt es sich hierbei zunächst um zwei unterscheidbare Sachverhalte. Laut *Bundesdatenschutzgesetz* muss jeder Einzelne davor geschützt werden, dass seine Persönlichkeitsrechte durch den Umgang mit seinen personenbezogenen Daten beeinträchtigt werden. Allgemeiner gefasst, befasst sich der *Datenschutz* mit dem Schutz vor Missbrauch von Daten. *Datensicherheit* hingegen betrifft die Wahrung von Vertraulichkeit, Integrität und Verfügbarkeit von Daten. Letztendlich geht es bei beiden Sachverhalten um die Sicherstellung ausschließlich ordnungsmäßiger Verwendung von Daten. Gefahren lauern durch folgende Einflussfaktoren:

- *Missgeschicke*: Auch autorisierte Benutzer können Datensicherheit und Datenschutz beeinträchtigen. Dies kann zum Einen durch Fehlbedienungen passieren, die zu versehentlichem Löschen oder fehlerhaftem Ändern von Daten oder Dateien führen, zum Anderen kann durch Administrationsfehler in gutem Glauben auf Daten zugegriffen werden, die der Benutzer nicht einsehen oder ändern darf.

- *Angriffe*: Unter einem Angriff (*Attacke*) wird der Vorsatz verstanden, Daten oder Programme, für die der Angreifer nicht autorisiert ist, auszuspähen (*Spionage*) oder zu manipulieren (*Sabotage*). Personen, die aus „technischem Interesse" oder zum Stillen ihres Wissensdursts eindringen, werden *Hacker* und Saboteure *Cracker* genannt. Da Ressourcen in der Regel durch Passwörter geschützt sind, ist die ursprünglichste Form der Hacker-Attacken das Herausfinden („Knacken") von Passwörtern. Mit einem fremden Passwort (siehe Abschnitt 2.6.5.1 Login-Prozess) kann der Hacker sich als rechtmäßiger Nutzer authentifizieren und bekommt demnach Zugang zu allen Daten wie der eigentlich rechtmäßige Benutzer. *Passwort-Attacken* dienen damit der Spionage und Sabotage von Informationssystemen und können sowohl lokal wie auch über Netzwerke durchgeführt werden. Ein weiteres Mittel zu Spionage ist das Mitlesen von Nachrichten, die über ein Netzwerk versendet werden. Gerade im Internet hat der Versender keine Kontrolle darüber, über welche Netzknoten seine E-Mails geroutet werden. Das Mitlesen kann allerdings auch schon auf niedrigerer Protokollebene stattfinden, indem versendete Pakete im Netz abgefangen, gelesen und weiter versendet werden. Für die Sabotage von Informationssystemen werden verschiedenartige Programme eingesetzt, die unter dem Oberbegriff *Malware* („malicious Software") zusammengefasst werden. Hierbei handelt es sich um Viren, Würmer, Trojanische Pferde und anderes elektronisches Ungeziefer. Die Frage, warum Programmierer solche Software in die Welt setzen, kann nur von den Personen selbst oder von Psychologen beantwortet werden, daher wird hier auf eine Aussage zur Ursachenforschung verzichtet. Attacken, deren Ziel das Lahmlegen von (Teil-)Netzen oder einzelnen Rechnern ist, werden *Denial of Service* (DoS) Attacken genannt. Die bekannteste Form dieser Attacken ist das so genannte *Mail-Bombing*, bei dem das Opfer so massiv mit E-Mails beschossen wird, dass dessen Rechnersystem abstürzt. Weiterhin gehören hierzu auch protokollbasierte Angriffe, bei denen Schwachpunkte in Netzprotokollen genutzt werden, um Rechner außer Gefecht zu setzen. Eine Angriffsform, deren Zielsetzung weder Sabotage noch Spionage ist, die aber dennoch den ordnungsmäßigen Rechnerbetrieb beeinflussen kann, ist der *Ressourcenmissbrauch*. Hierbei suchen (meist halbseidene) Internet-Provider nach freien Kapazitäten, um diese unbemerkt für eigene Zwecke z. B. als Download- oder E-Mail-Server zu nutzen.

- *Technische Defekte*: Fehlerhafte Hardware oder Software kann ebenfalls die Datenqualität beeinflussen. So kann ein Hardwareausfall während einer Schreibtransaktion zu Dateninkonsistenzen führen oder ein defekter Datenträger eine fehlerhafte Programmausführung oder Datenverluste verursachen. Fehlerhafte Software kann trotz korrekter Bedienung Daten verfälschen.

- *Höhere Gewalt*: Naturkatastrophen, Brand oder Wassereinbruch sind weitere Gefahrenquellen für Computersysteme.

Informationssysteme, die gegen derartige Gefahren gewappnet sind, müssen folgende Eigenschaften haben (Widmer/Schwyter/Künzler 2000, 270f):

- *Verfügbarkeit*: Ein System ist genau dann verfügbar, wenn es zu einem bestimmten Zeitpunkt sämtliche Funktionen und Daten zur Nutzung bereitstellt. Die Verfügbarkeit wird in Prozent gemessen. Eine hundertprozentige Verfügbarkeit ist gegeben, wenn ein System an 365 Tagen (in Schaltjahren 366) jeweils 24 Stunden zur Verfügung steht. Bei einem Ausfall von acht Stunden im Jahr liegt die Verfügbarkeit demnach bei über 99,9%.

- *Integrität* (Unversehrtheit) ist genau dann gegeben, wenn ein System keine unbefugten oder versehentlichen Veränderungen an Daten oder Programmen zulässt. Ein integres System ist gegen jede Form von Missgeschicken, Angriffen, Defekten oder Einflüssen höherer Gewalt geschützt.

- *Vertraulichkeit* ist dann gewährleistet, wenn nur solche Personen Zugang zu Informationen haben, die auf Grund ihrer fachlichen Aufgabe diese Informationen einsehen und verarbeiten dürfen.

- *Authentizität* ist gegeben, wenn die gegenüber dem Computersystem behauptete Identität eines Nutzes mit dessen tatsächlicher Identität übereinstimmt.

- *Nachvollziehbarkeit* sichert ab, dass eine Transaktion weder durch den Nachfrager noch den Anbieter einer Dienstleistung im Nachhinein abgestritten werden kann.

Der Zusammenhang zwischen Gefahren und Anforderungen ist in Tabelle 33 zusammengefasst. Dabei repräsentiert ein „X" einen starken und ein „x" einen schwachen Zusammenhang.

- Missgeschicke durch fehlerhafte Eingaben gefährden in erster Linie die Integrität. Besonders grobe Fehlbedienungen können in Ausnahmefällen auch zum Absturz von Computersystemen führen und beeinträchtigen die Verfügbarkeit. Auch die absichtliche oder versehntliche Weitergabe von Passwörtern ist ebenfalls eine Fehlbedienung, die dann die Vertraulichkeit gefährdet.

- Hacker- und Cracker-Angriffe betreffen offensichtlich zunächst Vertraulichkeit und Authentizität. Wenn sich jemand als jemand ausgibt, der er nicht ist, wird auch die Nachvollziehbarkeit beeinträchtigt. Werden erschlichene Passwörter auch für Sabotageakte genutzt, sind Verfügbarkeit und Integrität betroffen. Weiterhin ist die Verfügbarkeit eingeschränkt, wenn die Systeme nach einer Attacke bereinigt werden.

- Mitlesen betrifft offensichtlich die Vertraulichkeit. Mitgelesene Informationen können auch Passwörter beinhalten, in diesem Fall wird aus Mitlesen eine Passwort-Attacke.

- Als *Viren* und *Würmer* wird Software bezeichnet, die sich selbst vermehrt und in der Regel zerstörend auf Computersysteme wirkt. Sie unterscheiden sich durch die Art der Vermehrung: während sich Viren über den Austausch von Datenträgern oder Dateien ausbreiten, die sie als Hosts („Wirtsdateien") brauchen, verbreiten sich Würmer als eigenständige Softwareindividuen über Netzwerke. Die zerstörende Wirkung ist bei beiden Malwares gleich, weshalb sie im Folgenden nicht weiter unterschieden werden: sie geht von der Störung des Nutzers z. B. durch das Einstreuen von mehr oder weniger sinnlosen Meldungen über die Zerstörung einzelner Dateien bis zur Formatierung von Festplatten. Damit werden Verfügbarkeit und Integrität nachhaltig beeinträchtigt.

- *Trojanische Pferde* sind Programme, die durchaus Sinnvolles leisten, aber für den Benutzer verborgene Funktionen zum Ausspionieren von Computersystemen beinhalten. Sie übermitteln Passwörter, übermitteln Netzzugänge und geben die Inhalte der Dateisysteme preis. Sie richten selbst keinen Schaden an und beeinträchtigen damit nur die Vertraulichkeit, eröffnen ihrem Erzeuger allerdings beliebige Manipulationsmöglichkeiten.

	Verfügbarkeit	Integrität	Vertraulichkeit	Authentizität	Nachvollziehbarkeit
Missgeschicke	x	X	X		
Hacker-Angriff			X	X	
Cracker-Angriff	x	x	X	X	x
Mitlesen			X		
Malware - Viren/Würmer - Trojanische Pferde - Hoaxe/Jokes	X x	X	 X		
Denial of Service	X				
Ressourcenmissbrauch	x				
Technische Defekte	X	x			
Höhere Gewalt	X				

Tabelle 33: Zusammenhang zwischen Anforderungen und Gefahren

- *Hoaxe* und *Jokes* richten selbst keinen Schaden an, täuschen allerdings schädigendes Verhalten vor. Jokes sind Programme, die ein Erscheinungsbild wie

Viren haben, allerdings keinen Schaden anrichten. Hoaxe sind (meistens dramatische) Warnmeldungen für neuen besonders bösartige Viren, die es dann allerdings nicht gibt, ankündigen. In beiden Fällen wird die Verfügbarkeit durch unnötige Gegenmaßnahmen beeinträchtigt.

- DoS-Attacken werden gezielt eingesetzt, um die Verfügbarkeit von Diensten einzuschränken. Sie gelten als Form der „Selbstverteidigung" oder auch Selbstjustiz im Internet. Ziele sind Sites von Unternehmen, die gegen die „guten Sitten", auch *Netiquette* genannt, verstoßen. Beispielsweise wurde der Server eine bekannten amerikanischen Softwareherstellers durch Mail-Bombing lahmgelegt, nachdem bekannt wurde, dass ein Patentanwalt in dessen Namen einen Wissenschaftler auf Grund eines vermeintlichen Verstoßes gegen das Markenrecht mit einer horrenden Geldforderung abgemahnt hat.

- Ressourcenmissbrauch richtet zunächst keinen Schaden an. Werden die Ressourcen jedoch vom rechtmäßigen Eigentümer benötigt, kommt es zu Engpässen bei der Verfügbarkeit. Außerdem kann beim rechtmäßigen Eigentümer ein Reputationsschaden entstehen, wenn sich herausstellt, dass sich andere dort offen „bedienen" konnten oder wenn vom Server eines seriösen Diensteanbieters pornographische Angebote per E-Mail versendet wurden.

- Technische Defekte schränken die Verfügbarkeit etwa bei Hardwareausfällen oder die Integrität bei Softwarefehlern ein.

- Höhere Gewalt kommt zwar selten vor, beeinträchtigt dann aber massiv die Verfügbarkeit.

In den folgenden Abschnitten werden verschiedene Maßnahmen zur Gewährleistung der oben angegebenen Eigenschaften und zur Gefahrenabwehr diskutiert.

2.7.2 Maßnahmen zur Gefahrenabwehr

2.7.2.1 Sicherheitskonzept

Die umfassendste Maßnahme für Datenschutz und Datensicherheit ist die Aufstellung eines unternehmensweiten *Sicherheitskonzepts*. In einem solchen Konzept ist die Absicherung von Computersystemen nur ein Teil des Ganzen. Ein Sicherheitskonzept beginnt bei der Absicherung des Firmengeländes, regelt die Zugangsvoraussetzungen für Personen in bestimmte Unternehmensbereiche, umfasst Alarmpläne und viele andere Aktivitäten. Aus Sicht der Informationssysteme sind drei Aspekte eines Sicherheitskonzepts hervorzuheben:

- Die Benutzermodellierung, in der Benutzergruppen und Rollen definiert werden,

- die Festlegung von Verhaltensregeln für Benutzer und

- die Planung der technischen Schutzmaßnahmen.

Die *Benutzermodellierung* ist stets unternehmensindividuell vorzunehmen, da Zuständigkeiten und Kompetenzen der einzelnen Benutzer und Gruppen kaum allgemein darstellbar sind (siehe Abschnitt 2.3.4 Benutzerverwaltung). Theoretisch muss das Ziel der Benutzermodellierung sein, genau die minimale Menge von Funktionen und Daten zu definieren, die ein Benutzer für die Bewältigung seiner Aufgaben im Unternehmen braucht. In der Praxis ist dies jedoch kaum zu leisten, so dass gewisse Spielräume eingeräumt werden müssen. Es ist letztendlich eine Frage der Unternehmenskultur so viel Vertrauen aufzubauen, dass die Benutzer eigenverantwortlich die Grenzen ihrer Kompetenzen erkennen.

Verhaltensregeln sind ebenfalls ein Teil der Unternehmenskultur. Es macht wenig Sinn, die Einhaltung solcher Regeln anzuordnen, vielmehr muss die Einsicht entstehen, dass diese Regeln einzuhalten sind. Beispiele für solche Regeln sind folgende:

- Niemals Datenträger verwenden, die nicht auf das Vorhandensein von Computerviren geprüft wurden.

- E-Mails mit unternehmenskritischen Informationen sind stets zu verschlüsseln.

- E-Mails, bei denen aus Absender und Betreff nicht zu erkennen ist, welche Bedeutung sie haben, sind ungeöffnet zu löschen, da sie potenzielle Kandidaten für die Verbreitung von Würmern sind.

- Passwörter müssen kryptisch sein und Zahlen sowie Sonderzeichen enthalten.

- Passwörter dürfen nirgendwo notiert werden.

Die letzten beiden Regeln (siehe auch Tabelle 31) sind in der Praxis besonders schwierig einzuhalten, da ein „normaler" Benutzer in der Regel eine Vielzahl von Passwörtern für seine Arbeit benötigt (z. B. für Netzzugang, Betriebssystem, Datenbanksystem, Anwendungssystem usw.). Da fällt es oftmals schwer, sich verschiedene kryptische Passwörter zu merken, zumal manche Systemadministratoren recht ungehalten reagieren, wenn der Benutzer „mal wieder" sein Passwort nicht weiß.

Der Grund, weshalb diese Unbequemlichkeit in Kauf zu nehmen ist, liegt in der Verfahrensweise von Hackern. Programme zum Knacken von Passwörtern spielen in Sekunden Hunderte von Buchstabenkombinationen durch, bis sie einen Treffer landen. Einige dieser Programme basieren auf Wörterbüchern, in denen Begriffe des täglichen Lebens, Namen oder Orte vorkommen. Außerdem unterstützen sie ihren Verwender bei der Auskundschaftung von Sicherheitslücken in Betriebssystemen und Hintertüren sowie bei der Entschlüsselung verschlüsselter Passwörter. Je kryptischer ein Passwort ist, desto schwieriger ist es, mit solchen Programmen erfolgreich zu sein. Absoluten Schutz gibt es aber nicht. Eine andere Methode zum Erspähen von Passwörtern ist das so genannte *Social Engineering*. Hierzu machen sich Hacker ein Bild von den Arbeits- und Lebensgewohnheiten des Benutzers. Oftmals ist der Mädchenname der Gattin oder der Name seines Lieblingshaustiers auch das gesuchte Passwort. Eine andere Variante des Social Engineering ist die Überlistung von Systemadministratoren, wenn sich Hacker z. B. als neue Mitarbeiter vorstellen oder als Mitarbeiter offizieller Stellen ausgeben, um Informationen zu den eingesetzten Systemen zu erhalten. Ein Tipp zur Bildung kryptischer Passwörter, die man sich trotzdem merken kann, ist, einen einfachen Satz mit Zahlen und Satzzeichen zu bilden und die Anfangsbuchstaben der darin enthaltenen Worte, die Zahlen und die Satzzeichen zu einem Passwort zusammenzufügen.

Es sei an dieser Stelle in aller Deutlichkeit gesagt, dass die besten technischen Maßnahmen zur Gefahrenabwehr nur so gut sind, wie es ihre Benutzer zulassen. Eine Anti-Malware-Software, die nicht regelmäßig aktualisiert wird, eine schlampig administrierte Firewall oder ein Verschlüsselungsverfahren, das nicht eingesetzt wird, sind bei aller technischer Raffinesse wirkungslos.

2.7.2.2 Authentifizierungsverfahren

Der gängige Weg zur Authentifizierung ist die Ausweisung über Benutzername und Passwort. Die Sicherheitsproblematik der Authentifizierung ist weiter oben ausführlich diskutiert worden. Als sicherste Authentifizierung gelten *biometrische Verfahren*, etwa über Fingerabdrücke, Klangmuster von Stimmen oder die Struktur der Netzhaut. Die Technologien zur Überprüfung biometrischer Muster sind aufwändig und teuer, daher werden sie bislang nur in Hochsicherheitsbereichen eingesetzt. Außerdem bergen sie auch gesundheitliche Gefahren für die Authentifizierungsträger, da Saboteure zur Überwindung der Sicherheitsbarriere nur an das entsprechende Körperteil gelangen müssen.

Ein relativ sicheres Verfahren, das zumindest im professionellen Bereich mit vertretbarem Aufwand realisiert werden kann, ist die Authentifizierung über *Smartcards*. Hierbei handelt es sich um Plastikkarten, die mit einem Magnetstreifen oder einem Chip ausgestattet sind. Auf dem Chip oder den Magnetstreifen wird dann ein verschlüsselter Identifikationscode für den Benutzer gespeichert, mit dem er sich zusammen mit einer Persönlichen Identifikationsnummer (PIN) gegenüber dem System ausweist. Die PIN ist notwendig, damit die Karte nicht durch eine unautorisierte Person genutzt werden kann. Die Eingabe des Codes erfolgt mittels eines Kartenlesers, der als eigenständige Eingabeperipherie oder als integraler Bestandteil einer Tastatur zur Verfügung steht.

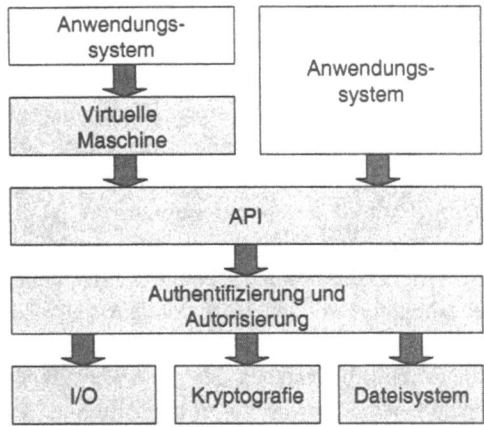

Abbildung 92: Architektur einer Smartcard nach WfSC

Smartcards mit Chip kann man sich als spezialisierte Kleinstcomputer vorstellen. Abbildung 92 zeigt exemplarisch die Architektur einer Smartcard nach Microsofts *Windows for Smart Cards* (WfSC). Die Grundbausteine sind eine I/O-Einheit, die Funktionen für die Kommunikation mit dem PC bereitstellt, ein Kryptografie-Modul für die Verschlüsselung der Identifikationsdaten und ein Dateisystem für die Speicherung aller lokalen Daten. Das Programm zur Abwicklung der Autorisierungs- und Authentifizierungsprozedur nutzt die Funktionen der Grundbausteine und kommuniziert mit der Außenwelt über ein internes Application Programming Interface (API), das von Anwendungen direkt oder über eine virtuelle Maschine angesprochen werden kann. Eine virtuelle Maschine übersetzt Anfragen eines Anwendungsprogramms, gegenüber dem die Authentifizierung stattfinden soll, und das beispielsweise in Visual Basic programmiert wurde, in API-taugliche Aufrufe.

2.7.2.3 Firewalls

Ein lokales Netz bietet eine Vielzahl von Angriffsflächen. Sicherheitslücken in Betriebssystemen, Netzwerksoftware oder Anwendungssystemen öffnen Tür und Tor für Angriffe. Aber auch Hintertüren (*Backdoors*) stehen für Hacker offen. Hierbei handelt es sich um reguläre Zugänge für Systemadministratoren, die sich hierüber zu Wartungszwecken auf Systemen einloggen können, die aber nach außen hin geheim gehalten werden. Es ist daher notwendig genau zu kontrollieren, wer von außen versucht, auf welche Weise und über welche Wege auf die lokalen Systeme zuzugreifen. Neben der Eingangskontrolle ist in manchen Fällen auch eine Ausgangskontrolle sinnvoll. Will man beispielsweise sicher stellen, dass bestimmte Informationen das lokale Netz nicht oder nur verschlüsselt verlassen, oder soll verhindert werden, dass Mitarbeiter auf bestimmte Web-Sites zugreifen, dann müssen auch die ausgehenden Datenströme überwacht werden.

Ein vollständiges Verschließen der Systeme konterkariert Sinn und Zweck eines Internet-Zugangs, daher ist die Schaffung eines Filters zwischen lokalem Netz und Internet sinnvoll. Derartige Filtersysteme werden *Firewalls* genannt (Barth 2001; Pohlmann 2001). Firewalls können als reine Softwarelösungen realisiert sein (Desktop Firewalls zur Absicherung einzelner PCs), allerdings werden für die Absicherung von Netzen Firewall-Rechner eingesetzt. Eine Firewall besteht in der Minimalkonfiguration aus zwei Routern für die Paketfilterung als Eingangs- und Ausgangskontrolle sowie einem Verarbeitungs-Gateway. Die Router überprüfen ein- und ausgehende Datenpakete bezogen auf die Adressaten. Hierzu werden Ein- und Ausgangsadressen von Paketen anhand einer Tabelle überprüft, in der alle unzulässigen Adressen aufgelistet sind. Diese Tabelle ist vom Firewalladministrator zu pflegen. Das Gateway überprüft die Nachrichten bezogen auf Länge, Art und Inhalt. Hier ist vom Firewalladministrator ein entsprechendes Regelwerk zu pflegen. Eine weitere Funktion des Gateways ist die Protokollierung von Angriffen mit dem *Intrusion Detection System* (IDS). Hierbei werden Art und Häufigkeit der Attacken sowie die Wirksamkeit der Gegenmaßnahmen dokumentiert. Das Protokoll hilft dem Administrator bei der Verbesserung der Firewall.

Ein Firewall-Rechner ist in der Regel eine auf Routertechnologie basierende Hardware, deren Betriebssystem gegen die Administration von außen und gegen die eigentliche Firewall-Software gekapselt ist. Auf diese Weise wird verhindert, dass potenzielle Angreifer die Firewall durch Sicherheitslücken des Betriebssystems überwinden.

2.7.2.4 Anti-Malware-Software

Ein immer wieder die Gemüter erhitzendes Thema sind Compiterviren und andere Malwares. Nach einer Untersuchung von Computer Economics hat allein das *I-love-you-Virus* aus dem Jahr 2000 einen weltweiten Schaden von 8,75 Mio. US$ verursacht. Bemerkenswert ist, dass das im Jahr 2001 aufgetretene und nicht weniger zerstörerisch und vermehrungsfreudig wirkende *Nimda-Virus* „nur" einen Schaden von 0,59 Mio. US$ verursacht hat. Offensichtlich hat I-love-you bewirkt, dass zunehmend *Anti-Malware-Software* (allgemein auch *AV-Software* – Anti-Virus-Software genannt) eingesetzt wird und so zumindest zu einer deutlichen Schadensbegrenzung beitragen. Aktuelle Informationen zu AV-Software findet man stets unter http://www.av-test.de .

AV-Software muss verseuchte Dateien erkennen (*Detection*) und von Virenbefall befreien (*Disinfection*). Sie wird als permanent laufendes Hintergrund-Programm installiert und überprüft jede neu per Wechseldatenträger oder E-Mail eintreffende Datei. Dabei müssen die verschiedenen Arten von Malware unter allen Umgebungsbedingungen erkannt werden. Mit Umgebungsbedingungen ist gemeint, dass auch infizierte OLE-Objekte oder gezippte Dateien erkannt werden müssen. Von Viren und Würmern gibt es folgende Unterarten:

- *Boot-Viren* setzen sich im Boot-Sektor der Festplatte, mit deren Betriebssystem ein Rechner hochgefahren wird, fest. Mit jedem Hochfahren etablieren sie sich dann im Hauptspeicher und treiben von dort aus ihr Unwesen.

- *Dateiviren* nisten sich in Dateien ein und werden in der Regel mit dem Öffnen der Dateien aktiv.

- *Makro-, Script-* und *HTML-*Viren werden – wie die Namen schon sagen – über Makros, dies sind Programme, die Bestandteil von Dateien sind, Skripte oder HTML-Codes verbreitet. Die Viren sind dabei in der Regel nicht in der jeweiligen Sprache geschrieben, sondern in der Datei versteckt, wobei der Skript-, Makro- oder HTML-Code die Anweisungen zum Auspacken und Zusammenfügen des Virus enthält.

Zwischen den Entwicklern von Viren und AV-Software gibt ein ständiges Kopf-an-Kopf-Rennen. Sobald ein neues Virus oder eine andere Malware erscheint, muss die AV-Software entsprechend angepasst werden. Daher bieten die meisten AV-Software-Hersteller Update-Services via Internet an. Ohne konsequente Nutzung dieses Angebots wird AV-Software schnell wirkungslos.

2.7.2.5 Verschlüsselung

Die *Kryptografie* als Wissenschaft der Verschlüsselung von Nachrichten reicht bis in die Antike zurück. Seitdem ist eine unüberschaubare Anzahl von *Verschlüsselungsverfahren* entwickelt worden, die letztendlich alle auf dem gleichen Prinzip beruhen. Der Klartext wird über einen wie auch immer gearteten Algorithmus mit einer Zeichenkette (dem *Schlüssel*) zu einer neuen Zeichenkette verschlüsselt, die nur unter Kenntnis des Schlüssels und des Algorithmus wieder entschlüsselt werden kann. Es ist zwar prinzipiell jeder Schlüssel (bis auf so genannte Einweg-Schlüssel) durch systematisches Ausprobieren rekonstruierbar, allerdings steigt der Aufwand hierfür mit der kombinatorischen Vielfalt, die mit der Länge des Schlüssels und der Komplexität des Verschlüsselungsverfahrens wächst. Lange Schlüssel und komplexe Algorithmen haben eine negative Wirkung auf das Laufzeitverhalten, so dass die Auswahl eines Verschlüsselungsverfahrens stets ein

Kompromiss zwischen Sicherheit und Laufzeitverhalten ist. Prinzipiell werden drei Verschlüsselungsverfahren unterschieden:

- Werden für die Ver- und Entschlüsselung gleiche Schlüssel verwendet, spricht man von einem *symmetrischen Schlüsselverfahren* (Secret Key). Diese Schlüssel sind effizient und einfach handzuhaben. Allerdings müssen sie auf sicherem Weg übertragen werden und von den Besitzern streng geheim gehalten werden. Ein einmal bekannt gewordener symmetrischer Schlüssel ist wertlos. Beispiele für derartige Schlüssel sind DES (Data Encryption Standard), IDEA (International Data Encryption Algorithm) und CAST (benannt nach den Autoren Carlisle Adams und Stafford Tavares).

- Bei *asymmetrischen Verfahren* werden Dokumente mit einem öffentlichen Schlüssel codiert und mit einem privaten geheimen Schlüssel decodiert. Beispiele für diese Verfahren sind RSA (nach den Entwicklern Rivest, Shamir und Adleman) und DASS (Distributed Authentification Security Service).

- *Hybride Verfahren* verbinden die Vorteile symmetrischer und asymmetrischer Verfahren. Hierbei werden die Dokumente mit einem einfachen symmetrischen Schlüssel codiert und decodiert, der wiederum mit einem asymmetrischen Verfahren verschlüsselt und übertragen wird.

2.7.2.6 Backup und Recovery

Auch die aufwändigsten Präventivmaßnahmen können nicht verhindern, dass Daten durch Missgeschicke, Sabotage oder höhere Gewalt verloren gehen können. Daher ist es notwendig von allen relevanten Daten Sicherheitskopien (*Backups*) vorzuhalten, aus denen nach einem Datenverlust oder einer Integritätsverletzung der letzte korrekte Datenzustand wieder rekonstruiert werden kann.

Die sicherste - aber auch bei weitem teuerste Variante - ist die komplett redundante Auslegung von Computersystemen bis hin zum Aufbau redundanter Rechenzentren. Zu jedem System existiert dann eine exakte Kopie (*Spiegelsystem*), die alle Datenverarbeitungsprozesse parallel und in identischer Weise durchführt. Fällt das Hauptsystem aus, übernimmt das Ersatzsystem ohne Zeitverzug dessen Funktion und stellt die Verfügbarkeit sicher. Sind beide Systeme räumlich getrennt, dann schützt dies sogar vor Einflüssen höherer Gewalt. Auf Grund der hohen Kosten ist dieses Backup-Konzept nur bei kritischen Hochverfügbarkeitsanwendungen sinnvoll.

Die kleinere Variante ist die Spiegelung der Plattensysteme. Sie ist kostengünstiger, allerdings ist eine höhere Wiederanlaufzeit in Kauf zu nehmen, da die Spiegelplatten erst nach Wiederinbetriebnahme des Rechners in Aktion treten können.

Die in der Praxis am weitesten verbreitete Backup-Lösung ist die Sicherung auf Magnetbändern. Magnetbänder haben die höchste Lebenserwartung (bei CDs ist sie auf 15 bis 20 Jahre beschränkt), sind preiswert und einfach handzuhaben. Üblicherweise werden DAT-Bänder (Digital Audio Tape) verwendet, die allerdings nach und nach durch Ultrium-Bänder abgelöst werden (siehe Abschnitt 2.1.7 Externe Speicher). Ein Ultrium-Band hat 200 GB Speicherkapazität. Sind sehr große Datenmengen zu sichern, muss das Backup auf mehrere Bänder verteilt werden. Da Bandwechsel von Hand umständlich und fehlerträchtig sind, werden hierfür Backup-Roboter eingesetzt, die den Bandwechsel und die Aufbewahrung der Bänder mittels eines mechanischen Roboterarms durchführen. Weiterhin können Backup-Roboter mehrere Bandlaufwerke parallel bedienen. Auf diese Weise können große Datenmengen zeitnah und weitgehend automatisiert gesichert werden. Wird eine Datei, die auf einem Band gespeichert wird, wieder benötigt, wird das Band in das Laufwerk zurückgelegt und die entsprechende Datei zurückkopiert. Das Zurückkopieren gesicherter Daten wird *Restore* und das Rekonstruieren zerstörter Daten mithilfe von Protokolldateien (Log Files) wird *Recovery* genannt. Backup-, Restore- und Recoveryprozeduren werden mit spezieller Datensicherungssoftware gesteuert.

Backups können online und offline durchgeführt werden. Bei einem *Offline-Backup* wird das Computersystem heruntergefahren und die Dateisysteme vollständig gesichert. Das Problem bei derartigen Backups ist, dass in der Zeit, in der sie Sicherung läuft, das System nicht verfügbar ist. Irgendwann macht jeder Systemadministrator die Erfahrung, dass auch Nächte und Wochenenden endlich sind. Damit sind die Möglichkeiten zur Offline-Sicherung limitiert. In diesem Fall ist das *Online-Backup* eine sinnvolle Alternative. Die Sicherung läuft (in der Regel zu Niederlastzeiten) parallel zum Normalbetrieb ab, wodurch die Verfügbarkeit nicht beeinträchtigt wird. Allerdings können nur Dateien gesichert werden, die zum Zeitpunkt der Sicherung nicht geöffnet sind. Oftmals sind aber gerade die anwendungskritischen Dateien wie z. B. Datenbanken fast immer geöffnet, so dass genau diese nicht gesichert werden. Die Lösung besteht darin, in diesem Fall nicht die Dateien selbst, sondern Protokolldateien (*Log Files*), in denen alle Datenänderungen protokolliert werden, zu sichern. Die gesicherten Log Files werden dann nach dem Sicherungslauf von der Platte gelöscht. Damit wird sicher gestellt dass nur solche Log-Informationen gesichert wurden, die vorher nicht gesichert waren. Das Backup-Verfahren wird auf diese Weise vereinfacht, ein ggf. notwendiger Recovery-Lauf jedoch komplizierter, da es nicht ausreicht, gesicherte Dateien zurückzukopieren. Statt dessen müssen mithilfe der Log Files die Transaktionen zur Datenänderung nachgezogen werden.

Die Minimalvariante des Backups ist die Sicherung von Hand. In diesem Fall wird das Backup explizit durch einen Benutzer oder Administrator angestoßen. Hierbei ist es sinnvoll, einen genauen Plan aufzustellen, welche Dateien bzw. Dateisysteme in welcher Reihenfolge und in welchen zeitlichen Abständen zu sichern sind und die Zuständigkeiten zu dokumentieren.

2.7.3 Literatur zu Datenschutz und Datensicherheit

Ein Standardwerk zum Datenschutz ist (Anonymous 2001). Mit Firewalls und Sicherheit im Internet befassen sich u. a. (Cheswick/Bellovin 1996; Kurtz/McClure/ Scambray 2001; Russel/Cunningham 2001). Auch in diesem Bereich ist die Literatur sehr schnelllebig. Etwas stabiler ist die Situation beim Thema Verschlüsselung. Aktuelle Werke zu diesem Thema sind z. B. (Buchmann 2001; Singh 2001).

3 Wirtschaftsinformatik als Angewandte Informatik

3.1 Angewandte Informatiken im Überblick

In den Angewandten Informatiken befasst man sich mit der systematischen Nutzung von Informatikmethoden und -technologien zur Lösung domänenspezifischer Problemstellungen. Als *Domäne* wird hier das jeweilige Fachgebiet bezeichnet. Für derartige Aufgabenstellungen sind sowohl Domänen- wie auch Informatikwissen erforderlich, wodurch die Angewandten Informatiken *Interdisziplinen* sind.

Die Informatik gewinnt dabei zunehmenden Einfluss auf die Fachdisziplinen. Erst der Einsatz von Informatikmethoden und -technologien ermöglichte der Medizin neue Diagnosemethoden, man denke da insbesondere an die Computertomographie. Ein anderes Beispiel ist die rasante Entwicklung der Gentechnologie, die ohne die Leistungen der *Bioinformatik* zur Entschlüsselung genetischer Codes undenkbar wäre.

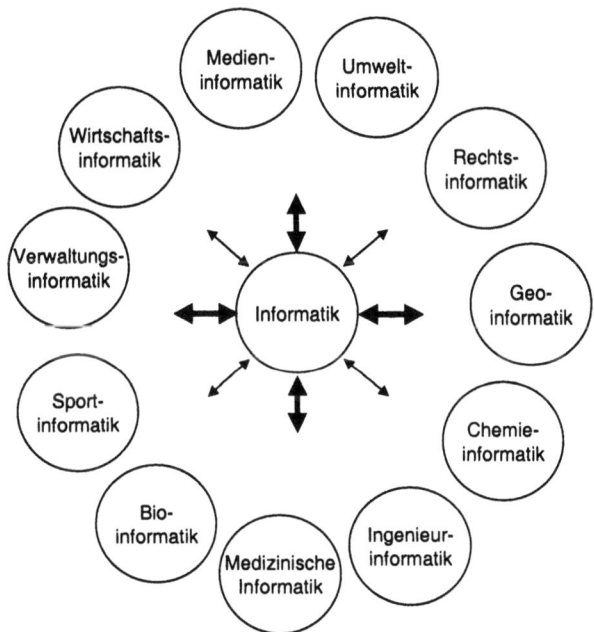

Abbildung 93: Angewandte Informatiken

Der Know-how- und Technologietransfer ist jedoch keine Einbahnstraße von der Informatik zu den Fachdisziplinen, sondern oftmals ist auch ein Rückfluss in Form von Anforderungen und Entwicklungsideen in Richtung Informatik gegeben. Beispiele hierfür sind Anforderungen der Medizin bezüglich der computergestützten

Bildverarbeitung oder die Anforderungen der betrieblichen Massendatenverarbeitung, welche die Entwicklung von Datenbanksystemen maßgeblich vorangetrieben
hat.

Abbildung 93 zeigt die Informatik im Kontext zu verschiedenen Angewandten Informatiken. Dabei ist zu beachten, dass die verschiedenen Angewandten Informatiken nicht nur bezüglich der Informatik, sondern auch in Bezug auf die Anwendungsdomänen nicht disjunkt zueinander stehen. So gibt es z. B. Überlappungen
zwischen der Medizinischen und der Bioinformatik oder der Verwaltungs- und
Umweltinformatik (Züst/Schlatter 1999).

Als Beispiel für eine Angewandte Informatik wird hier die Wirtschaftsinformatik
(WI) ausgewählt. Dies ist durchaus eine unübliche Sicht auf die WI, da sie traditionell eher als eine spezielle BWL angesehen wird. Das soll hier aber nicht weiter
stören. Die Gründe für die Auswahl der WI sind folgende:

- In kaum einer anderen Angewandten Informatik wird eine solche Vielfalt von
  Informatik-Technologie eingesetzt wie in der WI.

- Die WI hat große Überlappungen zu anderen Angewandten Informatiken wie
  z. B. der Ingenieurinformatik (CAx-Systeme), Verwaltungsinformatik, Umweltinformatik (Betriebliche Umweltinformationssysteme) und Medizinischen
  Informatik (Krankenhausmanagement). Daher ist davon auszugehen, das die
  hier vorgestellten Methoden und Technologien auch auf andere Anwendungsdomänen übertragbar sind.

- Und last but not least: Die WI liegt im Kompetenzbereich der Autoren.

3.2 Was ist Wirtschaftsinformatik?

Wirtschaftsinformatik ist eine vergleichsweise junge Wissenschaftsdisziplin.
Während z. B. Medizin, Philosophie, Mathematik und Theologie auf eine mehr als
tausendjährige Geschichte zurückblicken, die BWL 1998 ihren hundertsten Ge-
burtstag feierte und auch die Informatik inzwischen ca. 50 Jahre alt ist, wurden die
ersten wissenschaftlichen Arbeiten auf dem Gebiet der Wirtschaftsinformatik gegen Ende der 60er Jahre veröffentlicht. Dafür war die nachfolgende Entwicklung
um so rasanter: Einer aktuellen Erhebung zur Folge existieren heute in Deutschland ca. 100 Lehrstühle, die dieses Fachgebiet an Universitäten vertreten. Folgende Definition ist heute allgemein anerkannt (Mertens u. a. 2001a, 1): *"Die Wirtschaftsinformatik (WI) befasst sich mit der Konzeption, Entwicklung, Einführung,
Wartung und Nutzung von Systemen der computergestützten Informationsverarbeitung (IV) im Betrieb und in unternehmensübergreifenden Netzen. Man spricht
auch von betrieblichen Anwendungssystemen (AS). Sie helfen dem Anwender im*

Unternehmen bei der Bewältigung seiner Aufgaben." Dabei nutzen Wirtschaftsinformatiker ein breites methodisches Spektrum. So ist einem Grundsatzpapier der Wissenschaftlichen Kommission Wirtschaftsinformatik im Verband der Hochschullehrer für Betriebswirtschaft (WKWI) aus dem Jahre 1996 zu lesen, dass Wirtschaftsinformatiker Methoden aus den Real-, Formal- und Ingenieurwissenschaften anwenden und weiterentwickeln (Lehner 2001). Der Wirtschaftsinformatiker muss daher sowohl über ein breites Fachwissen auf den Gebieten Betriebswirtschaftslehre und Informatik verfügen, als auch einen weit gefächerten Bereich methodischer Kenntnisse abdecken.

Das Verhältnis zwischen Wirtschaftsinformatikern und Vertretern ihrer Mutterdisziplinen Informatik und BWL ist trotz – oder wegen? – ihres Erfolgs nicht ungetrübt. In (Rautenstrauch 1998, 156) ist diese Situation scherzhaft durch folgende Metapher beschrieben: *Wirtschaftsinformatiker sind Promenadenmischungen aus Informatikern und Wirtschaftswissenschaftlern. Während die reinrassigen Hunde trotz angezüchteter Defekte und offensichtlicher genetischer Armut gehätschelt werden, wird auf die robusten, anpassungsfähigen, individuellen und pfiffigen Mischlinge herabgesehen.*

Bis Ende der 80er Jahre war die WI typischerweise eine spezielle BWL. Treffend trägt ein frühes Standardlehrbuch der Wirtschaftsinformatik von Scheer den Titel „EDV-orientierte Betriebswirtschaftslehre" (Scheer 1990a), der das, was WI in den 80er und frühen 90er Jahren im Wesentlichen war, recht treffend beschreibt. Mit der Zeit jedoch emanzipierte sich die WI insbesondere durch die Installation von Diplom-Studiengängen und der damit verbundenen Aufstockung der Personalkapazitäten zu einem eigenständigen Fachgebiet, das deutliche Überschneidungen mit den Mutterwissenschaften Informatik und BWL hat. Eine treffende Darstellung für die Einordnung der Wirtschaftsinformatik ist das „Drei-Eier-Modell" von Kurbel, das in Abbildung 94 dargestellt ist.

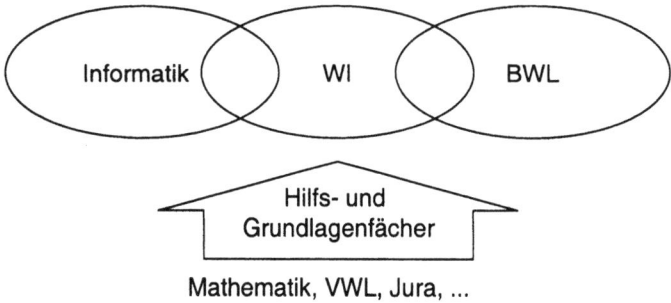

Abbildung 94: Drei-Eier-Modell von Kurbel

Ordnet man exemplarisch einige Inhalte der WI dem Überschneidungsgebiet zwischen Informatik und WI zu, findet man hier beispielsweise Modellierungsmetho-

den, Software Engineering und die Anwendung von Informatiktechnologien wie
Expertensystemen oder Datenbanken. Im Überschneidungsbereich zwischen WI
und Betriebswirtschaftslehre sind vor allem die Fachkonzepte für betriebliche Anwendungssysteme, PPS-Systeme, Handelsinformationssysteme, Entscheidungsunterstützungssysteme u. ä. angesiedelt. Dabei stellt sich die Frage, was nun die Ei-
genständigkeit der Wirtschaftsinformatik ausmacht. Dies sind Forschungsgebiete,
die hauptsächlich von Wirtschaftsinformatikern bearbeitet werden, wie das Informationsmanagement, die Referenzmodellierung, Electronic Commerce, Software -
Projektmanagement oder die Integration von Anwendungssystemen aber auch die
Wechselwirkungen, die zwischen der WI und den Mutterdisziplinen bestehen. Abbildung 95 zeigt die Forschungsgebiete der Wirtschaftsinformatik und deren Beziehungen zu den Mutterdisziplinen. Electronic Commerce zieht sich als Quer-
schnittsfunktion durch alle Bereiche.

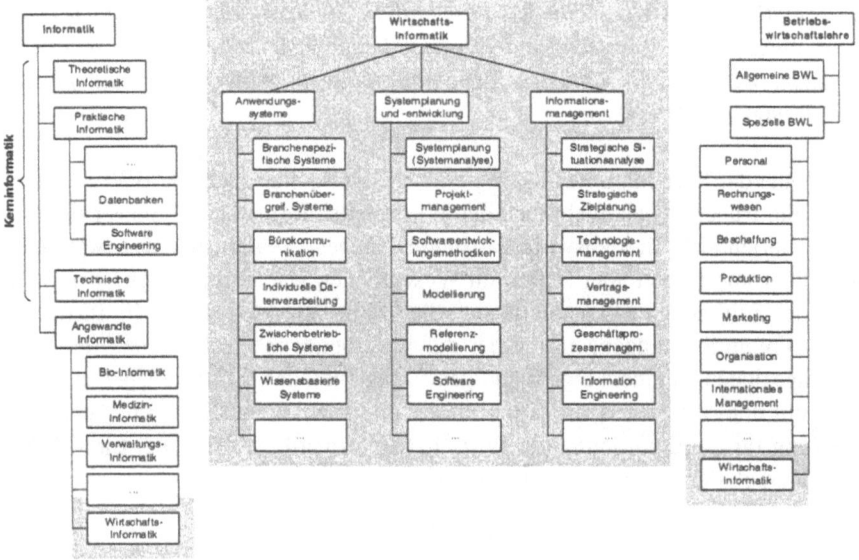

Abbildung 95: Forschungsgebiete der Wirtschaftsinformatik

So beeinflusst die Wirtschaftsinformatik die Informatik durch die Verifikation und
Validierung von Theorien und Technologien aus Anwendungssicht und wirkt ent-
wicklungstreibend auf die Technologieentwicklung in der Informatik. Wie bereits
erwähnt, haben beispielsweise Anforderungen aus der Massendatenverarbeitung –
und hier insbesondere auch die Produktionsplanung und -steuerung (PPS) – deutlichen Einfluss auf die Entwicklung von Datenbanksystemen oder auch Anforderungen aus der Informationsmodellierung zur Entwicklung entsprechender Werkzeuge geführt.

Deutlicher ist jedoch der Einfluss der Wirtschaftsinformatik auf die Betriebswirtschaftslehre. Wurden Rationalisierungspotenziale früher durch die Automatisierung manueller Prozesse ausgeschöpft, sind es heute insbesondere integrierte betriebliche Anwendungssysteme, durch die neue Rationalisierungspotenziale erschlossen werden. Damit verändern sich Organisationsstrukturen von Unternehmen sowohl in ihren Abläufen als auch ihrem Aufbau in erheblichem Maße. Durch den Einsatz von Informationstechnik werden außerdem neue Produkte wie Online-Dienste und -Datenbanken entwickelt. Die weitreichendsten Einflüsse äußern sich dann in der Schaffung neuer Märkte wie dem Internet und neuer Marktstrukturen durch die Ausschöpfung von Mehrwerten auf weltweiten elektronischen Handelsplätzen.

In den folgenden Abschnitten werden Konzepte der WI aus der Informatik-Perspektive diskutiert. Es wird gezeigt, mit welchen Technologien und Methoden die Informationsinfrastruktur in Unternehmen aufgebaut werden kann. Die Darstellung wird dabei so weit wie möglich allgemein gehalten, so dass die hier vorgestellten Konzepte weitgehend auch auf die Gestaltung von Informationsinfrastrukturen in anderen Institutionen wie z. B. Krankenhäusern oder Behörden übertragbar sind.

Der Wirtschaftsinformatik mangelt es nicht an Grundlagenwerken und Lehrbüchern. Ohne Anspruch auf Vollständigkeit seien hier (Alpar u. a. 2000; Ferstl/Sinz 2001; Ferstl/Sinz 1999; Gabriel u. a. 2002; Hansen/Neumann 2001; Heinrich 2001; Lehner/Hildebrand/Maier 1995; Mertens u. a. 2001b; Rolf 1998; Schwarzer/Krcmar 1999; Stahlknecht/Hasenkamp 2002) genannt. Nachschlagewerke zur Wirtschaftsinformatik sind (Disterer/Fels/Hausotter 2002; Kurbel/Strunz 1990; Mertens u. a. 2001a; Zilahi-Szabó 1995). Einen schöner Überblick über die Forschungsleistungen der Wirtschaftsinformatik ist in den Tagungsbänden der seit 1993 alle zwei Jahre stattfindenden Wirtschaftsinformatik-Tagungen dokumentiert (Kurbel 1993; König 1995; Krallmann 1997; Scheer/Nüttgens 1999; Buhl/Huther/Reitwiesner 2001). Aktuelle Forschungsergebnisse werden in den Zeitschriften Wirtschaftsinformatik, Information Management & Consulting und HMD Theorie und Praxis der Wirtschaftsinformatik sowie dem englischsprachigen Journal of Information Systems and eBusiness Management publiziert.

3.3 Konzepte Betrieblicher Informationssysteme

3.3.1 Integration

Der Einsatz von Informationstechnik in Unternehmen ist kein Selbstzweck. Die Aufgabe besteht darin, die Informationsinfrastruktur im Unternehmen so zu gestalten, dass sie einen möglichst hohen Beitrag zum Unternehmenserfolg leistet. Erfolg ist als Zielerreichungsgrad definiert, wobei die zu erreichenden Ziele vom

Unternehmensmanagement festgelegt werden. Im Einzelnen sollen betriebliche Anwendungssysteme Beiträge leisten zur

- Erhöhung der Produktivität,
- Verbesserung der Qualität von Leistungen des Unternehmens und
- Verringerung von Durchlaufzeiten von Vorgängen,

wodurch letztendlich Kostensenkungspotenziale ausgeschöpft werden sollen.

Der Einsatz von Informationstechnik folgt damit dem *erwerbswirtschaftlichen Prinzip*, nach dem bei gegebener Leistung die Kosten für die Leistungserstellung reduziert werden sollen. Allerdings lassen sich in der Regel Kosten nicht direkt beeinflussen, vielmehr führt der Weg zur Kostenreduzierung über den Aufwand. Dabei sind Verrichtungs- und Kommunikationsaufwand zu unterscheiden. Als *Verrichtungsaufwand* wird der Zeitbedarf für die Durchführung eines Vorgangs bezeichnet, während der Zeitbedarf für die Durchführung von Kommunikationsprozessen zwischen zwei Vorgängen *Kommunikationsaufwand* genannt wird.

Der Verrichtungsaufwand lässt sich vor allem durch die *Automatisierung* von Routineaufgaben, die stets nach dem selben Schema abgearbeitet werden und zeitraubend sind, reduzieren. Betrachtet man das Leistungsspektrum moderner betrieblicher Anwendungssysteme, dann lässt sich allerdings konstatieren, dass die Automatisierungspotenziale für Routineaufgaben weitgehend ausgeschöpft sind.

Der Hebel ist daher nun beim Kommunikationsaufwand anzusetzen. Die Integration ehemals arbeitsteilig wahrgenommener Aufgaben auf weniger Arbeitsplätze ist hierfür ein probates Mittel. Dabei werden horizontale und vertikale *Aufgabenintegration* unterschieden, wobei die vertikale Aufgabenintegration nochmals in Aufwärts- und Abwärtsintegration aufgeteilt wird.

Bei der *Aufwärtsintegration* werden Routinearbeiten durch anspruchsvollere Aufgaben erweitert. Die Anforderungen an die Qualifikation der betroffenen Bearbeiter steigen damit. Beispiel hierfür ist die Aufbereitung von Statistiken für das Management durch Mitarbeiter, die ursprünglich nur mit einfachen Sachbearbeiteraufgaben betraut waren. Analog dazu bedeutet die *Abwärtsintegration* die Anbindung minderqualifizierter Aufgaben an qualifizierte Aufgaben. Beispiel hierfür ist die Erstellung von Auswertungen oder Geschäftsgrafiken durch einen Manager selbst, da diese Funktionen Bestandteil seines neuen persönlichen Informationssystems ist.

Bei der *horizontalen Aufgabenintegration* werden Aufgaben verschiedener aufbauorganisatorischer Instanzen wie z. B. Arbeitsplätzen oder Abteilungen gleicher Ebene zusammengezogen. Wird z. B. eine Abteilung aufgelöst und übernimmt ein

Abteilungsleiter die Aufgaben des Abteilungsleiters der aufgelösten Abteilung, so ist dies ein Beispiel für die horizontale Aufgabenintegration.

Die Aufgabenintegration bedeutet eine Abkehr vom Taylorismus, d. h., eine Produktivitätssteigerung wird nicht mehr durch eine Erhöhung der Arbeitsteilung und die damit verbundene Verringerung des Verrichtungsaufwands der Tätigkeiten an einem Arbeitsplatz, sondern - ganz im Gegenteil - durch eine Verringerung der Arbeitsteilung erreicht. Gründe hierfür sind, dass mit zunehmendem Grad der Arbeitsteilung auch der Koordinationsaufwand zwischen den Arbeitsplätzen steigt und ab einem bestimmten Grad der Arbeitsteilung höher als der eingesparte Verrichtungsaufwand ist (Backhaus 1990, 681).

Die Aufgabenintegration bildet dabei die organisatorische Vorgabe für die Funktionsintegration, die dann sowohl in horizontaler wie auch in vertikaler Richtung erfolgen kann. Als *Funktion* wird hier eine Aufgabe verstanden, die computergestützt durchgeführt wird. Vorteile der Funktionsintegration sind, dass Vorgänge durch den Wegfall von Übergangs- und Einarbeitungszeiten schneller bearbeitet werden und die Fehlerquelle „Mensch" durch die Verringerung der Anzahl Mitarbeiter pro Vorgang reduziert wird.

Aber nicht nur Funktionen sind Objekte der Integration, auch bzw. gerade im Bereich der Daten besteht ein hoher Integrationsbedarf. In Unternehmen gibt es keine isolierten Bereiche, d. h., es lassen sich keine Bereiche identifizieren, die nicht auf Daten anderer Bereiche zugreifen, wie z. B. das *Unternehmensdatenmodell* von Scheer eindrucksvoll belegt (Scheer 1990b). Bereichsbezogene Insellösungen führen unweigerlich zu Datenredundanzen, die, wenn sie nicht explizit sauber nachgehalten werden, zum *Datenchaos* im Unternehmen führen (Vetter 1987). Daher ist es notwendig, ein diesen Belangen genügendes Datenhaltungskonzept für das gesamte Unternehmen zu schaffen. Die Zusammenfassung ehemals redundant gehaltener Daten in entsprechenden Datenverwaltungssystemen nennt man *Datenintegration*. Die Datenintegration bildet also die Voraussetzung für eine Realisierung der Funktionsintegration, denn erst wenn eine gemeinsame Datenbasis für zwei Anwendungen geschaffen wurde, ist eine Funktionsintegration möglich (Becker 1990, 9).

Die Integration von Funktionen und Daten ist daher eine wesentliche Aufgabe bei der Realisierung von Betrieblichen Anwendungssystemen. In letzter Konsequenz darf es eigentlich keine isolierten Anwendungssysteme mehr geben, vielmehr tritt an die Stelle einer Vielzahl einzelner betrieblicher Anwendungssysteme für bestimmte Aufgabenbereiche ein *Integriertes (Betriebliches) Informationssystem (IIS)*, das alle Funktionsbereiche abdeckt und dessen Daten und Funktionen in geeigneter Weise (was auch immer das genau heißen mag) integriert sind.

Allerdings sind nach heutigem Kenntnisstand Daten und Funktionen nicht mehr die alleinigen Objekte der Integration. Hinzu kommen Objekte, Methoden, Softwaresysteme bzw. Programme, Vorgänge und Geschäftsprozesse. Weiterhin ist festzuhalten, dass unter den Begriffen *Daten-* und *Funktionsintegration* heute die Integration unterschiedlicher Arten von Objekten zusammengefasst werden. So wird unter Datenintegration heute die Integration von Datenmodellen, Datenbankschemata, physische Integration von Datenbeständen oder auch die ablauforientierte Integration von Programmen durch Datenweitergabe verstanden. Ähnlich verhält es sich mit der Funktionsintegration: Unter diesem Begriff wird u. a. die Vereinigung von Aufgaben an einem Arbeitsplatz, die Integration von Funktionsmodellen, die Zusammenführung von Programmfunktionen oder auch die ablauforientierte Integration von Programmen durch Aufrufe, Trigger oder ähnlichem verstanden. Integrierte Informationssysteme (IIS) können entstehen durch die

- vollständige Neuentwicklung *eines* umfassenden IIS,
- nachträgliche Integration bestehender Informationssysteme oder
- Entwicklung integrationsfähiger Einzelsysteme, die schrittweise miteinander integriert werden.

Das *Information Engineering* umfasst Konzepte und Instrumente zur Entwicklung komplexer und (Unternehmens-)bereichsübergreifender Softwaresysteme. Die Integration von Daten, Funktionen, Modellen etc. ist ein immanenter Bestandteil auf allen semantischen Ebenen von der Analyse bis zur Implementierung von Informationssystemen (Martin 1989). Das Information Engineering in dieser Ausprägung ist jedoch im Wesentlichen auf die Neuentwicklung komplexer integrierter Informationssysteme ausgerichtet. Die Zusammenführung bereits existierender Informationssysteme oder die separate Entwicklung von Teilsystemen, die nachträglich integriert werden, sind nicht Gegenstand des Information Engineering. In moderneren Quellen wird Information Engineering als umfassende Methodensammlung für das Informationsmanagement von der strategischen bis zur operativen Ebene verstanden (Heilmann/Heinrich/Roithmayr 1996).

Allerdings beginnt kaum ein Unternehmen heute noch „auf der grünen Wiese", wenn ein neues Informationssystem zu entwickeln und einzuführen ist. In der Regel stellt sich die Systemlandschaft in Betrieben in der Form dar, dass integrierte Informationssysteme bestenfalls in Teilbereichen verfügbar sind und die einzelnen Software- und Hardware-Systeme in verschiedener Hinsicht heterogen sind. Heterogenität bezieht sich dabei auf

- unterschiedliche Basistechnologien (Computersysteme, Betriebssysteme, Netzprotokolle, Datenbanksysteme, Benutzeroberflächen usw.),

- unterschiedliche Paradigmen, auf deren Basis die Softwaresysteme entwickelt wurden (z. B. prozedurale, wissensbasierte, objektorientierte, datenbankbasierte Sprachen)

- unterschiedliche Formen der Informationsaufbereitung und -darstellung (Daten, Texte, Grafiken, multimediale Darstellungsformen usw.).

Die Aufbereitung alter vorhandener Informationssysteme („Altsysteme") mit dem Ziel, diese *integrationsfähig* zu gestalten, ist Gegenstand des *integrationsorientierten Reengineering* (Eicker u. a. 1992; Eicker/Jung/Kurbel 1993).

Neben der vollständigen Neuentwicklung kompletter integrierter Informationssysteme und der nachträglichen Integration von Altsystemen ist der dritte Weg zu integrierten Informationssystemen die Entwicklung integrationsfähiger Anwendungssysteme, die so konzipiert sind, dass sie sowohl mit aufbereiteten Altsystemen als auch zukünftigen Neuentwicklungen integriert werden können. Weiterhin ist die Schaffung einer *Informationssystemarchitektur* erforderlich, mit der sowohl ein konzeptioneller Rahmen wie auch eine technologische Integrationsplattform festgeschrieben wird. Der Aufbau eines integrierten Informationssystems auf Basis integrationsfähiger Einzelsysteme und einer geeigneten Informationssystemarchitektur hat im Vergleich zur Entwicklung eines unternehmensweiten und integrierten Informationssystems folgende Vorteile:

- Die Einzelprojekte haben einen überschaubaren und handhabbaren Umfang,
- sowohl die Integration von (aufbereiteten) Altsystemen wie auch zukünftigen Neuentwicklungen ist von vorne herein vorgesehen,
- für jede Teilaufgabe können die hierfür technisch am besten geeigneten Entwicklungswerkzeuge eingesetzt werden (z. B. Endbenutzerwerkzeuge, Programmiersprachen, Expertensysteme, 4-GL-Sprachen etc.).

In der WI werden Softwaresysteme grundsätzlich nicht isoliert, sondern stets als Teil eines unternehmensweiten IIS angesehen. Dies betrifft sowohl Anwendungswie auch Basissysteme. Dies verkompliziert die Systementwicklung erheblich. Die Vorteile einer integrierten Informationsverarbeitung rechtfertigen jedoch den Aufwand (Mertens 2000, 9ff):

- Künstliche Grenzen zwischen Abteilungen werden zurückgedrängt, da die Informationsversorgungsbedarfe zwischen allen Abteilungen befriedigt werden.

- Der Aufwand für die Datenerfassung wird auf ein Minimum reduziert, da sie sich auf die einmalige Erfassung von Primärdaten, d. h. solche, die nicht aus anderen berechnet oder auf andere Weise ermittelt werden können, beschränkt.

- Auf Basis einer bereichsübergreifenden Informationsversorgung können moderne betriebswirtschaftliche Konzepte, wie eine Kostenplanung auf Basis *realer* Vergangenheitswerte oder Prozesskostenrechnung, implementiert werden.

- Die Datenqualität wird durch die Vermeidung redundanter Erfassung verbessert.

- Teilprozesse werden dank automatisierter Abarbeitung nicht mehr „vergessen".

- Die Redundanzvermeidung führt zu einer Senkung des Speicher- und Dokumentationsaufwands.

- Fehlerhafte Daten können leichter durch häufige und verschiedenartige Nutzung entdeckt werden.

- Weiterhin wird ein Rahmen für die Vermeidung lokaler Suboptima zu Gunsten globaler Optima geschaffen.

Diesen Vorteilen stehen folgende Nachteile gegenüber:

- Einmal erfasste fehlerhafte Daten betreffen viele unterschiedliche Anwendungssysteme, so dass eine Fehlerfortpflanzung möglich ist.

- Auch wirtschaftlich wenig sinnvolle Automatisierungen müssen ggf. vorgenommen werden, damit eine durchgängige Integration erreicht wird.

- Das Testen integrierter Anwendungssysteme ist sehr aufwändig.

- Zwischen der oftmals hohen Investition in ein IIS und dem Beginn der Amortisation ist in der Regel eine enorme Zeitdifferenz.

Der Aufbau eines IIS erfordert zum Einen eine sorgfältige konzeptionelle Vorarbeit und die Gestaltung einer leistungsfähigen Architektur. Diesen beiden Themen widmen sich die folgenden Abschnitte.

3.3.2 Modellierung Betrieblicher Informationssysteme

Unternehmen lassen sich aus systemtheoretischer Sicht als komplexe und komplizierte sozio-technische Systeme charakterisieren. Ein System besteht aus einer Menge von Elementen, die miteinander in Beziehung stehen. Sie sind komplex, wenn es eine große Anzahl Elemente und Beziehungen hat, und kompliziert, wenn die Elemente und Beziehungen verschiedenartig sind.

Auch das betriebliche Informationssystem hat als Teil des technischen Subsystems des Unternehmens diese Eigenschaften. Daher ist es notwendig, die Komplexität und Kompliziertheit in den Griff zu bekommen. Die etwas saloppe Formulierung „in den Griff bekommen" ist durchaus bewusst gewählt worden. Es ist ein weit verbreiteter Irrglaube, dass man Komplexität und Kompliziertheit „beherrschen" oder „reduzieren" könne. Ein schönes Beispiel hierfür sind Entwicklungsumgebungen wie IEF (Information Engineering Facility), deren Schöpfer davon überzeugt waren, dass man die Komplexität und Kompliziertheit betrieblicher Informationssysteme dadurch beherrschen kann, indem man den Programmcode vollständig aus Modellen heraus generiert, was in der Tat auch technisch machbar ist. Damit war die Komplexität vollständig auf die Modellebene verschoben, wobei sich bei Entwicklung und Wartung der Modelle schnell zeigte, dass diese Verschiebung keine Vereinfachung bedeutete. Komplexität und Kompliziertheit verhalten sich in der Praxis wie Kaugummis, die an den Fingern kleben: Man kann Sie zwar von Finger zu Finger bewegen, wird sie aber nicht los. Man kann nur je nach Anwendungsfall (z. B. Klavier oder Tennis spielen) entscheiden, an welchem Finger sie am wenigsten stören.

Bei der Planung und Entwicklung eines betrieblichen Informationssystems macht es jedenfalls keinen Sinn, gleich alle Aspekte und Details in Erwägung zu ziehen. Je nach Entwicklungsstadium sind verschiedene Aspekte von besonderer Relevanz – und genau diese müssen dann durch *Abstraktion* herauskristallisiert werden. Die Ausführungen in den Abschnitten 3.3.2.1 Modelle und Modellbildung und 3.3.2.2 Typisierung von Modellen basieren auf (Rosemann 1995).

3.3.2.1 Modelle und Modellbildung

Diese Abstraktion wird durch einen Prozess, der *Modellierung* genannt wird und dessen Ergebnis ein Modell ist, vollzogen. Ein *Modell* ist ein abstraktes, immaterielles Abbild realer Strukturen bzw. des realen Verhaltens für Zwecke des Subjekts. Das Subjekt, auch Modelladressat oder Auftraggeber genannt, ist hier stets das Unternehmen, d. h. die Frage der Relevanz von Modellelementen ist anhand der Unternehmenszwecke, aus denen sich die Modellierungszwecke ableiten, zu beantworten. Ein Modell kann damit auch als adäquates, vereinfachendes und idealisierendes Abbild der Realität charakterisiert werden.

Der im Modell abzubildende Realitätsausschnitt wird als *Diskurswelt* bezeichnet. Die Diskurswelt wird durch subjektive Interpretation auf ein Objektsystem S_O abgebildet. Elemente des Objektsystems sind abstrakte Repräsentanten realweltlicher Objekte. So wird z. B. eine realweltliche Person im Objektsystem als Datensatz, Objekt, Bitmuster oder sonstiger abstrakter Form repräsentiert sein. Dieses Modell leistet insbesondere bei komplexen und komplizierten Objektsystemen keine hinreichende Komplexitätsreduktion. Diese wird erst durch den nächsten Schritt der

Überführung des *Objektsystems* S$_O$ in das *Modellsystem* S$_M$ vollzogen. Das Modellsystem ist wiederum eine subjektive Interpretation des Objektsystems, bei der irrelevante Sachverhalte eliminiert und relevante Sachverhalte typisiert werden. Mehrere Elemente des Objektsystems sind genau dann vom gleichen Typ, wenn ihre Eigenschaften übereinstimmen. Beispielsweise sind „Peter Meier, Sachbearbeiter" und „Fritz Müller, Buchhalter" vom gleichen Typ „Mitarbeiter", da sie die Eigenschaften „Name" und „Aufgabenbezeichnung" gemeinsam haben. Elimination und Abstraktion sorgen dafür, dass die Abbildungsrelation σ:S$_O$ → S$_M$ nur in eine Richtung eindeutig und daher ein Homomorphismus ist. Das Modellsystem muss sich wiederum struktur- und verhaltenstreu zum Objektsystem verhalten. *Strukturtreue* ist gegeben, wenn die Beziehungen zwischen den Elementen des Objektsystems nach der Abstraktion korrekt auf das Modellsystem übertragen wurden. *Verhaltenstreue* liegt vor, wenn gleiches auch für die Folgen von Systemzuständen gilt. Als *Systemzustand* wird eine zu einem bestimmten Zeitpunkt bestehende konkrete Ausgestaltung der Systemeigenschaften bezeichnet.

Abbildung 96 zeigt, dass die Beziehungen zwischen Diskurswelt und Objekt- sowie Modellsystem durchaus vielschichtig sind. Modelle können mit dem Ziel entwickelt werden, Sachverhalte durch Abstraktion so weit zu rekonstruieren, dass sie für die Erklärung komplexer Phänomene herangezogen werden können. Beispiele für derartige *Erklärungsmodelle* sind oftmals betriebswirtschaftliche Optimierungsmodelle. Eine andere Zielsetzung ist die Schaffung von *Gestaltungsmodellen*, die Optionen zur (Um-)Gestaltung der Realwelt aufzeigen und damit eine Handlungsrelation zur Diskurswelt haben. In diese Kategorie fallen oftmals Simulationsmodelle.

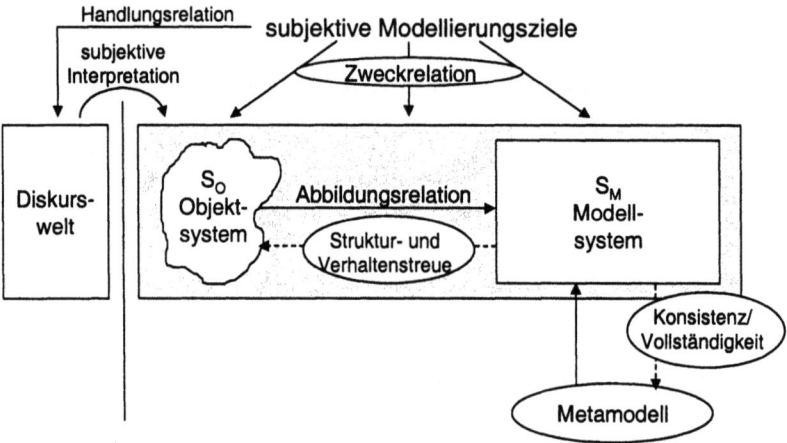

Abbildung 96: Von der Diskurswelt zum Modellsystem

Das Modellsystem wird mit einem *Meta-Modell* formuliert. Meta-Modelle sind Modelle zur Beschreibung von Modellen. In den folgenden Abschnitten werden beispielsweise das Entity-Relationship-Modell und ereignisgesteuerte Prozessketten als Meta-Modelle für die Formulierung von Daten- und Prozessmodellen vorgestellt. Das Modellsystem muss sich gegenüber dem jeweiligen Meta-Modell konsistent und vollständig verhalten. Konsistent bedeutet, dass für jeden zu modellierenden Sachverhalt auch die dafür vorgesehenen Mittel des Meta-Modells verwendet werden. Vollständig bedeutet, dass alle Mittel des Meta-Modells, die für die Erstellung des Modellsystems benötigt werden, auch verwendet werden.

3.3.2.2 Typisierung von Modellen

Modelle lassen sich aus verschiedenen Sichten typisieren. Die gängigste Sicht, nach der auch die weiteren Unterkapitel strukturiert sind, ist die Beschreibungssicht. In der *Beschreibungssicht* wird nach Gegenständen der Modellierung unterschieden:

- *Daten* sind passive Systemelemente, die durch Funktionen manipuliert werden. Sie sind zudem Träger von Begrifflichkeiten und Beziehungen zwischen ihnen.

- *Funktionen* definieren Zustandsänderungen von Daten und transformieren Inputdaten (I) in Outputdaten, formal f: I → O.

- In *Objekten* werden semantisch zusammenhängende Funktionen und Daten gekapselt.

- Mit *Organisation* wird hier die Aufbauorganisation gemeint. Gegenstand der Modellierung sind Organisationseinheiten, wie z. B. Arbeitsplätze oder Abteilungen, und ihre Beziehungen zueinander.

- In der *Prozesssicht* wird ein Modell des Systemverhaltens erstellt.

Die zu modellierenden Sachverhalte können auf verschiedenen *Beschreibungsebenen* dargestellt werden. Die Beschreibungsebenen grenzen sich durch die Nähe zur technischen Implementierung voneinander ab. Am weitesten von der technischen Implementierung ist die Ebene des *Fachkonzepts* entfernt. Ein Fachkonzept ist eine (semi-)formale, implementierungsunabhängige Beschreibung einer betriebswirtschaftlichen Konzeption. Die nachfolgend vorgestellten Modellierungsmethoden sind durchweg auf fachkonzeptueller Ebene angesiedelt. Fachkonzepte bilden die Schnittstelle zwischen den betriebswirtschaftlichen Anforderungen und der technischen Realisierung. Damit sind die Modelladressaten sowohl die Anwender wie auch die Systementwickler. Fachkonzepte haben als „Vermittlungssicht" zwischen Fachleuten und Systementwicklern damit eine besondere Bedeutung für die Realisierung betrieblicher Informationssysteme.

Die nächste Ebene ist die des *DV-Konzepts*, in dem das Fachkonzept um Anforderungen und Restriktionen der DV-technischen Umsetzung angereichert wird. Das DV-Konzept ist damit paradigmatisch auf die Implementierung ausgerichtet. Beispielsweise sind Klassen- oder Relationenschemata auf der Ebene des DV-Konzepts angesiedelt, auch wenn diese Modelle noch nicht direkt umsetzbar sind. Die direkt umsetzbaren Modelle werden auf der *Implementierungsebene* in der Regel als Programmcodes formuliert.

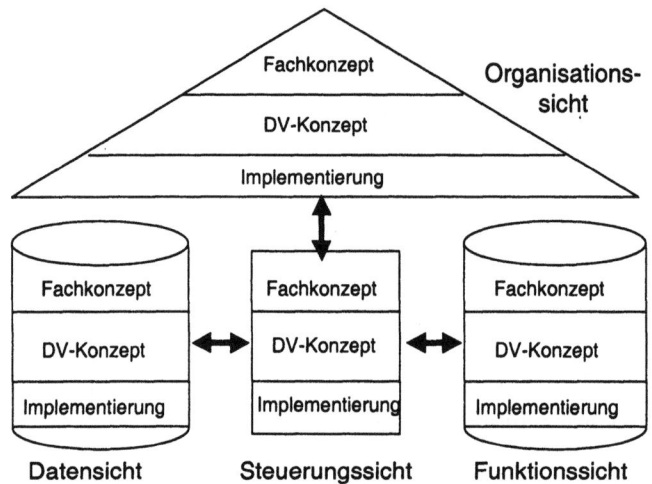

Abbildung 97: ARIS

In (Scheer 1998a, 17) ist die Beschreibungssicht und -ebene in einem Ordnungsrahmen zusammengefasst, der unter der Bezeichnung ARIS-Architektur (ARIS = Architektur Integrierter Informationssysteme) bekannt geworden ist (siehe Abbildung 97). Aus der ARIS wird deutlich, dass alle Sichten in der Steuerungssicht zusammenlaufen, in der die relevanten Geschäftsprozesse modelliert werden. Damit wird die besondere Bedeutung der Prozessorientierung, wie sie heute paradigmatisch bei der Gestaltung und Entwicklung integrierter Informationssysteme propagiert wird, deutlich.

In der Sicht nach *Geltungsanspruch* werden Ist-, Soll- und Idealmodelle unterschieden. *Istmodelle* beschreiben einen momentan gültigen Zustand, während *Soll-modelle* einen (erstrebenswerten) zukünftigen Zustand darstellen. *Idealmodelle* beschreiben einen bestmöglich und eventuell auch nicht erreichbaren Idealzustand. Sie werden insbesondere für die Validierung und Bewertung von Gestaltungsmodellen herangezogen.

Eine hohe Relevanz hat auch die Unterscheidung von Modellen nach inhaltlicher *Individualität*. *Unternehmensmodelle* werden speziell auf die Bedürfnisse eines konkreten Anwenderunternehmens zugeschnitten. Sie werden in der Regel von Consulting-Unternehmen oder Softwarehäusern entwickelt und sind daher aus wissenschaftlicher Sicht von nachrangiger Bedeutung.

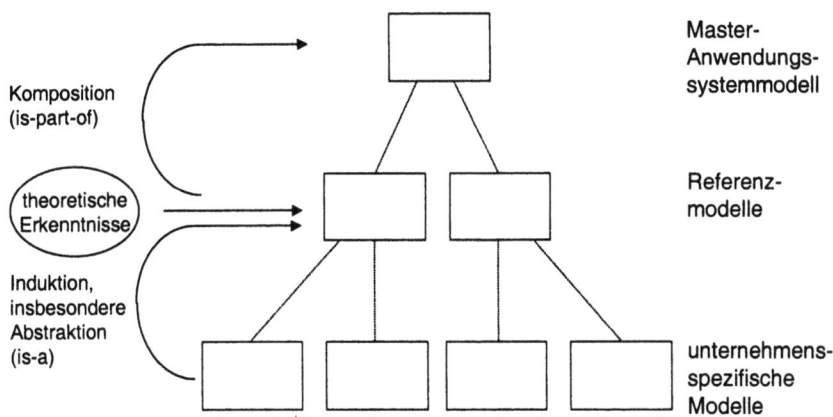

Abbildung 98: Mastermodell

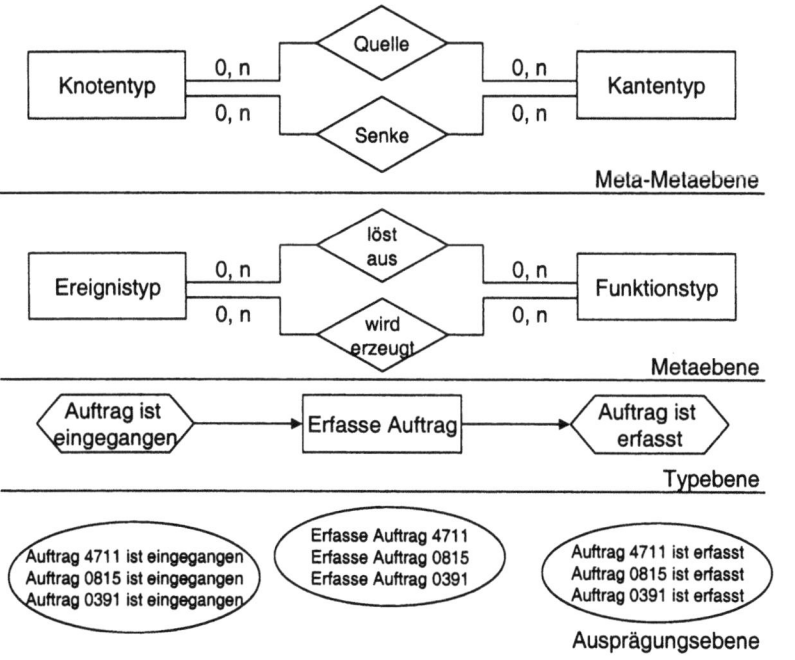

Abbildung 99: Abstraktionsebenen

Einen allgemeingültigeren Geltungsanspruch haben *Referenzmodelle*, die Soll-
oder Idealmodelle für einen bestimmten Objektbereich sind. Beispiel hierfür wäre
ein Referenz-Prozessmodell für die Auftragsabwicklung in der Papierindustrie.
Referenzmodelle werden entweder von Grund auf („from scratch") oder – vor allem in der Praxis – durch (leichte) Abstraktion unternehmensspezifischer Modelle
(mit dementsprechender „Allgemeingültigkeit") entwickelt. Referenzmodelle reduzieren den Erstellungsaufwand für unternehmensspezifische Modelle. Weiterhin
werden sie, wenn sie als Idealmodelle entwickelt wurden, für die Geschäftsprozessoptimierung verwendet und sind Grundlage für die Entwicklung und Anpassung von Standardsoftware. Insbesondere basieren Branchenlösungen auf Bran-
chenreferenzmodellen.

Fasst man mehrere Referenzmodelle für unterschiedliche Aufgabengebiete oder
Branchen zu einem Gesamtmodell zusammen, dann nennt man dieses *Mastermodell* (siehe Abbildung 98). Mastermodelle sind die Grundlage für branchenüber-
greifende Standardsoftware, insbesondere ERP-Systeme (ERP = Enterprise Resource Planning) (siehe Abschnitt 3.4.5 ERP-Systeme).

Merkmal	Ausprägung			
Beschrei- Bungssicht	Daten	Funktionen	Organisation	Prozesse
	Objekte			
Beschrei- Bungsebene	Fachkonzept	DV-Konzept		Implementie- rungskonzept
Geltungs- Anspruch	Istmodell	Sollmodell		Idealmodell
Inhaltliche Individualität	Unternehmens- modell	Referenzmodell		Mastermodell
Abstraktions- Grad	Ausprägungs- ebene	Typebene	Meta-Ebene	Meta-Meta- Ebene

Tabelle 34: Morphologischer Kasten der Informationsmodellierung

Die letzte Sicht unterscheidet Modelle nach *Abstraktionsgrad*. Den niedrigsten
Abstraktionsgrad findet man auf der *Ausprägungsebene*. Hier steht jedem Objekt
der Modellierung (Entität) genau ein realweltliches Objekt der Diskurswelt gegenüber. Derartige Modelle sind z. B. die Grundlage für Simulationen. Nimmt man
eine Typisierung der Entitäten vor, kommt man auf die nächst höhere *Typebene*.
Die Beschreibungsmittel für die Modellierung auf Typebene werden auf der *Meta-
Ebene* angegeben. Weiterhin werden die Beschreibungsmittel, d. h. die grafischen
Primitive und die Regeln, nach denen man sie zusammenfügt, für Meta-Modelle
auf der *Meta-Meta-Ebene* angegeben. Modelle auf der Meta-Meta-Ebene werden
für die Entwicklung von Modellierungswerkzeugen, die Meta-Modelle für die
Entwicklung von Modellen auf Typebene ermöglichen, benötigt. Abbildung 99
stellt die genannten Ebenen im Zusammenhang dar. Die hier verwendeten grafi-

schen Notationen sind noch intuitiv zu erschließen und werden in den Abschnitten 3.3.2.4 Datenmodellierung und 3.3.2.6 Prozessmodellierung näher erläutert.

Die verschiedenen Sichten werden nun in einem morphologischen Kasten der Informationsmodellierung zusammengefasst. Ein *morphologischer Kasten* ist eine Matrix, in der auf der Vertikalen verschiedene möglichst unabhängige Merkmale und auf der Horizontalen Ausprägungen dieser Merkmale abgetragen werden. Morphologische Kästen dienen der Typisierung, indem die zutreffenden Merkmale grau unterlegt werden. Wie in Tabelle 34 dargestellt, werden im Folgenden genau solche Modelle behandelt, die dem grau markierten Typ entsprechen.

3.3.2.3 Funktions- und Organisationsmodellierung

Allgemein wird unter einer betrieblichen *Funktion* (auch *Vorgang* oder *Aktivität*) eine betriebliche Teilaufgabe verstanden, die an einem Arbeitsplatz zu verrichten ist und Werkstoffe und/oder Informationen transformiert. Vorgänge werden durch Ereignisse und im Fall der Werkstofftransformation auch durch die Verfügbarkeit der Input-Werkstoffe ausgelöst, führen eine Informations- oder Werkstofftransformation durch und haben als Ergebnis ein Ereignis, das eine Zustandsänderung dokumentiert und ggf. auch einen transformierten Werkstoff. Vorgänge sind grundsätzlich zeit- und ressourcenverbrauchend. Die für die Durchführung eines Vorgangs notwendigen Ressourcen sind Betriebsmittel (in der Produktion z. B. Maschinen, Werkzeuge und Vorrichtungen) und Personal, die jeweils Organisationseinheiten zugeordnet sind. Weiterhin kann ein wechselseitiger Einfluss zwischen Vorgängen und weiteren Umweltzuständen bestehen. Abbildung 100 zeigt das allgemeine Vorgangsmodell von Scheer (Scheer 1992, 5ff).

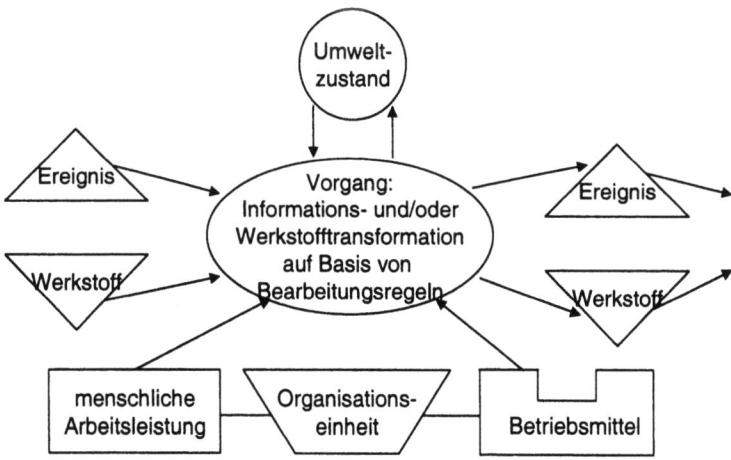

Abbildung 100: Allgemeines Vorgangsmodell

Für die Informationsmodellierung ist diese Sicht auf Funktionen zu allgemein. Als *Funktion* wird daher hier ein Programm(modul) definiert, das eine betriebliche Aufgabe unterstützt. Damit spielen Werkstoffe als Inputs und Outputs keine Rolle, Betriebmittel beschränken sich auf das betriebliche Informationssystem und die Bearbeitungsregeln sind die Algorithmen, die im Programm implementiert sind.

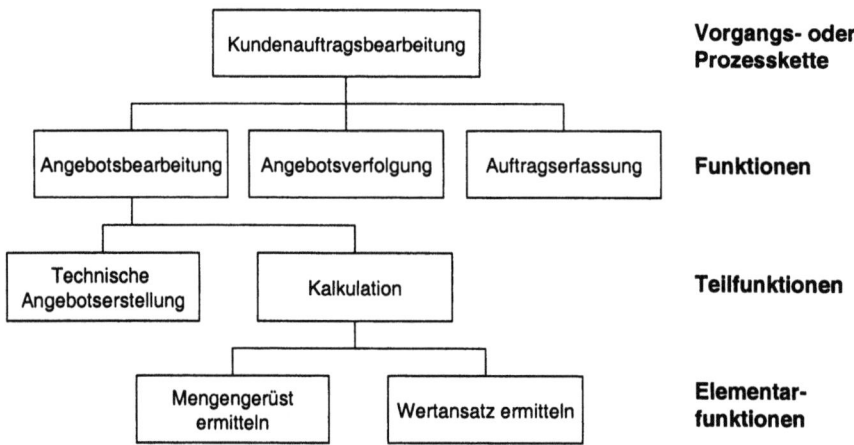

Abbildung 101: Funktionenbaum

Funktionen werden in der Regel als *Funktionenbäume* modelliert, in denen die Wurzel eine Prozesskette repräsentiert, auf der nächsten Ebene die Funktionen der Prozesskette angegeben werden und die Funktionen dann weiter in Teilfunktionen bis zu elementaren Funktionen weiter zerlegt werden (siehe Abbildung 101). Da Funktionen auch wesentliche Bestandteile von Prozessmodellen sind, werden die Zusammenhänge zwischen Funktionen auch dort modelliert.

Auch *Organisationen* werden als Hierarchien mit so genannten *Organigrammen* modelliert. Die Hierarchie repräsentiert das Unterstellungsverhältnis (siehe Abbildung 102).

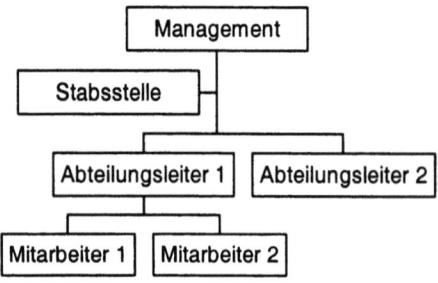

Abbildung 102: Organigramm

3.3.2.4 Datenmodellierung

Unter *Datenmodellierung* versteht man eine Tätigkeit, die sich mit dem Analysieren und Strukturieren von logischen Datenstrukturen befasst. Logische Datenstrukturen lassen sich aus Geschäften und Geschäftsbeziehungen ableiten und sind als Entitäts- und Beziehungstypen abbildbar. Ziel der Datenmodellierung ist die Schaffung eines umfassenden redundanzarmen (semi-)formalen Rahmens zur Beschreibung fundamentaler sachlogischer Begriffe von Geschäftstätigkeiten sowie deren Beziehungen zueinander.

Dies mag auf den ersten Blick verwirrend erscheinen, da einmal von Entitäts- und Beziehungstypen und dann von Begriffen gesprochen wird. Begriffe sind im konzeptionellen Datenmodell, d. h. dem Modell auf Ebene des Fachkonzepts, Repräsentanten von Entitäts- und Beziehungstypen. Mit einem konzeptionellen Datenmodell schafft man in der Tat ein Begriffssystem für die Diskurswelt, wobei streng darauf zu achten ist, dass jeder Begriff einen modellierten Sachverhalt eindeutig repräsentiert. Die Nähe von Begriffssystemen und konzeptionellen Datenmodellen wird deutlich, wenn man die Englische Terminologie wörtlich übersetzt, da das Wort „conceptual" korrekt mit „begrifflich" zu übersetzen ist.

Ausgangspunkt für die Modellierung sind damit die den Geschäftstätigkeiten unterliegenden Begriffe. Hierzu ein Beispiel aus der Auftragsverwaltung: Der Begriff „Auftrag", obwohl gerne verwendet, ist mehrdeutig und damit für die Modellierung nicht geeignet, da sich je nach Geschäftsbereich dahinter verschiedene Arten von Aufträgen verbergen wie z. B. im

- Einkauf: Bestellauftrag
- Vertrieb: Kundenauftrag
- Produktionsplanung: Lagerauftrag
- Produktion: Fertigungsauftrag
- Logistik: Transportauftrag
- Arbeitsvorbereitung: Kommissionierauftrag

Alle verschiedenen Aufträge haben eine gemeinsame Struktur, bestehend aus einem Auftragskopf und den Auftragspositionen sowie gemeinsamen Attributen wie Auftragsnummer, Auftraggeber und -nehmer oder Fertigstellungsdatum. Weiterhin lassen sich Beziehungen sowohl zwischen verschiedenen Auftragsarten wie auch zwischen Aufträgen und anderen Entitätstypen identifizieren wie z. B.:

- Beziehungen zwischen Aufträgen
  - Lagerauftrag löst Fertigungsauftrag aus
  - Kundenauftrag löst Fertigungsauftrag aus
  - Kundenauftrag löst Beschaffungsauftrag aus
  - Fertigungsauftrag löst Beschaffungsauftrag aus

- Fertigungsauftrag löst Transportauftrag aus usw.

- Beziehungen von Aufträgen zu anderen Entitäten, hier: ein Kundenauftrag
  - wird durch einen Kunden veranlasst
  - durch einen Mitarbeiter aufgenommen
  - beinhaltet eine Lieferadresse
  - umfasst mehrere Auftragszeilen
  - eine Auftragszeile beschreibt einen Artikel usw.

Aus dem Beispiel lassen sich folgende Erkenntnisse ableiten:

- Hinter einem Begriff (hier: Auftrag) können mehrere unterschiedliche Entitätstypen stehen, die in hierarchischer Beziehung zueinander stehen wie „Auftrag"
  und die verschiedenen Auftragsarten,
- es gibt unterschiedliche Arten von Beziehungen (umfasst, gehört zu, etc.),
- Beziehungen haben unterschiedliche Kardinalitäten (1:1, 1:n, n:m),
- das Beziehungsgeflecht wird offensichtlich schon bei einfachen Beispielen
  komplex.

Das Entity-Relationship-Modell

Für die konzeptionelle Datenmodellierung hat sich das Entity-Relationship-(Me-
ta-)Modell (ERM) bewährt und durchgesetzt. Objekte der Modellierung sind im
Grundmodell von Chen (Chen 1976) Entitätstypen, Attribute (die von Chen Rollen genannt werden) und Beziehungstypen. Beziehungstypen beschreiben die logische Verknüpfung zwischen zwei oder mehreren Entitäten und lassen (1:1)-, (1:n)-
oder (n:m)-Kardinalitäten zu (siehe auch Abbildung 64). Die grafischen Repräsentanten für Entitätstypen sind Rechtecke, für Attribute langgezogene Ovale und
für Beziehungstypen Rauten (siehe Abbildung 103). Im ERM dürfen nur Attribute
mit Beziehungs- oder Entitätstypen und Entitätstypen mit Beziehungstypen über
Kanten verbunden werden. Verbindungen von und zu Beziehungstypen werden
mit den Beziehungskardinalitäten beschriftet (k_1 und k_2 in Abbildung 103).

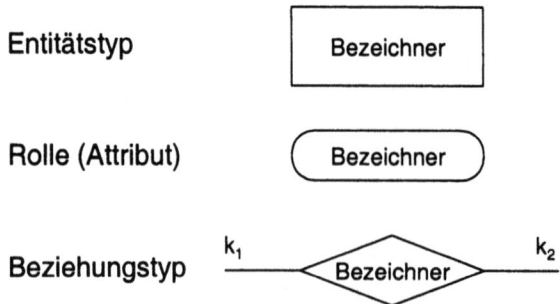

Abbildung 103: Elemente des ER-Grundmodells

Wendet man das skizzierte ER-Grundmodell auf die Auftragsverwaltung an, dann kann dabei das in Abbildung 104 abgebildete Datenmodell entstehen.

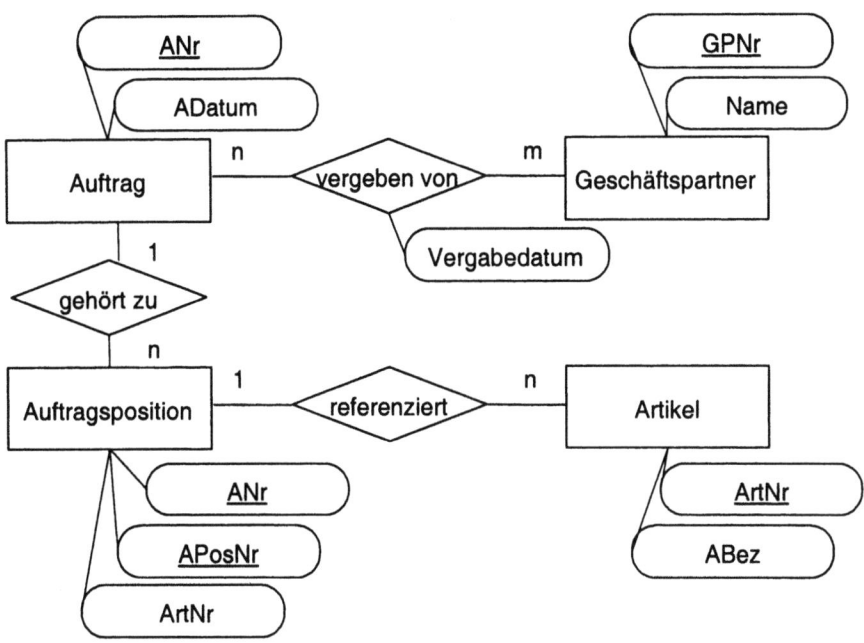

Abbildung 104: Auftragsverwaltung als ER-Grundmodell

Es hat sich eingebürgert, Entitätstypen mit Substantiven und Beziehungstypen mit Verben zu bezeichnen. Weiterhin sollten Beziehungsbezeichner so gewählt werden, dass sie in zwei Richtungen lesbar sind (im Zweifel „gehört zu"). Dies ist allerdings – wie das Beispiel zeigt – nicht immer sinnvoll. Ist die Leserichtung vorgegeben, spricht man von Subjekt- und Prädikat-Entitätstypen.

Das ER-Grundmodell besticht durch seine Einfachheit und Praktikabilität. Bei näherem Hinsehen zeigt sich jedoch, dass es für die Abbildung modellrelevanter Eigenschaften oftmals doch zu einfach ist. Den Beleg hierfür gibt eine nähere Untersuchung von Attributen sowie Entitäts- und Beziehungstypen. Folgende Arten von Entitätstypen werden unterschieden:

- *Super- und Subentitätstypen*: Superentitätstypen fassen gemeinsame Attributsmengen von Subentitätstypen zusammen. Offensichtlich ist der Entitätstyp „Auftrag" ein Superentitätstyp, da er Attribute der Subentitätstypen „Kundenauftrag", „Fertigungsauftrag", „Beschaffungsauftrag" usw. zusammenfasst.

- *Fundamentale Entitätstypen* existieren um ihrer selbst willen. Die Entitäten fundamentaler Entitätstypen repräsentieren eindeutig Objekte der realen Welt. Beispiele für solche Entitätstypen sind „Geschäftspartner" oder „Artikel".

- Entitäten *assoziativer Entitätstypen* drücken einen fachlichen Zusammenhang zwischen fundamentalen Entitäten aus und haben eigene Attribute. Sie haben eine Art „Zwitterfunktion", da sie auch als Beziehungstypen angesehen werden können. Beispiel für einen solchen Entitätstyp ist „Auftragsposition", der auch als Beziehungstyp zwischen „Auftrag" und „Artikel" angesehen werden kann.

Attribute sind im Prinzip einfache Datenelemente, die als <Bezeichner, Domäne>-Tupel beschrieben werden können. Domänen sind atomare, zusammengesetzte oder komplexe Datentypen und beschreiben Eigenschaften einer Entität. Bezogen auf Entitäten können Attribute nach ihrer Schlüsseleigenschaft unterschieden werden. Schlüsselattribute, auch identifizierende Attribute genannt, identifizieren Entitäten eindeutig, d. h. die Werte dieser Attribute kommen für jede Entität genau einmal vor. Nicht-Schlüsselattribute werden beschreibende Attribute genannt. Schlüsselattribute werden in ER-Diagrammen unterstrichen wie z. B. die Attribute ANr, GPNr, APosNr und ArtNr in Abbildung 104. Weitere Klassifikationen von Attributen sind folgende:

- *Muss-* und *Kann-Attribute* werden dadurch unterschieden, dass bei Muss-Attributen für jede Entität ein zugewiesener Wert obligatorisch ist.

- Ein *Einfach-Attribut* hat pro Entität höchstens einen, ein *Mehrfach-Attribut* ggf. mehrere Werte.

- *Zusammengesetzte Attribute* bestehen im Gegensatz zu *singulären Attributen* aus mehreren Datenelementen.

Beziehungstypen lassen sich zunächst über ihre Kardinalitäten klassifizieren. Gibt es zwischen zwei Entitätstypen mehrere Beziehungen, dann sind diese explizit als parallele Beziehungen zu modellieren. Beziehungstypen können Muss- und Kann-Beziehungen repräsentieren. Weiterhin nennt man einen Beziehungstyp, der Beziehungen zwischen Entitäten gleichen Typs darstellt, einen rekursiven Beziehungstyp. Standardbeispiel hierfür ist die Beziehung „ist Vorgesetzter von" eines Entitätstyps Mitarbeiter, da auch Vorgesetzte Mitarbeiter sind. Das entsprechende ER-Diagramm ist in Abbildung 105 dargestellt.

Die Ansätze zur Erweiterung des ER-Modells sind mittlerweile kaum noch überschaubar. Aus der Vielzahl der Erweiterungen werden hier einige signifikante Ansätze herausgegriffen, die sich in der Modellierungspraxis bewährt haben und in verschiedenen Erweiterungen vorkommen (nach Scheer 1998b, 70ff).

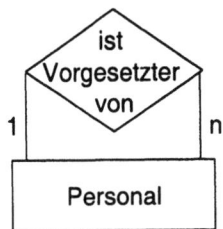

Abbildung 105: Rekursiver Beziehungstyp

Erweiterungen des ERM

Für die Modellierung von Super- und Subentitätstypen wird der *is-a-Operator* als Dreieck eingeführt. Auf der Spitze des Dreiecks wird der Superentitätstyp und auf der Unterseite werden die Subentitätstypen notiert (siehe Abbildung 106). Alle Attribute der Superentitätstypen werden an die Subentitätstypen vererbt. Die Erzeugung von Superentitätstypen durch Zusammenfassung gemeinsamer Attributsmengen verschiedener Entitätstypen wird *Generalisierung* und das „Herausziehen" von Subentitätstypen mit disjunkten eigenen Attributsmengen wird *Spezialisierung* genannt.

Die Darstellung ist allerdings unbefriedigend, da der Sachverhalt, dass eine Bank und ein Lieferant auch Kunde sein können, eine Bank allerdings kein Lieferant sein kann, im Modell nicht abgebildet wird. Offensichtlich gibt es disjunkte und nicht-disjunkte Subentitätstypen. Die Präzisierung des is-a-Operators ermöglicht auch die Abbildung dieser semantischen Zusammenhänge. Eine disjunkte is-a-Beziehung wird mit einem Gleichheitszeichen und eine nicht-disjunkte is-a-Beziehung mit einem Teilmengen-Symbol ($\subseteq$) notiert. Der skizzierte Zusammenhang zwischen Kunden, Lieferanten und Banken ist in Abbildung 107 präzisiert.

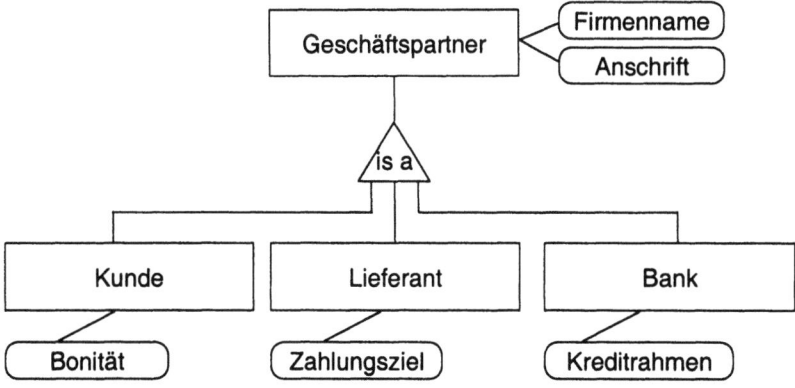

Abbildung 106: Super- und Subentitätstypen mit is-a-Operator

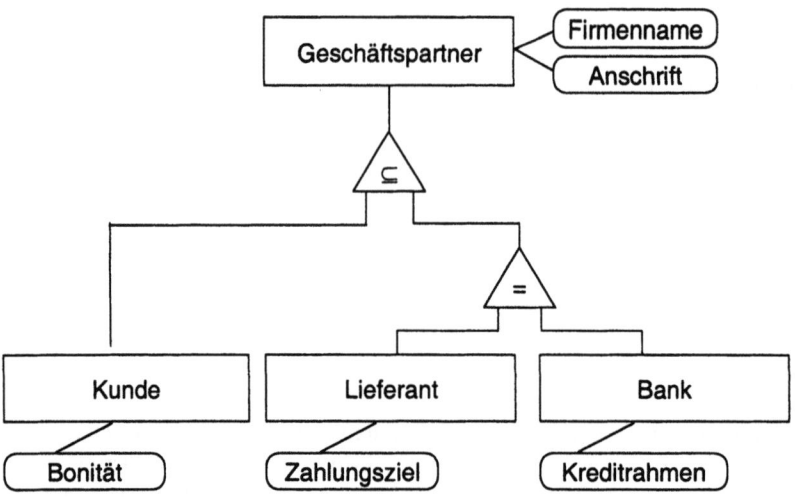

Abbildung 107: Disjunkter und Nicht-disjunkter is-a-Operator

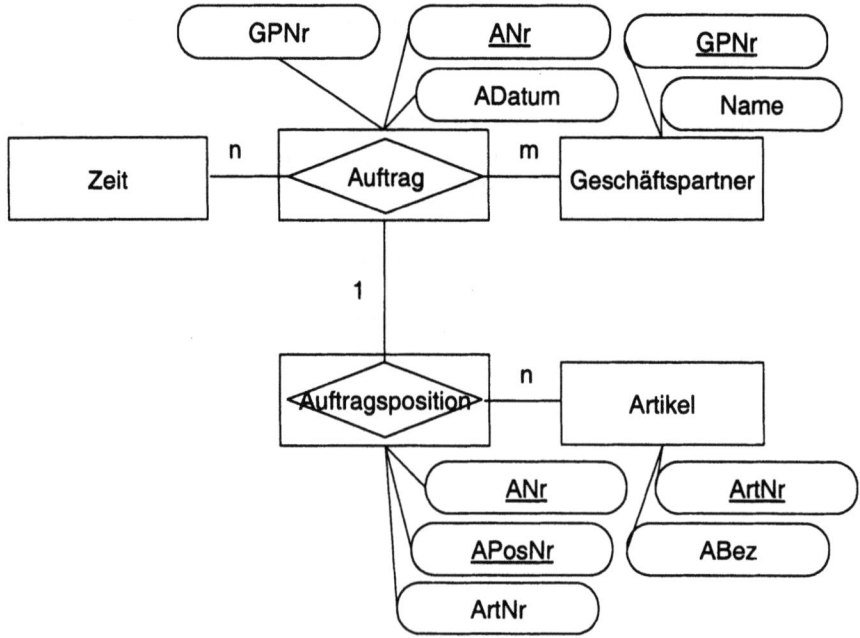

Abbildung 108: ER-Modell mit assoziativen Entitätstypen

Assoziative Entitätstypen, die je nach Perspektive als Entitäts- oder als Beziehungstypen angesehen werden können, werden als assoziative Entitätstypen bezeichnet und auch in dieser Weise modelliert, d. h. hier werden die Notationen für

Entitäts- und Beziehungstypen in einem Symbol zusammengefasst. Beispiel für einen assoziativen Entitätstyp ist der Auftrag. Als Schlüssel ist das Attribut ANr angegeben, der allerdings ein *künstlicher Schlüssel* (auch *Surrogat* genannt) ist. Künstliche Schlüsselattribute werden insbesondere dann eingeführt, wenn ein Entitätstyp einen zusammengesetzten Schlüssel hat, der von anderen Entitätstypen als Fremdschlüssel übernommen wird, da ein zusammengesetzter Fremdschlüssel die Datenredundanz erhöht und umständlich handhabbar ist. Der künstliche Schlüssel ANr ist damit gerechtfertigt, da er an die Auftragsposition weitergereicht wird. Der „wahre" Schlüssel des Auftrags ist die Nummer des Geschäftspartners und das Datum, da ein Auftrag genau genommen eine Beziehung zwischen einem Geschäftspartner und einem Zeitpunkt darstellt. Abbildung 108 zeigt die korrekte Modellierung des Sachverhalts aus Abbildung 104 mit assoziativen Entitätstypen. Bei der Modellierung mit assoziativen Entitätstypen dürfen Beziehungstypen keine eigenen Attribute haben (die Begründung wird später nachgeliefert). Daher wird auch die Auftragsposition per Definition zum assoziativen Entitätstyp.

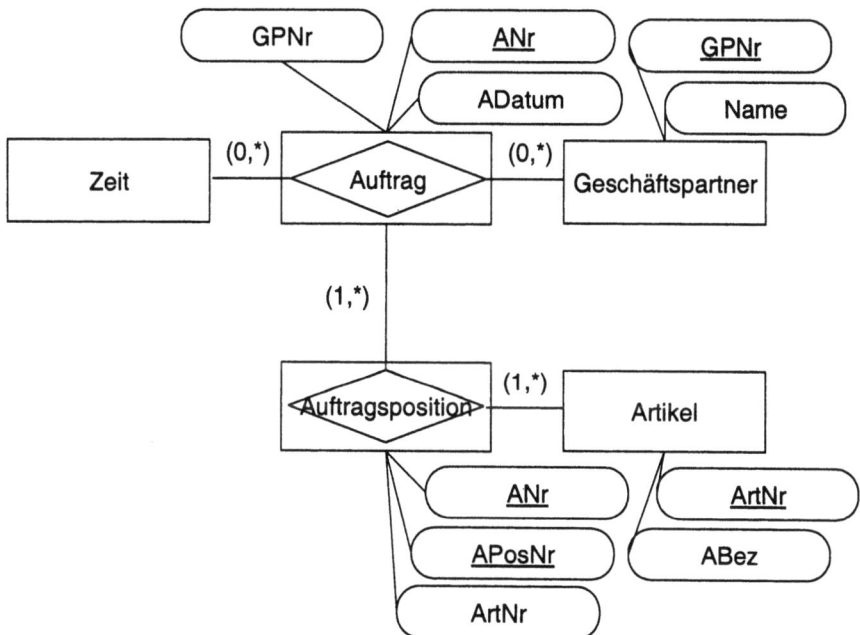

Abbildung 109: Min-Max-Kardinalitäten

Muss- (obligatorische) und Kann- (optionale) Beziehungen werden über *Min-Max-Kardialitäten* mit folgenden Notationen ausgedrückt:

- (1, 1) einfache obligatorische Beziehung: Mindestens ein und höchstens ein (d. h. genau ein) Element der in Beziehung stehenden Entitätstypen sind miteinander verbunden.

- (0, 1) einfache optionale Beziehung: Kein oder höchstens ein Element der in Beziehung stehenden Entitätstypen sind miteinander verbunden.

- (1, *) multiple obligatorische Beziehung: Mindestens ein und höchsten beliebig viele Elemente der in Beziehung stehenden Entitätstypen sind miteinander verbunden.

- (0, *) multiple optionale Beziehung: Kein oder beliebig viele Elemente der in Beziehung stehenden Entitätstypen sind miteinander verbunden.

Abbildung 109 zeigt das Modell der Auftragsverwaltung mit Min-Max-Kardinalitäten. Zu lesen sind die Kardinalitäten folgendermaßen:

- Geschäftspartner müssen keine Aufträge vergeben haben (wie z. B. Banken), können aber auch beliebig viele Aufträge vergeben.

- Zu einem Zeitpunkt können kein oder beliebig viele Aufträge vergeben worden sein.

- Zu einem Auftrag gehören mindestens eine oder mehrere Auftragspositionen, über die mindestens einen oder mehrere Artikel referenziert werden.

Modellierungsregeln

Wie in Abschnitt 2.5.4.2 Das relationale Datenbankmodell angedeutet, kann man Modelle in einer Weise erstellen, dass die hieraus generierten Relationenschemata die Anforderungen der dritten Normalform erfüllen. Die *Strukturregeln* für eine solche Modellierung sind folgende:

Regeln für Entitätstypen

- Nur Entitätstypen haben Attribute.
- Stehen zwei fundamentale Entitätstypen in einer 1:1-Beziehung, dann werden sie zusammengefasst.
- Fundamentale Entitätstypen enthalten grundsätzlich keine Fremdschlüssel.
- Entitätstypen mit Fremdschlüsseln sind assoziative Entitätstypen.
- Weisen zwei Entitätstypen ein oder mehrere gleichlautende Attribute auf, so ist für diese ein Superentitätstyp zu bilden.

Regeln für Beziehungstypen

- Mehrere semantisch unterschiedliche Beziehungen zwischen zwei Entitätstypen sind getrennt zu beschreiben.
- Einer Beziehung werden keine Attribute zugeordnet. Beziehungen mit Attributen sind zu assoziativen Entitätstypen umzudefinieren.

Regeln zur Identifizierung

- Jede Entität muss durch ein oder mehrere Attribute (Schlüssel) identifizierbar sein.
- Existieren verschiedene mögliche Schlüssel, so wird einer als identifizierend festgelegt.

Regeln zur Attributierung

- Jedes (beschreibende) Attribut kommt nur in genau einem Entitätstyp vor. Eine Ausnahme von dieser Regel gibt es nur für Fremdschlüssel.
- Zusammengesetzte oder mehrwertige Attribute sind nicht zulässig.

Vorgehensweise bei der Datenmodellierung

Im Idealfall ist der Diskursbereich für die Datenmodellierung das gesamte Unternehmen, da alle Unternehmensbereiche miteinander verbunden sind. Mitte der Achtziger Jahre wurde die datenorientierte Vorgehensweise für die Entwicklung betrieblicher Informationssysteme propagiert. Die bis dahin präferierte funktionsorientierte Vorgehensweise, bei der die Erfüllung funktionaler Anwenderanforderungen im Vordergrund stand und die Datenintegration vernachlässigt wurde, führte zu nicht oder nur schwer integrierbaren Anwendungssystemen. Daher ging man davon aus, dass ein *Unternehmensdatenmodell* (UDM) die ideale konzeptionelle Voraussetzung für die Schaffung eines integrierten Informationssystems sei.

Sowohl in Wissenschaft wie in der Praxis wurde mit Hochdruck an der Entwicklung von UDMs gearbeitet, wobei jedoch oft genug der gewünschte Erfolg ausblieb. So berichtet (Gerard 1993) aus einem UDM-Projekt der Deutschen Bank, dass in UDM gesetzten großen Hoffnungen enttäuscht wurden, da Komplexität nicht etwa ab-, sondern sogar aufgebaut wurde. Weiterhin kommen in der Praxis Denormalisierungen vor, die durchaus zweckmäßig sind. Auch zeigten sich die Koordinierungsprobleme zwischen den einzelnen Projektteams, die das UDM erstellen sollten, als nicht lösbar. Ein UDM verfehlt die „Time to market" und zementiert Fehler. Bacher hat aus diesen Beobachten den Schluss gezogen, dass das UDM als Methode ungeeignet ist und schlägt ein prozessorientiertes Vorgehen vor. Über ähnliche Erfahrungen berichten (Mertes/Klonki 1991) aus der Hoesch AG. Problematisch waren hier vor allem die Altlasten, da die Konzepte der beste-

henden Systemlandschaft in das UDM einfließen sollten. Allein 260.000 Datenelemente und 25.000 Datensatzbeschreibungen lagen vor. „Die Frage, ob das 224-
fach vorkommende Element mit der Bezeichnung ‚MM' und einer Länge zwischen 1 und 12 Bytes in allen Fällen identisch ist, soll vorsichtshalber nicht gestellt werden." (Mertes/Klonki 1991, 314).

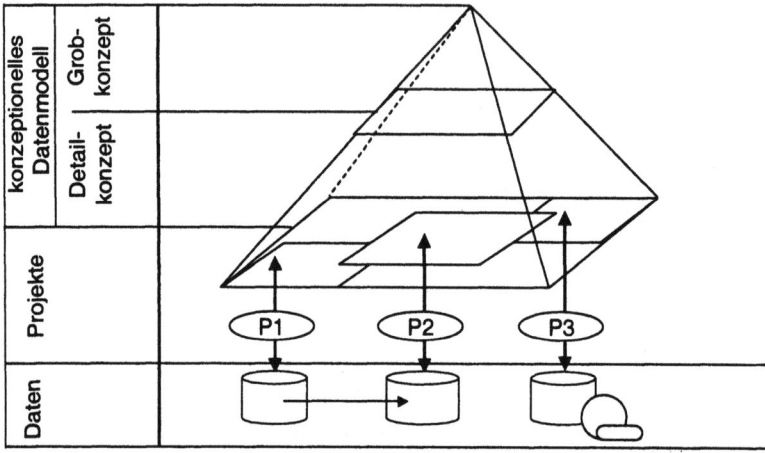

Abbildung 110: Zusammenführung von Projektmodellen

Eine Lösung aus dem Dilemma, dass einerseits UDM als Grundlage für die Datenintegration gebraucht werden, anderseits aber erhebliche Probleme bei ihrer Entwicklung auftreten, liegt darin, dass *Bereichs-* bzw. *Projektmodelle* erstellt werden
(Vetter 1990), die anschließend schrittweise zusammengeführt werden (siehe Abbildung 110). Bereichsmodelle sind auf bestimmte Anwendungsbereiche ausgerichtet.

Die generelle Vorgehensweise zur Datenmodellierung ist ein kombinierter Top-
down-Bottom-Up-Ansatz. Er beinhaltet drei Schritte:

- Entwicklung eines relativ groben *Übersichtsdatenmodells*. Dieses kann aus einem Referenzmodell für das Unternehmen bzw. den Unternehmensbereich abgeleitet werden und wird dann so weit verfeinert, bis Themenbereiche für Projekte erkennbar sind.

- Danach werden die Projektdatenmodelle für die aus dem Übersichtsdatenmodell identifizierten Themenbereiche entwickelt. Dabei werden die fundamentalen Entitätstypen aus dem Übersichtsdatenmodell übernommen. Weiterhin
  werden die Modelle schrittweise verfeinert und iterativ verbessert, bis alle mo-
  dellrelevanten Objekte des Objektsystems abgebildet sind.

- Der letzte Schritt ist die Konsolidierung der Projektmodelle, indem die einzelnen Projektmodelle durch Überlagerung identischer Entitätstypen zusammengefasst werden. Dabei müssen die Strukturregeln überprüft werden. Gegebenenfalls ist auch eine Korrektur bzw. Anpassung sowohl des Übersichts- als auch der Projektmodelle notwendig.

3.3.2.6 Prozessmodellierung

Ein *Prozess* stellt die inhaltlich abgeschlossene, zeitliche und sachlogische Abfolge der Funktionen dar, die zur Bearbeitung eines betriebswirtschaftlichen *Prozessobjekts* ausgeführt werden kann (Rosemann 1995, 9). Dabei haben Prozessobjekte folgende Eigenschaften:

- Prozessobjekte wirken ablauftreibend.
- Prozessobjekte können in mehreren Prozessen vorkommen.
- Objektanzahl und -arten können im Prozessverlauf schwanken.
- Prozessobjekte können Artenwechsel vollziehen (z. B. von der Forderung zum Zahlungseingang).
- Prozessobjekte können materiell oder informationell sein.

Im betrieblichen Kontext haben Geschäftsprozesse eine besondere Bedeutung. „Als Geschäftsprozesse werden die erfolgsrelevanten grundlegenden Unternehmenstätigkeiten, die zur Umsetzung der Unternehmensziele und Sicherung des Unternehmenserfolgs dienen, definiert. Sie beschreiben die wesentlichen Aufgaben, die das Geschäft eines Unternehmens charakterisieren." (Rohloff 1995, 84f). Geschäftsprozesse lassen sich nach der Zurechenbarkeit zu Zielen und Leistungen in Haupt- und Serviceprozesse, nach Durchführungshäufigkeit in Routine-, Regel- und einmalige Prozesse sowie nach (strategischer) Bedeutung in Entscheidungs- und Durchführungsprozesse klassifizieren. Die Nutzeffekte prozessorientierter Strategien sind:

- Betonung des Wettbewerbsfaktors Zeit, da zeitliche Zusammenhänge in der Ordnung der zu einem Prozess gehörenden Funktionen explizit abgebildet werden,

- Vereinfachung des Benchmarkings, da Prozessmodelle eine Systematik für die Ermittlung von Kennzahlen (Benchmarks) für vergleichende Leistungsanalysen vorgeben,

- Grundlage einer Geschäftsprozessoptimierung durch Reduzierung des objektbezogenen Koordinationsbedarfs. Hierbei sind insbesondere die Reduzierung objektbezogener Schnittstellen, der Anzahl von Prozessobjekten und Medienbrüchen gemeint, da die hierfür notwendigen Reduktionspotenziale durch Prozessmodelle transparent werden.

Als Meta-Modell für die Prozessmodellierung werden hier *Ereignisgesteuerte Prozessketten (EPKs)* (Keller/Nüttgens/Scheer 1992) vorgestellt. Es ist müßig darüber zu streiten, welches Meta-Modell das Beste ist, da es sicherlich auch gute Argumente für die Modellierung mit Petri-Netzen oder mit der PROMET-Methode gibt. Für die Darstellung von EPKs an dieser Stelle spricht die leichte Erlernbarkeit und intuitive Verständlichkeit der Modelle sowie der erfolgreiche und flächendeckende Praxiseinsatz. EPKs sind gerichtete Graphen mit folgenden Knotentypen:

- *Funktionen* übertragen als aktive Knoten Input- in Output-Daten und besitzen Entscheidungskompetenz für den weiteren Prozessverlauf.

- *Ereignisse* sind ablaufrelevante Zustandsausprägungen, die weder Zeit noch Kosten verbrauchen. Es werden Start- und Endereignisse zur Erstellung bzw. Löschung eines Prozessobjekts, Änderungsereignisse zur Änderung von Attributwerten eines Prozessobjekts und Ereignisse zur Bestandsveränderung von Prozessobjekten unterschieden. Aufgaben von Ereignissen sind die Auslösung von Funktionen (Auslöseereignisse) und die Dokumentation eines Zustands nach Ausführung einer Funktion (Bereitstellungsereignis).

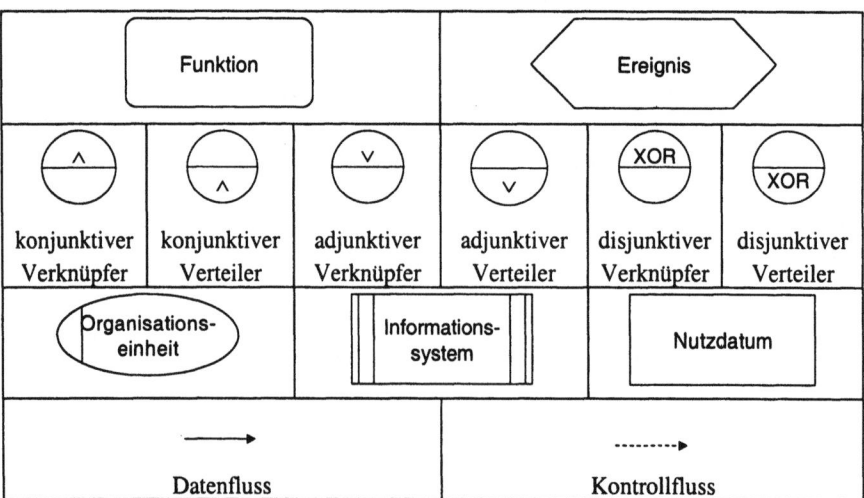

Tabelle 35: Elemente von EPKs

- *Logische Konnektoren*, an denen Teilprozesse zusammenlaufen (*Verknüpfer*) oder sich aufspalten (*Verteiler*). Als logische Operationen sind die Konjunktion (UND), Disjunktion (exklusives ODER) und die Adjunktion (ODER) zulässig.

- *Nutzdaten* charakterisieren Zustände, die durch Ereignisse repräsentiert werden. Sie sind Verweise auf Entitätstypen im korrespondierenden Datenmodell.

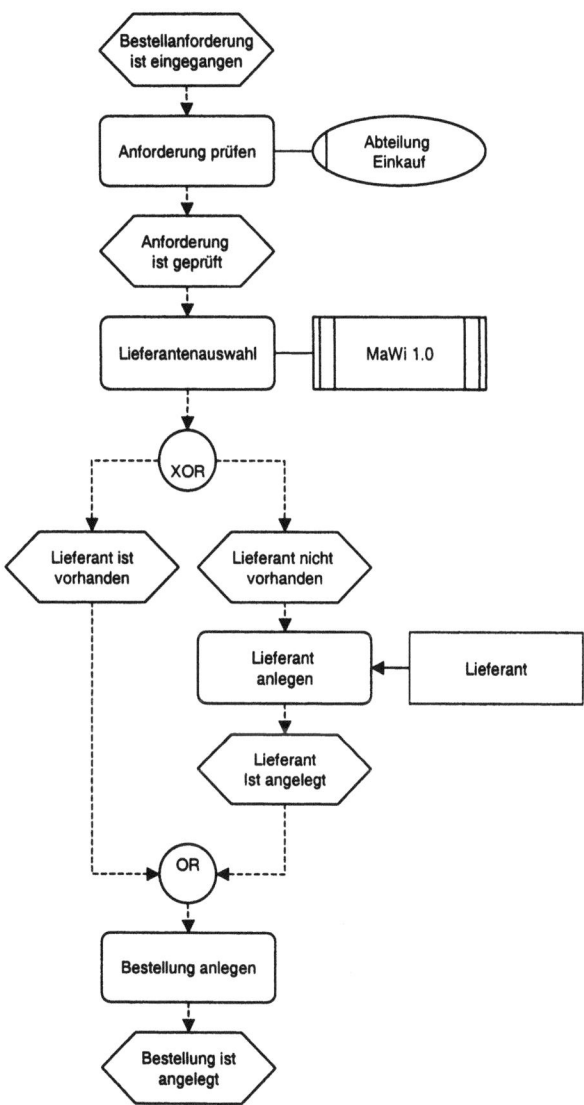

Abbildung 111: Beispiel einer EPK

- Mit *Organisationseinheiten* wird die Zuordnung von Kompetenz, Aufgabe und Verantwortung für Funktionen modelliert. Sie sind Verweise auf Organisationseinheiten im korrespondierenden Organisationsmodell.

- *IT-Ressourcen* repräsentieren Informationssysteme bzw. Informationssystemtypen, die für die Durchführung von Funktionen erforderlich sind.

- Gerichtete Kanten repräsentieren den *Daten-* und *Kontrollfluss*.

Tabelle 35 zeigt die grafischen Repräsentanten für die Elemente von EPKs und Abbildung 111 exemplarisch eine EPK für das Bestellwesen. Für die Konstruktion von EPKs gelten folgende Regeln:

- Funktionen dürfen nicht direkt mit Funktionen verknüpft werden.

- Ereignisse dürfen nicht direkt mit Ereignissen verknüpft werden.

- Konnektoren dürfen mit Konnektoren verknüpft werden.

- Konnektoren, Ereignisse und Funktionen werden über Kontrollflüsse miteinander verbunden.

- Jede Prozesskette muss mit mindestens einem Ereignis beginnen und enden.

- Einem Ereignis darf weder eine disjunktive noch adjunktive Verknüpfung folgen, da Ereignisse keine Entscheidungskompetenz haben (die liegt bei den Funktionen!) und Modelle ohne exogene Informationen erklärbar sein müssen.

- Informationssysteme werden mit Funktionen über Linien verbunden.

- Nutzdaten werden über Datenflüsse mit Funktionen verbunden.

- Organisationseinheiten werden über Linien mit Funktionen verbunden.

- Verbindungen zwischen Informationssystemen, Nutzdaten und Organisationseinheiten mit Funktionen werden nur bei Ihrem ersten Erscheinen in einer EPK notiert. Solange keine andere Zuordnungen getroffen werden, gelten für Funktionen die Zuordnungen ihrer Vorgänger.

3.3.2.7 Objektmodellierung

Für objektorientierte Systeme wurden in den späten 80er und 90er Jahren verschiedene Meta-Modelle entwickelt, die miteinander konkurrierten und deren

Vielzahl die Fortentwicklung objektorientierter Systeme eher hinderten als nütz-
ten. Drei seinerzeit erfolgreiche Methoden waren OOD (Object-Oriented Design)
von Grady Booch, OMT (Object Modeling Technique) von James Rumbaugh und
OOSE (Object-Oriented Software Engineering) von Ivar Jacobsen. Diese drei
„Amigos" waren es dann auch, die in mehreren Etappen die besten Ansätze der
verschiedenen Meta-Modelle zu einer Methode verschmolzen und den Namen
UML (Unified Modeling Language) gaben, die heute von der OMG (Object Management Group), einer internationalen Vereinigung namhafter Computer-Unter-
nehmen, zum Standard erhoben wurde und sich auch als De-Facto-Standard für
die objektorientierte Modellierung etabliert hat. UML ist ein komplexes Metho-
denpaket, das hier nur begrenzt dargestellt werden kann. Auch wenn man in der
Literatur oftmals Darstellungen findet, welche die Objektorientierung als etwas
grundlegend Neues oder gar Revolutionäres darstellt, gibt es zu den anderen Mo-
dellierungsansätzen deutliche Bezüge und Überschneidungen, die hier genutzt
werden, um objektorientierte Modellierung mit UML kompakt darzustellen. Weiterhin beschränkt sich die Darstellung auf die wesentlichen Elemente von UML,
da eine vollständige Beschreibung den Rahmen dieses Abschnitts sprengen würde.
Zu UML gibt es mittlerweile zahlreiche Bücher. Umfassende Darstellungen von
UML findet man z. B. in (Oestereich 2001) oder (Booch/Rambaugh/Jacobsen
1998).

Anwendungsfalldiagramme

Auch in UML werden die Modelle diagrammatisch dargestellt. Ausgangspunkt
der Modellierung ist die Definition von *Use Cases* (Anwendungsfällen). Ein *Anwendungsfall* kann als vereinfachter Vorgang angesehen werden. Mehrere in Beziehung zueinander stehende Anwendungsfälle bilden dann einen *Geschäftsvor-
fall*. Geschäftsvorfälle haben mit Geschäftsprozessen gemeinsam, dass sie Zusammenhänge zwischen Vorgängen abbilden. Allerdings werden strukturale anstelle
von zeitlichen oder sachlogischen Zusammenhänge modelliert, so dass nicht von
Prozessen gesprochen werden kann. Vorgänge werden durch Startereignisse, deren Ergebnis eine Zustandsänderung durch einen vorhergehenden Vorgang ist,
ausgelöst und erwirken eine Zustandsänderung, die im Allgemeinen Vorgangsmodell durch ein Endereignis modelliert, ist. Diese Zustandsänderungen werden Anwendungsfällen als Attribute zugeordnet, die Vor- und Nachbedingungen des Anwendungsfalls definieren. Weitere Attribute sind der Name des Anwendungsfalls,
funktionale und nicht-funktionale Anforderungen, Beschreibung, Variationen, Ansprechpartner usw.

In einem *Anwendungsfalldiagramm* werden Anwendungsfälle und ihre Beziehungen untereinander sowie zu so genannten *Akteuren* dargestellt. Akteure sind
hauptsächlich Personen, können aber auch andere aufbauorganisatorische Einheiten sein. In Anwendungsfalldiagrammen werden Anwendungsfälle als Ovale und
Akteure als Strichmännchen (wenn es sich um Personen handelt) oder Rechtecke

dargestellt. Zwischen Anwendungsfällen kann eine Uses- oder Extends-Beziehung herrschen:

- Stimmen die Beschreibungen von mehreren Anwendungsfällen in Teilen überein, dann werden die Übereinstimmungen in eigene Anwendungsfälle separiert, die über die *Uses-Beziehung* mit den verwendenden Anwendungsfällen verbunden werden.

- Mit der *Extends-Beziehung* werden Variationen oder Sonderfälle von Anwendungsfällen mit dem Regelfall verbunden.

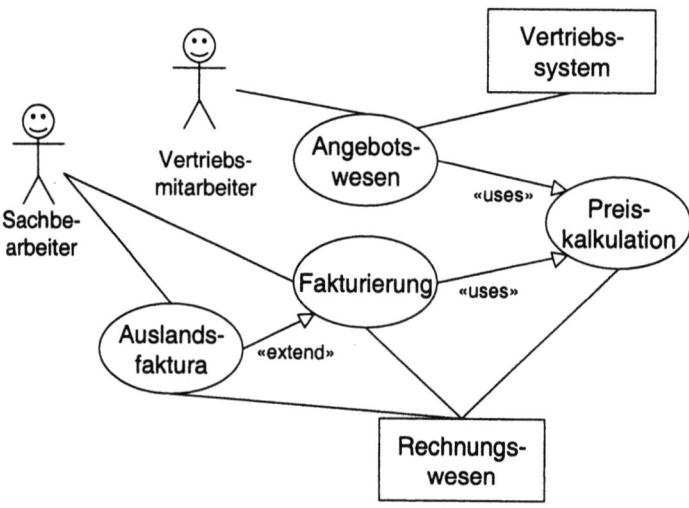

Abbildung 112: Anwendungsfalldiagramm

Klassen

Klassen sind mit Entitätstypen vergleichbar, in den neben *Attributen* auch *Methoden* gekapselt werden, die alle Operationen auf Objekte der Klasse umfassen. Klassen werden im UML als Rechtecke notiert, die entweder nur den Klassenbezeichner oder auch die Attribute und Methoden umfassen. Attribute und Methoden werden durch Linien innerhalb des Rechtecks voneinander getrennt. Attribute werden mit Attributsname, Attributstyp, Initialwert und Zusicherung notiert, wobei ggf. alles bis auf den Namen weggelassen werden kann. Methoden werden mit ihrer Signatur notiert. *Initialwerte* sind automatische Vorbelegungen und Attributs- sowie Tupel-Constraints (siehe Abschnitt 3.3.3.2 Application Server) bezogen auf Attribute werden in UML *Zusicherungen* genannt. Weiterhin können auch für Methoden Zusicherungen angegeben werden, die Bedingungen angeben, die bei Ausführung einer Methode erfüllt sein müssen. Abbildung 119 zeigt eine Klasse in UML-Notation.

Neben den allgemeinen Klassen wie oben beschrieben, werden einige Sonderfälle von Klassen notiert, von denen die wichtigsten unten aufgeführt sind. Gehört eine Klasse zu diesen Sonderfällen, so wird ihre Besonderheit als so genannter Stereotyp notiert. *Stereotypen* sind Anmerkungen, die in doppelten spitzen Klammern («») notiert werden, und eine Klasse, Beziehung oder sonstiges Element eines UML-Diagramms näher spezifizieren.

- *Parametrisierbare Klassen* sind Klassen, die mit Klassen parametrisiert werden können. Beispiel hierfür ist die Klasse „Warteschlange", die Methoden zur Abarbeitung von Elementen nach dem FIFO-Prinzip bereit stellt. Die Klasse Warteschlange kann z. B. mit den Klassen „Kunde" oder „Produktionsauftrag" parametrisiert werden, je nachdem, ob ein Kassen- oder Produktionssystem modelliert wird.

- *Abstrakte Klassen* fassen gemeinsame Attribute und Methoden von Unterklassen zusammen, so dass diese nicht redundant modelliert werden müssen. Von Abstrakten Klassen werden keine Objekte inkarniert.

- In *Hilfsmittelklassen* werden alle globalen Variablen und Funktionen, die nicht sinnvoll Klassenhierarchien zugeordnet werden können, als Attribute und Methoden zusammengefasst.

- *Schnittstellenklassen* sind Abstrakte Klassen, die das externe Verhalten von Klassen kapseln. Sie beinhalten Methoden zum Informationsaustausch mit anderen Klassen.

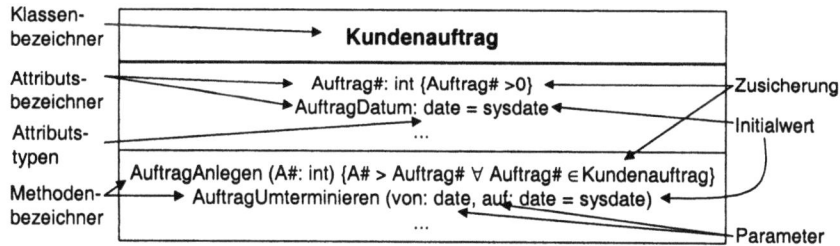

Abbildung 113: Notation einer Klasse

Beispiele für die Notation dieser Klassen findet man in den Beispielen zu UML-Klassendiagrammen.

Klassendiagramme

In Klassendiagrammen werden die Beziehungen zwischen Klassen modelliert. Sie ähneln ER-Diagrammen, haben allerdings wesentlich mehr Ausdrucksmittel, da sie für die Modellierung objektorientierter Konzepte anwendbar sind. Die Vielfalt der Ausdrucksmittel betrifft vor allem die möglichen Beziehungen.

Eine für die objektorientierte Modellierung besonders bedeutsame Beziehung ist die *Vererbung*. Dabei erben Unterklassen alle Attribute und Methoden ihrer Oberklasse. Hat eine Unterklasse mehrere Oberklassen, so nennt man dies *Mehrfachvererbung*. Vererbung wird in UML mit einem auf die Oberklasse zeigenden Dreieck notiert (siehe Abbildung 114). Im Beispiel vererbt die Klasse „Auftrag" ihre Attribute und Methoden an die Unterklassen „Kunden"-, „Bestell"- und „Produktionsauftrag", wobei „Auftrag" ein Beispiel für eine *Abstrakte Klasse* ist.

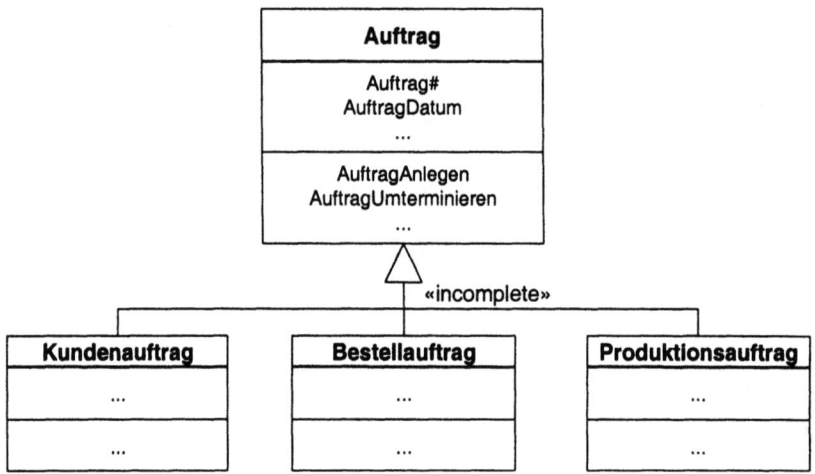

Abbildung 114: Vererbung

Im UML können grundsätzlich alle Beziehungen mit Zusicherungen versehen werden. Die in Abbildung 114 notierte Zusicherung «incomplete» besagt, dass es möglicherweise noch Auftragsarten gibt, die hier nicht angegeben sind. Weiterhin gilt für das Beispiel, dass die einzelnen Unterklassen disjunkt sind, was über die Zusicherung «disjoint» notiert wird. Ist dies nicht der Fall, dann wird dies mit «overlapping» notiert.

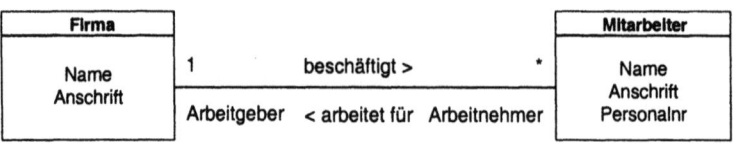

Abbildung 115: Assoziation

Allgemeine Beziehungen, die man im ER-Diagramm mit dem Rauten-Symbol notiert, werden in UML als *Assoziation* bezeichnet und mit einer einfachen Linie dargestellt. Die Beziehung wird durch die Linienbeschriftung genau spezifiziert. Hierbei wird die Interpretation in Leserichtung und die Kardinalität der Beziehung in Analogie zur Notation in ER-Diagrammen angegeben (siehe Abbildung 115).

Abbildung 116: Aggregation

Besteht-aus-Beziehungen sind in UML *Aggregationen*. Sie werden wie Assoziationen aber mit einer Raute auf der Seite der Klasse, deren Objekte sich aus Objekten der zugeordneten Klasse zusammensetzen, notiert (siehe Abbildung 116).

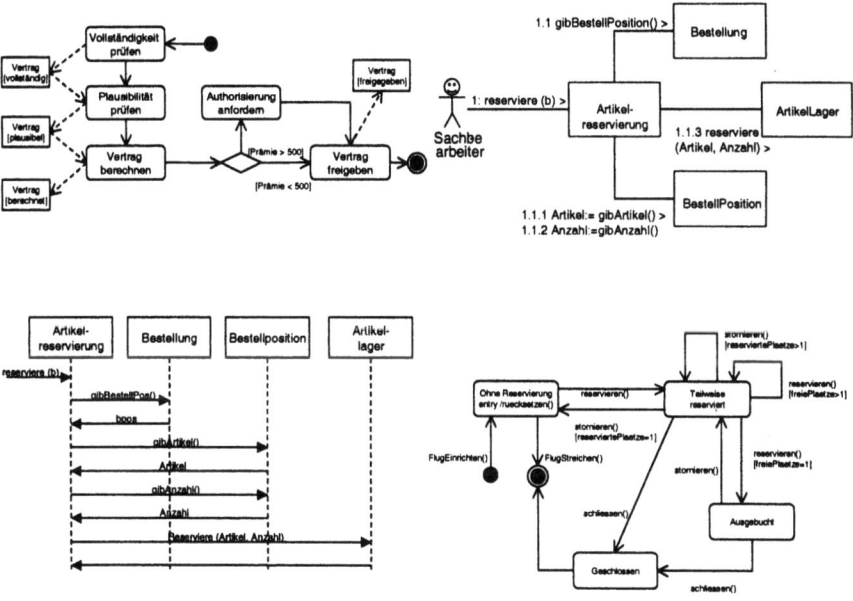

Abbildung 117: Prozessmodellierung mit UML

Nicht nur die statischen Beziehungen zwischen Klassen, sondern auch das dynamische Verhalten von Objekten kann mit UML modelliert werden. Damit sind grundsätzlich auch alle Möglichkeiten zur Prozessmodellierung gegeben. Hierfür gibt es in UML vier Diagrammarten:

- *Aktivitätsdiagramm*: Im Aktivitätsdiagramm werden Aktivitäten (Methoden) in ihrer Ablaufreihenfolge aufgezeichnet und in Beziehung zu Objekten gesetzt, deren Zustände sich durch die Aktivitäten ändert. Hierbei werden Aktivitäten als abgerundete Rechtecke, Objekte als Rechtecke, Zustände in eckigen Klammern und Entscheidungsalternativen als Rauten notiert.

- *Kollaborationsdiagramm*: Die Reihenfolgebeziehungen zwischen Objekten, die durch den Versand von Nachrichten bestimmt werden, werden im Kollaborationsdiagramm notiert. Rechtecke repräsentieren Objekte und die Kantenbeschriftungen die Sequenznummer mit dem Bezeichner der Nachricht. Die Notation der Sequenznummer erlaubt eine Schachtelung, so dass erkennbar wird, welche Nachrichten parallel versendet werden können. Beispielsweise gilt dies für eine Nachricht mit der Sequenznummer 2.1, die parallel zur Nachricht mit der Nummer 1.1 versendet werden kann.

- *Sequenzdiagramm*: Eine andere Sicht auf den gleichen Sachverhalt wie das Kollaborationsdiagramm vermittelt das Sequenzdiagramm. Hierbei werden in den Spalten die Objekte abgetragen. Die Verbindung zwischen zwei Spalten mit einem Pfeil, der mit dem Bezeichner einer Nachricht markiert ist, repräsentiert einen Nachrichtenversand zwischen den entsprechenden Objekten.

- *Zustandsdiagramm*: Im Zustandsdiagramm repräsentieren die Knoten Zustände und die Kanten Nachrichten. Damit wird illustriert, welche Zustandsänderungen durch welche Nachrichten verursacht werden.

Abbildung 117 zeigt die vier Arten von Verhaltensdiagrammen von UML. Punkte repräsentieren jeweils Anfangs- und Endzustände.

In diesem Abschnitt wurde UML nur holzschnittartig vorgestellt, da es in seiner Gesamtkomplexität den Rahmen dieses Werks sprengen würde. Insgesamt stellt UML einen Kanon von Meta-Modellen zur Verfügung, mit dem ein Systementwurf so weit ausgearbeitet werden kann, dass aus den Modellen vollständige Anwendungsprogramme generiert werden können.

3.3.2.8 Grundsätze ordnungsmäßiger Modellierung

Überblick

Lässt man mehrere Modellierer den selben komplexen Sachverhalt modellieren, korreliert die Anzahl Modelle erfahrungsgemäß eng mit der Anzahl Modellierer. Dabei stellt sich die Frage nach Qualitätsmaßstäben zur Bewertung der Modelle. Ziel der *Grundsätze ordnungsmäßiger Modellierung (GoM)* ist die Erhöhung der Qualität von Modellen eines Fachkonzepts durch Angabe von Gestaltungsempfehlungen zur bedarfsgerechten Modellerstellung, Reduzierung der Vielfalt möglicher Modellierungsvarianten und Erhöhung von Vergleichbarkeit sowie Integrationsfähigkeit von Modellen (Becker/Rosemann/Schütte 1995). Insgesamt sind sechs Grundsätze formuliert, die nach der Übersicht detailliert behandelt werden:

- Der *Grundsatz der Richtigkeit* ist erfüllt, wenn die Realwelt auf das Modell korrekt abgebildet wird.

- Ist ein Modell subjektiv ziel- und zweckorientiert, dann ist der *Grundsatz der Relevanz* erfüllt.

- Der *Grundsatz der Wirtschaftlichkeit* fordert, die Verhältnismäßigkeit von Kosten und Ertrag ist zu berücksichtigen.

- Der *Grundsatz der Klarheit* besagt, dass das Modell sowohl für Modellierer wie Adressaten anschaulich sein muss.

- Identitäten, Äquivalenzen und Kompatibilitäten von Modellen müssen erkennbar sein, um den *Grundsatz der Vergleichbarkeit* zu erfüllen.

- Der *Grundsatz des systematischen Aufbaus* besagt, dass Informationsarchitekturen verschiedene Sichten umfassen, die zueinander passen müssen.

Die Grundsätze sind nicht unabhängig von einander. Die Zusammenhänge zwischen Richtigkeit, Relevanz und Wirtschaftlichkeit können als Trichtermodell dargestellt werden (siehe Abbildung 118). Dabei wird die Menge der richtigen Modelle nacheinander durch Relevanz und Wirtschaftlichkeit eingeschränkt.

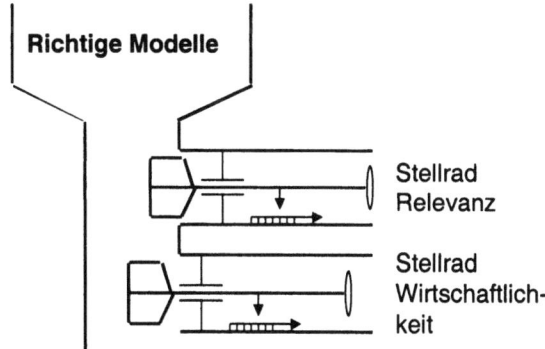

Abbildung 118: Trichtermodell

Weiterhin lassen sich die GoMs in notwendige und ergänzende Grundsätze aufteilen. Die notwendigen Grundsätze sind unbedingt einzuhalten, da die Modelle andernfalls wertlos sind. Die ergänzenden Grundsätze dienen der Qualitätsverbesserung der Modelle.

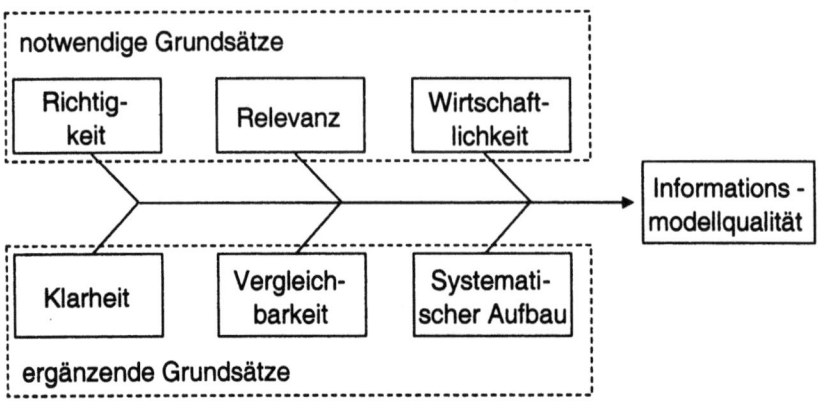

Abbildung 119: Notwendige und ergänzende Grundsätze

Grundsatz der Richtigkeit

Die Richtigkeit von Modellen bezieht sich auf deren Syntax und Semantik. *Syntaktische Richtigkeit* ist gegeben, wenn ein Modell *vollständig* gegenüber dem zu Grunde liegenden Meta-Modell ist, d. h. alle methodischen Konstrukte, welche die Modellsyntax erfordert, vorhanden sind. Weiterhin muss das Modell *konsistent* gegenüber dem zu Grunde liegenden Meta-Modell sein, d. h. dass alle im Modell verwendeten Informationsobjekte und Notationsregeln im Metamodell erklärt werden.

Die *semantische Richtigkeit* umfasst die *Homomorphie* des Modells gegenüber der Realität, die semantische *Konsistenz* (= Widerspruchsfreiheit) und *Aktualität*. Messgrößen für die Homomorphie sind Struktur- und Verhaltenstreue relativ zu Ideal- oder Sollmodellen gemessen an sachlogischen Gegebenheiten und Zusammenhängen.

Grundsatz der Relevanz

Ein Modell beinhaltet genau dann alle relevanten Aspekte, wenn hierfür alle aus der Gesamtheit der Realweltphänomene zu modellierenden Sachverhalte selektiert wurden. Eine Priorisierung erfolgt ggf. nach betriebswirtschaftlichen Kenngrößen oder Zielen. Bei einer *Relevanzanalyse* wird so vorgegangen, dass zunächst systematisch Teilmodelle extrahiert werden. Die „Restmodelle" werden dann dahingehend untersucht, ob der Nutzeffekt eines Modells für einen Modelladressaten sinkt. Ist dies der Fall, dann ist das Teilmodell relevant. Damit entspricht Relevanz in etwa Minimalität, ist aber damit nicht gleichzusetzen, da Redundanzen in Modellen in Ausnahmefällen der Klarheit zuträglich sein können, insbesondere wenn Modelladressaten Endbenutzer sind.

Unbedingte Voraussetzung für eine sinnvolle Relevanzanalyse ist eine klare Zielexplizierung für das Modell, da die Modellziele den Maßstab für die relevanten Aspekte darstellen. Relevanz betrifft dabei das Objektsystem (modellierte Elemente), die Abbildungsbeziehung zwischen Realwelt und Modell (Modellierungsmethode) wie auch das Modellsystem (Anwendung der Modellierungsmethode) selbst.

Grundsatz der Wirtschaftlichkeit

Der Nutzen in Geldeinheiten ist mit betriebswirtschaftlichen Methoden in der Praxis in kaum befriedigender Weise bestimmbar, daher ist eine Untersuchung der Einflussfaktoren erforderlich. Hierzu gehören Erstellungsaufwand, Verwendungsdauer, Persistenz und Flexibilität des Modells. Eine gute Persistenz (Dauerhaftigkeit) ist genau dann gegeben, wenn ein Modell über die Verwendungsdauer ohne Änderungen verwendbar ist. Sind dennoch Veränderungen erforderlich, dann muss das Modell so flexibel sein, dass die Änderungen nicht grundlegender Natur und ohne großen Aufwand durchführbar sind.

Ansätze zu einer wirtschaftlichen Modellierung lassen sich durch folgende Maßnahmen umsetzen:

- Verwendung von Referenzmodellen
- Wiederverwendung von Modellbestandteilen
- Einsatz von rechnergestützten Modellierungswerkzeugen

Grundsatz der Klarheit

Klarheit beschreibt pragmatisch die Beziehung zwischen Modell und Modellnutzer. Dabei werden subjektive und intersubjektive Klarheit unterschieden. Subjektive Klarheit liegt vor, wenn einem Modellnutzer(typ) das Modell klar erscheint, während die intersubjektive Klarheit dann gegeben ist, wenn es allen Nutzer(type)n klar ist. Während insbesondere Modelle auf der Ebene des Fachkonzepts intersubjektiv klar sein müssen, da sie auch der Informationsvermittlung zwischen Anwendern und Entwicklern dienen, reicht für Modelle auf der Ebene des DV-Konzepts und der Implementierung subjektive Klarheit aus, da die Systementwickler eine wohlabgegrenzte Modellnutzerklasse darstellen.

Klare Modelle erfüllen ästhetische Kriterien wie Strukturiertheit, intuitive Zugänglichkeit, Übersichtlichkeit und Lesbarkeit. Dies wird insbesondere durch eine grafische Wohlstrukturierung erreicht. Hierfür haben sich folgende Mittel bewährt:

- Positionierung der Modellobjekte in einem Raster
- Kantenziehung in zwei orthogonalen Dimensionen
- Maximale Gradlinigkeit der Kanten
- Minimale Kantenüberschneidungen
- Grafische Hervorhebung von Korrespondenzen
- Anordnung der Objekte in Leserichtung
- Einhaltung von Namenskonventionen

Grundsatz der Vergleichbarkeit

Vergleichbarkeit ist besonders bei arbeitsteiliger Modellierung relevant. Damit wird dieser Grundsatz modellübergreifend. Wird ein Gesamtmodell arbeitsteilig auf Basis unterschiedliche Meta-Modelle realisiert, dann müssen die zu Grunde liegende Meta-Modelle ineinander überführbar sein, andernfalls ist die Vergleichbarkeit nicht erreichbar. Weiterhin wird eine Modellkonformität durch Einhaltung von Konventionen bezüglich der Verwendung von Bezeichnern und Modellkonstrukten erreicht.

Grundsatz des systematischen Aufbaus

Teilmodelle müssen nicht nur innerhalb einer Sicht, sondern auch sichtenübergreifend integrierbar sein. Die Sichtintegration erfolgt, wie die ARIS deutlich macht, in der Steuerungssicht, die in Form von Prozessmodellen implementiert wird. Daher ist es wenig verwunderlich, dass auch gerade dort die Verweise auf Modellobjekte anderer Sichten zum Meta-Modell gehören. Damit werden EPKs zu einem sichtenübergreifenden Meta-Modell, erhoben, mit dem der systematische Aufbau gewährleistet werden kann. Voraussetzung ist natürlich, dass die einzelnen Sichten-Modelle integrationsfähig gestaltet werden. Hierfür gelten dann die gleichen Regeln wie für die Erreichung von Vergleichbarkeit bezüglich der Einhaltung von Namenskonventionen und Modellkonstrukten.

3.3.3 Architekturen Betrieblicher Informationssysteme

Für die Realisierung von IIS gibt es verschiedene Architekturvarianten von monolithischen bis zu komponentenbasierten Systemen. Im Folgenden werden die verschiedenen Architekturvarianten mit ihren Vor- und Nachteilen näher beleuchtet.

3.3.3.1 Datenbankbasierte Client-Server-Systeme

Von *monolithischen Anwendungssystemen* wird gesprochen, wenn sie so aufgebaut sind, dass Funktionalität und Datenverwaltung eine untrennbare Einheit bilden. Derartige Systeme sind denkbar integrationsfeindlich, da sie, wenn überhaupt, nur umständlich über Datenim- und -exportschnittstellen oder Maßnahmen des integrationsorientierten Reengineerings integriert werden können.

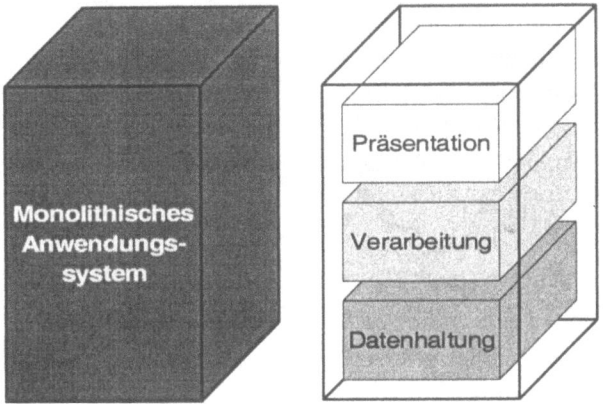

Abbildung 120: Vom Monolithen zur Drei-Schicht-Architektur

Moderne Anwendungssysteme sind jedoch häufig auch auf Basis einer *Drei-Schicht-Architektur* konzipiert. Teile von Anwendungssystemen, die einer Schicht angehören, werden dabei als separate Module realisiert. Abbildung 120 zeigt eine solche typische Drei-Schicht-Architektur. Sie besteht aus:

- *Präsentation*: Hierin werden alle Funktionen zusammengefasst, die dem Benutzer unmittelbar bereitgestellt werden. Zur Präsentation gehört die Verwaltung von Fenstern, Menüs, Eingabefeldern, usw. Eine weitere wichtige Funktion ist das so genannte Event Handling, mit dem Benutzerereignisse wie das Anklicken eines Buttons, die Auswahl einer Menüoption oder die Eingabe eines Textes gehandhabt werden.

- *Verarbeitung*: Zur Verarbeitung gehören Funktionen, die unterhalb der Präsentation ablaufen und in den Verfahren zur Unterstützung der von dem Anwendungssystem zu bewältigenden Aufgaben implementiert sind. Zur Funktion dieser Kategorie gehören z. B. Berechnungen oder andere automatisiert ablaufende Verfahren.

- *Datenhaltung*: Funktionen der Datenhaltung umfassen die Eingabe, Änderung, Löschung und Abfrage von Daten.

Während eine Trennung zwischen Verarbeitung und Präsentation in der Regel durch eine entsprechende *Modularisierung* des Anwendungsprogramms realisiert wird und damit nach außen verborgen bleibt, ist die Trennung der Datenhaltung in der Regel auf Basis des *Client-Server-Konzepts* implementiert und damit sichtbar

(Niemann 1995). Die Abtrennung der Datenhaltung von der Funktionalität ist insbesondere beim Einsatz von Datenbanksystemen sinnvoll. Das Datenbankmanagement-System (DBMS) bildet dabei die Schnittstelle zwischen Client und Server. Hierbei verbleibt die gesamte Anwendungsfunktionalität auf der Seite des Clients, während die Datenhaltung von einem aus logischer Sicht zentralen Datenbank-Server übernommen wird. Abbildung 121 zeigt eine solche Grobarchitektur. Wird eine solche Client-Server-Architektur auf Basis eines zentralen Datenbank-Servers aufgebaut, spricht man von *Remote Data Management*, bei verteilten Datenbanken von *Distributed Data Management*. Remote und Distributed Data Management sind Architekturen, mit den sich lediglich eine Datenintegration realisieren lässt. Integrationsvehikel ist das DBMS.

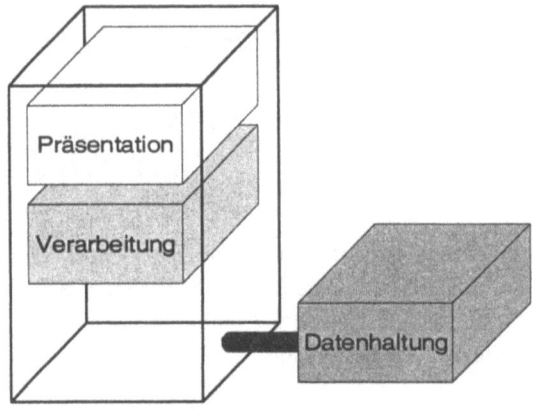

Abbildung 121: Remote Data Management

3.3.3.2 Application Server

Wie bereits in Abschnitt 3.3.1 Integration erwähnt, sind im betrieblichen Umfeld Anwendungssysteme keine isolierten Systeme, sondern Teile des IIS. Die Anwendungslogik muss daher im Kontext des IIS als Ganzes untersucht werden. Daher lassen sich globale Funktionen und Geschäftsregeln als anwendungsübergreifende Funktionalität identifizieren. Als Technologie zur Kapselung dieser Funktionalität werden in diesem Abschnitt so genannte *Application Server* eingeführt.

Globale Funktionen

Die Funktionalität kann in globale und lokale Funktionen aufgeteilt werden. Das Kriterium für die Unterscheidung von lokalen und globalen Funktionen ist die Mehrfachverwendung. Als globale Funktionen werden all diejenigen Funktionen bezeichnet, die von mehr als einem Anwendungssystem benötigt werden. Lokale

Funktionen sind dementsprechend Funktionen, die nur von genau einem Anwendungssystem benutzt werden. Eine derartige Aufteilung der Gesamtfunktionalität ist deswegen sinnvoll, weil eine redundante Implementierung globaler Funktionen vermieden werden kann und damit sichergestellt wird, dass eine Funktion, die von mehreren Anwendungssystemen verwendet wird, stets die gleiche Ablauflogik aufweist (Kurbel/Rautenstrauch 1996a).

Beispiel für eine globale Funktion ist ein Kalkulationsverfahren, das sowohl im Rahmen der Angebotskalkulation als auch der Nachkalkulation von Produktionsaufträgen eingesetzt wird. Hier können die Anwendungssysteme für die Angebotserstellung und die Nachkalkulation, welche in der Regel getrennte Systeme sind, auf das gleiche Kalkulationsverfahren zurückgreifen, was gewährleistet, dass bei gleichen Inputdaten auch stets die gleichen (aber nicht zwangsläufig richtigen) Ergebnisse berechnet werden.

Kriterium für die Unterscheidung von lokalen und globalen Funktionen ist deren *Mehrfachverwendung*. Hier lassen sich grundsätzlich zwei Vorgehensweisen unterscheiden:

- *Top-Down*: Auf Basis eines unternehmensweiten bzw. bereichsübergreifenden Funktionenmodells werden Funktionen, die von mindestens zwei Anwendungsprogrammen genutzt werden als globale Funktionen identifiziert und im Application Server implementiert. Sollte eine globale Funktion bereits als Teil eines Anwendungssystems auf der Client-Seite implementiert sein, muss sie aus der Anwendung herausgebrochen und in die Datenbank migriert werden.

- *Bottom-Up*: Unternehmensfunktionsmodelle sind in der Praxis nur selten anzutreffen und auch nur mit erheblichem Aufwand zu entwickeln. Eine pragmatische Vorgehensweise ist daher, zunächst Funktionen mit Datenbankzugriffen grundsätzlich als Kandidaten für Mehrfachverwendung anzusehen. Danach werden weitere identifizierte globale Funktionen schrittweise ergänzt.

Durch den Aufruf globaler Funktionen kann der Funktionenvorrat einer Anwendung ohne besondere Programmierkenntnisse erweitert werden, da dann nur die bereits vorhandene Funktion aufgerufen werden muss. Dies entlastet sowohl den Programmentwickler als auch den Code der Anwendung um viele Zeilen.

Geschäftsregeln

Eine Geschäftsregel (Business Rule) ist eine wohlformulierte Regel, die im Rahmen einer betrieblichen Verfahrensvorschrift definiert ist (Appleton 1984). Etwas genauer formuliert, sind Geschäftsregeln Aussagen über die Art und Weise der Geschäftsabwicklung, d. h. Vorgaben und Restriktionen in Bezug auf Zustände in einer Organisation (Herbst/Knolmayer 1995, 150). Geschäftsregeln haben unternehmensweite Gültigkeit. Der Verstoß gegen eine Geschäftsregel löst eine Aktion aus, die verhindert, dass eine Fehlersituation im Unternehmen eintritt. Geschäftsregeln können als Sonderfall globaler Funktionen angesehen werden, da sie nicht durch expliziten Aufruf eines Benutzers oder WFMS, sondern durch Eintritt eines bestimmten Ereignisses überprüft werden müssen. Sie werden demnach ereignisorientiert ausgeführt. Beispiele für derartige Regeln sind folgende:

- *Das Einstellungsdatum eines Mitarbeiters muss immer nach dessen Geburtsdatum sein.* Diese Regel mag bei Anwendung des gesunden Menschenverstands trivial erscheinen, muss aber vom Datenbanksystem (welches leider nicht über gesunden Menschenverstand verfügt) überprüft werden, denn durch Tipp- oder Rechenfehler in der Programmierung kann leicht gegen sie verstoßen werden.

- *Ein Buchungssatz darf niemals gelöscht werden.* Diese Regel ist in den Grundsätzen der ordnungsmäßigen Buchführung festgehalten und muss daher auch in die Datenverwaltung übertragen werden.

- *Jeder Mitarbeiter muss einer Abteilung zugeordnet sein.* Dies ist im Gegensatz zur vorherigen Regel eine unternehmensinterne Regel.

- *Das Gehalt eines Vertriebsmitarbeiters setzt sich immer aus Grundgehalt und Provision zusammen.*

- *Ein Teilstammsatz darf erst gelöscht werden, wenn kein Teil dieses Typs mehr auf Lager ist.*

- Sinkt der Bestand eines Teils unter seinen Mindestbestand, wird automatisch eine Bestellung hierfür generiert.

Die oben aufgeführten Regeln zeigen, dass sich drei Quellen für Geschäftsregeln identifizieren lassen:

- *Naturgesetze*: Es ist offensichtlich, dass ein Mitarbeiter erst (deutlich) nach seiner Geburt eingestellt werden darf oder ein Gehalt stets einen positiven Wert haben muss. Derart offensichtliche Regeln basieren auf Naturgesetzen bzw. dem gesunden Menschenverstand und sind in der Regel auf Grund ihrer Selbstverständlichkeit nicht dokumentiert. Sie müssen dennoch in betrieblichen Informationssystemen expliziert werden.

- *Gesetze*: Gesetzeswerke und Vorschriften der staatlichen Legislative oder anderer öffentlicher Institutionen sind ebenfalls Quellen für Geschäftsregeln. Beispiele hierfür sind die Grundsätze ordnungsmäßiger Buchführung, Tarifverträge oder Grenzwerte für Schadstoffemissionen.

- *Unternehmensinterne Vorschriften und Verfahrensregelungen*: Derartige Regeln findet man in Organisationshandbüchern, Dienstanweisungen oder sonstigen Dokumenten des Unternehmens. Oftmals sind sie auch nur als verinnerlichtes Wissen in den Köpfen der Mitarbeiter verfügbar.

Geschäftsregeln stehen häufig in Beziehung zueinander. So sorgt beispielsweise die zuletzt definierte Regel in der oben genannten Beispielsammlung dafür, dass die Regel davor niemals überprüft werden muss. Die automatische Generierung einer Bestellung sorgt nämlich dafür, dass der Bestand eines Teils niemals auf Null sinken kann. Die einzige Möglichkeit, einen Teilestammsatz zu löschen besteht darin, dass auch der Mindestbestand auf 0 gesetzt ist. Daher bedeutet die Verknüpfung der beiden Regeln „ein Teilestammsatz kann nur gelöscht werden, wenn Bestand und Mindestbestand auf 0 gefallen bzw. gesetzt sind." Dieses Beispiel zeigt, dass die korrekte und vollständige Modellierung von Geschäftsregeln eine komplexe und schwierige Aufgabe ist.

Geschäftsregeln können als so genannte *ECA-Tripel* modelliert werden (Dayal/Buchmann/McCarthy 1988). ECA steht für Event (Ereignis), Condition (Bedingung) und Action (Aktion). Das Ereignis beschreibt die Zustandsänderung, welche die Überprüfung der Regel auslöst. Die Bedingung beinhaltet weitere Relevanzkriterien, die erfüllt sein müssen, damit eine Überprüfung stattfindet. Die Bedingung kann weggelassen werden, falls das Ereignis das einzige Relevanzkriterium darstellt. Die Aktion legt fest, was passiert, wenn Ereignis und Bedingungen erfüllt sind. Formal werden ECA-Tripel in der Form (ON <Ereignis>, IF <Bedingung>, DO <Aktion>) notiert. Beispielsweise lässt sich die Geschäftsregel „Die Vertriebskosten sollten nicht mehr als 10% vom Umsatz betragen" folgendermaßen als ECA-Tripel formulieren:

- ON Anfrage der Geschäftsleitung
- IF KV > U * 0,1
- DO Rückmeldung an Geschäftsleitung

Das Beispiel verdeutlicht zwei Probleme der Modellierung mit ECA-Tripeln: Zum Einen lässt sich die ECA-Struktur der Regel erst durch eine Umformulierung der Regel sichtbar machen, zum Anderen ist nicht eindeutig, was Ereignis und was Bedingung ist, wie folgende Reformulierung zeigt:

- ON KV > U * 0,1
- IF Geschäftsleitung ist interessiert
- DO Rückmeldung an Geschäftsleitung

Dennoch hat sich die ECA-Methode für die Modellierung von Geschäftsregeln bewährt. Insbesondere mit Datenbank-Triggern können ECA-Regeln implementiert werden. Das Beispiel der Trigger-Implementierung von Oracle (siehe Tabelle 36) zeigt, dass die Trigger-Syntax oftmals an die ECA-Notation angelehnt ist.

Oracle-Trigger-Syntax (vereinfacht)	ECA-Notation
CREATE TRIGGER triggername	
{BEFORE|AFTER} DELETE|INSERT|UPDATE ON Tabelle [FOR EACH ROW]	Datenbank-Ereignis
WHEN (bedingung)	Bedingung
Block	Aktivität

Tabelle 36: Trigger-Syntax von Oracle

Definition Application Server

Als *Application Server* wird ein Teilsystem des IIS bezeichnet, in dem anwendungsübergreifende Funktionalität gekapselt wird. Application Server können auf Basis Aktiver Datenbanksysteme oder als eigenständige Middleware implementiert werden.

Application Server auf Basis von Aktiven Datenbanksystemen

Moderne Datenbanksysteme sind in der Lage, nicht nur Daten, sondern auch Funktionalität von Programmsystemen abzuspeichern. Datenbanksysteme mit dieser Eigenschaft werden *Aktive Datenbanksysteme* genannt (Fischer 1996).

Aktive Datenbanksysteme können Globale Funktionen als Stored Procedures bzw. Stored Functions verwalten. Geschäftsregeln können als Trigger oder Constraints implementiert werden (siehe Abschnitt 2.5.4.2 Das relationale Datenbankmodell), wobei nur solche Geschäftsregeln relevant sind, die sowohl bezogen auf das Auslöseereignis wie auch die auszuführende Aktion auf Zustandsänderungen der Datenbank basieren. Solche Geschäftsregeln werden allgemein als *(Datenbank-) Constraints* bezeichnet. Constraints lassen sich nach Wirkungsgrad in der Datenbank klassifizieren:

- *Attribut-Constraints* betreffen genau ein Attribut. Hierzu gehören z. B. die Regeln, dass ein Attribut immer einen Wert haben muss oder dass ein Gehalt immer einen positiven Wert hat.

- *Tupel-Constraints* betreffen mehrere Attribute des gleichen Tupels. Zu diesen Constraints gehören z. B. die Festelegungen, dass das Einstellungsdatum eines Mitarbeiters mindestens 16 Jahre nach dessen Geburtsdatum oder dass der Bestand eines Teils immer über dessen Mindestbestand liegen muss.

- *Tabellen-Constraints* behandeln Regeln, die eine ganze Tabelle betreffen. Hierzu gehört in erster Linie die Sicherung der Entitätsintegrität durch die Definition von Primärschlüsseln.

- *Schema-Constraints* regeln die Beziehungen zwischen Tabellen einer Datenbank, d. h. sie implementieren Regeln zur referenziellen Integrität.

Weiterhin ist es zweckmäßig, alle Datenbankzugriffsoperationen als Stored Procedures zu realisieren. Auf diese Weise wird eine genormte Schnittstelle für den Zugriff von Client-Systemen auf Daten des Datenbank-Servers geschaffen. Anzumerken ist hierbei, dass Datenbankzugriffsoperationen auch dann als Stored Procedures bzw. Functions realisiert werden sollten, wenn diese genau genommen nur lokale Funktionen darstellen. Auf diese Weise wird gewährleistet, dass bei der Entwicklung von Client-Systemen die Entwickler lediglich über Erkenntnisse dieser Datenbankzugriffsfunktionen verfügen müssen. Dies gilt insbesondere auch, wenn als Clients Endbenutzerwerkzeuge mit beschränkten Programmiermöglichkeiten eingesetzt werden. Sie brauchen keinerlei Kenntnisse mehr über irgendeine Datenbankzugriffssprache wie z. B. SQL zu haben, was für die Programmierung insbesondere durch Endbenutzer eine erhebliche Vereinfachung darstellt.

Dieses Konzept der strikten Kapselung des Datenbank-Servers gegenüber den Client-Systemen wird *Schematransparenz* (McGoveran 1989) genannt. Aus Sicht des Servers hat Schematransparenz den Vorteil, dass Änderungen am Datenbankschema und Code von Stored Procedures in der Regel keinen Einfluss auf den Ablauf von Client-Anwendungen haben. Der Datenbank-Server kann auf diese Weise unabhängig von den Clients gewartet werden. Weiterhin sind Kenntnisse über die Funktionalität der Clients für die Wartung des Servers nicht erforderlich.

Die klare Trennung von Clients und Server erlaubt außerdem eine relativ einfache Anbindung von objektorientierten Clients mit Datenbank-Servern, die auf relationaler Technologie basieren (Kurbel/Rautenstrauch 1996b). Auch wenn für die Entwicklung von Client-Systemen aufgrund ihrer unumstrittenen Vorteile zunehmend objektorientierte Technologie eingesetzt wird, wird diese Entwicklung im Datenbankbereich erst mit erheblicher zeitlicher Verzögerung folgen. Der im Vergleich zu relationalen Systemen noch geringe Entwicklungsgrad und die mangelnde Standardisierung objektorientierter Datenbanksysteme (ooDBS) sowie der enorm hohe Migrationsaufwand für die Umwandlung relationaler zu objektorientierten Datenbeständen stellen heute gravierende Hindernisse für den Einsatz von ooDBS in der Praxis dar.

Ein Datenbank-Server, der über Datenbankoperationen, globale Funktionen der Anwendungslogik, einem Regelwerk zur Integritätssicherung sowie globale Daten verfügt, wird *(Database) Application Server* genannt (Kurbel u. a. 1995). Abbildung 122 zeigt die Konfiguration eines Application Servers mit mehreren Clients.

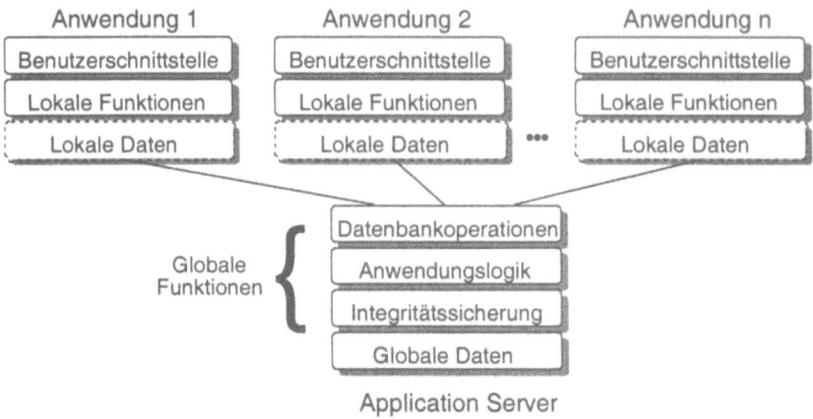

Abbildung 122: Database Application Server

Auch wenn der Application Server hier als zentrales System erscheint, so ist dies nur die logische Sicht. Verteilte Datenbanksysteme verhalten sich gemäß Date's Regel 4 (siehe Abschnitt 2.5.7 Verteilte Datenbanksysteme) gegenüber Client-An-wendungen genau wie zentrale Datenbanken. Ein Client-System braucht daher bei einer verteilten Datenbank nicht zu „wissen", auf welchem Netzknoten ein Datum, auf das der Client zugreift, platziert ist. Dieses für verteilte Datenbanken geltende Prinzip wird *Verteilungstransparenz* (Codd 1985) genannt. Ein logisch zentraler Application Server kann damit physisch durchaus als verteiltes System realisiert sein. Ferner können einzelne Komponenten des Application Servers auch mit ver-schiedenen Datenbanksystemen realisiert sein, auch wenn dies technisch teilweise noch problematisch ist.

Beim Aufbau eines verteilten Database Application Servers stellt sich für die Sys-templaner die Aufgabe, Funktionen und Daten im Netzwerk anforderungsgerecht zu verteilen. Früher wurde davon ausgegangen, dass das Netzwerk der entschei-dende Engpass in einem verteilten System ist. Daher konzentrierten sich die Ver-fahren zur Ermittlung der „optimalen" Funktionen- und Datenverteilung aus-schließlich auf die Minimierung der Netzlast. Angesichts der technologischen Ent-wicklung im Netzwerkbereich kann dieser Aspekt heute in einen Kriterienkatalog für die Funktionen- und Datenverteilung eingeordnet werden, in dem viel weiter-gehende Anforderungen an ein verteiltes System berücksichtigt werden. Diese An-forderungen lassen sich folgendermaßen klassifizieren (Rautenstrauch 1993, 194ff):

- *Verfügbarkeit*: Ein verteiltes System kann nur dann sinnvoll genutzt werden, wenn aus Sicht der Anwender alle für die Bewältigung von Aufgaben notwen-digen Daten aufgabengerecht zur Verfügung stehen. „Aufgabengerecht" be-deutet, dass die Daten in der für die Anwendung geeigneten Form, den für die

Nutzung der Anwendung notwendigen Zeiträumen und mit dem für die Anwendung sinnvollen Aktualisierungsgrad zur Verfügung stehen.

- *Sicherheit*: Mit steigendem Grad der Integration erhöht sich auch die Abhängigkeit des Unternehmens von seinen Datenbeständen. Durch die häufig geforderte netzweite Datentransparenz erhöht sich in integrierten Anwendungsumgebungen die Anzahl von Personen, die prinzipiell Zugang zu den Datenbeständen haben, erheblich, so dass die Datenbasis durch bewusst oder unbewusst ausgeführte fehlerhafte Zugriffe in höherem Maße gefährdet wird, als dies bei Insellösungen der Fall wäre. Die Erarbeitung von benutzerorientierten Zugriffskonzepten ist insbesondere bei großen Benutzeranzahlen eine fehlerträchtige Aufgabe. Die Daten- und Funktionenallokationsplanung muss daher so ausgerichtet werden, dass Daten und Funktionen nur dort verfügbar sind, wo sie auch tatsächlich benötigt werden. Dies vereinfacht die Erarbeitung tragfähiger Sicherheitskonzepte erheblich.

- *Zuverlässigkeit*: Auch wenn man grundsätzlich die Forderung stellen kann, dass der Ausfall eines Netzknotens die Funktionsweise eines verteilten Systems nicht beeinträchtigen darf, so ist doch diese Forderung für die praktische Anwendung aus Kostengründen oftmals nicht durchsetzbar, denn sie würde die redundante Auslegung jedes Server-Netzknotens bedeuten. Schwächt man die Forderung dahingehend ab, dass der Ausfall eines Netzknotens nur begrenzte Auswirkungen auf die Funktionsweise eines integrierten Anwendungssystems haben darf, dann lassen sich Daten und Funktionen in Kategorien einteilen, nach denen diese bei Ausfall eines Knotens verfügbar sein müssen oder nicht.

- *Leistungsparameter und Lastprofile*: Auch wenn Netzwerke heute nicht mehr Engpässe in verteilten Systemen darstellen, müssen bei der Allokationsplanung auch die technologischen Randbedingungen berücksichtigt werden. Hierzu gehören die Leistungsdaten der eingesetzten Hardware, der Netzwerke und auch das Performance-Verhalten der eingesetzten Basissoftware (insbesondere Datenbanksysteme und Betriebssysteme). Weiterhin ist zu berücksichtigen, wie Rechner durch Benutzerprozesse belastet sind, d. h., wie stark Prozessoren und Speicherressourcen durch Aufrufe von Programmen in Anspruch genommen werden.

- *Technologische Randbedingungen*: Auf der technischen Seite müssen neben den Leistungsparametern und Lastprofilen auch Restriktionen berücksichtigt werden, die sich durch die eingesetzte Hardware, Betriebssystem- und Datenbanksystemplattform ergeben. Lässt ein Betriebssystem zum Beispiel nur eine begrenzte Anzahl von Benutzerprozessen zu oder unterstützt ein Datenbanksystem nicht die Verwaltung replizierter Datenbestände, so sind diese Restriktionen ebenfalls bei der Datenallokationsplanung zu berücksichtigen.

Die oben aufgeführten Kriterien müssen nun konkret bei der Daten- und Funktionenallokationsplanung, d. h. Zuordnung von Funktionen und Daten auf Netzknoten, berücksichtigt werden. Im Rahmen der *Datenallokationsplanung* muss für die
Verteilung der Datenbestände festgelegt werden, auf welche Art die Daten verteilt
werden und welche Datenbestände welchen Netzknoten zugeordnet werden. Die
klassischen Datenallokationsverfahren zielen darauf ab, Daten in verteilten Systemen in dem Sinne „optimal" zu verteilen, dass die Netzlast minimiert wird. Sie
haben daher für die praktische Anwendung nur eine geringe Bedeutung. Formale
Verfahren für die Zuordnung von Daten auf Netzknoten sind häufig auch gar nicht
erforderlich, da sich die Zuordnung aus den organisatorischen Gegebenheiten in
den Unternehmen ableiten lässt. Ablauf- und Aufbauorganisation von Unternehmen bilden den Rahmen für die Definition von Anforderungen bezüglich Verfügbarkeit, Sicherheit, Zuverlässigkeit usw. Damit lassen sich Daten organisatorischen Einheiten (Arbeitsplätzen, Abteilungen usw.) bzw. den diesen Einheiten zugeordneten Netzknoten zuordnen.

Die Allokation von lokalen Funktionen ist trivial, da sie mit der Installation einer
Anwendung auch automatisch auf dem entsprechenden Netzknoten platziert werden. Ähnlich trivial ist die Allokation von Constraints. Constraints werden im
Rahmen der Datendefinition festgelegt, d. h., sie werden dort allokiert, wo auch
die Datenobjekte platziert werden. Im Rahmen der Funktionenallokationsplanung
stehen daher nur die globalen Funktionen zur Disposition. Sie sind so auf die
Netzknoten zu verteilen, dass die bei maximaler Verfügbarkeit ein möglichst gutes
Antwortzeitverhalten haben. Die Vorteile des Database Application Servers lassen
sich folgendermaßen zusammenfassen:

- *Redundanzvermeidung* bei Funktionen und Daten: Nicht nur Datenredundanzen, sondern auch Redundanzen bei globalen Funktionen werden vermieden.
  Damit ist sichergestellt, dass eine globale Funktion, die für verschiedene
  Clients mehrfach verwendet wird, bei gleichen Inputdaten stets die gleichen
  Outputdaten liefert und auf der Datenseite Daten stets gleichen Aktualisierungsgrad aufweisen.

- *„Schlanke" Anwendungen*: Durch einen Application Server wird die Systementwicklung von Clients auf Basis von Endbenutzerwerkzeugen stark vereinfacht. Alle Datenbankzugriffe erfolgen über eine einfache und genormte
  Schnittstelle. Die Programme dieser Client-Systeme brauchen keine Implementierungen von globalen Funktionen oder Integritätsregeln mehr beinhalten.

- *Selbsterhaltung*: Durch die zentrale Implementierung aller Regeln zur Integritätssicherung ist der Application Server ein selbsterhaltendes System. Auch
  wenn in einem Client-System (unabsichtlich) Datenmanipulation programmiert wird (was insbesondere bei der Programmierung mit Endbenutzerwerkzeugen durch fortgeschrittene Benutzer passieren kann), die Konsistenz des

Datenbanksystems gefährden kann, sorgt der Server dafür, dass derartige Fehler nicht zu Inkonsistenzen in der Datenbank führen.

Application Server als Middleware

Bricht man aus der Systemarchitektur auch die Präsentation heraus, dann kann man die Verarbeitung als eigenständige Middleware implementieren. Als Beispiel sei hier die Grobarchitektur des Systems R/3® der SAP® AG angegeben (siehe Abbildung 123), bei dem die Verarbeitungslogik in eine eigenständige Middleware separiert ist. Hierdurch entsteht eine dreistufige Client-Server-Architektur, die auch *Three-Tier-Architecture* genannt wird.

Im (verteilten) Application Server von R/3® ist die gesamte Anwendungsfunktionalität und Ablauflogik des Systems, die Datenbankzugriffe und die Integritätsregeln implementiert. Außerdem sind weite Teile der Funktionalität von RDBMS wie Transaktionsmanager und Synchronisationsmechanismus im Application Server realisiert, um das System möglichst unabhängig von Datenbankherstellern zu gestalten. Die Anbindung anderer Anwendungssysteme an den Application Server ist über eine standardisierte Schnittstelle, das *Business Application Programming Interface (BAPI®)* möglich.

3.3.3.3 Workflow-Management-Systeme

Die Funktionalität eines Application Servers besteht aus der Anwendungsfunktionalität und der Ablauflogik, welche die Abarbeitungsfolgen (Workflows) von Funktionen Anwendungssystem-übergreifend koordiniert. Als *Workflow* wird ein Teil eines Geschäftsprozesses bezeichnet, der sich aus sequenziell oder parallel angeordneten Tätigkeitsfolgen (Aktivitäten) zusammensetzt. Er beschreibt damit Teilprozesse der Ablauforganisation von Unternehmen. Die Aktivitäten selbst werden als Funktionen von Anwendungssystemen implementiert, deren Steuerung anwendungsübergreifend ist und damit aus den Anwendungssystemen herausgebrochen werden kann (siehe Abbildung 124).

Systeme, die auf Basis von Workflow-Modellen anwendungsübergreifend die funktional und zeitlich korrekte Ablauffolge von Aktivitäten steuern und überwachen, werden *Workflow-Management-Systeme* (WFMS) genannt (Lehmann 1999; Jablonski/Böhm/Schulze 1997). Sie umfassen Funktionen für folgende Aufgabenstellungen:

- Modellierung von Workflows (wobei dieser Aufgabenbereich in einigen Systemen auch in separate Module ausgelagert ist),

- Steuerung und Überwachung des Ablaufs von Anwendungssystemen,

- Führen von History-Listen, mit den Abläufe nachvollzogen und ggf. Fehler erkannt werden können.

- Anbieten von Schnittstellen zu Entwicklungswerkzeugen, mit denen sich die aus dem Modell ergebenden Kontrollflüsse in die Steuerung von Anwendungssystemen bzw. in die Ablaufsteuerung von Programmen übernommen werden können.

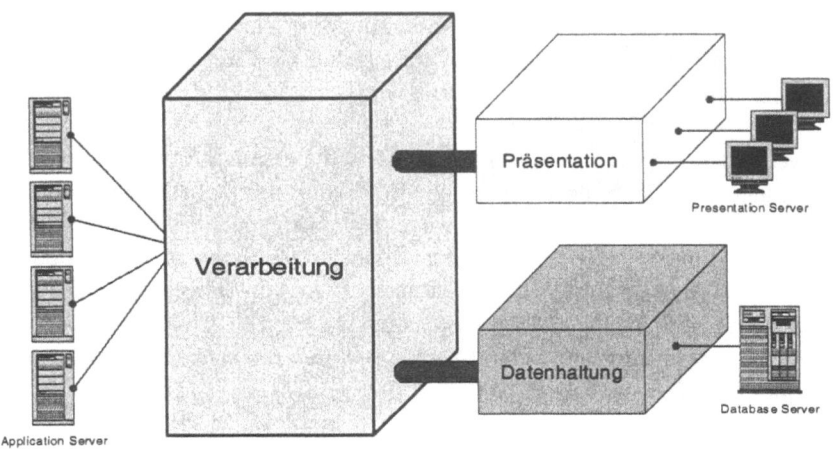

Abbildung 123: Architektur mit separierter Präsentation

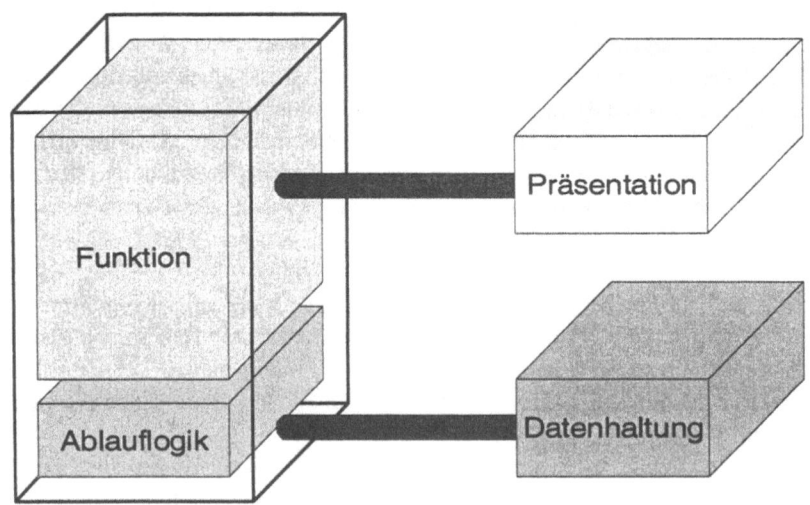

Abbildung 124: Heraustrennen der Ablauflogik

Die Rolle eines Workflow-Modells ist vergleichbar mit der Rolle eines Datenbankschemas für die Entwicklung von Datenbank-basierten Informationssystemen. WFMS stehen damit logisch auf der gleichen Stufe wie Datenbank-Management-Systeme (DBMS). Während DBMS anwendungsübergreifend die Datenzugriffe steuern und überwachen, leisten WFMS dies für anwendungsübergreifende Funktionsausführungen. Software, die anwendungsübergreifende Steuerungs- und Kontrollaufgaben wahrnimmt, wird *Middleware* genannt.

Bei der Modellierung eines Workflows sind folgende Charakteristika zu berücksichtigen:

*   Die einzelnen Aktivitäten eines Workflows können als Funktionen aufgefasst werden, bei denen Input- in Outputdaten transformiert werden. Die Logik einer solchen Aktivität wird durch ihr Programm beschrieben.

*   Die Zustandsübergänge zwischen Aktivitäten unterliegen bestimmten Bedingungen (so genannten *Transitionsbedingungen*). Die Transitionsbedingungen legen fest, unter welchen Rahmenbedingungen Kontrolle von einer Aktivität einer anderen Aktivität übergeben wird.

*   Für die Durchführung von Aktivitäten, die zur Laufzeit in Form von Programmen ablaufen, werden informationstechnische Ressourcen benötigt. Diese sind ebenfalls im Rahmen Modellierung berücksichtigt.

*   Weiterhin ist ein Workflow, der ein Teil einer Ablauforganisation präsentiert, in eine Aufbauorganisation eines Unternehmens eingebettet, d. h., dass eine Reihe von Personen an einem solchen Prozess beteiligt sind, die unterschiedlichen Ebenen der Aufbauorganisation (Management, Abteilungsleiter, Sachbearbeiter) zugeordnet sein können.

Workflowmodelle, welche die oben genannten Charakteristika berücksichtigen, sind geeignet, den Ablauf von Anwendungssystemen zu kontrollieren. Sie sind damit spezielle Prozessmodelle und können z. B. mit EPKs modelliert werden.

3.3.3.4 Objektschnittstellen

Verallgemeinert man die bisherige Sicht auf die Elemente von Softwarearchitekturen, dann sind Präsentation, Funktionalität, Workflow-Management und Datenhaltung gekapselte Softwarebausteine, die sich zueinander ganz im Sinne des Client-Server-Konzepts als Dienstanbieter und -nehmer verhalten.

Weiterhin erreichen Application Server ihre Grenzen, wenn sie in objektorientierten Systemumgebungen eingesetzt werden sollen, da es hier wenig zweckmäßig

ist, Methoden aus Objekten herauszubrechen, um sie dann als globale Funktionen
von einem Datenbanksystem verwalten zu lassen. Hier ist es sinnvoller, einen
Vermittlungsdienst zwischen Objekten zu schaffen, der für den Fall, dass ein Objekt auf Dienste eines anderen Objekts zugreifen möchte, diese Dienste als Dienst-
leister vermittelt. Ein solcher Vermittlungsdienst stellt ebenfalls eine Middleware
dar, in der alle anwendungsunabhängigen Dienstleistungen zusammengefasst werden. Eine Software, die Dienste zwischen Objekten vermittelt, wird *Objektschnittstelle* oder auch *Object Request Broker (ORB)* genannt.

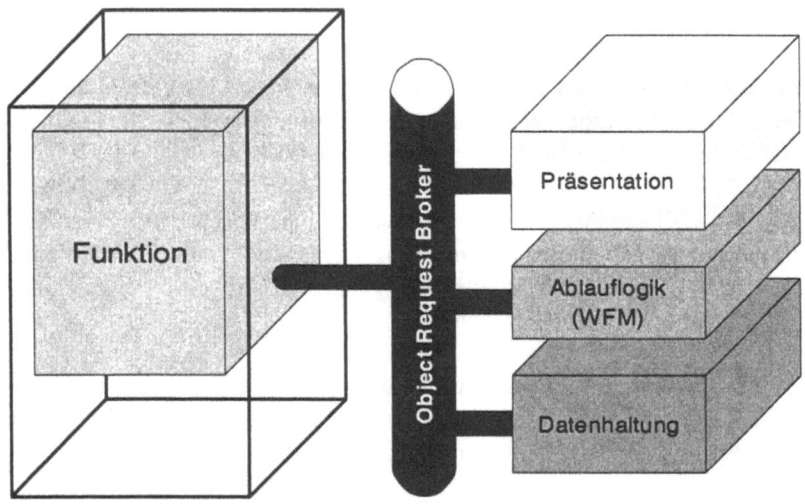

Abbildung 125: Erweiterte Systemarchitektur mit ORB

Eine anwendungsunabhängige Vermittlung von Objektdiensten ist allerdings nur
möglich, wenn die Kommunikation zu und von der Objektschnittstelle genormt
ist. Dies gilt insbesondere, wenn eine Objektschnittstelle auch Dienste zwischen
Objekten vermitteln soll, die auf verschiedene Netzknoten verteilt sind oder in unterschiedlichen Betriebssystemumgebungen residieren.

Ein solcher Standard ist CORBA (Common Object Request Broker Architecture)
der Object Management Group (OMG) (Redlich 1996), auf dem auch andere Standards wie OpenDocument und OLE2 teilweise basieren. Die OMG ist ein Zusam-
menschluss von über 400 Hard- und Softwareherstellern und „großen" Anwendern, darunter Digital Equipment, Hewlett-Packard, IBM, Microsoft, NCR, No-
vell, Sun Microsystems und viele andere. Sie wurde 1989 gegründet, um auf der
Grundlage bestehender Technologien objektorientierte Standards für die Verteilung und Integration objektorientierter Softwarebausteine zu schaffen. Damit sollte es möglich werden, Anwendungen aus einzelnen und ggf. über ein Netzwerk

verteilten Softwarebausteinen zusammenzustellen – das Ziel wurde als „Objekte, so einfach wie Strom aus der Steckdose" apostrophiert (Grotehen/Dittrich 1995).

Die Object Management Architecture (OMA)

CORBA ist ein Teil der Object Management Architecture (OMA). Die 1990 erstmals veröffentlichte OMA stellt eine Softwarearchitektur für die Arbeit mit Objekten in verteilten heterogenen Systemen dar. Die OMA versucht die Konzepte „Objektorientierung" und „Verteilung" zu kombinieren. Die *OMA* besteht aus den vier Komponenten:

- *Object Services* (OS – Objektdienste): Mit den Object Services werden „grundlegende" Dienste realisiert. Damit sind diejenigen Dienste gemeint, die häufig Verwendung finden und sonst in fast allen objekt-basierten Anwendungen neu entwickelt werden müssten. Dazu gehören grundlegende Operationen für die physische Speicherung und die logische Modellierung.

- *Common Facilities* (CF – Optionale Dienste): Die Common Facilities beinhalten allgemeine Dienste wie das Drucken von Dokumenten und den Zugriff auf Datenbanken. Der Vorteil liegt jetzt darin, dass ein einmal implementierter Dienst systemweit über eine einheitliche Schnittstelle genutzt werden kann. Diese Dienste müssen, im Gegensatz zu den Object Services, nicht in jedem OMG-konformen Produkt bereitstehen.

- *Application Objects* (AO – Anwendungsobjekte): Die Application Objects stellen die eigentlichen Anwendungsobjekte (insbesondere Endbenutzerwerkzeuge) wie Textverarbeitung, Tabellenkalkulation, usw. dar. Sie unterliegen keiner Standardisierung durch die *OMG*, sondern setzen spezifische Anforderungen für den Endanwender um. Dabei wird eine Anwendung, ggf. unter Nutzung der Common Facilities, als Instanzennetz implementiert. Die Anwendungen sind nach außen nur noch in ihrer Funktionalität durch ihre Operationen sichtbar.

- *Object Request Broker* (ORB – Objektvermittlung): Der Object Request Broker ist das Kernstück der OMA. Es stellt Dienste zur Kommunikation zwischen Objekten in verteilten Anwendungen zur Verfügung. Diese Mechanismen sind unabhängig von der Implementierung. Da alle anderen OMA-Komponenten auf ihn zugreifen, ist sein Standardisierungs- und Implementierungsstand recht weit fortgeschritten. CORBA ist der durch die OMG gesetzte Standard des ORB.

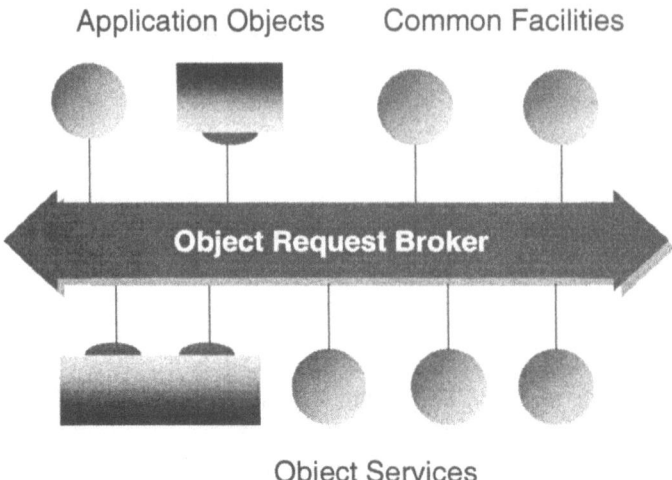

Abbildung 126: Die Object Management Architecture (OMA)

Das Objektmodell von CORBA

Das *Objektmodell*, welches CORBA zu Grunde liegt, ist vom abstrakten *OMG object model* abgeleitet. Das OMG object model ist auf Grund seines hohen Abstraktionsgrades nicht direkt in eine Technologie umgesetzt.

Dieses Objektmodell basiert auf dem Client-Server-Konzept. Hier werden Client-Objekte von Server-Objekten unterschieden, die in der Lage sind, Nachrichten zu Server-Objekten zu senden, wobei der Broker die „Vermittlungsinstanz" zwischen Clients und Servern ist. Das Server-Objekt interpretiert die Nachricht, um zu entscheiden, welcher Dienst auszuführen ist. Durch die Einführung des ORB in der Object Management Architecture wird eine formale Trennung von Clients und Servern folgendermaßen realisiert:

- Ein *Client* weiß nur, wie eine Dienstleistung anzufordern ist (nämlich über den Broker), ohne dabei Interna der Implementierung zu kennen.

- Der *Broker* wählt für einen angeforderten Dienst einen Server aus.

- Ein *Server* ist eine *Objektimplementation* und erbringt einen Dienst ohne Rücksicht auf die Identität des Dienstnutzers.

Diese Trennung reduziert die Kommunikation auf eine genau festgelegte Aufrufschnittstelle. Die den *Client* betreffenden Konzepte werden sehr präzise beschrieben, während auf der Seite der *Server* absichtlich Freiräume gelassen werden, um unterschiedliche Technologien und Implementierungen zu ermöglichen.

Architektur und Arbeitsweise von CORBA

Ein auf CORBA basierender ORB regelt, wie auf verschiedenen Netzknoten liegende Objekte miteinander kommunizieren. Ein *Client* stellt eine *Anfrage* über das *Dynamic Invocation Interface (DII)* oder über einen *Stub*. Beim Aufruf einer Operation besitzt der *Client* keine Kenntnis darüber, welcher *Server* die *Anfrage* ausführen wird und in welcher Sprache die *Objektimplementation* realisiert worden ist. Der *Object Request Broker (ORB)* fungiert als „Vermittlungsstelle" in verteilten Systemen. Er lokalisiert, wie das geforderte Objekt implementiert wurde, und übergibt die erhaltenen Parameter über das *Skeleton* an die ermittelte *Objektimplementation*. Der *Server* hat damit keine Kenntnis darüber, welcher *Client* die Anfrage gestellt hat. Er kann über den *Object Adapter* zusätzliche Dienste, wie z. B. Generierung/Interpretation von Objektreferenzen, Registrierung von Implementierungen, usw., in Anspruch nehmen. Die einzelnen Komponenten der Architektur sind folgende:

- *Stubs*: Ein Stub wird an Stelle des eigentlichen Objekts in ein Client-Programm eingebunden. Aufrufe von dem Programm werden dann von dem Stub in Anfragen an den ORB transformiert, ebenso wie die vom Server zurückkommenden Ergebnisse in der Form, dass sie vom Programm verarbeitet werden können. Ein Stub ist abhängig von der benutzten ORB-Implementierung und von der verwendeten Wirtssprache, so dass es für jeden Client einen eigenen generierten Stub geben kann. Die Menge aller Stubs wird als *Static Invocation Interface (SII)* bezeichnet.

- *Dynamic Invocation Interface (DII)*: Das Dynamic Invocation Interface (DII - dynamische Aufruf-Schnittstelle) erlaubt die Konstruktion von Anfragen zur Laufzeit. Während bei den Stubs schon zur Entwicklungszeit festgelegt werden muss, welche Operation mit welchen Parametern aufzurufen ist, kann über das Dynamic Invocation Interface noch während der Laufzeit eine Anfrage an den ORB konstruiert werden. Die Informationen über die auszuführende Operation und die Typen der Parameter können dem Interface Repository (s. u.) oder einer anderen Quelle, sofern diese zur Laufzeit zur Verfügung steht, entnommen werden.

- *ORB Core* (ORB-Kern): Der ORB Core ist für die Übermittlung einer Anfrage eines Clients zu der passenden Objektimplementation sowie für die Rückgabe der Ausgabewerte an den Client zuständig. Für den Client sind diese Dienste unsichtbar, da dieser nicht direkt auf den ORB Core zugreifen kann.

- *ORB Interface*: Über das ORB Interface stellt der ORB Core diejenigen Operationen zur Verfügung, die für alle Objekte gleich sind, und die nicht von anderen Schnittstellen bereitgestellt werden. Beispiele hierfür sind die Operationen OBJECT_TO_STRING, welche eine Objektreferenz in einen String umwandelt, und die komplementäre Operation STRING_TO_OBJECT. Das ORB Interface ist bei allen ORBs identisch.

- *Skeleton*: Das Skeleton ist das Gegenstück zu den Stubs auf der Client-Seite, wobei dessen Existenz jedoch nicht zwingend ist. Dem Skeleton obliegt die Aufgabe, dem ORB Core Informationen über die implementierten Methoden der Server-Objekte zur Verfügung zu stellen. Des weiteren gibt das Skeleton die Aufrufe vom ORB Core an die Objektimplementation weiter und deren Ergebnisse wieder an den ORB Core zurück.

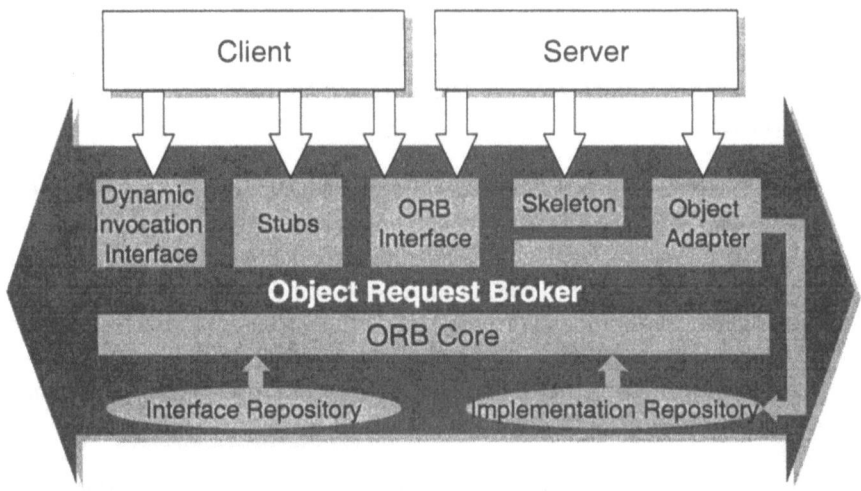

Abbildung 127: Die Architektur von CORBA

- *Object Adapter*: Hauptaufgabe des Object Adapters ist es, den eintreffenden Anfragen eine konkrete Methode der Objektimplementation zur Ausführung zuzuordnen. Da der Object Adapter über eine private Schnittstelle mit dem Skeleton verbunden ist, ist bei jedem Operationsaufruf implizit ein Object Adapter enthalten. Weitere Aufgaben sind das Erzeugen und Interpretieren von Objektreferenzen sowie die Verwaltung des Implementation Repositories. Außerdem stellt er den Objektimplementationen die Funktionalität des ORB zur Verfügung, so dass diese selbst als Clients Dienste nachfragen können. Während der *Basic Object Adapter (BOA)* den „Standarddiensten" gewidmet ist, kann ein ORB noch weitere „spezialisierte" Objekt Adapter für z. B. objektorientierte Datenbanken benutzen.

- *Interface Repository*: Das Interface Repository stellt Informationen über definierten Schnittstellen der Client- und Server-Objektimplementationen zur Laufzeit zur Verfügung. Anwendungsentwicklern ist so die Möglichkeit gegeben, über Interface Browser wiederverwendbare Softwarekomponenten zu finden. Wesentlich ist vor allem aber die bereits erwähnte Bereitstellung derjenigen Informationen, die notwendig sind, um über das Dynamic Invocation Interface Anfragen erst zur Laufzeit zu konstruieren.

Objektschnittstellen und Application Server sind keine sich wechselseitig ausschließenden Konzepte. Soll ein Objekt eine Stored Procedure als Methode verwenden, muss an Stelle der Methode ein Stub als Platzhalter implementiert werden, dessen Dienstanforderung dann via ORB an den Application Server weiter vermittelt wird.

3.3.3.5 Frameworks und Fachkomponenten

Kapselt man die anwendungsinvarianten Architekturelemente zu einer Middleware, dann nennt man sie *Framework*. In Frameworks werden Datenhaltung, Workflows, Präsentation und Objektschnittstelle zwischen Funktionalität und Betriebssystem zusammengefasst (siehe Abbildung 128).

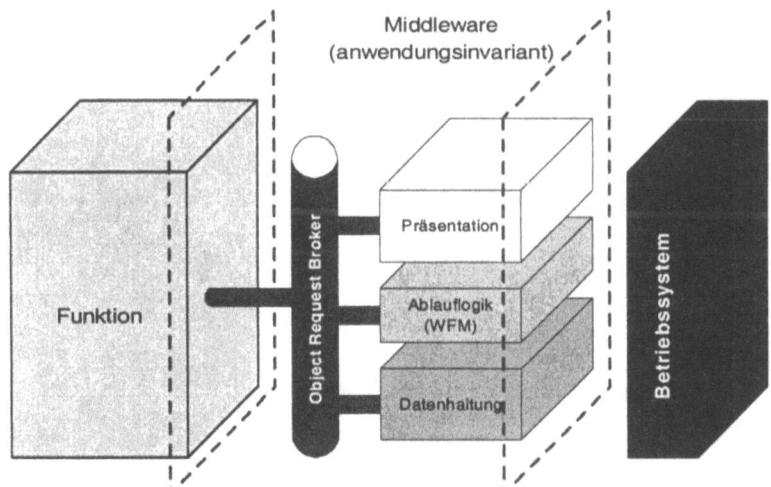

Abbildung 128: Framework

Die Anwendungsfunktionalität lässt sich weiterhin in so genannte Fachkomponenten zerlegen. Nach (Orfali/Harkey/Edwards 1996, 34) ist eine *Komponente* ein wiederverwendbares, für sich selbst stehendes, abgeschlossenes Stück Software, das unabhängig von bestimmten Anwendungssystemen ist. Damit sind Komponenten per Definition Objekte im Sinne des objektorientierten Paradigmas mit zusätzlichen Eigenschaften wie Systemunabhängigkeit, (zur Entwicklungszeit) unvorhersehbarer Einsetzbarkeit sowie unabhängiger Vermarktbarkeit einzelner Komponenten. Dabei stellt ein gesamtes Anwendungssystem keine Komponente dar. Eine Komponente stellt seiner Umgebung Funktionen als *Dienste* zur Verfügung. Komponenten haben folgende Eigenschaften:

- *Unabhängigkeit*: Komponenten und ihre Dienste sind nicht an bestimmte Anwendungen gekoppelt.

- *Abgeschlossenheit*: Die Ablauffähigkeit einer Komponente ist nicht vom Vorhandensein einer anderen Komponente abhängig.

- *Offenheit*: Eine Komponente kann grundsätzlich mit anderen Komponenten in beliebigen Systemumgebungen zusammenwirken (es sei denn, die Dienste schließen dies explizit aus).

Die Eigenschaft der Abgeschlossenheit ermöglicht einen transparenten Austausch von veralteten Komponenten durch neuere, den Geschäftsprozess besser unterstützende Komponenten. Werden für den Einsatz einer Komponente Dienste einer anderen Komponente benötigt, so werden diese Komponenten zu einer neuen Komponente zusammengefasst um weiterhin die Abgeschlossenheit zu garantieren. Aufbauend auf den Komponentenbegriff kann nun eine (betriebliche) Fachkomponente wie folgt definiert werden:

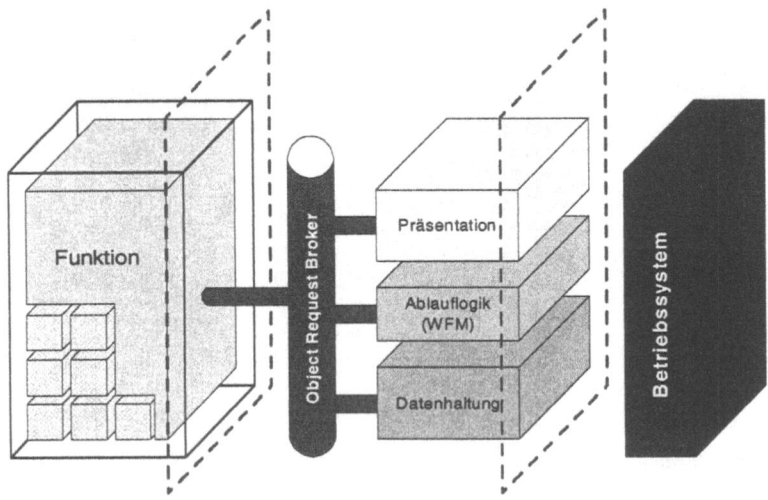

Abbildung 129: Zerlegung der Funktionalität in Fachkomponenten

Eine *Fachkomponente* (Fellner/Rautenstrauch/Turowski 1999) ist eine prinzipiell vermarktbare Komponente, die über eine wohldefinierte Schnittstelle verfügt, in zur Zeit der Entwicklung unvorhersehbaren Kombinationen mit anderen Fachkomponenten eingesetzt und an unternehmensspezifische Erfordernisse angepasst werden kann, sowie eine bestimmte Menge von Aufgaben einer betrieblichen Anwendungsdomäne implementiert. Der Begriff „Fachkomponente" grenzt sich dabei gegenüber dem allgemeineren Begriff „Komponenten" in erster Linie durch den expliziten Bezug auf die betriebliche Anwendungsdomäne ab. Zusätzlich kann eine Fachkomponente entgegen der Definition von Orfali ein gesamtes Anwendungssystem umfassen, da Fachkomponenten aus anderen Fachkomponenten zusammengesetzt werden können (z. B. besteht die Fachkomponente ,*Materialwirtschaft*' u. a. aus der ,*Lagerverwaltung*' und der ,*Bedarfsermittlung*', die wiederum Fachkomponenten darstellen). Ferner wird auf die Forderung verzichtet, dass Fachkomponenten „bessere" Objekte sind (Szyperski 1998, 30ff).

Im Gegensatz zu allgemeinen Komponenten wie Buttons, Scrollbars, Datenbankschnittstellen, etc. sind noch keine Implementierungen komplexer Fachkomponenten verfügbar, da zwischen den einzelnen Domänen von Fachkomponenten (z. B. Vertrieb, Einkauf, Produktion) komplexe Abhängigkeiten bestehen, die bei einer Implementierung in Fachkomponenten zu fachlichen Konflikten führen, und die Standardisierung der Fachkomponenten zu Grunde liegenden Funktionalität noch in den Kinderschuhen steckt. Zurzeit bemühen sich unterschiedliche Gremien und Unternehmen um eine Standardisierung von Komponenten betrieblicher Anwendungssysteme:

- Die OMG schlägt im Rahmen von CORBA (Common Object Request Broker Architecture) eine Standardisierung von ausgewählten Geschäftsbereichen (*Domain Services*) vor (z. B. Rechnungswesen, Produktion). Zurzeit ist aber das Komponentenmodell, das den einzelnen Standards zu Grunde liegt, noch nicht endgültig verabschiedet (OMG 1999). Das Komponentenmodell der OMG betrachtet dabei nur die technische Kooperation der einzelnen Komponenten und lässt die fachliche außer acht. Die technische Kooperation, die Bereitstellung von Diensten sowie der Aufruf dieser, wird dabei über Object Request Broker durchgeführt. Eine weitere Voraussetzung für die Standardisierung der OMG-Geschäftsbereiche sind die Geschäftsobjekte (*business objects*). Geschäftsobjekte sind Objekte der realen Welt, die einem bestimmten (betrieblichen) Anwendungsdomäne zugeordnet werden können (Weske 1999, 4ff). Fachkomponenten der Geschäftsbereiche manipulieren diese Geschäftsobjekte.

- Die OAG (Open Applications Group) verwendet auf der technischen Kooperationsebene vorhandene Standards (z. B. CORBA) und konzentriert sich bei den Standardisierungsbemühungen auf die fachliche Ebene. Standardisiert werden Business Object Documents (BOD), die eine syntaktische und semantische Beschreibung der Information, die zwischen Anwendungsdomänen ausgetauscht werden, beinhaltet. Die OAG forciert dabei auch eine Standardisierung der Anwendungsdomänen, wobei keine expliziten Aussagen über die notwendige Granularität gemacht werden, vielmehr wird auf Grund der Anwendungsdomäne entschieden, ob fein- bzw. grobgranulare Fachkomponenten verwendet werden (OAG 1997).

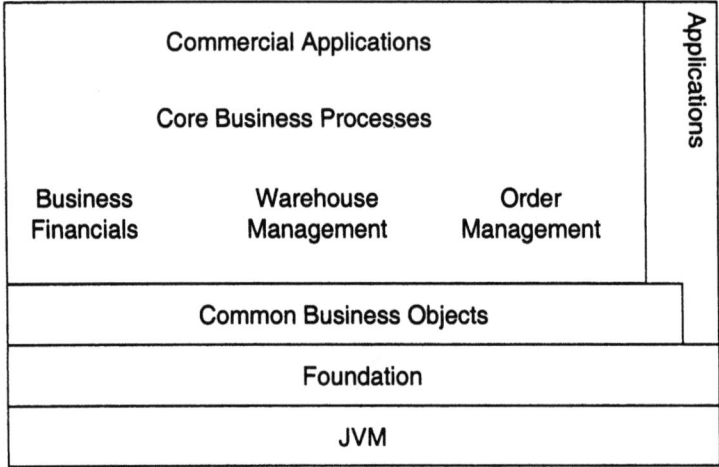

Abbildung 130: San-Francisco-Famework

Bislang wurden in Frameworks nur anwendungsinvariante und middlewarenahe Dienste gekapselt. Solche Frameworks werden *Komponenten-System-Frameworks* genannt. Es ist allerdings nicht zweckmäßig, die gesamte Anwendungsfunktionalität in Komponenten zu zerlegen, da eine feingranulare Zerlegung großer Systeme zu einer Vielzahl von Schnittstellen führt, welche die Handhabung derartiger Systeme nachteilig beeinflusst. Ein signifikanter Anteil der Funktionalität ist branchenbezogen bzw. allgemein betriebwirtschaftlich relevant, so dass auch dieser Teil der Funktionalität in einem Framework gekapselt werden kann. Ein *Komponenten-Anwendungs-Framework* ist ein Systemteil, der Komponenten *domänenbezogene* (Standard-)Dienste bereitstellt und eine Integrationsplattform für Fachkomponenten bildet. Beispiele für Komponenten-Anwendungs-Frameworks sind das *San-Francisco-Framework* der IBM oder die vertical common Facilities der CORBA.

Als Beispiel für ein Komponenten-Anwendungs-Framework wird hier das San-Francisco-Famework kurz skizziert (siehe Abbildung 130). Das Framework ist in Java implementiert und basiert auf unterster Ebene auf der Java Virtual Machine (JVM). Die *Foundation* stützt sich auf die Common Object Services der CORBA ab und bietet grundlegende Dienste wie Transaktionsmanagement und Synchronisation von Objektzugriffen. Die *Common Business Objects* implementieren allgemeine branchenunabhängige betriebswirtschaftliche Funktionen wie etwa die Durchführung von Buchungen in der Finanzbuchhaltung und stellen die Schnittstelle zu den betrieblichen Kernprozessen (*Core Business Processes*) dar. Die betrieblichen Kernprozesse sind branchenspezifisch und betreffen die Bereiche Finanzen, Materialwirtschaft/Lagerhaltung und Auftragsverwaltung. Unternehmensindividuelle Fachkomponenten können als *Applications* integriert werden und auch auf Dienste der Common Business Objects und Foundation direkt zugreifen.

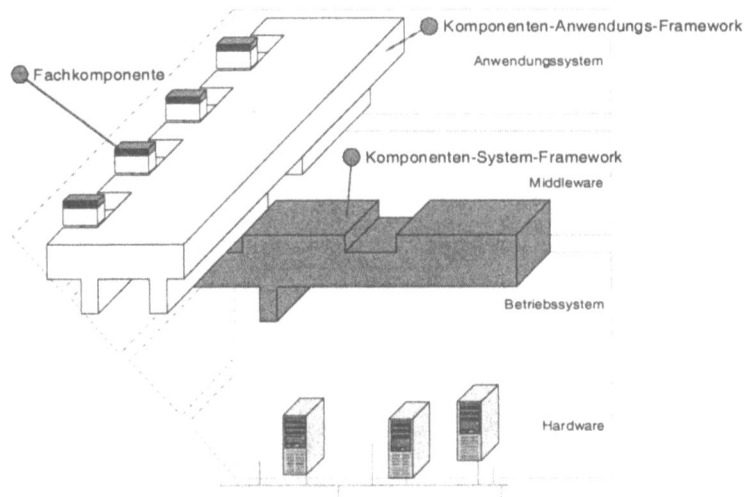

Abbildung 131: CoBCoM-Architektur

Fachkomponenten, Komponenten-System- und Komponenten-Anwendungsframework bilden zusammen die *CoBCoM-Architektur* (Common Business Component Model) für die Entwicklung komponentenbasierter Anwendungssysteme (Rautenstrauch/Turowski 2001). Hierbei handelt es sich um eine flexible Architekturvariante für die Schaffung eines IIS, da alle bisher genannten Architekturvarianten in diese Architektur eingebettet werden können. Beispielsweise kann ein als eigenständige Middleware implementierter Application Server als Komponenten-Anwendungsframework integriert werden. Gleiches gilt für einen Database Application Server, wenn der Zugriff auf Stored Procedures und Daten über einen ORB, der Bestandteil des Komponenten-Systemframeworks ist, realisiert ist. Dabei sorgen die Integritätsregeln für die notwendige Robustheit des Systems, da sie auch dann Gefährdungen der Datenintegrität abwehren, wenn die Integritätsregeln in Fachkomponenten nicht beachtet werden.

Als Beispiel für die Einbettung auf der Ebene des Komponenten-Systemframeworks soll ein WFMS dienen. Dabei legt das Workflow-Schema fest, welche betriebliche Aufgabe unter welchen Bedingungen durch welche Fachkomponente bzw. Funktion des Komponenten-Anwendungs-Frameworks ausgeführt wird (siehe Abbildung 132).

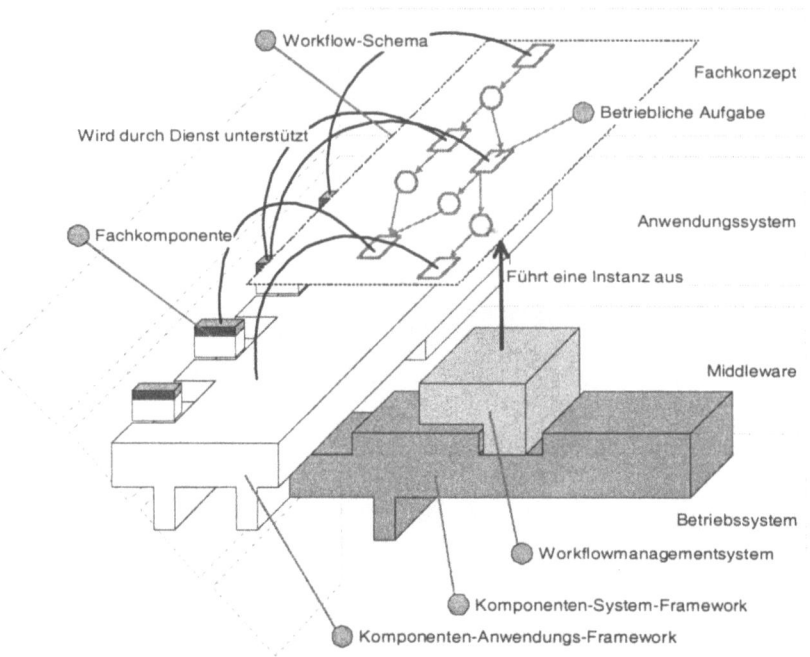

Abbildung 132: WFMS als Teil der CoBCoM-Architektur

3.4 Betriebliche Anwendungssysteme

Nachdem in den vorangegangenen Abschnitten die konzeptionellen Vorarbeiten und der Architekturrahmen für die Integration von Anwendungssystemen behandelt wurde, folgen nun Ausführungen zu Anwendungssystemen selbst. Dabei liegt der Schwerpunkt der Darstellung weniger auf den betriebswirtschaftlichen Inhalten, die in solchen Systemen abgebildet werden, sondern auf den integrationsrelevanten Eigenschaften und konzeptionellen Grundlagen der Systeme.

3.4.1 Softwarearten

Bereits in Tabelle 2 wurden *Basissysteme* und *Anwendungssoftware* unterschieden. Basissysteme sind die Grundlage für den Betrieb von Anwendungssoftware. Während Anwendungssoftware direkt für die Leistungserstellung des Benutzers eingesetzt wird, ist der Beitrag zur Leistungserstellung von Basissystemen hierzu nur indirekt. Anders ausgedrückt bedeutet das, dass in Basissystemen ausschließlich anwendungsunabhängige Funktionen implementiert sind. Im Folgenden wird exemplarisch davon ausgegangen, dass die Domäne für den Einsatz von Anwendungssoftware das betriebliche Umfeld ist.

Bei Anwendungssoftware wird zunächst zwischen Standard- und Individualsoftware unterschieden. Als *Standardsoftware* (i.w.S.) wird solche Software bezeichnet, die als fertig entwickelte Lösung am Markt beschafft und ohne nennenswerten zusätzlichen Programmieraufwand im Unternehmen für die betriebliche Leistungserstellung eingesetzt werden kann. Standardsoftware lässt sich in zwei Dimensionen kategorisieren:

- *Vertikale Standardsoftware* bezeichnet diejenige Standardsoftware, die explizit aufbauorganisatorischen Einheiten, insbesondere Abteilungen und Arbeitsplätzen, des Unternehmens zugeordnet werden können. Hierzu gehören zum Einen die Systeme der betriebswirtschaftlichen Anwendungssoftware wie z. B. Finanz- und Lohnbuchhaltung, Personalinformationssysteme, Controlling, Warenwirtschaft, Marketinginformationssysteme, Vertriebsinformationssysteme u. a. (Stahlknecht/Hasenkamp 2002, 338ff). Ihnen gegenüber stehen die Systeme der technischen Datenverarbeitung wie Produktionsplanungs- und -steuerungssysteme (PPS-Systeme), CAD (Computer Aided Design für den Konstruktionsbereich), CAP (Computer Aided Planning – Bereich Arbeitsplanung), CAM (Computer Aided Manufacturing – Fertigungssteuerung) und CAQ (Computer Aided Quality Assurance – Qualitätssicherung). Eine zusammenfassende Darstellung für die Zusammenhänge dieser einzelnen Systeme ist das Y-Modell von Scheer (Ausschnitt siehe Abbildung 133) (Scheer 1998a, 93).

- Als *horizontale Standardsoftware* wird diejenige Standardsoftware bezeichnet, die unabhängig von einer aufbauorganisatorischen Zuordnung an Arbeitsplätzen eingesetzt werden kann. Hierzu gehören beispielsweise Systeme zur Textverarbeitung, Tabellenkalkulation, Grafikerstellung, DTP (Desktop Publishing) oder Dateiverwaltung (Office Software).

Im weiteren Gang dieses Buchs wird der Begriff „Standardsoftware (i.e.S.)" ausschließlich für vertikale Standardsoftware und der Begriff „Endbenutzerwerkzeug" für horizontale Standardsoftware verwendet.

Neben Standardsoftware gibt es weiterhin die so genannte *Individualsoftware*, die dadurch gekennzeichnet ist, dass sie explizit für einen dezidierten Anwendungsfall entwickelt worden ist. Während die Entwicklung von Standardsoftware, abgesehen von wenigen Ausnahmefällen, durch Softwarehersteller erfolgt, kann die Entwicklung von Individualsoftware sowohl durch eigene Entwicklungen, d. h. Entwicklungen, die im Hause des Anwenderunternehmens durchgeführt werden, als auch durch die externe Erwerbung von Entwicklungsprojekten realisiert werden.

Abbildung 134 veranschaulicht die hier verwendete Terminologie noch einmal grafisch.

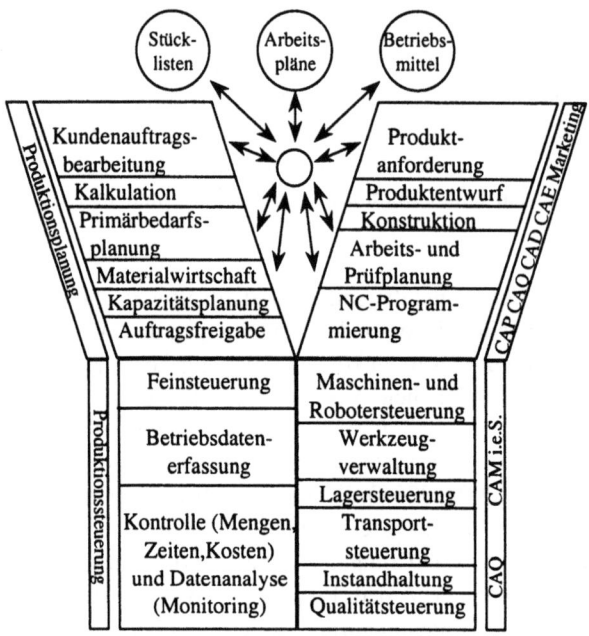

Abbildung 133: Y-Modell

Die Frage, ob eine Aufgabenstellung durch eine Standardsoftware (i. w. S.) oder den Einsatz einer Individuallösung unterstützt werden soll, hängt in der Regel von unternehmensindividuellen Gegebenheiten ab. Bei hochgradig standardisierten Abläufen, wie z. B. der Buchführung, die teilweise sogar durch Gesetze und Verordnungen geregelt ist, ist der Einsatz von Standardsoftware der Regelfall, während bei Aufgabenstellungen, die stark von unternehmensindividuellen Anforderungen geprägt sind, Individuallösungen gefordert sind.

Die Entscheidung für eine Individuallösung oder eine Standardsoftware hängt aber nicht nur vom Erfüllungsgrad der Anforderungen seitens des Benutzers ab. Aus strategischer Sicht sind Informationssysteme, die eine hohe Bedeutung für den Unternehmenserfolg haben, eher Kandidaten für Individualentwicklungen, während Anwendungssysteme, die eine vergleichsweise geringe Bedeutung haben, eher Kandidaten für Standardlösungen sind. Der Grund hierfür ist, dass besonders erfolgswirksame Software möglichst exakt auf die betrieblichen Gegebenheiten abgestimmt sein muss, während in anderen Fällen durchaus auch die Möglichkeit besteht, Betriebsabläufe an Rahmenbedingungen anzupassen, die durch eine Standardsoftware vorgegeben werden. Ähnlich argumentieren (Mertens u. a. 1991): Sie berichten über Erfahrungen, bei denen Anwendungssoftware in zwei Klassen eingeteilt wird. Klasse A stellt Informationen bereit, die „im wesentlichen alle Wettbewerber besitzen", während Klasse B Informationen bereitstellt, die „andere nicht besitzen und nur unter großem zeitlichen oder Kostenaufwand erlangen können". Da Anwendungssoftware der Klasse A zu keinem nennenswerten Wettbewerbsvorteil führt, sind Anforderungen aus diesem Bereich eher von Standardanwendungssoftware zu erfüllen, während umgekehrt für Software der Klasse B eher Individuallösungen gefordert sind.

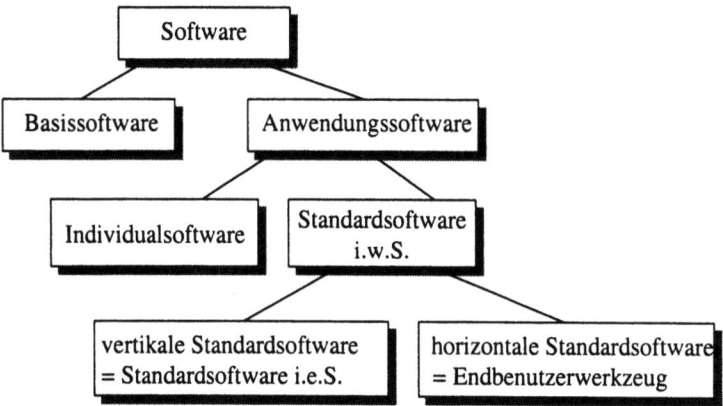

Abbildung 134: Software-Klassifikation

Vergleicht man die Vor- und Nachteile des Einsatzes von Standardsoftware versus Individualsoftware (Kurbel u. a. 1994), so lassen sich zunächst für den Einsatz von Standardsoftware folgende Argumente finden:

- Der Aufwand für *vorbereitende Dienstleistungen*, insbesondere die Erstellung von Systemanalysen und Erarbeitung von Lösungskonzepten, ist weitaus weniger aufwendig bei der Einführung einer Standardanwendungssoftware als bei einer Individualentwicklung. Der Grund hierfür ist, dass die gesamte Entwurfsphase einschließlich Test und Validierung bei der Einführung von Standardsoftware wegfällt.

- Die *Anschaffungskosten* für Standardsoftware liegen in der Regel unterhalb der Entwicklungskosten für Individualentwicklungen. Naturgemäß ist Standardsoftware preisgünstiger als Individualentwicklungen, da bei Individualentwicklungen die gesamten Entwicklungskosten auf das System umgeschlagen werden müssen, während die Entwicklungskosten bei Standardsoftware, die mehrfach verkauft werden kann, auf mehrere Installationen verteilt werden können.

- Das *Fehlschlagrisiko* für ein Projekt ist bei der Einführung von Standardsoftware wesentlich geringer einzuschätzen als bei einer Individualentwicklung. Eine Standardsoftware ist in der Regel ausgetestet, ausgereift und gut dokumentiert, so dass die Gefahr, dass die Software „nicht läuft", inakzeptable Fehler enthält oder ein unbrauchbares Laufzeitverhalten hat, nicht sehr wahrscheinlich ist. Anders ist dies bei Individualentwicklungen: Trotz mehr als 30 Jahren Forschung und Praxis im Bereich Software Engineering ist es auch heute noch so, dass viele Projekte aus dem zeitlichen und finanziell gesteckten Rahmen herausfallen oder überhaupt nicht in den produktiven Einsatz gelangen. Die Gründe hierfür sind vielfältig und liegen nicht immer allein im Bereich der Programmierung. Häufig sind auch fehlerhafte oder unvollständige Spezifikationen der Anwender Grund dafür, dass zwar eine durchaus lauffähige Software entsteht, die aber aus praktischen Gründen nicht eingesetzt werden kann.

Individualentwicklungen haben allerdings auch ihre Vorteile:

• So sind diese mit spezifischen Anforderungen des Unternehmens *maßgeschneidert* und führen keinerlei Ballast an Funktionalität mit sich, die vielleicht allgemein oder in der Branche benötigt wird, in dem spezifischen Unternehmen allerdings doch nicht oder in anderer Form. Spezifische Anforderungen beziehen sich dabei nicht nur auf den Bereich der Systemfunktionalität, auch Vorgaben, die sich aus den verfügbaren Basissystemen ergeben, können bei Individualentwicklungen berücksichtigt werden. Damit können Investitionen in Basissysteme, die ggf. für den Betrieb von einer Standardsoftware erforderlich sind, eingespart werden.

• Weiterhin wird der *Schulungsaufwand* für Individualsysteme als wesentlich geringer eingeschätzt, da die Benutzer häufig bereits am Design des Systems mitgewirkt haben und dieses von daher ohnehin genau kennen und auch die Terminologie des Systems derjenigen entspricht, die im Unternehmen üblich ist. Auch die sonstigen vorbereitenden Dienstleistungen wie Installation und Inbetriebnahme des Systems sind bei Individualsoftware weniger aufwendig, da diese ohne funktionalen Ballast auskommt und bereits auf die Hardware-Architektur des Unternehmens abgestimmt ist.

• Ein weiteres Problem von Standardsoftware ist das *Customizing* (siehe Abschnitte 3.4.5.1 Grundlagen und 3.4.3.3 Customizing von Endbenutzerwerkzeugen), das Anpassen der Software an unternehmensindividuelle Gegebenheiten. Diese Arbeit ist bei Individualsoftware überflüssig, da diese Systeme bereits für den Anwendungsfall maßgeschneidert sind.

Stand das Unternehmen in der Vergangenheit noch vor der Frage des „make or buy", wobei das „or" häufig genug ein exklusives Oder war, so sind Standardsoftwaresysteme heute in der Regel als *offene Systeme* konzipiert. Derartige Systeme erlauben die Erweiterung der Funktionalität durch Individualprogrammierung oder die Integration von Individualsoftwaresystemen. Die Entscheidungssituation im

Unternehmen hat sich daher vom „make or buy" zum „make and buy" gewandelt: So gilt es heute, die richtige Kombination zwischen dem Einsatz von Standardsoftware und Individualsystemen zu finden (Kurbel u. a. 1994).

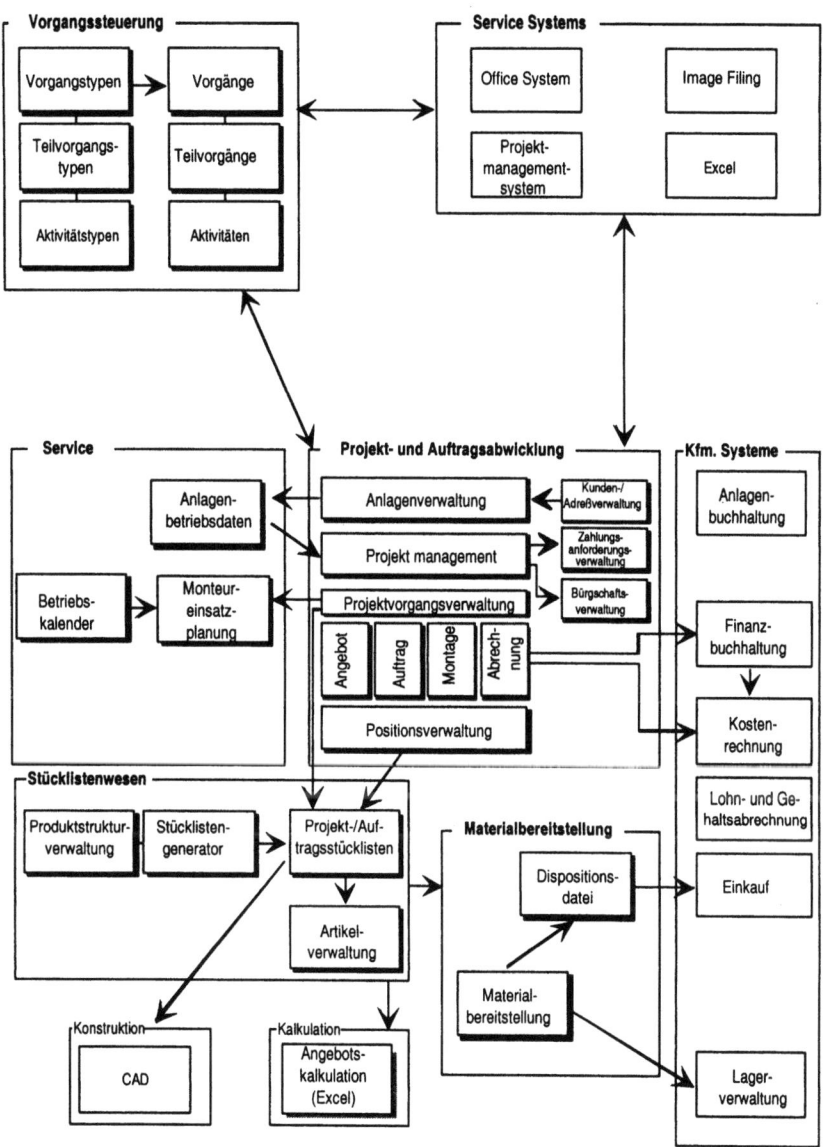

Abbildung 135: Beispielkonfiguration

Abbildung 135 zeigt exemplarisch die Konfiguration eines unternehmensweiten Informationssystems bei einem mittelständischen Anlagenbauer. Die nicht-schattierten Rechtecke repräsentieren Funktionsbereiche mit Anwendung von Standard-software, während alle anderen Funktionen über Individuallösungen abgedeckt sind.

3.4.2 Klassifikation Betrieblicher Anwendungssysteme

Nach einer gängigen Klassifikation werden betriebliche Anwendungssysteme in Administrations-, Dispositions-, Kontroll- und Planungssysteme eingeteilt (Mertens 2000; Mertens/Griese 2002).

Administrationssysteme haben die Aufgabe, die Massendatenverarbeitung zu ratio-nalisieren und Routineaufgaben zu bewältigen. *Dispositionssysteme* sollen menschliche Entscheidungen vorbereiten und einfache Entscheidungen, z. B. auf Basis von Operations-Research (OR)-Verfahren, automatisch durchführen:

- *Finanzwesen* mit Debitoren-, Kreditoren- und Sachbuchhaltung.

- *Rechnungswesen* mit Kostenarten-, Kostenstellenrechnung, Kostenträgerrech-nung, Vorkalkulation und Betriebsergebnisrechnung.

- *Materialwirtschaft* und *Logistik* mit Lagerbestandsführung, Materialbewer-tung, Inventur, Bedarfsermittlung, Bestelldisposition, Bestellüberwachung und Wareneingangsprüfung.

- Der *Produktionsbereich* mit der Produktionsplanung und -steuerung (PPS), die sich in Auftragssteuerung, Primärbedarfsplanung, Bedarfsplanung, Zeit- und Kapazitätsplanung, Kapazitätsabgleich, Auftragsfreigabe, Fertigungssteuerung und Betriebsdatenerfassung/Maschinendatenerfassung aufgliedert.

- Der *technische Bereich* mit Computer Aided Design (CAD), Computer Aided Engineering (CAE), Computer Aided Planning (CAP), Computer Aided Ma-nufacturing (CAM), Systeme der Fertigungsautomatisierung, CAQ (Computer Aided Quality assurance) und die Instandhaltung.

- *Marketing und Vertrieb* mit Verkaufsstatistik, artikelgenauer Umsatzverfol-gung, Außendienst- und Vertriebssteuerung, Kundendienstinformation, Aus-wertungssystem und anonymen Marktanalysen.

- *Warenwirtschaft* mit Bestellungs- und Auftragsrückstandsverwaltung, Waren-eingang und Logistik, Rechnungskontrolle, Bestandsführung, Erfassung der Verkäufe und Auswertungsprogrammen.

- *Personalinformationssysteme mit* Personalallokation, Personalentwicklung, Personalbetreuung, Personalentlohnung und Personalverwaltung.

- *Branchensoftware* (z. B. für Versicherungen, Banken, Reiseunternehmen etc.).

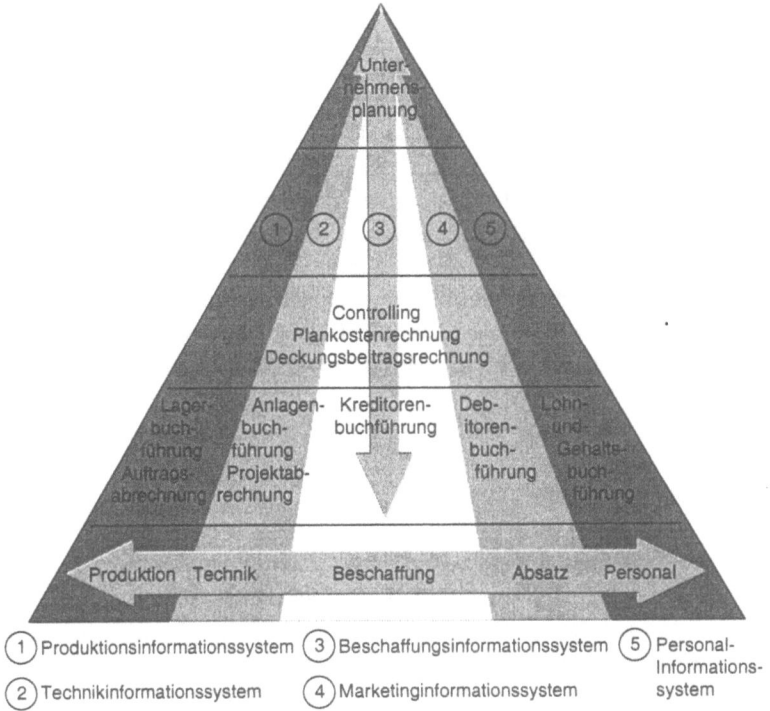

Abbildung 136: Informationspyramide nach Scheer

Planungssysteme unterstützen Planungsentscheidungen, insbesondere bei schlecht strukturierten Problemen und *Kontrollsysteme* dienen der Überwachung der Einhaltung von Plänen. Systeme dieses Bereichs sind:

- *Berichtssysteme* mit/ohne (berichten ausschließlich Ausnahmen).

- *Expertisesysteme* (generieren aus elementaren Daten Berichte in verbaler Form zu besonderen Entwicklungen).

- *Abfrage- und Auskunftssysteme* mit Standardabfragen oder freien Abfragen.

- *Dialogsysteme* mit und ohne Entscheidungsmodell oder mit funktionalen Entscheidungsmodellen (*Entscheidungsunterstützungssysteme*) bzw. Unternehmensgesamtmodell.

- *Verhandlungsinformationssysteme* (Group-Decision-Support-Systeme).

- *Top-Management-Informationssysteme.*

Die einzelnen genannten Anwendungssysteme können jeweils der strategischen, taktischen oder operativen Führungsebene der Aufbauorganisation eines Unternehmens zugeordnet werden. Je höher ein Anwendungssystem in der Informationspyramide (siehe Abbildung 136) (Scheer 1998a, 5) angeordnet ist, desto höher ist auch die Führungsebene, in der es eingesetzt wird. Auf der strategischen Ebene werden langfristige, ressourcenbindende und schwer umkehrbare – eben strategische – Entscheidungen getroffen. Diese Entscheidungen müssen dann von Führungskräften auf taktischer Ebene (meistens sind dies Abteilungen) mittel- bis kurzfristig umgesetzt werden. Die Mitarbeiter im operativen Betrieb sind für die kurzfristige Realisierung von Aufgaben zuständig. Weiterhin zeigt die Informationspyramide die Übertragung der vertikalen und horizontalen Integration auf Anwendungssysteme. Während die vertikale Integration von Anwendungssystemen auf gleicher aufbauorganisatorischer Ebene stattfindet, ist die vertikale Integration Ebenen-übergreifend.

3.4.3 Endbenutzerwerkzeuge

In den folgenden Abschnitten werden verschiedene Arten von Endbenutzerwerkzeugen (*Office Software*) kurz vorgestellt. Weiterhin wird gezeigt, wie sie angepasst, integriert und auf die in Abschnitt 3.3.3 Architekturen Betrieblicher Informationssysteme angegebenen Architekturen abgebildet werden können. Auf Grund der schnellen Folge von Releases, in der neue Versionen der im Folgenden genannten Programme auf den Markt kommen, werden hier auf systembezogene Literaturhinweise verzichtet.

3.4.3.1 Arten von Endbenutzerwerkzeugen

Textverarbeitungsprogramme

Mit Textverarbeitungsprogrammen können Texte von einem einfachen Brief bis zu einer kompletten Monographie erfasst, formatiert und verwaltet werden. Die ersten Textverarbeitungsprogramme wie AppleWriter oder WordStar® übertrugen Konzepte der Schreibmaschine auf den Computer, mit dem wesentlichen Vorteil, dass die Texterfassung vom Ausdruck getrennt wurde. Einmal gespeicherte Texte konnten jeder Zeit wieder verbessert und gedruckt werden. Weiterhin war es möglich, die Formatierungsmöglichkeiten der Drucker wie Fett- oder Kursivdruck zu nutzen. Heute unterstützen Textverarbeitungsprogramme den Benutzer bei der *optischen Gestaltung*, d. h. dem Satz des Texts wie der Festlegung von Rändern, Gestaltung von Kopf- und Fußzeilen, Zeilen- und Absatzabständen, Zeichensätzen und -größen, Hervorhebungen etc. sowie auch bei der *logischen Gestaltung*, d. h. der Gliederung eines Textes oder der Zerlegung eines komplexen Textdokuments in Unterdokumente. Weiterhin können in Texte Grafiken, Tabellen und andere Objekte aus anderen Programmen übernommen werden. Änderungen an übernommenen Objekten sind jedoch in der Regel nicht oder nur sehr begrenzt möglich.

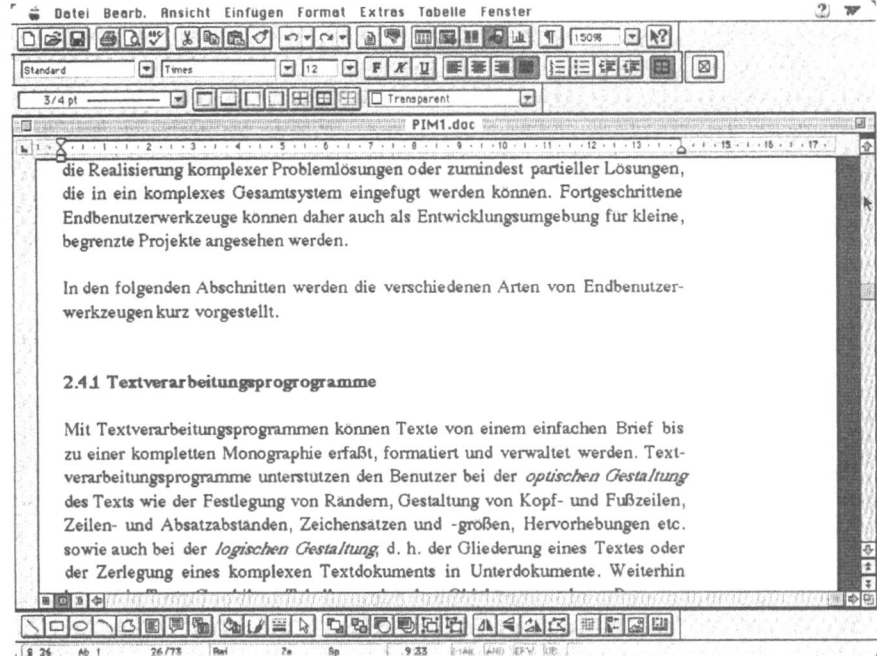

Abbildung 137: Microsoft Word als Beispiel eines Textverarbeitungsprogramms

Die logische Struktur eines komplexen Textes, wie z. B. dem Text dieses Buchs, ist hierarchisch. Das Dokument besteht aus einer Menge von Abschnitten, jeder Abschnitt aus einer Menge von Absätzen, jeder Absatz aus einer Menge von Worten und jedes Wort aus einer Menge von Zeichen. Jedem dieser Textelemente können Eigenschaften zugeordnet werden, die sowohl die logische wie auch optische Gestaltung betreffen. Die logische Gestalt eines Textes wird durch die Kapitelstruktur bestimmt. Innerhalb der Kapitel sind weitere Strukturierungen durch Spiegelstriche oder -punkte bzw. Nummerierungen möglich.

Eine weitere wesentliche Funktion von Textverarbeitungsprogrammen ist die *Textautomation*. Mit einer geeigneten Textaufbereitung und auf Basis der logischen Struktur lassen sich viele Funktionen der Textaufbereitung wie z. B. die automatische Erzeugung von Verzeichnissen und Index, die Nummerierung von Kapiteln, Abbildungen und Seiten sowie die Übertragung von Überschriften in Kopfzeilen automatisieren. Dadurch werden auch lange und komplex strukturierte Texte langfristig wartbar. Eine Renummerierung von Abbildungen ist bei Textautomation nach Einfügen einer neuen Abbildung überflüssig.

Beispiele für Textverarbeitungsprogramme sind Microsoft Word für Windows oder Word Perfect. Einen Beleg für ein mögliches Anwendungsgebiet halten Sie momentan in der Hand: Dieses Werk ist mit Microsoft Word geschrieben.

Tabellenkalkulationsprogramme

In Tabellenkalkulationsprogrammen wird dem Benutzer eine zweidimensionale Matrix (so genannte *Spreadsheets*) angeboten, in deren Zellen entweder Texte, Werte oder Formeln eingetragen werden können. Die Texte dienen ausschließlich der Dokumentation bzw. Beschriftung der Felder, die Werte oder Formeln enthalten. In den Formeln können die Zellen über Zeilen- und Spaltennummer referenziert und so Werte übernommen werden.

Tabellenkalkulationsprogramme verfügen über ein großes Repertoire an Funktionen, die in Formeln verwendet werden können. Die Funktionen stammen aus allen mathematischen Bereichen wie z. B. Trigonometrie, Algebra und Statistik. Iterative Verfahren zur algorithmischen Approximation werden über so genannte *Solver* implementiert. In Formeln können auch Felder mehrerer Spreadsheets referenziert werden. Da sowohl relationale Datenbanken wie auch Tabellenkalkulationsprogramme auf der gleichen Datenstruktur, nämlich Tabellen, basieren, werden sie auch als Front-Ends für relationale Datenbanken verwendet.

Beispiele für Tabellenkalkulationsprogramme sind Microsoft Excel und StarCalc. Anwendungsgebiete sind betriebswirtschaftliche Berechnungen wie z. B. die Angebotskalkulation oder die Führung eines Betriebsabrechnungsbogens, statistische Auswertungen, z. B. Stichprobenanalysen, oder die Berechnung von Klausurstatistiken. Abbildung 138 zeigt einen Bildschirmabdruck von Excel. Beispiel ist hier eine fiktive Rechnungsstellung. Die Werte in den Zellen E11 bis E20 werden durch Formeln berechnet. Die Formel für E11 lautet z. B. A11*D11.

Desktop-Datenbanken

Unter diesem Begriff werden all jene Systeme subsummiert, die häufig als „Datenbanksysteme" vertrieben werden, jedoch den Kriterien, die man an Datenbanksysteme heute stellt, nicht entsprechen. Insbesondere fehlen diesen Systemen Transaktions- und Mehrbenutzerfähigkeit, die Elementareigenschaften von Datenbanksystemen sind (siehe Abschnitt 2.5.2 Transaktionen und Mehrbenutzerfähigkeit). Auch für den Aufbau von Client-Server-Anwendungen sind sie nicht geeignet.

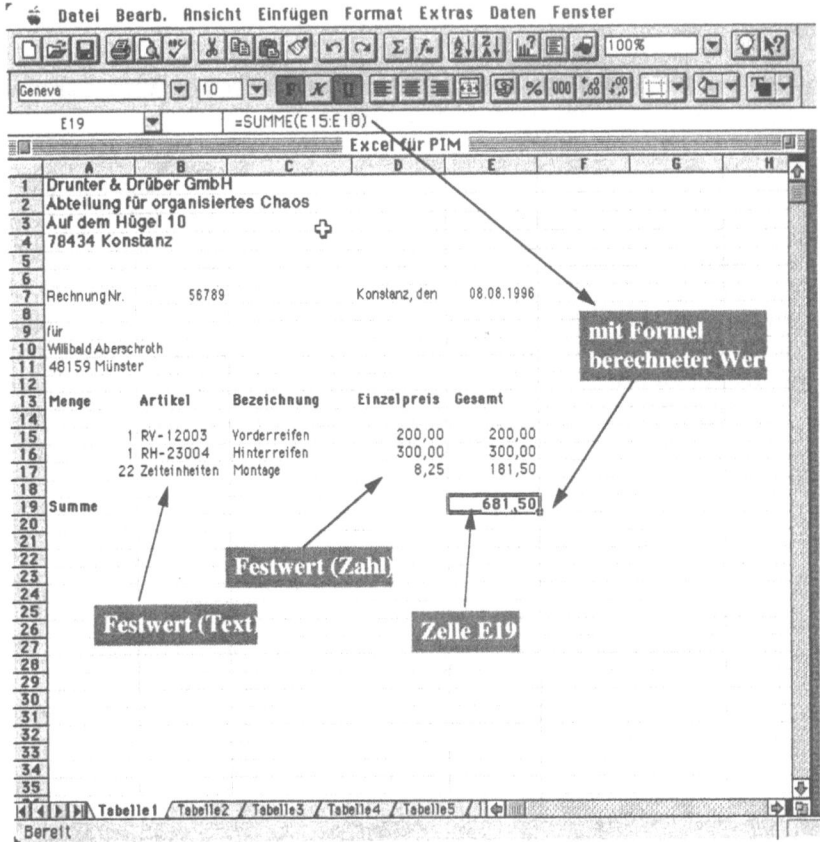

Abbildung 138: Microsoft Excel

Relationalität ist insofern zutreffend, dass alle Daten in Form von Tabellen abgespeichert und dargestellt werden. Programmierbare Dateiverwaltungen erlauben die Definition von Satzformaten sowie die Erfassung, Löschen und Ändern von Datensätzen und die effiziente Selektion von Daten mit Hilfe der Formulierung von Abfragen (oftmals sind SQL-Dialekte verfügbar). Mit der Verfügbarkeit der Verbundoperation wird häufig die Relationalität dieser Systeme begründet. Beispiele für derartige Systeme sind Microsoft Access™ und Visual dBase®.

Oftmals gehören zu programmierbaren Dateiverwaltungen neben der Datenverwaltungskomponente auch Entwicklungswerkzeuge für die Erstellung von Eingabemasken (Forms) und Ausdrucken (Reports). Für die Implementierung von Algorithmen zur Datenaufbereitung stehen einfache Programmiersprachen zur Verfügung.

Grafiksysteme

Mit Grafiksystemen kann der Benutzer Bilder und Grafiken erstellen. Dabei werden drei Arten von Grafiksystemen unterschieden:

- *Pixel-orientierte Grafiksysteme*: Als *Pixel* wird ein kleinster darstellbarer Punkt auf dem Bildschirm bezeichnet (siehe Abschnitt 1.3.3 Bilder und Grafiken). Aus Sicht eines Pixel-orientierten Grafiksystems besteht ein Bild aus einer – in der Regel sehr großen – Menge einzelner (farbiger) Punkte. Der Benutzer erstellt ein Bild, indem er es auf dem Bildschirm „malt". Er hat die Möglichkeit, mit Hilfe verschiedener Werkzeuge Mengen von Pixeln auf dem Bildschirm zu platzieren, löschen, verschieben oder umzufärben. Pixel-orientierte Grafiksysteme werden vornehmlich für die Nacharbeit von Bildschirmabdrucken oder für die Bearbeitung digitalisierter, d. h. eingescannter oder mit Videokamera aufgenommener Bilder, eingesetzt. Beispiel für ein derartiges System ist Adobe Photoshop®.

- *Vektor- oder objektorientierte Grafikprogramme*: Mit derartigen Programmen erstellt der Benutzer eine Grafik, indem er mit Hilfe der angebotenen Werkzeuge verschiedene Objekte wie Kreise, Rechtecke, Linien usw. erzeugt. Diese bleiben stets in ihrer Objektstruktur erhalten, d. h., der Benutzer kann derartige Objekte nachträglich stauchen, strecken, vergrößern, verkleinern, umfärben etc. Damit unterscheiden sich diese Programme deutlich von Pixel-orientierten Grafikprogrammen. Wird mit einem Pixel-orientierten Programm beispielsweise ein Kreis gezeichnet, geht dessen Objektstruktur verloren, lediglich die Pixel dieses Kreises bleiben erhalten, d. h., der Kreis degeneriert zu einer kreisförmigen Anordnung von Pixeln. In Vektor-orientierten Grafikprogrammen bleibt der Kreis jedoch als Objekt erhalten. Beispiele für derartige Programme sind Adobe Illustrator®, CorelDraw® oder MacDraw Pro®. Mit ihnen werden professionelle Grafiken gezeichnet.

- *Business Graphics*: Bei Business Graphics entstehen Grafiken nicht durch explizites Zeichnen mit Hilfe von Werkzeugen, sondern durch die Umwandlung von Zahlenreihen in standardisierte Grafiken wie Balkendiagramme, Kreisdiagramme, Liniendiagramme usw. Die einzelnen Objekte dieser Diagramme wie Achsen, Kreise oder Beschriftungen können dann in der Regel von Hand manipuliert werden. Business Graphics sind häufig in andere Programmsysteme, insbesondere Tabellenkalkulationsprogramme, integriert. Da die einzelnen Teile der Abbildungen als Objekte behandelt werden, können derartige Programme auch als Spezialfall der objektorientierten Grafiksysteme angesehen werden. Sie werden immer dann eingesetzt, wenn schwer überschaubare Datenreihen („Zahlenfriedhöfe") grafisch veranschaulicht werden müssen. Abbildung 139 zeigt das Programm Microsoft Graph™.

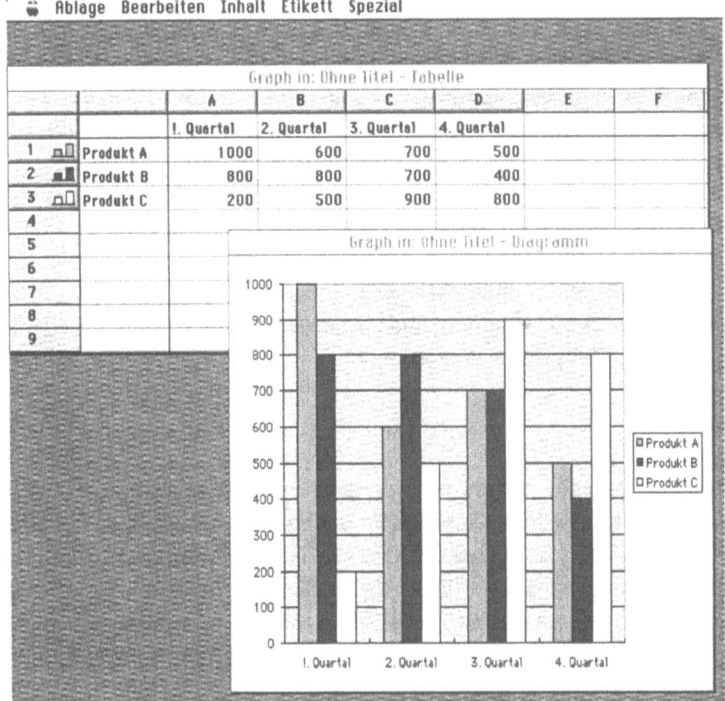

Abbildung 139: Microsoft Graph

Desk Top Publishing (DTP)-Programme

DTP-Programme (Pape 1990) dienen, ähnlich wie Textverarbeitungsprogramme, der Erstellung komplexer Dokumente. Sie unterscheiden sich von Textverarbeitungsprogrammen vor allem in der Art und Weise, wie die Dokumente erstellt werden. Bei DTP-Programmen steht nicht der Text im Mittelpunkt des Handelns, sondern das Seitenlayout. Ist beispielsweise eine Seite mehrspaltig, mit spaltenübergreifenden Abbildungen oder Überschriften und Grafikelementen, die über oder unter einem Text liegen, zu versehen, so sind DTP-Programme Textverarbeitungsprogrammen vorzuziehen. Hier wird zunächst am Bildschirm das Layout einer Seite gestaltet und dann Text und Grafikelemente nach und nach eingesetzt. Beispielsweise sind DTP-Programme eher geeignet, Seiten von Tageszeitungen zu setzen, während Textverarbeitungsprogramme eher zur Gestaltung von Büchern geeignet sind. Die Arbeitsweise von DTP-Programmen und die Terminologie orientieren sich am Satzgewerbe. Für die Gestaltung einfacher Dokumente reicht die Funktionalität moderner Textverarbeitungsprogramme, in die eine Reihe von Funktionen aufgenommen wurde, die früher ausschließlich DTP-Programmen vorbehalten waren, in der Regel vollkommen aus. Beispiele für DTP-Programme sind PageMaker oder Quark Xpress®.

Präsentationsprogramme

Mit Präsentationsprogrammen können Präsentationen, wie sie beispielsweise in Vorträgen oder Besprechungen verwendet werden, gestaltet und auch durchgeführt werden. Mit diesen Programmen werden Folien, Dias oder direkt rechnergestützte Präsentationen realisiert. Der Benutzer wird dabei durch die Bereitstellung von Templates, dies sind leere Musterfolien bzw. Dias, Gliederungsfunktionen, die den Aufbau seiner Präsentation widerspiegeln, und diversen grafischen Funktionen, wie sie auch in Vektor-orientierten Grafikprogrammen üblich sind, unterstützt. Wird ein Vortrag direkt vom Rechner aus projiziert, stehen zusätzlich Möglichkeiten zur Animation der Darstellung und Zeigehilfen zur Verfügung. Beispiel für ein solches System ist Microsoft PowerPoint®.

Integrierte Pakete

Eine „aussterbende Gattung" sind die *integrierten Pakete*. Als integrierte Pakete werden solche Anwendungssysteme verstanden, die Funktionen von Standardsoftware verschiedener Kategorien miteinander vereinen. So wurden Mitte der 80er bis Anfang der 90er Jahre integrierte Pakete in großen Stückzahlen verkauft, die Textverarbeitung, Tabellenkalkulation, Dateiverwaltung und Business Graphics miteinander vereinten. Beispiele hierfür sind Lotus 1-2-3®, Symphony, Frameworks, Microsoft Works oder AppleWorks. Die zunehmende Verfügbarkeit Objektschnittstellen hat dazu geführt, dass derartige Pakete überflüssig wurden.

Man findet sie allerdings noch als Standardinstallation auf Notebook-Computern und als fest verdrahtete Software in *Palmtop-Rechnern* und *PDAs*. Letztere haben weder eine eigene Festplatte noch Diskettenlaufwerk und sind dank eines LCD-Displays so klein, dass sie in die Jackentasche passen. Die Software ist hier in der Hardware fest verdrahtet, und Daten werden in Speicherbausteinen abgelegt. Trotz ihrer geringen Größe basieren Palmtops auf PC-Technologie und können mit PCs Daten über Kommunikationsprogramme austauschen.

An die Stelle integrierter Pakete sind *Office-Pakete* getreten, in denen mehrere Endbenutzerwerkzeuge gebündelt und zu günstigen Preisen angeboten werden. So gehört zu dem Produkt Microsoft Office z. B. ein Textverarbeitungsprogramm (Word für Windows), ein Tabellenkalkulationsprogramm (Excel), ein Präsentationsprogramm (PowerPoint) und ein Groupwaresystem (Microsoft Outlook). Weiterhin ist häufig noch ein Dienstprogramm beigefügt, mit dem einzelne Werkzeuge einfach aufgerufen werden können.

3.4.3.2 Integration von Endbenutzerwerkzeugen

Mit Hilfe von Objektschnittstellen können Dokumente, die möglicherweise mit unterschiedlichen Endbenutzerwerkzeugen erstellt wurden, miteinander verbunden werden. Dabei werden zwei Arten von Verbindungen unterschieden: Die *Einbettung* und die *Verknüpfung* von Dokumenten.

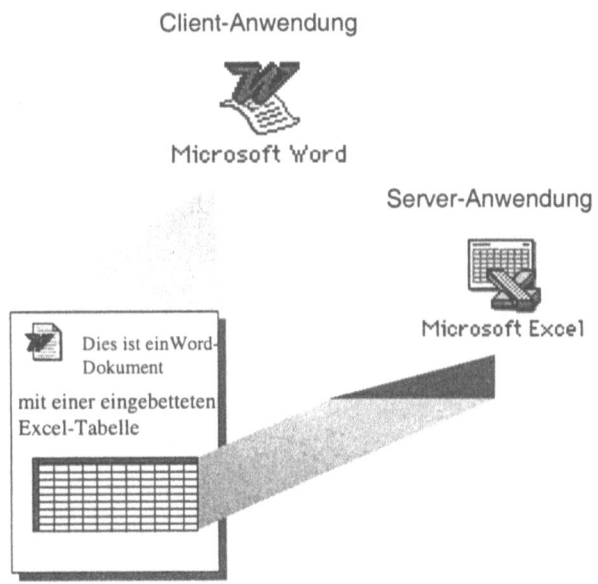

Abbildung 140: Einbettung

Bevor auf Einbettung und Verknüpfung näher eingegangen wird, sollen hier zunächst Objektschnittstellen benannt werden, die diese Konzepte unterstützen. Hier ist zum einen das *Open-Document*-Konzept von Apple und IBM zu erwähnen, das als erstes Schnittstellensystem auch betriebssystemübergreifend eingesetzt werden kann. Open Document ist allerdings noch nicht sehr verbreitet. Das bekannteste Objektschnittstellensystem ist OLE2 (Object Linking and Embedding, Release 2) von Microsoft (Nance 1992). Anhand von OLE2 wird hier stellvertretend für andere Systeme gezeigt, wie Einbetten und Verknüpfen funktionieren.

OLE2 ermöglicht die Einbettung sowohl von Daten als auch von ausführbaren Programmen in andere Programme. OLE2 basiert auf dem Client-Server-Prinzip. Im Kontext von OLE2 ist der Client-Server-Ansatz so implementiert, dass ein Endbenutzerwerkzeug als Server-Dokumente oder Teile daraus (Objekte) in einem anderen Endbenutzerwerkzeug (Client) zur Verfügung stellt. Ist aus Sicht des Clients eine Operation auf dem Dokument erforderlich, wird die Kontrolle für die Dauer der Operation dem Server übergeben. Da eingebettete oder verknüpfte Dokumente auf Makros bzw. ausführbare Programme sein dürfen, kann die OLE2-Schnittstelle nicht nur für die Integration von Daten, sondern auch für die Funktionsintegration genutzt werden: Benötigt man eine bestimmte Funktion eines bereits vorhandenen Programms, das als OLE2-Server arbeiten kann, so implementiert man einen Makro, der die Funktionsausführung veranlasst. Man übergibt den Makro dem Server und übernimmt nur die Ergebnisse.

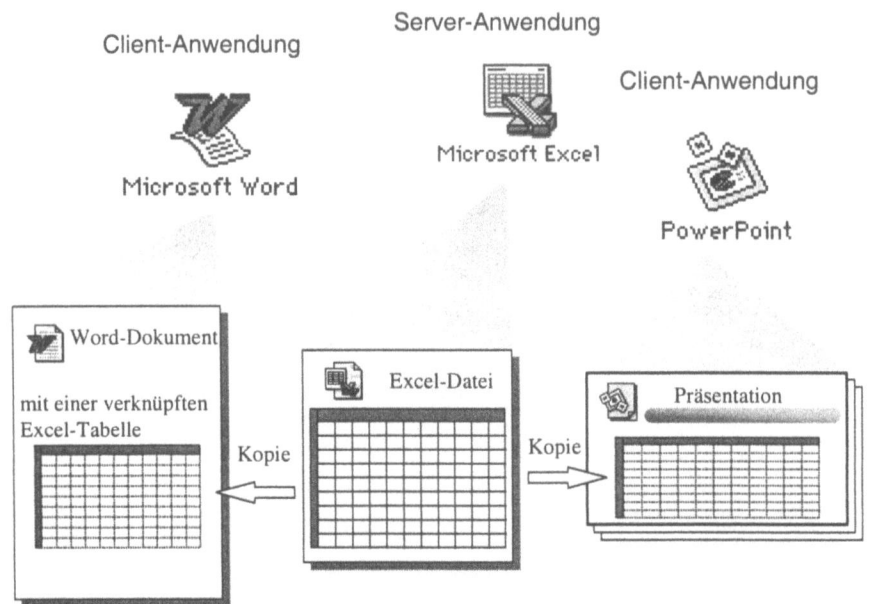

Abbildung 141: Verknüpfung

Die Unterschiede zwischen Einbettung und Verknüpfung sind folgende:

- *Einbettung* (Embedding): Bei der Einbettung wird das (Teil-)Dokument bzw. Objekt, das vom Server zur Verfügung gestellt wird, Bestandteil des Client-Dokuments (siehe Abbildung 140). Mit anderen Worten: Das Server-Dokument ist kein eigenes Dokument, welches auf Betriebssystemebene existiert oder direkt vom Serverprogramm geöffnet werden kann. Ein Zugriff auf das Server-Dokument erfolgt ausschließlich über das Client-Dokument.

- *Verknüpfung* (Linking): Beim Verknüpfen wird eine Kopie des (Teil-)Dokuments bzw. Objekts der Serveranbindung in das Dokument der Client-Anwendung übernommen. Bis hierhin unterscheidet sich die Verknüpfung nicht von der Datenübernahme per Kopieren und Einfügen. Allerdings bleiben bei der Verknüpfung die Informationen darüber, welches Serverprogramm das verknüpfte Dokument erzeugt hat, erhalten (siehe Abbildung 141). Weiterhin ist es möglich, das verknüpfte Dokument bei jeder Änderung automatisch aktualisieren zu lassen, was bei einfachem Kopieren und Einfügen nicht möglich ist.

Die Einbettung ist immer dann sinnvoll einsetzbar, wenn das Server-Objekt eindeutig einem Client-Dokument zugeordnet werden kann und stets aktuell sein muss. Eine Verknüpfung ist immer dann sinnvoll, wenn das Serverobjekt in mehreren anderen Dokumenten verwendet wird. Eine Änderung des Serverobjekts wird dann automatisch in mehrere Dokumente übertragen. Ein Beispiel, in der eine Verknüpfung sinnvoller sein kann als die Einbettung, ist die Verwendung eines Firmenlogos in verschiedenen Dokumenten, welches mit einem beliebigen Grafikprogramm erstellt wurde. Ein solches Logo wird im Laufe der Zeit in Dutzende, wenn nicht gar Hunderten von Dokumenten kopiert. Wenn sich dieses Logo ändert, müsste dieses in entsprechend vielen Dokumenten geändert werden, falls dieses über Einbettung oder Verknüpfung eingebunden ist. Die automatische Aktualisierung wird in einem solchen Fall allerdings auch eine problematische Folge: Die Aktualisierung wird auch in alte Dokumente übertragen, so dass ein Neuausdruck nicht mehr mit den Originalen identisch wäre. In solchen Fällen, wo Dokumente in irgendeiner Weise archiviert werden müssen, kann die automatische Verknüpfungsfunktion jedoch deaktiviert werden.

Im Zusammenhang mit der Einbettung ist noch eine besondere Eigenschaft dieser zu nennen: die so genannte *Vorort-Aktivierung*. Erlaubt ein Endbenutzerwerkzeug die Erstellung eines Objekts, das mit einem anderen OLE-Server-fähigen Endbenutzerwerkzeug erstellt werden muss, so kann der Client für die Erstellung dieses Objekts die Kontrolle über den Arbeitsbereich vorübergehend übergeben. In diesem Fall bemerkt der Benutzer nicht unbedingt, dass er nun mit einem anderen Endbenutzerwerkzeug arbeitet, als er ursprünglich gestartet hat, es erscheint lediglich mit einem anders gearteten Funktionsumfang. Hat er das Server-Objekt erstellt, so wird die Serveranwendung automatisch geschlossen und der Client wieder aktiviert.

Mit Einbettung und Vorort-Aktivierung können mehrere Endbenutzerwerkzeuge zu einem integrierten Werkzeug verschmolzen werden. Ein Beispiel hierfür ist Microsoft Word für Windows, in das wahlweise per Einbettung und Vorort-Aktivierung MS-Graph (Business Graphics), ein Formeleditor oder ein Werkzeug zur Einbindung fertiger Grafiken (Clip Art) eingebunden werden können.

In der Microsoft-Windows-Welt erfolgt die Handhabung von OLE mit Hilfe der Zwischenablage. Dabei entspricht die Handhabung bei der Verknüpfung dem „normalen" Kopieren und Einfügen. Dies ist insofern verwirrend, als dass ein und die selbe Folge von Aktionen unterschiedliche Konsequenzen nach sich ziehen kann. Ob ein Kopieren mit oder ohne Verknüpfung durchgeführt wird, hängt davon ab, ob die Anwendung, aus der ein Objekt eingefügt wird, OLE-Server-fähig ist oder nicht.

3.4.3.3 Customizing von Endbenutzerwerkzeugen

Customizing dient zum Einen der Anpassung von Anwendungsfunktionalität an individuelle Benutzeranforderungen wie auch der Integration bzw. Schaffung von Integrationsschnittstellen mit bzw. zu anderen Systemen.

Customizing durch Parametrisierung

Die einfachste und gängigste Form des Customizing ist das Setzen von Parametern, mit denen Teile der Benutzeroberfläche oder auch die Funktionalität ein- oder ausgeblendet werden. Typischerweise erfolgt dies mit Dialogen, in denen der Benutzer die entsprechenden Parameter durch Anklicken von Check Boxes (Kontrollkästchen) auswählen kann (siehe Abbildung 142).

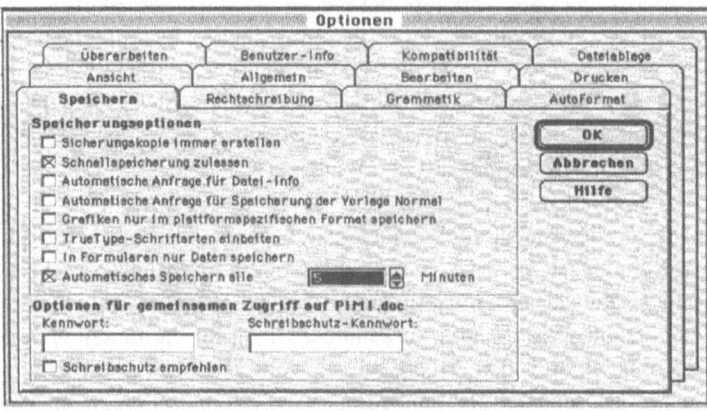

Abbildung 142: Customizing durch Parametrisierung

Mit Hilfe derartiger Parameter können im wesentlichen Ein-/Aus-Funktionen aktiviert werden. So kann beispielsweise festgelegt werden, ob Lineale oder Bildlaufleisten für ein Dokument angezeigt werden sollen oder nicht, welche Dokumente beim Systemstart automatisch geladen werden sollen oder welche Größe ein Fenster als Voreinstellung haben soll. Im Gegensatz zu den Problemen, die beim Customizing mit Parametern für (vertikale) Standardsoftware angegeben wurden, sind die Parameter von Endbenutzerwerkzeugen in der Regel unabhängig voneinander. Die Veränderung eines Parameters hat daher in der Regel keine Auswirkungen auf das Setzen oder Nicht-Setzen anderer Parameter. Dies macht das Customizing von Endbenutzerwerkzeugen mit Hilfe von Parametern einfach, so dass dies auch von Endbenutzern mit in der Regel geringem Einarbeitungsaufwand selbst durchgeführt werden kann.

Customizing von Menüs und Symbolleisten

In der Regel ist für jedes Anwendungssystem eine vollständige Menüleiste konfiguriert. Ebenso sind eine oder mehrere Symbolleisten fertig vorbereitet, die wahlweise vollständig ein- oder ausgeblendet werden können. Menü- und Symbolleisten dienen gleichermaßen der Bereitstellung von Funktionen des Anwendungssystems. Die einzelnen Funktionen verbergen sich dabei entweder hinter den Icons bei Symbolleisten oder in Menüoptionen in Menüs. Die Funktionen werden dabei durchaus redundant angeboten. So obliegt es der Arbeitsweise des Benutzers, ob er die Option „Speichern" aus dem Menü auswählt oder durch Anklicken des entsprechenden Icons anstößt.

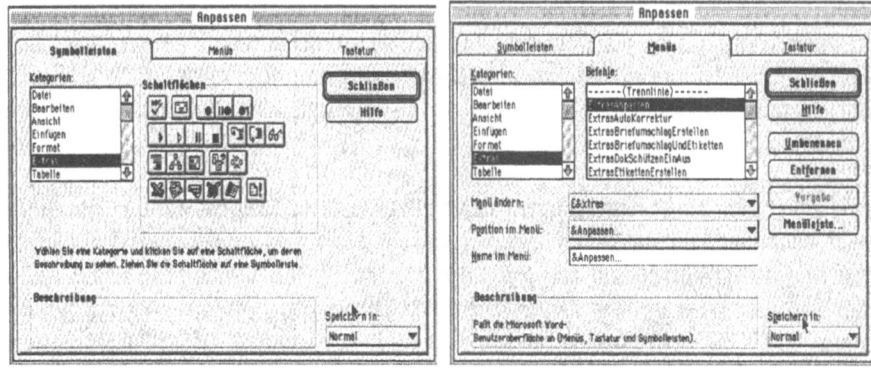

Abbildung 143: Customizing von Menüs und Symbolleisten

Im Rahmen des Customizing können sowohl Menüoptionen als auch einzelne Icons Menü- bzw. Symbolleisten hinzugefügt bzw. aus diesen entfernt werden. Hierfür stehen Konfigurationswerkzeuge zur Verfügung, die in ähnlicher Weise zu bedienen sind, wie die Dialoge für die Einstellung von Parametern (siehe Abbildung 143). Darüber hinaus können selbst definierte bzw. programmierte Funktionen Symbolen oder Menüoptionen zugeordnet werden. Darauf wird später detaillierter eingegangen werden.

Eine weitere Möglichkeit, mit welcher der Benutzer Funktionen des Anwendungssystems anstoßen kann, ist die Nutzung so genannter *Shortcuts*. Als Shortcuts werden Tastenkombinationen bezeichnet, mit denen Funktionen direkt ohne Mausklick oder Menüauswahl ausgeführt werden können. Typischerweise werden hier Funktionstasten oder Standardtasten zusammen mit Sondertasten wie „Control" oder „Option" verwendet. Funktionen können auf gleiche Weise Shortcuts wie Symbolen oder Menüoptionen zugeordnet werden. Die Verwendung von Shortcuts empfiehlt sich allerdings nur für fortgeschrittene Benutzer, da es für die Ausführung dieser auf dem Bildschirm während der Laufzeit keinerlei kontextsensitive Hilfestellung gibt.

Customizing der Anwendungsfunktionalität mit (Makro-)Sprachen

Viele fortgeschrittene Benutzerwerkzeuge bieten die Möglichkeit, die Systemfunktionalität durch die Programmierung von so genannten *Makros* zu erweitern.
Makrosprachen sind ursprünglich sehr einfache Sprachen, die es ermöglichen sollten, Abläufe, die häufig wiederkehren, automatisch ablaufen zu lassen. Ihr Sprachumfang orientierte sich an den Funktionen des Endbenutzerwerkzeugs, was bedeutet, dass zunächst jede wichtige Funktion als ein Makrobefehl abgebildet wurde. Die Makroprogrammierung erfolgt auch nicht primär durch die Eingabe der
einzelnen Befehle von Hand, sondern wird mit Hilfe eines so genannten *Makro-
recorders* aufgezeichnet, abgespeichert und kann dann jederzeit wieder abgerufen
werden. Der Benutzer programmiert nicht, sondern macht dem Endbenutzerwerkzeug vor, was es später auf Tastendruck (Shortcut), durch Anklicken eines Icons
in einer Symbolleiste oder durch Auswahl einer Menüoption leisten soll. Der
Sprachumfang derartiger Makrosprachen war ursprünglich sehr einfach gehalten,
und es fehlten wesentliche Konzepte der strukturierten Programmierung (lokale
Variablen, Prozeduren, usw.).

Mit zunehmenden Releaseständen der Endbenutzerwerkzeuge wurden allerdings
auch nach und nach die Makrosprachen erweitert. So hat sich heute als Standard in
der Microsoft Welt *Visual Basic for Applications*™ (VBA) etabliert, wobei diese
Sprache alle wesentlichen Grundkonstrukte bereitstellt. VBA basiert auf Visual
Basic™, das eine vollständige und im Gegensatz zu früheren Basic-Dialekten (die
Basic zurecht in Verruf brachten) strukturierte Programmiersprache ist, für das es
eine eigene Entwicklungsumgebung gibt. Neben diesen Grundkonstrukten sind
weiterhin werkzeugspezifische Befehle, die Funktionen des Endbenutzerwerkzeugs repräsentieren, Bestandteil einer Makrosprache (siehe Abbildung 144). Endbenutzerwerkzeuge, die einen solch umfassenden Sprachumfang haben, können
durchaus für kleine bis mittlere Entwicklungsprojekte eingesetzt werden. Die Begrenzung von Entwicklungsprojekten wird in der Regel auch nicht durch die
Mächtigkeit der Makrosprachen determiniert, vielmehr sind Speicherverwaltung
und Laufzeitverhalten in der Regel nicht auf größere Projekte ausgerichtet. Neuere
Makrosprachen sind daher sehr umfangreich. So hat beispielsweise die Makrosprache von Microsoft Word für Windows mehr als 700 Befehle.

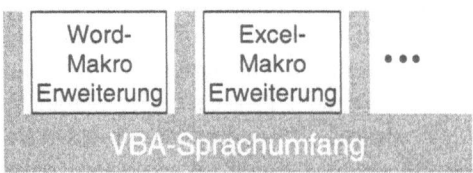

Abbildung 144: Konzept VBA-basierter Makrosprachen

Angesichts dieser Vielzahl von Befehlen, die selbst von professionellen Entwicklern kaum noch durchschaut werden, ist es wenig ratsam, in komplexeren Entwicklungsvorhaben Makros vollständig von Hand zu programmieren. Hier empfiehlt sich folgende Vorgehensweise:

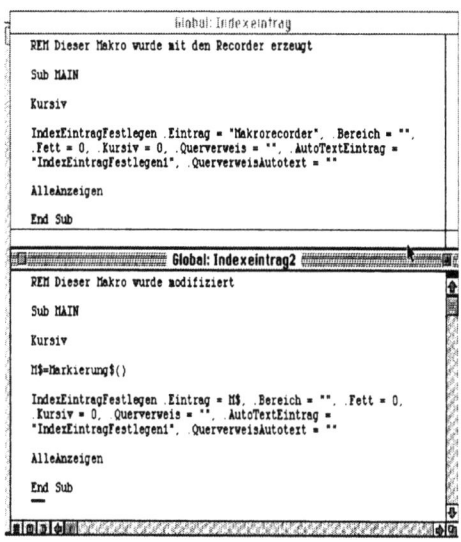

Abbildung 145: Beispielmakros

Zunächst werden die grundlegenden Abläufe mit dem Endbenutzerwerkzeug durchgeführt und mit dem *Makrorecorder* aufgezeichnet. Danach wird der Programmcode des aufgezeichneten Makros um Schleifen, Parameterübergaben und sonstige Strukturierungsmittel ergänzt. Diese Art der Entwicklung ist effizient und zwingt den Systementwickler (der nicht unbedingt ein ausgebildeter Programmierer ist!) zudem, sein Problem in Teilschritte zu zerlegen. Auf diese Weise kann auch ein Endbenutzer in einem gewissen Rahmen strukturiert programmieren, ohne dass er über Kenntnisse darüber verfügen muss. Abbildung 145 zeigt einen aufgezeichneten („Indexeintrag") und anschließend parametrisierten Makro („Indexeintrag2") für die Übernahme eines markierten Begriffs in den Index.

Programmierschnittstellen

Neben der Erweiterung der Funktionalität eines Endbenutzerwerkzeugs mit Hilfe von Programmen, die in der werkzeugeigenen Makrosprache entwickelt wurden, ist es bei einigen Systemen auch möglich, Programmmodule zu integrieren, die in anderen Programmiersprachen und außerhalb des Werkzeugs entwickelt wurden. So ist es bei vielen Endbenutzerwerkzeugen möglich, Programme, die mit anderen Programmiersprachen wie C oder Visual Basic entwickelt wurden, über eine Programmierschnittstelle einzubinden. Beispiele hierfür sind die *Expansion Commands* (XCMD) in der Apple-Macintosh®-Welt, die *User Exits* einiger Programmierwerkzeuge der vierten Generation oder die *Dynamic Link Libraries* (DLLs) und *Windows Link Libraries* (WLLs) in der Microsoft-Windows-Welt.

Die Entwicklung externer Module ist in der Regel verhältnismäßig schwierig und eng auf das Zielsystem, in welches das Modul integriert werden soll, eingegrenzt. So müssen beispielsweise Namenskonventionen, Restriktionen bei der Speicherverwaltung und besondere Mechanismen zur Übergabe von Parametern zwischen dem Endbenutzerwerkzeug und dem einzubindenden Modul berücksichtigt werden. So empfiehlt sich die Entwicklung derartiger Module nur dann, wenn Makroprogrammierung nicht in Frage kommt. Das ist beispielsweise der Fall, wenn der Programmcode auf besondere Weise geschützt werden soll, maschinennahe Programmierung erforderlich ist oder das zu integrierende Modul besonders hohe Anforderungen an das Laufzeitverhalten stellt.

3.4.3.4 Endbenutzerwerkzeuge als Datenbank-Front-Ends

Endbenutzerwerkzeuge können heute über standardisierte Schnittstellen Dienstleistungen von Datenbankservern in Anspruch nehmen. Die Schnittstellentechnologien hierfür sind ODBC (Open Database Connectivity) und OLE. So ist es beispielsweise möglich, über eine derartige Schnittstelle Daten, die beispielsweise von einem Buchhaltungssystem in die zentrale Unternehmensdatenbank geschrieben wurden, in ein Excel-Arbeitsblatt zu übernehmen, dort zu bearbeiten und die geänderten Daten in die Buchhaltungsdatenbank zurückzuschreiben. Weiterhin können heute in Datenbanken ganze Textdokumente oder Grafiken abgelegt werden, die dort archiviert und verwaltet, und bei Bedarf an das entsprechende Endbenutzerwerkzeug weitergegeben werden können.

Beispiel für eine Kopplung vom Endbenutzerwerkzeug Word für Windows und einem relationalen Datenbanksystem ist eine Dokumentenverwaltung, die unternehmensweit eingesetzt werden kann (Rautenstrauch u. a. 1992). Hierbei werden alle Dokumente, die mit Word erstellt werden, so genannten *elektronischen Akten* zugeordnet. Mehrere Akten können wiederum in einem elektronischen Ordner gelegt werden. Wird nun ein Dokument abgespeichert, so wird es sowohl einer Akte als auch einem Ordner zugeordnet. Diese Zuordnungen werden in der Datenbank abgelegt. Neben den Zuordnungsinformationen werden außerdem die wesentlichen Eckdaten wie Betreff, Datum, Ersteller, Adressat und einiges andere mehr in der Datenbank abgelegt und können so für die strukturierte Suche von Dokumenten verwendet werden. Eine solche Dokumentenverwaltung sichert eine unternehmensweit einheitliche und strukturierte Ablage von Dokumenten, erleichtert das Suchen und Finden von Dokumenten und ermöglicht zudem die Vergabe von Zugangsprivilegien, indem bestimmte Dokumente Benutzern zugänglich gemacht bzw. Zugangsberechtigungen entzogen werden können. Da alle Word-Dokumente per Datenbankzugriff geöffnet werden, wirken zudem die Sperrmechanismen des

Datenbanksystems. Sie stellen sicher, dass immer nur ein Benutzer je ein Dokument verändern kann. Damit kann ein echter Mehrbenutzerbetrieb auch mit solchen Endbenutzerwerkzeugen durchgeführt werden, die derartige Funktionalität von sich aus nicht anbieten. Abbildung 146 zeigt das Konzept einer solchen Dokumentenverwaltung.

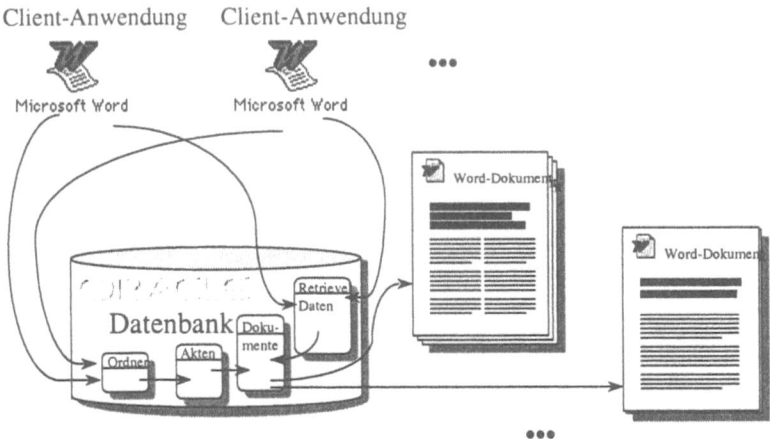

Abbildung 146: Dokumentenverwaltung

3.4.3.5 Implementierung einer Komponentenarchitektur

Endbenutzerwerkzeuge können als Komponentenbibliotheken angesehen werden, die ihre Objekte via OLE oder anderen ORBs zugänglich machen. Nicht nur Endbenutzerwerkzeuge, sondern auch Individualentwicklungen können als OLE-Clients oder -Server fungieren. Die Nutzung von OLE-Objekten als Komponenten von Individualentwicklungen ist vorteilhaft, weil Standardsoftware Server-Funktionen übernehmen kann und beliebige andere Programme Funktionen dieser Standardsoftware nutzen können. In der Microsoft-Windows-Umgebung stellen z. B. Standardprogramme wie Word für Windows oder Excel über OLE2 den Großteil ihrer Funktionalität (d. h. mehrere Hundert fertig entwickelte und ausgetestete Funktionen) zur Verfügung, die von jedem anderen, auch eigenentwickelten, Programm genutzt werden können. Es können aber nicht nur Funktionen des Server-Programms selbst, sondern auch Funktionen, die mit einer (Makro-)Programmiersprache des Server-Programms entwickelt wurden, über die Objektschnittstelle genutzt werden. Die Vorteile einer Integration externer Funktionen über eine Objektschnittstelle sind folgende (Kurbel/Rautenstrauch 1996a, 181ff):

- Die (Mehrfach-)Nutzung bereits vorhandener und ausgetesteter Funktionen reduziert den Entwicklungs- und Wartungsaufwand von Neuentwicklungen.

- Die Qualität von Neuentwicklungen erhöht sich, da auf ausgereifte und bewährte Funktionen zurückgegriffen wird.

- Dem Benutzer werden aus Standardprogrammen vertraute Funktionen bereitgestellt. Dies verringert den Einarbeitungsaufwand und erhöht die Akzeptanz von Neuentwicklungen.

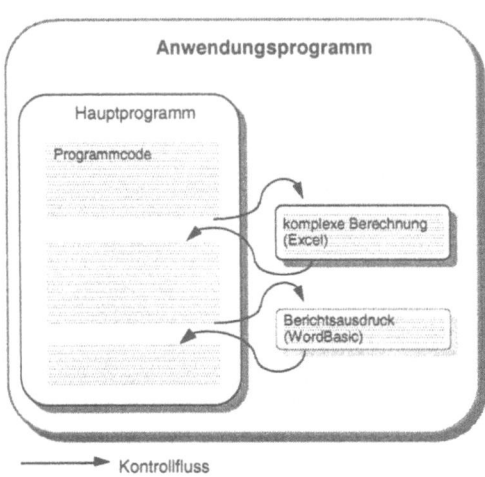

Abbildung 147: Grobstruktur eines Programmcodes

Die Grobstruktur einer Individualentwicklung, das über eine Objektschnittstelle Funktionen anderer Server-Programme nutzt, ist in Abbildung 147 dargestellt. Das Anwendungsprogramm, beispielsweise in Visual C++ geschrieben, nutzt für die Formatierung und den Ausdruck von Berichten die Funktionen von Word für Windows und für komplexe Berechnungen einige Excel-Makros. Dies bedeutet, dass im Programmablauf die Kontrolle zeitweilig den Standardprogrammen übergeben wird. Es übernimmt dabei die Rolle eines Komponenten-Anwendungs-Framework, während OLE zum Komponenten-System-Framework wird. Durch geschicktes Customizing und Anwendung von Vor-Ort-Aktivierung kann außerdem vor dem Benutzer die Verwendung externer Komponenten verborgen werden, so dass dem Anwender das Endergebnis aus einem Guss erscheint. Umfassende Experimente haben gezeigt, dass mit dieser Technik auch komplexe Anwendungen wie PPS-Systeme auf Basis von Komponenten aus Endbenutzerwerkzeugen realisiert werden können (Mertens/Braun/Möhle 1998; Möhle 1998).

Beispiel: In der deutschen Vertretung großen europäischen Computerherstellers ist ein Produktinformationssystem im Einsatz, das auf Standardsoftware und generischen Schnittstellen aufgebaut ist. Die Produktdatenbank ist eine mit MS-Access entwickelte Anwendung, mit der ca. 25 Produktmanager die Produktdaten pflegen.

Da Release-Wechsel häufig vorkommen, unterliegen diese Daten einer kontinuierlichen Veränderung. Andererseits brauchen die Vertriebsmitarbeiter aktuelle und repräsentative Unterlagen für ihre Tätigkeit. Daher müssen von dem Produktinformationssystem „auf Knopfdruck" jederzeit automatisch vollständig formatierte und weitergabefähige Vertriebshandbücher auf Basis der Produktdatenbank gedruckt werden können. Formatierung und Druck werden ausschließlich über Funktionen von Word für Windows realisiert, die über OLE2 aufgerufen werden. Beim Ausdruck wird Word für Windows durch die Access-Anwendung ferngesteuert; dem Benutzer bleibt weitgehend verborgen, dass die Kontrolle vorübergehend an Word übergeben wird. Die Nutzung von Objektschnittstellen ist allerdings auch mit Einschränkungen und Nachteilen verbunden:

- Bislang sind Objektschnittstellen wie OLE oftmals proprietäre Systeme, die nur in homogenen Betriebssystemumgebungen zur Verfügung stehen. Betriebssystemübergreifende Aufrufe von Funktionen über generische Schnittstellen sind allerdings mit ActiveX möglich.

- Für den Betrieb eines Anwendungsprogramms müssen unter Umständen mehrere andere (Standard-)Programme als Server verfügbar sein. Bei der Konfigurierung derartiger Anwendungsverbunde ist außerdem zu beachten, dass die Release-Stände der Einzelsysteme zueinander kompatibel sind.

Objektschnittstellen sind allerdings leicht zu handhaben, effizient und erfordern außer der Server-Software (die in der Regel ohnehin als Teil von Betriebssystemen verfügbar ist und verhältnismäßig geringe Anschaffungskosten hat) keine teure Basistechnologie.

3.4.4 Groupware

Die inhaltliche Komplexität vieler Aufgabenstellungen wie beispielsweise der Konstruktion von komplexen technischen Geräten oder der Entwicklung großer Softwaresysteme ist von Einzelpersonen kaum noch zu leisten. Derartige Aufgaben müssen in der Regel von mehreren Personen bearbeitet werden, die kooperativ eine gemeinsame Aufgabenstellung bewältigen. Teamwork (TEAM = Toll, Ein Anderer Macht's) ist daher insbesondere bei kreativen und konstruktiven Aufgaben gefordert, bei denen jedes einzelne Teammitglied seine mehr oder minder spezifische Sachkompetenz einbringt und umsetzt. Groupware und Workflow-basierte Anwendungssysteme sind speziell für diesen Aufgabenbereich konzipiert. Aus der Client-Server-Perspektive sind diese Systeme vor allem dadurch gekennzeichnet, dass ein hoher Interaktionsgrad zwischen den auf mehrere Netzknoten verteilten Clients besteht.

3.4.4.1 CSCW und Workgroup Computing

Zu den Themen Groupware und Workflow gibt es heute eine unüberschaubare Anzahl von Veröffentlichungen (z. B. Borghoff/Schlichter 2000; Bowers/Benford 1991; Johansen 1988; Schael 1998; Schwabe/Krcmar 1996; Teufel u. a. 1995), bei einer kaum noch überschaubaren Begriffsvielfalt mit zahlreichen widersprüchlichen und zueinander inkompatiblen Definitionen. Trotzdem soll hier versucht werden, in angemessener Kürze die wesentlichen Begriffe herauszuarbeiten und die Begriffswelt rund um die Groupware zu strukturieren.

Eine nach heutigem Kenntnisstand akzeptierte Definition von CSCW ist in (Teufel u. a. 1995, 17) angegeben: „*Computer Supported Cooperative Work (CSCW)* ist die Bezeichnung des Forschungsgebietes, welches auf interdisziplinärer Basis versucht, wie Individuen in Arbeitsgruppen zusammenarbeiten und wie sie dabei durch Informations- und Kommunikationstechnologie unterstützt werden können, um die Effektivität und Effizienz der Gruppenarbeit zu erhöhen". Die informationstechnische Realisierung ist gemäß dieser Definition ein Teil der gesamten CSCW-Forschung. Sie umfasst insgesamt drei Dimensionen:

- *Informationstechnisch*: Aufgabe der Informationstechnik ist es, Werkzeuge zu entwickeln, mit denen Gruppenarbeit effektiv und effizient unterstützt wird.

- *Sozial- und wirtschaftswissenschaftlich*: Die informationstechnisch zu realisierenden Werkzeuge müssen auf Arbeitsmethoden und Techniken basieren, die für diese Art der Arbeitsorganisation zweckmäßig sind. Weiterhin ist es eine Aufgabe der sozial- und wirtschaftswissenschaftlichen Forschung, Methoden, Techniken und Werkzeuge bezüglich ihrer ökonomischen und sozialen Konsequenzen zu evaluieren.

- *Psychologisch/organisationstheoretisch*: Für die Neuentwicklung und Evaluierung von Arbeitsmethoden und Techniken für die Gruppenarbeit ist ein umfassendes Verständnis psychologischer und organisationstheoretischer Grundlagen der Gruppenarbeit erforderlich. Auf derartige Erkenntnisse müssen daher alle vorgenannten Konzepte aufbauen.

Kennzeichen der CSCW-Forschung ist daher eine hohe Interdisziplinarität, die jedoch in der Praxis bislang nur zum Teil realisiert wird. Die Trennung und Isolation einzelner Disziplinen entsprechen ihrer jeweiligen Orientierung an den Polen „technologischer Imperativ" oder „anthropologische Maxime". So sind Konzepte entstanden, die nur begrenzt kompatibel zueinander sind. Weiterhin hat die starke Nachfrage nach Informationssystemen für die Unterstützung von Teamarbeit dazu geführt, dass eine ausgeprägte Fokussierung auf die Anwendungs- bzw. Werkzeugentwicklung auszumachen ist.

Abbildung 148: CSCW, Workgroup Computing und Groupware

Die Schnittstelle zwischen informationstechnischer Umsetzung und allgemeingültigen Konzepten des CSCW ist das *Workgroup Computing*. Im Rahmen des Workgroup Computing wird der Technologieeinsatz unter organisatorischen Prämissen konzipiert. Auf Basis von Untersuchungen der Interaktionsbeziehungen zwischen Gruppenmitgliedern sowie deren aufbauorganisatorischer Implementierung werden im Rahmen des Workgroup Computings Konzeptionen von Computernetzen und die Bereitstellung von Basistechnologie geplant.

3.4.4.2 Groupware-Systeme

Die softwaretechnische Unterstützung des CSCW erfolgt dann zwischen Einsatz von Groupware. Wie bereits erwähnt, handelt es sich bei Groupware um Software zur Unterstützung kooperativer Arbeitsformen. Diese sehr allgemeine Definition könnte so interpretiert werden, dass letztendlich jede Form von Multi-User-Systemen in Netzwerken als Groupware-Systeme definiert sein könnten. Damit wäre beispielsweise jede Client-Server-Implementierung in einem Computernetz ein Groupware-System. Eine solche Interpretation ist jedoch zu allgemein und wird dem sachlichen Anspruch von Groupware nicht gerecht. Konkret umfassen Groupware-Systeme zumindest folgende Funktionsbereiche:

- Unterstützung der *Kommunikation* zwischen Gruppenmitgliedern,

- Unterstützung der *Zusammenarbeit* zwischen Teammitgliedern, die sich dadurch von der reinen Kommunikation unterscheidet, dass Teilergebnisse einzelner Teammitglieder zu einem Gesamtergebnis zusammengefügt werden können,

- *Koordination* von Aktivitäten, worunter zu verstehen ist, dass bei der Zusammenarbeit im Team gewisse Reihenfolgen und Abhängigkeiten von Einzelaktivitäten zu beachten sind.

Ort Zeit	Gleich	Verschieden
synchron	Electronic Meeting Systems (EMS) Group Decision Support Systems (GDSS)	Collaborative Authoring Systems Screen Sharing Systems
asynchron	Personal Information Manager (PIMs) Time Scheduler Calendaring Systems	E-Mail/Conferencing Information Sharing Systems Workflow Systeme

Tabelle 37: Zeit/Ort-Portfolio für Groupware-Systeme

In der Literatur findet man zahlreiche Ansätze zur Klassifikation von Groupware-Systemen. Ein auf Grund seiner Einfachheit zwar prinzipiell angreifbarer, aber dennoch durchaus bewährter Klassifikationsansatz ist das Zeit/Ort-Portfolio von (Johansen 1988, 44) (siehe Tabelle 37).

Die in dem Portfolio aufgeführten Arten von Groupware-Systemen lassen sich insbesondere innerhalb eines Quadranten nur schwer voneinander abgrenzen. So entstammen die verwendeten Begriffe teilweise wissenschaftlichen Definitionen, aber teilweise auch von Groupware-Anbietern. Insgesamt lassen sich die einzelnen Systemtypen folgendermaßen skizzieren:

- *Electronic Meeting Systems (EMS)*: Electronic Meeting Systems unterstützen Teilnehmer von Meetings bei der effizienten Durchführung. So verbringen Manager einen Großteil ihrer Arbeitszeit in Meetings und empfinden diese stets als „zu lang und ineffizient". Die Gründe hierfür sind, dass häufig die für das Meeting relevanten Informationen nicht oder zu spät bereitgestellt werden und ein Großteil des Meetings dafür verwendet werden muss, die Teilnehmer auf einen gemeinsamen Kenntnisstand zu bringen. Electronic Meeting Systems stellen daher alle für das Meeting relevanten Informationen zur Verfügung, erlauben den Abruf der Information während des Meetings und den Update bzw. die Protokollierung neuer Ergebnisse, so dass diese während des Meetings und auch danach allen Teilnehmern aktuell zur Verfügung stehen.

- *Group Decision Support Systems (GDSS)* gehen insoweit über EMS hinaus, als dass sie auch Entscheidungsprozesse, die beispielsweise durch Abstimmungen erfolgen, unterstützen. So können mit GDSS während einer Sitzung Meinungsbilder erfasst werden und tabellarisch oder grafisch den Teilnehmern bereitgestellt, entscheidungsrelevante Informationen hinzugefügt und so ausgehend von Meinungsbildern Entscheidungsprozesse unterstützt werden.

- *Personal Information Manager (PIMs)* können als elektronische Implementierungen von Organizern angesehen werden. Im Gegensatz zu konventionellen Organizern, in denen Termine, Adressen, Notizen, usw. nur von einer Person gepflegt werden können, ist es daher von elektronischen PIMs möglich, diese Daten von mehreren Teammitgliedern zu pflegen und einzusehen und vor allen Dingen auch diese Informationen zur Koordination und Abstimmung von Terminen und Daten zu nutzen. So können beispielsweise für die Planung eines Meetings die Terminkalender aller Teammitglieder wieder herangezogen werden, um sofort einen Termin festzulegen, an dem alle Teammitglieder die Möglichkeit haben, am Meeting teilzunehmen. Das Modul zur Koordination von Terminen einzelner Teammitglieder wird auch *Calendaring System* genannt. Diese Systeme stellen damit eine Teilmenge von PIMs dar.

- *Time Scheduler* sind Systeme, die ebenfalls als Teilsysteme von PIMs realisiert sein können. Mit ihnen können allerdings nicht nur Termine von Teammitgliedern koordiniert werden, sondern auch Aktionen angestoßen werden, mit den in irgendeiner Weise Aktivitäten anderer Teammitglieder beeinflusst werden können. Beispiele für solche Aktionen sind das Versenden einer Meldung von einem Teammitglied an ein anderes, wobei die Meldung sofort auf dem Bildschirm des anderen erscheint, der Versand einer E-Mail zu einem bestimmten Zeitpunkt, das Starten eines bestimmten Anwendungsprogramms auf dem Rechner eines Teammitglieds oder das Ausführen eines Makros auf einem Rechner eines Teammitglieds.

- *Collaborative Authoring Systems* unterstützen die Erstellung von Textdokumenten durch mehrere Autoren, die räumlich verteilt zeitgleich am gleichen Dokument arbeiten. Solche Systeme stellen sicher, dass alle Autoren zeitgleich auf dem aktuellen Informationsstand sind. Ferner unterstützen sie den Informationsabgleich zwischen Autoren und die Möglichkeit zum Austausch von Nachrichten.

- *Screen Sharing Systems* werden insbesondere für Lehrzwecke eingesetzt. Mit ihnen ist es möglich, an einem Arbeitsplatz den Bildschirminhalt von anderen Arbeitsplätzen sichtbar zu machen und auch die Kontrolle über die Ausführung auf dem Arbeitsplatz zu übernehmen. So kann beispielsweise ein Lehrer jederzeit den Bildschirm eines Schülers einblenden und nachsehen, wie weit dieser bisher bei der Bewältigung seiner Aufgabenstellung gekommen ist. Braucht der Schüler Unterstützung, so kann der Lehrer jederzeit Online eingreifen. Er übernimmt dabei die Kontrolle über Maus und Tastatur des Schülers. Derartige Systeme (wie z. B. Timbuktu) sind allerdings auch geeignet, allerlei Schabernack mit anderen Teammitgliedern zu treiben (z. B. das überraschende Schließen eines Dokuments, ohne dieses abzuspeichern).

- *E-Mail* und *Konferenzsysteme* unterstützen den Austausch von elektronischen Nachrichten. Hierfür wird allerdings nicht nur die Erstellung und der Versand von Nachrichten, sondern darüber hinaus die Organisation abgehender und eingehender E-Mails beispielsweise in elektronischen Ordnern unterstützt und außerdem die Möglichkeit gegeben, E-Mails nach verschiedenen Kriterien wie Datum, Sender/Empfänger, Original-E-Mail, Antwort hierauf, Antwort auf die Antwort, usw. zu gliedern bzw. zu sortieren. Konferenzsysteme erlauben zudem den Versand von Messages an Gruppen von Personen und den Aushang von Mitteilungen an einem elektronischen „Schwarzen Brett", an dem sich jedes Teammitglied Informationen abholen kann.

- *Information Sharing Systems* ermöglichen, dass Teammitglieder (Gruppen von) Teammitgliedern Informationen zum Abruf bereitstellen. Dazu werden die bereitzustellenden Informationen auf einem zentralen Server abgelegt, von dem die anderen Benutzer die Informationen abrufen können. Beispiel für ein Information Sharing System ist das World Wide Web, auf das in Abschnitt 2.6.7 Das World Wide Web (WWW) ausführlich eingegangen wurde.

- *Workflow-Systeme*: Siehe Abschnitt 3.3.3.3 Workflow-Management-Systeme.

Die Funktionalität, die von Groupware-Systemen bereitgestellt werden, können folgendermaßen klassifiziert werden:

- *Kommunikation*: Hierzu gehört Empfang, Versand und Strukturierung von elektronischen Nachrichten.

- *Zugriffsmanagement (Directory Service)*: In komplexen Groupware-Netzen ist es häufig der Fall, dass die einzelnen Teammitglieder entsprechend ihrer Zuständigkeiten unterschiedliche Zugriffsrechte auf unterschiedliche Objekte haben müssen. Dabei sind Benutzer(-gruppen), Privilegien und Rollen genauso zu verwalten, wie in Abschnitt 2.3.4 Benutzerverwaltung beschrieben. Dabei wird mit der Festlegung von Rollen im Prinzip die Aufbauorganisation eines Teams im Groupware-System abgebildet. Beispiel für eine Rolle ist der Projektleiter, der alle Dokumente einsehen und verändern darf, der Sachbearbeiter, der zwar alle Dokumente einsehen, aber nur eine bestimmte Klasse verändern darf oder der Systemadministrator, der zwar kein Dokument verändern darf, dafür aber Rollen vergeben kann.

- *Kalender- und Terminierungsfunktion*: Hierunter sind die Funktionen zu verstehen, die im Zusammenhang mit Calendaring Systems und Time Schedulern behandelt wurden.

- *Elektronische Diskussionsforen*: Elektronische Diskussionen werden in der Form abgewickelt, dass die einzelnen Teilnehmer der Diskussion sich gegenseitig E-Mails zusenden. Da elektronische Diskussionen nur dann den „konventionellen" Diskussionen vorzuziehen sind, wenn diese zeitlich asynchron durchzuführen sind, ist es wichtig, dass weitreichende Strukturierungsmöglichkeiten für die abgehenden und eingehenden E-Mails vorhanden sind. So müssen E-Mails nach Anregungen und Antworten darauf, Themen, zeitlichen Abläufen und Kombinationen aus den Kriterien sortierbar sein. Diese spezifischen Funktionen, die über die Standardfunktionalität von E-Mail- und Konferenzsystemen in der Regel hinausgehen, werden als *elektronisches Diskussionsforum* bezeichnet.

- *Dokumentmanagement*: Im Verlauf von Projekten wird in der Regel eine Vielzahl von Dokumenten produziert, die für alle Teammitglieder oder Teilgruppen relevant sind. Zum Dokumentmanagement gehört, dass diese Dokumente stets zu richtigen Zeitpunkten den richtigen Adressaten bereitgestellt werden bzw. wichtige Adressaten Dokumente „abholen" können.

- *Verteiltes Aufgabenmanagement*: Aufgaben können formuliert, terminiert und an Teammitglieder verteilt werden. Weiterhin kann für eine Aufgabe ein Bearbeitungsstatus (z. B. nicht begonnen, begonnen, in Arbeit, abgeschlossen) angegeben werden, der vom Auftraggeber überwacht werden kann.

- *Workflowunterstützung*: Auf dieses Thema ist bereits in Abschnitt 3.3.3.3 Workflow-Management-Systeme näher eingegangen worden.

Groupwaresysteme können auf der Basis proprietärer Standardsoftware wie beispielsweise Lotus Notes® oder Skyrix® erstellt oder mit Endbenutzerwerkzeugen kombiniert werden. Proprietäre Systeme unterstützen im wesentlichen die oben aufgeführte Funktionalität, sind aber verhältnismäßig geschlossene Systeme, was die Integration anderer Anwendungssysteme bzw. ihre Integration in andere Anwendungssysteme erschwert.

Lotus Notes umfasst beispielsweise eine Datenbank, in der Formulare sowie die darin sichtbaren Daten abgespeichert werden. Mit Hilfe der Datenbank und der Formulare können Informationen netzweit Lotus-Benutzern bereitgestellt werden. Weiterhin verfügt Notes über ein integriertes E-Mail- und Konferenzsystem, das weitreichende Strukturierungsmöglichkeiten anbietet, und eine Verwaltungskomponente, mit der Benutzer und Privilegien gewartet und gepflegt werden können. Für den Aufbau von Netzen mit mehreren Hundert, wenn nicht gar Tausend Notes-Arbeitsplätzen ist außerdem ein Naming Service eingerichtet, der sicherstellt, dass jeder Arbeitsplatz über eindeutige Adressen erreichbar ist. Für das Customizing von Notes steht eine Vielzahl von Funktionen zur Verfügung, die innerhalb von Makros sequentiell ausgeführt werden können. Komplexere Steuerungen können programmiert werden, indem Makros Buttons oder Formularfeldern zugeordnet werden und über den Benutzer eine nicht sequentielle Abfolge gesteuert

wird. Ein anderes Beispiel für eine Groupware ist Microsoft Outlook, das die
Funktionen Kommunikation, Kalenderführung und Terminkoordination, Elektronische Diskussion und das verteilte Aufgabenmanagement unterstützt.

3.4.4.3 Groupware mit Endbenutzerwerkzeugen

Der Aufbau von Groupware mit Endbenutzerwerkzeugen bzw. Komponenten aus
diesen kann realisiert werden, in dem die einzelnen Komponenten über Objektschnittstellen miteinander verbunden werden und/oder ein Application Server als
Koordinierungsinstanz genutzt wird. Komponenten, aus denen ein solches Groupware-System zusammengesetzt werden können, sind z. B. Personal Information
Manager, Maskeneditoren, Reportgeneratoren, E-Mail-Systeme und Komponenten
für die Netzwerkadministration, mit denen Directory Services realisiert werden
können.

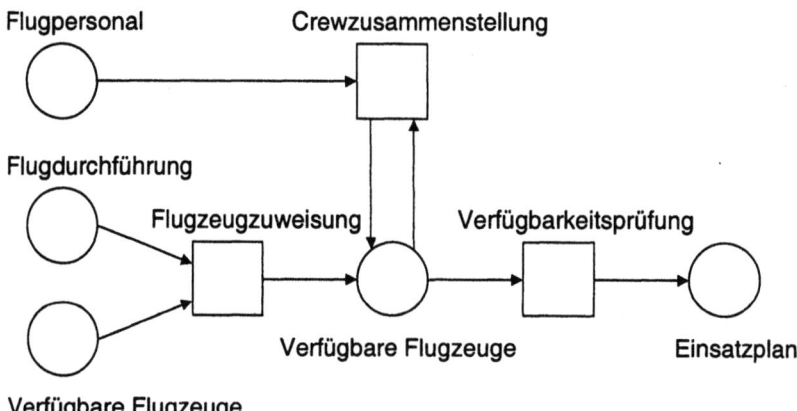

Abbildung 149: Workflow des Geschäftsvorfalls Flugvorbereitung

Workflowmodelle sind geeignet, den Ablauf von mehreren Anwendungssystemen
zu kontrollieren. Abbildung 149 zeigt einen einfachen Workflow für die Flugvorbereitung als Kanal-Instanzen-Netz (Stucky u. a. 1996, 373). Kanal-Instanzen-
Netze sind eine einfache Form von Petri-Netzen, in denen Rechtecke Aktivitäten
(Kanäle), die Zustandsübergänge nach sich ziehen, und Kreise passive Komponenten (Instanzen) repräsentieren.

Workflow-Managementsysteme bieten Schnittstellen zu Entwicklungswerkzeugen
an, mit denen die sich aus dem Modell ergebenden Kontrollflüsse in die Steuerung
von Anwendungssystemen in die Ablaufsteuerung von Programmen übernommen
werden können. Für diese Schnittstelle wurde ein Industriestandard durch die
Workflow Managemant Coalition (WfMC), ein Konsortium namhafter Anbieter,

definiert (Workflow Management Coalition 1994). Durch eine enge Zusammenarbeit mit der OMG wurde die Kompatibilität zu deren Standards (insbesondere CORBA) gewährleistet. Systeme, die diesem Standard entsprechen und die Workflow-basierte Steuerung von Anwendungssystemen ermöglichen, werden *Enactment Services* genannt.

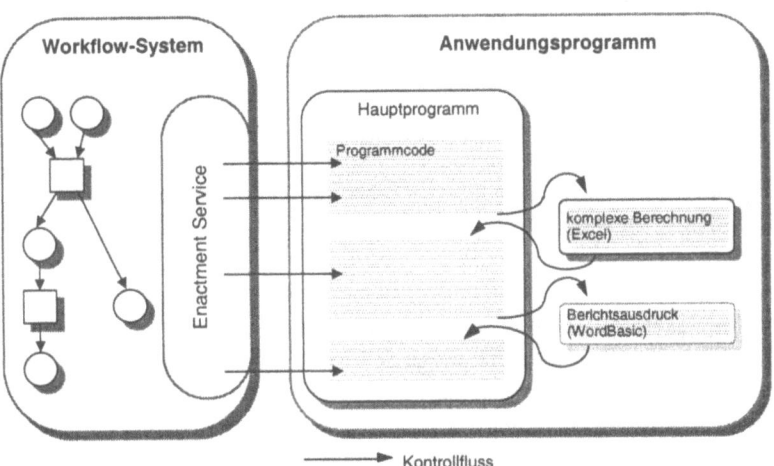

Abbildung 150: Workflow-basierte Applikation

Auch für Workflow-orientierte Anwendungssysteme bietet sich an, die einzelnen Aktivitäten über Endbenutzerwerkzeuge bzw. Komponenten zu realisieren, die über ein Hauptprogramm gesteuert werden. Die im Workflow-Management-System hinterlegten Workflows bilden die Grundlage für die Implementierung der Abläufe im Hauptprogramm. Abbildung 150 zeigt, wie Workflow-Managementsystem, Enactment Service und Anwendungssystem zusammenhängen.

Die Workflows ergänzen in einer solchen Konfiguration das Komponenten-Anwendungs- und die Enactment-Services das Komponenten-System-Framework.

3.4.5 ERP-Systeme

3.4.5.1 Grundlagen

Blickt man auf die Historie betriebswirtschaftlicher Anwendungssysteme zurück, so lassen sich zwei Entwicklungszweige erkennen. Auf der einen Seite war es das betriebliche Rechnungswesen, das Ende der 60-er Jahre durch erste EDV-Anwendungen automatisiert wurde. Es lag durch aus auf der Hand, gerade mit diesem Bereich an zu fangen, da das Rechnungswesen z. T. bedingt durch gesetzliche Regelungen strukturiert und standardisiert ist und außerdem die offensichtlich größten Automatisierungspotenziale vorlagen. Auf der anderen Seite sah man auch große Rationalisierungspotenziale in der betrieblichen Produktion. IBM stellte ebenfalls Ende der 60-er Jahre mit einem Programm namens BOMP (Bill-of-Materials-Processor) einen ersten Stücklistenprozessor vor, der heute als Urahn der PPS-Systeme (PPS = Produktionsplanung und -steuerung) gilt. Später wurde BOMP weiter zum MRP-System (MRP = Material Requirements Planning) COPICS für die Materialwirtschaft ausgebaut und in weiteren Entwicklungszyklen um zeitwirtschaftliche Funktionen ergänzt. PPS-Systeme, die sowohl die Material- wie auch zeitwirtschaftlichen Funktionen umfassen, wurden dann MRPII-Systeme genannt (MRPII = MRP Version 2 = Manufacturing Resource Planning). Da es den Rahmen dieses Werks bei weitem sprengen würde, die Funktionalität von MRPII-Systemen auch nur grob zu umreißen, sei hier auf die weiterführende Literatur zu PPS-Systemen wie z. B. (Kurbel 1999) verwiesen.

Heute sind die betrieblichen Anwendungssysteme verschiedener Unternehmensbereiche zu komplexen Systemen integriert worden, die *ERP-Systeme* genannt werden (ERP = Enterprise Resource Planning). Seit Mitte der 90-er Jahre haben ERP-Systeme einen weltweiten Siegeszug durch die Unternehmen genommen, so dass heute zumindest Großunternehmen flächendeckend derartige Systeme einsetzen. Die großen ERP-Anbieter sind Oracle, Peoplesoft, Baan und die SAP AG. Letztgenanntes Unternehmen stellt mit dem System R/3 auch den weltweiten Marktführer, weshalb dieses System auch Referenz für die folgenden Ausführungen ist. Innerhalb der SAP-Welt wird eine eigenständige Begriffswelt verwendet, die im Folgenden auf die bislang eingeführte produktneutrale Sprachregelung abgebildet wird.

Die betriebswirtschaftlichen Funktionen von R/3 sind in Kernkomponenten bzw. Core-Components organisiert, die in etwa großen Fachkomponenten entsprechen. Sie sind ohne Anspruch auf Vollständigkeit folgenden Bereichen zugeordnet:

- Logistik
    - Vertrieb
    - Materialwirtschaft
    - Produktionsplanung
    - Qualitätsmanagement
    - Instandhaltung

- Bereich Personalwesen
    - Personalwirtschaft

- Bereich Rechnungswesen
    - Finanzwesen
    - Controlling

- Treasury
- Anlagenwirtschaft

- Bereich Querschnittslösungen
  - Projektmanagement
  - Servicemanagement
  - Bürokommunikation
  - Workflow-Funktionen
  - Data Warehouse

- Bereich Branchenlösungen

Damit deckt R/3 im Wesentlichen Funktionsbereiche von Dispositions- und Administrationssystemen an. Im umfassenden mySAP® stehen zudem beispielsweise mit dem Business Information Warehouse (SAP BW®), einem offenen Data Warehouse, und dem Advanced Planner and Optimizer (SAP APO®) auch Komponenten zur Verfügung, die den Planungs- und Kontrollsystemen zugeordnet werden. Eine oder mehrere eng gekoppelte Kernkomponenten bilden Business Components (BC). Beispielweise ist die Kernkomponente mySAP HR™ (Human Resources = Personalwirtschaft) auch eine BC, während mySAP FI™ (Finanzwesen) und mySAP CO™ (Controlling) zusammen eine BC bilden.

Die Beschreibung der Funktionalität oben genannter Module würde ein mehrbändiges Werk füllen, daher wird hier im Detail nicht weiter darauf eingegangen. Sie basiert auf einem Mastermodell, das aus *Referenzmodellen* für die jeweiligen Module zusammen gesetzt ist. Das *Mastermodell* ist offen verfügbar und kann von Entwicklern eingesehen werden. Es ist die Grundlage für das *Customizing*. Die Prozesse sind mit EPKs und die Daten mit ER-Diagrammen modelliert. Als weiterführende Literatur zu Modellen und Funktionalität betriebswirtschaftlicher Informationssysteme wird hier auf (Scheer 1998a) und (Mertens 2000) verwiesen.

Voraussetzung für das Customizing ist die sorgfältige Modellierung und Analyse aller Geschäftsprozesse, die durch die R/3-Implementierung unterstützt werden sollen. Anhand der Prozessmodelle lassen sich die Funktionen und Beziehungen identifizieren, die aus dem gesamten Funktionenvorrat von R/3 für die spezielle Anwendung zu selektieren sind. Der Selektionsprozess selbst, das eigentliche Customizing, erfolgt dann über das systematische Setzen von Parametern. Dies ist in der Praxis eine kniffelige Angelegenheit, da die Anzahl möglicher Kombinationen, aus der die richtige zu finden ist, extrem groß ist. Gibt es n mögliche Einstellungen pro Parameter und insgesamt m Parameter, beträgt die Anzahl möglicher Einstellungen n^m, da die Parameter nicht unabhängig voneinander sind. Bei R/3 gibt es mehrere hundert Parameter mit mindestens zwei Einstellungen. Angeblich soll es weniger als 2^{100} Atome im Weltall geben.

Der Schwerpunkt der folgenden Ausführungen liegt in der Systemarchitektur des R/3-Basismoduls, das die technische Grundlage für den Betrieb und die Integration der betriebswirtschaftlichen Module sind. Die R/3-Basis übernimmt als Middleware sowohl die Aufgabe des Anwendungs- wie des Komponenten-System-Frameworks.

3.4.5.2 Architektur von SAP R/3

R/3 basiert auf einer Three-Tier-Architektur, wie sie in Abbildung 123 dargestellt ist. Die *Präsentationsschnittstelle* (im langläufigen Sprachgebrauch auch Benutzerschnittstelle) wird SAPGUI™ genannt (GUI = Graphical User Interface). Im SAPGUI laufen alle Anwendungsprogramme von R/3 ab. Sie bildet die Schnittstelle für alle Benutzerein- und -ausgaben. Jeder Arbeitsplatz, der ein SAPGUI bereit stellt, ist dann eine *Instanz* der Präsentationsschnittstelle. Pro Instanz läuft dann ein SAPGUI-Prozess ab. Die Präsentation der Benutzerschnittstelle kann sowohl mit Terminals wie auch PCs erfolgen. Da Terminals nicht über eigene Speicherressourcen verfügen, müssen deren SAPGUI-Prozesse entweder auf einem Terminal-Server oder auf dem Application Server instanziiert werden, während dies auf PCs lokal geschieht. Ein auf einem PC instanziierter SAPGUI-Prozess kommuniziert dann direkt mit dem Window-Manager des PC-Betriebssystems. Die Kommunikationsschnittstelle zwischen den SAPGUI-Prozessen und dem Application Server ist der *SAP Dispatcher*, der die Benutzeranfragen zur weiteren Verarbeitung entgegennimmt. Diese Zusammenhänge sind in Abbildung 151 zusammengefasst.

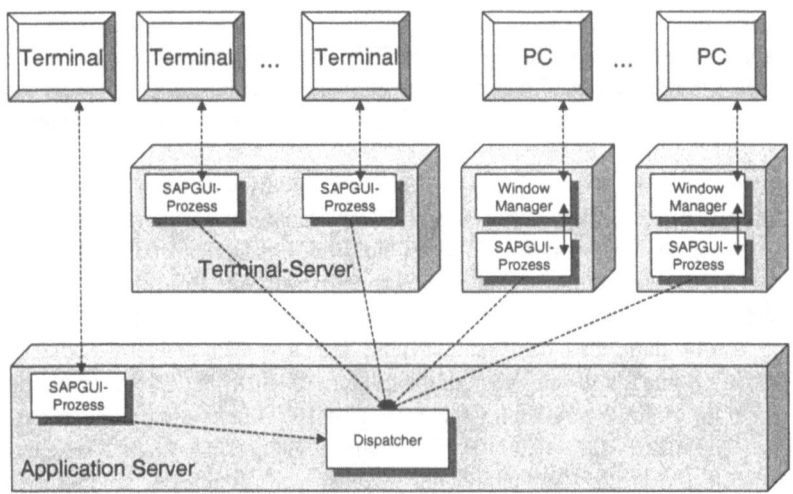

Abbildung 151: R/3-Präsentationsschnittstelle

Bevor auf den Application Server näher eingegangen wird, ist es zweckmäßig, zunächst die unterste Schicht, den *Datenbank-Server*, ein zu gehen, da der Application Server sowohl Diente für die Kommunikation zum Präsentations- als auch Datenbank-Server bereit stellt. Der Datenbank-Server ist ein konventionelles relationales Datenbanksystem mit DBMS und Datenbank. SAP lässt dabei offen, welches System konkret verwendet wird, es muss lediglich relational und SQL-fähig sein sowie in der Lage sein, sehr große Datenbestände effizient hand zu haben. Verteilte Datenbanken werden von SAP bislang nicht unterstützt.

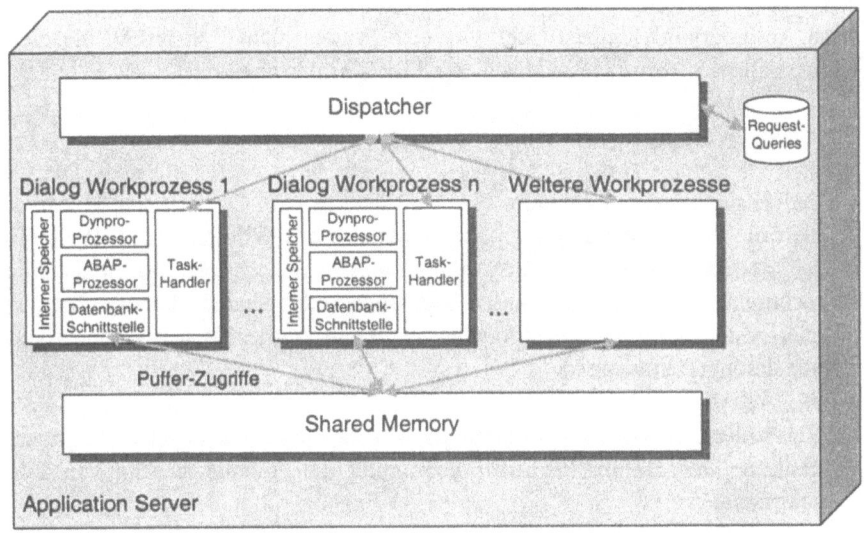

Abbildung 152: Dispatcher, Workprozess und Shared Memory

Auch wenn es vom Application Server mehrere Instanzen auf verschiedenen Rechnern geben kann, wird hier zunächst nur ein Application Server genauer betrachtet. Der Dispatcher verteilt SAPGUI-Anfragen an so genannte *Workprozesse*. Workprozesse sind nicht eindeutig SAPGUI-Prozessen zugeordnet, sondern werden vom Dispatcher bedarfsorientiert zugeordnet und nach erfolgter Verarbeitung wieder entzogen. Aus Anwendungssicht werden fünf wesentliche Typen von Workprozessen unterschieden:

- *Dialogprozesse* für die Abarbeitung von Funktionen in Realzeit,
- *Verbuchungsprozesse* für die Abarbeitung von Datenbanktransaktionen (Commit und Rollback),
- Prozesse für die *Sperrverwaltung* bei konkurrierenden Benutzerprozessen auf der Datenbank,
- *Spool-Prozesse* für die Druckeransteuerung,

- *Hintergrundprozesse* für die Steuerung und Durchführung von Batch-Prozessen.

Die Anzahl der Workprozesse pro Typ ist individuell für jeden Application Server zu konfigurieren und ist von der Anwendungslandschaft (sind z. B. mehr Dialog- oder Hintergrundprozesse gefordert), den verfügbaren Hardwareressourcen des Application Servers und ggf. auch der Konfiguration mehrerer Application Server abhängig (beispielsweise kann es sinnvoll sein, verschiedene Application Server für Dialog- oder Hintergrundbetrieb zu spezialisieren). Fordert ein Dispatcher einen Workprozess eines Typs an, von dem alle Instanzen belegt sind, dann wird diese Anforderung (Request-Query) in eine Warteschlange eingefügt, die diese Request-Queries verwaltet und nach dem FIFO-Prinzip abarbeitet.

Ein Dialog-Workprozess besteht aus folgenden Bausteinen:

- Der *Task-Handler* übernimmt die Anforderung vom Dispatcher und koordiniert die Weitergabe an die anderen Bausteine des Workprozesses. Weiterhin schreibt der Task-Handler am Anfang eines Dialogschrittes alle Benutzerberechtigungen in den so genannten User Context des Shared Memory, damit sicher gestellt wird, dass nachfolgend nur Benutzer-spezifisch zulässige Aktionen durchgeführt werden.

- Ein Bildschirmmaske mit Ablauflogik wird Dynpro (Dynamisches Programm) genannt. Der *Dynpro-Prozessor* übernimmt die Ablaufsteuerung von Bildschirmmasken.

- Die Anwendungsfunktionalität von R/3 ist vollständig in der Programmiersprache ABAP® (Advanced Business Application Programming) entwickelt. Der *ABAP-Prozessor* des Workprozesses interpretiert die ABAP-Programme und führt sie aus.

- Die *Datenbankschnittstelle* greift, anders als ihr Name dies vermuten lässt, in der Regel nicht direkt auf das DBMS des Datenbank-Servers zu, sondern reicht Datenbank-Anfragen an den *Shared Memory*, einen strukturierten Hauptspeicherbereich auf dem Application Server, zu. Im Shared Memory werden alle aus der Datenbank selektierten Objekte und der User Context so zwischengespeichert, dass möglich wenige Plattenzugriffe über das DBMS erforderlich sind. In der Regel sind 95% aller Zugriffe der Datenbankschnittstelle Zugriffe auf den Shared Memory, ohne dass aus der Datenbank gelesen werden muss.

Schreibende Zugriffe auf der Datenbank werden über die Verbucher-Workprozesse abgearbeitet. Sind mehrere Application Server instanziiert, dann werden diese über einen *Message-Server* koordiniert. Sind zudem R/2 und Fremdsysteme in einen R/3-System integriert, werden die Zugriffe auf diese über einen *Gateway-Server* realisiert. Auch wenn es mehrere Instanzen von Application Servern gibt, gibt es nur je genau einen Message- und Gateway-Server.

3.4.5.3 Integrationsschnittstellen von R/3

R/3 stellt verschiedene Schnittstellen für die Integration externer Funktionen zur Verfügung. Die naheliegendste Variante für die Implementierung individueller Funktionen ist die Nutzung der *ABAP-Workbench*, einer Entwicklungsumgebung für ABAP-Programme. Aus ABAP-Programmen können Funktionen von R/3 über *Remote Function Calls* (RFC) aufgerufen werden.

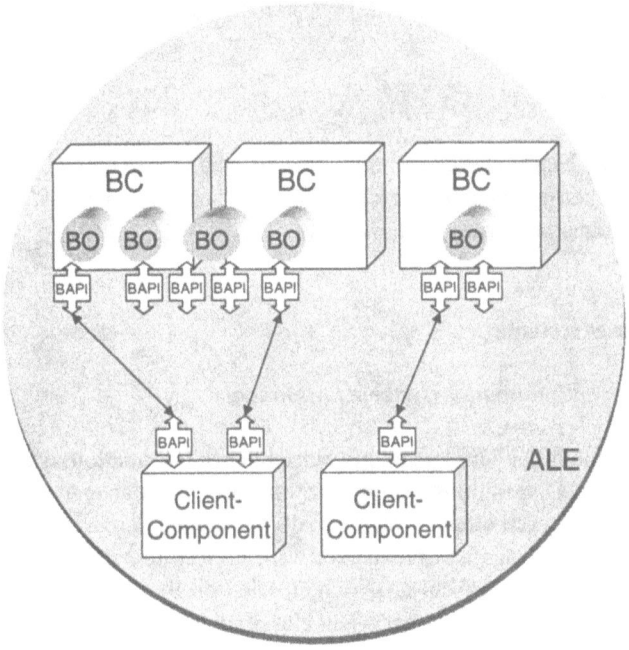

Abbildung 153: SAP Business Framework™

Aber auch externe Programme können mit R/3 integriert werden. Hierfür stellt R/3 eine Menge von *BAPI* (Business Application Programming Interfaces) zur Verfügung. BAPIs sind funktionale Schnittstellen für den Zugriff auf *Business Objects* (BO). Ein BO ist ein betriebswirtschaftliches Objekt wie „Kunde" oder „Auftrag", das mit einer Menge von Zugriffsmethoden gekapselt ist. Die BOs sind im *Business Object Repository* (BOR) dokumentiert.

Innerhalb der Micosoft-Windows-Welt gibt es noch die Möglichkeit, dass ein SAPGUI als *OLE-Server* fungiert. Hierbei wird vom SAPGUI per RFC ein ABAP-Programm aufgeführt, das Daten liefert, die dann wieder vom SAPGUI an einen OLE-Client weitergegeben wird.

Auf globaler Ebene werden verschiedene R/3-Installationen per *ALE/WEB® (Application Link Enabling)* koordiniert werden. Die Anwendungsintegration erfolgt hier nicht über einen zentralen Datenbank-Server, sondern über synchrone und asynchrone Kommunikation. Der Systemdesigner muss dabei die Kommunikationswege und die Allokation der Anwendungen auf die verschiedenen R/3-Installationen festlegen.

BCs, BOs, BAPIs und die darauf zugreifenden Client-Anwendungen bilden zusammen das *SAP Business Framework*, das in Abbildung 153 dargestellt ist.

3.4.5.4 Literatur zu SAP R/3

Zu R/3 gibt es laufend Neuerscheinungen, so dass es müßig ist, hier einzelne Werke zu zitieren. Reihen zu SAP R3 erscheinen z. B. bei Galileo Press, dem Springer Verlag und Addison-Wesley Longman.

3.4.6 Data-Warehouse-Systeme

3.4.6.1 Anforderungen an Informationssysteme für Manager

Bisher lag der Schwerpunkt bei der Darstellung betrieblicher Informationssysteme auf Administrations- und Dispositionssystemen. Zwar kann ein Manager Endbenutzerwerkzeuge wie Textverarbeitungs- oder Email-Werkzeuge genau so nutzen wie ein Sachbearbeiter, allerdings ist Standardsoftware i. e. S. in erster Linie auf die Unterstützung operativer Aufgaben ausgerichtet. Die von Benutzern zu erfüllenden Aufgaben können grob in vier Grundtypen klassifiziert werden:

- *Führungsaufgaben*: Darunter werden alle Aufgaben verstanden, die für die Ermittlung von Handlungsanweisungen an nachgeordnete Aufgabenträger notwendig sind,

- *Fachaufgaben* umfassen alle Aufgaben, für die ein hohes Maß an fachlicher Qualifikation und Sachkompetenz erforderlich ist,

- *Sachbearbeitungsaufgaben*: Hierunter fallen alle Aufgaben, die innerhalb des operativen Routinebetriebs des Unternehmens zu erledigen sind,

- *Unterstützungsaufgaben* umfassen untergeordnete Aufgaben zur Unterstützung des operativen Betriebs.

Managerarbeit, bzw. genauer: die Arbeit von Fach- und Führungskräften, unterscheidet sich damit in einigen Punkten grundlegend von Sachbearbeitungsaufgaben auf operativer Ebene. Zur Unterstützung von Fach- und Führungsaufgaben muss die Informationsverarbeitung insbesondere folgende Grundfunktionen unterstützen:

- Erstellung von Informationen,
- Abgabe von Informationen,
- Verknüpfen, Strukturieren, Assoziieren und Aggregieren von Informationen,
- Suchen und Wiedergewinnung von Informationen,
- Nutzung von Informationen auf vielfältige Weise, z. B. Einbindung in interne Mitteilungen, Generierung von Berichten, usw.,
- Weitergabe und Empfang der Informationen an andere Unternehmensmitglieder.

Letztendlich haben diese Aufgaben im wesentlichen unterstützenden Charakter, da die Aufgaben von Managern in der Regel Arbeitsabläufe umfassen, die nur wenig oder schwach strukturierbar und formalisierbar sind. Zu diesen Aufgaben gehören z. B.:

- Kontaktieren von Personen,
- Formulierung von kurzen individuellen Dokumenten,
- Erstellung von Berichten als Grundlage für die Entscheidungsfindung,
- Bewertung von Berichten,
- Vorbereitung von Präsentationen,
- Initiierung, Planung und Kontrolle von Aktivitäten unterschiedlicher Art,
- Koordination von Projekten und Personen.

Die Bewältigung dieser Aufgaben erfordert neben einer adäquaten informationstechnischen Unterstützung Eigeninitiative, Kreativität, hohe Kommunikations- und Informationsintensität, die Fähigkeit, Ad-hoc-Problemlösungen zu erarbeiten, und sind vor allem durch ein geringes Maß an Routine gekennzeichnet. Es muss daher davon ausgegangen werden, dass die benötigten Informationen Fach- und Führungskräften stets in geeigneter Form und möglichst ohne zeitliche Verzögerung bereitgestellt werden kann. Daher ist es wenig zweckmäßig, Systeme für Manager als unflexible und standardisierte Turnkey-Systeme bereitzustellen, vielmehr ist der Einsatz von Endbenutzerwerkzeugen, mit denen die gewünschte Information stets auf adäquate Weise aufbereitet werden kann, sinnvoll.

Daraus ist zu folgern, dass die Arbeit von Managern weder mit Workflows vorstrukturiert werden kann und es kaum möglich wird, schablonenhaft Ergebnisse

vorzuhalten, wie es in der Vergangenheit oftmals mit so genannten Reporting Systemen geschehen ist. Aus der Datenperspektive lässt sich konstatieren, dass vor allem aggregierte Daten für Manager relevant sind. So interessiert es den Manager
kaum, dass am 29. Februar 2000 der Kunde Schulze bei der Firma Gagasoft in
Magdeburg eine Maus zum Preis von € 29,90 gekauft hat. Vielmehr ist beispielsweise der Verkauf an EDV-Zubehör (wozu auch Mäuse gehören) in den Neuen
Bundesländern im ersten Quartal 2000 im Vergleich zum ersten Quartal 1999 interessant, um die Weichenstellungen für geeignete Werbemaßnahmen entscheiden
zu können. Einzelne operative Rechnungsdaten müssen in diesem Beispiel bezüglich Produktgruppen (EDV-Zubehör), Regionen (Neue Bundesländer) und Zeit
(Quartal) verdichtet werden. Als *verdichtete Daten* werden Daten bezeichnet, die
durch die Zusammenfassung, Berechnung oder gezielte Selektionen operativer
Daten erzeugt werden (Becker u. a. 1994). Sie werden daher auch derivative (abgeleitete) Daten genannt.

Dispositions- und Administrationssysteme basieren auf operativen Daten, die in
(Unternehmens-)Datenbanken abgelegt sind, direkt nutzen können. Für die Gewinnung verdichteter Daten zur Gewinnung von Managementinformationen ist in
der Regel ein direkter Zugriff auf operative Daten nur begrenzt sinnvoll, da die
operative Datenbasis in zweierlei Hinsicht komplex ist: Einerseits umfasst sie sehr
große Datenmengen, andererseits sind diese Daten auf viele einzelne Tabellen, die
vielfach miteinander verknüpft sind, verteilt. Der Versuch, mit mehr oder minder
„intelligenten" Endbenutzerwerkzeugen direkt aus operativen Daten Auswertungen zu erzeugen, die für Fach- und Führungsaufgaben des Managements relevant
sind, haben sich als nicht realisierbar erwiesen. Unter dem Stichwort *Management
Information Systems* (MIS), die dies leisten sollten, ist Ende der 80er Jahre eine
Welle der Euphorie im Sande verlaufen.

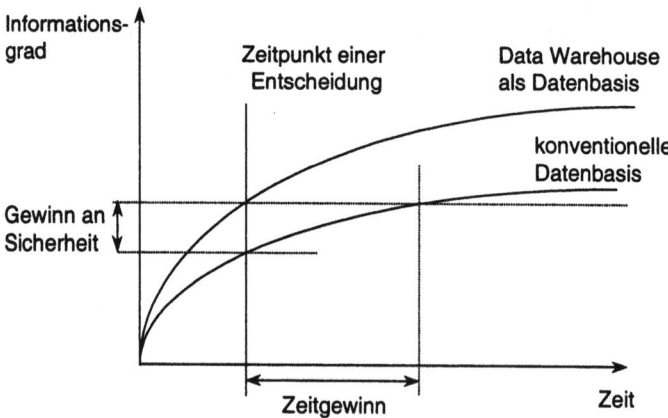

Abbildung 154: Effizienzgewinne mit Data-Warehouse-Systemen

Trotz allem braucht das Management in hohem Maße verdichtete (auch: aggregierte) Daten. Beispiele für aggregierte Daten sind der Bestand als Differenz zwischen eine Folge von Lagerzu- und -abgängen oder betriebliche Kennzahlen. Der Weg zur Erzeugung von aggregierten Daten führt heute nicht mehr direkt von der operativen Datenbank zum Endbenutzerwerkzeug für die Datenanalyse, sondern es wird (mindestens) eine Ebene „zwischengeschaltet". Diese Ebene wird als *Data Warehouse* (DW) bezeichnet.

Bis zur Einführung von Data-Warehouse-Systemen wurde das Management mit Berichten versorgt, die mit Hilfe von Endbenutzerwerkzeugen wie Excel oder speziellen Berichtsgeneratoren (die auf Grund ihrer hohen Anforderungen an die Programmierfertigkeiten entgegen mancher Herstellerangaben nicht zu den Endbenutzerwerkzeugen gezählt werden können) erstellt wurden. Dieses mühevolle Geschäft ist in der Regel Aufgabe von Spezialisten aus EDV-Abteilungen und Endbenutzern nicht zumutbar. Auch wenn die Auswertungswerkzeuge, die auf Data-Warehouse-Technologie aufsetzen, nicht unbedingt endbenutzerfreundlicher sind, lassen sich hiermit Auswertungen vergleichsweise effizient erstellen. Abbildung 154 veranschaulicht die qualitativen (Gewinn an Sicherheit) und quantitativen Vorteile (Zeitgewinn) von Data-Warehouse-Systemen (Mucksch u. a. 1996, 431).

3.4.6.2 Konzepte von Data-Warehouse-Systemen

Als *Data Warehouse* i. e. S. wird eine *Sekundärdatenbank* bezeichnet, die mit Hilfe geeigneter Extraktionsmechanismen aus einer oder mehreren operativen Datenbanken erzeugt wird. Die Daten der Sekundärdatenbank sind dabei so aufzubereiten und zu aggregieren, dass sie hinsichtlich zu erwartender Auswertungen in möglichst geeigneter Weise zusammengestellt werden. Abbildung 155 zeigt ein Data Warehouse i. w. S. in seinem Kontext als Zwischenschritt zwischen operativen Datenbanken (*Primärdatenbanken*) und Endbenutzerwerkzeugen für die Auswertung in Form von Datenanalysen (Eicker u. a. 1997, 450ff).

Der erste Schritt bei der Generierung eines Data Warehouses ist die *Datentransformation*. Hierbei werden aus operativen Datenbanken auf Basis von Transformationsregeln alle für das Data Warehouse relevanten Daten extrahiert und entsprechend des Regelwerks transformiert. Dabei sind von der *Extraktionssoftware* höchste Anforderungen zu erfüllen:

- Bereitstellung von Schnittstellen zu verschiedenartigen Datenquellen wie (unterschiedlichen) Datenbanksystemen, Textdateien, E-Mail-Dateien oder ähnlichem,

- Ladeprozeduren, mit denen teilweise extrem große Datenmengen in relativ kurzer Zeit in das Data Warehouse geladen werden können (teilweise ist der

Transfer von Datenmengen im Terabyte-Bereich erforderlich), müssen verfügbar sein,

- Unterstützung verschiedener Betriebssystem- und Hardwareplattformen,

- Anlage und Aktualisierung der Meta-Datenbank des Data Warehouse.

Datenextraktionen werden periodisch wiederholt, wobei Daten vorhergehender Perioden dadurch nicht zwangsweise gelöscht oder ersetzt werden. Werden Daten wöchentlich extrahiert, dann besteht die Gefahr, dass die Datenbank durch schnelles Wachstum explodiert. Auf der anderen Seite werden Datenbestände über mehrere Perioden für Vergleiche gebraucht. Daher kann es im skizzierten Fall zweckmäßig sein, die Daten auf Quartalsbasis zu aggregieren. Damit kann ein mäßiges Wachstum gesichert werden. Außerdem müssen für Auswertungen auf Grund ihres Alters nicht mehr relevante Daten außerhalb der Datenbank archiviert werden. Trotzdem sind Data-Warehouse-Datenbanken in der Regel sehr groß.

Die Metadatenbank beinhaltet Daten, die Aufschluss über den Aufbau der Datenbank des Data Warehouses geben. Hierzu gehören Informationen zur physischen Speicherung der Daten wie auch Informationen zum Aufbau und zu den Zusammenhängen (Aggregationsregeln) der im Data Warehouse abgespeicherten Daten. Die Metadatenbank umfasst damit in gewisser Weise den „Bauplan" des Data Warehouse.

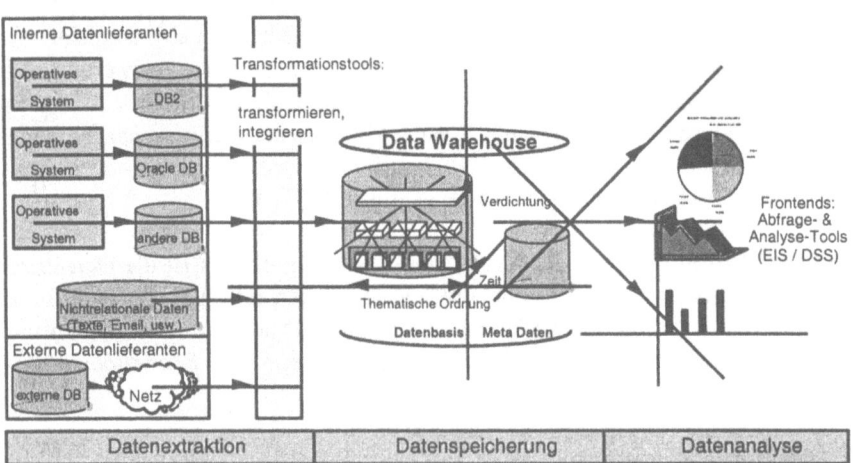

Abbildung 155: Data Warehouse

Für die Verwaltung der Daten und Metadaten eines Data Warehouse, das per definitionem eine Sekundärdatenbank ist, ist ebenfalls der Einsatz eines Datenbank-

Managementsystems zweckmäßig. Hierfür werden in der Regel konventionelle relationale Datenbanksysteme verwendet, allerdings gibt es heute für die besonderen Anforderungen von Data-Warehouse-Lösungen auch so genannte *Multidimensionale Datenbanksysteme*. Sie erlauben die Speicherung von Daten in Form von mehrdimensionalen Würfeln (auch wenn dies schwer vorstellbar ist) und bilden so eine adäquate Grundlage für die Auswertung der Daten mit Hilfe von OLAP-Systemen, auf die später noch genauer eingegangen wird. Das Problem bei multidimensionalen DBMS ist, dass diese noch keinen so hohen Reifegrad wie relationale Datenbank-Managementsysteme aufweisen und bei Datenbanksystemen oberhalb der Größe von 20 MB Performanceschwächen zeigen. So gibt es heute auch Systeme, die multidimensionale DBMS auf Basis von relationaler Datenbanktechnologie simulieren. In solchen Fällen spricht man von *virtuellen multidimensionalen Datenbanksystemen*.

Die Anforderungen an Datenbanksysteme für die Handhabung von Data Warehouses weichen von Anwendungen im Bereich der operativen Datenverarbeitung, die auch OLTP-Anwendungen (OLTP = OnLine Transaction Processing) genannt werden, deutlich ab. Endbenutzer(werkzeuge) greifen auf die Data-Warehouse-Datenbank nur lesend zu, da diese ausschließlich für Auswertungen genutzt wird. Schreibende Zugriffe erfolgen ausschließlich durch Datenextraktionswerkzeuge, die in sehr großen und langen Transaktionen auf der Datenbank arbeiten.

Weiterhin kann aber die Data-Warehouse-Datenbank auch vollständig wegfallen. In diesem Fall (gewissermaßen ein nullstufiges Data Warehouse) spricht man von einem *virtuellen Data Warehouse*. Die Metadatenbank verweist in diesem Fall direkt auf operative Daten.

3.4.6.3 Datenanalyse auf Basis von Data-Warehouse-Technologien

Auswertungen auf Informationen, die in einem Data Warehouse abgespeichert sind, können auf vielfältige Weise erzeugt werden. Prinzipiell können hier alle Werkzeuge, die für die Datenanalyse geeignet sind, eingesetzt werden. So besteht die Möglichkeit, beispielsweise die Daten in ein Excel-Arbeitsblatt zu laden und dort weiterzubearbeiten. Eine andere Methode ist der Einsatz von Statistiksoftware, mit der eine Vielzahl von statistischen Standardverfahren auf Informationen aus dem Data Warehouse anwendbar sind.

Allerdings gibt es eine Klasse von Endbenutzerwerkzeugen, die speziell für die Auswertung von Data Warehouses entwickelt wurde: die so genannten Systeme für das *Online-Analytical Processing (OLAP)* (Clausen 1998; Jahnke/Groffmann/ Kruppa 1996; Martin 1998; Oehler 1999). Der Begriff OLAP geht auf (Codd/ Codd/Salley 1993) zurück. Die Grundideen des Online Analytical Processing sind folgende:

- *Multidimensionale Auswertung*: Multidimensionalität ist bereits im Kontext von Data-Warehouse-Datenbanken erwähnt worden. Zur Veranschaulichung, welche Bedeutung Multidimensionalität in Data-Warehouse-Umgebungen hat, werden hier eine ein- und eine mehrdimensionale Abfrage gegenübergestellt. Eine eindimensionale Abfrage ist z. B.: „Wie viel Geld haben wir im Oktober 1996 ausgegeben?" Diese Anfrage hat lediglich die Zeit als Dimension. Die wenig sinnvolle Frage: „Wie viel Geld haben wir ausgegeben?" wäre eine null-dimensionale Anfrage. Beispiel für eine fünfdimensionale Anfrage ist: „Wie viel Geld haben wir für die Herstellung des Produkts *Megamaus* bezogen auf die Monate Januar und Februar 1996 unserer Tochterfirma *Gogosoft* in Europa und den Vereinigten Staaten verglichen mit den Planvorgaben ausgegeben?". Diese Abfrage umfasst die Dimension *Produkt, Zeitraum, Unternehmen, Raum* und *Datenart* (Plan- oder Istwerte). Eine besondere Eigenschaft von OLAP-Systemen ist es, derartige mehrdimensionale Anfragen effizient handzuhaben.

Dimension *Zeit*	Dimension *Unternehmen*
Jahr	Unternehmen
↳ Quartal	↳ Hauptabteilung
↳ Monat	↳ Abteilung
↳ Woche	↳ Gruppe
↳ Tag	↳ Arbeitsplatz

Tabelle 38: Hierarchische Dimensionen

- *What-If-Analysen*: Mit What-If-Analysen können Szenarien durchgespielt werden, die auf realen Ist- und Planzahlen basieren. So kann beispielsweise eine Abfrage der Art: „Wie würde sich unser Umsatz in Europa verändern, wenn wir die gleichen Wachstumsraten wie in den Vereinigten Staaten hätten?" mit Hilfe von OLAP-Systemen berechnen lassen.

Produkt	Markt	Zeitraum	Menge
CD Player	Deutschland	Q1	1285
CD Player	Deutschland	Q2	1309
CD Player	Deutschland	Q3	1123
CD Player	Deutschland	Q4	1444
CD Player	Schweiz	Q1	988
CD Player	Schweiz	Q2	756

Tabelle 39: Daten als Tabelle

- *Drill-Down-Technik*: Dimensionen können eine hierarchische Struktur haben. Tabelle 38 zeigt beispielsweise hierarchische Strukturen für die Zeit- und die Unternehmensdimension. Mit OLAP-Systemen ist es möglich, Daten über ihre hierarchischen Strukturen hinweg verfeinert oder vergrößert darzustellen. Der

Benutzer hat die Möglichkeit, hiermit Auswertungen auf dem Detaillierungs-
grad durchzuführen, der für seine jeweilige Aufgabenstellung relevant ist.

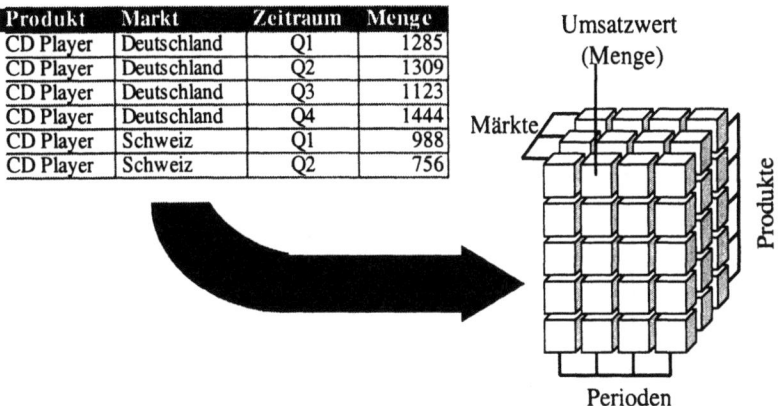

Produkt	Markt	Zeitraum	Menge
CD Player	Deutschland	Q1	1285
CD Player	Deutschland	Q2	1309
CD Player	Deutschland	Q3	1123
CD Player	Deutschland	Q4	1444
CD Player	Schweiz	Q1	988
CD Player	Schweiz	Q2	756

Abbildung 156: Datenwürfel

Im Folgenden wird anhand eines Beispiels gezeigt, wie Mehrdimensionalität in
die Praxis von OLAP-Werkzeugen umgesetzt wird. Tabelle 39 zeigt eine Tabelle,
in der die Werte über die Dimension Produkt, Markt, Zeit (hier in Quartalen) und Um-
sätzen in Stück abgetragen sind.

Diese Tabelle kann als dreidimensionaler Würfel dargestellt werden, wobei jeder
kleine Würfel einen Umsatzwert darstellt (siehe Abbildung 156). Je nachdem, wie
man nun diesen Würfel dreht, erhält man die Umsatzwerte bezogen auf Märkte
(Aufsicht), auf Quartale (Vordersicht des Würfels) oder auf Produkte (Seitenan-
sicht des Würfels). Denkt man dieses Modell weiter, so kann man außerdem durch
einen solchen Würfel Schnitte legen. Je nachdem, in welcher Richtung Schnitte
durch den Würfel gesetzt werden, kann man die verschiedenen Sichten auf Umsätze des Produktmanagers, Finanzmanagers, Geschäftsstellenleiters oder auch eine
so genannte Ad-hoc-Sicht erzeugen. Die verschiedenen Sichten auf den Würfel,
die durch Schnitte in verschiedenen Richtungen ausgeführt werden können, sind
in Abbildung 157 abgebildet.

Für die Durchführung von What-If-Analysen können einzelne Sichten rekalkuliert
werden, indem Werte, die als Basis für Berechnungen dienen, temporär verändert
werden. Derartige Änderungen werden grundsätzlich nicht in die Datenbank zurückgeschrieben. Sie haben rein simulativen Charakter.

Bei hierarchisierten Dimensionen können Analysen mittels Drill-Down-Technik
schrittweise verfeinert werden. So kann beispielsweise eine zunächst quartalswei-
se dargestellte Information weiter in Monats-, Wochen- oder Tageswerte aufgeschlüsselt werden. Wie weit eine solche Aufschlüsselung möglich ist, hängt davon

ab, wie „fein" die Daten in der operativen Datenbank vorliegen. Liegen die Daten dort beispielsweise in einem Wochenraster vor, so ist eine Aufschlüsselung auf Tagesbasis auch mit Hilfe von OLAP-Werkzeugen nicht möglich. Wie bereits in Abbildung 155 angedeutet, gehört zum Standardumfang von OLAP-Werkzeugen auch die Möglichkeit, aus den dort angezeigten Daten Business-Grafiken zu erstellen.

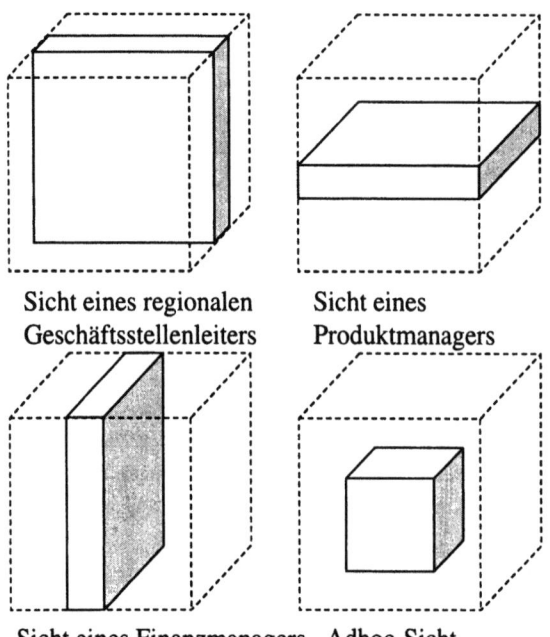

Sicht eines regionalen   Sicht eines
Geschäftsstellenleiters   Produktmanagers

Sicht eines Finanzmanagers Adhoc-Sicht

Abbildung 157: Schnitte durch den Datenwürfel

In dem Beispiel wird aus Gründen der Veranschaulichung lediglich ein dreidimensionaler Würfel verwendet. Zu Anfang dieses Abschnitts ist jedoch eine fünfdimensionale Abfrage als Beispiel genannt worden. Derartige Würfel können zwar nicht mehr anschaulich grafisch dargestellt werden, kommen jedoch in realen OLAP-Anwendungen recht häufig vor. Um Endbenutzern die Navigation durch derartige mehrdimensionale Strukturen zu erleichtern, werden dem Benutzer dann Browser zur Verfügung gestellt, mit denen er durch multidimensionale OLAP-Würfel navigieren kann.

Es ist offensichtlich, dass multidimensionale Datenbanken Daten, die mit OLAP-Werkzeugen ausgewertet werden sollen, adäquater darstellen als relationale Systeme. In relationalen Systemen müssen Sichten in der Regel konstruiert werden, indem Daten aus verschiedenen Tabellen miteinander verbunden („gejoint") werden. Join-Operationen ziehen einen hohen internen Verarbeitungsaufwand nach sich, so dass derartige Abfragen häufig eine lange Laufzeit haben. Eine multidimensionale Datenbank stellt die Daten bereits in Form mehrdimensionaler Tabellen zur Verfügung, wodurch die aufwendigen Join-Operationen entfallen. Dies wirkt sich sowohl positiv auf das Laufzeitverhalten als auch auf die Länge und Komplexität von Abfragen aus.

3.4.6.4 Modellierung von Data-Warehouses

Gegenstand der Modellierung sind Fakten und Dimensionen (siehe Abbildung 158). Grundlage für die Modellierung von DW sind die zu erwartenden Auswertungen, die durch die Menge aller (multidimensionalen) Abfragen spezifiziert wird. Jede Abfrage definiert ein Faktum und die Dimensionen, zu denen das Faktum in Beziehung steht. Eine *Aussagensammlung* bestehend aus (im Idealfall allen) natürlichsprachlich formulierten Abfragen bildet den Ausgangspunkt für die Modellierung von DW-Systemen. „Etwas provokativ ausgedrückt beginnt die Datenmodellierung für uns nicht mit dem Zeichnen eines Kästchens" (Lehmann/Ellerau 1997, 87).

Fakten als Kennzahlen

Aus betriebswirtschaftlicher Sicht beschreibt jedes Faktum eine betriebliche *Kennzahl*. Als Kennzahl wird eine Zahl mit konzentrierter Aussagekraft zur Diagnose, Planung, Überwachung und Steuerung eines Systems verstanden. Kennzahlen können aus anderen Kennzahlen gemäß einer *Kennzahlenformel* berechnet werden, wodurch hierarchisch strukturierte *Kennzahlensysteme* entstehen. Kennzahlen, die nicht weiter für die Berechnung weiterer Kennzahlen verwendet werden, sind *Spitzenkennzahlen*, und Kennzahlen, die nicht aus anderen Kennzahlen berechnet werden, sind *Basiskennzahlen*. Ein Kennzahlensystem bildet den Einstieg in die formale Modellierung des DW (Gabriel/Gluchkowski 1997, 32f). Abbildung 159 zeigt einen Ausschnitt des Du-Pont-Kennzahlensystems (Küting 1983).

Die in der Aussagensammlung definierten Fakten sind allerdings in der Regel nur begrenzt zur Definition von Kennzahlen geeignet. Ursache hierfür sind sprachliche Defekte wie Synonyme, Homonyme, Äquipollenzen, Vagheiten oder falsche Bezeichner. Beispiel für ein Homonym ist der Begriff „Umsatz", der aus Sicht eines Geschäftsprozesses im Controlling auf einer anderen Kennzahlenformel basiert, als aus der Sicht des Vertriebs. Bevor Aussagen für die Definition eines Kennzahlensystems herangezogen werden können, sind die Sprachdefekte der Aussagensammlung durch die Schaffung eines verbindlichen terminologischen Rahmens in Zusammenarbeit der beteiligten Fachabteilungen zu bereinigen. Dies gilt auch für die den Dimensionen zu Grunde liegende Terminologie.

Die in der bereinigten Aussagensammlung definierten Fakten bilden dann die Grundlage für die Definition von Kennzahlensystemen. In der Regel definieren

Fakten Spitzenkennzahlen, allerdings können auch Kennzahlen niederer Stufen für Auswertungen relevant werden. Die Kennzahlensysteme sind so weit zu verfeinern, dass die Basiskennzahlen Datenelemente der operativen Datenbanken referenzieren.

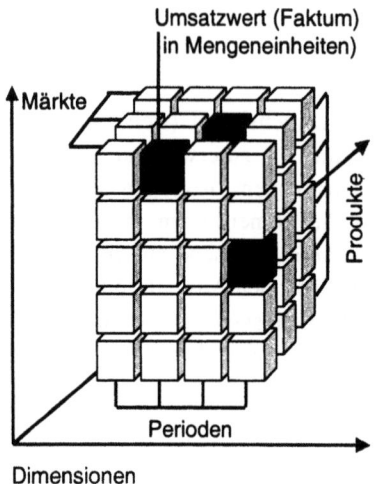

Abbildung 158: Dimensionen und Fakten

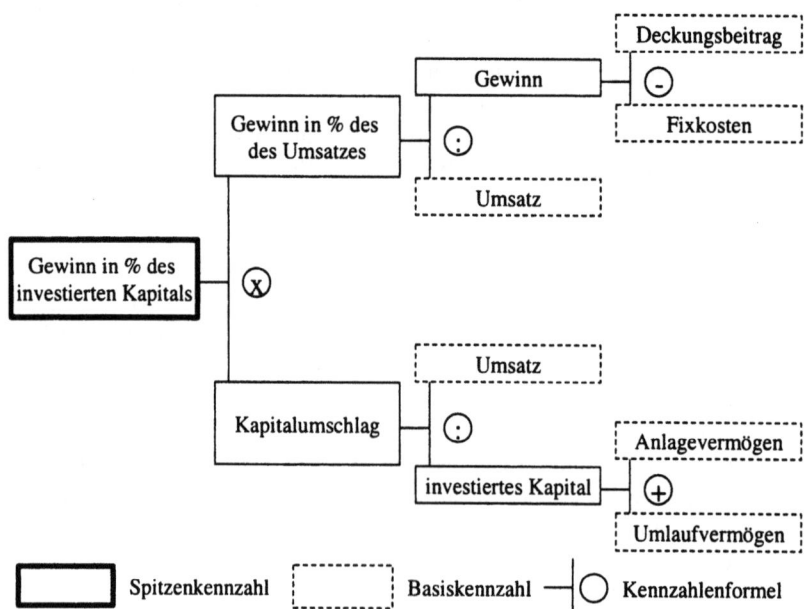

Abbildung 159: Du-Pont-Kennzahlensystem (Ausschnitt)

Dimensionen

Dimensionen sind Klassen von Deskriptoren, die Fakten beschreiben und über Attribute näher beschrieben werden. Die Dimensionen, die in der bereinigten Aussagensammlung beschrieben werden, sind als Hierarchien zu modellieren, sofern ihnen eine hierarchische Struktur unterliegt. Dabei ist zu beachten, dass gleiche Dimensionen auf unterschiedliche Weise hierarchisiert werden können. Z. B. kann es für eine Aussage zweckmäßig sein, die Dimension Zeit hierarchisch in die Subdimensionen Jahr, Monat und Tag aufzugliedern, während bei einer anderen Abfrage eine Gliederung in Jahr, Quartale und Kalenderwochen zweckmäßiger ist.

Die im Beispiel genannten Gliederungen sind offensichtlich kompatibel zueinander, d. h., die beiden unterschiedlichen Hierarchisierungen der Dimension Zeit können zu einer Hierarchie zusammengefasst werden (siehe Abbildung 160). Das Beispiel ist jedoch nur auf den ersten Blick korrekt. Durch die Zuordnung von Tagen zu Kalenderwochen führt die Integration der Hierarchien nur dann zu einem korrekten Ergebnis, wenn der Betrachtungszeitraum genau ein Kalenderjahr umfasst. Ein offensichtlicheres Beispiel für inkompatible Dimensionen betrifft die Hierarchisierungen der Dimension Region einerseits in Kontinente und Nationalstaaten und andererseits in Sprachräume. Sie sind nicht kompatibel, da z. B. der französische Sprachraum einen Teil Afrikas, was inkompatibel zur Subdimension Kontinent ist, sowie einen Teil der Schweiz umfasst, was inkompatibel zur Subdimension Nationalstaat ist. Aus Sicht der Datenmodellierung ist es zweckmäßig, inkompatible Dimensionen als unterschiedliche Dimensionen zu modellieren und kompatible Dimensionen zusammenzufassen.

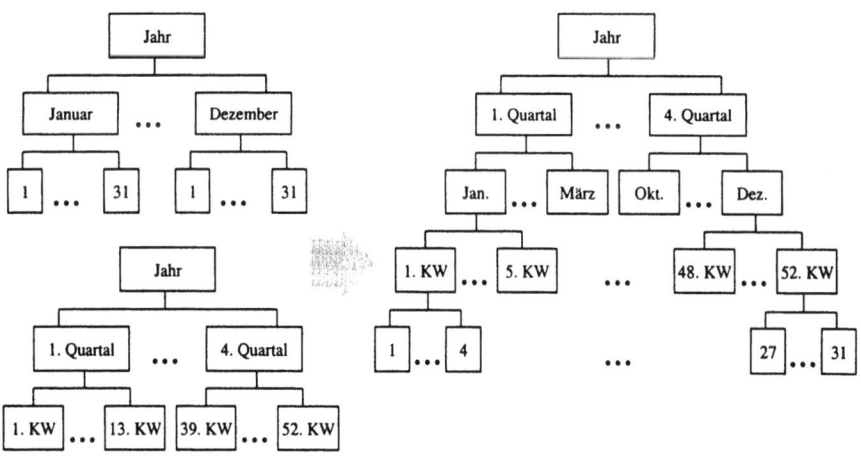

Abbildung 160: Integration kompatibler Hierarchien

Datenmodelle für DW

Jede Aussage beinhaltet ein Faktum mit den Dimensionen, in deren Kontext es ausgewertet wird, und spezifiziert damit genau einen OLAP-Hypercube. Ein Datenmodell mit dem *Star-Schema* erhält man, wenn das Faktum und die Dimensionen als jeweils eigener Entitätstyp dargestellt werden, und die Dimensionen in einer 1:n-Beziehung zum Faktum stehen. Schlüsselt man die Dimensionen gemäß der modellierten Dimensionshierarchien auf, dann erhält man das *Snowflake-Schema*. Abbildung 161 zeigt ein Star-Schema und Abbildung 163 das dazu korrespondierende Snowflake-Schema für das Faktum „Auftragserlös". Beziehen sich mehrere unterschiedliche Fakten auf gleiche Dimensionen, wobei zwei Dimensionen genau dann gleich sind, wenn ihre komplexen und Basisobjekttypen gleich sind, dann wird eine Dimension mit den entsprechenden Fakten verbunden, da Dimensionen (selbstverständlich!) nicht redundant implementiert werden. Das durch derartige Verbindungen entstandene Schema wird *Galaxy-Schema* genannt. Ein Galaxy-Schema repräsentiert aus Sicht der OLAP-Anwendung eine Multicube-Architektur. Eine *Multicube-Architektur* ist dadurch gekennzeichnet, dass verschiedene Hypercubes gemeinsame Dimensionen haben. Abbildung 163 zeigt die Zusammenhänge zwischen Galaxy-Schema und Multicube-Architektur.

Integritätsregeln

Ein wichtiger aber im Kontext der Modellierung von DW kaum beachteter Bereich ist die Modellierung von *Integritätsregeln*. Integritätsregeln legen zulässige Zustandsänderungen der Datenbank fest. Eine DW-Datenbank erlebt im Routinebetrieb nur dann eine Zustandsänderung, wenn operative Daten aggregiert und in die DW-Datenbank übernommen werden, da von OLAP-Werkzeugen nur lesend auf die Datenbank zugegriffen wird. Integritätsregeln definieren damit für DW-Systeme die Semantik der Datenextraktion.

Ereignisse hängen bei DW-Systemen von der Transformationsstrategie (Kirchner 1996, 292ff) ab. Wird als Strategie die *Data Propagation* angewandt, dann führt ein *Datenbankereignis*, d. h. eine Änderung in einer BasisTabelle der operativen Datenbasis, zur sofortigen Transformation in das DW. Wird eine periodische Strategie angewandt, löst ein Zeitereignis, d. h. das Eintreten eines bestimmten Zeitpunkts bzw. das Ablaufen einer bestimmten Periode, eine Datentransformation aus. Für unterschiedliche Bereiche des DW, die so genannten *Data Marts*, ist jeweils festzulegen, nach welcher Strategie die Transformation ausgeführt wird. *Bedingungen* werden in Form von Prädikaten angegeben, deren Wahrheitswert überprüft wird, sobald das spezifizierte Ereignis eintritt. Die *Aktivität* beschreibt die auszuführende Transformationsfunktion, d. h. welche operativen Daten auf welche Weise zu Sekundärdaten (d. h. Fakten) aggregiert werden. Die Aggregationsregeln sind im Kennzahlensystem als Kennzahlenformeln dokumentiert. Weiterhin ist bei

Anwendung der Data-Update-Transformationsstrategie darauf zu achten, dass nur geänderte Basisdaten in das DW transformiert werden.

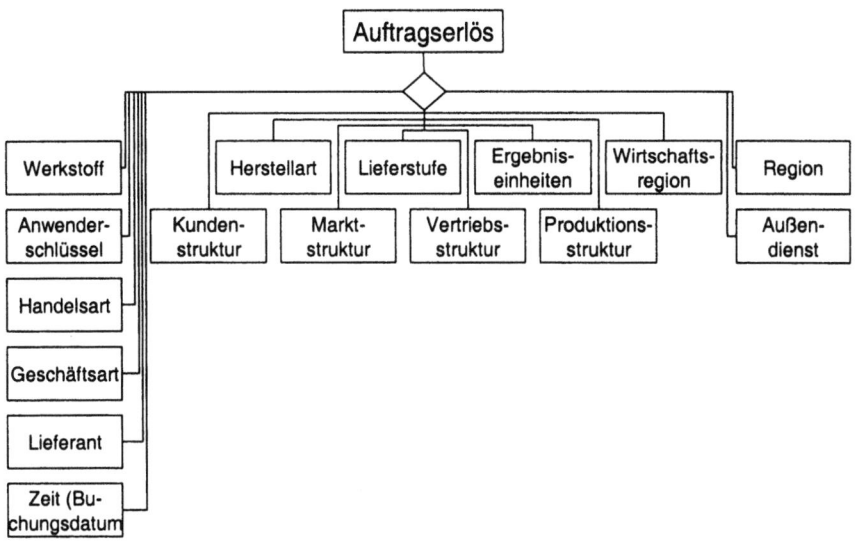

Abbildung 161: Star-Schema

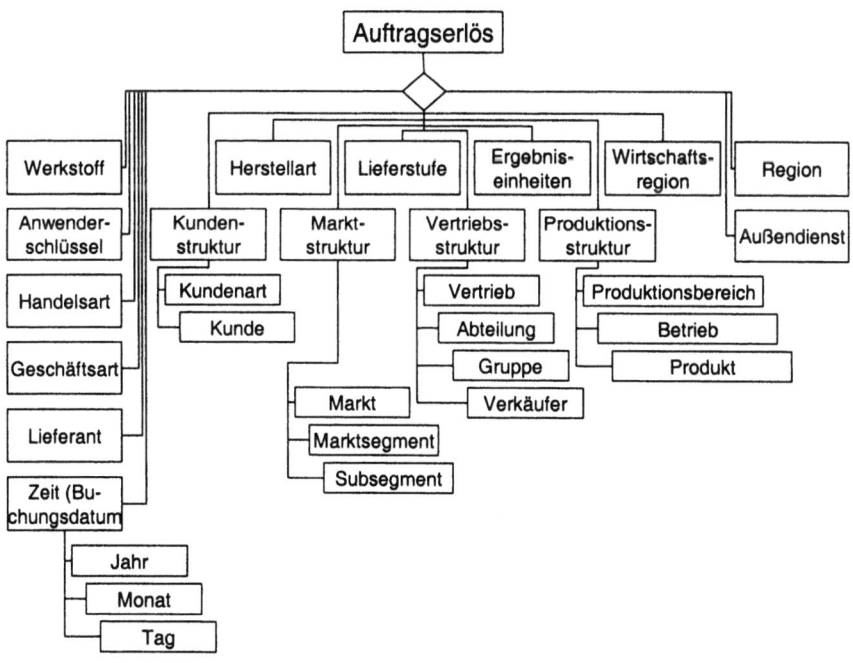

Abbildung 162: Snowflake-Schema

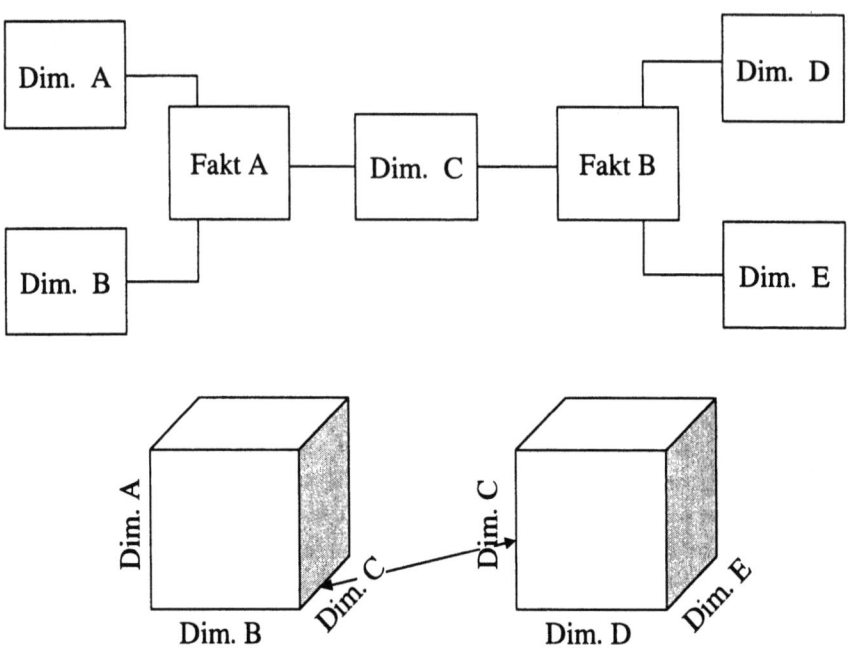

Abbildung 163: Galaxy-Schema und Multicube-Architektur

Ein DW wird auf Grund seiner Komplexität in der Regel nicht als Ganzes, sondern schrittweise aufgebaut. Hierzu wird es in einzelne, möglichst disjunkte Bereiche, so genannte *Data Marts* (Demarest 1993) aufgeteilt, die, für sich betrachtet, kleine überschaubare DW darstellen. Das DW entsteht dann durch die Integration dieser einzelnen Data Marts.

Für die Aufteilung des komplexen DW in Data Marts gibt es zwei Strategien: Entweder werden in einem Data Mart alle Objekte zusammengefasst, die zum gleichen Geschäftsprozess gehören (in diesem Fall orientiert sich die Aufteilung an der Ablauforganisation des Unternehmens), oder es werden alle Objekte eines aufbauorganisatorischen Geschäftsbereichs zu je einem Data Mart zusammengefasst. Welche der beiden Varianten letztendlich gewählt wird, hängt von den unternehmensindividuellen Präferenzen ab. Die Aufteilung des DW in Data Marts sollte jedoch erst nach der Bereinigung der Aussagensammlung erfolgen, da die bereinigten Aussagen die spätere Integration der einzelnen Data Marts erheblich erleichtern.

3.4.6.5 Implementierung von DW

Entwicklung des logischen Datenbankschemas

Bei der Übertragung von konzeptionellen Datenmodellen, die auf einem Star-, Snowflake oder Galaxy-Schema basieren in ein logisches Datenbankschema sind einige Besonderheiten zu beachten, die bei OLTP-Systemen nicht auftreten.

Das *Schlüsselproblem* äußert sich darin, dass der Schlüssel der FaktTabelle aus den Schlüsseln der DimensionsTabellen zusammengesetzt ist. Für diesen Schlüssel ist nicht sichergestellt, dass er eindeutig ist, d. h., dass doppelte Datensätze in der FaktTabelle vorkommen können. Dieses Problem kann auf drei Arten gelöst werden:

- Doppelte Datensätze werden in der FaktTabelle zugelassen. Die ist neben dem formalen Verstoß gegen die Entitätsintegrität insofern problematisch, dass auf dieser Tabelle kein eindeutiger Index angelegt werden kann, was zu Performance-Nachteilen führt.

- Doppelte Datensätze werden im Rahmen der Datenextraktion zu einem Datensatz zusammengefasst. Dies kann die Datenextraktion unter Umständen verlangsamen.

- Eine identifizierte Dimension wird hinzugefügt, mit der die Eindeutigkeit des Schlüssels der FaktTabelle gesichert wird. Der Nachteil dieser Lösung ist, dass eine prinzipiell überflüssige Dimension mitgeführt wird.

Welcher der drei Lösungswege eingeschlagen wird, muss im Einzelfall durch Abwägung der Vor- und Nachteile entschieden werden.

Das *Normalisierungsproblem* besagt, dass das Star-Schema nicht normalisiert ist, da die Subdimensionen als Attribute in den DimensionsTabellen mitgeführt werden. Dies beschleunigt zwar die Zugriffe auf die DimensionsTabelle mit so genannten *Star-Joins*, bei denen die FaktTabelle mit den DimensionsTabellen gejoint wird, verkompliziert aber die Datenzugriffe mit der Drill-Down-Funktionalität in der Datenanalyse. Die Lösung des Problems liegt in der Normalisierung der DimensionsTabellen, wodurch ein Snowflake-Schema entsteht.

Datentransformation

Die mittels ECA-Regeln spezifizierte Grundlage für die Datentransformation kann mit der Pull- oder der Push-Methode implementiert werden. Bei der *Pull-Methode* kontrolliert das DW aktiv die Datenübernahme aus der operativen Datenbasis, bei der *Push-Methode* transferieren die operativen Systeme von sich aus die Daten.

Wird die Pull-Methode angewendet, dann belauschen Dämon-Programme des DW-Systems permanent die operative Datenbasis. Ist für die Datentransformation ein Datenbankereignis wie z. B. die Neuanlage eines Datensatzes spezifiziert, dann wird das Programm aktiv, indem es zunächst die spezifizierte Bedingung überprüft und anschießt die Transformationsaktivität ausführt. Ist als Transformationsauslöser eine Zeitaktivität spezifiziert, dann wird das Programm genau bei Eintritt des jeweiligen Zeitpunkts aktiv.

Die Push-Methode kann auf gleiche Weise implementiert werden, allerdings werden die Dämonen dann von den operativen Systemen kontrolliert. Eine reizvolle Variante bei der Push-Methode ist für Datenbankereignisse möglich. Hier können Datenbanktrigger für die Übergabe von Daten an das DW genutzt werden.

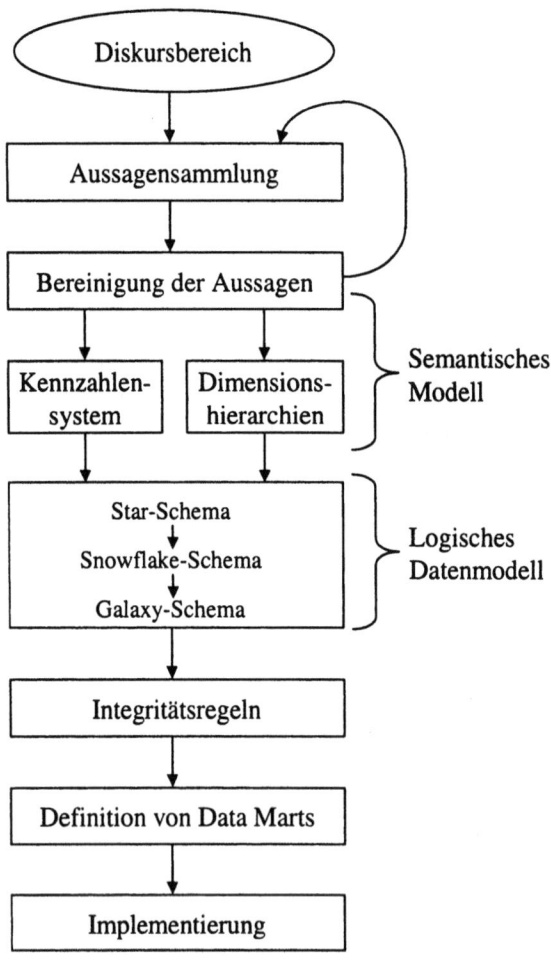

Abbildung 164: Vorgehensmodell

Vorgehensmodell

Die Entwicklung von DW-Systemen unterscheidet sich nicht so grundlegend von der Entwicklung konventioneller OLTP-Anwendungen, dass für alle Entwicklungsbereiche neue Methoden entwickelt werden müssen. Sinnvoller ist der Rückgriff auf bewährte Konzepte, anstatt das Rad neu zu erfinden.

Für die frühe Phase der Modellierung wurde dabei auf den sprachkritischen Ansatz nach (Ortner/Söllner 1989) und auf so einfache Strukturen wie Kennzahlensysteme und Dimensionshierarchien zurückgegriffen. Das konzeptionelle Modell kann trotz einer Schwächen mit der ER-Methode entwickelt werden. Für die weitere Implementierung sind Werkzeuge zur weitgehenden Generierung von DW-Datenbanken und OLAP-Anwendungen verfügbar. Abbildung 164 fasst das Vorgehensmodell für die DW-Modellierung zusammen (Inan/Rautenstrauch 1997).

3.4.6.6 DW als Teil einer Informationsarchitektur

Aus Sicht einer Datenbank-basierten Client-Server-Architektur ist die DW-Datenbank eine weitere gegenüber der OLTP-Datenbank gekapselte Datenbank und die Analyseanwendungen eine spezielle Klasse von Datenbank-Clients. Abbildung 165 zeigt, wie ein DW mit einem Database-Application-Server implementiert werden kann.

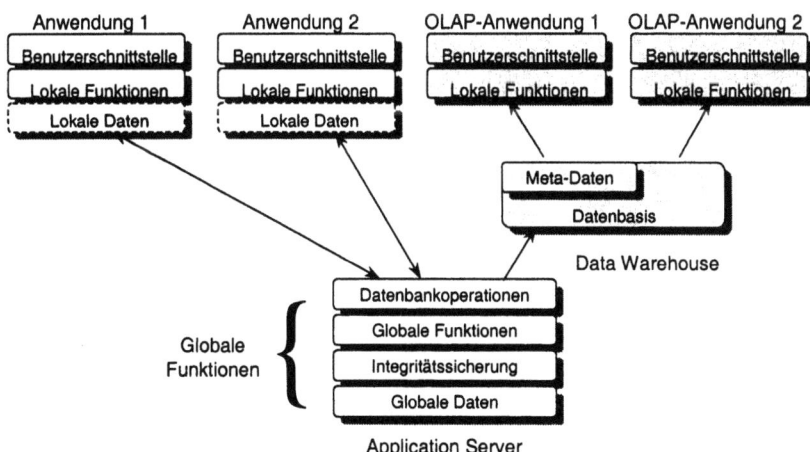

Abbildung 165: Application Server und Data Warehouse

Die Integration eines DW in ein integriertes Betriebliches Informationssystem auf Basis der CoBCom-Architektur ist auf folgende Weise möglich:

- Die Datentransformationsprozeduren werden in allgemeine Zugriffsdienste, in den die Dateiformate und anwendungsunabhängigen Zugriffsmethoden gebündelt werden und anwendungsspezifische Datenaggregationsmethoden aufgeteilt. Die allgemeinen Zugriffsdienste werden im Komponenten-System-Framework und die anwendungsspezifischen Datenaggregationsmethoden im Komponenten-Anwendungs-Framework implementiert.

- Die OLAP-Anwendungen mit den Auswertungsmethoden werden als Fachkomponenten realisiert. Die Datenzugriffsprozeduren werden wieder in allgemeine und anwendungsspezifische Dienste aufgeteilt. Während in allgemeinen Diensten die Zugriffe auf die DW-Datenbank mit einer Datenbankabfragesprache realisiert werden, bieten anwendungsspezifische Dienste Zugriffe auf aggregierte Daten sowie ihren in der Meta-Datenbank abgelegten Bauplänen an.

3.4.6.7 Literatur zu Data-Warehouse-Systemen

Zu Data-Warehouse-Systemen gibt es – wie bei vielen aktuellen (Wirtschafts-)Informatik-Themen – ein kaum überschaubares Angebot an Fachbüchern und -beiträgen. Ein wichtiges Grundlagenwerk ist (Inmon 2002). Weiterhin sei hier als Auswahl aktueller Werke (Behme 2001; Chamoni/Gluchkowski 1999; Günzel 2001; Holthuis 1999; Jung/Winter 2000; Lehmann 2001; Lusti 2001) aufgeführt.

3.4.7 Anwendungen im Electronic Commerce

Obwohl *Electronic Commerce* (EC) bzw. *Electronic Business* (kurz e-Business) zu den schillerndsten Begriffen der Wirtschaftsinformatik geworden sind, hat sich noch keine einheitliche Definition hierfür durchgesetzt. Mit Electronic Commerce wird hier die Möglichkeit der Abwicklung kompletter Geschäftstransaktionen über weltweite Netze wie das Internet verstanden. Electronic Commerce beginnt mit dem Angebot von Waren oder Dienstleistungen und endet mit der Auslieferung der Waren an den Kunden. Dabei werden verschiedene Lieferanten-Kunden-Beziehungen unterschieden:

- Mit *B2B* (Business to Business*)* werden Geschäftsbeziehungen zwischen Geschäftskunden wie z. B. Zulieferer und Produktionsunternehmen bezeichnet. Kennzeichen derartiger Geschäftsbeziehungen ist, dass sich die Geschäftspartner (gut) kennen und der Informationsaustausch auf standardisierten Datenformaten wie den verschiedenen EDI-Standards (Electronic Data Interchange) basiert.

- Im *B2G (Business to Government)* sind die Austauschformate für den elektronischen Geschäftsverkehr fest vorgegeben.

- Im *B2C (Business to Customer)* geht es um die Bedienung des Endkunden. Dies ist der klassische Bereich des Electronic Commerce, auf den hier auch der Schwerpunkt gelegt wird. Hier sind die Lieferanten-Kunden-Beziehungen nur begrenzt standardisierbar und die Angebote am weitesten fortgeschritten.

Die folgenden Ausführungen beginnen mit den theoretischen Grundlagen für die Entwicklung von Informationsangeboten im Internet. Danach werden die verschiedenen Systeme zur Nutzung kommerzieller Angebote im B2C-Bereich entlang des Makro-Prozesses einer Geschäftstransaktion erläutert. Der Makro-Prozess besteht aus den Schritten Informationssuche, Leistungsangebot, Bestellabwicklung, Versand und Bezahlung.

3.4.7.1 Theorie informationeller Mehrwerte

Der Erfolg elektronischer Marktplätze tritt nicht quasi „automatisch" dadurch ein, dass man ein ursprünglich konventionelles Marktangebot auf ein elektronisches Medium überträgt. Erst wenn hierdurch für den Kunden ein Zusatznutzen (*Mehrwert*) entsteht, kann von einer erfolgversprechenden Realisierung ausgegangen werden. Für einen Anbieter von Leistungen im EC-Umfeld ist es daher wesentlich, die bezogen auf sein spezifisches Angebot relevanten informationellen Mehrwerte zu erkennen und durch eine angemessenes Online-Marketing-Konzept umzusetzen. Dabei lassen sich folgende Typen informationeller Mehrwerte unterscheiden:

- *Komparative Mehrwerte* werden erreicht, wenn die Möglichkeiten der elektronischen Präsentation adäquat genutzt werden. Beispiele sind die Möglichkeit, Hörproben von CDs oder Previews von Videos als verkaufsunterstützende Maßnahme anzubieten.

- *Integrative Mehrwerte* entstehen durch das Angebot von Produkten oder Leistungen, die durch Integration anderer Produkte oder Leistungen entstehen und in dieser Form bislang nicht angeboten wurden. Die Zusammenstellung solcher *virtuellen Produkte* wird durch standardisierte *elektronische Produktkataloge* unterstützt. Sind beispielsweise Reiseangebote verschiedener Anbieter in standardisierten Formaten verfügbar, dann können von Dritten hieraus leicht neue Angebote zusammengestellt werden. Ist z. B. ein Reisebüro auf günstige Flugreisen und ein anderes auf Kulturreisen spezialisiert, dann kann ein drittes hieraus ein neues Angebot erzeugen, indem es einen günstigen und terminlich passenden Flug mit einer Kulturreise verbindet. Ähnlich können auch für bestimmte Zielgruppen maßgeschneiderte Versicherungspakete zusammengestellt werden.

- *Organisatorische Mehrwerte* entstehen, wenn durch Nutzung elektronischer Medien neue effiziente Organisationsformen bilden, d. h. diese Art von Mehrwerten betrifft vor allem den B2B-Bereich. Beispiel für eine solche Organisationsform sind *virtuelle Unternehmen* (VU). Als VU wird ein temporäres Netzwerk unabhängiger Unternehmen oder natürlicher Personen mit gleichen Rechten bezeichnet, dessen Ziel die gemeinsame Entwicklung, Produktion und Vermarktung von Leistungen ist (Arnold u. a. 1995, 10). Jedes Unternehmen steuert seine speziellen Kernkompetenzen bei und kein übergreifendes Management ist institutionalisiert. Nach außen, d. h. aus der Kundenperspektive, erscheint das VU wie ein konventionelles Unternehmen. Nach Beendigung des Unternehmenszwecks wird das VU entweder aufgelöst oder – falls sich ein dauerhafter Erfolg abzeichnet – in einen konventionellen Unternehmensverbund überführt. Vorteile der Organisationsform VU liegen vor allem in den flexiblen und einfachen Gründungs- und Auflösungsmodalitäten.

- *Strategische Mehrwerte* entstehen insbesondere durch die Schaffung bzw. Verbesserung einer weltweiten Markttransparenz. Oftmals begründen Unternehmen ihre Internet-Präsenz mit der Sicherung dieses Marktsegments, auch wenn Gewinne erst langfristig erzielbar sind. Weiterhin lassen sich durch das Internet weltweit Kunden akquirieren, wobei der Akquisitionsaufwand von der geografischen Distanz zum Kunden unabhängig ist.

- *Innovative Mehrwerte* werden durch neue Arten von Produkten und Dienstleistungen geschaffen. Z. B. ist EC die Grundlage für die Realisierung von *Mass Customization* (Massen-Maßfertigung). Unter *Mass Customization* (MC) versteht man eine Synthese aus Massenproduktion und der Fertigung kundenindividueller („maßgeschneiderter") Produkte. Standen Unternehmen früher vor der dichotomen Entscheidung, entweder kostengünstig Massenprodukte herzustellen oder als Auftragsfertiger mehr oder minder kundenindividuelle Produkte zu verhältnismäßig hohen Kosten zu produzieren, zielt MC darauf ab, die positiven Eigenschaften beider Alternativen zu vereinen: die (massenweise) Produktion individueller Güter zu Kostensätzen der Massenproduktion bei uneingeschränkt hoher Produktqualität und kurzen Lieferzeiten (Pine/Victor/Boynton 1993, 108). Aus Sicht des Kunden unterscheiden sich im Idealfall Produkte, die mittels MC produziert wurden, weder im Preis, noch in der Qualität, noch in der Lieferzeit von Produkten, die in *Massenproduktion* hergestellt wurden. Einziges Unterscheidungsmerkmal die exakte Erfüllung individueller Anforderungen. Treibende Kraft des Herstellungsprozesses ist der Kunde mit seinen spezifischen Anforderungen. MC umfasst daher das *Self Customizing*, bei dem sich der Kunde das gewünschte Produkt aus dem Angebot des Produzenten selbst konfiguriert. Dabei wird er insbesondere durch *elektronische Produktkataloge* unterstützt, die auch die interaktive Konfiguration individueller Produkte unterstützen. Darüber hinaus werden neue Produktideen aber auch auf der Grundlage aktiver Bedarfsanalysen bei Verbrauchern erarbeitet. Beispiele für Produkte, die in MC hergestellt werden, sind spezielle Werkzeuge, Fahrzeuge und Fahrzeugteile, LKW-Aufbauten, elektronische Pager, Fenster und Oberbekleidung oder auch Informationsprodukte wie produktindividuelle Bedienungsanleitungen. Allerdings eignen sich nicht alle Produkte sich für MC. Einerseits können Kunden durch eine übermäßige Angebotsvielfalt leicht überfordert werden, andererseits sind bei bestimmten Produkten Grenzen durch die Einfachheit der Baustruktur gesetzt. Ein Beispiel für eine innovative Dienstleistung ist das *Information Brokering*, bei dem Experten professionelle Unterstützung für die Informationsrecherche im Internet oder komplexen Fachinformationsdiensten wie Literaturdatenbanken anbieten.

• *Mehrwerte mit Effizienzwirkung* werden erreicht, wenn durch die Übertragung eines Angebots auf elektronische Medien Kosten- oder Zeitvorteile erreicht werden. Beispiel für einen Kostenvorteil ist das *Electronic Banking*. Kostet eine konventionelle Überweisung ca. € 1, betragen die Kosten einer elektronischen Überweisung nur noch etwa 10% des Betrags. Zeitgewinne werden z. B. durch Buchung oder Bestellung von Dienstleistungen ohne Medienbruch erreicht, wenn ein elektronischer Produktkatalog auch eine Bestellkomponente enthält.

• *Mehrwerte mit Effektivitätswirkung* betreffen die bessere Zielerreichung durch kontrollierten Umgang mit Informationen. Erleichtert ein Informationsangebot z. B. die Auswahl bester bzw. einfachster Lehrveranstaltungen beim Telelearning, so wird hierdurch eine Effektivitätswirkung erreicht. Ein Beispiel aus dem Kommerziellen Bereich ist die Verkürzung der Vertriebswege im elektronischen Handel, der durch den Wegfall von Zwischenhandel, Maklern etc. erreicht wird.

3.4.7.2 Informationssuche

Bislang wurde stets davon ausgegangen, dass WWW-Sites und -Server, von denen Informationen abgerufen werden sollen, bekannt sind. Häufig sollen jedoch auch Informationen von Servern geholt werden, auf die man ausgehend von einer Web-Seite nicht über einen Link navigieren kann. In diesem Fall helfen *Suchdienste*, Informationen im WWW aufzuspüren. Eine genaue Darstellung von Suchdiensten im WWW findet man in (Bekavac 1996).

Für die Suche sind grundsätzlich Server- und Client-basierte Verfahren zu unterscheiden. Bei den Server-basierten Verfahren wählt der Benutzer einen WWW-Server aus, der diesen Suchdienst anbietet. Hierbei sind grundsätzlich zwei Arten von Suchdiensten zu unterscheiden:

- Für die Suche innerhalb eines Servers wird standardmäßig eine einfache Stichwortsuche innerhalb des WWW-Servers angeboten. Diese ist jedoch in der Regel für eine einigermaßen brauchbare Recherche nicht ausreichend. Daher werden auf umfangreichen Servern eigene Suchprogramme angeboten, die mit Hilfe von Methoden aus dem Information Retrieval umfassendere Suchverfahren anbieten.

- Soll die Suche über mehrere Server durchgeführt werden, so ist eine weitere Möglichkeit, Katalog- und Verzeichnis-basierte Suchen durchzuführen. Hierbei wählt der Benutzer einen Server an, der einen Katalog über interessante Links zu bestimmten Stichworten verfügt. Die Wartung der Kataloge erfolgt über die Anbieter von Web-Seiten. Sie können Einträge in den Katalogseiten vornehmen und so selbst die Zugriffswahrscheinlichkeit auf ihre Seiten erhöhen. Beispiel für einen solchen Katalog ist die WWW Virtual Library.

Eine weitere Möglichkeit, Informationen über mehrere Server zu suchen, ist die Roboter-basierte Suche. *Suchroboter* sind in der Lage, Programme, die entlang von WWW-Hyperlinks navigieren, durch das Netz zu schicken und dabei gezielt Links zu sammeln und in Datenbanken, auf denen dann wiederum ein Information Retrieval möglich ist, abzuspeichern. Diese Datenbanken können dann wiederum von Endbenutzern abgefragt werden. Beispiel für derartige Systeme sind Alta Vista (http://www.AltaVsita.de) oder Yahoo (http://www.yahoo.de).

Client-basierte Suchverfahren simulieren auf dem Netz das Verhalten eines navigierenden WWW-Benutzers. In diesem Fall schickt der Benutzer einen so genannten *Agenten* los (dies ist ein Programm, das sein Verhalten simuliert), der dann gezielt über Links Informationen sammelt und im Dialog mit dem Benutzer abstimmt, nach welcher Strategie er weiter durch das Netz navigiert. Beispiel für ein solches System ist der Mosaic-Fish-Browser.

Verfahren, die auf Navigationen basieren, erzeugen heute einen wesentlichen Anteil der enormen Last, der das Internet ausgesetzt ist. So wird nach eigenen Angaben der Alta-Vista-Suchserver von 12 Mio. Benutzern täglich abgefragt.

3.4.7.3 Leistungsangebote

Die Interaktionsmöglichkeiten des WWW können u. a. auch für den Einkauf von Waren genutzt werden. So sind auf dem WWW *elektronische Produktkataloge* verfügbar, über die der Benutzer Waren auswählen, konfigurieren und auch bestellen kann. Für die Auswahl der Produkte werden Produkte in Kategorien eingeteilt, um dem Benutzer den Einstieg in den Katalog zu erleichtern. Danach kann er sich über Schlagwortsuchen oder Navigationspfade das Angebot erschließen. Beispielsweise findet man den Produktkatalog unter http://www.springer.de, zu dessen Angebot auch dieses Buch gehört.

Neben Auswahl und Bestellung wird in manchen Katalogen auch die Produktkonfiguration unterstützt. Hierbei kann der Benutzer in begrenztem Umfang in die Produktgestalt eingreifen und sich so sein individuelles Produkt zusammenstellen. Ein originelles Beispiel ist die Konfiguration einer individuellen Schokolade, die man unter http://www.ritter-sport.de findet.

Als Beispiel für die Nutzung elektronischer Produktkataloge dient hier die Reiseplanung. Der Ablauf kann hier z. B. folgendermaßen aussehen:

- Zunächst werden z. B. http://bahn.hafas.de die passenden Bahnverbindungen recherchiert, die Fahrkarten geordert und Sitzplätze reserviert.

- Danach wird mittels eines elektronischen Reisebüros wie z. B. dem Hotel Reservation Service HRS unter http://www.hrs.de nach einer geeigneten Unterkunft recherchiert und das entsprechende Hotel gebucht.

Eine solche Vorgehensweise hat gegenüber dem konventionellen Vorgehen, bei dem man persönlich oder telefonisch mit einem Reisebüro verhandelt, folgende Vorteile:

- Man ist nicht an Ladenöffnungszeiten gebunden.
- Es gibt keine Wartezeiten in Warteschlangen oder -schleifen.
- Das Angebot kann nach individuellen Präferenzen durchsucht werden.
- Das Angebot ist nicht durch einen Ansprechpartner vorselektiert.
- Man kann online auf räumlich beliebig viele und weit verteilte Anbieter zurückgreifen.

Die Nutzung elektronischer Vertriebswege eröffnet darüber hinaus weitere Möglichkeiten zur Ausschöpfung informationeller Mehrwerte. Ein aktueller Forschungszweig mit der Bezeichnung *Customer Relationship Management (CRM)* befasst sich mit der Gestaltung von elektronischen Produktkatalogen, die jedem (potenziellen) Kunden ein individuelles Leistungsangebot offerieren. Wird es möglich, jedem Kunden durch konsequente Implementierung von Konzepten des Mass Customization individuelle Angebote zu unterbreiten, spricht man auch von *One-To-One-Marketing*.

Angesichts der Vielzahl von Anbietern, die heute im WWW vertreten sind, besteht die Gefahr, dass ein einzelnes Angebot gewissermaßen untergeht. Daher ist es zweckmäßig, Angebote in so genannten elektronischen Einkaufsstraßen (*Electronic Malls*) zu bündeln (Pils 1996). Kriterien für die Bündelung können z. B. regionale Angebote oder Branchenzugehörigkeit sein. Eine Electronic Mall ist so konzipiert, dass alle Anbieter unter einem einheitlichen Design und mit einheitlicher Benutzeroberfläche ihr Angebot im Web präsentieren. Der Benutzer hat dabei den Vorteil, das in der Mall gebündelte Angebot ohne Umwege abrufen zu können und mit den Anbietern zu interagieren. Die Einstiegsseite der *Electronic Mall Bodensee* (EMB) erreicht man unter der URL http://www.emb.net.

Eine Mischform aus Eletronic Malls und Suchmaschinen sind *Portale* (Hess/Herwig 1999). Sie haben die Funktion, Benutzer entsprechend ihrer Interessen auf die jeweils weiterführenden WWW-Seiten zu lenken. Sie ähneln Katalog-basierten Suchmaschinen, da sie über strukturierte Schlagwortlisten auf weiterführende Links verweisen. Im Unterschied zu Suchmaschinen, die den Internet-Nutzer schlechthin als Zielgruppe ansprechen, sind Portale zielgruppenorientiert und verfolgen klare kommerzielle Zielsetzungen des Anbieters, die über die Präsentation von Werbebannern hinaus gehen. Einige Portale lassen sich zudem in der Weise individualisieren, dass der Interessent sich den für ihn relevanten Ausschnitt aus dem Informationsangebot in den Mittelpunkt rücken kann. Portalen findet man z. B. unter http://www.yahoo.de, http://www.msn.de oder http://www.mysap.com.

3.4.7.4 Bestellabwicklung

Bei Abwicklung von Bestellungen sind drei Fälle zu unterscheiden:

- Sind die bestellten Produkte *Dienstleistungen*, dann ist das Ergebnis der Markttransaktion ein Vertragsabschluss.

- Sind die bestellten Produkte *elektronische Produkte* wie Software oder andere Dateien, dann kann auch der Versand auf elektronischem Wege erfolgen.

- Sind die Produkte sonstige *materielle Produkte*, dann sind die Produkte auch auf konventionellen Wegen auszuliefern.

In allen Fällen besteht grundsätzlich das Problem der *Authentifizierung* zwischen den Marktpartnern. Sowohl Lieferant wie auch Kunde müssen in der Lage sein nachzuweisen, dass sie wirklich diejenigen sind, die sie laut Internet-Kommunikation auch sind. Für die Authentifizierung gibt es heute zwei Wege: Der einfachste und auch übliche Weg ist die Authentifizierung über die Kreditkartennummer. Das Risiko entspricht hierbei dem konventioneller Kreditkartengeschäfte. Eine andere Möglichkeit ist die Zuweisung einer individuellen Signatur (*elektronische Unterschrift*) durch eine international anerkannte Zertifizierungsinstitution. Elektronische Unterschriften können für elektronische Vertragsabschlüsse genutzt werden, allerdings ist die Rechtslage noch nicht abschließend geklärt. Auch der Status von Zertifizierungsinstitutionen ist noch umstritten. Dabei bleibt in der Praxis nur die erste Variante bestehen, die allerdings für Vertragsabschlüsse ungeeignet ist.

Ein weiteres grundlegendes Problem im elektronischen Handel ist das Vertrauen. Durch die oftmals grenzüberschreitenden Internet-Geschäfte ist die Rechtslage schwer einschätzbar, da die nationalstaatlichen Rechtsvorschriften nicht greifen. Aber selbst bei Geschäftspartnern innerhalb Deutschlands oder der EU ist die Rechtslage nicht immer eindeutig und Juristen sind durch die schnelle technologische Entwicklung überfordert. Daher ist der Aufbau einer guten Reputation für Anbieter im Internet von besonderer Bedeutung.

Elektronische Vertragsabschlüsse sind dann möglich, wenn von beiden Vertragspartnern eine elektronische Unterschrift akzeptiert wird. Bislang ist dies nur im B2G-Bereich bei der Vergabe öffentlicher Aufträge möglich, wenn die beauftragende Behörde auch gleichzeitig die zertifizierende Instanz ist. Ein anderes Beispiel für einen elektronischen Vertragsabschluss ist der Fahrkartenverkauf der Deutschen Bahn AG. Seit Ende 1999 ist es für einige Strecken der Deutschen Bahn möglich, Fahrkarten via Internet zu kaufen und selbst auszudrucken. Als Sicherheit für die Kontrolleure dient eine eindeutige Nummer der Fahrkarte. Die Kontrolleure erhalten für die gebuchten Fahrten Listen mit den Fahrkartennummern.

Besonders attraktiv sind Einkaufsmöglichkeiten im Bereich *elektronischer Produkte* wie z. B. Software. Der Softwarekauf funktioniert prinzipiell nach folgendem Schema:

- Die gewünschte Software wird vom Web-Server des Anbieters heruntergeladen. Dabei kann die Option offen stehen, dass die Software innerhalb eines begrenzten Zeitraums genutzt werden kann.

- Soll die Software dauerhaft genutzt werden, bestellt der Kunde die Software und bezahlt sie.

- Nach Eingang der Zahlung schaltet der Lieferant die Software z. B. Mitteilung eines Passworts über E-Mail frei.

Neben der Beschaffung kompletter Softwaresysteme umfasst das Angebot auf dem Internet in Zukunft auch die Möglichkeit, Objekte oder Komponenten, die in eigene Anwendungsprogramme und Endbenutzerwerkzeuge eingebunden werden können, in so genannten *Object bzw. Component Stores* zu erwerben. Anbieter solcher standardisierter Objekte oder Komponenten haben damit die Möglichkeit, ihre Entwicklungen auf sehr einfache Weise weltweit zu vertreiben und Nachfrager die Möglichkeit, derartige Objekte oder Komponenten binnen kürzester Zeit in ihren Arbeitsumgebungen einsetzen zu können. Vorausgesetzt, dass das Problem der sicheren Zahlungsweise über das Internet gelöst wird, wäre es dann möglich, dass ein Entwickler beispielsweise in Indien eine neuartige Komponente für Microsoft Excel entwickelt und in einem Component Store bereitstellt. Diese Komponente könnte dann innerhalb von Minuten von einem Benutzer in Deutschland eingebunden und eingesetzt werden.

In einigen Bereichen ist der Übergang zwischen materiellen und elektronischen Produkten fließend. Beispielsweise könnten CDs auch per Internet verschickt werden, da die Musik-Tracks in digitaler Form, d. h. als Dateien auf der CD vorliegen. Mit dem MPEG-Format existiert ein effizientes Format zur Komprimierung von Musikdateien vor. Damit existieren keinen nennenswerten technischen Hindernisse zum elektronischen Vertrieb von CD-Inhalten. Der Ablauf einer Musikbestellung läuft dann in etwa so wie die oben skizzierte Softwarebeschaffung ab, wobei der Kunde die übertragenen Daten direkt auf CD brennt. Mit einem entsprechenden Produktkonfigurator könnten Kunden sogar ihre eigenen CDs zusammenstellen – ein Beispiel für Mass Customization. Ähnlich könnten auch mit Büchern oder Zeitschriften als PDF-Dateien versendet werden. Die Durchführung derartiger Geschäfte ist allerdings auf Grund des international akzeptierten Urheberrechts (noch) nicht zulässig.

Bei *materiellen Produkten* spielt Vertrauen auf beiden Seiten die größte Rolle. Bei elektronischen Gütern oder Dienstleistungen werden immaterielle Güter mit minimalem Kostenaufwand repliziert. Bei materiellen Gütern hat der Lieferant auf jeden Fall die Herstell- bzw. Beschaffungskosten zu tragen. Auf der anderen Seite hat der Kunde nach der Zahlung keine Gewähr, dass der Lieferant die bestellte Ware jemals ausgeliefert hat.

Eine gewisse Hilfestellung leisten *Track-and-Trace-Systeme* der Logistikdienstleister. Hat ein Lieferant eine Ware versendet, dann teilt er dem Kunden die Nummer seiner Sendung mit. Mit Hilfe dieser Nummer kann der Kunde dann im WWW den Weg seiner Sendung verfolgen (siehe z. B. http://www.ups.com). Letztendlich besteht immer noch das Restrisiko, dass der Lieferant nicht die bestellte Ware, sondern irgend etwas anderes eingepackt hat.

3.4.7.5 Bezahlen im Internet

Es gibt prinzipiell drei Möglichkeiten für die Bezahlung von Leistungen im Internet:

- Per Banküberweisung mit Electronic Banking,
- mit Kreditkarte oder
- Barzahlung.

Beim *Electronic Banking* werden Bankgeschäfte in der Weise getätigt, dass Überweisungsformulare am Bildschirm ausgefüllt und per Internet in verschlüsselter Form übertragen werden. Der Kunde authentifiziert sich dabei über seine individuelle Kundennummer (Personal Identification Number – PIN) und als Unterschrift dient die von der Bank auf dem Postweg zugestellte Transaktionsnummer (TAN), die nur einmal verwendet werden kann. Für die Verschlüsselung werden in der Regel PGP oder SSL verwendet. In der Regel können per Electronic Banking noch weitere Dienste wie die Anzeige und Ausdruck von Kontoauszügen oder Einrichtung und Änderung von Daueraufträgen genutzt werden.

Die *Bezahlung per Kreditkarte* hat den Vorteil, dass sie direkt in Verbindung mit dem Einkauf selbst durchgeführt wird. Der Kunde übermittelt verschlüsselt die Kreditkartennummer zusammen mit seinen persönlichen Daten. Dabei dient die Kreditkartennummer zusammen mit den persönlichen Daten sowohl der Authentifizierung des Kunden wie auch der Bezahlung selbst. Da hier auf individuelle Codes verzichtet wird, besteht hier im Vergleich zum Electronic Banking erhöhtes Sicherheitsrisiko, das allerdings von den Kredikartengesellschaften zu jeweils individuellem Grad abgesichert wird.

Vorteil der Barzahlung im nicht-elektronischen Zahlungsverkehr ist, dass der Kunde anonym bleibt. Da ein Kunde bei einer Kreditkartenzahlung per Internet persönliche Daten übermitteln muss, die für die eigentliche Zahlungstransaktion überflüssig sind, besteht auch für die Barzahlung auf elektronischem Wege durchaus Bedarf. Als *digitales Bargeld* werden Bitsequenzen bezeichnet, die fälschungssicher sind und gegen Geldeinheiten in staatlichen Währungen eingetauscht werden können. Digitales Geld kann von einer Bank oder einem anderen Kreditgeber gekauft und per Internet übertragen werden, wobei es dann auf einem konventionellen Datenträger als *elektronische Geldbörse* vorgehalten wird. Es kann aber auch über entsprechende Lesegeräte von *Chipkarten* gelesen und via Internet zum Empfänger übertragen werden. Problematisch ist dabei die Sicherstellung der Fälschungssicherheit. Beim *DigiCash*-Verfahren wird eine individuelle Kennung des Kunden, dem digitales Bargeld übertragen wird, so in die elektronischen Münzen hineincodiert, dass die individuelle Kundenkennung nur dann sichtbar wird, wenn eine solche Münze kopiert wird. Damit bleibt ein Kunde, der sich ordnungsgemäß verhält, gegenüber dem Lieferanten stets anonym. Anders ist dies beim von den Banken präferierten *Cybercash*, bei dem jede Münze mit dem Empfängercode der Münze versehen wird, so dass die Anonymität nur begrenzt gewährleistet ist.

3.4.7.6 Besonderheiten bei B2B

Grundsätzlich können Funktionen aus B2C auch für B2B genutzt werden. So kann z. B. ein Produktionsunternehmen auch einen elektronischen Produktkatalog nutzen, um das Angebot eines Lieferanten zu sichten und Bestellungen abzuwickeln. Allerdings lassen sich in Lieferketten (Supply Chains) besondere Effizienzwirkungen erreichen, wenn für die Planung und Steuerung der zwischenbetrieblichen Logistik (auch SCM = *Supply Chain Management* genannt) Informationen aus der PPS der an einer Lieferkette beteiligten Unternehmen zur Verfügung stehen. Ein Weg zur Befriedigung derartiger Informationsbedarfe ist die Veröffentlichung von Daten aus PPS- und anderen operativen Systemen im WWW, wobei allerdings sicher gestellt werden muss, dass nur autorisierte Personen Zugang zu den Daten haben. Damit müssen Betriebliche Informationssysteme, die ursprünglich nur für den internen Gebrauch konzipiert wurden, in Richtung WWW geöffnet werden. Wieder dient SAP R/3 als Beispiel für verschiedene Varianten einer solchen Öffnung.

Tabelle 40 zeigt die auszutauschenden Produktionsdaten bezogen auf die Kommunikationspartner (Rautenstrauch/Tangermann/Turowski 2000). Dabei wird aktiver (a) und passiver (p) Informationsaustausch unterschieden. Ein Informationsangebot wird aktiv genannt, wenn das ERP-System den Datentransfer initiiert. Dies ist z. B. der Fall, wenn der Kommunikationspartner unaufgefordert eine E-Mail, ein EDI- oder ein XML-Dokument erhält. Werden Daten explizit auf Anfrage bereit gestellt, spricht man von passivem Informationsaustausch. In diesem Fall fordern Personen oder Systeme ERP-Daten per Internet oder EDI-Message an. Die angeforderte Information wird dann vom ERP-System veröffentlicht.

Insbesondere die passive Kommunikation erfordert Erweiterungen der ERP-Funktionalität, da nun System-interne Daten im WWW veröffentlicht werden müssen. Prinzipiell gibt es drei Möglichkeiten für den Zugriff auf R/3-Daten via Internet (Pérez et al 1998, 141).

Kommunikationspartner	Information	a	p
Lieferant	Materialanforderungen	✓	
	Geplante Änderungen von Materialbedarfen	✓	
	Information zu Produktkonfigurationen	✓	✓
	Geplante Materiallieferungen		✓
Kunde (Produktionsunternehmen)	Geplantes Lieferdatum	✓	✓
	Produktverfügbarkeit		✓
	Informationen zur Produktkonfiguration		✓
Zulieferer	Geplante Übernahmezeit	✓	✓
	Auslieferungsort	✓	✓
	Information zu gelieferten Leistungen	✓	✓
Andere	Produktinformation	✓	✓
	Kapazitätssituation	✓	✓

Tabelle 40: Klassifikation des Produktionsdatenaustausches

Internet Transaction Server

Die erste Möglichkeit besteht in der Nutzung des *Internet Transaction Servers* (ITS). Der ITS ist als Kommunikationsschnittstelle zwischen HTTP-Server und SAPGUI angesiedelt. Er simuliert die vom R/3-System erwarteten SAPGUI-Anfragen und übersetzt die Ergebnisse in HTML. Das ITS ist außerdem in der Lage, auf Internet Application Components (IAC) der SAP zuzugreifen.

Der ITS besteht aus zwei Teilen, dem *Application Gateway (AGate)* und dem *Web Gateway (WGate)*. Beide Teile kommunizieren über das TCP/IP-Protokoll, so dass sie auf unterschiedlichen Rechnern installiert sein können. Die AGate schafft die Verbindung zwischen dem R/3-System und der WGate. Sie hat die folgende Funktionalität:

- Schnittstelle zur WGate über TCP/IP und R/3 über das Dynamic Information and Action Gateway (DIAG) sowie RFC,
- HTMLBusiness Interpreter,
- Session-, Service- und Login-Management,
- Caching,
- Administration.

Das *Service-Management* umfasst alle notwendigen Informationen zum starten des IAC. Es kontrolliert Systemvariablen wie Transaktion, Server, Client, Benutzer, Password, Sprache, Timeout und Thema für jeden Service-Aufruf. Die Themenvariable ist eine Besonderheit des ITS. Mit ihr lassen sich verschiedene Erscheinungsweisen für die für den gleichen IAC realisieren. Damit können IACs auf einer Web-Site individualisiert werden.

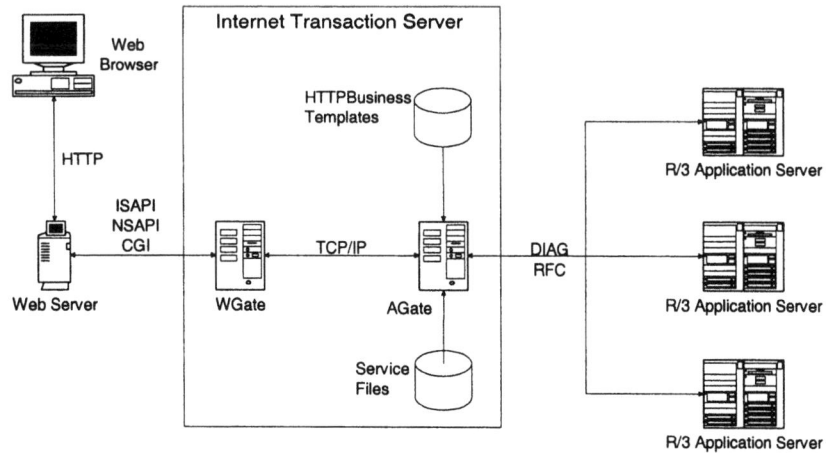

Abbildung 166: Architektur des ITS

Das *Login-Management* überprüft, ob alle relevanten Benutzerinformationen zum Zeitpunkt der Anmeldung verfügbar sind. Fehlende Informationen werden ggf. nachgefordert, bevor das IAC startet. Damit wird sowohl anonymer als auch autorisierter Zugriff in Abhängigkeit von den Anforderungen des jeweiligen IAC ermöglicht.

Das *Session Management* ermöglicht die Übertragung des Transaktionskonzepts auf das Internet. Mit dem Start eines IAC wird eine Session eingerichtet, die bis zum Logoff oder Timeout „lebt".

HTMLBusiness ist eine proprietäre HTML-Erweiterung der SAP. Der HTMLBusiness-Interpreter mischt HTML-Templates mit der übertragenen Transaktionsinformation. Das Ergebnis ist eine reine HTML-Datei, die an den aufrufenden Browser übertragen wird. In umgekehrter Richtung übernimmt der Interpreter die vom Browser übertragene Information um diese mit den Daten aus einem Dynpro zu füllen. Die Verbindung zwischen Feldern des Dynpros und des HTML-Templates wird über Namensgleichheit geschaffen.

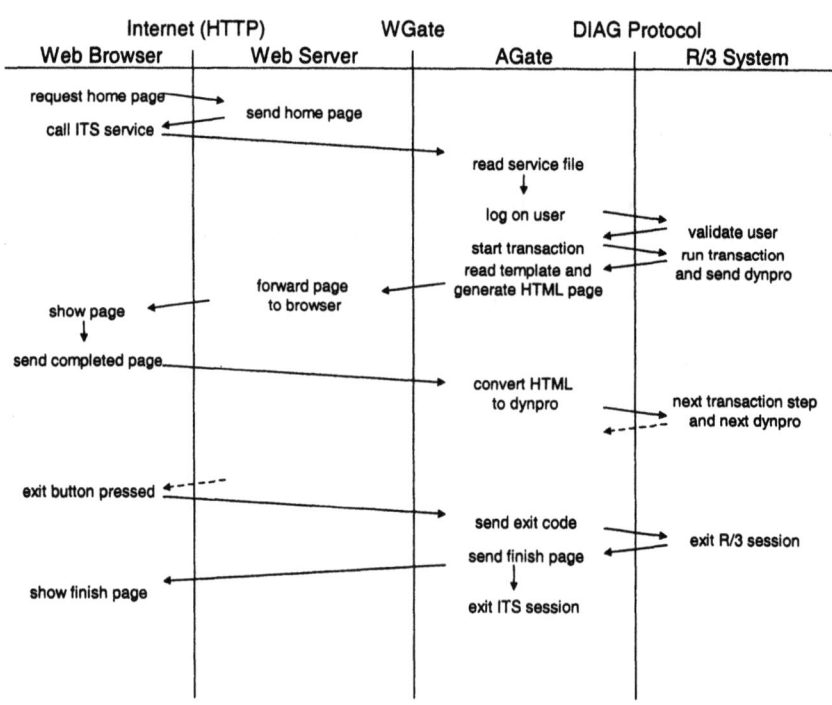

Abbildung 167: Kommunikationsfluss beim Einsatz des ITS

Das *WGate* ist das Verbindungselement zwischen Web-Server und AGate. HTTP-Anforderungen werden zum AGate und die Antworten wieder zurück zum Web-

Server übermittelt. Das Gateway stellt folgende Funktionen für den Datenaustausch zwischen R/3 und dem Web-Server zur Verfügung:

- Konvertierung der Input-Daten in die Kontext-Datenstruktur der AGate,
- Zuweisung von API- oder CGI-Schnittstellen zu Web-Servern.

Weiterhin ermöglicht die WGate Verbindungen zu Web-Servern, die eine der folgenden Schnittstellen unterstützt:

- Netscape Server Application Programming Interface (NSAPI)
- Internet Server Application Programming Interface (ISAPI)
- Common Gateway Interface (CGI).

Abbildung 167 fasst den Kommunikationsfluss beim Einsatz des ITS noch einmal anhand einer Beispiel-Session zusammen (Hantusch/Matzke/Pérez 1997, 105).

SAP Automation/Intelligent Terminal

SAP Automation ist eine vereinfachte Benutzerschnittstelle für weniger geübte Benutzer, die auf SAPGUI aufsetzt. Sie empfängt alle Daten direkt vom SAPGUI über dessen API-Schnittstelle. Damit ist SAP Automation eine neue Schicht auf dem SAPGUI, wodurch R/3 zu einer 4-Tier-Architektur erweitert wird. Es ist vergleichsweise einfach, mit eigenen Anwendungsprogrammen Daten aus SAP Automation herauszulesen und an einen HTTP-Server zu übergeben (siehe Abbildung 168). Allerdings ist man auf die eingeschränkte Funktionalität von SAP Automation begrenzt.

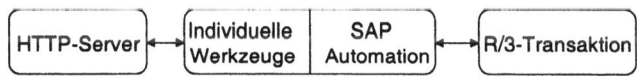

Abbildung 168: Web-Anbindung über SAP Automation

WebRFC

Externe Programm, die z. B in Java®, Visual Basic oder C geschrieben werden, können auch direkt über die BAPI®-Schnittstelle das RFC-Protokoll nutzen. Damit wird der direkte Aufruf von R/3-Funktionen auch in Internet-Anwendungen unterstützt. Dabei werden ABAP-Funktionen ausgeführt und die Ergebnisse direkt an den aufrufenden Client übermittelt (siehe Abbildung 169). Dieser Ansatz lässt den Entwicklern die größten Freiheitsgrade, erfordert aber auch den höchsten Programmieraufwand.

Fast man die verschiedenen Möglichkeiten der Integration von Internet-Anwendungen und R/3 zusammen dann zeigt sich, dass die einfachste aber auch eingeschränkteste Integrationsvariante die über SAP Automation ist. Der WebRFC ist dann am ehesten zu verwenden, wenn der Hauptteil der Anwendungslogik in der Eigenentwicklung abläuft und R/3-Funktionalität nur sporadisch benötigt wird. Spielt die R/3-Anwendungsfunktionalität in einer Internet-Anwendung eine größere Rolle und wird zudem eine gewisse Flexibilität gefordert, ist die Nutzung des ITS anzuraten. Mittelfristig ist davon auszugehen, dass der ITS vollständig in den Web Application Server als Teil des SAP Application Servers integriert wird (siehe http://www.sap-ag.de/Germany/solutions/r3enterprise/index.asp).

Abbildung 169: WebRFC

3.4.7.7 M-Commerce

Elektronischer Handel über drahtlose Kommunikation mit Mobiltelefonen oder anderen handlichen Geräten wie PDAs wird *Mobile Commerce* oder *M-Commerce* genannt. Damit ist M-Commerce ein Spezialfall von E-Commerce, für den folgende Besonderheiten gelten:

- Die Endgeräte (Mobiltelefone oder PDAs) haben ein begrenztes Display und nur eingeschränkte Grafikfähigkeiten.

- Die Übertragungsraten zu den Endgeräten sind verglichen mit Festnetzverbindungen (noch) sehr gering.

- Die Endgeräte können jederzeit an jedem Ort eingesetzt werden.

Die technischen Voraussetzungen sind neben den Endgeräten die Verfügbarkeit digitaler Mobilfunknetze und von Datenfunktechniken. Die meisten *Mobilfunknetze* (auch alle in den deutschsprachigen Ländern verfügbaren) basieren auf dem GSM-Standard (GSM = Global System for Mobile Communication). Alle dem GSM-Standard entsprechenden Mobilfunknetze unterstützen Abhörsicherheit, internationales Roaming und eine Datenübertragung mit 9.600 Bit/s. Unter *Roaming* versteht man die Möglichkeit der automatischen Netzanmeldung außerhalb der Netzreichweite des Mobilfunknetzbetreibers, mit dem man vertraglich verbunden ist. Voraussetzung für Roaming sind zum einen kompatible Technologien und zum anderen internationale Verträge, über welche die Abrechnungsmodalitäten zwischen den Netzbetreibern geregelt werden. Mit UMTS (Universal Mobile Telecommunication System) steht bereits ein Nachfolger des GSM vor der Tür, mit dem ab dem Jahr 2005 Übertragungsraten von bis zu 384 KBit/s flächendeckend und gebietsweise bis zu 2 GBit/s möglich sein werden.

Datenfunktechniken dienen der Übertragung von Daten auf mobile Endgeräte. Eine einfache Datenfunktechnik, die vor allem für die Datenübertragung zwischen Mobiltelefonen genutzt wird, ist SMS (Short Messages Service). *SMS-Nachrichten* haben je nach Netzbetreiber eine begrenzte Länge. Für den Versand einer SMS-Nachricht wird keine direkte Verbindung zwischen Sender und Empfänger aufgebaut, da die SMS-Nachricht in einem Short Message Service Center (SMSC) so lange zwischengespeichert wird, bis sie an den Empfänger weiter geleitet werden kann. Sobald der Empfänger erreichbar ist, erscheint die Message auf seinem Display. Seit neuestem ist auch die Übertragung multimedialer Messages (MMS) möglich.

Diese Datenfunktechnik ist jedoch für M-Commerce-Anwendungen zu einfach. Daher wurde das *Wireless Application Protocol (WAP)* entwickelt, das die Übertragung stark vereinfachter WWW-Seiten auf mobile Endgeräte ermöglicht. WAP-Seiten, so genannte Decks, werden mit WML (Wireless Markup Language) entwickelt. Decks sind in Cards eingeteilt, wobei eine Card so klein ist, dass sie auf dem Display eines Mobiltelefons vollständig betrachtet werden kann. WML hat starke Ähnlichkeit mit HTML, ist aber auf die begrenzten Möglichkeiten der Displays mobiler Endgeräte zugeschnitten. Der WWW-Zugang von einem mobilen Endgerät erfolgt nicht über die Angabe einer URL, sondern durch Einwahl in ein Portal, das vom jeweiligen Mobilfunkbetreiber gepflegt wird. Die Homepage dieses Portals erscheint dann auf dem Display des Endgeräts, von wo aus der Benutzer über Hyperlinks weiter navigieren kann. Einige Mobilfunkbetreiber erlauben ihren Kunden die individuelle Konfiguration der Portal-Homepage.

Auch wenn M-Commerce noch in den Kinderschuhen steckt, lassen sich eine Reihe von Anwendungen identifizieren, welche die Möglichkeiten dieses neuen Markts andeuten. Im B2C-Bereich sind dies beispielsweise folgende:

- Die Dienste der Banken für das *mobile Banking* lassen sich in öffentliche und private Informationsangebote unterteilen. Öffentliche Informationen umfassen z. B. das Angebot von Devisenkursen und aktuellen Zinssätzen. Private Informationen können Kontostände, Umsätze, Kreditkartenbelastungen u. ä. sein. Auch Transaktionen wie Zahlungsaufträge, Umbuchungen oder Einrichtungen von Daueraufträgen sind möglich.

- Die Abwicklung von Aktiengeschäften in Echtzeit wird als *mobile Brokering* bezeichnet. Hierzu gehört nicht nur die Bereitstellung stets aktueller Aktienkurse, sondern es muss auch ein sofortiges Durchschalten des potenziellen Käufers oder Verkäufers zum Aktienhändler möglich sein. Weiterhin sind Funktionen zur Alarmierung bei Preisveränderung, Mitteilung bei Orderausführung, Quotenkontrolle, Verwaltung der Portfolios sowie das Erstellen und Löschen von Ordern bereit zu stellen.

- *Payment Services* erlauben die sofortige Bezahlung (kleinerer) Bargeldbeträge per Mobiltelefon. Hierfür wird eine Geldkarte in einen zusätzlichen Karteneinschub eingeführt. Zum Bezahlen wählt der Benutzer die Nummer des Kassensystems, gibt über die Tastatur den Betrag ein und der Betrag wird von der Geldkarte abgebucht. Diese Form der Bezahlung bietet sich besonders bei Automaten an.

- Das Einkaufen von Waren mit M-Commerce-Technologien wird als *mobile Shopping* bezeichnet. Zum Mobile Shopping gehört auch die Reservierung von Kino- oder Theaterkarten (mobile Ticketing) oder die Buchung von Reisen.

- Weitere Dienste sind *mobile Advertising* (der Versand individueller Werbebotschaften), *mobile Entertainment* (Spiele im Netz) und *Information Services* (aktuelle Nachrichten nach Rubriken wie Politik, Wirtschaft, Sport usw. kategorisiert).

Eine neue Klasse von M-Commerce-Anwendungen sind die *Location based Services*. Hierbei werden Internet-Dienste mit Ortungsinformationen des Nachfragers, die mit GPS-Satellitenortung oder GSM-Diensten (*GPS* = Global Positioning System) ermittelt werden, gekoppelt. Beispiel hierfür ist eine ortsbezogene Hotelsuche, bei der die per GPS oder GSM ermittelte Koordinate an einen Server übertragen wird, auf dem dann ein auf dem Server eingerichteten Benutzerprofil entsprechendes freies Hotel in der Nähe gesucht wird. Bestätigt der Benutzer die Buchung, wird die Adresse des Hotels an ein Navigationssystem weitergegeben, das den Benutzer dann zu dem gebuchten Hotel führt. Für Anwendungen dieser Art wird auch von *U-Commerce* gesprochen (Ubiquitous Commerce – allgegenwärtiges E-Commerce) (Ferguson/Pike 2001).

Im B2B-Bereich werden bislang kaum eigene Anwendungen angeboten. Kommerzielle Anwendungen nutzen Funktionen, die bereits im B2C-Kontext erläutert wurden, wie beispielsweise mobile Ticketing. Dennoch lassen sich auch hier sinnvolle Anwendungen kreieren, wenn M-Commerce-Dienste in Unternehmensprozesse integriert werden. Als Beispielszenario dient hier eine Anwendung aus der betrieblichen Produktion.

Angenommen, in der betrieblichen Produktion bleibt eine Maschine aus unerfindlichen Gründen stehen. In diesem Fall ist eine schnelle Diagnose und Fehlerbehebung dringend erforderlich, da Stillstand oftmals erhebliche Kosten verursacht und ein längerer Stillstand kann sogar dazu führen, dass ein großer Teil Produktionsplanung neu durchgeführt werden muss. Da Maschinenausfälle seltene Ausnahmen sind bzw. sein sollten, kann nicht davon ausgegangen werden, dass ein kompetenter Wartungstechniker direkt neben der Maschine steht und den Schaden ohne Verzögerung behebt. Mit M-Commerce-Techniken kann jedoch erreicht werden, dass alle für die Fehlerdiagnose wesentlichen Informationen ohne nennenswerte Verzögerungen an einen Wartungstechniker übermittelt werden. Solche Daten sind z. B. die Grunddaten des Arbeitsgangs, bei dem der Fehler aufgetreten ist, da man hieraus schließen kann, bei welcher Verrichtung die Maschine stehen blieb, die bereits bis zum Fehler fertig produzierte Menge oder die Ausschussquote. Moderne Werkzeugmaschinen sind mit einer so genannten Maschinendatenerfassung (MDE) ausgestattet, die permanent Daten über den Zustand der Maschine sammelt. Weiterhin findet man relevante Daten auch in PPS-Systemen oder –Modulen von ERP-Systemen.

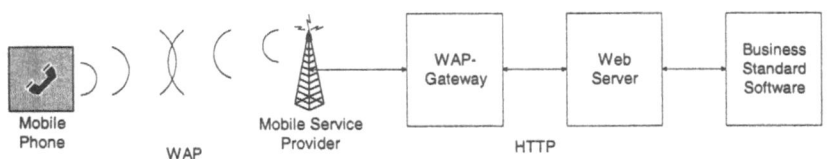

Abbildung 170: Verbindung von Mobiltelefonie mit ERP-Systemen

Im Fehlerfall schickt die Maschine via MDE (Maschinendatenerfassung) eine SMS-Nachricht an den betreffenden Wartungstechniker. Während dieser sich auf den Weg macht, fragt er über die WAP-Schnittstelle die wichtigsten Daten zum Maschinenzustand und zum letzten Arbeitsgang ab, so dass er beim Eintreffen an der Maschine weitgehend im Bilde ist und die Diagnosezeit entsprechend verkürzt wird.

Voraussetzung für eine solche Technologienutzung ist eine „Verlängerung" der in Abschnitt 3.4.7.6 Besonderheiten bei B2B skizzierten Veröffentlichung von ERP-Daten im WWW zum über WAP abrufbaren Dienst. Abbildung 170 (WAP-Forum 1999, 14) zeigt eine solche Verlängerung im Überblick.

3.4.7.8 Literatur zu E- und M-Commerce

Electronic Commerce ist eines der Top-Themen der Wirtschaftsinformatik, an dem eine unüberschaubare Anzahl Wissenschaftler und Unternehmen arbeiten. Eine Literaturübersicht hierzu kann daher nur eine Momentaufnahme sein, deren Aktualität kaum zu gewährleisten ist. Ein in der Wirtschaftsinformatik bislang wenig beachtetes Werk, das auf Grund seiner theoretischen Fundierung auch längerfristig relevant bleibt, ist (Kuhlen 1996). Der Stand zu Fach- und Lehrbüchern zum E-Commerce ist in (Uhr/Kosilek 1999) dokumentiert und genau analysiert. Weiterhin findet man dort auch Hinweise auf eine Reihe internationaler Publikationen. Aktuelle Werke sind (Daum/Scheller 2000; Heilmann u. a. 2000; Köhler-Frost 2000; Liautaud 2001; Manninger/Göschka/Schwaiger 2001; Kauffels 2001; Merz 2001; Rebstock/Hildebrand 1999; Tapscott 2000; Werthner/Bichler 2001).

Wissenschaftliche Literatur zu M-Commerce ist zum Zeitpunkt der Drucklegung noch Mangelware, allerdings ist ein Boom auch in diesem Bereich absehbar. Aktuelle Werke hierzu sind (Geer/Gross 2001; Michelsen/Schaale 2001; Nicolai/Petersmann 2001; Zobel 2001).

Abbildungsverzeichnis

Abbildung 1: Bitfolge zur Darstellung reeller Zahlen..11

Abbildung 2: Pixelorientierter Kreis mit Vergrößerung..15

Abbildung 3: Clip aus der Microsoft ClipArt-Galery...15

Abbildung 4: Abbildung des Zeichens "n" durch Bitmap (links) und Hüllkurven (rechts)...17

Abbildung 5: Hauptbestandteile und Datenfluss in einem Computer.................20

Abbildung 6: Befehlsabarbeitung in der CPU...27

Abbildung 7: CPU-Status nach der Ausführung des ersten Befehls.................29

Abbildung 8: CPU-Status nach der Ausführung des letzten Befehls 30

Abbildung 9: Verbindungsformen für Komponenten eines Computers 32

Abbildung 10: Benutzte Bussysteme bei der Ausgabe auf einen lokalen Drucker.34

Abbildung 11: Veränderungen an magnetisierbaren Partikeln nach einem Schreibvorgang...36

Abbildung 12: Lesen eines optischen Speichers 37

Abbildung 13: Zugriffsformen auf Speicher 38

Abbildung 14: Logische Sicht auf eine Diskette 39

Abbildung 15: Einstellung des Grafikmodus unter Windows 44

Abbildung 16: Anbindung von Grafikkarte und Bildschirm 44

Abbildung 17: Struktur einer einfachen Grafikkarte...46

Abbildung 18: Struktur einer beschleunigten Grafikkarte...................................47

Abbildung 19: Softwareseitige Druckereinstellungen unter Windows 50

Abbildung 20: Druckvorgang 51

Abbildung 21: Formatierter Text mit Bild zur Ausgabe als EPS-Datei.............52

Abbildung 22: Auszüge aus einer Encapsulated Postscript-Datei 54

Abbildung 23: Bildhafte Spezifikation des Problems Kaffeekochen 58

Abbildung 24: Abstraktion und Repräsentation von Daten 62

Abbildung 25: Hierarchische Datentypen 63

Abbildung 26: Systematik von Datentypen in Programmiersprachen 64

Abbildung 27: Zugriff auf ein eindimensionales Feld 66

Abbildung 28: Zugriff auf ein zweidimensionales Feld 66

Abbildung 29: Längen- und Abschlusscodierung bei Strings...............................67

Abbildung 30: Definitionen und Wertzuweisungen in einem Record 68

Abbildung 31: Referenzierung ref und Dereferenzierung deref 69

Abbildung 32: Logischer Aufbau einer einfach verketteten Liste........................71

Abbildung 33: Beispiel eines binären Suchbaums..72

Abbildung 34: Gültigkeitsbereiche in Blöcken 77

Abbildung 35: Prozeduraufruf...78

Abbildung 36: Dienst- und Kundenmodule...79

Abbildung 37: Module zur Implementierung von Datenkapseln und abstrakten Datentypen...80

Abbildung 38: Zugriffsmöglichkeiten auf Attribute 81

Abbildung 39: Vererbung in Klassen...82

Abbildung 40: Beispiel einer Klassenhierarchie *83*
Abbildung 41: Wasserfallmodell *86*
Abbildung 42: Compilieren und Linken *90*
Abbildung 43: Zustandsübergänge von Threads *95*
Abbildung 44: Segmentierung versus Seitenadressierung *96*
Abbildung 45: Garbage Collection bei Segmentierung *97*
Abbildung 46: Rollen und Benutzergruppen *98*
Abbildung 47: Hierarchische Struktur der Datenorganisation *101*
Abbildung 48: Verteilung der Dateien auf die 10 Cluster *103*
Abbildung 49: Stamm-, Unterverzeichnisse und Dateien *105*
Abbildung 50: Dateien im Windows NT Explorer *106*
Abbildung 51: Begriffe der logischen Datenorganisation *107*
Abbildung 52: RTF-Codierung eines formatierten Texts *112*
Abbildung 53: Original Word für Windows Text *113*
Abbildung 54: Generierte HTML-Datei *114*
Abbildung 55: Darstellung im Netscape Navigator *114*
Abbildung 56: Ableitung von XML-Dokumenten *115*
Abbildung 57: CSV-Darstellung einer Excel-Tabelle *118*
Abbildung 58: Darstellung einer Linie im DXF-Format *119*
Abbildung 59: Referenzbild für Standardgrafikformate *120*
Abbildung 60: Abhängigkeit der Dateigröße vom Grafikformat *122*
Abbildung 61: Konventionelle Datenverwaltung versus Datenbank *124*
Abbildung 62: Drei-Ebenen-Modell nach ANSI *125*
Abbildung 63: Zeitliche Entwicklung von Datenbankmodellen *129*
Abbildung 64: Beziehungen zwischen Entitätstypen *131*
Abbildung 65: Beziehungen zwischen Tabellen *132*
Abbildung 66: Nested Tables und Varrays *150*
Abbildung 67: Struktur des Objekttyps Vortrag *151*
Abbildung 68: ObjektTabelle *152*
Abbildung 69: Einfache ObjektTabelle *152*
Abbildung 70: Zugriff auf Nested Table *153*
Abbildung 71: Transaktionsmanager und Synchronisationsmechanismus *155*
Abbildung 72: Grobarchitektur eines DBMS *157*
Abbildung 73: Horizontale und vertikale Fragmentierung *160*
Abbildung 74: OSI-Schichten und Protokollbeispiele *171*
Abbildung 75: Netztopologien und ihre Anwendung *173*
Abbildung 76: Misch-Topologie in einem Netz *174*
*Abbildung 77: Aktive Netzelemente und ihre Position im OSI-Schichtenmodell.*175*
Abbildung 78: Weiterleitung von Daten bei Hub und Switch *175*
Abbildung 79: Netzwerkdrucker, Print-Server und Print-Queues *182*
Abbildung 80: Zugänge ins Internet *184*
Abbildung 81: Beispiel für die Struktur eines Domänennamens *185*
Abbildung 82: Mail-System *187*
Abbildung 83: Struktur einer E-Mail-Adresse *188*

Abbildung 84: List-Server..*189*
Abbildung 85: Aufbau des WWW mit Web-Server, Sites, Homepage und Seiten 191
Abbildung 86: Links zwischen Web-Server, -Sites und -Seiten..........................*192*
Abbildung 87: Netscape-Navigator..*193*
Abbildung 88: FTP-Server..*194*
Abbildung 89: Integration von WWW- und Datenbank-Server über CGI..........*196*
Abbildung 90: Integration von WWW- und Datenbank-Server über SQL-Gateway
....*197*
Abbildung 91: Grobarchitektur eines integrierten WWW- und Datenbank-Servers
....*198*
Abbildung 92: Architektur einer Smartcard nach WfSC.............................*208*
Abbildung 93: Angewandte Informatiken...*215*
Abbildung 94: Drei-Eier-Modell von Kurbel..*217*
Abbildung 95: Forschungsgebiete der Wirtschaftsinformatik......................*218*
Abbildung 96: Von der Diskurswelt zum Modellsystem...............................*226*
Abbildung 97: ARIS...*228*
Abbildung 98: Mastermodell...*229*
Abbildung 99: Abstraktionsebenen...*229*
Abbildung 100: Allgemeines Vorgangsmodell..*231*
Abbildung 101: Funktionenbaum...*232*
Abbildung 102: Organigramm...*232*
Abbildung 103: Elemente des ER-Grundmodells......................................*234*
Abbildung 104: Auftragsverwaltung als ER-Grundmodell...........................*235*
Abbildung 105: Rekursiver Beziehungstyp..*237*
Abbildung 106: Super- und Subentitätstypen mit is-a-Operator...................*237*
Abbildung 107: Disjunkter und Nicht-disjunkter is-a-Operator....................*238*
Abbildung 108: ER-Modell mit assoziativen Entitätstypen.........................*238*
Abbildung 109: Min-Max-Kardinalitäten..*239*
Abbildung 110: Zusammenführung von Projektmodellen............................*242*
Abbildung 111: Beispiel einer EPK...*245*
Abbildung 112: Anwendungsfalldiagramm...*248*
Abbildung 113: Notation einer Klasse...*249*
Abbildung 114: Vererbung...*250*
Abbildung 115: Assoziation..*250*
Abbildung 116: Aggregation...*251*
Abbildung 117: Prozessmodellierung mit UML...*251*
Abbildung 118: Trichtermodell..*253*
Abbildung 119: Notwendige und ergänzende Grundsätze............................*254*
Abbildung 120: Vom Monolithen zur Drei-Schicht-Architektur....................*257*
Abbildung 121: Remote Data Management..*258*
Abbildung 122: Database Application Server...*264*
Abbildung 123: Architektur mit separierter Präsentation...........................*268*
Abbildung 124: Heraustrennen der Ablauflogik.......................................*268*
Abbildung 125: Erweiterte Systemarchitektur mit ORB.............................*270*

Abbildung 126: Die Object Management Architecture (OMA) 272
Abbildung 127: Die Architektur von CORBA 274
Abbildung 128: Framework 275
Abbildung 129: Zerlegung der Funktionalität in Fachkomponenten 276
Abbildung 130: San-Francisco-Famework 278
Abbildung 131: CoBCoM-Architektur 279
Abbildung 132: WFMS als Teil der CoBCoM-Architektur 280
Abbildung 133: Y-Modell 282
Abbildung 134: Software-Klassifikation 283
Abbildung 135: Beispielkonfiguration 285
Abbildung 136: Informationspyramide nach Scheer 287
Abbildung 137: Microsoft Word als Beispiel eines Textverarbeitungsprogramms
....289
Abbildung 138: Microsoft Excel 291
Abbildung 139: Microsoft Graph 293
Abbildung 140: Einbettung 295
Abbildung 141: Verknüpfung 296
Abbildung 142: Customizing durch Parametrisierung 298
Abbildung 143: Customizing von Menüs und Symbolleisten 299
Abbildung 144: Konzept VBA-basierter Makrosprachen 300
Abbildung 145: Beispielmakros 301
Abbildung 146: Dokumentenverwaltung 303
Abbildung 147: Grobstruktur eines Programmcodes 304
Abbildung 148: CSCW, Workgroup Computing und Groupware 307
Abbildung 149: Workflow des Geschäftsvorfalls Flugvorbereitung 312
Abbildung 150: Workflow-basierte Applikation 313
Abbildung 151: R/3-Präsentationsschnittstelle 316
Abbildung 152: Dispatcher, Workprozess und Shared Memory 317
Abbildung 153: SAP Business Framework™ 319
Abbildung 154: Effizienzgewinne mit Data-Warehouse-Systemen 322
Abbildung 155: Data Warehouse 324
Abbildung 156: Datenwürfel 327
Abbildung 157: Schnitte durch den Datenwürfel 328
Abbildung 158: Dimensionen und Fakten 330
Abbildung 159: Du-Pont-Kennzahlensystem (Ausschnitt) 330
Abbildung 160: Integration kompatibler Hierarchien 331
Abbildung 161: Star-Schema 333
Abbildung 162: Snowflake-Schema 333
Abbildung 163: Galaxy-Schema und Multicube-Architektur 334
Abbildung 164: Vorgehensmodell 336
Abbildung 165: Application Server und Data Warehouse 337
Abbildung 166: Architektur des ITS 349
Abbildung 167: Kommunikationsfluss beim Einsatz des ITS 350
Abbildung 168: Web-Anbindung über SAP Automation 351

Abbildung 169: WebRFC..352
Abbildung 170: Verbindung von Mobiltelefonie mit ERP-Systemen....................355

Tabellenverzeichnis

Tabelle 1: Informatik-Fachgebiete 4
Tabelle 2: Technische Informationsinfrastruktur 6
Tabelle 3: Codierung der sechs Erdteile als Bitfolge 8
Tabelle 4: Wertebereiche ganzer Zahlen in Abhängigkeit von der Bitfolgenlänge 11
Tabelle 5: Wertebereiche und Genauigkeiten reeller Zahlen 11
Tabelle 6: 7-Bit ASCII-Tabelle 13
Tabelle 7: Exemplarische Schriftarten 17
Tabelle 8: Zweckbestimmte Einteilung der CPU-Befehle 28
Tabelle 9: Schematische Abarbeitung eines Programms 29
Tabelle 10: Einteilung der Bussysteme in einem Computer 33
Tabelle 11: Geräteschnittstellen und Gerätebeispiele 34
Tabelle 12: Speicherplatzbedarf abhängig von der Farbtiefe 46
Tabelle 13: Elementare Aktionen in einem Algorithmus 58
Tabelle 14: Ziele der Datenorganisation 101
Tabelle 15: Beispiel für ein Dateiverzeichnis 102
Tabelle 16: Beispielhafte Clusterbelegung 103
Tabelle 17: Namenserweiterungen für Dateiaustauschformate 107
Tabelle 18: Datenelemente für das Objekt Buch 108
Tabelle 19: Auszug aus dem Buchbestand 109
Tabelle 20: Relation als Tabelle 130
Tabelle 21: Tabelle der Relation „Buch" 130
Tabelle 22: UniversalTabelle 133
Tabelle 23: Erste Normalform 134
Tabelle 24: Tabelle „Person" 135
Tabelle 25: Ergebnis von Projektion und Selektion 138
Tabelle 26: Ergebnis der Join-Abfrage 138
Tabelle 27: Kartesisches Produkt zweier Tabellen 139
Tabelle 28: Reduziertes kartesisches Produkt 139
Tabelle 29: Ergebnis des multiplen Joins 140
Tabelle 30: Aspekte der Datenübertragung und Leitungsvermittlung 168
Tabelle 31: Regeln für die Bildung von Passwörtern 180
Tabelle 32: Kommunikation zwischen Client und Server 181
Tabelle 33: Zusammenhang zwischen Anforderungen und Gefahren 204
Tabelle 34: Morphologischer Kasten der Informationsmodellierung 230
Tabelle 35: Elemente von EPKs 244
Tabelle 36: Trigger-Syntax von Oracle 262
Tabelle 37: Zeit/Ort-Portfolio für Groupware-Systeme 308
Tabelle 38: Hierarchische Dimensionen 326
Tabelle 39: Daten als Tabelle 326
Tabelle 40: Klassifikation des Produktionsdatenaustausches 348

Abkürzungsverzeichnis

4GL	Fourth Generation Language
ABAP	Advanced Business Application Programming
ABS	Anti-Blockier-System
ACID	Atomarität, (C)Konsistenz, Isolation, Dauerhaftigkeit
AGate	Application Gateway
ALE	Application Link Enabling
ALU	Arithmetic Logic Unit
AMD	Advanced Micro Devices
ANSI	American National Standardization Institute
AO	Application Objects
AOL	America Online
API	Application Programming Interface
APO	Adavanced Planner and Optimizer
ARIS	Architektur Integrierter Informationssysteme
ARPA	Advanced Research Projects Agency
AS	Anwendungssystem
ASAP	as soon as possible
ASCII	American Standard Code for Information Interchange
AV	Anti Virus
AVI	Audio Video Interleave
B2B	Business to Business
B2C	Business to Consumer
B2G	Business to Government
BAPI	Business Application Programming Interface
BC	Business Component
BIOS	Basic Input Output System
BMP	Bitmap
BO	Business Object
BOA	Basic Object Adapter
BOD	Business Object Documents
BOMP	Bill of Materials Processor
BOR	Business Object Repository
BTX	Bildschirmtext
BUIS	Betriebliches Umweltinformationssystem
BW	Business Information Warehouse
BWL	Betriebswirtschaftslehre
CAD	Computer Aided Design
CAE	Computer Aided Engineering
CAM	Computer Aided Manufacturing
CAP	Computer Aided Planning
CAQ	Computer Aided Quality ensurance

CAST	Verschlüsselungsverfahren benannt nach den Autoren Carlisle Adams und Stafford Tavares
CAx	Überbegriff für CAD, CAE, CAM, CAP und CAQ
CD	Compact Disk
CD-R	Compact Disc Recordable
CD-ROM	Compact Disc Read Only Memory
CD-RW	Compact Disc ReWritable
CF	Common Facilities
CGI	Common Gateway Interface
CGM	Computer Graphic Metafile
CISC	Complex Instruction Set Computer
CMOS	Complementary Metal Oxide Semiconductor
CO	Controlling
CoBCoM	Common Business Component Model
CORBA	Common Object Request Broker Architecture
CPU	Central Processing Unit
CRM	Customer Relationship Management
CRT	Cathode Ray Tube
CSCW	Computer Supported Cooperative Work
CSMA-CD	Carrier Sense Multiple Access – Collision Detect
CSV	Comma Separated Values
CSS	Cascading Style Sheets
DARPA	Defense ARPA
DASS	Distributed Authentification Security Service
DAT	Digital Audio Tape
DB	Datenbank
DBA	Datenbankadministrator
DBMS	Datenbank-Managementsystem
DBS	Datenbanksystem
DD	Data Dictionary
DE-NIC	Deutsches Network Information Center
DES	Data Encryption Standard
DIAG	Dynamic Information and Action Gateway
DIF	Data Interchange Format
DII	Dynamic Invocation Interface
DLL	Dynamic Link Libraries
DoD	Department of Defense
DNS	Domain Name System
DoS	Denial of Service
dpi	dots per inch
DRAM	Dynamic RAM
DTD	Document Type Definition
DTP	Desktop Publishing
DV	Datenverarbeitung

DVD	Digital Versatile Disc
DW	Data Warehouse
DXF	Drawing eXchange Format
Dynpro	Dynamisches Programm
EC	Electronic Commerce
ECA	Event Condition Action
EDV	Elektronische Datenverarbeitung
EMB	Eletronic Mall Bodensee
EMF	Exnhanced WMF
EMS	Electronic Meeting System
EPK	Ereignisgesteuerte Prozesskette
EPS	Encapsulated Postscript
ERM	Entity-Relationship-Modell
ERP	Enterprise Resource Planning
FAT	File Allocation Table
FDDI	Fibre Distributed Data Interface
FI	Finanzwesen
FIFO	First In First Out
FLOPS	Float Operations Per Second
FTP	File Transfer Protocol
GAN	Global Area Networks
GB	Giga Byte
GDSS	Group Decision Support System
GEZ	Gebühreneinzugszentrale
GI	Gesellschaft für Informatik
GIF	Graphics Interchange Format
GoM	Grundsätze ordnungsmäßiger Modellierung
GPS	Global Positioning System
GSM	Global System for Mobile Communication
GUI	Graphical User Interface
HP	Hewlett Packard
HR	Human Resources
HRS	Hotel Reservation Service
HTML	Hypertext Markup Language
HTTP	Hypertext Transfer Protocol
Hz	Hertz
IAC	Internet Application Components
IBM	International Business Machines
IDEA	International Data Encryption Algorithm
IDS	Intrusion Detection System
IEF	Information Engineering Facility
ifni	Informatik für Nicht-Informatiker
IIS	Integriertes (Betriebliches) Informationssystem
IP	Internet Protocol

ISAPI	Internet Server Application Programming Interface
ISDN	Integrated Services Digital Network
ISP	Internet Service Provider
ITS	Internet Transaction Server
IV	Informationsverarbeitung
JPEG	Joint Photographic Experts Group
JVM	Java Virtual Machine
KDBS	Komponenten-Datenbanksysteme
KI	Künstliche Intelligenz
LAN	Local Area Network
LCD	Liquid Crystal Display
LED	Light Emitting Diode
LIFO	Last In First Out
LRU	Least Recently Used
LZW	Lempel-Ziv-Welch
MB	Megabyte
MByte	Megabyte
MC	Mass Customization
MDE	Maschinendatenerfassung
MHz	Megahertz
MIPS	Million Instruction Per Second
MIS	Management Information System
M-JPEG	Motion JPEG
μm	Mikrometer
MMS	Multimedia Message Service
MMU	Memory Management Unit
MPEG	Motion Picture Expert Group
MRP	Material Requirements Planning
MRPII	Manufacturing Resource Planning
MS	Microsoft
NC	Numeric Control
NF2	Non-First-Normal-Form
NSAPI	Netscape Server Application Programming Interface
NSP	Network Service Provider
OAG	Open Applications Group
ODBC	Open Database Connectivity
ODL	Object Definition Language
ODMG	Object Database Management Group
OID	Objektidentifikator
OLAP	Online Analytical Processing
OLE	Object Linking and Embedding
OLTP	Online Transaction Processing
OMA	Object Management Architecture
OMG	Object Management Group

OMT	Object Modeling Technique
OOD	Object-Oriented Design
OoDBMS	Objektorientiertes DBMS
OoDBS	Objektorientiertes DBS
OoPS	Objektorientierte Programmiersprache
OOSE	Object-Oriented Software Engineering
OQL	Object Query Language
OR	Operations Research
ORB	Object Request Broker
ORDBS	Objektrelationales Datenbanksystem
OS	Object Services
OSI	Open System Interconnections
PC	Personal Computer
PDA	Personal Digital Assistant
PDF	Portable Data Format
PCL	Printer Control Language
PCMCIA	Personal Computer Memory Card International Association
PGP	Pretty Good Privacy
PIM	Personal Information Manager
PIN	Personal Identification Number
PL/SQL	Procedural SQL
PNG	Portable Network Graphics
PPP	Point to Point Protocol
PPS	Produktionsplanung und -steuerung
POP	Point of Presence
POP3	Post Office Protocol Version 3
QIC	Quarter Inch Cartridge
RAID	Redundand Array of Independent Disks
RAM	Random Access Memory
RAM-DAC	RAM Digital Analog Converter
RFC	Remote Function Call
RISC	Reduced Instruction Set Computer
RLE	Run Length Encoding
ROM	Read Only Memory
RSA	Verschlüsselungsverfahren benannt nach den Entwicklern Rivest, Shamir und Adleman
RTF	Rich Text Format
SAP	Systeme, Anwendungen und Produkte in der Datenverarbeitung
SCM	Supply Chain Management
SCSI	Small Computer System Interface
SGML	Structured Generalized Markup Language
SII	Static Invocation Interface
SIMM	Single Inline Memory Module
SMS	Short Message Service

SMSC	Short Message Service Center
SMTP	Simple Mail Transfer Protocol
SQL	Structured Query Language
SRAM	Static RAM
SSL	Secure Socket Layer
SYLK	Symbolic Link Format
TAN	Transaktionsnummer
TCP/IP	Transmission Control Protocol/Internet Protocol
TFT	ThinFilm Transistor
TIFF	Tagged Image File Format
UDM	Unternehmensdatenmodell
UML	Unified Modeling Language
UMTS	Universal Mobile Telecommunication System
URL	Uniform Resource Locator
VBA	Visual Basic for Applications
VDBS	Verteiltes DBS
VPN	Virtual Private Network
VU	Virtuelles Unternehmen
VWL	Volkswirtschaftslehre
W3	World Wide Web
WAN	Wide Area Network
WAP	Wireless Application Protocol
WFMS	Workflow Management System
WfSC	Windows for Smart Cards
WGate	Web Gateway
WI	Wirtschaftsinformatik
WIN	deutsches WIssenschaftsNetz
WKWI	Wissenschaftlichen Kommission Wirtschaftsinformatik im Verband der Hochschullehrer für Betriebswirtschaft
WLL	Windows Link Library
WMF	Windows Metafile Format
WML	Wireless Markup Language
WRB	Web Request Broker
WWW	World Wide Web
XCMD	Expansion Commands
XML	eXtensible Markup Language

Geschützte Marken

Die hier angegebenen Marken basieren auf einer Recherche auf der DPINFO-Datenbank des Deutschen Patentamts (https://dpinfo.dpma.de) im Juli 2002. Sie betrifft nur nationale Markenanmeldungen. Die Schreibweisen der Markeninhaber entsprechen den Eintragungen in DPINFO.

Adobe, Adobe Illustrator, Adobe PhotoShop und Postscript sind eingetragene Marken der Adobe Systems Incorporated, Palo Alto, Calif. USA.

AMD ist eingetragene Marke der Advanced Micro Devices, Ind., Sunnyvale, Calif. USA.

AOL und CompuServe sind eingetragene Marken der America Online, Inc., Dulles, Va. USA.

Apple, Macintosh und MacDraw sind eingetragene Marken der Apple Computer, Inc., Cupertino, Calif. USA.

AutoCAD ist eingetragene Marke der Autodesk, Inc., San Rafael, Calif. USA.

dBase ist eingetragene Marke der Borland International, Inc., Scotts Valley, Calif. USA.

Ingres ist eingetragene Marke der Computer Associates Think, Inc., Islandia, N. Y. USA.

Corel und CorelDraw sind eingetragene Marken der Corel Corp., Ottawa, Ontario CDN.

T-Online (in verschiedenen Schreibweisen) ist eingetragene Marke der Deutschen Telekom AG, Bonn D.

UDS ist eingetragene Marke der Fujitsu Siemens Computers GmbH, München, D.

Hewlett Packard (in verschiedenen Schreibweisen) und LaserJet sind eingetragene Marken der Hewlett-Packard Company, Palo Alto, Calif. USA.

IBM und Informix sind eingetragene Marken der IBM Corp., Armonak, N. Y. USA.

Intel ist eingetragene Marke der Intel Corp., Santa Clara, Calif. USA.

Lotus, Lotus 1-2-3 (in verschiedenen Schreibweisen) und Lotus Notes sind eingetragene Marken der Lotus Development Corp., Cambridge, Mass. USA.

Microsoft, Windows, Windows NT, Word, Access, Excel, Graph, Visual Basic, Visual Basic for Applications und PowerPoint sind Marken der Microsoft Corp., Redmond, Wash. USA.

WordStar ist eingetragene Marke der MicroStar International Corp., San Rafael, Calif. USA

Netscape ist eingetragene Marke der Mosaic Communications Corp., Mountain View, Calif. USA.

Nomad ist eingetragenes Warenzeichen der D&B Computing Services Inc., Wilton, Conn. USA.

Objectstore ist eingetragene Marke der Object Design, Inc., Burlington, Mass. USA.

Objectivity ist eingetragene Marke der Objectivity, Inc., Menlo Park, Calif. USA.

Ontos ist eingetragene Marke der Ontologic, Inc., Burlington, Mass. USA.

Oracle ist eingetragene Marke der Oracle Corp, Redwood Shores, Calif. USA.

Quark XPress ist eingetragene Marke der Quark, Inc., Denver, Col. USA.

SAP, R/3, ABAP, BAPI, mySAP, SAP BW, SAP APO, mySAP CO, mySAP FI, SAPGUI, SAP Business Framework und ALE/WEB sind Marken der SAP Aktiengesellschaft Systeme, Anwendungen und Produkte der Datenverarbeitung, Walldorf D.

Java ist eingetragene Marke der Sun Microsystems, Inc., Mountain View, Calif. USA:
Siemens ist eingetragene Marke der Siemens AG, München D.
Skyrix ist eingetragene Marke der MDlink online service center GmbH, Magdeburg D.

Literatur

Adiba, M., Lindsay, B. G.: Database Snapshots. In Proceedings of the 6th International Conference von VLDB, Montreal 1980, S. 86-91.

Alpar, P.: Kommerzielle Nutzung des Internet. 2. Aufl., Springer, Berlin u. a. 1998.

Alpar, P., Grob, H. L, Weimann, P., Winter, R.: Anwendungsorientierte Wirtschaftsinformatik. 2. Aufl., Vieweg, Wiesbaden 2000.

Anonymous: Der neue Hacker's Guide. Markt + Technik, München 2001.

Appelrath, H.-J., Ludewig, J.: Skriptum Informatik – eine konventionelle Einführung. 5. Aufl. Teubner, Stuttgart 2000.

Appleton, D. S.: Business Rules: The missing Link. Datamation 30 (1984) 16, S. 145-150.

Arnold, O., Faisst, W. Härtling, M., Sieber, P.: Virtuelle Unternehmen als Unternehmenstyp der Zukunft? HMD 32 (1995) 185, S. 8-23.

Atkinson, M., Bancilhon, F., DeWitt, D., Dittrich, K. R., Maier, D., Zdonik, S.: The Object-oriented Database Manifesto. Proceedings of the DOOD '89, Kyoto 1989.

Backhaus, K.: Betriebswirtschaftliche von Unternehmen durch Wirtschaftsprüfer. Die Wirtschaftsprüfung (1990) 23-24, S. 680-688.

Bally, L., Brittan, J., Wagner, K. H.: A Prototype Approach to Information Systems. Information & Management 3 (1977) 1, S. 21-26.

Balzert, H.: Lehrbuch der Software-Technik. Bd. 1. 2. Aufl. 2000, Bd. 2 1. Aufl. 1998, Spektrum, Heideberg, 1998-2000.

Barth, W.: Das Firewall-Buch. SuSe, Nürnberg 2001.

Bauer, F. L., Wössner, G.: Algorithmische Sprache und Programmentwicklung. 2. Aufl., Springer, Berlin, Heidelberg u. a. 1986.

Bayer, R., Elhardt, K., Kießling, W., Killar, D.: Verteilte Datenbanksysteme. Informatik Spektrum 7 (1984) 1, S. 1-19.

Becker, J.: Das CIM-Integrationsmodell. Springer, Berlin u. a. 1990.

Becker, J., Priemer, J., Wild., R. G.: Modellierung und Speicherung aggregierter Daten. Wirtschaftsinformatik 36 (1994) 5, S. 422-433.

Becker, J., Rosemann, M., Schütte, R.: Grundsätze ordnungsgemäßer Modellierung; Wirtschaftsinformatik 37 (1995) 5, S. 435-445.

Behme, W.: Data Warehouse-gestützte Anwendungen. Gabler, Wiesbaden 2001.

Bekavac, B: Suchverfahren und Suchdienste des World Wide Web. NfD 47 (1997) 4, S. 195-213.

Bengel, G.: Verteilte Systeme, Client Server Computing für Studenten und Praktiker. Vieweg, Braunschweig 2000.

Bode, A.: Rechnerarchitekturen und Rechnerkategorien. In Kurbel, K., Strunz, H. (Hrsg.): Handbuch Wirtschaftsinformatik, Schäffer-Poeschel, Stuttgart 1990, S. 877-892.

Boehm, B. W.: Software Engineering Economics. Prentice Hall, Englewood Cliffs 1981.

Booch, G., Jacobson, I., Rumbaugh, J.: The Unified Modeling Language User Guide. Addison Wesley, Reading u. a. 1998.

Borghoff, U. M., Schlichter, J. H.: Computer-Supported Cooperative Work – Introduction to Distributed Applications. Springer, Berlin u. a. 2000.

Born, G.: Referenzhandbuch Dateiformate. 4. Aufl., Addison-Wesley, Bonn u. a. 1996.

Bowers, J. M., Benford, S. D. (eds.): Studies in Computer Supported Cooperative Work.: Theory, Practise and Design. North Holland, Amsterdam u. a. 1991.

Brause, R.: Betriebssysteme. 2. Aufl., Springer, Berlin u. a. 2001.

Broy, M., Ehler, H., Paech, B.: Software Engineering. TCW, München 2000.

Broy, M., Spaniol, O. (Hrsg.): Lexikon Informatik und Kommunikationstechnik. 2. Aufl., Springer, Berlin u. a. 1999.

Buchmann, J.: Einführung in die Kryptographie. 2. Aufl., Springer, Berlin u. a. 2001.

Buhl, H. U., Huther, A., Reitwiesner, B. (Hrsg.): Information Age Economy. Physica, Heidelberg 2001.

Ceri, S., Pelagatti, G.: Distributed Databases: Principles and Systems. McGraw-Hill, New York 1985.

Chamoni, P., Gluchkowski, P.: Analytische Informationssysteme – Data Warehouse, Online Analytical Processing, Data Mining. Springer, Berlin u. a. 1999.

Chen, P. P.: The Entity-Relationship-Model – Towards a Unified View of Data. ACM Transactions on Database Systems 1 (1976) 3, S. 9-36.

Cheswick, W. R., Bellovin, S. M.: Firewalls durch Sicherheit im Internet. Addison-Wesley, München 1996.

Christiansen, A., Höding, M., Rautenstrauch, C., Saake, G.: Oracle8 effizient einsetzen. 1. Nachdruck, Addison-Wesley, München u. a. 2000.

Clausen, N.: OLAP – Multidimensionale Datenbanken. 2. Aufl., Addison-Wesley, Bonn u. a. 1998.

Codd, E. F.: The Relational Model for Database Management: Version 2. Addison-Wesley, Reading u. a. 1990.

Codd, E. F.: Is Your DBMS really relational? Computer World 14. Okt. 1985.

Codd, E. F.: A Relational Model for Large Shared Databases. CACM 13 (1970) 6, S. 377-387.

Codd, E. F., Codd, S. B., Salley, C. T.: Beyond Decision Support. Computer World vom 26. Sept. 1993.

Date, C. J.: Introduction to Database Systems, Band 1. 6. Aufl., Addison-Wesley, Reading u. a. 1995.

Date, C. J.: Twelve Rules for a Distributed Database. Computer World (1987) 6.

Daum, B., Scheller, M.: Electronic Business. Addison-Wesley, München u. a. 2000.

Dayal, U., Buchmann, A. P., McCarthy, D. R.: Rules are Objects Too: A Knowledge Model for an Active, Object-Oriented Database Management System. In Dittrich, K. R. (ed.): Advances in Object-Oriented Database Systems. Springer, Berlin u. a. 1988, S. 129-143.

Deen, S. M.: Distributed Databases – an Introduction. In Schneider, H.-J. (Hrsg.): Distributed Data Bases. North Holland, Amsterdam u. a. 1982, S. 239-246.

Demarest, M.: Building the Data Mart. DBMS 6 (1993) 11.

Desel, J. (Hrsg.): Das ist Informatik. Springer, Berlin, Heidelberg u. a. 2001.

Disterer, G.: Generationen von Programmiersprachen. WISU 18 (1989) 8-9, S. 460-463.

Disterer, G., Fels, F., Hausotter, A. (Hrsg.): Taschenbuch der Wirtschaftsinformatik. 2. Aufl., Hanser, München 2002.

Dittrich, K. R.: Objektorientiert, aktiv, erweiterbar: Stand und Tendenzen der „nachrelationalen" Datenbanktechnologie. It 32 (1990) 5, S. 343-354.

Dittrich, K. R.: Objektorientierte Datenbanksysteme. Informatik Spektrum 12 (1989) 4, S. 215-217.

Drobnik, O.: Verteiltes DV-System. Informatik Spektrum 4 (1981) 2, S. 274-275.

Dumke, R.: Modernes Software Engineering. Vieweg, Wiesbaden 2001.

Effelsberg, W., Fleischmann, A: Das ISO-Referenzmodell für offene Systeme und seine sieben Schichten. Informatik Spektrum 9 (1986) 5, S. 280-299.

Eicker, S., Jung, R., Kurbel, K.: Anwendungssystem-Integration und Verteilungsarchitektur aus Sicht des Reengineering. Informatik Forschung und Entwicklung 8 (1993) 2, S. 70-78.

Eicker, S., Jung, R., Nietsch, M., Winter, R.: Entwicklung eines Data Warehouse für das Produktionscontrolling: Konzepte und Erfahrungen. In Krallmann, H. (Hrsg.): Wirtschaftsinformatik '97 – Internationale Geschäftstätigkeit auf der Basis flexibler Organisationsstrukturen und leistungsfähiger Informationssysteme. Physica, Heidelberg 1997, S. 449-468.

Eicker, S., Kurbel, K., Pietsch, W., Rautenstrauch, C.: Einbindung von Software-Altlasten durch integrationsorientiertes Reengineering. Wirtschaftsinformatik 34 (1992) 2, S. 137-145.

Farsi, R.: XML. Informatik Spektrum 22 (1999) 6, S. 436-438.

Fellner, K. J., Rautenstrauch, C., Turowski, K.: Fachkomponenten zur Gestaltung betrieblicher Anwendungssysteme. Information Management & Consulting 14 (1999) 2, S. 25-34.

Ferguson, G. T., Pike, T. H.: Mobile Commerce: Cutting Loose – Making a Shift from m to u. In Buhl, H. U., Huther, A., Reitwiesner, B. (Hrsg.): Information Age Economy. Physica, Heidelberg 2001, S. 7-14.

Ferstl O. K., Sinz, E. J.: Grundlagen der Wirtschaftsinformatik, Bd. 1. 4. Aufl., Oldenbourg, München 2001.

Ferstl O. K., Sinz, E. J.: Grundlagen der Wirtschaftsinformatik, Bd. 2. 3. Aufl., Oldenbourg, München 1999.

Finkelstein, R.: Breaking the Rules has a Price. Database Programming & Design 2 (1989) 2, S. 15-16.

Fischer, J.: Aktive Datenbankmanagementsysteme. Wirtschaftsinformatik 38 (1996) 4, S. 435-438.

Gabriel, R.: Software Engineering. In Kurbel, K., Strunz, H. (Hrsg.): Handbuch Wirtschaftsinformatik, Schäffer-Poeschel, Stuttgart 1990, S. 257-273.

Gabriel, R., Gluchkowski, P.: Semantische Datenmodellierungstechniken für multidimensionale Datenstrukturen. HMD 34 (1997) 134, S. 18-37.

Gabriel, R., Knittel, F., Taday, H., Reif-Mosel, A.-K.: Computergestützte Informations- und Kommunikationssysteme in der Unternehmung. 2. Aufl., Springer, Berlin u. a. 2002.

Gebhardt, F.: Semantisches Wissen in Datenbanken – ein Literaturbericht. Informatik Spektrum 10 (1987) 1, S. 79-98.

Geer, R., Gross, R.: M-Commerce – Geschäftsmodelle für das mobile Internet. Vmi, Bonn 2001.

Gerard, P.: Unternehmensdatenmodelle haben ihre Erwartungen nicht erfüllt. Computerwoche vom 15. Okt. 1993, S. 19-22 (Teil 1) und 22. Okt. 1993, S. 19-22 (Teil 2).

Goldfarb, C. F.: The SGML Handbook.Oxford University Press, Oxford 1990.

Gray, J.: Notes on Database Operating Systems. IBM Research Report RJ 2188 1978.

Grotehen, T., Dittrich, K. R.: CORBA: Persistente Objekte aus der Steckdose. Datenbank Fokus (1995) 2, S. 41-48.

Günzel, H.: Data-Warehouse-Systeme – Architektur, Entwicklung, Anwendung. dPunkt, Heidelberg 2001.

Gumm, H.-P., Sommer, M.: Einführung in die Informatik. 5. Aufl. Oldenbourg, München 2001.

Hansen, H. R.: Wirtschaftsinformatik I. 5. Aufl., UTB, Stuttgart 1996.

Hansen, H. R., Neumann, G.: Wirtschaftsinformatik I. 8. Aufl., Lucius & Lucius, Stuttgart 2001

Hantusch, T., Matzke, B., Pérez, M.: SAP R/3 im Internet – Globale Plattform für Handel, Vertrieb und Informationsmanagement. Addison Wesley, Bonn u. a. 1997.

Heilmann, H., Heinrich, L. J., Roithmayr, F. (Hrsg.): Information Engineering. Oldenbourg, München 1996.

Heilmann, H., Hildebrand, K., Katzsch, R. M., Kortheuer, R. R.; Rebstock, M., Bartmann, D.: Electronic Business. dPunkt, Heidelberg 2000.

Heinrich, L. J.: Informationsmanagement. 7. Aufl., Oldenbourg, München 2002.

Heinrich, L. J.: Wirtschaftsinformatik, Einführung und Grundlegung. 2. Aufl., Oldenbourg, München 2001.

Herbst, H., Knolmayer, G.: Ansätze zur Klassifikation von Geschäftsregeln. Wirtschaftsinformatik 37 (1995) 2, S. 149-159.

Hess, T., Herwig, V.: Portale im Internet. Wirtschaftsinformatik 41 (1999) 6, 551-553.

Heuer, A.: Objektorientierte Datenbanken: Konzepte, Modelle, Standards und Systeme. 2. Aufl., Addison-Wesley, Bonn u. a. 1997.

Heuer, A., Saake, G.: Datenbanken – Konzepte und Sprachen. 2. Aufl., Thomson, Bonn u. a. 2000.

Heun, V.: Grundlegende Algorithmen. Vieweg, Wiesbaden 2000.

Hohenstein, U., Pleßer, V.: Oracle8. Effiziente Anwendungsentwicklung mit objektrelationalen Konzepten. dPunkt, Heidelberg 1998.

Holthuis, J.: Der Aufbau von Data Warehouse-Systemen. DUV, Wiesbaden 1999.

Horn, T.: Internet-Intranet-Extranet. Oldenbourg, München u. a. 1999.

Horn, C.; Kerner, I. (Hrsg.): Informatik, Band I: Grundlagen und Überblick Lehr- und Übungsbuch. Fachbuchverlag Leipzig, Leipzig 1995.

Inan, Y., Rautenstrauch, C.: Modellierung von Data-Warehouse-Systemen. In Reiterer, H., Mann, T. (Hrsg.): Informationssysteme als Schlüssel zur Unternehmensführung – Anpruch und Wirklichkeit. Uvk, Konstanz 1997, S. 155-168.

Inmon, W. H.: Building the Data Warehouse. 3. Aufl., Wiley, Hoboken u. a. 2002.

Jablonski, S., Böhm, M., Schulze, W.: Workflow-Management – Entwicklung von Anwendungen und Systemen. dPunkt, Heidelberg 1997.

Jahnke, B., Groffmann, H.-D., Kruppa, S.: On-Line Analytical Processing (OLAP). Wirtschaftsinformatik 39 (1996) 3, S. 321-324.

Johansen, R.: Groupware: Computer Support for Business Teams. Free Press, New York, London 1988.

Jung, R., Winter, R. (Hrsg.): Data Warehousing 2000 – Methoden, Anwendungen, Strategien. Physica, Heidelberg 2000.

Kahlbrandt, B.: Software-Engineering: objektorientierte Software-Entwicklung mit der Unified Modeling Language. Springer, Berlin u. a. 1998.

Kauffels, F.-J.: E-Business. 2. Aufl., Thomson, Bonn u. a. 2001.

Kauffels, F.-J.: Lokale Netze. 12. Aufl., Datacom, Bergheim 2000.

Keller, G., Nüttgens, M., Scheer, A.-W.: Semantische Prozessmodellierung auf der Grundlage „Ereignisgesteuerter Prozessketten (EPK)". Arbeitsbericht des Instituts für Wirtschaftsinformatik Nr. 89, Saarbrücken 1992.

Kirchner, J.: Datenveredelung im Data Warehouse – Transformationsprogramme und Extraktionsprozesse von entscheidungsrelevanten Basisdaten. In Mucksch, H., Behme, W. (Hrsg.): Das Data Warehouse-Konzept. Gabler, Wiesbaden 1996, S. 265-299.

Kleinschmidt, P., Rank, C.: Relationale Datenbanken – eine praktische Einführung. 2. Aufl., Springer, Berlin u. a. 2001.

Köhler-Frost, W.: E-Business realisieren. KS Energy, Berlin 2000.

König, W. (Hrsg.): Wirtschaftsinformatik '95 – Wettbewerbsfähigkeit, Innovation, Wirtschaftlichkeit. Physica, Heidelberg 1995.

Krallmann, H.: Wettbewerbsvorteile durch Wissensmanagement. Schäffer-Poeschel, Stuttgart 2000.

Krallmann, H. (Hrsg.): Wirtschaftsinformatik '97 – Internationale Geschäftstätigkeit auf der Basis flexibler Organisationsstrukturen und leistungsfähiger Informationssysteme. Physica, Heidelberg 1997.

Küting, K.: Kennzahlensysteme in der Praxis. WiSt 12 (1983) 6, S. 291-296.

Kuhlen, R.: Informationsmarkt – Chancen und Risiken der Kommerzialisierung von Wissen. 2. Aufl., uvk, Konstanz 1996.

Kurbel, K.: Produktionsplanung und -steuerung. 4. Aufl., Oldenbourg, München 1999.

Kurbel, K.: Programmierung und Softwaretechnik. Addison-Wesley, Bonn u. a. 1997.

Kurbel, K. (Hrsg.): Wirtschaftsinformatik '93 – Innovative Anwendungen, Technologie, Integration. Physica, Heidelberg 1993.

Kurbel, K., Eicker, S.: Ein Streifzug durch die Welt der Programmiersprachen. DSWR 17 (1988) 1-2, S. 18-25.

Kurbel, K., Rautenstrauch, C.: Integration Engineering: Konkurrenz oder Komplement zum Information Engineering? Methodische Ansätze zur Integration von Informationssystemen. In Heilmann, H., Heinrich, L. J., Roithmayr, F. (Hrsg.): Information Engineering. Oldenbourg, München 1996a, S. 167-191.

Kurbel, K., Rautenstrauch, C.: Mapping Object-oriented Concepts to Active Relational Databases. In Wrycza, S., Zupančič, J. (eds.): Proceedings of the 5th International Conference on Information Systems Development – ISD'96. Gdańsk 1996b, S. 411-426.

Kurbel, K., Rautenstrauch, C.: Ein verteiltes PPS-System aus Arbeitsplatzbasis. In Paul, M. (Hrsg.): GI-19. Jahrestagung: Der computergestützte Arbeitsplatz. Springer, Berlin u. a. 1989, S. 476-490.

Kurbel, K., Rautenstrauch, C., Opitz, B., Scheuch, R.: From „Make or Buy" to „Make and Buy": Tailoring Information Systems Through Integration Engineering. Journal of Database Management 5 (1994) 3, S. 18-30.

Kurbel, K., Rautenstrauch, C., Rödding, T., Scheuch, R.: Funktionsintegration in heterogenen verteilten Systemen. In König, W. (Hrsg.): Wirtschaftsinformatik '95 – Wettbewerbsfähigkeit, Innovation, Wirtschaftlichkeit. Physica, Heidelberg 1995, S. 445-460.

Kurbel, K., Strunz, H. (Hrsg.): Handbuch Wirtschaftsinformatik. Schäffer-Poeschel, Stuttgart 1990.

Kurtz, G., McClure, S., Scambray, J.: Das Anti-Hacker-Buch. 2. Aufl., Thomson, Bonn 2001.

Lausen, G., Vossen, G.: Objekt-orientierte Datenbanken: Modelle und Sprachen. Oldenbourg, München 1995.

Lehmann, F. R.: Fachlicher Entwurf von Workflow-Management-Anwendungen. Teubner, Stuttgart 1999.

Lehmann, P.: Meta-Datenmanagement in Data-Warehouse-Systemen. Shaker, Aachen 2001.

Lehmann, P., Ellerau, P.: Implementierung eines Data Warehouse für die Verpackungsindustrie. HMD 34 (1997) 195, S. 76-93.

Lehner, F.: Wirtschaftsinformatik, Forschungsgegenstände und Erkenntnisverfahren. In Mertens u. a.: Lexikon der Wirtschaftsinformatik. 4. Aufl., Springer, Berlin u. a. 2001, S. 505-507.

Lehner, F., Hildebrand, K., Maier, R.: Wirtschaftsinformatik – Theoretische Grundlagen. Hanser, München 1995.

Liautaud, B.: E-Business Intelligence. Vmi, Bonn 2001.

Lusti, M.: Data Warehousing und Data Mining. Springer, Berlin u. a. 2001.

Maier, D.: The Theory of Relational Databases. Computer Science Press, Rockville 1983.

Manninger, M., Göschka, K. M., Schwaiger, C.: Electronic Commerce – die Technik, Technologie, Design und Implementierung. Hüthig, Heidelberg 2001.

Mansfeld, G., Ehrkamp, J., Dralle, S.: Hardware komplett. Sybex, Düsseldorf u. a. 1997.

Martin, J.: Information Engineering, Book 1. Prentice Hall, Englewood Cliffs 1989.

Martin, W.: Data Warehousing – Data Mining, OLAP. Thomson, Bonn u. a. 1998.

Mattern, F.: Das Märchen von der verteilten Terminierung, Informatik Spektrum 8 (1985) 5, S. 342-343.

McGoveran, D.: The Power of Stored Procedures. Database Programming & Design 2 (1989) 9, S. 29-43.

Meier, A.: Relationale Datenbanken – Leitfaden für die Praxis. 4. Aufl., Springer,

Berlin u. a. 2001.

Meier, A., Wüst, T.: Objektorientierte und objektrelationale Datenbanken – ein Kompass für die Praxis. 2. Aufl., dPunkt, Heidelberg 2000.

Mertens, P.: Integrierte Informationsverarbeitung 1. 12. Aufl., Gabler, Wiesbaden 2000.

Mertens, P., Back, A., Becker, J., König, W., Krallmann, H., Rieger, B., Scheer, A.-W., Seibt, D., Stahlknecht, P., Strunz, H., Thome, R., Wedekind, H. (Hrsg.): Lexikon der Wirtschaftsinformatik. 4. Aufl., Berlin, Heidelberg u. a., Springer 2001a.

Mertens, P., Bodendorf, F., König, W., Picot, A., Schumann, M.: Grundzüge der Wirtschaftsinformatik. 7. Aufl., Springer, Berlin u. a. 2001b.

Mertens, P., Braun, M., Möhle, S.: Die Entwicklung eines PPS-Systems mit Componentware. In Luczak, H., Eversheim, W. (Hrsg.): Produktionsplanung und -steuerung. Springer, Berlin u. a. 1998, S. 696-731.

Mertens, P., Griese, J.: Integrierte Informationsverarbeitung 2. 9. Aufl., Gabler, Wiesbaden 2002.

Mertens, P., Wedel, T., Hartinger, M.: Management by Parameters? ZfB 61 (1991) 5/6, S. 569-588.

Mertes, H., Klonki, U.: Vorgehensweise für die Erstellung eines unternehmensweiten Datenmodells bei der Hoesch AG. Wirtschaftsinformatik 33 (1991) 4, S. 308-315.

Merz, M.: E-Commerce und E-Business. Marktmodelle, Anwendungen und Technologien. dPunkt, Heidelberg 2001.

Merz, T.: Die PostScript- @ Acrobat/PDF. Springer, Berlin u. a. 1997.

Meyer, B.: Object-oriented Software Construction. 2nd ed., Sams, New York u. a. 1997.

Michelsen, D., Schaale, A.: Handy Business: M-Commerce als Massenmarkt. Financial Times Prentice Hall, Upper Saddle River 2001.

Möhle, S.: Die Entwicklung eines PPS-Systems mit Componentware. Dissertation, Nürnberg 1998.

Mucksch, H., Holthuis, J., Reiser, M.: Das Data-Warehouse-Konzept – ein Überblick. Wirtschaftsinformatik 38 (1996) 4, S. 421-433.

Münz, S., Nefzger, W.: Das HTML 4.0 Handbuch. Franzis, München 1999.

Musciano, C., Kennedy, B.: HTML – das umfassende Referenzwerk. O´Reilly Köln u. a. 2001.

Nance, B. How OLE Works. Byte 17 (1992) 11, S. 45-52.

Nehmer, J.: Grundlagen moderner Betriebssysteme. Springer, Heidelberg 1998.

Nehmer, J.: Softwaretechnik für verteilte Systeme. Springer, Berlin u. a. 1985.

Nicolai, A. T., Petersmann, T.: Strategien im M-Commerce. Schäffer, Stuttgart 2001.

Niemann, K. D.: Client/Server-Architektur. Vieweg, Wiesbaden 1995.

OAG (eds.): White Paper: Open Application Integration: Projects of the Open Application Group. 1997.

Oehler, K.: OLAP – Grundlagen, Modellierung und betriebswirtschaftliche Lösungen. Hanser, München 1999.

Oestereich, B.: Objektorientierte Softwareentwicklung. 5. Aufl. Oldenbourg,

München 2001.

Oesterle, Computer Aided Software Engineering. In Kurbel, K., Strunz, H. (Hrsg.): Handbuch Wirtschaftsinformatik, Schäffer-Poeschel, Stuttgart 1990, S. 345-361.

Öszu, M. T., Valduriez, P.: Principles of Distributed Database Systems. 2. Aufl., Prentice Hall, Upper Saddle River 1999.

OMG (eds.): The Common Object Request Broker: Architecture and Specification: Version 2.3.1. Framingham 1999.

Orfali, R., Harkey, D., Edwards, J.: The Essential Distributed Objects Survival Guide. Wiley, New York 1996.

Ortner, E., Söllner, B.: Semantische Datenmodellierung nach der Objekttypenmethode. Informatik Spektrum 12 (1989) 1, S. 31-42.

Pagel, B.-U., Six, H.-W. : Software Engineering, Bd. 1 - die Phasen der Softwareentwicklung. Oldenbourg, München 1994.

Panny, W., Taudes, A.: Einführung in den Sprachkern von SQL-99. Springer, Berlin u. a. 2000.

Pape, U.: Elektronisches Publizieren. In Kurbel, K., Strunz, H. (Hrsg.): Handbuch Wirtschaftsinformatik, Schäffer-Poeschel, Stuttgart 1990, S. 623-627.

Pérez, M., Hildenbrand, A., Matzke, B., Zencke, P.: Geschäftsprozesse im Internet mit SAP R/3. Addison Wesley, Bonn u. a. 1998.

Pietsch, W.: Methodik des betrieblichen Software-Projektmanagements. De Gruyter, Berlin, New York 1992.

Pils, M.: Architektur regionaler Netzwerke in Rural Areas – von Electronic Mail zu Electronic Mall? In Heilmann, H., Heinrich, L. J., Roithmayr, F. (Hrsg.): Information Engineering. Oldenbourg, München 1996, S. 285-310.

Pine II, B. J., Victor, B., Boynton, A. C.: Making Mass Customization Work. Harvard Business Review 36 (1993) 5, S. 108-119.

Pohlmann, N.: Firewall-Systeme. 4. Aufl., Thomson, Bonn 2001.

Pomberger, G., Blaschek, G.: Software Engineering, Prototyping und objektorientierte Softwareentwicklung. 2. Aufl., Hanser, München 1996.

Pomberger, G., Remmele, W.: Prototyping-orientierte Softwareentwicklung. Information Management 2 (1987) 2, S. 28-35.

Press, B.: Die Hardware-Profi-Bibel. Thomson, Bonn 1999.

Rabenseifner, R.: Verteilte Anwendungen zwischen Workstation und Supercomputer. In Kühn, P. J. (Hrsg.): Kommunikation in verteilten Systemen. Springer, Berlin u. a. 1989.

Rautenstrauch, C.: Wirtschaftsinformatik – zwischen Wirtschaftswissenschaft und Informatik? In Otto-von-Guericke-Universität Magdeburg (Hrsg.): Universitätsschriften – Antrittsvorlesungen der Fakultät für Informatik. Magdeburg 1998, S. 155-176.

Rautenstrauch, C.: Effiziente Gestaltung von Arbeitsplatzsystemen: Konzepte und Methoden des Persönlichen Informationsmanagements. Addison-Wesley, Bonn u. a. 1997.

Rautenstrauch, C.: Integration Engineering. Addison-Wesley, Bonn u. a. 1993.

Rautenstrauch, C., Rödding, T. L., Grothe, J.: Mehrplatzfähige Standardsoftware aus Standardsoftware unter MS Windows. DOAG News 5 (1992) 8, S. 26-31.

Rautenstrauch, C., Tangermann, H., Turowski, K.: Identifying Relevant ERP Data in the MC Supply Chain. In Naghdy, F., Kurfess, F., Ogata, E., Szczerbicki, E., Tlanfield, H. (eds.): Intelligent Systems and Applications (ISA 2000), Bd. 1. Wollongong 2000, S. 167-173.

Rautenstrauch, C., Turowski, K.: Common Business Component Model (CoBCoM): Generelles Modell komponentenbasierter Anwendungssysteme. In Buhl, H. U., Huther, A., Reitwiesner, B. (Hrsg.): Information Age Economy. Physica, Heidelberg 2001, S. 681-695.

Ray, E. T.: Einführung in XML. O'Reilly, Köln u. a. 2001.

Rebstock, M., Hildebrand, K.: E-Business für Manager. Thomson, Bonn u. a. 1999.

Rechenberg, P.: Was ist Informatik? Eine allgemeinverständliche Einführung. 3. Aufl., Hanser, München 2000.

Redlich, J.-P.: CORBA 2.0. Addison-Wesley, Bonn u. a. 1996.

Rohloff, M.: Integrierte Informationssysteme durch Modellierung von Geschäftsprozessen. In König, W. (Hrsg.): Wirtschaftsinformatik '95 – Wettbewerbsfähigkeit, Innovation, Wirtschaftlichkeit. Physica, Heidelberg 1995, S. 83-97.

Rolf, A.: Organisations- und Wirtschaftsinformatik, Springer, Berlin u. a. 1998.

Rosemann, M.: Komplexitätsmanagement in Prozeßmodellen. Gabler, Wiesbaden 1995.

Russel, R., Cunningham, S.: Das Hacker Buch. Vmi, Bonn 2001.

Saake, G., Heuer, A.: Datenbanken: Implementierungstechniken. Thomson, Bonn u. a. 1999.

Saake, G., Sattler, K.-U.: Algorithmen und Datenstrukturen – Eine Einführung mit Java. dPunkt, Heidelberg 2001.

Saake, G., Schmitt, I., Türker, C.: Objektdatenbanken – Konzepte, Sprachen, Architekturen. Thomson, Bonn 1997.

Schael, T.: Workflow Management Systems for Process Organisations. 2. Aufl., Springer, Berlin u. a. 1998.

Scheer, A.-W.: Wirtschaftsinformatik – Referenzmodelle für industrielle Geschäftsprozesse, Studienausgabe. 2. Aufl., Springer, Berlin u. a. 1998a.

Scheer, A.-W.: ARIS – Modellierungsmethoden, Metamodelle, Anwendungen. 3. Aufl., Springer, Berlin u. a. 1998b.

Scheer, A.-W.: Architektur integrierter Informationssysteme. 2. Aufl., Springer, Berlin u. a. 1992.

Scheer, A.-W.: EDV-orientierte Betriebswirtschaftslehre. 4. Aufl., Springer, Berlin u. a. 1990a.

Scheer, A.-W.: Wirtschaftsinformatik – Informationssysteme im Industrebetrieb. 3. Aufl., Springer, Berlin u. a. 1990b.

Scheer, A.-W., Nüttgens, M. (Hrsg.): Electronic Business Engineering. Physica, Heidelberg 1999.

Schek, H.-J., Scholl, M. H.: Die NF2-Relationenalgebra zur einheitlichen Manipulation externer, konzeptioneller und interner Datenstrukturen. In Schmidt, J. W. (Hrsg.): Sprachen für Datenbanken. Springer, Berlin u.a. 1983, S. 113-133.

Schmelzke, O., Gast, C.: Angebunden – Datenbankanwendungen mit W3-Gateway für mySQL. iX (1996) 2, S. 158-162.

Schneider, B., Rentmeister, J.: Datenbanken als Back-End von Internet-Diensten. In Rautenstrauch, C. (Hrsg.): Datenbankmanagement. Interest, Augsburg 1996, Teil 4/9.

Schneider, H. (Hrsg.): Lexikon Informatik und Datenverarbeitung: Version 4.0. 4. Aufl., Oldenbourg, München 1997.

Scholz, A.: Performance-orientierte Systementwicklung am Beispiel datenbankbasierter integrierter Anwendungssysteme. Shaker, Aachen 2001.

Schwabe, G., Krcmar, H.: CSCW-Werkzeuge. Wirtschaftsinformatik 38 (1996) 2, S. 209-225.

Schwarzer, B., Krcmar, H.: Wirtschaftsinformatik. 2. Aufl., Schäffer-Poeschel, Stuttgart 1999.

Seeboerger-Weichselbaum, M.: XML. 3. Aufl., Vmi, Bonn 2001.

Siegert, H.-J., Baumgarten, U.: Betriebssysteme: Eine Einführung. 5. Aufl., Oldenbourg, München 2001.

Silberschatz, A., Galvin, P., Gagne, G.: Applied Operating System Concepts. Wiley, New York u. a. 2001.

Singh, S.: Geheime Botschaften. DTV, München 2001.

Sommerville, I.: Software Engineering. 6. Aufl., Pearson, München 2001.

Spitta, T.: Software Engineering und Prototyping. Springer, Berlin u. a. 1988.

Stahlknecht, P., Hasenkamp, U.: Einführung in die Wirtschaftsinformatik. 10. Aufl., Springer, Berlin u. a. 2002.

Stucky, W., Krieger, R.: Datenbanksysteme. In Kurbel, K., Strunz, H. (Hrsg.): Handbuch Wirtschaftsinformatik, Schäffer-Poeschel, Stuttgart 1990, S. 837-856.

Stucky, W., Jaeschke, P., Oberweis, A.: Entity-Relationship-Modell und NR/T-Netze – ein integrierter Ansatz zur Daten- und Ablaufmodellierung. In Heilmann, H., Heinrich, L. J., Roithmayr, F. (Hrsg.): Information Engineering. Oldenbourg, München 1996, S. 369-396.

Szyperski, C.: Component Software: Beyond Object-Oriented Programming. 2. Aufl., Addison-Wesley, Harlow u. a. 1998.

Tanenbaum, A. S.: Computer-Netzwerke. 3. Aufl., Markt + Technik, München 2000.

Tanenbaum, A. S.: Moderne Betriebssysteme. 2. Aufl., Hanser, München 1995.

Tapscott, D.: Erfolg im E-Business. Hanser, München 2000.

Teory, T. J., Chaar, J., Olukotun, K., Umar, A.: Allocation Methods for Distributed Databases. Database Programming & Design 2 (1989) 4, S. 34-42.

Teufel, S., Sauter, C., Mühlherr, T., Bauknecht, K.: Computerunterstützung für die Gruppenarbeit. Addison-Wesley, Bonn u. a. 1995.

Turowski, K., Fellner, K. J. (Hrsg.): XML in der betrieblichen Praxis. dPunkt, Heidelberg 2001.

Uhr, W., Kosilek, E.: Vergleichende Buchbesprechung Electronic Commerce. Wirtschaftsinformatik 41 (1999) 6, S. 569-574.

Vetter, M.: Aufbau betrieblicher Informationssysteme. 6. Aufl., Teubner, Stuttgart 1990.

Vetter, M.: Das Jahrhundertproblem der Informatik. Output (1987) 3.

Vossen, G.: Datenbankmodelle, Datenbanksprachen und Datenbankmanagement-

Systeme. 3. Aufl. Oldenbourg, München 1999.

WAP-Forum: WAP – Wireless Application Environment Overview. http://www.wapforum.org/what/technical/SPEC-WAEOverview-19990616.pdf. 4.1.2000.

Wedekind, H.: Grundbegriffe verteilter Systeme aus Sicht der Anwendung. It 30 (1988) 4, S. 263-271.

Werner, D. (Hrsg.): Taschenbuch der Informatik. 2. Aufl., Fachbuchverlag Leipzig, Leipzig 1995.

Werthner, H., Bichler, M. (eds.): Lectures in E-Business. Springer, Wien u. a. 2001.

Weske, M.: Business Objekte: Konzepte, Architekturen, Standards. Wirtschaftsinformatik 41 (1999) 4, S. 4-11.

Widmer, J., Mutter, T.: Betriebssysteme – Grundlagen für Praktiker. Eco-Performance, Zürich 2002.

Widmer, J., Schwyter, F., Künzler, R.: Telematik für Informatikberufe. 2. Aufl., Sauerländer, Aarau 2000.

Williams, J.: Introduction to Computing Infrastructure: Hardware and Operating Systems. Que e&t, Indianapolis 1996.

Wirth, N.: Algorithmen und Datenstrukturen mit Modula-2. 5. Aufl., Teubner, Stuttgart 1996.

Workflow Management Coalition: The Workflow Reference Model. Document No. TC00-1003, Brussels 1994.

Zehnder, C. A.: Informationssysteme und Datenbanken. 6. Aufl., Teubner, Stuttgart 1998.

Zilahi-Szabó, M. G. (Hrsg.): Kleines Lexikon der Informatik. Oldenbourg, München 1995.

Zobel, J.: Mobile Business und M-Commerce. Hanser, München 2001.

Züst, R., Schlatter, A. (Hrsg.): Umweltmanagementsysteme in der öffentlichen Verwaltung. Eco-Performance, Zürich 1999.

Index

A

ABAP
  ABAP4-Workbench 319
  ABAP-Prozessor 318
ABAP (Advanced Business
  Application Programming) 318
Abfrage 136
Abfrageoptimierung 162
Ablauforganisation 267
Abstrakter Datentyp (ADT) 74, 80
Abstraktion 225
Abwärtsintegration 220
ACID-Prinzip 126
Administrationssystem 286, 315
Adressraum 96
  Programmadressraum 96
  Speicheradressraum 96
Advanced Planner and Optimizer
  (APO) 315
Agent 342
Aggregation 251
Akkumulator 27
Aktivitätsdiagramm 251
TFT-Bildschirme 48
ALE (Application Link Enabling)
  320
Algorithmus 54, 55
  Darstellungsform 59
Altsystem 223
Anfrage
  relationale 136
Anfragesprache 143
Anwendungslogik 258
Anwendungssoftware 280
Anwendungssystem 6
  betriebliches 280
  monolithisches 256
Application 279
Application Gateway (AGate) 349

Application Objects 271
Application Programming Interface
  208
Application Server 258, 262
Arbeitsspeicher 23
ARIS (Architektur Integrierter
  Informationssysteme)-Architektur
  228
ASAP 160
ASCII-Code 12
Assoziation 250
Attacke 202
Attribut 81, 127, 236
  kollektionswertiges 148
Attribut-Constraint 262
Audio Video Interleave (AVI) 123
Aufbauorganisation 269
Aufgabenintegration 220
  horizontale 220
Aufwärtsintegration 220
Aussagensammlung 329
Austauschdateien 111
Auszeichnungsungssprache 112
Authentifizierung 207, 344
Authentizität 203
Automatisierung 220
AVI-Format 123
AV-Software 209

B

B2B 338
B2C 339
B2G 338
Backdoor 208
Backup 158, 211
  offline 212
  online 212
Backup-Roboter 212

BAPI (Business Application
Programming Interfaces) 267,
319
Basic Object Adapter 274
Basissystem 6, 280
Batch-Betrieb 94
Baumnetz 172
Befehlssatz 30
Begrenzungszeichen 117
Benchmark 243
Benutzer 156
Benutzergruppe 99
Benutzermodellierung 206
Benutzerprofil 98
Benutzerschnittstelle 257
Bereichsmodell 242
Beschreibungssicht 227
Betriebsarten 94
Betriebssystem 93
Beziehung 131
Beziehungstyp 127, 236
Bild 14
Bildschirm 43
Bildwiederholspeicher 45
Bioinformatik 215
BIOS 25
Bit 8
BitMap-Format 120
Block 76
BMP-Format 120
Bridge 33, 174
Bundesdatenschutzgesetz 201
Bus 32
Busbreite 33
Business Graphics 292
Business Information Warehouse
(BW) 315
Business Object 277
Business Object Repository (BOR)
319
Business Rule 259
Business to Business (B2B) 338
Business to Customer (B2C) 339
Business to Government (B2G) 338

Busnetz 172
Busstruktur 32
Bussystem 23
Byte 9

C

Cache 24, 30
CAD 118, 281
Calendaring System 309
CD-R (Compact Disc Recordable)
42
CD-ROM (Compact Disc Read
Only Memory) 41
CD-RW (Compact Disc
ReWritable) 42
CD-Server 178
CGI-Schnittstelle 196
CGM 118
Client-Server-Konzept 177, 258
Cluster 102
CMOS 26
CoBCoM-Architektur 279
Collaborative Authoring Systems
309
COMMIT 156
Common Business Object 278
Common Facilities 271
Common Gateway Interface (CGI)
196
Compiler 89
Computer Graphic Metafile (CGM)
118
Computer Supported Cooperative
Work (CSCW) 306
Constraint 262, 266
Attribut 262
Schema 263
Tabelle 263
Tupel 262
Controller 23, 33
Copyright 91
CORBA 270, 278
Core Business Process 279
CPU 19, 26

Cracker 202
CRM 343
CRT 47
CRT-Controller 45
CSMA-CD 176
CSS 116
CSV 117
Cursor 155
Customer Relationship Management (CRM) 343
Customizing 284, 298, 311, 315
Cybercash 347

D

(D)ARPA-Net 183
DAT (Digital Audio Tape) 41
Data Dictionary (DD) 157, 162
Data Mart 332
Data Propagation 332
Data Warehouse 315, 323
    virtuelles 325
Database Application-Server 263
Datei 99, 107, 108
    „Nur Text"-Datei 111
    Dateiattribut 105
    Dateiname 106
Dateisystem 104
Dateiverwaltung
    programmierbare 291
Daten 8
    verdichtete 322
Datenallokation 159
    Datenallokationsplanung 266
Datenbank 123
    föderierte 154
Datenbankabfragesprache 162
Datenbankadministrationswerkzeug 158
Datenbankadministrator (DBA) 157
Datenbankereignis 141
Datenbank-Managementsystem (DBMS) 124, 325
Datenbankmodell 128
    objektorientiertes 141

prä-relationales 128
relationales 129
Datenbankobjekt 156
Datenbankprogrammiersprache
    berechnungsvollständige 142
Datenbank-Server 179, 317
Datenbanksystem 123
    aktives 140, 262
    deduktives 154
    erweiterbares 154
    Komponenten- 154
    mehrdimensionales 154
    multidimensionales 325
    multimediales 154
    objektorientiertes 142
    objektrelationales 147
    räumliche 154
    relationales 290
    temporales 154
    verteiltes 158
    virtuelles multdimensionales 325
Datenbankzugriffsoperationen 263
Datendatei 100
Datendateien im Netzwerk 181
Datenelement 107, 108
    komplex strukturiertes 142
Datenfunktechnik 353
Datenhaltung 101
    logische 104
    physische 102
Datenintegration 221, 222
Datenintegrität 124
Datenkapselung 79
Datenkompression 109
Datenmodellierung 233, 241
Datenorganisation 100
    logische 107
    physisch 101
Datensatz 107, 108
Datenschutz 165, 201
Datensicherheit 201
Datenstruktur 62
Datentransformation 323
Datentyp 9, 62

abstrakter 80
atomarer 144
Aufzählungstyp 65
Baum 70
Boolean 64
Char 65
einfacher 64
Feld 65
Integer 65
Liste 70
ordinaler 64
Real 65
String 67
strukturierter 65, 144
Verbund 67
Zeiger 68
Datenverwaltung 258
DBMS 123
DBS (Datenbanksystem) 123
Deadlock 126
Debugger 91
Delimiter 117
Denial of Service 202
DE-NIC 185
Dereferenzierung 70
Desktop Firewalls 209
Dialogbetrieb 94
DIF 117
DigiCash 347
Digitalrechner 8
Dimensionen 331
Directory Service 310
Directory Services 200
Diskarray 40
Diskette 38
Diskurswelt 225
Dispersion 159
Dispositionssystem 315
Distrituded Data Management 258
DLL (Dynamic Link Library) 302
DNS 186
Domain Name 186, 191
Domain Name System (DNS) 186
Domain Service 277

Domäne 215
Domänenname 186
Domänenwissen 5
Drawing Exchange Format 118
Drei-Ebenen-Modell 125
Drei-Eier-Modell 217
Drei-Schicht-Architektur 257
Drill-Down-Technik 326
Drucker 48
Controller 51
Druckbild 49
Druckersteuersprache 50
Druckertreiber 51
DTD (Document Type Definition) 113
DTP (Desk Top Publishing) 48
DTP-Programm 293
Du-Pont-Kennzahlensystem 329
DVD (Digital Versatile Disc) 37, 42
DV-Konzept 228
DXF-Format 118
Dynamic Invocation Interface 273
Dynamic Link Library (DLL) 302
Dynpro 318

E

ECA-Tripel 261
Editor 89
Eigenschaft 127
Einbaucomputer 22
Einbettung 295, 296
eingebettete Systeme 5
Electronic Banking 341, 347
Electronic Business 338
Electronic Commerce (EC) 218, 338
Electronic Meeting System (EMS) 308
Elektronic Mall 343
elektronische Unterschrift 344
elektronischer Vertragsabschluss 345

elektronisches Diskussionsforum 311

Elektrotechnik 3

E-Mail 179, 186, 193, 202
  E-Mail-Adresse 188
  E-Mail-System 186

EMF (Enhanced WMF-Format) 119

Enactment Services 313

Encapsulated Postcript (EPS) 52

Endbenutzerwerkzeug 155, 281, 288, 298

Enhanced Metafile Format (EMF) 119

Entität (entity) 126

Entitätsintegrität 263

Entitätstyp 127, 235

Entity-Relationship-Modell (ERM) 234

Entwicklungssystem 88

Entwurfstransaktionen 143

EPK 244, 315

EPS 52

Ereignisgesteuerte Prozesskette (EPK) 244

Erklärungsmodell 226

ERP-System 230, 348

Erwerbswirtschaftliches Prinzip 220

Ethernet 176

evolutionärer Ansatz 88

Expansion Command 301

eXtensible Markup Language (XML) 115

Extension 144

Extraktionssoftware 323

F

Fachaufgaben 320

Fachkomponente 277

Fachkonzept 227

FAT 102

FDDI 176

Festplatte 40

Fetch-Funktion 155

File Transfer Protocol (FTP) 170

File-Server 177

Firewall 198, 209

Flachbildschirm 47

Flatrate 199

Flussdiagramm 59

Font 16

Foundation 278

Fragmentierung 160

Frame 97

Framework 275

Freeware 92

FTP 170, 189

FTP-Server 193

Führungsaufgaben 320

Funktion 221, 231
  globale 258
  lokale 258

funktionale Abhängigkeit 134

Funktionenallokationsplanung 266

Funktionenbaum 232

Funktionsintegration 221, 222

Funktionsserver 178

G

Galaxy-Schema 332

GAN 163

Garbage Collection 97

Gateway 162, 175

GDSS 308

Generalisierung 237

Geräteschnittstelle 34
  parallel 35
  seriell 35

Geschäftsprozess 243

Geschäftsregel 259

Gesetz von Grosch 22

Gestaltungsmodell 226

GI 2

GIF-Format 120

Glasfaserkabel 166

Gleichlaufverfahren 167

Global Area Networks 163

globales Netzwerk 163

GoM 252
GPS 354
Grafik 14
Grafik-Controller 45
Grafikkarte 45
Grafikmodus 43
Grafikprogramm
    objektorientiertes 292
    pixel-orientiertes 292
Grafiksysteme 292
Grammatik 55
    kontxtfreie 55
Granularität 133
Graphics Interchange Format (GIF)
    120
Group Decision Support Systems
    (GDSS) 308
Groupware 306
Grundsätze ordnungsmäßiger
    Modellierung (GoM) 252
GSM 352

H

Hacker 202
Hardware 3
Hauptspeicher 20
Head Crash 40
Heterogenität 222
Hoax 204
Homepage 191
Homonymie 55
horizontale Standardsoftware 281
Host 185
HTML (Hypertext Markup
    Language) 113, 191, 193
HTMLBusiness 350
HTTP 170
HTTP-Server 197, 349
Hub 174
Hüllkurve 17
Hypercube 154
Hyperlinks 191
HyperText Transport Protokoll
    (HTTP) 191

I

Idealmodell 228
Implementierungsebene 228
Index 156
Individualsoftware 281
Informatik 2
    Angewandte 4, 215
    Praktische 4, 19
    Technische 3, 19
    Theoretische 3
Information 1, 7
Information Brokering 341
Information Engineering 222
Information Retrieval 342
Information Sharing System 310
Informationsgesellschaft 1
Informationsinfrastruktur 6
Informationsmanagement 218
Informationspyramide 287, 288
Informationssystemarchitektur 223
Infrarot 167
Instanz 81
integrierte Pakete 294
integrierter Web-Server 197
Integriertes (Betriebliches)
    Informationssystem (IIS) 221
Integrität 127, 203
    Entitäts- 128
    operationale 128
    referenzielle 128, 263
    semantische 127
Integritätsregel 141, 279, 332
Interface Repository 275
Interleave-Technik 123
Internet 182
Internet Application Component
    349
Internet Protocol (IP) 170
Internet Service Provider (ISP) 184
Internet-Dienste 186
Internet-PC 199
Internet-Zugänge 184
Intranet 200
Intrusion Detection System 209

IP (Internet Protocol) 170
IP-Adresse 185
Istmodell 228

J

Job 94
Join 136, 138
    multipler 139
Joint Photographic Experts Group
    (JPEG) 121
JPEG-Format 121

K

Kathodenstrahl-Bildschirm (CRT)
    47
Kennzahl 243, 329
    Basiskennzahl 329
    Spitzenkennzahl 329
Klarheit 255
Klasse 81
Koaxialkabel 166
Kollaborationsdiagramm 252
Kollektion 144, 149
Kommunikationsaufwand 220
Kommunikationsprotokoll 168
Komponente 275
Komponenten-Anwendungs-
    Framework 278
Komponenten-Datenbanksystem
    (KDBS) 154
Komponenten-System-Framework
    278
Konditionalanweisung 57
Konnektor 244
Konsistenz 128
Konstante 62
Kontrollsystem 287
Kryptografie 210

L

Lader 90
LAN 163, 179
Laptop 48

Laserdrucker 49
Late Binding 84, 142
Laufzeitumgebung 93
Linker 89
List-Server 188
Literal 8
Location based Services 354
Log File 155, 212
Login 180
Login-Management 350
Lokales Netzwerk (LAN) 163, 179

M

Magnetband 40
Magnetische Datenträger 38
Mail-Bombing 202
Mail-Server 179
Mainframe 21
Makro 300
Makrorecorder 300, 301
Makrosprache 300
Malware 202
Management Information System
    (MIS) 322
Managementdienstes 200
Mapping von Laufwerken 180
Maschennetz 172
Mass Customization (MC) 340, 346
Mastercopy 160
Mastermodell 230, 315
M-Commerce 352
Mehrbenutzerfähigkeit 98, 125
Mehrfachverwendung 258
Mehrwert 339
Memory Management Unit 96
Memory Map 96
Menüleiste 299
Message-Server 318
Meta-Daten 157
Meta-Datenbank 157, 324
Meta-Modell 227
Methode 81, 150
Middleware 262, 267, 269, 279
Mikrorechner 22

Mikrowellen 167
Minicomputer 21
Min-Max-Kardialitäten 239
Misch-Topologie 173
Missgeschick 201
M-JPEG 123
mobile Banking 353
mobile Brokering 353
mobile Shopping 354
Modell 225
Modellierung 225
Modellsystem 226
Modul 79
Modularisierung 258
Modulbibliothek 155
Monitor 47
Moor'sches Gesetz 1
Morphologischer Kasten 231
Motherboard 23
Motion Picture Expert Group
    (MPEG) 123
MPEG 123
MRPII-System 314
MRP-System 314
Multicube-Architektur 332
Multidimensionale Auswertung 326
Multi-Tasking 95
Multi-User 95
Multi-Vendor-Umgebung 165

N

Nachvollziehbarkeit 203
Name-Server 186
Naming Service 311
Nested Table 149
Netiquette 205
Network Service Provider (NSP)
    184
Netzdrucker 179
Netzknoten 158
Netzlaufwerk 179
Netzwerkdrucker 182
Netzwerktopologie 171
Netzzugriffsverfahren 176

Newsgroup 188
NF2-Modell 141
Normalform 132
    Erste 132
Normalformenlehre 134
Normalisierung 132
Normalisierungsproblem 335
NSAPI 351
Nutzernamen 180

O

OAG (Open Application Group)
    277
Object Adapter 273, 274
Object Defintion Language (ODL)
    144
Object Linking and Embedding
    (OLE) 177
Object Management Architecture
    (OMA) 271
Object Management Group (OMG)
    270
Object Request Broker (ORB) 270,
    271
Object Services (OS) 271
Object Store 345
Objekt 81
Objektidentität 142, 144
Objektinkarnation 151
Objektorientierte Programmierung
    (OOP) 80
Objektreferenz 149
Objektschnittstelle 270, 295
Objektsystem 225
Objekttabelle 151
Objekttyp 148
ODBC (Open Database
    Connectivity) 302
ODL 144
ODMG Objektmodell 144
ODMG-93-Standard 143
offene Systeme 284
Office Software 281, 288
Office-Paket 294

OLAP 325
OLAP-System 325
OLE 177
OLE2 295
OLE-Server 320
OLTP-Anwendung 325
OMA (Object Management
   Architecture) 271
OMG 247
OMG object model 272
One-To-One-Marketing 343
Online-Analytical Processing
   (OLAP) 325
Open System Interconnections
   (OSI) 169
Open-Document 295
OpenSource 92
Operand 27
Operationscode 27
Optimierer 155
Optischer Datenträger 41
OQL 146
Oracle Web-Listener 197
Oracle Web-Server 197
ORB Core 273
ORB Interface 274
Ordnungsfunktion 150
Organigramm 232
OSI-Referenzmodell 169
Overloading 142
Overriding 142

P

Paging 97
Palmtop-Rechner 294
Parser 155
Partitionen 160
Passwort 180, 202
Passwort-Attacke 202
Payment Service 354
PC 22
   Standardkonfiguration 23
PCL 51
PC-Paintbrush-Format 121

PCX-Format 121
PDA 294
PDF-Format 117
Personal Information Manager
   (PIM) 309
Persönliche Identifikationsnummer
   (PIN) 208, 347
Pfad 104
Phasenmodell 85
Pixel 14, 17, 49, 292
Pixelformat 45
Pixelgrafik 14, 119
Planungssystem 287
Plug-in 195
PNG-Format 121
Pointer 69
Polymorphie 82
POP (Point Of Presence) 184
POP3 (Post Office Protocol Version
   3) 187
Portable Document Format (PDF)
   117
Portable Network Graphics (PNG)
   121
Portal 344
Postscript 18, 51, 52
   Format 116
   Interpreter 52
PPS-System 314
Präsentationsprogramm 294
Präsentationsschnittstelle 316
Pre-Compiler 155
Primärdatenbank 323
Primärschlüssel 263
Print-Server 178
Privileg 98, 156
Produktkatalog 339
   elektronischer 339, 342
Programm 26, 54
Programm- oder Funktionen-Server
   178
Programmiersprache 54, 73
   Generation 74
   Paradigma 73

Programmierumgebung 89
Programmierung
  objektorientierte 80
  prozedurale 76
Programmierwerkzeug 155
Programmnutzung im LAN 181
Projektion 136
Projektmodell 85, 242
Protokoll 168
Prototyping 87
Prozedur 76
Prozess 95, 243
Prozesskette 232
Prozessmodellierung 251
Prozessobjekt 243
Prozessor 9, 26
Pseudocode 59
Pseudografik 14
Public-Doamin-Software 93
Pull-Methode 335
Push-Methode 335

Q

Quelldatei 100
Query 136

R

RAID 40
RAM 24
RAM-DAC 45
Realzeitbetrieb 94
Rechenwerk 26
Recovery 158, 212
Redundanz 132
Redundanzvermeidung 266
Referenzierung 70
Referenzmodell 230, 315
Register 27
Relation 129
Relationenschema
  minimales 135
Relevanz 254
Remote Function Call (RFC) 319

Repeater 173
Replication Service 200
Replikation 159
Ressourcen 93
Ressourcenmissbrauch 202
Restore 212
Rich Text Format 111
Richtfunk 167
Richtigkeit 254
Ringnetz 172
RISC 31
Roaming 352
ROLLBACK 156
Rolle 99
ROM 25
Router 174, 209
RTF-Format 111

S

Sabotage 202
Sachbearbeitungsaufgaben 320
San-Francisco-Framework 278
SAP Business Framework 320
SAP Dispatcher 316
SAP R/3 316
SAPGUI 316
Schema-Constraint 263
Schematransparenz 263
Schleife 57
Schlüssel
  Fremd- 127
  Primär- 127
  sprechender 135
Schlüsselproblem 335
Screen Sharing Systems 309
Second-Level-Domain 186
Segmentierung 96
Seitenadressierung 97
Seitenflattern 97
Sektor 39
Sekundärdatenbank 323
Selektion 136
Self Customizing 340
Sequenzdiagramm 252

Service-Management 349
Session Management 350
SGML 112, 113
Shared Memory 318
Shareware 93
Shortcut 299
Shrink-Wrap-Lizenz 92
Sicherheitsdienst 200
Sicherheitskonzept 205
Sicht 156
Simulationsmodell 226
Skalierbarkeit 177
Skeleton 274
Slot 23
Smartcard 207
SMS-Nachricht 353
SMTP 170, 187
Snapshots 159
Snowflake-Schema 332
Social Engineering 207
Software 54
Softwarelizenz 91
Softwaretechnik 85
Sollmodell 228
Speicher
   externer 35
Speicheradresse 24
Speicherkapazität 24
Speicherung
   magnetische 35
   optische 35
Speicherzugriff 37
Spezialisierung 237
Spezialisierungshierarchie 142
Spezifikation 57
Spiegelserver 189
Spiegelsystem 211
Spionage 202
Spur 39
SQL 137, 263
SQL3-Standard 148
SQL-Gateways 197
Stammverzeichnis 104
Standarddateiformate 111

Standardsoftware 281, 298
Star-Schema 332
Starter-Passwort 180
Static Invocation Interface (SII) 273
Sternnetz 171
Steuerwerk 26
Stored Procedure 140, 263
Struktogramm 59
Strukturtreue 226
Stub 273
Sub-Domain 186
Suchdienst 193, 341
Suchroboter 342
Supply Chain Management 348
Surrogat 239
Swapping 97
Switch 174
SYLK 117
Symbolleiste 299
Synchronisationsmechanismus 126,
   155, 162
Synonymie 55
systematischer Aufbau 256
Systemzustand 226

T

Taballenkalkulationsprogramm 290
Tabelle 130
Tabellen-Constraint 263
Tabellenschema 132
Tag 112
Taktfrequenz 30
TAN 347
Tape Cartridge 41
Task 95
TCP/IP 170
Teamwork 305
Telnet 189
Textautomation 290
Textmodus 43
Textverarbeitungsprogramm 288
TFT 48
Thermodrucker 49
Thread 95

Three-Tier-Architecture 267
TIFF-Format 121
Time Scheduler 309
Tintenstrahldrucker 49
Token-Ring 176
Top-Level-Domain 186
Track-and-Trace-System 346
Transaktion 125
Transaktionsmanager 155
Transaktionsmechanismus 162
Transitionsbedingung 269
Transmission Control Protocol
  (TCP) 170
Trigger 141, 261
Trojanisches Pferd 204
True Color 45
TrueType-Schrift 18
Tupel-Constraint 262

Ü

Übersichtsdatenmodell 242
Übertragungsmedium 166
Übertragungsverfahren 167

U

U-Commerce 354
Ultrium-Laufwerk 41
UML 247
UMTS 352
Undelete-Programme 103
UNI-Code 14
Unified Modeling Language (UML)
  247
Uniform Resource Locator (URL)
  191
Universaltabelle 132
Unternehmensdatenmodell (UDM)
  221, 241
Unternehmensmodell 229
Unterstützungsaufgaben 321
Unterverzeichnis 104
Update-Anomalie 132
Urheberrecht 91

URL 191
User Account 180
User Exit 301

V

Variable 56, 61
  dynamische 69
Varray 149
Vektorgrafik 15, 118
Vektorrechner 21
Verbund (Join) 136
Verdrillte Kupferkabel 166
Vererbung 81
Verfügbarkeit 203
Vergleichbarkeit 256
Verhaltenstreue 226
Verknüpfer 244
Verknüpfung 295, 296
Vermittlungsverfahren 168
Verrichtungsaufwand 220
Verschlüsselungsverfahren 210
  asymmetrisch 211
  hybrid 211
  symmetrisch 211
Verteiler 244
Verteilungsart 159
Verteilungstransparenz 264
vertikale Standardsoftware 281
Vertraulichkeit 203
Verzeichnis 104
View 156
Virtual Private Network 184
Virtueller Speicher 25
Virtuelles Unternehmen (VU) 340
Virus 204
Visual Basic 300
Visual Basic for Applications
  (VBA) 300
von-Neumann-Rechnerarchitektur
  20
Vorgang 231
Vorgangsmodell 231
Vorgehensmodell 85
Vorort-Aktivierung 297

W

WAN 163
WAP 353
WAV 123
Web 186
Web Gateway (WGate) 349
Web Request Broker (WRB) 198
Web Server Extensions 198
Web-Browser 192
Web-Master 190
WebRFC 351
Web-Server 190
Wedekindsche Faustregel 159
Weitverbundnetze (WAN) 163
What-If -Analyse 326
Windows Explorer 94
Windows Link Library 302
Windows Metafile Format 119
Wireless Application Protocol
  (WAP) 353
Wirtschaftlichkeit 255
Wirtschaftsinformatik 216
Wissen 7
Wissensmanagement 7
WMF-Format 119
WMFS 267
WML 353
Workflow 267, 269, 279
Workflow-Management-System
  (WFMS) 267, 313
Workgroup Computing 307
Workprozess 317

Workstation 22
World Wide Web (WWW) 186,
  190, 310
Wortbreite 30
Wurm 204
WWW-Sites 190

X

XML 115, 348

Y

Y-Modell 282

Z

Zahlen 10
  ganze 10
  reelle 11
Zahlensystem
  duales 10
Zeiger 69
Zeitscheibenverfahren 95
Zentraleinheit 19
ZIP-Diskette 39
ZIP-Laufwerk 39
Zugriff
  indexseqenzieller 38
  sequenzieller 38
  wahlfreier 37
Zugriffsform 37
Zustandsdiagramm 252

MIX
Papier aus verantwortungsvollen Quellen
Paper from responsible sources
FSC® C105338

If you have any concerns about our products,
you can contact us on
ProductSafety@springernature.com

In case Publisher is established outside the EU,
the EU authorized representative is:
Springer Nature Customer Service Center GmbH
Europaplatz 3, 69115 Heidelberg, Germany

Printed by Libri Plureos GmbH
in Hamburg, Germany